刑罚理性四部曲 ❷

刑罚理性评论
——刑罚的正当性反思
（第二版）

邱兴隆 著

中国检察出版社

图书在版编目（CIP）数据

刑罚理性评论：刑罚的正当性反思/邱兴隆著.—2版.—北京：中国检察出版社，2018.9
ISBN 978–7–5102–2044–9

Ⅰ.①刑… Ⅱ.①邱… Ⅲ.①刑罚–研究 Ⅳ.①D914.104

中国版本图书馆 CIP 数据核字（2017）第 330655 号

刑罚理性评论
——刑罚的正当性反思（第二版）
邱兴隆 著

出版发行：	中国检察出版社
社　　址：	北京市石景山区香山南路 109 号（100144）
网　　址：	中国检察出版社（www.zgjccbs.com）
编辑电话：	（010）86423753
发行电话：	（010）86423726　86423727　86423728
	（010）86423730　68650016
经　　销：	新华书店
印　　刷：	北京宝昌彩色印刷有限公司
开　　本：	710 mm×960 mm　16 开
印　　张：	34.75　插页 4
字　　数：	642 千字
版　　次：	2018 年 9 月第一版　2018 年 9 月第一次印刷
书　　号：	ISBN 978–7–5102–2044–9
定　　价：	116.00 元

检察版图书，版权所有，侵权必究
如遇图书印装质量问题本社负责调换

刑罚是烈马，报应是马缰，功利是马鞍。

——题记

序　言

顾培东

一不经意，滑到了有人邀我作序的境地。按我的理解，为人作序之类通常应是两鬓秋霜且德高望重者的事业，邀我作序显然包含着作者对我生理年龄和学术资历的双重误读。尽管我并未忽略依照职业习惯认真审视我作序的"主体资格"，但面对作者装在布袋中寄来的600多页沉甸甸的智慧，我无法拒绝电话那一端作者的催促与诚恳。

相对各部门法学来说，刑法学在我国是较为成熟的学科。我无力考证这种现象与汉唐明清中国刑律的发达是否有关，但至少与新中国成立后几十年刑事实践未曾中断有必然联系。主体社会制度及主流意识形态，特别是几十年来中国社会治理的主导方式总是为刑事实践留下较大的空间。不仅如此，20世纪50年代及80年代步入法学领域的人，也都是从"犯罪构成"开始其部门法的启蒙的。80年代后期，以高铭暄、王作富先生及其弟子代表的一批刑法理论学者，更是把刑法学拨弄得风风火火，由此为刑法在中国法学研究中奠定了甚为特殊的地位。我不止一次发出过感叹：中国实在是刑法学家成长的沃土。

我之所以认为刑法学在我国较为成熟，当然不仅指刑法理论研究的广泛影响，更想说的是这门学科研究的深度。作为刑法学界的局外人，我不避厚此薄彼之嫌；尽管民商法等学科的研究在今天有更多的功利性诱导和支撑，尽管也有一些从事民商法等学科研究的中青年学者不时推出价值不菲的书作，但能够系统、全面地从理性层面对部门法制度进行研究，并且这种研究能够形成气候的，目前仍然限于刑法学。指出这一点是想切入这篇序言所涉及的主题，或者是要表达我在感觉上给予这本书的定位：本书代表了中国刑法学研究的最新趋势；更近俗一点说，本书代表了目前刑法学研究、从而代表了目前中国部门法研究的较好水平。服不服由你。

"刑罚的正当性反思。"从这个副标题中无疑可以感受到黑格尔式思辨的余韵，但也不难品味出秋菊式的执着，甚而还有几分鲁迅笔下狂人的愚顽。作者力图把刑罚放在自己所设定的观察框架（即"纵五段"、"横四块"）中，并根据其预设的理性前提，追问每一类刑罚制度、刑罚所涉及的每一个要素及过程的依据与基础，同时阐释各自的内在机理。这种研究超越了对刑罚制度宿命化的认同，也超越了对刑罚制度的一般性理解，展示给人们的是一种深层的、本质性的审视。这种研究的价值不仅在于能够设定某种用以矫正现实刑罚制度的基准，或者为现实刑罚制度的完善提供某种参照，同时也可以帮助"正当性"的刑罚制度的制定与实施者建立起信心。需要申明的是，我这种评价是对本书作者在方法论上的肯定，是对作者思维上努力的尝试（用作者的话说"心理上的冒险"）的肯定。至于作者所设定的观察框架是否科学、预设的前提是否恰当，我没有这方面的评价能力。直感上是认同的。

作者这本书是在特殊的空间和环境中完成的。在刑罚的规制下研究刑罚，这不啻是个黑色幽默。但也许正是作者对自己所经受的"不正当"的刑罚有刻骨铭心的感受，才会对刑罚的正当性有更为深刻的思考。能够想象出作者的写作过程完全是一种强烈的个体情感的释放、一种个人体验的猛烈宣泄。这与在"坐拥书城、红袖添香"的氛围中舞文弄墨是迥然相异的两种境界。我不能轻率地推断这一段特殊经历对作者个人学术生涯及学术思维究竟起了什么样的作用，但可以设想，没有这样一段经历，作者的"理性思维"或许正用于盘算生意上的"正当性"或其他商业上的问题。然而，作者这段"歪打正着"的经历决不是学者治学的理想范式。作者没有理由，也决不会庆幸这段经历。作者应当自慰的是在这样的特殊经历中重新审视了人生的"正当性"，重新找准了人生的基点。自然，后面的路还很长，还有很多现象的"正当性"值得作者去思考，还有很多非理性的现象需要作者去理性评价。于此，我代表那些无须授权即可代表，不需列名、作者和我都能感知的学友们，由衷地向作者发出祝愿：

　　邱崽，看准路，走好！

1998 年 8 月写于洪水退落之时·成都

前言

学格、责任与良心

在我的概念中，哲学是一门关于问题（提出与解决问题）的学问，更是一种以批判（对问题的历史与现实予以反思）为己任的学问。相应地，作为哲学与刑法学联姻的产物，刑法哲学应该是从哲学的角度提出并解决刑法问题的学问，理所当然地，也应是一种对刑法问题的历史与现实予以反思的学问。

为了验证我的"刑罚理性统一论"是否有资格作为一种刑法哲学理论，同时，也是为了验证我是否有勇气形成一种唯理至尊的不具有奴性的学格，顺乎自然地，也是顺乎逻辑地，我由对刑罚的正当性的揭示，转向了对刑罚的正当性的历史与现实的反思。

我觉得，在本书中，我是在把自以为是对刑罚的真正理性的昭示的"刑罚理性统一论"作为剖刀使用：我把刑罚的历史顺乎理性地纵断为五段，把刑罚的现实顺乎逻辑地横切为四块，然后，对每一段、块予以个别剖视，使历史与现实中的刑罚的优劣利弊透彻无遗地暴露在刑罚理性的显微镜下。

我为我的解剖结论而满足：我对刑罚的正当性的历史反思的结论即"理性决定论"终于使我为究竟是什么在推动刑罚的进化这一令我思考了多年的问题找到了一个答案；我对刑罚的正当性的现实反思过程使我完成了一次心理上的冒险而证明了我拥有作为刑法哲学者的勇气。

我不认为我对刑罚的正当性的反思过程与结论有何错误，因为我反思的过程是一种不带任何成见的简单的逻辑演绎过程，我得出的每一结论都是以我认为正确的"刑罚理性统一论"为大前提，以客观存在的刑罚的历史与现实为小前提，推理而出的结论，因而都至少是我自以为客观而真实的结论。

促成我将对刑罚的正当性的反思过程与结论真实地展现在读者面前的是一种自发的责任。这不是外界强加给我的一种负担，而是我基于自己作为人与学者所共有的良心而生的一种义务：作为社会一员的人，我的良心不允许我在不合理的现实面前镇静、沉默与麻木；作为学者，我的良心不允许我为苟合不合理的学说或现象而隐瞒自己的观点，改变自己的结论。因此，我在为自己挑战传统、否定通说与直面现实的勇气而满意的同时，也为我的"刑罚理性统一论"所具有的批判精神与解决问题的工具价值而欣慰，更为我就刑罚体制的合理化尽了一份刑法学者应尽的良心责任而如释重负。

在宽松的学术氛围之中，我没有理由不感到做学问的轻松。在法学的理性与理性的法学者均在形成的时代，我没有理由不相信本书所将受到的审视是客观的，所将受到的批判是合乎理性的。

我庆幸我处在一个理性社会的理性时代。对于社会与时代给我的恩赐，把回报当成责任，是我作为人与学者无愧于良心的唯一选择。

1998 年 8 月 20 日于冀省石门市郊

目 录

序 言 …………………………………………………………（ 1 ）

前 言 …………………………………………………………（ 1 ）

第一编　刑罚的正当性的历史反思

引论：刑罚的正当性反思之一般 ……………………………（ 3 ）

第一章　报复刑的理性反思 ………………………………（ 7 ）
　　第一节　报复刑的表征 …………………………………（ 7 ）
　　第二节　报复刑的社会进化背景 ………………………（ 11 ）
　　第三节　报复刑的认识论分析 …………………………（ 12 ）
　　第四节　报复刑的刑理评价 ……………………………（ 13 ）

第二章　威慑刑的理性反思 ………………………………（ 15 ）
　　第一节　威慑刑的表征 …………………………………（ 15 ）
　　第二节　威慑刑的理论基础 ……………………………（ 23 ）
　　第三节　威慑刑的认识论分析 …………………………（ 28 ）
　　第四节　威慑刑的刑理评价 ……………………………（ 29 ）

第三章　等价刑的理性反思 ………………………………（ 35 ）
　　第一节　等价刑的表征 …………………………………（ 35 ）
　　第二节　等价刑的理论基础 ……………………………（ 40 ）
　　第三节　等价刑的认识论分析 …………………………（ 43 ）
　　第四节　等价刑的刑理评价 ……………………………（ 44 ）

第四章　矫正刑的理性反思 ………………………………（ 54 ）
　　第一节　矫正刑的表征 …………………………………（ 54 ）

第二节　矫正刑的理论基础 …………………………………（63）
  第三节　矫正刑的认识论分析 ………………………………（65）
  第四节　矫正刑的刑理评价 …………………………………（67）

第五章　折衷刑的理性反思 ……………………………………（78）
  第一节　折衷刑的表征 ………………………………………（78）
  第二节　折衷刑的理论基础 …………………………………（85）
  第三节　折衷刑的认识论分析 ………………………………（86）
  第四节　折衷刑的刑理评价 …………………………………（87）

结　论 ……………………………………………………………（97）

第二编　制刑的现实反思

引论：制刑的现实反思之一般 …………………………………（105）

第一章　生命刑反思 ……………………………………………（110）
  第一节　生命刑的合理性 ……………………………………（110）
  第二节　生命刑的不合理性 …………………………………（113）
  结　论 …………………………………………………………（115）

第二章　自由刑反思 ……………………………………………（118）
  第一节　无期徒刑评价 ………………………………………（118）
  第二节　有期徒刑评价 ………………………………………（123）
  第三节　拘役刑评价 …………………………………………（128）
  第四节　管制刑评价 …………………………………………（131）
  结　论 …………………………………………………………（135）

第三章　财产刑反思 ……………………………………………（137）
  第一节　罚金刑评价 …………………………………………（137）
  第二节　没收财产刑评价 ……………………………………（141）
  结　论 …………………………………………………………（145）

第四章 资格刑反思 …………………………………………… (147)
 第一节 剥夺政治权利刑的合理性 ……………………………… (147)
 第二节 剥夺政治权利刑的缺陷 ………………………………… (151)
 结　论 …………………………………………………………… (152)

结论与余论 ………………………………………………………… (153)

第三编　动刑的现实反思

引论：动刑的现实反思之一般 …………………………………… (163)

第一章 动刑立法反思（一）——动刑前提的立法评价 ……… (168)
 第一节 定罪原则评价 …………………………………………… (168)
 第二节 犯罪概念评价 …………………………………………… (169)
 第三节 排罪规定评价 …………………………………………… (170)
 第四节 定罪范围评价 …………………………………………… (176)
 结　论 …………………………………………………………… (192)

第二章 动刑立法反思（二）——动刑原则、制度与情节的立法评价
 ………………………………………………………………………… (194)
 第一节 动刑原则评价 …………………………………………… (194)
 第二节 动刑制度评价 …………………………………………… (197)
 第三节 动刑情节评价 …………………………………………… (201)
 结　论 …………………………………………………………… (204)

第三章 动刑司法反思 …………………………………………… (205)
 第一节 动刑司法的合法性评价 ………………………………… (205)
 第二节 动刑司法的合理性评价 ………………………………… (209)
 结　论 …………………………………………………………… (214)

结论与余论 ………………………………………………………… (215)

第四编 配刑的现实反思

引论：配刑的现实反思之一般 ································ （231）

第一章 配刑立法反思（一）——1979年刑法法定刑幅度评价 ········ （235）
  第一节 反革命类罪法定刑幅度评价 ································ （235）
  第二节 危害公共安全类罪法定刑幅度评价 ·························· （237）
  第三节 侵犯人身权利、民主权利类罪法定刑幅度评价 ··············· （239）
  第四节 破坏经济管理秩序类罪法定刑幅度评价 ······················ （243）
  第五节 侵犯财产类罪法定刑幅度评价 ······························ （247）
  第六节 妨害社会管理秩序类罪法定刑幅度评价 ······················ （249）
  第七节 妨害婚姻、家庭类罪法定刑幅度评价 ························ （255）
  第八节 渎职类罪法定刑幅度评价 ·································· （256）

第二章 配刑立法反思（二）——特别刑法法定刑幅度评价 ········· （260）
  第一节 1979年刑法法定刑幅度的修改与补充评价 ·················· （260）
  第二节 新增罪名的法定刑幅度评价 ································ （269）

第三章 配刑立法反思（三）——1997年刑法法定刑幅度评价 ······ （295）
  第一节 危害国家安全类罪法定刑幅度评价 ·························· （295）
  第二节 危害公共安全类罪法定刑幅度评价 ·························· （297）
  第三节 侵犯人身权利、民主权利类罪法定刑幅度评价 ··············· （303）
  第四节 破坏经济管理秩序类罪法定刑幅度评价 ······················ （307）
  第五节 侵犯财产类罪法定刑幅度评价 ······························ （321）
  第六节 妨害社会管理秩序类罪法定刑幅度评价 ······················ （323）
  第七节 危害国防利益类罪法定刑幅度评价 ·························· （344）
  第八节 贪污贿赂类罪法定刑幅度评价 ······························ （348）
  第九节 渎职类罪法定刑幅度评价 ·································· （350）
  第十节 军人违反职责类罪法定刑幅度评价 ·························· （354）

第四章 配刑立法反思（四）——法定刑格的评价 ················· （362）
  第一节 1979年刑法法定刑格评价 ································· （362）

第二节　特别刑法法定刑格评价 …………………………（370）
第三节　1997年刑法法定刑格评价 ………………………（377）

第五章　配刑立法反思（五）——附加刑的分配评价 …（388）
第一节　罚金刑的分配评价 …………………………………（388）
第二节　剥夺政治权利刑的分配评价 ………………………（400）
第三节　没收财产刑的分配评价 ……………………………（407）

第六章　配刑立法反思（六）——配刑原则、制度与情节的评价 ……（416）
第一节　配刑原则评价 ………………………………………（416）
第二节　配刑制度评价 ………………………………………（418）
第三节　配刑情节评价 ………………………………………（423）

第七章　配刑司法反思 …………………………………………（435）
第一节　配刑司法的合法性评价 ……………………………（435）
第二节　配刑司法的合理性评价 ……………………………（440）
结　论 …………………………………………………………（451）

结论与余论 …………………………………………………………（452）

第五编　行刑的现实反思

引论：行刑的现实反思之一般 ……………………………………（483）

第一章　行刑立法反思（一）——刑法中行刑规定的评价 …（486）
第一节　行刑方式的立法评价 ………………………………（486）
第二节　行刑制度的立法评价 ………………………………（491）
结　论 …………………………………………………………（500）

第二章　行刑立法反思（二）——监狱法的规定评价 ………（502）
第一节　监狱法的规定的合理性 ……………………………（502）
第二节　监狱法的规定的不合理性 …………………………（510）
结　论 …………………………………………………………（513）

第三章 行刑司法反思 ………………………………………（514）
 第一节 依判行刑评价 …………………………………（514）
 第二节 依法行刑评价 …………………………………（516）
 第三节 合理行刑评价 …………………………………（522）
 结　论 …………………………………………………（526）
结论与余论 ……………………………………………………（527）
致　谢 …………………………………………………………（540）

第一编　刑罚的正当性的历史反思

引论：刑罚的正当性反思之一般

大凡涉足刑法史者，莫不以对刑法史的分段作为研究的起点。基于立足的角度不同，不同的学者所持的分段方法殊异，因而在刑法史的阶段划分上众说纷纭。

在五花八门的分段法中，流行较广者莫过于按历史时代自然分段法、按社会形态政治分段法与按刑罚理性特征分段法三种①。

按历史时代自然分段法，与世界历史的自然发展阶段相适应，将刑法史分为太古刑法、中古刑法、近世刑法与19世纪刑法四阶段。此法所采的是一种万能的历史分段模式，具有极大的自然主义色彩，其对刑法史的阶段划分只不过是通用的世界历史自然分段法的套用与翻版，虽简便易行，但未能反映刑法之进化与演变的内在规律性，刑法的不同进化阶段的个性与处于同一进化阶段的不同刑法体制的共性均被淹没在历史纯自然的进化过程中，因而很难适应研究的目的。

按社会形态政治分段法，以阶级分析的观点，将刑法归为一种阶段统治的工具，与以不同阶级统治相更替为标志的社会形态的进化相对应，将刑法史分为奴隶制刑法、封建制刑法、资本主义刑法与社会主义刑法四段。此法所采的是另一种万能的历史分段模式，具有浓厚的政治色彩，其对刑法史的阶段划分，只不过是在社会主义国家所流行的世界历史政治分段法的翻版与套用。此法虽因注重刑法的所谓作为阶级统治手段的政治本质而突出了不同社会形态中刑法的相应的政治背景，因而相对于纯自然分段法有一定可取之长，但在"阶级统治工具"这一过于简单的命题下，发生在同一社会形态中的刑法的根本性演变被抹杀②，出现在两种相交的社会形态中的刑法的进化的共性被断然

---

① 有关刑法史的这两种分段法，可参见王瑾著：《中华刑法论》，中华印书局1933年版，第39—40页。

② 在奴隶制的鼎盛时期，以威慑为基本理性的刑法体制随之勃兴，而在资本主义时代，刑法体制则历经威慑—等价—矫正—折衷的变迁。但按社会形态分段法，奴隶制刑法被简单地归于以复仇为特征，资本主义刑法的变迁亦未揭示。

割裂①,更为严重的是,其按国家政治制度的不同划分刑法史的阶段,以致并存于同一时代,基本理性与特征并无殊异的刑法体制被牵强地归为两个进化阶段。② 因此,按社会形态分段法,不但未能揭示刑法进化的特有规律性,而且人为地给刑法进化史造成极大混乱,使本来清晰的刑法进化史被蒙上了层层烟雾,迷蒙研究的视野。

按刑罚理性分段法,立足于刑罚理性的变迁,将刑法史划分为复仇时代、威吓时代、博爱时代与科学时代四阶段。③ 此法力图以刑罚理性的变迁为线索,揭示刑罚进化的内在规律性,展现不同刑法体制兴衰更替的理性原因与相互间的实质性差异,因而接近于刑法进化的本来面目,吻合"对法律的理性研究"与"对历史的研究"之间所固有的联结。④ 其合理性显而易见。然而,此法虽然画龙点睛地将刑法进化的第一、第二个阶段称为复仇时代与威吓时代,从而恰到好处地概括了此二阶段的刑法理性特征,但其将近代刑法称为博爱时代、将现代刑法称为科学时代,却大可商榷。虽然博爱观念曾对近代刑法的形成产生过重大影响,但一方面,构成近代刑法之思想渊源的并非只有博爱观念,除此之外,自由观念与平等观念对近代刑法之形成的作用并不亚于甚至远大于博爱观念的影响,仅以作为近代刑法的思想渊源之一的"博爱"来概称近代刑法,在逻辑上失之以偏概全;⑤ 另一方面,博爱虽然是近代众所共求的一种理念,但其是一种普遍性的社会理念,而不是刑法所特有的理念,更非近代刑法的基本理性,以"博爱"指称近代刑法,将其与复仇、威吓相提并论,不能反映近代刑罚的理性特征,有悖以刑罚理性的变迁作为划分刑法史阶段的根据的同一律。同样,科学的发展是现代史上的鲜明特点,而且,刑法的

---

① 奴隶制后期与整个封建制时期乃至资本主义的初期,刑法均以威慑为基本理性,但按社会形态分段法,不同社会形态中的刑法的这一共性无从反映。

② 在当代,无论是资本主义刑法还是社会主义刑法,均以折衷主义为基本理性,在体制上亦趋大同。但按社会形态分段,则社会主义刑法被归为继资本主义刑法之后的一个历史阶段。

③ 日本刑法学者牧野英一首倡此法。在拙著《刑罚学》中,笔者曾仿此法考察刑罚的进化(参见邱兴隆著:《刑罚学》,群众出版社1988年版,第二章)。樊凤林教授主编的《刑罚通论》亦持相同主张(参见樊凤林主编:《刑罚通论》,中国政法大学出版社1994年版,第二章)。

④ 美国著名法学家兼法官霍姆斯正确指出:"对法律的理性研究……在很大程度上是对历史的研究。"(转引自[美]伯纳德·施瓦茨著:《美国法律史》,中国政法大学出版社1990年版,第4页。)

⑤ 关于近代刑法的思想渊源,详见后文"等价刑的理性反思"。

科学化也确曾是主宰近代刑法的一种新理念,但一方面,科学化是时代的一种普遍性的理念,不是刑法所特有的理念,更不是刑罚的基本理性特征,将现代刑法概称为科学时代,与以"博爱"概称近代刑法一样,有悖以刑罚理性变迁作为刑罚史分段根据的同一律;另一方面,现代刑法虽以科学化为理念,但历史的现实已以现代刑法的失败证明了其所谓的科学只不过是一种虚幻的空想①,将建立在虚幻观念上的现代刑法称之为科学的刑法,无异于是对其的一种无理粉饰。此外,按刑罚理性分段法之将刑法史分为四阶段,所划分的领域成为真正的历史的现代刑法,而未在揭示当代刑罚基本理性的基础上,将当代刑法纳入对刑法的进化考察范围,因而不能反映刑法之进化的全过程。因此,传统的按刑罚理性划分刑法进化阶段的方法,虽然基点正确,立意合理,但其对刑法史的某些阶段的概称以及未能将现代刑法作为考察对象而表现出的不合理性却决定了其远非完全合理而科学的分段方法。

以上评析表明,对刑法史的自然分段法与政治分段法均不是对刑法进化过程的理性研究方法,不符合本书之评价刑罚理性的主旨,因而理所当然地为笔者所不采。按刑罚理性分段法在方法论上虽切合本书的主旨,但其所固有的不合理性又决定了其难以为笔者所全盘接受。基于评价刑罚理性的主旨,立足于刑罚的基本理性,笔者主张一种在方法论上与按刑罚理性分段法相同但在具体划分上不尽相同的五分法,即将刑法的进化划分为报复时代、威慑时代、等价时代、矫正时代与折衷时代五个阶段。

报复时代,作为刑法草创阶段,以将刑罚作为对犯罪的报复手段为特点,同态报复为此间刑罚的基本理性。其发刃于刑罚之缘起,大致终于中国的西周、西方的罗马法时代。如从社会形态的角度来看,其始于原始社会之解体,终于奴隶制中后期。

威慑时代,是刑法进化的第二阶段,其以将刑罚作为对犯罪的威慑手段为特点,一般威慑为此间刑罚的基本理性。其始于中国的西周、西方的罗马法时代,即奴隶制中后期,终于中国的清末、西方的19世纪初期,即资本主义早期。

等价时代,即刑法的第三个进化阶段,以刑罚作为对犯罪的等价报应与等价威慑手段为特征,刑罚以法律报应与立法威慑相结合为基本理性。其以1791年至1810年法国刑法典的制定颁行为标志的刑法近代化改革为起点。以19世纪末、20世纪初的所谓刑法现代化改革而告终。

矫正时代,系刑法的第四个进化阶段,以刑罚作为预防犯罪人再犯罪的手

---

① 关于现代刑法的伪科学性,详见后文"矫正刑的理性反思"。

段为特征，刑罚以教育、矫正犯罪人为基本理性。其起于19世纪末、20世纪初的刑法现代化改革，终于20世纪60年代中后期与70年代初。

折衷时代，即刑法的现阶段，以刑罚作为法律报应与预防犯罪相结合的手段为特征，刑罚以报应、一般预防与个别预防相折衷为基本理性。其自20世纪60年代中后期与70年代末期发端，持续至今。

与刑法进化的以上五阶段相适应，刑罚表现为报复刑、威慑刑、等价刑、矫正刑与折衷刑五种进化形态，其构成对刑罚的正当性的历史反思的对象。

第一章 报复刑的理性反思

中外典籍浩如烟海，有关罪与刑的记述不绝于史。然而，由于蒙昧时代的人们尚不知文字为何物，有关刑罚从原始社会的习惯中分娩的经过，难以有当时形成的直接记述流传至今，供世人辩考、引证。然而，从远古史籍与法律文件中，作为惩罪罚恶之手段的刑罚与原始部落维系自身生存的习惯的报复之间的因袭关系依稀可辨。至少，大量证据足以表明，人类历史上的第一种刑罚体制是以报复观念为主宰即以报复为基本理性的刑罚体制，刑罚的草创时代也就是刑罚的报复时代。

第一节 报复刑的表征

一、制刑之表征

报复时代的刑罚，只有方法而无体系。① 在制刑者的眼中，犯罪的行为方式、外表形态或损害结果，是设制刑罚手段的唯一蓝本，一切与犯罪同害或同态的手段都是惩罚犯罪的合适的刑罚手段，同态或同害报复是主宰制刑与配刑的共同准则。一方面，制刑与配刑的方法是有什么形态的犯罪便有什么样的刑罚手段。如古巴比伦王国的《汉谟拉比法典》规定，对伤害他人眼睛、折断他人骨头、击落他人牙齿的自由民，应分别处以伤害其眼、折断其骨、击落其齿的刑罚。显然，伤眼、折骨与击齿作为刑罚，只不过是作为犯罪的伤眼、折骨与击齿的机械的同害反应，犯罪之损害形态构成刑罚之内容的渊源。同样，古印度的《摩奴法典》规定，"如果非再生人恶毒的侮辱再生人时，须割掉他的舌头"；"如果非再生人以无理的态度评论再生人的名字和种姓时，须以十指长的铁钉插入他的口中"；"如果非再生人傲慢地教训婆罗门（应尽）的义

---

① 这一命题与后文将述及的同害报复原则，均只适用于外国远古时代的刑罚，而不适用于上古时代的中国刑罚。因为此间的中国刑罚不但有"五刑"体系，而且并不以与犯罪的损害相等同为内容。这里的评析只限于对各国远古刑罚的共性的揭示。至于中外刑罚进化的差异，有待专题探讨。

务时,须以滚开的油灌入他的口和耳中"。这里所列举的三种犯罪,都是通过口实施的,而作为刑罚的割舌、铁钉插口与滚油灌口,均以伤害犯罪人的口为内容。显然,在这里,制刑所追求的是刑罚方式与犯罪方式之间的一种表现形态的对应性。而这实际上是报复的另一种表现,即同态报复。另一方面,刑罚的创制完全取决于刑罚分配的需要与方便。"以眼还眼,以牙还牙,以血还血,以命抵命"式的对等报复,既是制刑的理性也是配刑的理性,以至于刑罚的创制只以对刑罚的分配方式即既存的惩罚手段的自然认可为唯一内容,在制刑与配刑之间并无明显的界限可寻。五花八门、纷繁复杂的刑罚方法共存于法律之中,便是这种自然认可的结果。正是如此,刑与罪在法律上的关系是质与量均绝对同一的对应关系,以致几乎每一种犯罪都有其不同于其他犯罪的刑罚方法。

二、动刑之表征

在作为动刑之前提的定罪问题上,报复刑注重的是行为的外在特征与客观损害,至于行为是出于故意、过失还是意外,可以在所不问。换言之,作为定罪之根据的只是行为的实害结果,而不包括行为人之主观恶性。正是如此,有害即有罪、无害即无罪的纯客观归罪成为此间定罪的准则。

客观归罪的定罪准则,在报复时代的中外刑法中体现得极为明显。如在古中国,刑法缘起之初,"既不分别行为的结果和偶然现象,也不问犯人对于犯罪事实有无认识,只知按行为及行为后继的现象来衡量犯人的责任"。是即所谓"后果责任时代"[①] 同样,这种在客观上不论因果关系,在主观上不论有无罪过的有损害结果即为犯罪的客观归罪,也为古《汉谟拉比法典》所奉行。如该法典规定,为人建屋者如因工程不稳固而致屋塌压死主人,应处死刑。至于工程不固是否建屋者故意或过失所致,并不影响罪之成立。而在初期的罗马法中,定罪不考虑主观因素的"客观责任的色彩极为浓厚"。[②]

只考虑客观损害不考虑主观恶性的客观归罪,必然导致动刑对象的扩大化。其最明显的表现不只是刑及无恶,即对意外事件的关联者动刑,而且还刑及无能,即对不具有自由意志能力的人、物乃至自然现象发动刑罚。

据考证,在古中国,只有到周代才将主观因素作为定罪的根据的记述。在此之前,即使有所萌芽,也只能是一种理性的推论,而无表明其已成定制的

---

① 参见蔡枢衡著:《中国刑法史》,广西人民出版社1983年版,第185页。
② 参见陈兴良著:《刑法哲学》,中国政法大学出版社1992年版,第62页。

文字记载可作论据。① 正是如此，报复时代的夏、商两代刑法，难以寻见精神病患者与年幼无知者被作为动刑对象之例外的只言片语。在西方，既然只有到了罗马法时代，才有了故意与过失的概念，② 那么，在此之前，诸如精神病患者与年幼无知者之类的无自由意志能力者，自然也难免遭受被作为动刑对象的厄运。

至于刑及动物与自然现象，即将非人的行为作为动刑的原因、将并非人但"为害"人类的毒蛇猛兽、妖魔鬼怪作为动刑的对象，虽然在正式法律文件中并无相应的规定，但实际上，诸如此类的罚物现象，是客观责任制下不可避免的必然。因为既然与动物等的本能行动无异的无意志能力的人的行动可以作为动刑的原因，"为害"人类的动物或自然现象承受刑罚，自然为理所应当。

综合动刑的以上两方面的特征可知，报复刑之动刑的基本理性是有害必罚。作为动刑之前提的"罪"是一种与"恶"毫不相关的纯客观意义上的"害"，犯罪只不过是损害的代名词。而"罪"与"刑"之间的联系，则是一种绝对的、必然的、毫无例外的直接联系，其间未经任何与责任之有无相关的中介。正是如此，在报复刑体制下，刑及无责在所难免，且系一大鲜明特色。相应地，与犯罪无关而仅与犯罪人有某种身份、血缘、社会关系的人亦难免受刑之苦，即不可避免地要受到株连。

在古巴伦，刑及无辜、株连旁人是报复时代的法定动刑规则。《汉谟拉比法典》规定的村社或亲属连带责任制便是这一规则的明显体现。根据该法典规定，如村社内发生抢劫，而强盗逃跑不能捕到时，村社与长老应赔偿所失之物；父母犯罪，子女应担当责任；盗卖他人财物的罪犯已死，则其亲属应担负五倍于原物的赔偿费；建屋者如因工程不稳固而致屋塌压死主人之子，则其子也应处死刑。显然，这种村社或亲属连带责任，作为动刑的准则，带有浓厚的报复色彩，既是原始习惯中的血族报复与血亲报复责任的遗风，也是报复理性在动刑问题上的具体体现。

报复作为刑罚理性在动刑问题上的另一明显体现是刑不及报复，即因报复而实施的行为，纵然为害再大，也不成其为动刑的原因。如在中国商、周二代，报复是公许而受法律保护的行为，只不过实施报复行为前必须经过登记而已。《周礼·秋官·朝士》载曰："凡报仇者，书于士，杀之无罪。"即是指，凡报仇而杀人，如果事前曾在名为朝士的官定机关登记过，便不认为是犯罪，

---

① 参见蔡枢衡著：《中国刑法史》，广西人民出版社1983年版，第185页。
② 参见陈兴良著：《刑法哲学》，中国政法大学出版社1992年版，第24页。

不应受刑罚惩罚。在古雅典，刑法规定，如男子发现其妻、姐、妹与人通奸，有权将奸夫当场处死。在法兰克，直到中世纪，刑法仍规定为被害者报复是同族男性成员的权利与义务，氏族之间的报复，只要是公开进行的，便不受刑罚制裁。诸如此类的报复行为之所以不被作为犯罪，原因便在于其与作为刑罚之基本理性的报复观念相吻合，因而应该视为是合理的行为。

三、配刑之表征

在刑罚的分配问题上，与客观归罪的结果责任相适应，刑罚的轻重完全取决犯罪的损害结果的大小，而与犯罪人的主观恶性之有无与大小毫不相关。因此，报复刑所奉行的配刑原则是刑害相当，害大刑重、害小刑轻、害同刑同。根据这一原则，同一表现形式、造成同样客观损害的行为属于同一种罪，其处刑结果完全相同，丝毫不因罪过之有无或大小而异。

据文字记载，中国刑法迟至周代才有"三宥"。① 即才有区分故意、过失的责任制度，也只有到此时，才有过失犯罪相对故意犯罪减轻处罚的规定。既然如此，在夏、商二代，决定所分配之刑的轻重的，自然只是犯罪之"害"，而不包括犯罪人之"恶"。而在西方，在罗马法之前，犯罪亦无故意、过失之分，刑罚之轻重无疑也是以客观损害之大小为其决定者。如前文所引的《汉谟拉比法典》所规定的建屋者因工程不稳固而屋塌压死主人，从现代刑法学的立场来分析，绝不是一种故意杀人行为，但其配刑却是绝对死刑。由此可知，致屋主于死的客观损害结果，是决定对建屋者处以同害对称之死刑的唯一根据。至于行为是出于过失，并不影响对行为人的处刑。

四、行刑之表征

在刑罚的执行问题上，报复时代以简便为基本原则。无论是死刑，还是其他刑罚方法，均以简单、快捷方式执行，而不需烦琐的手续、复杂的程序与冗长的过程。正是如此，在中国夏、商两代，作为死刑的大辟以砍头为已足，而无其他任何附加手续。

---

① 参见蔡枢衡著：《中国刑法史》，广西人民出版社1983年版，第185—186页。

第二节　报复刑的社会进化背景

报复刑之作为人类历史上第一种刑罚体制而存在，有其特定的社会进化背景，且有历史的必然性，是原始公有制解体与原始习惯进化的必然结果。

原始人类，生产方式简单。渔猎活动与粗劣的石制工具所能提供的劳动产品，除了满足生存的起码需要，毫无剩余可言。与此相适应，劳动产品实行平均分配。在这有福同享、有难同担的大同世界，人们"势利不萌，祸乱不作",① 更无尔虞我诈、你争我夺的丑恶现象。既无"势利"、"祸乱"之类的恶行，自然也毋须惩恶扬善的手段。因此，原始人类并不知刑罚为何物。史称"神农之世，刑政不用而治"，② "刑罚未施而民化"，③ "刑罚不施于人而俗善"，④ 便是对原始社会早期没有刑罚，但秩序井然的景况的真实写照。

然而，到了原始社会末期，新的石制工具与金属工具相继应用于生产，原始人类的生产力有了长足的进步，除了生存的需要，劳动产品出现了剩余。而劳动产品的出现，使化公为私、占有他人劳动成果成为可能。于是乎，"民有所利，则有争心"，"尚贤则民争利，贵货则贼起"。本不知争斗为何物的原始人类，开始一反昔日和睦相处的常态，围绕剩余产品的占有权展开了你争我夺。从前安稳的社会景况已不复存在，被我们今日称为"杀人"、"抢劫"、"盗窃"等的恶行，充斥着原始人类的生活。争夺中的胜利者，为了防止自己的既得利益得而复失，产生了以强有力的手段保护自身利益的要求，法律的产生成为历史的必然。这样，作为最原始的法律制裁手段的刑罚的胚胎便已孕育于公有制的解体、私有制的勃兴之中。

然而，刑罚的产生又不是原始人类一朝一夕的心血来潮的结果，其以报复的初始面目来到人世也并非原始人类偶然的选择，而是原始报复习惯长期的、顺乎自然的进化的必然产物。

在氏族制度的最初阶段，氏族成员遭到外族伤害被视为整个氏族遭到凌辱，受害的氏族因而对加害的氏族采取集体性的报复、杀戮行动，这便是血族报复。由于血族报复在报复对象与方式上毫无限制，其往往导致氏族之间的大混战，乃至造成整个氏族的毁灭。随着生产力的发展、氏族与氏族之间的封闭

---

① 《抱朴子·诘鲍》。
② 《商君书·画策》。
③ 《路史·前纪》卷八。
④ 《路史·后纪》卷五。

状态被逐渐打破,作为维系同一氏族内部成员的纽带的集体观念开始淡漠,血族报复便由以家庭为单位的血亲报复所取代。此后,由于生产力的进一步发展,劳动力的价值日显重要,以杀戮为唯一形式的血亲报复也成为生产力发展的阻碍,从而逐渐让位于报复的手段与损害的形态相对称的同态报复。而这便是以同害或同态报复为基本理性的报复刑的胚胎。正是对这种同态报复的习惯的改造、利用,注定了报复刑作为人类历史上的第一种刑罚体制而产生的必然性。

第三节 报复刑的认识论分析

报复刑体制的形成,不但有其特定的社会历史背景,而且还有其特定的认识论上的根源,即是说,其是基于认识论上的原始机械决定论对犯罪、刑罚以及罪刑关系问题的认识的结果。

蒙昧时代的人类,智识未开,认识能力低下,对事物的观察只囿于对其外在的表征的反映,而对其表征背后所隐藏的规律,则无力揭示。与此相适应,其对犯罪的认识也只限于对其形诸于外的损害结果、表现形式等外在的特征,而对犯罪动机、意识、意志及其对犯罪形成的相对决定作用却难以认识。正是如此,对犯罪的评价才仅仅以其损害结果为基点,行为被视为导致损害的唯一作用力。

对人的主观因素之于行为的相对决定作用的无力揭示,必然导致对人之不同于动物的理性即其意志自由性的无视或漠视。自然而然地,在确定什么行为是犯罪时,便不可能将行为是否为行为者自由意志的体现作为基点之一,以损害结果之有无为定罪与否的唯一根据,成为一种必然的选择。也正由于对人之不同于动物的理性缺乏认识,人们才无力揭示无意志能力的精神病人、年幼无知者的行为以及并非人的自由意志产物的意外事件与作为人的自由意志体现的正常行为与动物的本能行动以及自然现象的根本区别,从而才导致客观归罪与罚及无能者、动物与自然现象的有害必罚现象。因此,在客观归罪、刑及无责与罚物的表象背后,隐藏着人未能认识到自身的理性因而不将自身真正作为人,在以理性的法律手段惩罚不具有理性的人与物的同时也就否定了人作为理性动物所特有的理性实质。正是如此,报复刑构成既是理性的产物又是对理性的否定的矛盾体。

另一方面,对人的自由意志之于行为的支配作用的无力揭示,也不可避免地必然导致对人之于客观因素的主观能动性的难以认识。与此相适应,犯罪行为的可控性在当时的认识能力之下注定只能是一个陌生的概念,人们不可能将刑罚作为预防犯罪的积极手段来设计，而只能将其作为对犯罪的机械反动，即简单地将其作为报复犯罪的消极手段。正是如此，刑罚的创制才会以犯罪之害为蓝本，刑罚的分配才会取决于犯罪的损害形态，刑与罪之间才产生了害害对称的同态或同害报复关系。

第四节 报复刑的刑理评价

报复刑以同害报复的面目而存在，不但因其是特定社会历史背景与蒙昧时代的人类认识能力有限的必然产物而具有历史的必然性，而且因其是原始的朴素公正观念的折射而具有其合理性。

受以物易物的简单商品交换方式的影响，人们不可避免地要形成原始的等价意识。正是基于这种原始的等价意识，刑与罪也被视为一种"等价交换"的关系，即犯罪让人失去的是什么，刑罚便让犯罪人失去什么，刑与罪各自使人丧失的价值物具有对等性。因此，在同害或同态的报复中，刑罚蕴含着价值对等的公正性，其既构成对无限制的报复的限制，又构成满足对犯罪的报复欲的手段。正是如此，报复刑因可满足社会对犯罪的报复愿望而被视为一种对社会的公正手段，又因其损害不致超出犯罪所造成的损害而被视为对犯罪者本人公正的手段。因此，同态报复、等害报复之作为刑罚的理性，实际上是一种对社会与个人都公正的合理选择，报复刑是刑罚的公正性的原始载体，其构成对作为现代报应观念之最初表现形态的报复观念的认可，同时又构成近现代报应刑的雏形。

然而，历史必然性也好，朴素的公正性也罢，报复刑的合理性均只限于其特定的历史条件之下。如果立足于现代，以刑罚所应有的理性来评价这种远古的刑罚体制，其无理性自然显而易见。

报复刑的无理性首先明显地表现在对犯罪的评价只限于行为的客观损害而无视行为人的主观恶性。既然客观损害被视为定罪的唯一根据，行为人的主观恶性未能纳入评价的视野，从刑罚所应有的理性角度而言，报复刑体制下的客观归罪显然不合犯罪应该是行为的客观危害与行为人的主观恶性的统一的理性规定，因未能将有害无恶的行为排除在作为动刑之前提的定罪范围之外而具有明显的不合理性。

报复刑的无理性其次表现在刑罚发动上的绝对性与连带性。报复刑以有害必罚为动刑的基本理性，将刑与害之间的质的联系视为一种毫无例外的必然联系，无视人的责任能力的有无与人对犯罪应否承担责任作为动刑之前提条件的必要性，显然违背刑事义务主体、犯罪行为主体、刑事责任主体与刑罚的发动客体所应有的绝对同一性规定，因而与现代动刑理性规定相去甚远。刑及无责、株连无辜、罚及动物与自然现象便是其动刑的无理性的必然结果与明显表现。

报复刑的无理性还表现在配刑的轻重仅仅以行为的损害结果为决定性因素，而将行为人的主观恶性排除在配刑的根据之外，以致异恶同罚，有悖配刑应以犯罪的客观危害与主观恶性的统一体即害恶性的轻重而不是仅以行为的客观损害为唯一根据的规定。同种损害形态的故意犯罪、过失犯罪乃至意外事件被处以轻重相同的刑罚，即是这种无理配刑的明证。

报复刑的最无理性也是其致命的缺陷在于其只奠基于刑罚的报应性之上，而完全无视功利性之作为刑罚的基本理性的应然性、对犯罪与刑罚的各自的规定性以及对刑罪关系的质与量的应有的规定性。就对功利性作为刑罚理性的应然性的认识而言，由于如前所述，在报复时代，犯罪行为的可控性与刑罚对犯罪的可制性均未受到应有的揭示，刑与罪的遏制与被遏制关系被完全排除在对刑罪关系的认识之外，以至于作为刑罚之功利根据的预防犯罪未能作为刑罚赖以存在的理性基础。正是如此，制刑、动刑、配刑与行刑均与预防犯罪的需要无缘，刑罚以及运用刑罚的活动仅仅奠基于同态报复之上，以致其得之公正而失之功利。意外事件、精神病人、年幼无知者的行为以及动物与自然现象等刑罚所不能遏制或没有必要以刑罚遏制的行为均未能排除在动刑对象之外，过失犯罪之类不需以重刑遏制的行为被与故意犯罪同样配之以重刑，以及并非犯罪人因而不具有人身危险性的人无端受到刑罚的株连等，实际上不只是对完整的报应理性的背离，而且也同时是对功利理性无视的结果。因此，归根结底，报复刑的无理性就在于其违背报应与功利的统一性，或者说只片面地体现了基于社会报复观念而生的同害报复理性，而忽视了基于道德评价而生的道义报应理性，并因而完全无视刑罚的功利理性。

第二章 威慑刑的理性反思

也许是受报复刑所自然产生的遏制犯罪的效果的启示，经过长时间惩罚犯罪的实践，人们逐渐认识到刑罚不仅可以惩罚犯罪，而且可以遏制犯罪。基于对刑罚的这种遏制作用的认识，人们已不满足于仅仅将刑罚作为惩罚犯罪的手段，而是开始有意识地追求刑罚对预防犯罪的效果，从而形成了对以报复观念为主宰的报复刑体制的否定。与此相适应，刑罚开始步入以遏制犯罪为理性基础的威慑时代。

第一节 威慑刑的表征

一、制刑的表征

威慑时代的刑罚，虽然与报复刑一样，仍然只有方法而无体系，但在刑罚方法的创制上已摆脱与犯罪的表现形态或客观损害形态相等同的羁绊而表现出对犯罪形态的超然态度。

在威慑时代，主宰制刑者的理性已不再是犯罪的表现形式或损害形态如何，所创制的刑罚便表现为什么样的损害形态，即制刑不再以犯罪的外在形态为蓝本，而是根据对犯罪的严重性的主观评判来确定其应受的遏制力度，然后再凭主观想象来设计作为最有效的遏制犯罪手段的刑罚，即想以什么样的方式遏制某种犯罪便设计什么样的刑罚方法。制刑方法上的这种随心所欲的主观随意性与对刑罚的威慑作用的推崇导致了作为制刑之结果的刑罚方法的复杂化与残忍性。

威慑时代的制刑者对刑罚方法的想象力达到了登峰造极的地步。基于对致人于死的刑罚方法的丰富想象，本来不具有可分性的死刑，竟被设计成轻重不一的数种，出现在同一国度的同一朝代的同一部法典之中。如中国的秦代《刑律》中，死刑多达19种，包括车裂、定杀、扑杀、戮、磔等。在中世纪的德国，仅《喀罗林法》规定的死刑便有斩首、车裂、焚烧与砍四块等。在中世纪的法国，死刑的种类同样繁多，包括烧死、用马裂死、绞刑与砍头等。

仅此还嫌不够，制刑者还在毁人肢体、健康与致人肉体痛苦方面挖空心思，设计出多种多样的肉刑、体罚。在中国封建时代，直至汉文帝除肉刑，秦、汉二代肉刑、体罚纷繁复杂。秦朝的肢体刑与体罚多达10多种，轻者髡、笞，重者宫、刖。汉朝的肉刑、体罚虽有减少，但也不下10种。汉文帝除肉刑后，毁人肢体、容貌、生殖机能的刖、黥、劓、宫等体刑虽从法律中消失，但鞭、杖却仍作为法定常刑保留下来，并为后世各代所承袭。在中世纪的西方，肉刑也普遍存在。在法国，直至资产阶级革命前夕，仍存在用灼热的铁条穿舌、割舌、鞭笞、烙印等肉刑。在英国，16世纪的《流浪法》中，鞭笞、烙印等体刑被作为对付流浪者的常备手段。在德国，《喀罗林法》规定了残毁肢体的折断手腕或手指、抉眼及割耳等肉刑。至于除此之外的劳役、流放、罚没财产等，更是名目繁多，不胜列举。

除了刑罚方法的多样性，威慑时代制刑的主要特点是刑罚方法的残忍性，尤以给人以肉体痛苦为特色。正是如此，虽然同是致人于死的刑罚，也往往以通过给受刑者最大痛苦的方法执行或者将肉刑作为处死前的从刑来显示其严厉性，以致任何一种死刑都显示出其残忍性。如在中国，自宋代发轫，流行凌迟即所谓剐刑。据《宋史·刑法志》记载，此刑为先断受刑人肢体，而后割断喉管。而据明代史载，此刑的残忍性远未限于此，而是需要整整一百个手持尖勾利刃的刽子手上场，剐三千六百刀，一刀不得少！又如在西汉时，有菹醢之刑见诸律令。据《汉书·刑法志》称："当三族者，皆先黥、劓、斩左右趾，笞杀之，枭其首，菹其骨肉于市。"也就是说，对于罪当灭三族者，对罪犯本人都应先刺面割鼻、砍断左右趾，再用荆条抽打致死，割下脑袋挂起来，最后在大庭广众之下剁成肉酱。显然，这种集多种体刑、肉刑与枭首等于一体的死刑，其残忍性已达登峰造极的地步。中国之威慑时代的刑罚之残忍性由此可见一斑。无独有偶，在西方，威慑刑也同样以残忍为其显著特性。如在中世纪的法国，死刑之残忍程度并不亚于威慑时代的中国刑罚。在16世纪，阴谋反叛国王的皮尔·巴列尔被先斩掉双手、用烙铁烫身后，打断全身骨头，继而用火焚化。杀死亨利四世的拉瓦良克，被先用灼热的钳子折下乳头、手、脚和大腿后，再用灼热的锡、煮沸的油、熔化的封蜡与松脂的混合物灌入伤口里，然后被四马分尸。在1759年，塔门斯暗杀暴君路易十五失败，对其所处的死刑也是先用烧红的铁钳将他身上的肉一块一块往下拧，然后用硫磺将他的手烧焦，再把熔化的铅水浇在伤口上，最后用四匹高头大马将其身体撕成四块，烧成灰撒在地上。显然，诸如此类先行肉刑后行死刑的加重死刑，与威慑时代中国刑罚中的菹醢之刑与凌迟处死在残忍程度上有惊人的相似之处。

二、动刑的表征

在刑罚的发动上,威慑刑以主观归罪为动刑的前提。虽然主观归罪并不意味着完全不考虑行为的客观损害,但是,相对而言,其对于定罪已无多大意义,作为定罪之决定性根据的是行为人的主观因素。据此,只要行为人具有趋恶的主观意向,甚至于只要被认为是具有趋恶的主观意向,而不需任何客观事实根据,便可认定为犯罪。因此,与制刑的随意性一样,主观归罪具有很大的随意性。

主观归罪所导致定罪的随意性的表现首先在于对只有思想、言论但无任何行动的人予以定罪。在威慑时代,对单纯的思想、言论予以定罪,始终是中国刑法的一条规律。自秦始皇的焚书坑儒,到清代的大兴文字狱,最具说服力地表明这一规律在中国封建刑法中首尾照应、贯穿始终。在作为威慑时代刑法典型代表的秦朝律令中,以思想与言论定罪的罪名在常见罪名中占有相当大的比例。如妖言罪、以古非今罪、妄言罪与非所宜言罪,均是只需言论、不需行动便予定罪的严重犯罪。始皇三十五年,仅因侯生、卢生议论秦始皇,便以"妖言"罪逮捕"四百六十余人,皆坑之咸阳"。① 同样,在英国,也有对王徽出言不逊者处刑的判例,② 而哥白尼因坚持日心说而被教会法庭送上罗马鲜花广场的火刑柱更是对思想定罪的典型例证。

定罪的随意性最后还明显地表现为类推定罪或法外定罪,亦即对法律没有明文规定的行为比照法律所规定的罪名定罪乃至不需任何法律名义便予定罪。在威慑时代的中国刑法中,类推定罪被视为定制。如唐律《名例》篇规定:"诸断罪而无正条,其应出罪者,则举重以明轻;其应入罪者,则举轻以明重。"这是类推定罪的明证。到了明朝,明律明确规定:"若思罪无正条,引律比附",从而确立了"比附"类推的定罪制度。而在西方,在罪刑法定原则得以贯彻前的中世纪,类推定罪同样是司法惯例乃至定制。至于不需任何法律名义便予定罪,以中国清末的文字狱为典型。在这里,虽然律令中无任何按文字定罪的规定,但并不妨碍实际上的以文字为据认定犯罪。仅顺治、康熙、雍正、乾隆四朝,有案可查的文字狱便达近百起。

与主观归罪同出一脉的是,威慑时代的刑罚已开始将无责任能力的人排除在动刑的对象之外,即以有恶必罚、无恶不罚为动刑的基本理性。由于犯罪被

---

① 《史记·秦始皇本纪》。
② 参见[英]威廉·葛德文著:《政治正义论》,商务印书馆1982年版,第6页。

认为是犯罪人主观恶性的结果，只要是理智正常、有认识与意志能力的人，均可成为恶的载体，因而具有为恶的主体资格，其一旦为恶，自然毫无例外地应成为定罪动刑的对象。另外，理智不正常、认识与意志能力不健全的人，因为无恶性可言，其行为纵然造成了损害，也不是恶的体现，相应地，因其不具有为恶的行为能力而不具备作为动刑对象的资格。因此，由刑及无能者至刑不及无能者，是由报复刑进化至威慑刑的一大标志。

在正式律令中将无责任能力者排除在动刑对象之外，在中国，有文字记载的源头在周代的"三赦"，亦即《周礼·司刺》所载的一赦幼弱、二赦老旄、三赦蠢愚。据此，年幼无知者，年老昏花者以及智力低下者均可赦免刑罚，即不作为动刑对象。自此以后，后代刑法均因袭此制。根据秦简《法律问答》的规定，未达一定身高（六尺）的人视为无责任能力人，纵然犯罪，也不受刑罚惩罚。由于身高在通常情况下与人的年龄成正比，因此，对身高不足六尺者不动刑，实际上也就是不将不具有责任能力的未成年人作为动刑的对象。至汉代，则已明确以年龄作为确定应否动刑的界限，且规定未达一定年龄的幼者或已过一定年龄的老者只在特殊情况下可以作为动刑的对象。至唐代，不但未达或已过一定年龄者，而且包括精神病人在内的残弱者均可免予受刑。

威慑时代之刑罚的无恶不罚的动刑理性，不只是体现在不赋予无责任能力者以刑事义务因而不将其作为动刑对象的规定上，而且还表现为罚不及不识，即不对意外事件的肇事者动刑上。如自秦以降，威慑时代的中国刑法即将有无犯罪意识作为是否构成犯罪的标准，从而将无犯意亦即无主观恶性的意外事件排除在刑罚的动因之外。据秦简《法律答问》规定："甲盗，赃值千钱，乙知其盗，受分赃不盈一钱，问乙何论？同论。"又："甲盗钱以买丝、寄乙，乙受，弗知盗，乙论何也？毋论。"两相对比，即可知，只有明知是赃物而受之始可动刑，不知是贼赃则不能作为动刑的原因。

与定罪动刑注重行为人之主观恶性相适应，威慑刑的另一条重要的动刑理性是有效必罚。这是因为，对犯罪是行为人主观恶性的产物的认识，同时也就意味着对犯罪的可控性以及刑罚对犯罪的可制性的认识，因而必然肯定刑与罪之间的遏制与被遏制关系。相应地，能收遏制犯罪之效，构成动刑的充分理由，有效必罚作为动刑的基本理性，顺理成章。

有效必罚的动刑理性建立在这样的命题之上：凡是可受遏制的行为都可以作为动刑的原因，凡是可遏制犯罪的刑罚都可用以遏制犯罪。与此相适应，动刑的随意性在所难免。具体表现为法外动刑与株连无辜。

受凡是有效的刑罚都是可以动用的刑罚这一命题的主宰，威慑时代的动刑实践自然不愿让制刑的立法所束缚。因此，在立法所确定的刑罚方法被认为不足以遏制犯罪即不具有充分的威慑力之时，动用虽不为法律所确认但被认为有效的刑罚，便成为合理的必然。在中国，自汉代开始，除少数朝代，历代各朝均大量使用法外刑。汉代有断人手足、去眼、割耳等法外酷刑，宋朝有刺配、凌迟、断食等事实上的常刑，元朝亦将剥皮、抽筋、磔等法外刑广为运用，至明代，法外刑多达20余种，包括凌迟、枭首与剥皮等。显然，历代所动用的法外刑几乎无一不是在历史上曾经存在但因过于残忍而在立法时被废除的严刑苛罚。如滥觞于上古的菹醢之刑虽自汉代以后均不是法定正刑，但事实上，这一残忍之至的酷刑一直为历代所动用。《晋书·刑法志》载曰："乃魏国建，傍采汉律，定为魏法。……至于谋反大逆，临时捕之，……或枭菹……，不在律令"。《宋朝事实》十六载：庆历四年，率众攻破环州的欧希范被捕获后，"仍醢之以赐溪洞"。《元史·世祖纪》载，至元十九年，合谋刺杀权臣阿合马的王著与高和尚，被"皆醢之"。诸如此类动用法外刑的事例足以表明，为收遏制犯罪的威慑之效，威慑时代的动刑者可以完全不受制刑的束缚。

至于株连无辜，更是威慑时代世界各国刑罚所通用的动刑准则。之所以如此，是因为株连无辜可以强化刑罚的威吓效果，增强对犯罪的社会控制，有利于实现遏制犯罪的目的。在整个威慑时代，中国历代刑法无不将此作为动刑的通例。早在公元前407年魏文侯李悝编纂的中国第一部成文法典《法经》中便规定，"杀人者诛，籍其家及妻氏，杀二人者及其母氏"。秦孝公时，商鞅"令民为什伍而相敌司连坐。不告奸者腰斩广，……匿奸者与降敌同罪"。唐律中也有"诸谋反及大逆者腰斩，父子年十六以上者皆绞"的规定。明朝方孝儒因反对明成祖篡位，被诛灭十族，处死870多人。不仅如此，在历代刑法中，株连甚至被作为一种法定常刑而确认。《史记·秦本纪》载，秦文公二十年，"法初有三族之罪"，表明族诛自秦始被作为法定刑。自此以后，族诛不但一直被历代所沿用，而且株连面逐渐扩大。如唐律规定，谋反者不但本人皆斩，其有关亲属，虽未过问或根本不知，也"缘坐"得重罪，或绞、或流、或没入官府为奴婢、部曲，其余财产也全部没官。明律规定，凡"谋反大逆"，本犯无论首从皆凌迟处死，本宗亲族祖父、父、子、孙、伯叔父、兄弟、侄、堂兄，同居异姓亲族如外祖父、岳父、女婿，家中奴仆，凡十六岁以上皆斩，十五岁以下男子及女性亲族"给付功臣之家为奴"。同样，在中世纪的西方，株连无辜也极为盛行。在路易十四统治下的法国，1670年颁布敕令确立了株连原则，一人犯罪，举家遭殃，即使是孩童也不能幸免于死，甚至罪犯所在村社的全体人员都遭连坐。在中世纪的英国，法律规定，在找不到杀死"法兰克人"（即来自诺曼底的封建主）的凶手的情况下，案发地区的农村公社的全体居民都应承担责任。

三、配刑的表征

在刑罚的分配上，威慑刑与报复刑迥然对立，完全摆脱了刑害对称的同态报复的规则，而奉行刑恶相当与刑需相应相结合的配刑理性。

与以主观恶性之有无作为定罪动刑之根据相适应，威慑刑以主观恶性的大小作为刑罚之轻重的主要决定因素之一。犯罪动机、目的如何以及罪过形态等表明主观恶性程度的因素，被作为配刑轻重的重要根据，而犯罪人有无影响其主观恶性大小的情节，也相应地影响着量刑的轻重。据考证，与由结果责任亦即客观责任转向主观责任同步，中国有据可考的以主观因素影响量刑，始于周代，其源头即《周礼·司刺》所载的"三宥"，即一宥不识，再宥过失，三宥遗忘。所谓"三宥"，便是指对危害结果等没有认识的意外事件、认识不符合实际的过失行为以及事前虽有认识但行为时健忘以致认识不符实际的行为，应予减轻处罚。虽然在将意外事件即"不识"也作为动刑的原因上，仍带有客观责任的色彩，但将意外事件与过失视为处刑，轻于故意的因素，则是配刑由刑害对称转向刑恶对称的明显标志。自此以后，重罚故意、轻罚过失，即成定制。至汉代，以主观恶性为据量刑，以"《春秋》决狱"为契机而系统化，被定义为"原心定罪"。据此，量刑已不只是因故意、过失而有别，而且因首恶而加重、因自首而减轻。在西方，如前所述，区分故意与过失始于罗马法时代。既然如此，自此以后直至整个中世纪，自然属于与定罪动刑的主观责任制相适应的据恶配刑的时代。

鉴于主观恶性既是犯罪的渊源，又是犯罪之可控性的决定因素，在据恶量刑的同时，按遏制犯罪的需要配刑，即以发挥刑罚的威慑功能的需要来决定刑罚的轻重，自然而然地被奉为配刑的又一具有决定性意义的理性。刑罚的轻重与刑法的保护对象所需的保护力度相对应、广用重刑与轻罪重刑便是这种刑需相应的配刑理性的体现。

就刑罚的轻重与刑法的保护对象所需的保护力度相对应而言，威慑时代的配刑轻重与刑法所保护的对象的价值的大小具有等比对称关系。其最明显的标志便是，侵犯君权、皇室与皇族的犯罪被视为最为严重之罪，因而被配以最为严厉的刑罚。刑罚的威慑时代，大体上也就是社会的封建制时期。而封建制政治也就是君主政治。因此，君权是此间至高无上的权威，其价值高于一切，所需的保护力度最大。相应地，以最严厉的刑罚遏制犯罪以满足保护君权的需要，便成为一种必然的选择。正是如此，此间的中外刑法无一不将侵害君权与皇室利益作为大逆之罪，配以最严厉的刑罚。在中国，秦代设有不敬皇帝罪、诽谤、妖言罪、以古非今罪、妄言罪，对蔑视皇权乃至非议权政的行为，一律处以包括族诛在内的重刑。至汉代，危害中央集权的阿党、附益，危害君主专制的欺谩、非议诏书，危害皇帝尊严或安全的不敬、大不敬等，均被规定为定死不赦的重罪。在西方，君权与皇室同样是刑法的首要保护对象，以此为目标的犯罪也是动用重刑遏制的对象。如在 16、17 世纪的英国，对于叛逆重罪，所处刑罚为将罪犯栓在马尾上平卧着拖往断头台，绞至半死后，活活砍死，然后剖腹挖心，砍头分尸。头及尸块经过防腐处理后，长期暴尸于醒目之处。①

对刑罚的威慑效果的刻意追求，势必导致广用重刑。因为在观念上，刑罚的威慑效果被认为与刑罚的轻重成正比，即刑罚越重，其威慑作用便越大。正是如此，威慑刑与重刑具有天然的血缘关系，后者是前者的必然产物，甚至于将两者同日而语也未尝不可。相应地，滥用死刑与体刑便成为威慑时代的刑法的鲜明特点。就死刑的分配而言，其适用极其广泛。在中国，汉武帝时，"大辟四百九十条，千八百八十二事，死罪决事比三千四百七十二事"；② 汉成帝时，规定有死刑的法条多达千余。在英国中世纪刑法中，死罪更是多如牛毛。仅在所谓"羊吃人"的圈地运动中，所制定的可判死罪的条款便多达 200 多项。直至刑法近代化改革之前，据布莱克斯通在 18 世纪 60 年代保守的估计，规定有死刑的成文法便达 160 多部，而每部成文法中又规定有数种乃至数十种死罪，③ 更不用说普通法上的死罪了。不仅如此，死刑的滥用还在其一旦被作为法定刑予以确定，便没有丝毫可选择的余地，因为其总是唯一的、绝对的法定刑。因此，只要触犯死罪，除非有君主的恩赦，罪犯定死无疑。中国的唐律规定，"诸谋杀期亲尊长、外祖父母……皆斩"，"诸部曲、奴婢谋杀主者，皆斩"。英国爱德华三世时的法律宣布，"冒犯王后、国王的未婚长女、国王的长子或继承人之妻者"，一律应处绞刑。德国的《喀罗林法》规定，杀死"高级人员"或"领主"者，一律处以加重死刑。至于说体刑的滥用，较之死刑的滥用，有过之而无不及。仅以作为断足之刑的刖刑为例，其在中国春秋战国时期是如此普遍适用，以致因被处刑者过多，假肢成为抢手货，而鞋子却无人问津，从而出现了"履贱踊贵"的现象。肢体刑适用之广，由此可见一斑。

对威慑效果的追求，还直接导致轻罪重刑。这是因为，基于对刑罚越重威

---

① 参见［英］西赛尔·特纳著：《肯尼刑法原理》，华夏出版社 1989 年版。
② 《汉书·刑法志》。
③ 参见 L. 拉齐诺维奇著：《英国刑法史》（第 1 卷），1981 年英文版，第 3 页。

慑效果便越大的确信，配刑者必然奉行"行刑重其轻者，轻者不至，重者不来"① 的重刑威慑主义。这同样为威慑时代中外刑法的有关规定所印证。秦律中有"盗采人桑叶，赃不盈一钱，赀徭三旬"的条款，隋朝更有"盗一钱以上弃市"，"盗边粮一升以上斩"见诸刑律。在英国，威廉一世时，只要杀死国王林地上的一只鹿，便应处以残害肢体刑；伊丽莎白一世时，三次被捕的流浪者，即使别无他罪，也应处死刑；在圈地运动中，所颁布的法律严酷得令人感到不可思议，以致偷挖一个萝卜、砍一棵树、与吉卜赛人接触或其他一些小偷小摸行为，均应处死刑。在法国，1386 年颁布的有关狩猎的法律规定，捕捉鸠鸟者应处死刑；1651 年颁布的有关流浪的法令规定，停留在巴黎附近的流浪者，应处鞭笞，再犯者，即处绞刑。在德国，《喀罗林法》规定，凡入室行窃者，不论所得多少，均处死刑。

四、行刑的表征

威慑刑还具有不同于报复刑的一个明显的表征，这便是行刑的公开恐怖性。这是因为，以公开的方式行刑，可以使受刑人的恶性昭之于天下，以示道德谴责，符合以刑报恶的规定，是主观责任的必然产物，而以恐怖的方式公开行刑，可以最大限度地发挥刑罚的威慑功能，符合以刑制罪的规定，是威慑主义的必然产物。在威慑时代，几乎中国历代刑法中均有弃市与枭首之刑，而这两种死刑均以公开与恐怖的行刑方式为必要内容。弃市即在闹市执行死刑，其公开性不言而喻，其恐怖性昭然若揭。《礼记·王制》曰："刑人于市，与众弃之。"《秦始皇本纪》中也载"有敢偶语诗书者弃市"。秦简《法律答问》言："同母异父相与奸，何论？弃市。"可见，弃市在秦代已成为法定常刑。自此以后，诸代刑法均沿用这一公开的恐怖性死刑。枭首即斩下人头，高悬在木杆上示众。其意在恐怖，显而易见。此刑同样在秦代即同定制。《史记·秦始皇本纪》载：始皇九年，缪毒作乱案发，参与作乱的"卫尉竭……等二十余人皆枭首"。汉代对谋反、大逆之人适用此刑，如汉高祖"枭故塞王欣头于栎阳市"。后代陆续沿袭了这种酷刑，直到隋代才废除。但事实上，此刑仍常被后世作为法外常刑所适用。明清虽无枭首之刑见诸正律，但对强盗罪常用此刑。清代大兴文字狱，枭首即是对付文字罪的常刑。除此之外，绝大多数死刑的执行也以公开与恐怖的方式执行。如以残忍性居死刑之首的"千刀万剐"即凌迟，便属当众执行的死刑。《明季北略》卷十五记载：被诬杖母蒸妾、奸

---

① 《韩非子·饬令》。

媳奸妹之"逆伦"罪名的常州横林人郑曼,被崇祯皇帝下旨处以"商割"即凌迟之刑。结果,其在北京甘石桥四牌楼东牌坊下被公开凌迟,活割三千六百刀而死。行刑前,刑场四周人集如山,附近屋顶也站满了人,人声喧嚣嘈杂,无以复加。而行刑过程中,围观者翘脚伸胫,"人海顿高尺许",拥挤异常。在西方,公开与恐怖同样是威慑时代的行刑理性。在中世纪的英国,死刑执行日被定为假日,以便全体公民有幸一睹。1807年,在处死一名小偷时,在场围观者多达4万余人,以致因意外发生骚乱而有100多名观众被挤倒而活活踩死。① 在法国,前述1759年对谋杀路易十五失败的塔门斯所处的惨不忍睹的死刑,也是在众多围观者面前公开执行的。在印巴次大陆,直到19世纪,作为死刑的"象踩刑",也是先将犯人拴在大象的后腿上,拖着在大街上穿行至刑场,然后由大象当众踩死。在波斯,迟至1815年,阿拔斯一世为贯彻禁烟令,仍明令对烟草商予以当众烧死。②

第二节　威慑刑的理论基础

　　威慑刑,不只是植根于相应的政治与经济沃壤之中,而且有其深厚的人文背景。正是当时的哲学、伦理学与法学思潮,为威慑刑的勃兴提供了充分的养料。

　　在中国,定罪动刑的主观责任制萌发于周代,绝非偶然,而是重礼轻刑、"明德慎刑"与"出礼入刑"思想的必然产物。在西周,礼是规范国家活动与人们行为的根本准则,同时又是评判是非功过的根据。因此,礼既是封建伦理和等级关系制度化的工具,同时又扮演着道德评价标准的角色。以礼作为评判是非功过的根据,实际上也就是以道德规范作为评价是非功过的准则,明礼也就是明德,重礼也就是重德。由于礼被作为至高无上的准则,行为之有罪无罪、刑罚之是否正当,自然不可避免地要接受礼的道德评价。相应地,以行为之是否具有主观恶性来确定行为是否有罪与以行为的主观恶性之轻重来确定犯罪的轻重的主观责任制,便是这种道德评价的具体体现。因此,主观责任制之肇始于周代,与当时奉行的礼治思想有着内在的因果关系。

　　主观责任制的兴起,意味着对结果责任制的否定,同时也构成对野蛮的报复刑的一种限制,即以作为道德评价之载体的责任观念介入刑与罪的联结之中,使刑罪关系变为了以责任为中介的允许例外的联系,从而在相当程度上限

---

① 参见胡云腾著:《死刑通论》,中国政法大学出版社1994年版,第6页。
② 参见何玉兴等编:《司法趣闻》,改革出版社1991年版,第15页。

制了定罪动刑的范围。而这与周代所奉行的"明德慎刑"与"出礼入刑"的礼治思想之作为具体的司法原则同样有着内在的必然联系。按照"明德慎刑"的要求，对人应以"明德"即道德教化为主，而不得轻易草率用刑。而按"出礼入刑"的要求，只有"出礼"即严重违背作为道德规范的礼的行为，才可作为刑罚的原因，不违礼的行为，不能进入刑罚的视野。据此，刑罚只不过是对严重违礼的行为予以特殊谴责即惩罚，以维护作为道德秩序的礼制的手段。正是如此，才产生了作为道义报应之前提的主观责任。也正是如此，才产生了作为刑罚之正当根据的道义报应。

作为道义报应之前提的主观责任以及道义报应作为用刑的理性，发源于周代的思想渊源已如上述。而其贯穿于周以后的历代各朝，同样与礼治思想的沿袭与理论化关系密切，甚至可以说礼治思想始终是中国威慑刑时代奉行主观责任、注重道义报应的理论根基。至周以后的春秋时期，礼治作为一种统治策略虽已衰落，但其基本思想却被"克己复礼"的孔子理论化而成为一种影响深远的学说，不同程度地主宰着历代统治者。这便是所谓儒家学说。而这种以礼或德为内核的儒家学说，始终是作为历代定罪用刑之指导思想的以主观责任为前提的道义报应的思想渊源与理论基础。儒家学说的典型代表荀况所言"凡爵位、赏庆二官职、刑罚，皆报也"，[①] 便明确揭示了刑罚是一种报应手段。在汉代，儒家巨擘董仲舒主张"罢黜百家，独尊儒术"，并系统地提出了"惩主刑辅"的思想。其不但对当时的汉武帝而且对后世历代王朝的立法影响巨大。尤其是其所提出的"春秋决狱"、"原心论罪"，更是主观责任的具体化："春秋之听狱也，必本其事而原其态；志邪者不待成，首恶者罪特重，本直者其论轻。"[②] 其中所谓的"本其事"，便是以案情事实为根据，"原其志"是指追究行为人的动机，"志邪者不待成"，是指有邪恶动机者即使未遂也不免刑责；"首恶者罪特重"是指共同犯罪中的首犯应从重惩处；"本直者其论轻"，则是指主观上无恶念者应从轻处理。显然，主观责任原则在这里被展示得淋漓尽致。正是如此，后世各代奉行的儒家学说是支撑威慑刑时代中国刑法所奉行的千年一贯制的主观责任与道义报应的思想基础。

作为威慑刑之另一重要表征的以威慑的需要作为刑罚的理性，在中国源于春秋时期，作为其理论基础的是法家思想。

春秋时期，以商鞅、韩非等为代表的法家学说在诸子百家中脱颖而出成为此间立法的指导思想。而此说的核心便是推行法治，以法治国，强调以重刑遏

[①] 《荀子·正论》。
[②] 《春秋繁露·精华》。

制犯罪，保护中央集权制的统治秩序。商鞅的重刑威慑思想被其系统地表述为："行刑，重其轻者，轻者不生，则重者无从至矣"，①"禁奸止过，莫若重刑"。② 其核心思想便是，对于轻罪加之以重刑，轻罪便不致产生，重罪更无从出现，重刑是遏制犯罪的最有效的手段。韩非子也同样主张罚一儆百，即所谓"重一奸之罪，而止境内之邪。……重罚者盗贼也，而悼惧者良民也"。③ 也就是说，对一人之犯罪处以重刑，便可以遏制全国范围的恶行。对盗贼予以重罚，普通人便会感到恐惧。

商鞅的主张得到秦孝公的赏识，于是，他奉命主持秦国的法制改革，改法为律，将其重刑威慑思想贯穿于其所制定的《秦律》之中。正是如此，《秦律》以轻罪重罚、严刑苛罚而著称，开重刑威慑主义之先河。自此以后，威慑主义便成为历代刑罚的指导思想。

自春秋时期开始儒法之争，至后世的德治与刑治之争，直至清末法律改革中的"礼教派"与"法理派"之争，儒家与法家思想始终是中国法制学说史上的两根主线，相应地，道义报应与威慑主义也就成为威慑时代中国刑罚体制的基本理性。因此，主观责任与重刑威慑只不过是儒家的德治思想与法家的法治思想在刑事法制上的折衷体现。正是如此，每遇德治思想压倒法治思想而占上风，刑罚必然因贯彻道义报应而轻缓，而每遇法治思想压倒德治思想而占统治地位，刑罚则必然因奉行威慑主义而严厉。周代奉行礼治，开道义报应之先河，刑罚较之商代大为减轻；秦朝自孝公开始重法治，其律畸重，至始皇焚书坑儒，随儒家学说被压制，道义报应被威慑主义所取代，刑罚日益严酷；汉代儒学复兴，"德主刑辅"促成了"原心论罪"为核心的主观责任制的系统化，道义报应占据统治地位，刑罚较之秦律明显为轻，且衍生了汉文帝以除肉刑为核心的刑制改革，构成中国古代刑制由野蛮走向较文明的转折点；唐朝初期奉行"德礼为政教之本，刑罚为政教之用"亦即德刑并举、德主刑辅的立法指导思想，立法宽简，刑罚和缓，但至后期，则把所谓"德礼"置于一边，而奉行威慑主义，以致律外酷刑泛滥成灾；宋初大倡儒学，重视"德政"，即所谓："政者为治之具，刑者，辅治之法；德礼则所以出治之本，而德又礼之本也。"④ 正是如此，才将"大度兼容"、谨刑慎法作为立法思想，刑罚宽容；

---

① 《商君书·说民》。
② 《商君书·赏刑》。
③ 《韩非子·六反》。
④ 朱熹著：《论语集注》（卷一），《为政》。

明初虽也强调"明礼以导民",① 但教化与刑罚不分主次,而是礼刑并重,以致"刑乱国用重典",刑罚较之前世严酷,凌迟等法外刑被广为运用。如此等等,足以表明,中国威慑刑时代的主观责任制与重刑威慑主义并行,即道义报应与一般预防主义相结合,是儒家学说与法家学说的折衷体现。

在西方,威慑刑的兴起与存续,同样有其相应的理论基础。

以主观责任为标志的道义报应,缘起于罗马法时代,与古希腊哲学与罗马法学思想的兴起有着直接的渊源关系。

在古希腊,唯心主义哲学家柏拉图与亚里士多德首先注意到人对其行为的可选择性,即肯定人具有意志自由性。尤其是亚里士多德,从伦理评价的角度将人的行为区分为自愿行为与非自愿行为,主张"对于那些自愿行为就应该称赞或责备,对于那些非自愿行为就应该宽恕,有时候甚至应该怜悯。所以,在研究德性的时候要对两者加以区别。这对立法者进行嘉奖和处罚时也有用处"。在这里,亚里士多德实际上提出了人的行为是否自愿,构成决定对其应否予以谴责的道德评价标准,从而奠定了以主观因素决定人对其行为承担的道义责任的主观责任原则的理论基础。

不仅如此,亚里士多德还进一步提出了判断行为是否自愿的两项标准,即有知与有选择的行为是自愿的行为,因而是应受谴责的行为,无知或受强制的行为是不自愿的行为,因而是不应受谴责的行为。而所谓有知与无知,也就是对行为之害恶是否有意识,所谓选择与强制也就是行为之害恶是行为者所追求的还是不受其意志支配而受外力限制所不可避免的。显然,在这里,亚里士多德已把没有认识的意外事件与不受行为者意志所左右的不可抗力排除在受道德谴责的对象之外。这一原理,为罪过责任在刑法中的确立作了理论上的铺垫。

亚里士多德不但提出了自由意志是行为的道德评价的基础的道义责任论,而且明确主张刑罚是对犯罪的回报。他认为:"击者与被击者,杀人者与被杀者,行者与受者,两者分际不均,法官所事,即在施刑罚以补其利益之不均而均之。"② 因此,亚里士多德是西方道义报应刑论的始祖。

虽然古希腊在公元前二世纪被古罗马所征服,但以亚里士多德为代表的古希腊哲学家的思想却征服了古罗马人。因为古希腊哲学不但对古罗马哲学家西赛罗与法学家乌尔比安、弗罗论提努斯等人产生重大影响,而且还以此为中介

---

① 《明史·刑法志》。

② 法学教材编辑部《西方法律思想史编写组》编:《西方法律思想史资料选编》,北京大学出版社1982年版,第32页。

对古罗马的政治与法律制度产生了重大影响。① 而这正是古罗马刑法在西方首倡主观责任与道义报应的理论渊源。如果说在中国，是先有因周礼而生的道义报应，后有法家所主张的重刑威吓，因而自春秋时期刑罚才开始融道义报应与威慑理性于一体，那么在西方，却似乎正好相反，是先有德拉古的重刑威吓主义，后有亚里士多德所建立在自由意志基础上的道义报应，进而才有融二者于一体的古罗马刑罚。这是因为，在古希腊，德拉古先于亚里士多德的道义报应论提出并在立法中贯彻了重刑威慑主义。作为古希腊的执政官，德拉古制定了以严刑苛罚而著称的成文法，即"德拉古立法"，几乎对所有犯罪都规定了死刑。当有人质问："为什么大多数犯罪都采用死刑？"德科古答道："轻罪理当处死，至于更大的罪，还找不到比处死刑更重的刑罚。"② 显然，这种与中国的商鞅、韩非所主张的"行刑重其轻者"如出一辙的轻罪重罚的立法思想，只能从威慑主义的角度来解释。而这种重刑威慑主义思想与亚里士多德的道义报应思想一样，随古希腊之被古罗马的征服而对古罗马的刑罚产生影响，顺理成章。罗马刑罚作为道义报应与威慑的结合体，理所当然。

继亚里士多德之后，在中世纪，相继出现了奥古斯丁、阿奎那等神学哲学家，其哲学或神学思想对中世纪的政治与法律制度影响巨大，构成所谓君权神授政治、君主专制的神权法与教会法的理论基础。③ 古罗马刑法虽然确立了主观责任原则，但其刑罚却异常残酷。这说明道义报应与重刑威慑主义同时是其刑事立法的指导思想。而奥古斯丁与阿奎那都是自由意志论的力主者，并均认为人对善恶具有选择能力，可避恶趋善却避善趋恶，构成对其予以惩罚的根据。④ 这实际是一种假托神意的道义报应论，为以主观责任为基础的道义报应论在中世纪以神意报应的名义主宰刑罚提供了理论依据。因此，主观责任在中

---

① 参见甘雨沛著：《比较刑法学大全》，北京大学出版社1997年版，第132页。
② 转引自并参见胡云腾著：《死刑通论》，中国政法大学出版社1995年版，第56页。
③ 陈兴良博士在《刑法的人性基础》一书中较详细地分析了奥古斯丁与阿奎那的神哲学思想，尤其是其自由意志观对定罪、归责的解释（详见该书第182—184页，中国方正出版社1996年版）；甘雨沛先生在《比较刑法学大全》中系统地对神哲学思想之于中世纪的君权神授政治制度与神权法制的影响作了评述（详见该书第191—220页，北京大学出版社1997年版）。笔者在此不对相关问题再作赘述。
④ 陈兴良博士在《刑法的人性基础》一书中较详细地分析了奥古斯丁与阿奎那的神哲学思想，尤其是其自由意志观对定罪、归责的解释（详见该书第182—184页，中国方正出版社1996年版）；甘雨沛先生在《比较刑法学大全》中系统地对神哲学思想之于中世纪的君权神授政治制度与神权法制的影响作了评述（详见该书第191—220页，北京大学出版社1997年版）。笔者在此不对相关问题再作赘述。

世纪刑法中的持续,是哲学上的自由意志论的必然反映。

另外,承认人具有自由意志,便必然承认犯罪行为的可控性,并因而认识到刑罚之于犯罪的可制性,因此,以遏制犯罪为目的的威慑主义以自由意志为中介必然地与道义报应论融于一体,在中世纪刑罚中得到充分体现。

由上可见,哲学上的自由意志论,构成中世纪主观责任与重刑威慑相结合的刑罚体制亦即道义报应与一般预防相合的刑罚体制的理论支点。

第三节　威慑刑的认识论分析

从认识论的角度而言,威吓刑奠基于对犯罪是人的主观恶性的外化的认识之上,肯定犯罪的可控性,这意味着对人不同于动物的理性的揭示与承认。与此同时,对刑罚的威慑作用的肯定与追求,又宣告了人不是客观外界的奴隶,而是其主人,构成对人的主观能动性的揭示与肯定。因此,威慑刑的兴起,标志着人类认识论上的一种突破与飞跃,相对于报复刑的同害或同态反动,威慑刑因是对犯罪积极的、主动的目的刑而意味着对刑罪关系的认识上的一种长足进步。

然而,威慑刑的使用者对人的主观能动性的期待过高了,以致大胆到认为可以借助刑罚消灭犯罪的地步,竟幻想以刑罚的威吓力吓服一切想犯罪的人,使之不敢犯罪。而在这一幻想不断破灭的情况下,用刑者不是从犯罪之存在与再生的必然性与刑罚对于遏制犯罪的作用的局限性中寻找失败的原因,而是继续把刑罚作为制罪的万能信物,在对"以刑去刑"的坚信不移的同时,将不能消灭犯罪的原因归咎于刑罚太轻,因而把以刑罚消灭犯罪的梦想的实现寄托在刑罚严厉性的增加上。与此相适应,制刑与用刑陷入失败—加重刑罚—再失败—再加重刑罚的无限往复之中,以致刑罚的方法不断翻新、定罪动刑越来越随意、配刑与行刑日趋严酷,呈现出越来越严重的恶性循环。因此,过分夸大人的主观能动性,迷信刑罚的威慑作用,是威慑刑体制之形成的认识论上的根源。

如果说,在同态报复时代,刑罚这匹烈马尚被作为策马者的用刑者基于客观决定论而生的同态或同害这根有形的缰绳牢牢地拴在手上,因而不致偏离公正的轨道太远,那么,威吓时代的用刑者作为策马者手握的却是基于纯主观决定论而生的威吓万能这根无形的缰绳,以致刑罚由烈马变成了与策马者的意志背道而驰的野马,践踏生灵,为害无辜。因此,虽然对主观恶性是犯罪之源以及犯罪具有可控性的认识是认识论上的一大进步,但由夸大人的主观能动性所导致的对威吓万能的迷信以及由此而生的用刑的野蛮、残忍与随意性,便使威慑刑成为人类历史上最无理的刑罚体制。

第四节　威慑刑的刑理评价

从现代刑罚理性的角度来看，威慑刑从理论基础到具体运用都有其一丝合理性。

就理论基础而言，威慑刑是道义报应与一般预防相结合的产儿。如前所述，威慑刑奠基于对犯罪的原因是人趋恶的自由意志的认识之上。而对主观恶性与自由意志的承认，一方面使对行为的评价打上了道义报应的烙印，使刑罚由单纯的报复手段进化成了一种道德谴责的载体；另一方面又意味着对行为可制性的肯定，使刑罚由对犯罪的简单机械的反动进化成为对犯罪的积极的主动，即由纯粹的报复性惩罚手段转化而成了遏制犯罪的手段。因此，威慑刑以对人的主观恶性与自由意志的肯定为契机，使道义报应的报应理性与一般预防的功利理性自发地结合在一起，从而部分地体现了报应与功利的同一性。换言之，对已然的犯罪道德评价赋予了威慑刑以"惩前"的报应根据，而对未然的犯罪可控性的认识又赋予了威慑刑以"惩后"的功利根据，从而使刑罚由只具有惩前的报应根据的报复手段进化成了报应与功利理性兼具的惩前惩后的手段。虽然正如后文将指出的一样，威慑刑并未完整地体现报应与功利的统一，但相对于报复刑，其具有极大的进步性与合理性，毕竟，其部分地体现了报应与功利的同一性，尽管这种体现具有很大的片面性。

威慑刑在具体运用方面的合理性主要表现在动刑的对象与原因上。由于主观恶性被作为评价犯罪的基点，定罪、动刑开始以道义责任为前提，因此，在定罪动刑上贯彻了无恶不罚的道义报应理性，从而将无为恶的行为能力的人排除在动刑的对象之外，将不体现主观恶性的行为排除在动刑的原因之外，实现了刑事义务主体、刑事责任主体与动刑客体的统一，使报复刑制下的名为结果责任实为不讲责任的无理动刑进化成了讲求责任的初步合理动刑。不仅如此，这种奠基于主观责任之上的有恶必罚与无恶不罚的动刑理性，也部分标志着报应性与功利性在动刑问题上的统一。因为被基于道义报应而排除在动刑对象之外的年幼无知者与精神病患者，恰好是刑罚不可能收威慑之效者，被基于道义报应而排除在动刑原因之外的意外事件，也恰好是刑罚不可能遏制的事件。相应地，不对无责任能力者与意外事件动刑，因符合有效必罚、无效不罚的规定而具有功利性。因此，威慑刑因在动刑上既体现了无恶不罚的报应理性又体现了无效不罚的功利理性而具有合理性。尽管这种合理性是不完整的，但相对于奉行有害必罚的报复刑，威慑刑无疑使动刑更合乎动刑必然性与必效性相统一的理性规定。

威慑刑在具体运用上的合理性也体现在配刑的轻重以主观恶性的大小为根据上。与定罪动刑以主观恶性之有无相对应,威慑刑的分配以主观恶性的大小为基准,奉行刑恶相称的配刑理性。据此,主观恶性小的犯罪配刑轻于主观恶性大的犯罪,具有表明主观恶性小的情节的犯罪人处刑从轻。相对于报复刑制下,一律按损害结果形态与大小处刑的同害报复法则,这种依恶配刑的法则无疑因符合道义报应理性而更具有其报应根据。另外,依恶配刑同时又体现了刑罚与一般预防的需要相适应的刑罚适度性,从而又具有其功利根据,这是因为,对于过失犯罪之类主观恶性小的犯罪,没有必要与故意犯罪一样处以重刑,即可收遏制之效,或者说,对之处以重刑,并不比对之处以轻刑更能收遏制之效,而对于投案自首者之类的犯罪人,处以重刑,不利于鼓励一般罪犯投案自首。显然,对主观恶性小者从轻处刑,符合刑罚的适度性规定,因具有节俭性而具有功利根据。因此,依恶配刑、对主观恶性小的犯罪人从轻处刑,从报应的角度而言,是刑恶相称与宽容的表现,而从功利的角度来看,又是刑需相应与节俭用刑的表现,从而因符合按罪配刑与按需配刑的同一性规定而符合报应与功利相统一的配刑理性规定。

然而,威慑刑又是一种极端无理的刑罚体制。原因在于,其从理论基础到具体运用上均表现出对刑罚基本理性的严重背离。

就理论基础而言,威慑刑既未完整地体现刑罚的报应理性,也未完整地体现刑罚的功利理性,更不可能充分体现报应与功利的辩证统一性。

首先,威慑刑对刑罚的报应性的体现失之片面。威慑刑在体现道义报应的同时,近乎完全地抛弃了社会报复观念作为刑罚的根据对刑罚应有的制约性,以致刑罚的运用几乎不考虑犯罪的客观因素,从而背离了社会报复根据的规定。另外,对道义报应的片面追求又导致了对法律报应的忽视,以致对犯罪的评价不在法律允许的范围内进行,对刑罚的运用不受法律的制约,从而使定罪用刑表现出很大的随意性,最终导致罪刑擅断之风盛行。因此,只求道义报应,忽视社会报复与法律报应,严重背离报应根据的统一,是威慑刑无理性的重要表现。

其次,威慑刑对刑罚功利性的反映有失偏颇。威慑刑奠基于对刑罚的威慑功能的认识与迷信之上,对刑罚功利根据的反映极端片面。一方面,其将威慑作为刑罚的主要乃至唯一目的,而忽视了刑罚的鉴别、改造等功能对于刑罚应有的影响,以致重刑主义泛滥;另一方面,其将刑罚的效益观念奠基于主观臆测的遏制效果之上,只看到威慑可能有的积极效果,而看不到其积极效果的有限性及消极效果,以致刑罚不具有真效性,并因迷信刑罚越严厉、其效果便越大而对刑罚之代价的付出即严厉性程度与刑罚所可能有的积极效果之间的"投入产出比"缺乏应有的权衡,以致代价越大、效果却越小,从而使刑罚既不具有有利性又不具有节俭性,完全背离最大效益性的功利规定。因此,注重威慑而忽视刑罚的其他功能与严重背离刑罚的最大效益性的规定,也是威慑刑的无理性的重要表现。

再次,威慑刑有悖报应与功利的辩证统一性。威慑刑虽因既体现了道义报应又体现了一般预防而体现了报应与功利的同一性,但其合理性也仅限于此。除此之外,其因颠倒了报应与功利的主次关系、无视两者的对立性而表现出极大的无理性。一方面,威慑刑将威慑的需要凌驾于报应之上,不是以报应限制对威慑效果的追求,而是让刑罚绝对服从威慑的需要,以致以主观恶性作为定罪动刑的根据只不过是奉行威慑主义的幌子,从而颠倒了报应与功利的主次关系。另一方面,威慑刑又将报应与威慑需要视为绝对同一的关系,抹杀了两者固有的对立性,把凡是具有主观恶性的行为都视为可以受刑罚遏制的犯罪,凡是可以遏制犯罪的手段都可以作为刑罚,从而陷入了只要目的正当就可以不择手段的误区。因此,颠倒报应与功利的主次性与抹杀两者的对立性,严重背离两者的辩证统一性,也是威慑刑明显的无理性所在。

最后,无视刑罚的人道性是威慑刑最极端的无理性所在。威慑刑的最高准则是,凡是可以遏制犯罪的刑罚都是正当的刑罚。在这一纯粹功利主义的信条支配下,犯罪人乃至无辜者的任何权益都可以不受保护,其因而被作为实现威慑目的的纯粹工具。在残忍的死刑、严酷的体刑之下,人被当成可以随意宰杀与切割的动物,在繁重的劳役刑之下,人被当成可以任意驱赶与调教的牲口,在毁人人格、损人名誉的羞辱刑之下,人严重丧失了做人的资格。如此等等,均是威慑刑不把人当人,无视刑罚所应有的人道性的必然结果。正由于威慑刑将人道性完全置之刑罚的理性之外,其所奉行的道义报应是不受人道性限制的无理报应,其所奉行的一般预防是不受人道性限制的纯粹功利主义,只在报应所规定的严厉的惩罚性与功利规定的有效的遏制性的同一性上找到了立足点,以致刑罚成了以惨无人道的惩罚遏制犯罪的手段。

就刑罚的具体运用而言,威慑刑从创制到执行,在任一环节上都显示出其无理性。

首先,在刑罚的创制上,威慑刑体系是以生命刑与肢体刑为中心的刑罚体系,而这两种刑罚方法都以剥夺人之不可剥夺的生命权与肢体完整、身体健康权为内容,因而是极不人道的刑罚。即便是作为非中心刑的苦役、羞辱刑,也因系将受刑人像牛马般役使与剥夺其做人的资格而不具有人道性。因此,违背制刑的人道性,是威慑刑在制刑问题上最明显的无理性所在。另外,肢体刑与羞辱刑等又是不具有真效性、有利性与节俭性因而不具有有效的遏制性的刑罚。因此，不具有真正的功利性是威慑刑在制刑问题上又一明显的无理性的表现。至于威慑刑将肉刑、体刑与剥夺生命合并而成死刑，以使本不具有可分性的死刑划分成严厉性不同的等级而不符合可分配性的规定，以致刑罚体系在结构上表现出的轻重无序等不合理性，更是一目了然。

其次，在动刑问题上，威慑刑的无理性最明显的表现在于刑及思想、假罪、无辜与死人。由于在定罪上，威慑刑奉行主观归罪，因此，有恶无害的思想、言论被定罪与因屈打成招而蒙冤定罪必然普遍存在，相应地，刑及思想与假罪①在所难免。同样，由于株连被作为动刑的原则，刑及无辜自然被视为"合理"的存在。至于刑及死人，虽非法定动刑规则，②但实际上亦属在所难免，鞭尸、戮尸之在中国封建时代的盛行即是明证。诸如此类违背动刑理性的表现，究其原委，均是违背定罪的害恶性与应制性相统一、动刑的必然性与必效性相统一的基本理性规定的产物。就定罪而言，主观归罪注重的只是主观恶性，其结果必然是只根据体现主观恶性的主观因素定罪，而不考虑体现客观危害的客观因素，从而势必导致"欲加之罪，何患无辞"的定罪随意性。另外，对威慑的注重又必然导致"凡可遏制的都可定罪"，以致应制性只不过是可制性的代名词，而将受遏制的必要性排除在作为定罪的功利根据的应制性之外，从而加重了主观归罪的随意性。因此，以单纯的主观恶性与遏制的可行性的同一性作为定罪根据，忽视客观危害与遏制的必要性作为定罪的根据对定罪所应有的制约作用，是威慑刑在定罪上的无理性之源，如此定罪引发的动刑自然因前提不合理而不具有合理性。而就动刑本身的规定而言，在报应性方面，威慑刑只反映了有恶必罚的必然性，无视无害不罚的必然性，将有恶必罚作为动刑必然性的唯一内容；在功利性方面，威慑刑只体现了动刑的有效性，忽视了动刑的必然性，动刑的必然性与必效性相统一的理性被简化为有恶必罚与有效必罚的同一。以此作为动刑的理性，理所当然地必然导致刑及思想、假罪、无辜与死人。因为这对于发挥刑罚的威慑功能都是有效的。

再次，在配刑上，威慑刑的无理性表现在轻罪重罚。虽然就根据刑法的保护对象所需的保护力度分配刑罚而言，威慑刑也注意刑与罪之间的对称与相应的关系，但这种对称与相应却建立在严重的错基乱序之上。一方面，作为配刑

---

① 清朝九代共处决二品以上大臣162人，其中有12人系诬杀或错杀（参见何玉兴等编：《司法趣闻》，改革出版社1991年版，第68页）。

② 在中世纪的法国，路易十四颁布的敕令中有对"已死的人，也要对尸体进行报复"的规定（参见胡云腾著：《死刑通论》，中国政法大学出版社1995年版，第61页）。

基准之一方的犯罪只不过是主观恶性的代名词，行为的客观危害被置于对犯罪的害恶性的评价之外，而单纯的主观恶性因无客观的评价标准而被随心所欲地评定，以致犯罪预备、未遂以及客观危害极其轻微的行为均因被认为主观恶性大而视为严重犯罪，如此确定的配刑前提显然恶化了对犯罪的评价，据此配刑，必然导致刑与罪的严重不对称；另一方面，作为配刑基准之另一方的刑罚因均是严刑苛罚而具有极端的严厉性，将其分配于犯罪，不可避免地要导致轻罪重罚。正由于威慑刑制下的"罪"是受到严重恶化评价的"罪"，"刑"是被极端严厉化的"刑"，按"罪"分配的"刑"必然呈现出严重的基的不对称。而奠基于这种基的不对称之上的所谓轻罪轻刑、重罪重刑，充其量是基的不对称的前提下的序的对称，即在形式对称的表象掩盖下的本质上的、根本意义上的不对称。不仅如此，即使是这种所谓的序的对称也是极为有限的。一方面，威慑刑将既不决定犯罪的害恶性大小又不影响遏制犯罪的需要的大小的犯罪人的身份作为配刑的重要根据，① 不可避免地导致同罪异罚，即罪同刑不同；另一方面，威慑刑体制在法定刑的确定上无一例外地实行绝对唯一的确定刑，即对同一种罪只得分配一种刑罚，其结果必然是对同一种罪中严重性不同的个罪同样处刑，从而导致异罪同罚。显然，同罪异罚与异罪同罚都有悖配刑的序的对称规则。威慑刑在刑罚分配上的这种严重的错基乱序，归根结底是违背配刑的等价性与适度性相统一的配刑理性所致。因为从等价的角度而言，配刑只考虑主观恶性而不考虑客观危害，只追求刑恶相称而无视刑害相称的规定，刑与罪之间因无客观的价值标准而不可能有等价性可言；而从适应的角度而言，配刑只考虑威慑的需要，不考虑个别预防的需要，只追求刑足制罪为必要而无为限供，刑罚毫无节俭性可言。因此，威慑刑只体现了刑恶相称以及刑罚和威慑的需要相适应的同一性，而未从整体上体现等价性与适应性的辩证统一。而单纯的主观恶性与威慑需要都只有凭主观想象来判断其大小轻重，以这种纯主观评价、无任何客观标准的捉摸不定的、虚无缥缈的东西作为配刑的理性，随心所欲地配刑，其结果必然是错基乱序，使刑罚的严厉性与犯罪的严重性之间从基到序都无对称性与适度性可言。

最后，在行刑上，威慑刑的无理性主要表现为不人道性、不平等性与恐怖性。就行刑的人道性而言，且不说由于制刑的不人道必然导致的刑罚的不人道，即便是就行刑对受刑人不为判定刑所剥夺的权益的连带剥夺以及行刑方式而言，威慑刑的不人道性也达到了登峰造极的地步。最明显的体现便是给受刑

---

① 对王室成员、达官贵人量刑从轻是中外威慑刑所共循的一条规则。中国周代的"刑不上大夫"以及后世所创的"八议"等均是其具体表现。

人造成额外的痛苦。为了制造恐怖气氛，行刑奉行的是给受刑人的痛苦越大便越合理的野蛮政策，以致受刑人承受并非判定刑所规定的额外折磨，即便是被处死刑者，在临死前也难免饱受额外的痛苦与羞辱。在中世纪的英国，执行死刑时常发生这样的情形："犯人和刽子手都酩酊大醉，使得绞刑难以尽快结束，有时竟然要一连绞上好几次才能把犯人绞死"，① 使其根本无不受肉体痛苦权与人格权可言。就行刑的不平等性而言，受刑人的身份、地位被作为决定行刑方式的根据，以致皇亲国戚、达官贵人可以官当罪、以钱赎刑，即使是被处死刑，也可以痛痛快快、体体面面地被"赐死"或不公开执行，而普通庶人则刑不可赦，② 判定刑便是实行刑，从行刑的内容到方式均不可作任何变通。就行刑的恐怖性而言，威慑刑将死刑、体刑与肉体等执行场面残忍而野蛮地展现在公众面前，除了侵害受刑者本人的人格权，还严重扭曲公众的人性③，无异于公然树立残忍与野蛮的榜样。

---

① 参见何玉兴等编：《司法趣闻》，改革出版社1991年版，第14页。
② 参见前引《死刑通论》第72页。另据前引《司法趣闻》（第68—70页）所载统计，清朝九代共处决二品以上大臣162人，几乎均以"自尽"的方式执行。
③ 在前引明崇祯十一年公开凌迟处死郑鄤案中，行刑完毕后，当日买郑之生肉作药物者，遍及京城。行刑导致的公众人性之扭曲由此可见一斑。

第三章　等价刑的理性反思

随历史由中世纪步入近代，刑罚自启蒙时期开始接受理性的检验、抨击与改造，终于告别重刑威慑主义时代而跨入初步合乎理性的等价时代。

第一节　等价刑的表征

等价时代以追求刑与罪的价值的抽象对等为其基本宗旨，整个刑罚体制具有浓厚的等价色彩，从而在制刑、动刑、配刑与行刑诸方面均显示出其固有的特点。

一、制刑的表征

等价时代的刑罚，与威慑刑最明显的区别是严格实行制刑与配刑分离制。在这里，作为制刑之结果、配刑之前提的是规定于刑法总则之中的刑罚体系，作为立法上配刑之结果与司法上配刑即量刑之前提的是规定于刑法分则之中具体犯罪的法定刑。这是等价时代世界各国刑罚体制的共同特点，也是各国刑法所认同的普遍规则。因此，刑罚的创制作为一个单独的刑事活动环节受到重视，其已不再是配刑的简单附庸，而是作为配刑的前提与基础而对配刑具有绝对的制约作用。

等价刑通过刑罚体系所显示的制刑的特点首先在于其轻缓化，具体表现为废除肢体刑、肉刑等酷刑，削减与限制死刑。

肢体刑与肉刑曾因野蛮与残忍而受到威慑时代的青睐。然而，在作为等价刑之源头的近代刑法改革运动中，其首当其冲地受到唾弃，因而从绝大多数国家[①]的近代刑罚体系中消失。在西方，被视为近代刑法之缘起的1791年法国刑法典草案，率先彻底废除了肢体刑与肉刑，至1810年制定的拿破仑刑法典，更将此类酷刑拒之于刑罚体系之外。由于拿破仑刑法典基于当时特定的社会背

---

① 少数国家尤其是伊斯兰国家，基于宗教与传统方面的原因，一直保留体刑与肉刑。

景而直接适用于比利时、荷兰等国，并为西班牙、葡萄牙等国视为制定刑法的蓝本，因此，有关诸国也相继废除了肢体刑与肉刑。在德国，体刑与肉刑在1871年的刑法典中不复存在。在英国，经19世纪中期的刑法改革，除鞭笞外，其他体刑与肉刑也成了历史陈迹。在中国，体刑与肉刑也随1911年《大清新刑律》的制定而得以在法律上彻底废除。因此，排斥体刑与肉刑，是等价时代制刑的明显特征之一。

等价刑在制刑上的第二个明显特征是削减死刑的严厉性。在等价时代，作为最严厉的刑罚的死刑被提上了予以废除的议事日程。虽然死刑因具有与杀人罪的天然等价性而并未被多数国家立即废除,① 但其严厉性已明显地削减，威慑时代残酷多样的加重死刑被相继废除，取而代之的是单一化的普通死刑。在法国，随着1789年刑法典的问世，原有的车裂、绞首与焚刑等死刑被彻底废除，仅保留了斩首一种，至1832年废除对杀害尊亲属的死刑犯先行斩右手的规定为止，已不再存在任何加重死刑。在英国，在1820年以废除对叛国罪的肢解刑为契机，废除了所有折磨性死刑，而代之以简单死刑，即绞刑。在德国，1871年刑法典也只保留了斩首，废除了所有其他严酷的死刑。在中国，1905年正式废除了凌迟、枭首、戮尸之类的加重死刑，只保留了绞刑与例外情况下的斩刑。②

等价刑通过刑罚体系所显示制刑的特点其次在于以自由刑为中心刑。

肢体刑与肉刑的废除、死刑的削减，导致了以死刑与体刑为中心的威慑刑体系的土崩瓦解。这一特点，在被奉为等价时代刑事立法之典范的1810年法国刑法典即拿破仑刑法典所确定的刑罚体系中体现得十分明显。该法典以四种剥夺自由的刑罚组成轻重相济的自由刑序列，使之在刑罚体系中居于核心地位。这四种自由刑由重到轻的次序是：无期或有期苦役、单独禁锢、监禁或拘留、拘押。随着该法典相继被其他国家适用或仿效，自由刑作为刑罚体系的核心，成为等价时代世界性的趋势。日本1873年以《修正刑律》确立了徒刑与惩役在刑罚体系中的中心地位。中国1911年颁布的《大清新刑律》也规定了以拘役、有期徒刑与无期徒为内容的自由刑。

等价刑通过刑罚体系所显示的制刑的第三个特点为确立了附加刑体系。

自1810年法国刑法典开始，近代刑罚体系即一分为二，不但有以自由刑为中心的主刑体系，而且还设有由财产刑与资格刑组成的附加刑体系。1810

---

① 此间有少数国家与地区废除死刑。详见胡云腾著：《死刑通论》，中国政法大学出版社1995年版，第73—74页。

② 参见胡云腾著：《死刑通论》，中国政法大学出版社1995年版，第46页。

年拿破仑刑法典在主刑之外，规定了以全部没收与部分没收为内容的没收财产刑、以剥夺公权为内容的资格刑，从而确立了与主刑并存的附加刑体系。1871年《德国刑法典》也将没收财产与公权剥夺作为附加刑。日本1882年施行的刑法中，也有类似规定。中国《大清新刑律》将褫夺公权与没收作为附加刑。

二、动刑的表征

等价刑在动刑问题上也有着其鲜明的特点，具体表现为依法定罪与依法动刑。

就依法定罪而言，等价时代的刑法不但确立了法无明文规定不为罪的依法定罪原则，而且由威慑时代的主观责任制转向了主客观相统一的法律责任制。其中，依法定罪原则是使作为动刑之前提的定罪合乎法律规定的一般性保障规定，而法律责任制则是这一一般性规定的具体化，构成使定罪合法化的具体保障。

依法定罪原则以"法无明文规定不为罪"的术语出现在刑法中，构成刑法近代化亦即刑法进入等价时代的首要标志。这一原则由1791年《法国刑法典》草案率先贯彻，并为1810年拿破仑刑法典明文规定："没有在犯罪行为时以明文规定刑罚的法律，对任何人不得处以违警罪、轻罪和重罪。"（第四条）此后，各国刑法乃至宪法相继仿效，均作出了类似的原则性规定。如1870年德国《刑法典》第2条、意大利《宪法》第25条第二款均明文认可了这一原则。在中国，1910年颁布的《大清新刑律》规定："法律无正条者，不问何种行为，不为罪。"

以主客观相统一为内容的法律责任首先表现为将定罪的范围明文严格限制在刑法分则所具体列举的行为。自1791年《法国刑法典》草案开始，各国刑法均划分为总则与分则两部分，其中，分则列举了各种构成犯罪的具体行为，按照依法定罪的要求，只有所实施的行为在刑法分则所列之中，才有可能进入刑法的评价而被定罪，也才可能承担责任。因此，刑法分则所列定罪范围是法律责任制的具体体现。

等价时代的刑法既在刑法总则中将不体现人的主观恶性的意外事件与不可抗力排除在定罪范围之外并将不具有趋恶的自由意志能力的精神病人或未成年人不作为犯罪人，又在刑法分则中具体表明各种犯罪只有在故意或过失实施的情况下才能成立，这是法律上对主观责任的认可。另外，此间的刑法既在总则中规定只有在有预备或实行行为的情况下才承担责任，又在刑法分则中具体表明各种犯罪只有在以特定的行为方式、侵害特定的权益，或造成特定的损害的情况下才能成立，这又是对客观责任的认可。由于刑法条文总是将诸如此类的表明主观责任的因素与体现客观责任的因素予以同时规定，使之成为法定的构成犯罪必备的主、客观要件，因此，法律责任实现了主客观责任的统一。只有对既具有法定主观要件又具有法定客观要件的行为才予以定罪，对只具有主观要件不具有客观要件的情况或只具有客观要件不具有主观要求的行为不予定罪，这是等价时代作为动刑之前提的定罪不同于作为报复刑之发动前提的客观归罪与作为威慑刑之发动前提的主观归罪的明显特征。

就依法动刑而言，等价时代的刑法不但规定了"法无明文规定不处罚"的动刑原则，而且严格规定了动刑的条件与范围。

"法无明文规定不处罚"与"法无明文规定不为罪"一样，是等价时代所确立的罪刑法定原则的重要内容。其同样自 1789 年法国《人权宣言》开始，为绝大多数国家刑法乃至宪法所明文确认。如法国《人权宣言》第八条规定"除非根据在违法行为之前制定、公布并且合法地适用的法律，任何人都不受处罚"。1791 年美国《宪法修正案》第五条也宣布，"未经正当法律手续不得剥夺人的生命、自由或财产"。

依法动刑的原则的确立，使动刑的范围被严格限制在法律规定的范围之内，从而排除了动用法外刑的可能性。因为法外刑是不为法律所确认的刑罚，对其动用便是对法律的僭越，因而违背依法动刑的原则。

不仅如此，等价时代的刑法还具体规定了动刑的条件，从而使不符合法定动刑条件的人被绝对排除在动刑的对象之外。具体表现在如下几方面：

其一，从立法的角度将不具有意志能力的人排除在刑事义务主体之外。如前所述，等价时代的刑法规定对精神病人与年幼无知者的行为不得定罪。这实际上是不赋予此类不具有自由意志能力的人以刑事义务，即不要求其不实施刑法所禁止的行为，使之在刑法上只作为刑事权利主体而不作为刑事义务主体而存在，从义务主体的角度排除了将此类人作为动刑对象的可能性。

其二，从立法的角度将无辜者排除在违法行为主体之外。等价时代的刑法规定意外事件、正当防卫与紧急避险等不具有为恶的自由意志的行为不是犯罪，同时规定不违反刑法分则规定的行为不是犯罪，从而将实施正当行为、不体现为恶的自由意志的行为的人排除在违法行为主体之外，因而排除了对此类人发动刑罚的可能性。

其三，从立法的角度将非刑事违法行为主体排除在刑事责任主体之外。等价时代所确立的主客观统一的法律责任制，奉行刑事责任止于一身的个人责任原则，实现了刑事违法行为主体与刑事责任主体的绝对同一，从而将与犯罪无关的无辜者排除在刑事责任主体之外，因而排除了对无辜者动刑的可能性。而这正是等价刑相对于株连无辜的威慑刑在刑之发动上的最鲜明特点。

三、配刑的表征

等价刑在刑罚的分配上最明显的特征是依法配刑与等价配刑。

就依法配刑而言，等价时代的刑法实行严格的刑罚二次分配制。自1891年法国刑法典开始，等价时代的刑法确立了相对确定的法定刑制度，从立法的角度实现了刑罚的第一次分配。如1891年法国刑法典在刑法分则中既明文规定了各种罪的总体配刑幅度，又将这一幅度划分为不同等级，从而明确了各个罪的量刑范围。这种相对确定的法定刑的确立，从立法的角度严格限制了配刑的范围，排除了法外配刑的可能性，从而保障了刑罚的第二次分配即司法上的量刑严格依法进行。

就等价配刑而言，等价时代的刑法以犯罪害恶性的严重程度为基准，决定所分配的刑罚的性质与轻重，实现了刑与罪的价值对等。而这正是等价刑之所以被称为等价刑的重要原因所在。其具体表现如下：

其一，刑罪相称被规定为刑法原则。在关于1791年法国刑法典草案的说明中，议员列彼列吉耶明确提出，"罪刑应当相称"，"刑罚的性质应该与犯罪的性质相适应"。这一主张为1791年法国刑法典草案所采纳。自此，近代各国刑法乃至宪法纷纷将刑罪相称作为一条基本原则予以贯彻或确认。如1793年法国《人权宣言》第15条规定："刑罚应该与犯法行为相适应。"

其二，死刑的分配范围受到严格限制。在以自由刑为中心的刑罚体系中，死刑是作为例外的极刑而存在。与此相适应，严格限制分配死刑的罪名，成为等价刑在配刑上的明显特征。对死刑分配范围的限制的具体表现是，只有所侵害的权益的价值不低于作为死刑所剥夺的生命的价值的种罪才以死刑为最高法定刑，所侵害的权益的价值低于生命价值的种罪不得分配死刑。如1810年《法国刑法典》所规定的36个死刑罪名主要是危害国家安全罪、危害他人生命的犯罪。至1832年修改刑法，该法典又将死刑压缩到11种。在1837年，开始步入近代化的英国刑法，将死刑限制分配于叛国、杀人、强奸、兽奸、鸡奸、破门入盗、暴力行为和纵火杀人等几种犯罪，而至1861年，死刑的分配范围被进一步严格限制在谋杀、叛国与海盗三种犯罪。[①]

其三，法定刑的轻重与犯罪所侵犯的权益的价值对称。死刑的等价分配排

---

① 胡云腾博士在《死刑通论》（中国政法大学出版社1995年版）中对近代各国死刑分配的范围、特点作了详尽评述。详见该书第64—74页。

除了其被不等价地分配于侵害的权益的价值低于生命价值的犯罪的可能性。而自由刑作为中心刑具有作为抽象的价值标准的特性。这便使以所侵犯的权益的价值为基准对等确定法定刑的轻重成为可能。正是如此，所分配的法定刑的轻重与犯罪所侵犯的权益的价值相对称，是等价刑的分配的又一特点。如1810年法国刑法典将犯罪分为重罪与轻罪两大类，对前者规定了死刑、重惩役、轻惩役与流放等重刑，而对后者只规定了罚金等轻刑。而同属重罪的不同种罪在法定刑幅度上又轻重不一。同样，1871年德国刑法典也将犯罪分为重罪、轻罪与违警罪三类，并按其所侵害权益的价值大小分别规定了5年以上禁狱禁锢或死刑，5年以下禁狱禁锢或150马克以上之罚金以及拘役或150马克以下的罚金等不同轻重的法定刑。

其四，规定例外情节，以调节法定刑的轻重。为使同一种罪中的不同个罪的处刑能与其严重性程度相对称，等价时代的刑法确立了一系列例外情节，以调节法定刑的轻重。如1810年法国刑法典规定了对未成年人犯罪应予减轻处刑的具体幅度。

四、行刑的表征

等价时代的刑罚在执行上的显著特点是行刑文明化与统一化。

就文明化而言，等价时代的行刑既不以加重受刑人痛苦为内容，也不再奉行恐怖主义。其最明显的表现便是死刑以给受刑人痛苦小的方式执行，且不再公开执行死刑的场面。如1810年法国刑法典规定，死刑以在断头台斩首的方式执行，且规定"死刑在司法部部长指令开列监狱名单中之一密封处所执行之"，除特定有关人员，其他无关人等不得在场。

就统一化而言，等价时代的刑罚，均以法定的统一方式执行，因而不再因受刑人的身份等而异。如在法国，路易十四皇帝、路易十六王后玛丽以及革命家罗伯斯庇尔、丹东等并未因有显赫的身份而与庶民不一样地免上断头台。

第二节 等价刑的理论基础

在思想渊源上，等价刑的兴起是近代启蒙时期崛起的诸种哲学、伦理学、心理学与法学思潮的综合产物。尤其是启蒙思想家们所倡导的自由、平等与博爱观念，更是等价刑体制的三大支柱。

自由观念的深入人心，提高了人们对自由的价值评价。而这一方面强化了人们对自由的保护意识，促成了刑法由单纯的剥夺机制向剥夺与保障机制同在的转化，构成以"法律没有禁止的便是可以做的"、"法律没有规定剥夺的便是国家保护的"为核心的刑事义务与责任法定化的根本成因；另一方面，自由的价值评断提高到"不自由毋宁死"的程度，直接缩短了生命、身体与自由在观念上的价值差距，提高了对以剥夺自由为内容的自由刑的严厉性即"价格"的评价，缩短了其与死刑、身体刑的价值差距，进而促成了自由刑取死刑、身体刑在刑罚体系中的中心地位而代之。因此，自由观念是以法律责任与自由刑为鲜明特色的等价刑体制在近代形成的重要思想渊源。

平等作为一种理念在近代的出现与作为一种重要的社会价值得到公认与追求，直接促成了"定罪面前人人平等"、"刑罚面前人人平等"的刑法面前人人平等的法制观念，进而产生了对犯罪的评价标准客观化与对刑罚的评价标准公正化的要求，并最终导致了以犯罪的害恶性作为对犯罪的统一评价的客观根据、以刑与罪的价值对等作为刑罚的公正性的评价标准以及以同样的行为同样定罪、实施同样犯罪的人处以同样的刑罚、被处同样刑罚的人所受痛苦相同为基本理性的等价刑体制的确立。因此，平等观念构成以刑与罪价值等同为基本内核的等价刑体制的又一思想渊源。

博爱，经启蒙思想家们的倡导而在近代成为一种众所共识的理念，直接促成了对犯罪评价的淡化与对犯罪人评价的宽容，进而提出了对作为犯罪之否定评价的载体的刑罚人道化与缓和化的要求。这一方面导致了穷法赎刑、不把犯罪人当人的威慑刑体制的土崩瓦解；另一方面又导致了人道、宽和与文明的等价刑体制的勃兴，可以说，没有博爱观念，便不可能有近代刑罚的缓和，更不会有人道性作为刑法原则的确立。因此，博爱观念也是以宽和与人道为理性的等价刑体制不可忽视的思想渊源之一。①

虽然等价刑的兴起与肇始于启蒙时期的自由、平等与博爱观念有着不解之缘，但真正构成等价刑之制度化、法律化与完善化契机的是三权分立学说、立法威慑论与法律报应论的创立，因而只有其才构成等价刑之深厚的理论基础。

三权分立学说源于英国哲学家洛克而完善于法国启蒙思想家孟德斯鸠。②根据这一学说，立法权与司法权应属由不同机构执掌的不同权力，两者互相独立，彼此制约。作为立法权之产物的实定法，一经生效，便构成对司法权的绝对限制，司法者只有法内执法的义务，而无法外司法的权利。而近代刑法以法

---

① 正是在这一意义上，以日本刑法学家牧野英一为代表的相当一部分外国刑法学者将近代称为刑法的博爱时代。

② 关于三权分立学说的历史渊源、具体内容，可参见甘雨沛著：《比较刑法学大全》，北京大学出版社1997年版，第789—793页。

律评价取代对犯罪的习惯评价与道德评价,以法律责任取代犯罪的客观责任与主观责任,以罪刑法定取代罪刑擅断,正是以作为立法结果的刑法规范制约刑事司法者,避免其基于未经刑法认可的名为理性实为野性的因素违背刑法所认可并体现的理性定罪用刑的具体体现。因此,等价刑时代以依法定罪、依法动刑、量刑与行刑为内容的刑事法制原则,只不过是三权分立学说在刑事法制领域的定型化。

立法威慑论,作为等价刑之理论基础,源于功利主义刑罚论者贝卡利亚与边沁,完善于德国刑法学家费尔巴哈。① 贝卡利亚与边沁都是以预防犯罪为目的的功利刑的主张者,而被其作为刑罚之功利根据的预防犯罪又主要是一般预防即威慑。② 另外,两者均强调刑罚必须是由法律所规定的。③ 因此,以立法的形式确定刑罚,以威慑人们,使之不犯罪,是贝卡利亚与边沁刑罚论的核心。这种立法威慑论被费尔巴哈进一步发扬光大,而真正成为一种系统的刑罚学说。在费尔巴哈看来,人之所以犯罪,是受了"潜在于违法行为中的快乐"的诱惑与"不能得到快乐时所潜在的痛苦的压迫"。④ 国家以法律的形式赋予犯罪与刑罚以必然的因果关系,便是使犯罪中蕴含着一定的痛苦。这样,只要有刑罚存在,意欲犯罪者就不得不在心理上对犯罪的利弊得失进行仔细的权衡,并因恐惧受刑之苦而舍弃犯罪之乐,自觉地抑制"违法的精神动向",使之"不发展为犯罪行为"。显然,费尔巴哈的这种心理强制说,奠基于刑罚的立法威慑功能之上。正是这种立法威慑论,构成以法律责任与威慑相结合为核心的等价刑体制的指导思想。由于贝卡利亚、边沁与费尔巴哈都曾直接参与或间接指导过近代刑事立法,其立法威慑论被其贯彻于有关立法之中,顺理成章。

法律报应论在近代的力主者是德国古典哲学家黑格尔。⑤ 黑格尔将其辩证

---

① 关于功利主义刑罚论以及贝卡利亚、边沁与费尔巴哈的具体主张,将在《刑罚理性辩论——刑罚的正当论批判》中详细评说,在此暂不展开。

② 贝卡利亚虽未明确提出刑罚应以一般预防为主要目的,但通观其《论犯罪与刑罚》一书,不难看出其持此主张;边沁则明确提出,"无论如何,刑罚的主要目的都是一般预防"(参见拙著:《刑罚学》,群众出版社1988年版,第39页)。

③ 贝卡利亚主张:"只有法律才能为犯罪规定刑罚","超出法律限度的刑罚就不再是一种正义的刑罚"(贝卡利亚著:《论犯罪与刑罚》,中国大百科全书出版社1993年版,第1页)。

④ 参见拙作:《费尔巴哈早期刑法思想剖折》,载《外国法学研究》1986年第1期。

⑤ 关于黑格尔的刑罚哲学与其法律报应论,将在《刑罚理声辩论——刑罚的正当论批判》中详细评说。

法中的否定之否定规律运用于刑罪关系的考察，提出犯罪是对法律秩序的否定，刑罚是对犯罪的否定，法律秩序经过否定之否定而得到肯定，即自身的回复。因此，刑罚只不过是对犯罪的法律上的回报，在立法上，罪与刑之间的质的联结是一种必然的因果联结，由这一质的联结，必然派生出刑与罪在法律上的量的联结在于价值等同，即正由于刑罚是对犯罪的否定，刑罚的价值只有或只要与犯罪的价值相当，才足以或便足以构成对犯罪的否定。因此，严格说来，黑格尔的法律报应论应称为法律等价报应论。虽然黑格尔未像贝卡利亚等一样直接参与近代刑事立法，但作为一代哲学巨匠，其法律等价报应论不可能对近代刑事立法不产生影响。直至1871年才颁布的德国刑法典对刑罚的等价性的体现远比先于其颁布的法国刑法典彻底，① 以及先于德国刑法典形成的威慑色彩重于等价色彩的有关国家刑法在后来以淡化威慑色彩、增加等价色彩为特点的修正，② 很难说不是受法律等价报应论影响的结果。因此，法律报应论同样是等价刑的理论基石。

第三节　等价刑的认识论分析

等价刑的兴起与持续，从认识论的角度来看，在很大程度上是相对决定论的产物，或者说，其符合相对决定论的基本原理。

一方面，定罪用刑以犯罪的害恶性为根据，意味着对犯罪是行为人主观意志的产物与体现以及刑罚与法律必须受作为客观存在的犯罪的制约的肯定。这是客观决定主观的决定论的体现，标志着在近代，人们已认识到人的主观意志必须受制于外在的客观因素及其内在的规律性。在这一意义上说，等价刑在认识论上是对报复刑赖以产生与存在的客观决定论的一种复归，同时又是对威慑刑赖以产生与存在的主观决定论的否定。

另一方面，以主客观结合为内容的法律责任的确定，意味着肯定作为法律评价对象的犯罪是犯罪人在趋恶的主观意志驱使下实施的行为，犯罪的客观危害的有无与大小均受制于犯罪人的主观意志，是犯罪人主观恶性的体现。这构成对人自由意志的肯定，同时也肯定了人之不同于动物的理性因而构成对人自

---

① 如1810年《法国刑法典》仍规定对财产罪处死刑从而未能完整地体现死刑的等价分配。而1871年《德国刑法典》只规定对谋杀之类致人死亡的犯罪处死刑，体现了死刑的等价分配。

② 如1837年，英国刑法仍有对鸡奸、兽奸、强奸处死刑的不等价性规定，但至1861年，此类罪的死刑被废除。

身之作为真正意义上的人的理性的揭示与承认。同样，立法威慑之作为刑罚的根据，意味着肯定作为自由意志产物的犯罪的可控性，即肯定作为客观存在的刑罚可以对人的趋恶意志产生遏制影响。而在犯罪行为前以立法的方式将刑与罪的关系予以确定，本身便是将刑与罪相联系的必然性展现在公众面前，为其作出趋善避恶的自由选择提供充分的前提条件。因此，以法定的刑罚遏制犯罪之作为刑罚根据的被认可，实际上是对作为主观意志的体现的刑罚与法律可以能动地遏制作为客观存在的犯罪的肯定，从而构成对人的主观能动性的承认。在这一意义上说，等价刑因肯定人的主观能动性而构成对作为报复刑之认识论基础的机械决定论的否定，并构成对作为威慑刑之认识论基础的主观决定论的肯定。

正由于等价刑既是对作为客观存在的犯罪之于作为主观意志的体现的刑罚的决定作用的肯定，又是对这种决定作用的绝对性与机械性的否定，既是对作为主观意志体现的刑罚之于作为客观存在的犯罪能动的遏制作用的肯定，又是对这种遏制作用的绝对性与万能性的否定，因此，其奠基于客观决定主观、主观能动地反作用于客观的相对决定论的认识论之上。正是对报复刑之认识论基础的客观决定性的肯定与对这一决定论的机械性的否定，也正是对威慑刑之认识论基础的主观能动性的肯定与对这种能动作用的万能性的否定，使等价刑从认识论的角度构成对报复刑与威慑刑的不合理性的抛弃与对二者的合理性的复归，从而升华成为一种既扬二者之长又避二者之短因而比二者更为合理的刑罚体制。因此，等价刑的兴起，标志着人类认识论的又一新的飞跃，或者说，等价刑是人类认识论的又一新的飞跃的必然产物。

第四节　等价刑的刑理评价

立足于刑罚的基本理性，等价时代的刑罚体制无论就其理性基础而言，还是从其具体运用来看，都具有其相当的合理性，因而可以认为是一种基本合理的刑罚体制。但是，正是在理性基础与具体运用上，等价刑又显示出其某些无理性，因而又不是一种完全合理的刑罚体制。

一、等价刑的合理性

就理性基础而言，等价刑的合理性首先表现在较完整地体现了报应根据的统一性规定，实现了社会报复与道义报应统一于法律报应的报应理性。法律责任原则的确立，既是对单纯的客观责任与主观责任的否定，又是对两者的合理成分的吸收，从而以法律规定的方式实现了主客观责任的统一。

等价刑的理性基础的合理性其次表现在一定程度上体现了功利根据的统一性规定，初步实现了以立法威慑为主的一般预防与以剥夺或限制再犯能力为主的个别预防相统一的功利理性。法律明文确定犯罪所应受的惩罚，有如公布了犯罪的价目表，可以使意欲犯罪的人受到物理强制而生恐惧，不敢犯罪。而法律所规定的刑罚之适用于犯罪人，又可以使之受到外在的心理强制而难以再犯罪。因此，将刑罚奠基于法律责任之上，意味着立法威慑与剥夺或限制再犯能力的融汇，构成对报复刑之无目的性与威慑刑之随意与单纯威慑性的否定。

等价刑在理性基础上之最合理之处在于，其在相当程度上实现了报应与功利相统一的刑罚理性。这是因为，主客观统一的法律责任制的确立，一方面使犯罪人所受的是依法应受的惩罚，从而赋予了刑罚以公正性，使罪有应得真正成为一种法律理念，避免了刑罚因被滥用而导致的不公正；另一方面又使刑罚之被运用于遏制犯罪受到法律的严格限制，避免了基于遏制犯罪的理由而导致刑罚运用的不公正，以致陷入只要目的正当就可以不择手段的歧途。因此，等价刑在理性基础上的最合理性就在于在一定程度上实现了以公正的刑罚遏制犯罪这一基本理性规定。

就刑罚的具体运用而言，等价刑在创制、发动、分配与执行上也均不同程度地反映了刑罚的理性规定。具体表现如下：

（一）制刑的合理性

在刑罚的创制上，等价刑在相当程度上既体现了符合人道的严厉惩罚性的报应理性，又体现了有效的遏制性的功利理性。

虽然就死刑仍作为一种刑罚方法被确认而言，等价时代的制刑不具有彻底的人道性，但是，相对于报复时代与威慑时代的制刑，等价刑体系的人道性是极为明显的。因为其不但完全废除了毁人肢体、使人承受肉体痛苦的体刑、肉刑与毁人人格、损人名誉的羞辱刑，使人作为人所不应受剥夺的健康权与人格权得到了尊重，而且完全废除了以给人痛苦与折磨为附加内容的残酷死刑，从而使人作为活体所享有的不受肉体痛苦权得到了承认与尊重。

另外，等价刑所确认的自由刑、财产刑与资格刑所剥夺的权益又是人道性所允许剥夺的最重要的权益，其具有作为刑罚所应有的严厉惩罚性不言而喻。因此，等价时代的制刑符合报应性对刑罚的质、量规定，具有其合理的报应根据。

不仅如此，以自由刑为中心的等价刑体系还因既具有一般预防功能又具有个别预防功能而符合有效的遏制性，具有其功利根据。等价刑将肢体刑、肉刑与羞辱刑等排除在刑罚体系之外，削减不必要的严酷死刑，均是讲求刑罚的真效性、有利性与节俭性的表现，明显地符合最大效益性的规定。而死刑既具有无与伦比的威慑功能又具有彻底的剥夺犯罪人再犯能力功能，其对于遏制犯罪的有效性自不待言；自由刑、财产刑与资格刑同样是具有真效性、有利性、节俭性与经济性的刑罚方法，因而也是符合最大效益性规定的刑罚。因此，等价时代的刑罚体系又是符合功利性对刑罚之规定的刑罚体系。

从可分配性的角度来看，等价刑体系的合理性也极为明显。这是因为，其以自由刑为中心的主刑体系，轻重相济，有机组合，在总体上构成以严厉性程度为价格来体现的一种抽象的刑罚价值标准，即以有限的刑罚手段抽象地显示了无限的犯罪的总的代价，实现了刑与罪在总体上的抽象的价值对等，从而为根据具体犯罪的严重性等价与相应地分配刑罚奠定了基础。同时，其既确立了以自由刑为主，以死刑为辅的主刑体系，又同时将财产刑与资格刑作为附加刑确认，使整个刑罚体系成为主附结合的有机统一体，从而又使刑与罪具有必要的相配性，为刑罚的分配在通过主刑显示抽象意义上的等价与相应的同时，通过附加刑显示具体意义上的等价与相应创造了前提。因此，等价刑体系因具有轻重有序性、主次性与主附性而符合制刑的可分配性规定。

就可执行性而言，等价刑体系也因具有执行的现实性、简便性、可缩性与可纠性而有其合理性。这是因为，等价刑体系中的死刑、自由刑与资格刑所剥夺的是人所共有的生命权、人身自由权与公权，不存在无法执行之问题；死刑、财产刑与资格刑的执行简单方便，不需过分复杂的手续与程序，简便性显而易见；自由刑、财产刑与资格刑以刑期或财产额为其严厉性程度的标志，而刑期与财产额均可增可减，具有弹性，因而使此三种刑罚具有可缩性；正由于自由刑与资格刑在期限上具有持续性，一经误判，均可部分地得到纠正，而财产刑只以财物的剥夺为内容，一旦误判可通过返回原物或赔偿损失而得到彻底纠正，因此，等价刑体系具有最大限度的可纠性。

（二）动刑的合理性

在动刑问题上，等价刑因贯彻了依法定罪与依法动刑原则而较完全地符合动刑的基本理性规定，即基本上实现了应罚性与应制性相统一的定罪规定以及必然性与必效性相统一的动刑规定。

就定罪而言，主客观相统一的法律责任制度克服了只以客观损害作为定罪根据的客观归罪与只以主观恶性为定罪根据的主观归罪的片面性，而是将客观危害与主观恶性的统一体即行为的害恶性作为定罪的根据，符合报应性对犯罪必须是具有害恶性行为的规定。与此同时，对害恶性是否严重的评价由单纯的习惯评价与道德评价转向了法律评价,避免了习惯评价的机械性与道德评价的主观性,极大程度地限制了定罪的盲目性与随意性,使对定罪的报应规定以法律规定为载体得到了充分体现,社会报复与道义报应的野性被法律报应抛弃,社会报复与道义报应的理性被法律报应所吸收与升华。因此,以害恶性为定罪的实质性根据(即内容)与以法律规定为定罪的形式根据(即规格)的依法定罪制的贯彻,因初步符合报应根据的统一性规定即应罚性的规定,而使作为等价刑之发动前提的定罪具有相应的合理性。

以害恶性为定罪的根据,不只是符合报应性对定罪的规定,而且也在很大程度上符合功利性对定罪的规定,即犯罪必须是应受刑罚遏制的行为的规定。这是因为,行为的客观危害是其之所以必需受刑罚遏制的原因所在,而行为的主观恶性则是其之所以可受刑罚遏制的原因所在,以法定的害恶性定罪,也就是以法律的形式确定应受刑罚遏制的犯罪。在这里,定罪以法定害恶性为根据有机地体现了依法应受刑罚惩罚性与依法应受刑罚遏制性作为定罪根据的同一性。

就动刑而言,以刑事义务主体、违法行为主体与刑事责任主体的绝对同一体作为动刑对象的依法动刑制度,克服了有害必罚的报复刑的机械性与有效(恶)必罚的威慑刑的随意性,实现了动刑的必然性与必效性的统一。一方面,将精神病人与年幼无知者排除在刑事义务主体之外,符合无义务不动刑的必然性规定;将意外事件、不可抗力、正当防卫、紧急避险以及不为刑法所禁止的行为不作为犯罪,符合不违法不动刑的必然性规定;将与犯罪无关的人,即使是与犯罪人有关的人,排除在动刑对象之外,主张刑事责任止于一身的个人责任,符合无责不动刑的必然性规定。而另一方面,对精神病人与年幼无知者,既无动刑遏制其损害行为的必要,又不可能收遏制之效;对意外事件与不可抗力,动用刑罚不可能收遏制之效;正当防卫、紧急避险以及不为刑法所禁止的行为,是没有必要以刑罚遏制的行为;与犯罪无关的人,也是没有必要作为刑罚遏制对象的人。因此,以刑事义务主体、违法行为主体与刑事责任主体的同一体作为刑罚的客体,符合动刑的必然性与必效性的同一性规定,具有较充分的报应根据与功利根据。

(三)配刑的合理性

在配刑问题上,等价刑初步体现了按罪配刑与按需配刑相统一的配刑理性。

等价刑在配刑上的合理性首先表现在其等害性。立法上法定刑的分配以犯罪所侵犯权益的性质与价值为基准,使法定刑的性质或分量与犯罪所侵害的权益的价值相对称；在此基础上，司法上根据具体个罪对刑法所保护权益的危害程度在法定刑内决定判定刑，使所有犯罪人所受的惩罚真正成为其罪有应得的代价，明显地符合作为法律报应渊源之一的社会报复观念所要求的刑害相称的规定，具有直观的公正性。另外，法定刑在立法上的等价分配与判定刑按具体个罪对刑法所保护的权益的危害程度分配，使刑罚因作为对社会权益的等价保护的手段与对犯罪的等价威慑手段而存在，既不因对社会权益的保护与对犯罪的遏制力度过低而造成无效之刑，符合刑以制罪为必要的规定，又不因对社会权益的保护与对犯罪的遏制力度过大而造成浪费之刑，符合刑足制罪为限度的规定，因而又符合刑罚的适度性所要求的刑害相应的规定。因此，刑罚的等价分配既符合刑害对称的报应规定又符合刑害相应的功利规定，体现了按罪分配与按需分配的同一性，因而符合等价性与适度性相统一的配刑理性。

等价刑在配刑上的合理性其次表现在其刑恶相称性。立法上严格区分故意、过失等罪过因素，对不同罪过形式所体现的主观恶性不同的犯罪分配不同严厉性的法定刑；司法上根据具体犯罪人在犯罪中所体现的主观恶性程度量刑，明显地使刑罚的严厉性与犯罪的主观恶性相对称，符合基于作为法律报应之另一渊源的道义报应所要求的刑恶相称的规定，使配刑因经得起道德评价而具有相应的公正性。另外，犯罪的主观恶性又是犯罪人趋恶的自由意志程度的反映，而意志自由的程度决定着犯罪人实施犯罪的动力的强度。立法上以犯罪所体现的主观恶性的程度作为法定刑的分配根据，对故意犯罪、过失犯罪等规定严厉性程度不同的法定刑，司法上根据具体犯罪人的罪过程度量刑，使作为犯罪之阻力的刑罚与作为犯罪之动力的主观恶性相适应，从而使犯罪的阻力与犯罪的动力在强度上相均衡，既不因刑罚过轻、阻力太小，不足以制罪而无效，也不因刑罚过重、阻力过剩，超出制罪的需要而浪费，从而符合刑需相应的适度性规定。因此，等价刑的据恶配刑，既符合基于道义报应而生的刑恶相称的规定，又符合基于遏制犯罪的需要而生的刑罚适度性规定，因而符合按罪配刑与按需配刑的同一性规定。

等价时代配刑的合理性，再次在于其所实行的依法二次配刑。在立法上，刑罚的首次分配将配刑的范围严格限制在法律所规定的范围内，以立法所确定的法定刑限定了判定刑的性质与轻重。司法上的依法量刑又使所有犯罪人所受的刑罚都因是事先由法律所规定的刑罚而具有公正性，有效地避免了因法外量刑而导致犯罪人受到事先未由法律规定的不公正的惩罚，从而符合法律报应对"法律规定应处什么刑便处什么刑"的规定。另外，立法上法定刑的分配，确定了各种犯罪所应受的惩罚的轻重，刑法的颁布有如张榜公布了一张犯罪代价表，可以使全体公民知晓什么样的行为应受什么样的惩罚，起到立法一般鉴别的作用，同时使意欲犯罪者对罪与罚进行利弊得失的权衡，产生畏惧刑罚的心理强制，起到立法的一般威慑作用。而司法上的依法量刑则使法定的刑罪关系变为实在的刑罪关系，可以起到司法鉴别与儆戒作用，从而强化刑罚的一般预防效果。因此，刑罚的依法二次分配又因符合一般预防的要求而符合功利性对配刑的规定。正是如此，依法二次配刑使刑罚的分配法定化，避免了基于社会报复、道义报应或以遏制犯罪的需要为由而生的法外量刑，初步体现了以法定的公正的刑罚遏制犯罪的基本理性。

（四）行刑的合理性

等价刑在行刑上的合理性主要表现在行刑内容与判定刑内容的同一性、行刑的必然性、行刑的等价性、行刑的平等性与行刑的人道性。

就行刑的内容与判定刑内容的同一性而言，除有的国家刑法规定自由刑与罚金刑可以互相易科外，① 等价刑的执行基本上实现了判决所确定的是什么刑罚便执行什么样的刑罚，判定刑所指定剥夺的是什么样的权益便实际剥夺什么样的权益，不得判外行刑或在行刑过程中变更刑种，从而符合行刑的惩罚性规定。

就判定刑是否实际执行而言，等价时代几乎要求无一例外地将判定刑予以执行，甚至被判死刑的孕妇，也必须在分娩后执行死刑。② 因此，在行刑上，等价刑符合有判必行的必然性规定。

就判定刑是否可以加、减而言，等价时代严格依判行刑。在行刑过程中，既不允许加重也不允许减轻判定刑，使所执行的刑罚的分量与判定刑的分量保持绝对同一。因此，等价刑在行刑上符合行刑的等价性规定。

就判定刑的执行方式而言，等价时代实现了行刑方式的统一化，且不允许作任何例外变通，因而符合行刑的平等性规定。

此外，相对于威慑刑，等价刑还具有其相当的人道性。废除野蛮、残忍的给受刑人以肉体痛苦为内容的行刑方式，不公开死刑的执行场面等，均表明等价刑在行刑的人道性上有了长足的进步。

综上所述，一方面，等价刑因不是追求刑与罪在损害形态上的简单等同而是追求二者在抽象意义上的价值等同，而使刑罚由原始的朴素的公正进化成抽象的近代意义上的公正，从而构成对报复刑外在公正的否定与抛弃，以及对其内在公正精神的复归与升华；另一方面，在这一公正形态的复归与升华中，以

---

① 如1810年《法国刑法典》。
② 如1810年《法国刑法典》规定：对怀孕的妇女得在分娩后执行死刑。

威慑为主要根据与目的的无理的威慑刑体制被同时否定与抛弃。因此，刑罚这匹因被重刑威慑主义者任意鞭策而成为野马的劣马被等价报应主义者以公正的缰绳牵回了理性的轨道上。与此同时，等价刑并未因为对威慑刑的彻底否定与无情扬弃而像将澡盆中的孩子连同脏水一起泼出一样，将威慑刑所蕴含的一点理性也予以抛弃，而是将其吸收进了自身的理性之中。这便是，虽然刑罚的威慑功能被威慑主义者无限扩大化而显得荒诞不经，但等价时代的用刑者并未因而否定刑罚的威慑功能本身的存在，而是在还其本来面目的基础上，对其予以理智的肯定，将立法威慑与法律报应共同作为刑罚的正当根据，从而使刑罚真正开始成为以法定的公正的惩罚遏制法定的犯罪的法律手段，初步实现了刑罚作为遏制犯罪的手段与遏制犯罪作为刑罚的目的的公正性与正当性的统一。因此，等价刑是一种基本合理的刑罚体制。

二、等价刑的无理性

然而，等价刑又不是一种能完全经得起刑罚理性检验的刑罚体制。这是因为，其从理性基础到具体运用上都不同程度地存在某些无理性。

等价刑的不合理性在于其未能完整地体现刑罚的报应性与功利性的基本规定以及二者应有的统一性。具体表现如下：

（一）对刑罚的报应性体现不足

等价刑虽然使刑罚步入了法律报应的轨道，但其未能正确处理好社会报复与道义报应的关系，以致对两者相冲突的解决部分地违背报应根据的对立性规定。在威慑时代初期的刑罚中，这种不合理性表现得较明显。例如，1810年法国刑法典规定，对犯罪未遂与既遂、共同犯罪中的从犯与主犯同样处罚，便明显地标志着只考虑或偏重于道义报应的要求，即过分注重犯罪人的主观恶性大，而未考虑或漠视社会报复的要求，即对犯罪的客观危害小未予应有重视，以致同恶异害的犯罪的法律评价相同，处刑无异。同样，该法对杀害尊亲属者处以重于普通死刑的先断右手后砍头的死刑，也是注重行为人的道德恶性而忽视侵害尊亲属的生命与侵害普通人的生命等价性的表现，以致犯罪所侵害的价值相同，法律评价却不相同，处刑结果各异。这种道义报应色彩极浓、过分注重道德恶性的规定，在近期的英国刑法中也有明显的体现。如直到1837年，英国刑法仍规定兽奸、鸡奸与强奸一样处死刑。显然，对虽伤风败俗但所侵害的权益的价值小的前二罪处死刑，是重道德恶性轻客观危害，导致对其法律评价过于严厉的表现。诸如此类的不合理因素，虽经后来的刑法修改有所纠正，但其在当时的存在却无疑是威慑刑时代基于道义报应而生的主观责任制的残余。

除此之外，等价刑对作为报应性之修正规定的宽恕性、奖赏性与人道性的体现也极不充分。

就宽恕性而言，等价刑在动刑上过分强调刑罚之于犯罪的必然性，以致刑法中普遍没有规定对轻微犯罪可不动刑的免刑制度与免刑情节，更无缓刑之类的规定。而在配刑上虽然规定了某些从宽情节，但这些规定极为有限，诸如前述法国刑法典未将犯罪未遂、从犯等作为从宽情节予以确认，便是明证。在行刑上，除依据宪法所确认的赦免外，等价时代的刑法因过分强调行刑的惩罚性、必然性、等价性与平等性，几乎没有任何免予行刑、中止行刑或变轻行刑的规定，其对行刑宽恕性的漠视不言而喻。

就奖赏性而言，等价时代的刑法尤其是西方刑法，[①] 在配刑上由于过分强调配刑的等价性，几乎没有鼓励犯罪人投案自首与立功的从宽量刑之类奖赏性规定；在行刑上，由于过分强调行刑的等价性，同样没有鼓励犯罪人悔过自新的减刑或假释制度。就人道性而言，等价时代的刑法也未臻完美。虽然死刑的不人道性已在此间受到普遍关注，但其仍然被大多数国家所确认，这是制刑的不人道性的明显表现。在配刑上，部分国家[②]仍然规定对未成年人适用死刑。在行刑上，自由刑的执行尚未纳入法制化的轨道，受刑人的权利与待遇也尚未受到应有的重视，因而很难说符合行刑人道性的规定。

（二） 对刑罚的功利性体现不足

从功利的角度来看，等价刑的最大缺陷在于对刑罚的个别预防功能认识片面，遏制犯罪人再犯罪的理念基本上只奠基于对刑罚的消极剥夺或限制再犯能力与个别威慑功能之上，而刑罚的积极感化与改造功能未能受到应有的重视，因而未能作为刑罚的正当根据对刑罚体制产生应有的影响，由此导致了对功利根据的主次关系的体现不完整，限制了刑罚最大效益性的发挥。

首先，在制刑上，自由刑只被作为简单地剥夺或限制人身自由，使受刑人在行刑期间无法再犯罪的手段。虽然劳动已成为剥夺自由外的附加内容，但其尚未上升到作为改造人的途径的理念，而充其量是让受刑人创造财富，不致造

---

① 基于历史传统，近代中国刑法规定有自首从宽制度。日本刑法受中国古代刑法的影响亦有相应规定。

② 如美国部分州。据统计，在19世纪90年代，美国每年有20—27名未成年人被处死刑（参见胡云腾著：《死刑通论》，中国政法大学出版社1995年版，第67页）。

成劳动力的浪费。至于对受刑人的教育、感化与矫正，则尚未作为自由刑的内容予以规定。

其次，就动刑而言，犯罪人的人身危险性的有无既未作为定罪考虑的因素，也未被作为动刑与定罪之中介因素受到关注。在犯罪人实施了法定犯罪行为的情况下，即使其不具有再犯可能性，也不可能被免予定罪或动刑，刑与罪之间的联系是不因人身危险性之欠缺而脱节的必然联系。

再次，在配刑上，由于改造等功能尚未受到重视，犯罪人的人身危险性大小相应地未作为影响配刑的根据。与此相适应，立法上很少将体现人身危险性大小的因素作为调节法定刑的情节予以确认，司法上的量刑也只是简单地追求判定刑的轻重与立法上基于一般预防的需要而分配的法定刑的一致，而不考虑犯罪人的人身危险性的大小，以致刑罚的分配从立法到司法都只是体现法定的一般预防的需要。个别预防的需要充其量只是基于犯罪人可能再犯的罪便是其已实施的犯罪、其已然之罪的处刑便是防止其再犯罪所需的刑这一假定，而在配刑时消极地、顺乎自然地甚至只为立法者与司法者自觉地得到反映，其在司法上对量刑所应有的独立于一般预防需要之外的影响未能受到关注。

最后，在行刑上，基于行刑内容与制刑内容的同一性，自由刑的执行不可能将感化、教育与矫正犯罪人作为行刑的内容，行刑的改造性与个别化未能提上议事日程；基于行刑的必然性，判定刑不可能因受刑人不具有人身危险性而出现缓刑之类的例外，基于行刑的等价性与平等性，判定刑不可能因受刑人人身危险性的减小而减轻分量或变轻执行方式。

以上缺陷的存在，使刑罚应有的个别预防功能得不到充分发挥，刑罚的节俭性难以得到充分体现，从而使等价刑只具有充分的一般预防效果而不具有充分的个别预防效果，且因代价过高而不具有最大效益性。究其原因，这种重一般预防而轻个别预防的刑罚体制，同样是威慑刑体制残余的体现，是等价刑因脱胎于威慑刑而不可避免地残存的威慑刑的胎印。

（三）对报应与功利的辩证关系的体现不足

等价刑虽然在一定程度上体现了报应与功利的同一性，但其远未完整地体现二者的辩证统一性。这是因为，其对报应与功利的同一性的体现是有限的，对二者的差异性的体现是片面的，而对二者的对立性的体现则是混乱的。

就刑罚根据的同一性规定而言，等价刑未体现报应性的修正规定与刑罚个别预防功能的共同要求。作为报应性的修正规定，人道、宽容与奖赏，是刑罚的公正性的必然要求，同时又是刑罚的感化与改造功能赖以存在的前提，因而是作为刑罚之公正性具体体现的报应与作为功利之必要组成部分的个别预防对刑罚的同一性规定之所在。然而，如前所述，等价刑既未充分体现刑罚的人道性、宽容性与奖赏性，又未将感化与改造作为刑罚应有的个别预防功能予以重视，因而未能充分体现报应性与功利性的同一性规定。

就刑罚根据的差异性规定而言，等价刑虽然在一定程度上体现了报应为主、功利为辅的主次关系，但其对这种主次关系的贯彻是不彻底的。德国1810年刑法典将即使主观恶性相同但客观危害迥然有异因而作为配刑的报应根据的害恶性完全不同的未遂与既遂、从犯与主犯同样处罚，实际上是着眼于防患于未然的需要，将预防犯罪的需要凌驾于犯罪的害恶性之上，颠倒了按罪配刑与按需配刑的主次关系所致，从而违背了基于报应与功利的差异性而生的主次规定。同样，英国直到1832年仍保留着对兽奸、鸡奸与强奸处死刑的规定，也是刑与罪不具有等价性的规定。这种对即使主观恶性大但客观危害不如杀人大的犯罪处以剥夺生命的刑罚的异例，也是将预防需要凌驾于犯罪之害恶性之上，以前者作为决定配刑之主要根据以致有悖按罪配刑与按需配刑的主次性的明证。诸如此类的情况，也是等价刑仍然带有威慑刑所遗留的以主观判定的预防需要决定配刑轻重痕迹的表现。

就报应与功利的对立性规定而言，等价刑不但因如上所述的在部分情况下颠倒了报应与功利的主次关系而未能彻底贯彻报应限制功利律，以致当报应性与功利性发生冲突时，为追求功利而牺牲了公正，而且，基本上未能将有利让步律作为解决报应与功利相冲突的基本规定予以遵循，以致刑罚的功利性对报应性的制约作用无从体现。最明显的体现是，在刑罚的发动上，固守报应的有罪必罚的规定，不允许基于犯罪人不具有再犯可能性而例外地免刑；在刑罚的分配上，固守等价性的规定，不允许基于犯罪人人身危险性小而从轻；在刑罚的执行上，固守行刑必然性、等价性与平等性等报应性规定，不允许对具有相应条件者作出免予行刑、中止行刑、缓刑、减刑与假释等有利选择。究其原因，其一是过分拘泥于法律的严肃性与判决的权威性；其二是个别预防尚未作为刑罚的目的受到应有重视，犯罪人的人身危险性对刑罚所应有的影响未能得到应有的体现。

综上所述，等价刑尤其是初期的等价刑在对报应性的体现上仍然带有浓厚的道义报应的色彩，在对功利性的体现上仍然注重的是刑罚的一般威慑作用，而在对报应与功利的关系的体现上仍具有其片面性，甚至还存在为满足威慑的需要而牺牲报应性规定的情况，因而在诸多方面还具有不合理性。这种不合理性注定了其被新刑罚体制所取代的必然性。

第四章 矫正刑的理性反思

随着历史的车轮由近代拐入现代,刑罚由等价时代步入矫正时代,刑罚的重心由对犯罪的等价报应与等价威慑转向对犯罪人的隔离、教育、感化与改造。等价刑体制自此崩溃,以个别预防作为刑罚的基本理性与唯一目的的矫正刑体制应运而生。

第一节 矫正刑的表征

以预防犯罪人再犯罪为基点的矫正刑,使刑罚的视角由行为转向了行为人,由一般人转向了个别人,因而在制刑、动刑、配刑与行刑诸方面显示出其不同于以行为与一般人为视角的威慑刑。

一、制刑的表征

矫正刑在制刑上总的特点是削弱刑罚的惩罚性,增强其教育性,具体表现如下:

(一)废除死刑

在矫正时代,因被认为与杀人罪极具等价性且具有无与伦比的一般威慑功能而幸存于等价时代的刑罚体制之中的死刑,因不符合矫正理念而首当其冲地受到抨击,进而成为此间制刑者力图废除、以使刑罚体系由等价化转向矫正化的首选目标。

矫正刑从理论到实践,缘起于19世纪末20世纪初。此间,出现了第一次世界性废除死刑的高潮。如意大利于1889年从立法上正式废除死刑;美国在1853年前只有密歇根、罗得岛与威斯康星三州废除死刑,但自1853年到1915年缅因等五州相继废除;[①] 自1877年至1928年,南美的哥斯达尼加、厄瓜多

---

① 参见胡云腾著:《死刑通论》,中国政法大学出版社1995年版,第66—67页。

尔、乌拉圭、哥伦比亚与北欧的冰岛也相继废除死刑。①

虽然由于第二次世界大战的爆发，死刑在此非常时期的价值受到非常重视，其废除因而在此间被搁置于一边，但随着大战的结束，废除死刑又被许多国家重新提上了议事日程，并因而出现了又一次废除死刑的高潮。如自1949年至1969年，原西德、洪都拉斯、摩纳哥、委内瑞拉、多米尼加、奥地利、梵蒂冈等国均从立法的角度彻底废除了死刑。②

（二）简化自由刑

矫正刑着眼于对犯罪人的教育、改造，因而注重自由刑的积极作用，相应地，等价刑时代基于惩罚与威慑的需要而设置的多种不同的自由刑之间的严厉性等级之别，对于教育、改造犯罪人已显不适应，因此，自由刑的统一化成为矫正时代制刑的又一特点。如英国1948年的《刑事审判法》将自由刑简化为监禁一种。

（三）改造自由刑

与注重对犯罪人的教育改造相适应，削减自由刑的严厉性，并赋予其教育、感化、职业训练与心理矫正等有助于对犯罪人的矫正的新内容，也是矫正刑在制刑上的重要特点。虽然此间在刑法典中明文规定自由刑应以教育、感化与心理矫正等为内容者并不多见，但在许多国家的监狱法规中，却有相应的规定，甚至为联合国有关文件所规定。如联合国第一届防止犯罪与罪犯处遇大会通过的《在监人犯最低标准规则》规定，"对于一切受行刑人，可因教育而受益者，应继续施教……"，"受行刑人之教育，在可能范围内，应与国家之教育相统一"，"劳动应……使受刑人能维持并增进其开释后之谋生能力"，"受行刑人劳动，应以……职业训练为主要目的"。显然，在这里，教育与职业训练被作为矫正手段而确认。

（四）改良资格刑

由于资格刑本身不但不具有改造性，而且毁损犯罪人的名誉，使其自尊心受到挫伤，并易于给其留下耻辱的标记，不利于犯罪人改过自新，有碍其再社会化，不符合矫正理念。因此，在矫正时代，不少国家要么是废除资格刑，要么是使资格刑非刑化。如丹麦在1951年废止市民权利剥夺制度。而日本刑法

---

① 参见胡云腾著：《死刑通论》，中国政法大学出版社1995年版，第90页。
② 参见胡云腾著：《死刑通论》，中国政法大学出版社1995年版，第90页。

典则在刑法中不再将资格刑作为一个刑种，而只在诸如《众议院选举法》之类的某些法律中规定禁止罪犯行使选举权之类特定权利，从而实现了资格刑非刑化。

（五）增设保安处分体系

矫正刑的基本理念是教育、改造犯罪人，但并不排除对不堪教育、改造者或尚未构成犯罪的人采取与社会相隔离的手段而使之不为害的可能性。这便是所谓"矫正可以矫正者，使不可矫正者不为害"。正是如此，矫正时代的制刑者在改造传统刑罚体系，使之符合矫正的需要同时，又在传统刑罚体系之内增设或在其外单设了使具有人身危险性者与社会相隔离的保安处分体系。如苏联1922年、1926年刑法，古巴1926年刑法以及瑞典1959年保护法草案等，都在传统刑罚体系中加设了保安处分措施，使之与传统刑罚方法组合成新的刑罚体系，① 而南斯拉夫1929年刑法、丹麦1930年刑法、意大利1930年刑法、波兰1932年刑法等则在传统刑罚体系之外增设了与之相并列的保安处分体系。②

二、动刑的表征

矫正刑基于对犯罪是犯罪人自由意志的结果的否定而理所当然地否定了法律责任是动刑的前提，而代之以社会责任，即社会有义务教育与矫治有犯罪的人身危险性的人。因此，人身危险性的有无构成社会承担所谓教育与矫治义务与发动刑罚（或称予以"处遇"）的前提，作为等价刑之发动前提的定罪被作为矫正刑之发动前提的人身危险性的测定所取代。相应地，矫正刑的发动具有如下特点：

（一）对不具有责任能力者，只要其具有人身危险性，便可予以保安处分

出于社会防卫的需要，精神病人与未达责任年龄的未成年人，虽因对刑罚具有不适应性而不应以刑罚作为教育矫治的手段，但在其具有危害社会的人身危险性的情况下，有必要将其与社会相隔离，以消除其危害社会的可能性。相

---

① 参见胡云腾著：《死刑通论》，中国政法大学出版社1995年版，第90页。
② 这便是通常所谓的刑罚与保安处分一元化与二元化。详见陈兴良著：《刑法哲学》，中国政法大学出版社1997年版，第467—474页。

应地，对有人身危险性的精神病人适用强制医疗、对有人身危险的未达刑事责任年龄者适用保护管束等保安处分便成为必然的选择。如1921年由菲利拟定的意大利刑法草案规定，对精神病犯应予以交监管所、送犯罪狂病院或特别劳作所，对少年犯应予以监视、交职业感化院，交少年劳作所或农业所或者交监置所。前苏俄1961年刑法典规定，对精神病犯应安置在普通的精神病院或专门的精神病院。1930年意大利刑法典规定，未满14岁的人犯法定罪行，且有危险者，可交司法感化院或付保护管束。这表明，矫正刑体制下的保安处分并不将不具有刑事义务能力者排除在发动对象之外，从而突破了威慑刑与等价刑体制下刑不及无能的限制。

（二）对于不构成犯罪者，其具有人身危险性，可以予以保安处分

是否构成犯罪与有否人身危险性，是两个完全不同的概念。虽不构成犯罪但具有某种危险倾向者，同样可以构成人身危险的载体，从防止其未然的危害着眼，可以将其作为适用保安处分的对象。如1930年意大利刑法典规定，不能犯未遂与教唆未遂虽不视为犯罪，但应予以保安处分。这表明，矫正刑体制下的保安处分也不以违反刑事法律义务为发动的前提，从而突破了等价刑体制下动刑以违法行为主体为对象的限制。

（三）虽然构成犯罪但不具有人身危险性者可以不予动刑

正如未实施犯罪者未必不具有人身危险性一样，已实施犯罪者也未必具有人身危险性。因此，对虽然构成犯罪但不具有人身危险性者，从其不致再危害社会的角度着眼，可以不对之定罪动刑或虽予定罪但免予动刑。如英国与美国在矫正时代创立并广用缓起诉与缓判刑制度。缓起诉制度为对已犯罪者暂不予以有罪指控，缓判刑制度为对犯罪者虽作有罪认定，但暂不予判刑。1953年韩国刑法典也确立了刑之暂缓宣告制度，规定构成犯罪者在作有罪宣告的同时暂不予判刑。1935年中华民国刑法典确立了免刑制度，规定对应处三年有期徒刑以下刑罚的犯罪的人可以免除其刑。因此，矫正刑的发动也突破了等价刑的有责必罚的限制，实现了刑事责任主体与动刑客体基于不存在人身危险性的相对分离。

三、配刑的表征

与以人身危险性的有无作为动刑的根据相适应，矫正刑的分配以消除犯罪

人的人身危险性亦即个别预防的需要为根据。刑罚的性质、严厉性程度与犯罪人的人身危险性的大小相适应成为矫正时代配刑的基本准则。具体表现为如下特点：

（一）重惩累犯、惯犯

累犯与惯犯是人身危险最大的两类罪犯，对其所分配的刑罚自然严厉。因此，在矫正时代的各国刑法中，累犯与惯犯首当其冲地构成重惩的对象。如在法国，1885年颁布法律对职业犯与常习犯新设了终身流放到殖民地的刑罚，1891年又颁布法律加重了对累犯的刑罚。在美国，自1927年至1929年，颁布了若干关于累犯的法律，规定对于再犯应处不低于最低法定刑和不高于最高法定刑二倍的剥夺自由，对于被四次定罪的累犯，应处没有提前释放之可能的终身监禁。在意大利，1930年以来的不少法律规定，对于习惯犯、职业犯或"倾向犯"，应加重判处2年以上3年以下或者4年以上之移民区监禁并终身剥夺其政治权利与社会权利。在德国，1933年颁布了"关于危险习惯犯与保安、改造处分"的法律。该法规定，对于危险习惯犯，只要认为有必要，便可延长其刑期。在丹麦，1933年生效的刑法典规定，对两次实施不同犯罪的人，应加倍惩罚。

（二）少年犯处理专门化

由于少年犯的思想尚未定型、可塑性大，因而在通常情况下不应对之处以传统的刑罚，而应采取专门的处理措施。因此，在矫正时代，绝大部分国家纷纷修改刑法，用特殊的处理措施取代对少年犯的传统制裁。1899年，美国的芝加哥率先制定了少年法，确立了少年法院审判制度。自此以后，各国相继仿效，专设了少年法院。按照少年法的规定，对于少年犯，即使认定其有罪，一般也不处以刑罚，而分别采取如下措施：1. 交付特定的保护观察人员，予以教育；2. 委托给环境良好的家长教养，或送入特设的教育机构；3. 责成家长教养；4. 对于恶性较深者，或有生理疾病者，交付特定的感化机关，加以矫正教育，或进行治疗。所有这些措施，至少在理念上都不带有惩罚的成分，即属于非刑化措施，其之适用于少年犯，体现了对人身危险性小的少年犯处理的非刑化。即使在非处刑不可的情况下，对少年犯的配刑也明显地有别于对成年犯的配刑，具体表现为对少年犯通常不适用死刑或无期徒刑，以及从轻或减轻处罚。

（三）采用不定期刑

为刺激犯罪人在刑罚执行期间的改造，使刑罚的轻重直接与犯罪人的悔改表现相适应，矫正时代实行了自由刑的不定期分配制。根据这一制度，判决所确定的刑期是相对不确定的，即只确定上、下限，而不能确定具体的期限。这一制度最先于 1869 年在美国的纽约州开始施行，适用对象是 16 岁至 30 岁的青少年犯。经 1910 年与 1925 年举行的第八、第九次国际监狱会议的肯定与倡导，美国各州和英国、芬兰、瑞典、挪威、澳大利亚、日本等国家的刑事立法相继采用了不定期刑，主要适用于少年犯、累犯等特殊犯罪人。

（四）短期自由刑非刑化

由于短期自由刑存在既不足以使犯罪人得到有效的改造又易使犯罪人互相感染的弊端以及与对犯罪人的教育、矫正不相适应的缺陷，在矫正时代，各国刑法普通采取非刑化措施取代短期自由刑，即对本应判处短期自由刑的犯罪人改为适用其他措施。如英国创立了缓起诉与缓判刑制度，授予检察官与法官对可能适用短期自由刑的犯罪人暂时不予起诉或判刑的权力。还有的国家刑法规定对应处短期自由刑者可易科罚金刑。①

（五）严格控制死刑的适用

如前所述，死刑是一种不具有教育性因而与矫正理念相冲突的刑罚。因此，在未废除死刑的国家，死刑的分配受到严格限制，许多国家将死刑的分配限于几种或一种犯罪。如 1929 年，墨西哥对普通犯罪废除了死刑，瑞士、意大利与以色列也分别于 1942 年、1947 年与 1954 年对普通犯罪废除了死刑，从而使死刑在立法上的分配只限于某些政治或军事犯罪，从而大大缩小了死刑的分配范围。② 而另有相当多的国家，则从司法的角度控制死刑的适用，以致其名存实亡。如日本在 1918 年仅判处 40 人死刑，自 1919 年至 1942 年，每年判处死刑的人数最多为 60 人，最低则只有 12 人；自 1950 年至 1967 年，每年判处死刑的人数最多为 62 人，最低则只有 7 人。③ 同样，在素有"犯罪王国"之称的美国，自 1931 年至 1969 年，适用死刑最多的一年的人数只有 199 人，

---

① 参见邱兴隆著：《刑罚学》，群众出版社 1988 年版，第 194 页。
② 参见胡云腾著：《死刑通论》，中国政法大学出版社 1995 年版，第 93 页。
③ 参见胡云腾著：《死刑通论》，中国政法大学出版社 1995 年版，第 119—120 页。

而适用死刑最少的年份只有1人。①

四、行刑的表征

在矫正时代，理所当然地，刑罚的执行以教育、矫正犯罪人为鲜明特色。相应地，行刑表现出如下特点：

（一）赦免死刑

根据矫正刑的基本理念，凡可矫正者，均应予以矫正，只有不堪矫正者才应以死刑彻底剥夺其再犯罪的能力。据此，在相当多的国家，对于既已判处死刑的人，也不一定予以实际执行，而是通过赦免的途径尽量减少死刑的实际执行，以给犯罪人留有改造的余地与自新的机会。如在日本，在1875年至1881年间，凡判处死刑者，无一例外地均被实际执行。但自1882年始，每年所实际执行的死刑少于所判处的死刑，如1897年实判死刑80人，但只有21人被实际执行，死刑的实际执行率仅为25%左右。② 同样，自1918年至1966年，所判处的死刑也只有一部分实际执行。③

另据联合国1967年的死刑调查报告表明，在1961—1965年间，美国宣告了492起死刑，但实际执行的只有132起；加拿大宣告55起，只执行4起。在调查所及的国家，此间共宣告2066起，但实际执行者仅为1033起。④

（二）创设并大量适用缓刑与假释

缓刑与假释，作为节俭用刑、刺激犯罪人改过自新的两项重要制度，是矫正时代的产物，并成为行刑矫正化的鲜明标志。1870年，在美国的波士顿，缓刑制度应运而生。此后不久，美国的其他州以及其他国家都把缓刑当成鼓励人身危险性较小的偶犯与初犯等改造的措施之一予以采用。如英国在1887年、德国在1895年、比利时在1888年都通过对刑法的修改而增设了这一制度。在实践中，世界各国的缓刑适用率相当高，而且呈现出日益上升的趋势。如在日本，1955年至1976年有大约60%的被判自由刑的罪犯被宣告缓刑；在法国，1960年有39.3%的被判拘禁刑者被宣告缓刑，到1973年，这一比率已上升到

---

① 参见胡云腾著：《死刑通论》，中国政法大学出版社1995年版，第113页。
② 参见胡云腾著：《死刑通论》，中国政法大学出版社1995年版，第70页。
③ 参见胡云腾著：《死刑通论》，中国政法大学出版社1995年版，第70页。
④ 参见拙著：《刑罚学》，群众出版社1988年版，第178页。

58%。在缓刑创制前数10年,假释制度在澳大利亚的新南威尔士已具雏形。但是,这一制度被世界各国所普遍采纳则几乎是与缓刑制度的兴起同步,尤其是其被广为采用,则是19世纪末以后的事,因而同样是矫正刑之兴起的表征。英国于1853年正式采用假释制度,美国直至1910年才有2/3的州增设了这一制度。与缓刑之适用一样,假释之在实践中的适用率也相当高。如在美国,1970年共有1.8个州的假释率高达75%。在日本,因假释而出狱者的比率也远远大于刑满出狱者,1954年的假释率高达79.5%。①

(三) 行刑社会化

为避免自由刑的执行导致犯罪人与社会的不适应,矫正时代实施了有利于对犯罪人的改造的行刑社会化措施。具体表现为改良行刑机构之结构,创设狱外工作制度、采用归假制以及实行周末监禁或半周末监禁制等。就改良行刑机构之结构而言,主要表现为监狱由封闭式走向开放式。自1891年始,瑞士监狱工作者凯勒黑尔斯(M. keuuerhals)便开始尝试将传统的封闭式监狱结构改造成开放式。他在伯尔尼创设了无狱墙、栅栏等戒备设施的新型监狱并使狱内的生活条件尽量与外界保持同步。由于这种新型监狱寓有狱于无狱之中,狱中的生活与外界无异,因而颇受受刑人欢迎,狱内秩序井然,成效卓著,从而为许多国家相继仿效,欧美多数国家因而都建立了类似的开放式监狱。就狱外工作制度而言,其要旨是责令受刑人在行刑机构外与普通人在同样条件下工作,但下班后,其回到特设机构受押。在1880年前后,美国马萨诸塞州的一女监,首开受刑人在监外从事社会性工作的先例。至1913年,美国的威斯康星州通过立法,将这一制度予以正式认可,规定对于犯轻罪的轻刑犯,可由法院作出判决后,在监外从事社会性工作。这一制度相继为英、美、法、德、比利时、丹麦、挪威、瑞典、荷兰等国采用。就归假制而言,其指的是对正在执行自由刑的犯罪人,给予一定期限的假日,允许其返家与亲人团聚。作为沟通犯罪人与社会之联系的桥梁,这一制度也作为行刑社会化的一条重要途径而被许多国家所采用。瑞典、美国的某些州、英国、西德等国都在其行刑法或监狱法中规定了归假制。就周末监禁或半监禁制而言,其主要为比利时等国所采用。周末监禁是对因特定犯罪而被判处1个月以下自由刑者,以星期六上午2时至星期一上午6时之假日监禁代替,监禁1日折抵刑期2日。半监禁则是对被判处3个月以下短自由刑者,白天允许其在社会上照常工作或就学,但夜间及周末须在监狱中拘留。

---

① 参见拙著:《刑罚学》,群众出版社1988年版,第25页。

（四）行刑人道化

矫正时代，由于注重对犯罪人的矫正，因而重视对其的感化。相应地，以尊重犯罪人的权利、提高其待遇等为内容的人道化措施受到应有的重视。如1957年，联合国通过了《囚犯待遇最低限度标准规则》，具体规定了犯人在各方面的最低限度待遇标准。瑞典、英国、德国等国的监狱法都规定犯罪人在行刑期间可以与家属及亲友定期通信或接见，而且还为受刑人提供了必要的医疗卫生设施等。

（五）行刑教育化

注重对受刑人的教育与感化是矫正时代行刑的基本特征之一。由此，刑罚尤其是自由刑的执行由消极的隔离、惩罚转向积极的教育、感化与矫正，对受刑人的品德教育、职业训练、心理矫治等成为行刑的重要内容。

（六）行刑个别化

在行刑方式上，矫正刑的执行，以受刑人的不同特点为根据，采取不同的方式、方法执行，以适应矫正犯罪人的需要，即实现行刑个别化。如将成年犯与未成年犯、累犯、惯犯与初犯、偶犯分别行刑，以免其互相感染，对少年犯予以高于成年犯的待遇，并予以特殊的教育、感化，等等。

（七）行刑规范化

由于行刑已作为一个积极教育、矫正受刑人的过程，其远比单纯的隔离与惩罚要复杂得多，因此，在矫正时代，行刑的规范化不可避免地提上了议事日程。其最明显的标志便是各国在此间均制定了诸如行刑法、监狱法之类的法律，用以确定行刑者与受刑人的权利与义务，以规范行刑活动，确立行刑的标准。如日本随1908年刑法的施行而颁布了监狱法及其实施规则，首次将监狱制度以立法方式予以确定。在中国，清末也制定了历史上的第一部独立的监狱法规即《大清监狱律草案》。[①] 此后，北洋政府时期与国民政府时期也分别颁布了《中华民国监狱规则》与《监狱行刑法》。

---

① 但未实施。

第二节　矫正刑的理论基础

矫正刑在 19 世纪末的兴起与在 20 世纪前半期的盛行，是新的哲学与刑事学理论崛起的结果。构成矫正刑之哲学基础的是实证主义哲学，构成其刑罚学基础的是以剥夺犯罪能力论、社会防卫论与矫正——隔离论为核心的个别预防主义。

由法国哲学家孔德创始于 19 世纪前半期的实证主义哲学的基本立场是主张哲学不应研究事物的本质与本源，即不应追问世界"为什么"（why），而只应研究世界"是什么"（is），然后去研究"怎么做"（how）。根据这种理论，哲学的价值在于立足现实，解决问题，而不在于揭示现实背后的客观规律。换言之，科学只是对经验事实或经验现象的描写与记录，既不反映任何客观规律，也不反映事物的本质。这种以立足现实、解决问题为方法论的哲学理论，构成对以康德、黑格尔等为代表的以解释事物与世界之本质与本源为出发点、以逻辑演绎为方法论的理性主义哲学的全盘否定，同时也就彻底否定了理性主义哲学所主张的人是理性动物、具有自由意志这一重要的哲学命题，而代之以人是主观感觉的奴隶，其行动完全受制于经验事实与经验现象，人的意志在主观感觉面前无能为力的哲学命题。[①] 这种从哲学上对人的自由意志的否定，毫无疑问地摧毁了等价刑赖以存在的理论根基。这是因为，法律报应论与威慑论均是奠基于犯罪是人的自由意志的结果因而具有可责性与可控性这一命题之上，否定人的自由意志，必然否定人对犯罪所应承担的法律责任与人可因对刑罚的畏惧而不敢犯罪。因此，可以说，实证主义哲学在摧毁理性主义哲学的同时，也就为等价刑举行了葬礼。

然而，实证主义哲学只是为矫正刑的崛起廓清了地基，而不构成矫正刑的直接母体。作为矫正刑之直接理论渊源的是作为实证主义哲学在刑事学上之应声虫的实证主义刑事学。

受实证主义哲学观念与方法论的影响，在 19 世纪下半期，在刑事学领域崛起了刑事实证学派。与实证主义哲学同理性主义哲学针锋相对相适应，实证主义刑事学派也与刑事古典学派分庭抗礼。以龙勃罗梭（Cesare Lonboroso, 1835—1909）、菲利（Enrich Ferri, 1856—1929）、加罗法洛（Baron Raffaele Garofalo, 1852—1934）与李斯特（Franzvon Liszt, 1851—1919）为代表的实

[①] 关于实证主义哲学的基本主张及其对实证主义刑事学的影响，陈兴良博士在《刑法的人性基础》（中国方正出版社 1996 年第 1 版）中已作详尽评述，在此不作赘述。

证主义刑事学派撇开刑事古典学派所推崇的理性思辨与逻辑演绎的方法，而以实证的方法，从犯罪人的生理特点、心理素质或社会环境、生活条件等诸种综合因素中来考察犯罪的原因，并从经验考察、实证研究与定量分析中得出犯罪是遗传基因或社会因素的产物的结论。根据这一结论，实证主义刑事学派认为，人的意志完全受生理或外在的社会因素的制约，不具有自由性。也就是说，人的生理特征或社会环境决定了人必然犯罪，其在是否犯罪之间没有选择的自由。因此，社会没有权力让犯罪人就犯罪承担责任，也不可能借助刑罚的惩罚使人们产生畏惧而不敢犯罪。相反，社会应该对犯罪人承担治疗或矫正的义务，也只有通过治疗或矫正犯罪人，才可使社会免受犯罪之害。这便是所谓社会责任论。

与社会责任论的提出相对应，在刑罚理论上，实证主义刑事学派提出了以社会隔离论、社会防卫论与矫正——隔离论为内核的个别预防中心论。①

对犯罪是自由意志的产物的否定必然地构成对作为等价刑之根基的法律报应论与一般预防论的否定，社会责任论对个人责任论的取代必然地使刑罚的视角转向了防止犯罪人再犯罪。正是在对报应论与一般预防论的这种否定中，龙勃罗梭提出了剥夺犯罪能力论、菲利提出了社会防卫论、李斯特提出了矫正——隔离论。

龙勃罗梭在犯罪原因论上的初始主张是遗传论即基因决定论，认为犯罪的唯一原因是遗传。与此相适应，他提出，防止天生犯罪人犯罪的唯一途径是剥夺其犯罪能力，具体地说，便是对尚未犯罪但有犯罪倾向的人实施保安处分，即预先使之与社会隔离；对于具有犯罪生理特征者予以生理矫治，即通过消除犯罪人的生理特征而消除犯罪之源；将危险性很大的人流放荒岛、终身监禁乃至处死。②

菲利在犯罪原因论上主张生物、地理与社会三因论，认为犯罪是生理因素、地理因素与社会因素的综合结果。相应地，他主张以社会防卫手段取代刑罚，即取消具有惩罚性的刑罚手段，而代之以立足于防止犯罪人再犯罪的社会防卫方法，这种社会防卫方法，便是保安处分。

李斯特在犯罪原因论上主张行为者人格特点与社会环境二因论，即认为犯罪是行为者个人因素与周围环境因素共同作用的结果。相应地，其主张，"矫正可以矫正的罪犯，使不可矫正的罪犯不为害"。即认为刑罚对于可以教育矫

---

① 关于个别预防主义及其分野，将在《刑罚理性辩论——刑罚的正当论批判》中详细评说。

② 参见邱兴隆著：《刑罚学》，群众出版社1988年版，第42—43页。

正的罪犯应是教育、矫正的手段，而对于不可教育、矫正的罪犯则应是使之与社会相隔离、阻止其犯罪的手段，从而提出了矫正——隔离二元刑罚目的论。

剥夺犯罪能力论、社会防卫论与矫正——隔离二元论，虽然立论有别，但总的说来，都是主张刑罚的目的在于防止特定的个人再犯罪，即个别预防。而且，其立论的前提都是否定犯罪是人的自由意志的结果，从而否定报应与一般预防作为刑罚根据的合理性，因而在本质上并无不同。正是这种立足于社会防卫的需要、主张对犯罪人予以消极地剥夺犯罪的能力、积极地予以教育改造的个别预防刑罚论，构成矫正刑的理论基石。龙勃罗梭的剥夺犯罪能力论被希特勒时代的德国刑法、墨索里尼时代的意大利刑法采作种族灭绝、去势等的"科学根据"而产生的直接影响自不待言；菲利的社会防卫论对前苏联早期刑法的影响亦是定论，至于由其以社会防卫论为指导思想而提出的刑罚与保安处分一元化的"社会防卫手段"体系之于矫正时代制刑的影响、其基于同一理论而提出的不定期刑对此间的配刑与行刑体制的影响等更是巨大而深远；而李斯特的矫正—隔离论则甚至直接规定了矫正刑模式，从理念上构成以消极剥夺犯罪能力、积极教育与矫正犯罪人为内容的矫正刑体制的直接渊源。

第三节　矫正刑的认识论分析

从认识论的角度来看，矫正刑处于一种既合理又不合理的悖论之中。

矫正刑建立在对犯罪人可矫正性的认识之上，即肯定人的不良思想意识不是一成不变的，而是可以通过外界的正面影响得以矫治与改造。这是对人的趋善避恶的自由意志的肯定。另外，矫正刑又奠基于犯罪原因的绝对决定论之上，即以犯罪是生理与社会因素影响的必然结果，不利客观因素注定犯罪人只有趋恶的必然性、不具有避恶的可能性为前提，这又是对人的趋善避恶的自由意志的一种绝对否定。因此，在肯定犯罪人的可矫正性的同时肯定犯罪人具有避恶趋善的自由意志，与肯定外在的不良因素注定人必然犯罪的同时否定犯罪人具有避恶趋善的自由意志之间，构成一种悖论，使矫正刑的刑罚目的论与犯罪原因论处于一种自相矛盾的状态。

不仅如此，矫正刑还以犯罪人的人身危险性具有可预测与判断性为赖以存在的前提，这是对作为社会主体的人之于作为客观存在的犯罪的规律性的可认识性以及对犯罪的可控制性的一种揭示，构成对人的主观能动性的一种肯定。另外，矫正刑又奠基于犯罪人是客观存在的生理与社会因素的奴隶，即其对不利的客观因素只有被动地受制的可能而无主动回避的可能这一命题之上。而这又构成对人的主观能动性的一种否定。因此，在肯定犯罪的可认识性与可制性的同时肯定人的主观能动性,与在肯定犯罪人对客观外界的不良影响无能为力的同时否定人的主观能动性,又构成一种悖论,从而使矫正刑又处于一种自相矛盾的状态。

矫正刑在认识论上的悖论还表现在其所主张的社会责任与社会防卫论之间存在一种不可调和的矛盾。就社会责任而言,其强调的是犯罪是社会不良因素的必然产物,否定个人应对犯罪承担责任,主张社会不具有惩罚犯罪人的权力,只有治疗与矫正犯罪人的义务。从表面上看,这是强调将个人作为社会绝对的目的,否定社会将个人作为手段的合理性。而就社会防卫论而言,其强调的是对犯罪人的矫正是社会为使自身免受犯罪侵害所使然,主张矫正犯罪人是出于社会防卫的需要。因此,在实质上,这又是将矫正犯罪人作为社会的一种权利,将犯罪人作为实现社会目的的绝对手段。正是如此,矫正刑才被归于功利刑即行为功利主义的范畴。显而易见,在以社会责任否定个人责任、否定社会拥有惩罚犯罪人的权力与主张社会基于防卫的需要而具有矫正犯罪人的权力、犯罪人具有接受矫正的义务之间,矫正刑构成对个人是社会的目的的既肯定又否定与对社会是个人的目的的既否定又肯定,因而难以自圆其说。

应该肯定,从社会不良因素中寻找犯罪的原因,主张人具有可矫正性、犯罪具有可控性以及强调社会应对犯罪人承担矫正义务,均是矫正刑在认识论上的合理因素之所在。这些合理因素的存在,使刑罚由消极惩罚与有限威慑转向了积极改造,从而克服了等价刑对刑罚个别预防理性的忽视,因而构成刑罚理性认识论上的一种突破与飞跃。然而,主张绝对的客观决定论,否定人具有相对的自由意志、强调社会防卫需要是社会的唯一目的,又是矫正刑在认识论上的致命弱点之所在。这些不合理因素的存在又导致了犯罪人的权益不是因其犯罪而是因社会认为其可能犯罪而被以社会防卫需要的名义任意剥夺,以致刑罚因不具有与已然的犯罪的等价性而不具有公正性,从而使矫正刑因与威慑刑一样陷入只要目的正当可以不择手段的误区而构成刑罚理性认识论上的一种倒退,即虽然与威慑刑在所追求的功利的内容上有所不同,但因都是将犯罪人当成实现社会目的的纯粹手段,即使得之功利也失之公正而在本质上构成对威慑刑的一种复归。相应地,刑罚这匹本已由等价刑以等价这根公正的有形的缰绳牢牢地牵制在理性的轨道上的劣马,因被换之以矫正的需要这根无形的主观的缰绳,不再受公正的牵制,而再次成为用刑者任意驱赶的野马,狂驰于理性的轨道之外,在尊重人权的名义下践踏人权,在教育、治疗与矫正犯罪人的名义下无理地惩罚着犯罪人。

第四节 矫正刑的刑理评价

矫正刑不但在认识论上构成一种合理与不合理的悖论,而且,从刑罚的基本理性的角度来看,其从理性基础到具体运用上的合理性与不合理性同样明显。

一、矫正刑的合理性

就理性基础而言,矫正刑的合理性首先表现在对报应性的修正规定体现得较为完整。社会责任论的确立,从观念上带来了对犯罪人的评价的变革,犯罪人因而不再被视为罪犯,而被视为病人,刑罚也不再被称为刑罚,而被称为处遇(treatment)措施。以矫正犯罪人为中心而建立的处遇模式往往与医疗模式相类比。社会对犯罪人的惩罚权力因而被对其的教育、矫正义务所取代。相应地,刑罚的人道性、宽容性与奖赏性受到了极大的重视。死刑之废除或在分配与执行上之受到严格限制,行刑过程中受刑人的待遇的提高,少年犯的处理专门化,是人道性被矫正刑视为刑罚的重要理性的明证;缓刑、假释制度的创立与运用以及非刑化措施的采用,是宽容性与奖赏性受到重视的明显标志。因此,作为报应性之修正规定的人道性、宽容性与奖赏性之被完整地体现,是矫正刑的合理性的重要表现。

矫正刑在理性基础上的合理性其次表现在其充分体现了作为刑罚之重要功利根据的个别预防理性。"矫正可以矫正的罪犯,使不可矫正者不为害",奠基于对刑罚的积极的改造与消极剥夺再犯能力功能的认识之上,而为实现矫正目的所为的教育、人道待遇、宽容与奖赏又注重的是刑罚的个别鉴别与感化功能。尤其是强调司法人员不应对犯罪人满怀敌意而应对其像医生对待病人一样满怀慈善心肠,更是对刑罚感化功能的重视的明证。因此,矫正刑既是对等价刑消极地剥夺犯罪人的再犯能力功能的继承,又使刑罚升华成了一种感化、教育与改造犯罪人的积极手段,从而使刑罚的个别预防理性得到了充分重视。

矫正刑在理性基础上的合理性还表现在极大程度地体现了报应性的修正规定与个别预防的同一性,从而在一定程度上体现了报应与功利的统一理性。在矫正刑体制下,刑罚的人道性、宽容性与奖赏性虽然未被视为报应性的内容,但其被视为感化犯罪人的有效手段即被作为发挥刑罚感化功能的前提而受到重视,在客观上意味着对报应性的修正规定与作为个别预防之重要功能的感化功能的同一性的承认。尽管这种承认是自发的而不是自觉的,但其毕竟在刑罚体制中得到了体现。因此，正如在肯定公正的刑罚有助于一般预防功能发挥的同时便不自觉地肯定了报应与一般预防的同一性一样，在肯定人道、宽容与奖赏有助于感化功能发挥的同时，矫正刑也就自发地体现了报应的修正规定与个别预防的同一性。

在刑罚的具体运用上，矫正刑的创制、发动、分配与执行均在一定程度上符合刑罚的理性规定，具有其明显的合理性。

（一）制刑的合理性

在刑罚的创制上，矫正刑在相当程度上体现了刑罚的人道性与节俭性的同一性。

死刑之所以被为数不少的国家所废除，标志着矫正刑在等价刑的基础上向刑罚的人道化迈进了一大步。因为如果说死刑因剥夺的是人不可剥夺的生命权而构成一种不人道的刑罚，那么，死刑的废除便意味着对人的生命之不可剥夺的绝对性的肯定与承认，毫无疑问地构成以人道性对死刑所具有的等价性的抑制，符合以人道性修正严厉的惩罚性的规定。另外，死刑虽因具有剥夺犯罪能力的彻底性而可收最大的个别预防之效，但这只能表明死刑对于个别预防的有效性，而不能表明其对于个别预防具有必要性。这是因为，犯罪人的人身危险性可以通过积极的教育、矫正得以消除，从而使之不再犯罪，即使是不堪教育、矫正者，也可以通过长期监禁或终身监禁而使之难以再犯罪。也就是说，防止犯罪人再犯罪未必非用死刑不可。这就决定了死刑对于个别预防来说是一种因过分严厉的刑罚而构成一种浪费之刑。相应地，死刑的废除意味着以代价小的刑罚收代价大的刑罚可收之个别预防之效，符合刑罚节俭性的规定。因此，废除死刑体现了作为报应性之修正规定的人道性与基于刑罚的功利根据之重要内容的个别预防而生的节俭性的同一规定，因而构成矫正刑在制刑上的合理性的重要标志。

矫正刑在制刑上对人道性与节俭性的同一性的体现其次也表现在对自由刑的改造上。在等价刑体制下，自由刑只不过是消极地惩罚犯罪人与剥夺其再犯能力的手段，其内容只是简单地剥夺犯罪人的人身自由，且剥夺的程度较大，以致犯罪人的人身自由以外的其他许多权益都受到连带剥夺，从而在一定程度上不合人道性的规定。而在矫正刑体制下，实现了自由刑的简单化，自由刑的轻重等级之别被消除，自由刑的严厉性大为削减，其对人身自由的剥夺被严格限制在最低程度上，这较之等价时代的自由刑无疑更具人道性。另外，教育、感化与矫正性措施之引入自由刑之中，以积极的改造取代消极的剥夺，不但不以加重刑罚的惩罚性为前提，而且为缩短犯罪人所应实际承受的人身自由的剥夺提供了前提，构成节俭用刑的重要途径。因此，矫正时代对自由刑的改造是刑罚的人道性与基于个别预防而生的节俭性的共同体现，符合报应性的修正规定与个别预防的同一理性。

矫正刑在制刑上对人道性与节俭性的同一性的体现最后还表现在保安处分之创制与替代某些刑罚手段上。保安处分，无论其是与刑罚手段合而为一共存于刑罚体系之中，还是与刑罚体系相并列而自成一体，其之被引入刑法之中，在一定程度上缓和了传统刑罚方法的惩罚的严厉性。这是因为，在对人的权益的剥夺上，保安处分总是轻于传统刑罚措施，其之替代传统刑罚，直接轻化了刑罚的惩罚性，而其在刑法中的存在又使相当一部分应受传统刑罚惩罚的行为或行为人只受保安处分而不受刑罚，从而从总体上缓和了刑事制裁的严厉性。正是从这一意义上说，保安处分构成刑罚人道化的重要杠杆。另外，保安处分作为严厉性轻于传统刑罚方法的手段，其所可收个别预防之效往往不但不低于而且还大于传统刑罚手段，因而构成代价小于而效果不亚于传统刑罚手段的措施，具有节俭性。因此，保安处分的创制与替代某些传统刑罚，也在相当程度上体现了刑罚人道性与节俭性的同一性，符合报应性的修正规定与基于个别预防而生的节俭性的统一规定。

（二）动刑的合理性

矫正刑在动刑上的合理性在于其在一定程度上体现了报应性的修正规定与个别遏制的必要性的同一性规定。

矫正刑以人身危险性的有无作为定罪动刑与否的前提。据此，即使行为依法构成犯罪，但如果犯罪人不具有再犯罪的可能性，也可以不对之定罪或动刑。前文所述英美国家的缓起诉或缓判刑制度即是附条件地不定罪或不动刑的例证。一方面，这体现了对犯罪人已然的犯罪的宽恕，符合刑罚的宽容性的规定；另一方面其又符合不必动刑者不动刑的个别遏制的必要性规定，使刑罚具有节俭性。因此，其体现了动刑的宽恕性与个别预防的必要性的同一性规定，符合刑罚的统一理性。

不仅如此，对既已构成犯罪者不予定罪动刑，以示刑罚的宽容，还有助于作为刑罚之重要个别预防功能感化功能的发挥，可以促使犯罪人产生悔罪心理，自觉地接受改造与矫正。因此，矫正刑之对不具有人身危险性者不定罪、动刑，又符合动刑的宽恕性与感化功能的同一性规定，从而符合刑罚的统一理性。

(三) 配刑的合理性

矫正刑在刑罚的分配上的合理性在于体现了配刑的人道性与个别预防的同一性以及配刑的宽恕性与个别预防的同一性。

在未废除死刑的国家，从立法上严格限制死刑的分配范围、在司法上严格控制死刑的适用，这实际上是以刑罚的分配来极大限度地避免死刑的不人道性，即以配刑来补救制刑的不人道性，因而是配刑的人道性的明显体现。而从个别预防的角度来看，严格限制死刑这一最。严厉的刑罚的适用，在极大程度上避免了对本可矫正的犯罪人不予积极矫正而以极刑来消极剥夺其再犯能力的可能性，从而符合刑罚的节俭性的规定，因此，严格限制死刑的分配，是作为配刑之修正规定的配刑的人道性与作为配刑的适度性之重要内容的刑罚以个别预防的需要为限度的共同体现，因而符合配刑的人道性与适度性相统一的理性规定。

与动刑以人身危险性的有无相对应，矫正刑以人身危险性的大小作为配刑的根据。据此，即使所犯罪严重，如犯罪人人身危险性较小，对其所分配的刑罚也必然较轻。而一方面，这符合作为配刑之等价性的修正规定的配刑的宽恕性规定；另一方面，这既有助于刑罚的感化功能的发挥，又符合刑罚以个别预防的需要为限度的配刑的适度性规定，因而符合配刑的宽恕性与配刑与个别预防相适应的共同规定。在这一意义上说，以人身危险性的大小作为配刑的根据，也符合配刑的理性规定。

(四) 行刑的合理性

以个别预防为中心的矫正刑的最合理之处在于刑罚的执行，具体表现在如下诸方面：

1. 体现了行刑的人道性与行刑之于个别预防的相应性。在行刑上，矫正刑大量赦免死刑的执行，直接构成对不具有人道性的刑罚的限制，明显地体现了行刑的人道性规定，其所贯彻的行刑社会化，极大限度地保障了受刑人不受剥夺的婚姻、家庭生活权等的行使，其人道性同样明显；其强调尊重受刑人的权益、提高受刑人的待遇，更是行刑人道性的直接表现。因此，矫正刑的执行较明显地体现了行刑的人道性规定。另外，诸如此类人道性措施的贯彻，又为刑罚的感化功能的发挥创造了充分的条件，构成教育与矫正受刑人的有力保障，因而符合行刑与个别预防的相应性的规定。正是如此，符合行刑的人道性与相应性的共同规定，是矫正刑的执行合理性的重要表现。

2. 体现了行刑的宽恕性与行刑的必要性的同一性。对判定刑为死刑者不予执行而予以赦免、对判定刑为短期自由刑者不予执行而予以缓刑，毫无疑问是行刑宽恕性的表现。而赦免不必处死亦足以遏制其再犯罪者的死刑，对不必执行短期自由刑者不予实际执行，又是立足于个别预防的需要而生的动刑的必要性的体现。因此，矫正刑之执行体现了行刑的宽恕性与行刑的必要性的共同规定。

3. 体现了行刑的奖赏性与适度性的同一性。假释制度的适用以受刑人有良好的悔改表现为前提。因此，以假释的方式缩短有悔改表现的受刑人的判定刑、变轻其行刑方式，构成对受刑人的善行的一种奖赏，符合行刑的奖赏性规定。而根据受刑人有良好的悔改表现适用缓刑，实际上是根据受刑人的人身危险性减小而相应地缩短其判定刑与变轻其行刑方式，因而又是行刑适度性的体现。因此，矫正刑之引入与大量适用缓刑制度，体现了行刑的奖赏性与适度性的同一性。

4. 体现了行刑的平等性与个别化的同一性。矫正刑的执行以消除受刑人的人身危险性为核心，以教育、感化与矫正作为行刑的统一方式，因而使受刑人在受刑过程中所享有的待遇与所接受的惩罚与矫正具有平等性，符合行刑的平等性的规定。而在此前提下，矫正刑又对人身危险性不同的受刑人以不同的方式予以教育、感化与矫正，从而实现了行刑方式的个别化。因此，矫正性在行刑方式上实现了平等性与个别化的统一。

5. 贯彻了依法行刑原则。矫正刑时代实现了行刑规范化，将行刑活动纳入了法制的轨道，从而贯彻了依法行刑的原则，使行刑的理性规定以行刑立法为中介而得以在行刑实践中实现，因而具有其合理性。

二、矫正刑的无理性

矫正刑虽然在多方面具有其合理性，但其从理性基础到刑罚的具体运用又都具有明显的无理性。

（一）对刑罚的报应性的一般规定的否定的无理性

就理性基础而言，矫正刑的无理性首先表现为其奠基于对刑罚的报应性的一般规定的完全否定之上。

矫正刑以对犯罪是犯罪人的自由意志的结果的否定为赖以存在的前提。而这一否定本身是极为荒谬的。原因在于，虽然一定的心理特质与社会因素是促成犯罪人犯罪的重要原因，但这些因素只有通过犯罪人的主观意识与意志的作用才能对犯罪产生遏制影响。换言之，心理特性与社会因素对犯罪的决定作用只是相对的，其并未将人置于非犯罪不可的绝对状态。相反，即使是具有特定心理因素与处于特定社会环境中的人，其也可以在犯罪与不犯罪之间作出自身的选择，否则便不能解释具有同样心理特质与处于同样社会环境中的人，有的犯罪而有的却不犯罪。而这种在犯罪与不犯罪之间的可选择性，正是人的自由意志之所在。否定人具有自由意志，否定犯罪是犯罪人的自由意志的结果，无异于是对人的理性即人不同于动物的本质属性的否定，即否定人自身。

对自由意志是犯罪之恶源的否定，必然导致对犯罪人的道义责任与对犯罪的道德评价的否定，从而必然否定刑罚之道义报应根据。不仅如此，矫正刑还完全否定了对犯罪的社会报复心理的正当性。因为其主张犯罪不是一种害恶，而是一种社会病态，犯罪人不是恶人，而是社会疾病的感染者，因而认为对犯罪人不应有憎恶心理，而只能有同情、怜悯与宽容心理，从而从根本上否定了对犯罪与犯罪人的社会报复观念的合理性，进而不可避免地否定刑罚的社会报复基础。

对道德责任与社会报复观念的否定顺乎自然地导致对犯罪的否定的法律评价，对犯罪人的法律责任以及刑罚的法律报应根据的全盘否定。由此，矫正刑在制刑、动刑、配刑与行刑上都必然违背刑罚的报应性的一般规定而表现出不公正性。

基于对刑罚权的否定，刑罚被以"社会防卫手段"或"处遇措施"所取代，制刑在理念上已不再以惩罚性为其基本特征。然而，在事实上，包括保安处分在内的所有"社会防卫手段"或"处遇措施"，又无一不以剥夺犯罪人的权益为内容。因此，在制刑上，矫正刑之否定惩罚性的理念与所创制的不称为刑罚但实为刑罚的手段所具有的惩罚性的客观事实之间存在一种明显的悖论。因此，作为矫正刑之制刑结果的刑罚体系与保安处分体系难以完整地从制刑的一般理性得到合理的解释。

在动刑上，矫正刑的发挥虽然以社会责任为理论基础，即以社会无权惩罚只有责任教育与矫治犯罪人作为动刑的理念，但发动刑罚或保安处分的前提条件是有人身危险性存在，即以个人有可能危害社会、社会为防卫自身不受危害而有动用"防卫措施"之必要作为动刑的决定因素。因此，矫正刑的动刑以教育、矫正犯罪人的社会责任为理念，又以社会防卫自身的权力为实际前提，从而使动刑难以完整地得到动刑的一般理性的圆满解释。其结果是，在无权惩罚但有责任教育、矫正犯罪人的公正的名义下扩大个人的刑事责任与国家的刑罚权，导致动刑的不公正。保安处分之被适用于未达刑事责任年龄者、虽未犯罪但有犯罪倾向者等，① 便是不以责任能力或已然的犯罪为前提的追究刑事责任，不符合动刑的报应性规定，使动刑不具有公正性的表现。虽然在严格意义上，保安处分有别于刑罚，但其事实上在一定程度上构成对人的权益的强制剥夺，构成刑事责任的一种承担方式，因此，仅仅从概念上将保安处分与刑罚区分开来，是无法说明对未达刑事责任年龄者与未犯罪但有危险倾向者发动保安处分的公正性的。在这一意义上，矫正刑的发动在否定个人责任、强调社会责任之于个人的公正性的背后，掩盖着强调社会防卫需要、将个人当成实现社会目的的纯粹手段的不公正。

在刑罚的分配上，矫正刑虽因有其人道、宽容与节俭的一面而具有其合理性，但同时又因完全抛弃配刑的等价性规定而有其失之公正的一面。这是因为，矫正刑以人身危险性大小为配刑的唯一根据，其在对犯罪严重但人身危险性小的犯罪人处以轻刑而显示出人道、宽容与节俭的同时，又不可避免地因对犯罪轻微但人身危险性大的犯罪人超出其犯罪的严重性的限度处以重刑，以致犯罪人不是因已然的犯罪严重而是因再犯罪的可能性大而承受重刑，形成轻罪重罚的不等价局面，使配刑失之公正。前文所列的法国1885年增设的对职业犯与常习犯处以终身流放刑，美国1927年至1929年所颁布法律规定的对被四次定罪的累犯处以终身监禁等，均是将人身危险性凌驾于犯罪的害恶性之上，超出按罪配刑的限制而单纯地按需配刑的表现，其不公正性自不待言；而不定期刑的采用，更是对罪刑法定、依法量刑的直接否定，使犯罪人不是因法律对其已然的犯罪的评价的严厉而受重刑，而是因其在犯罪后、行刑过程中可能有的不良表现而受重刑，从而为行刑的不等价留下了隐患；在刑罚之外，并处保安处分，② 使受刑人在以受刑承担刑事责任的同时还得承受保安处分，导致一罪二罚，变相加大刑事责任的分量，其不公正性同样显而易见。如此等等，足以表明，矫正刑的分配同样有以社会防卫的需要为名将犯罪人作为实现社会目的的纯粹手段的不公正的一面，其不合理性不言而喻。

在刑罚的执行上，矫正刑之背离行刑的报应性规定，以致行刑不公正，同样明显。其最集中的表现便是背离行刑的等价性规定。不定期刑的执行，使受刑人的刑期处于悬而未决状态，不可避免地使受刑人可能因不是构成新的犯罪

---

① 陈兴良博士在《刑法哲学》（中国政法大学出版社1997年第1次修订版，第475—480页）中对各国刑法中的保安处分的适用对象与条件作了较详细的分析、比较。在此不作赘述。

② 如英国1907年的保护观察法和1908年的少年法规定，对少年常习犯，保安处分可与刑罚并科适用。

而是因表明其人身危险性有增无减的因素而最终受到重于其所犯罪应受的刑罚的惩罚，使实行刑重于应判刑；对于危险习惯犯，只要认为有必要，便可无限制地延长其刑期，更是行刑不等价的明证；至于对已执行完毕刑罚但仍有人身危险性者加之以保安处分；实际上是变相加重行刑的分量，以致刑外行刑。如此等等，足以表明，矫正刑在执行方面追求行刑的适度性，无视行刑的等价性，因而有失对受刑人的公正，同样有其将受刑人作为实现社会目的的纯粹手段而表现出无理性。

（二）对刑罚的报应性的修正规定与刑罚的节俭性的差异性的忽视的不合理性

按照刑罚的报应性的一般理性规定，除人道性对报应性的一般规定具有绝对制约作用，在人道性与报应性的一般规定相冲突的情况下，刑罚应绝对服从人道性的规定、舍弃报应性的一般规定之外，作为报应性之修正规定的奖赏性与宽容性对报应性的一般规定的修正均是相对的、有限的，即基于对犯罪人的善行所为的奖赏与基于社会宽容观念而对犯罪人的宽恕均只能限制在一定范围内，而不能奖赏无边与宽容无度，以致得之对犯罪者本人的宽容而失之对社会的公正，即不能满足社会对犯罪的报复欲望与道德谴责要求，并导致超出善有善报与宽容观念所允许的限度的有罪不罚或重罪轻罚而显失法律的公正。

然而，由于矫正刑不是立足于善有善报与宽容观念主张刑罚的奖赏性与宽容性，而是单纯立足动刑的必要性、配刑的适度性、行刑的必要性与适度性的角度主张刑罚的节俭性，将宽容与奖赏作为发挥刑罚的教育与感化功能的单纯前提，即只是在追求个别预防效果的同时不自觉地体现了作为报应性之修正规定的奖赏性与宽容性，未反映二者作为报应性之修正规定与作为功利性之规定的节俭性的差异性，① 即奖赏性与宽容性具有有限性，而节俭性具有无限性，前二者只允许刑罚在一定程度上减免，而后者则完全以足以制罪为限度。正是如此，矫正刑完全不顾奖赏性与宽容性的限度而片面追求刑罚的节俭性，以致刑罚虽因避免了不必要与剩余而得之节俭，但同时又因奖赏无边、宽容无度而失之公正。矫正刑在配刑上对犯有严重罪行者，只要其人身危险性不大便可处轻刑，在行刑上，即使所犯罪严重，只要人身危险性消除便可无限制地假释等，便是因背离刑罚的宽容性、奖赏性规定与刑罚的节俭性规定的差异性规定而导致配刑与行刑失之对社会的公正的明证。

---

① 应该指出，矫正刑时代的中国、日本、韩国等国刑法关于不具有人身危险性者只有所犯为轻罪才可免刑或缓刑的规定考虑了宽容、奖赏的有限性及其与节俭性的差异性。

(三) 对刑罚的一般预防根据的否定的无理性

基于对犯罪是犯罪人自由意志产物的否定，矫正刑在绝对否定刑罚的报应根据的同时，也绝对否定了刑罚的威慑功能赖以存在的前提，从而否定了一般预防作为刑罚的功利根据的正当性。这一否定的结果不但使矫正刑处于难以自圆其说的境地，而且直接背离功利性的最大效益性的规定。

矫正刑因否定一般预防的有效性而导致的难以自圆其说，表现在对犯罪的可控性与刑罚的威慑功能的既否定又肯定之中。一方面，矫正刑否定犯罪是自由意志的结果，因而主张刑罚不可能通过对潜在犯罪人的意志决断的影响而对犯罪产生遏制影响，即认为犯罪不可能因刑罚的威慑而得以遏制，刑罚也不可能因使人产生畏惧而遏制犯罪；另一方面，其又主张犯罪人可受感化、教育与矫正而消除人身危险性，从而不犯罪。刑罚可以通过感化、教育与矫正犯罪人而使之不再犯罪，即认为犯罪人可受刑罚的影响而形成避恶趋善的选择，刑罚可以给犯罪人创造这种选择的条件，从而又肯定了犯罪人具有自由意志，刑罚具有遏制犯罪的作用。这无异乎是说一般人不具有自由意志、犯罪人具有自由意志，刑罚不能遏制一般人基于自由意志的犯罪但可遏制犯罪人基于自由意志的犯罪。这种既否定又肯定刑罚的遏制功能的悖论，最明显地体现在对刑罚的一般威慑功能的否定与对刑罚的个别威慑功能的肯定上。矫正刑否定人的自由意志，进而否定刑罚可使人产生畏惧而不犯罪，即否定刑罚的一般威慑功能，已如上述。另外，矫正刑体制所创设并运用的缓刑、假释制度，以保留行刑的可能性为条件，即以恢复行刑的可能性威慑受刑人，使之因恐惧行刑而不敢再犯罪；不定期刑以执行重刑的可能性相威慑，以促使犯罪人弃旧图新，因而均奠基于刑罚的个别威慑功能之上。而一般威慑与个别威慑只存在对刑罚产生畏惧的原因的不同，在使人畏惧刑罚而不敢犯罪这一基本原理上并无二致。因此，否定刑罚可以使一般人产生畏惧从而否定刑罚的一般威慑功能，却又肯定刑罚可以使犯罪人产生畏惧进而肯定并利用刑罚的个别威慑功能，极为明显地体现了矫正刑在理性基础上的自相矛盾性。

对一般预防作为刑罚正当根据的否定，不可避免地导致矫正刑在刑罚的运用上的无理性。

就制刑而言，作为制约刑罚之创制的理念的是刑罚只能是感化、教育与矫治手段，而不是惩罚的手段。这使制刑因不具有给人以损害与痛苦的属性而在理念上只体现刑罚的个别遏制性，而未能体现刑罚的一般遏制性，从而不可能符合最大效益性的规定。换言之，作为感化、教育与矫治手段的刑罚因不具有惩罚性而充其量只可收个别预防之效，而不可能收一般预防之效，自然不可能收最大限度地预防犯罪之效。

就动刑而言,矫正刑以人身危险性的有无为发动刑罚的唯一前提,只考虑动刑个别遏制的必效性,而全然不顾一般遏制的必效性,其结果必然是导致所发动的刑罚得之个别预防之效而失之一般预防之效,因而不具有最大效益性。矫正刑之对大量已犯罪但不具有人身危险性者不动刑,便充其量只是得之个别预防而失之一般预防。

就配刑而言,由于所分配的刑罚不以犯罪所侵害的社会权益所需的保护力度为根据,而以犯罪人再犯罪的可能性的大小为根据,只体现了个别遏制对刑罚的需要,忽视了一般遏制的需要,要么是因配刑超出一般遏制的需要而失之过重,造成浪费之刑,不具有节俭性,要么是因配刑不能满足一般遏制的需要而失之过轻,造成无效之刑,不具有有效性,因而不符合最大效益性的规定。矫正刑对犯有严重罪行但人身危险性小者一律只处以轻刑,同样只符合个别预防的需要而不符合一般预防的需要。

就行刑而言,矫正刑的执行只以消除受刑人的人身危险性为唯一目的,因此,判定刑是否实际执行、判定刑是否调整、行刑方式是否变通与如何变通均只取决于受刑人人身危险性之有无与增减,而不考虑一般预防的需要对行刑的制约性,从而使行刑得之个别预防而失之一般预防,不符合最大效益性的规定。对犯罪严重但不具有人身危险性者予以缓刑、对判处重刑但悔改表现明显者不受实际执行的刑期的限制便予以假释、对判处短期自由刑者易科罚金等,均是矫正刑只求个别预防不顾一般预防的明显标志。

(四) 夸大人身危险性的可预测性的无理性

矫正刑在动刑、配刑与行刑上均以人身危险性为中心,即动刑与否以人身危险性的有无为前提、配刑的方式与轻重以人身危险性的大小为根据、判定刑的实际执行与否、在行刑期间调整与否以及如何调整均以受刑人有无人身危险性及其增减情况为转移。撇开这种以人身危险性为中心的刑罚体制的前列无理性不谈,仅就其对人身危险性的可预测性的片面夸大而言,其无理性也极为明显。

毫无疑问地,犯罪有一定规律可循,犯罪人的人身危险性也必然以某些外在的特征得以表现。因此,通过对犯罪的规律性的认识与体现犯罪人人身危险性的特征的综合分析,可以就人身危险性的有无与大小作出某种程度的测量与判断。

然而,正如人的主观能动性永远只是相对的而不具有绝对性一样,受人认识能力的制约,对基于已知的犯罪规律与犯罪人的客观情况而测定其再犯罪可能性的有无与大小,所得出的结论只可能是相对准确的、大致而模糊的,而不可能绝对准确无误与具体明确。这是因为，犯罪人的个性特点千差万别、诱发犯罪的原因纷繁复杂、犯罪的随机性极大，对犯罪规律性的认识因而往往只限于对不同犯罪人共性与一般性的揭示，而不可能精确到对每一具体的犯罪人的个性与具体性均予以揭示的程度。相应地，对具体犯罪人的人身危险性的预测能力是有限的，所得出的结论也只可能是大致准确的。

而矫正刑既片面夸大对人身危险性的预测能力，又使对人身危险性的预测结论绝对化，动刑、配刑与行刑均以基于对人身危险性的这种有限的预测能力所得出的大致准确的结论为唯一根据，以对人身危险性有无与大小的预测的大致结论作为动刑、配刑与行刑的唯一前提，结果必然是使本具有人身危险性的人因被误认为不具有人身危险性而不动刑、本不具有人身危险性的人因被误认为具有人身危险性而反被动刑；本来人身危险性大的人因被误认为人身危险性小而处轻刑，本来人身危险性小的人因被误认为人身危险性大而被处重刑；本来人身危险性大或有增无减的人被缓刑、假释，本来人身危险性小或减小的人未能减刑、假释。正是如此，矫正刑自身的所谓科学性的背后，潜在着极大的反科学性，即使其理念是合理的，也因其是不可能实现而只不过是一种不现实的幻想。正是如此，矫正刑因以无法准确测定的、主观臆断性极大的个别预防的需要作为用刑的根据而与以无法准确测定的、主观臆断性极大的一般预防的需要作为用刑根据的威慑刑形异而质同，不可避免地导致罪刑擅断。也正是从这一意义上说，矫正刑在本质上是对威慑刑的一种复归，同样构成一种预防需要决定一切的纯粹的功利刑。而且，在某些方面，矫正刑的纯功利色彩比威慑刑有过之而无不及。至少，威慑刑还以主观责任作为动刑的基础，从而将不具有意志自由能力的精神病人与未成年人排除在刑事义务主体、刑事责任主体与动刑的客体之外，而矫正刑却以对不具有意志自由能力的精神病人与未达刑事责任年龄者适用强制医疗与监护措施等保安处分的方式变相地追究其刑事责任。

综上所述，矫正刑在追求对犯罪人的教育、矫正，赋予刑罚以积极性而扬弃等价刑的消极被动性，从而具有合理性的同时，又因将个别预防绝对化、断然否定刑罚的报应性与一般预防根据而失之公正与效益，从而又具有其无理性，其合理性决定了其相对等价刑是一种进步的刑罚体制，其无理性则决定其在本质上是威慑刑的复归，相对于等价刑是一种倒退的刑罚体制。因此，合理与不合理因素并存、进步与倒退兼具，是从刑罚理性进化的角度考察矫正刑所必然得出的结论。由此可以定论，矫正刑是刑罚进化史上的畸形儿。这便决定了矫正刑在取等价刑而代之的同时，也注定了其被新的合理的刑罚体制取代的必然性。

第五章　折衷刑的理性反思

日趋上升的累犯率以不容置疑的事实宣告了矫正刑的失败。矫正刑之"科学"的光环因而黯然失色，其无理性与不现实性越来越被发现。相应地，刑罚进化史上的这一畸形儿自20世纪60年代后期开始退出历史的舞台，世界性的刑法改革运动随之将刑罚推向了折衷时代。

第一节　折衷刑的表征

折衷刑是矫正刑与等价刑相调和的产物，因而在制刑、动刑、配刑与行刑诸环节上都带有浓厚的折衷调和色彩。

一、制刑的表征

折衷刑脱胎于矫正刑而保留了矫正刑之人道与教育、感化和矫正犯罪人的理念，因而在制刑上未显示出根本性的改革，只在如下数方面作了努力：

（一）废除死刑

前章已述，矫正时代基于对刑罚的等价报应性与威慑功能的否定以及对刑罚教育、矫正作用的追求而掀起了废除死刑的高潮。在折衷时代，虽然等价报应性与一般威慑重受青睐，但由于死刑的不人道性已成为一种共识，因此，在未废除死刑的国家，死刑成为刑罚体制改良中的主要攻击目标。作为这一努力的结果，又一次出现了废除死刑的高潮。

据统计，与折衷刑的兴起同步，在1971年至1993年间，废除死刑的国家和地区成倍增长，超过此前历史上废除死刑国家的总数而多达25个。芬兰、瑞典、葡萄牙、卢森堡、尼加拉瓜、挪威等国在20世纪70年代相继彻底废除了死刑；

佛得角、荷兰、澳大利亚、菲律宾、① 法国、原民主德国、列支敦士登、新西兰和柬埔寨等10国于80年代先后废除死刑；而在1990年一年之内，罗马尼亚、捷克斯洛伐克、安道尔、纳米比亚、爱尔兰、莫桑比克和南斯拉夫等国争先跃居废除死刑榜，至1993年，中国的香港地区也加入废除死刑之列。②

（二）自由刑统一化

矫正刑的衰落并未阻却各国实现自由刑统一的步伐，相反，不少国家一如既往地将其作为刑法改革的重要步骤。这是因为，自由刑的统一化不只是有助于教育与矫正犯罪人，而且有助于刑罚价值标准的单一化，便于刑罚的等价分配，因而吻合等价报应的理性。正是如此，作为刑法当代改革之产物的西德1969年刑法典将原有的重惩役、轻惩役、禁锢与拘留简化为无期监禁与有期监禁两种；1976年法国刑法典修正案也消除了重罪拘禁刑与轻罪拘禁刑的区别，实现了拘禁刑的单一化；前南斯拉夫联邦刑法典将严格监禁与普通监禁合而为一；前罗马尼亚刑法典废止终身监禁，使自由刑仅存有期监禁一种，前波兰刑法典取消终身监禁与拘留，而只保留了有期监禁。③

（三）刑罚与保安处分分立

矫正刑时代，保安处分是作为预防手段而引入刑法之中的，其与刑罚体系之在部分国家刑法中的并存，本身便是等价与矫正刑的一种折衷反应。因此，在折衷时代，保安处分与刑罚的分立，因符合折衷观念而得以沿袭。而保安处分与刑罚一体化则是单纯的矫正刑的明显标志，相应地，其因矫正刑的衰落而被否定，并随之转向二元化，即实行了保安处分与刑罚的分立，从而走向折衷刑。如曾实行保安处分与刑罚一元化的苏联，在1961年《苏俄刑法典》中在刑罚体系之外单列医疗性与教育性的强制方法，实现了保安处分与刑罚的分立。

二、动刑的表征

在刑罚的发动上，折衷刑最明显的趋势是抛弃单纯的社会责任制而恢复法

---

① 但其于1993年恢复死刑（参见胡云腾著：《死刑通论》，中国政法大学出版社1995年版，第80页）。

② 以上有关资料均引自胡云腾著：《死刑通论》，中国政法大学出版社1995年版，第76页。

③ 参见拙著：《刑罚学》，群众出版社1988年版，第193—194页。

律责任制,实现了以法律责任作为刑罚之发动的前提与以社会责任作为保安处分之发动前提的折衷动刑制。其主要特点如下:

(一) 严格依法定罪动刑

在折衷时代,曾被矫正刑视为羁绊而予以抛弃的依法定罪动刑制得以恢复。其最明显的表现是,罪刑法定原则重新为改革后的世界各国刑法所肯定。① 如1968年修正的《意大利刑法典》第1条规定:"行为非经法律明文规定犯罪及刑罚者,不得定罪科刑";1971年修正的《西班牙刑法典》第6条规定"所谓犯罪系指法律处以重刑之罪;所谓过失罪系指法律处以轻刑之罪",第23条规定"犯罪及过失罪法律。无明文规定者不罚";1971年颁布的《加拿大刑法典》第5条规定:"因犯罪而受有罪判决之人,不受本法或规定该罪以外之法律所定刑罚之处罚;除本法或加拿大国会通过之其他法律另有规定者外,加拿大不得对在其国境外之犯罪为有罪判决。"1974年《日本刑法修正草案》第1条规定:"非依法律之规定,任何行为均不得处罚之。"原西德1976年修正的《刑法典》第1条规定:"行为之处罚,以其可罚性为行为时有效之法律规定之。"罪刑法定原则的被重新肯定,标志着依法定罪与依法动刑制即以法律责任为基础的定罪动刑制之复兴,并构成对矫正刑的动刑的随意性的严格限制。

(二) 非犯罪化

在立法上,定罪的范围相对缩小,不再将某些传统犯罪规定为犯罪,压减刑事义务,即所谓非犯罪化,是折衷时代动刑体制的一大特点。这一步骤由于压减了作为动刑之前提的刑事义务而在一定程度上控制了刑罚的发动。如原西德、日本与原东德在刑法改革后,均将原刑法所规定的轻罪予以废止或降为违反秩序的行为,而不再作为犯罪予以处刑。② 除此之外,源于英美的缓起诉制度逐渐被法国、日本、韩国等广为采用。据此,检察机关对于轻微的案件,经过一定程序,在一定条件下,规定一定的遵守义务,便可以在起诉之前结束案

---

① 矫正时代对刑法的修改大都以单行法规方式进行,刑法典所确立的罪刑法定原则因而并未从字面上废除,而表现为实践中的废而不用。折衷时代修改后的刑法仍沿用等价时代刑法所确立的这一原则,意味着对否定该原则的否定与对该原则的重新肯定。

② 参见汉斯·海因里希·耶施克:《世界性刑法改革运动概要》,载《法学译丛》1981年第1期。

件，从而使一部分犯罪不被定罪与处刑。① 不仅如此，原西德、东德、英国、法国、意大利、日本、加拿大、奥地利、瑞典与美国等国还废除了基于传统道德而存在于原有刑法中的堕胎罪与某些性犯罪，使刑法不再干预某些个人自由，实现了"道德犯罪"的非罪化。②

（三）非刑化

非刑化，即以特定的方式对构成犯罪者不予处刑或以非刑罚措施取代刑罚的施加，曾是矫正时代动刑的一大特点。由于这既有助于对犯罪人的感化与矫正，同时又符合社会宽容与人道观念，尤其是在与日俱增的犯罪率使监狱人满为患、财力枯竭的情况下，这不失为缓和监狱容量与财力有限所导致的"供需矛盾"的权宜之策，因此，在步入折衷时代以后，虽作罪宣告但附条件地暂不宣判刑罚的缓判刑制度，相继为比利时、前东德、瑞典以及1976年的法国刑法典草案所采纳。③ 此外，在苏联、北欧国家与英国还采取以对受害人予以赔偿、公开谴责、警告、训诫或者以提供社会服务或无偿劳动等非刑罚方式取代刑罚的适用。如1972年英国新刑事审判法创设了社会服务令制度，用以代替短期自由刑。这一制度以本应受短期监禁刑的犯罪者为对象。被适用这一措施的犯罪人，不再执行监禁刑，而在保护管束执行机构监督下无偿从事有益于社会的劳动服务工作。④ 这也不失为非刑化的一种重要方式。

三、配刑的表征

折衷刑对矫正刑的否定与对等价刑的复归在刑罚的分配上表现极为明显，因而显示出与矫正刑之分配殊异的如下特点：

（一）死刑的分配两极分化

基于对刑罚的人道性与矫正犯罪人之追求，在未废除死刑的某些国家，其一如既往地严格限制死刑在立法上的分配与实际适用。如日本在1966年以前

---

① 参见汉斯·海因里希·耶施克：《世界性刑法改革运动概要》，载《法学译丛》1981年第1期。
② 参见汉斯·海因里希·耶施克：《世界性刑法改革运动概要》，载《法学译丛》1981年第1期。
③ 参见汉斯·海因里希·耶施克：《世界性刑法改革运动概要》，载《法学译丛》1981年第1期。
④ 参见拙著：《刑罚学》，群众出版社1988年版，第194页。

每年宣判死刑人数最低为12人,而在1967—1992年的26年中,只有4年在10人以上,其余11年中每年均在9人以下,26年判处死刑的人数仅为173人,平均每年不到7人。① 而自1971年至1990年,马耳他、英国、巴布亚新几内亚、西班牙、巴西、斐济、塞浦路斯、阿根廷、墨西哥、尼泊尔等国相继在立法上废除了普通犯罪的死刑。② 与此相反,在另一些保留死刑的国家或地区,甚至在矫正刑时代一度不适用死刑的国家或地区,却基于对刑罚的等价报应性与一般威慑作用的追求而扩大或恢复死刑的适用。如美国自1977年开始日益扩大死刑的适用量,③ 中国的台湾地区自1970年至1991年,死刑的适用量也空前剧增。不同国家在适用死刑上的这种两极分化的趋向,明显地显示了不同国家折衷刑的价值取向,即重人道与矫正者限制死刑,而重等价报应与威慑者广用死刑。

(二) 取消不定期刑

不定期刑曾是矫正时代所推行的量刑制度。而在折衷时代,其被认为与罪刑等价相背离、失之公正,因而被抛弃。取而代之的是实行量刑确定化。如在作为不定期刑的故乡美国,自20世纪70年代开始,不定期刑制度土崩瓦解,至1983年,完全废除或严格限制不定期刑的有30多个州。在北欧诸国,不定期刑也只限适用于累犯与少年犯。④

(三) 等价配刑

在矫正时代,以人身危险性大小为配刑根据,构成对等价配刑原则的否定与破坏。而到折衷时代,随着等价报应理念重受重视,等价配刑原则得以重新确立。如1971年修正的《瑞士刑法典》第63条规定,"法官依行为人之罪责量定刑罚";1976年修正的《芬兰刑法典》第6条,也作了相应规定;1976年修正的原西德《刑法典》第46条规定,"犯罪人之责任为量刑之基础"。

(四) 依法量刑

随罪刑法定原则之被重新肯定,依法量刑也重新成为折衷时代量刑的一条

---

① 参见胡云腾著:《死刑通论》,中国政法大学出版社1995年版,第120—121页。
② 参见胡云腾著:《死刑通论》,中国政法大学出版社1995年版,第93页。
③ 参见胡云腾著:《死刑通论》,中国政法大学出版社1995年版,第113—114、131—132页。
④ 参见拙著:《刑罚学》,群众出版社1988年版,第255页。

原则。如 1968 年修正的《意大利刑法》第 132 条规定："刑之加重或减轻，除法律有明文规定外，不得逾法定刑期。"1976 年修正的原西德《刑法典》第 2 条规定："刑罚及其附随效果，依行为时有效之法律定之。"

四、行刑的表征

在行刑上，折衷刑既坚持矫正刑之教育、矫正受刑人的旨趣，又以行刑的报应理性制约行刑，从而表现出如下特点：

（一）限制死刑的执行

以赦免等方式限制已判处的死刑的执行，曾是矫正刑在行刑上的一大特点。由于其符合作为行刑之必然性的修正规定的行刑的人道性的规定，因此，在折衷时代，其仍然得以持续。如日本在 1967 年至 1992 年判处死刑的人数为 173 人，[①] 但执行死刑的人数为 149 人。[②] 在美国，虽然自 1977 年始扩大死刑的判处量并恢复死刑的执行，但实际执行死刑的人数只是所判死刑人数的极少一部分。据统计，自 1977 年至 1992 年底，美国一共只对 189 人执行死刑，而已判待执行的死囚不下 3000 人。[③] 中国香港地区自 1976 年至 1987 年共判处 128 人死刑，但没有对任何人予以执行。[④] 另据统计，自 1967 年开始，至今已 10 年以上未执行死刑的国家或地区多达 9 个。[⑤] 其中，塞内加尔自 1987 年至今长达 30 年未执行死刑，英属安圭拉自 1980 年至今也有 10 余年未执行死刑。[⑥]

（二）缓刑、假释严格化

在矫正时代，缓刑、假释的条件较为宽松，尤其是对于所犯罪行的严重程度或所必须实际执行的刑期限制不严。但在折衷时代，缓刑被普通限制在所犯罪行轻微、判定刑为短期自由刑的范围内，假释则被规定为只有在实际执行判定刑期的相当比例的情况下始可适用。如现行德国刑法典规定，缓刑主要适用于被科处 1 年以下自由刑，而且不必行刑也不致再有犯罪行为者和被判处 2 年

[①] 参见胡云腾著：《死刑通论》，中国政法大学出版社 1995 年版，第 120—121 页。
[②] 参见胡云腾著：《死刑通论》，中国政法大学出版社 1995 年版，第 122—123 页。
[③] 参见胡云腾著：《死刑通论》，中国政法大学出版社 1995 年版，第 106 页。
[④] 参见胡云腾著：《死刑通论》，中国政法大学出版社 1995 年版，第 139 页。
[⑤] 参见胡云腾著：《死刑通论》，中国政法大学出版社 1995 年版，第 94 页。
[⑥] 参见胡云腾著：《死刑通论》，中国政法大学出版社 1995 年版，第 94 页。

以下自由刑但具有犯罪及人格的特殊情况者，缓刑考验期不得少于2年和超过5年。意大利现行刑法规定，宣告1年以下徒刑或拘役，或者依法得易服1年以下自由刑的罚金者，可宣告缓刑。犯罪者的缓刑考验期为5年；犯违警罪的缓刑考验期为2年。瑞典现行刑法将假释分为裁量的假释与必要的假释。服刑态度好、刑期须经2/3始可裁量假释；服刑6个月以上，刑期经过5/6则必须予以假释；被判处无期拘禁的犯人在服刑10年至15年时，始可通过赦免的形式予以假释。现行日本刑法规定，被判处无期徒刑和无期禁锢者只有在服刑10年以上时，才可得到假释。在美国，对被处终身监禁者适宜假释的前提通常是必须执行监禁10年或15年以上。

（三）行刑人道化

在折衷时代，行刑人道化仍然是各国刑法所努力的方向。如美国在恢复死刑执行的同时，致力于采用最简捷同时又致人痛苦最小的方式执行死刑。在此间，国际社会相继形成了如下国际文件，倡导对受刑人的人道化：1982年形成了《关于医务人员、特别是医生在保护被监禁和拘留的人不受酷刑和其他残忍、不人道或有辱人格的待遇或处罚方面的任务的医疗道德原则》，1984年形成了《关于面对死刑的人的权利的保障措施》与《禁止酷刑和其他残忍、不人道或有辱人格的待遇或处罚公约》，1985年形成了《联合国少年司法最低限度标准规则》。

（四）消除不利行刑

在矫正时代，由于实施了不定期刑，受刑人可因在受刑过程中虽不构成新罪但表现不良而被变相加刑。但在折衷时代，取消了不定期刑以及可延长刑期的规定，因而消除了不利于受刑人的行刑制度与因素。

（五）行刑个别化

在折衷时代，矫正刑所奉行的制刑、动刑、配刑与行刑全盘个别化原则虽然受到抑制甚至被否定，但行刑个别化却仍然得到较充分的体现。具体表现为教育、矫正受刑人仍然被作为行刑的主要目的，因而仍注重对不同类型的受刑人予以不同的处遇方式、行刑社会化等。

第二节 折衷刑的理论基础

　　折衷刑在 20 世纪中后期的兴盛，同样有其深厚的理论基础。系统论与信息论之取代传统哲学方法论而一跃成为占主导地位的方法论，构成折衷刑的重要哲学背景。

　　在 20 世纪中期问世至今仍大有市场的系统论、控制论与信息论即所谓"三论"带来了认识论与方法论上的革命，对哲学、自然科学与社会科学研究影响巨大。① 其中，系统论、信息论以及矫正刑的衰落与折衷刑的勃兴关系密切。

　　根据系统论的基本原理，对事物的考察应有系统与整体的观点，事物的最佳功效在于其构成要素在整体上的有机组合，而不在于其某一因素，即在于其整体优势，而不在于其局部优势。相应地，对事物的功效的追求应该是以对事物的整体设计、内在结构的相关分析为前提的整体功效的追求，而不能仅仅是追求某一因素所决定的功能。简言之，正如两个人的有机组合的优势大于其简单地凑合的优势一样，对事物的设计与解释的基点应该是其内在因素相结合的相关性与有机性。以此为基点来审视矫正刑，其弊端一目了然。因为矫正刑正是仅仅奠基于对刑罚的个别预防功能这一单一效果的认识与追求之上，将个别预防作为刑罚的唯一目的，忽视了刑罚的惩罚功能与一般预防功能，因而失之片面。因此，在一定意义上说，系统论是单纯的矫正刑的掘墓人。

　　与系统论关系密切的信息论主张，根据信息予以反馈，是正确决策的基本依据。如人的行为的客观效果与其预定目标相吻合，所形成的便是一种肯定行为的正反馈，行为者应该据此确认行为的正确性，并保持原有行为。相反，如人的行为的客观效果与其预定目标相背离，所形成的便是一种否定行为的负反馈，行为者应该据此否定行为的正确性，并重新审视行为过程，改变决策。以此为依据，矫正时代与日俱增的累犯率构成不断否定矫正刑的负反馈，因为累犯率增长的客观效果与教育矫正犯罪人的主观目的之间的明显对立，以胜于雄辩的事实表明了矫正的失败。而这促使研究者与刑事决策者不得不对矫正刑模式由寄予厚望转向失望与怀疑，并最终对其科学性与合理性得出否定的结论。因此，信息论的问世，同样促成了矫正刑的衰亡。

　　正是在对矫正刑的不断怀疑与否定中，一种接近于系统论原理的刑罚学说自 20 世纪中期在欧美各国崛起，并迅速成为一种通说。这便是所谓"一体

---

① 关于"三论"对刑事学研究的影响，将在《刑罚理性辩论——刑罚正当论批判》中详细评述，在此暂不过多展开。

化"刑罚论。其既构成矫正刑崩溃的直接的理论导因,也直接构成折衷刑的理论基础。

"一体化"刑罚论虽然为不同学者所主张,而不同的学者的立论角度又不尽相同,因而具体派系丛生,① 但其总的立论是主张刑罚的正当性既在于其公正性也在于其功利性,刑罚既以报应为其正当根据,又以预防犯罪为其正当目的。其中,刑罚的目的不只是个别预防,而且也包括一般预防。因此,刑罚的创制与运用既应符合社会公正观念,又应以一般预防与个别预防作为共同的目的。美国学者帕克(H. L. Pack)、赫希(Von Hirsch),英国学者哈特(H. L. A. Hart),加拿大学者里特拉(Nettler),挪威学者安德聂斯(J. Andanaes),德国学者米但多夫(W. Midden Clorff)以及日本学者福田平、大塚仁等均是此论的力主者。

一体论因致力于对刑罚的正当性的全面揭示而吻合系统论思潮,并因致力于传统诸说的折衷而兼报应论与功利论的魅力于一身,因而很快取代矫正论而占据刑罚理论的主导地位,进而对各国刑罚体制产生了重大影响。折衷刑体制在很大程度上便是一体化在刑事实践中的翻版,作为折衷刑之基本内核的立法一般化、量刑等价报应化与行刑个别化正是奠基于一体论的基本主张之上。一体论之于折衷刑的理论渊源关系是如此之明显,以至于美国联邦刑法改革草案(参字第1号议案)关于刑罚目的的规定几乎是对一体论主张的简单认同,因为在其所规定的刑罚的目的是"罪有应得、遏制(似应为一般遏制—引者注)犯罪、剥夺犯罪能力与矫正",② 与一体论关于刑罚的正当性的基本立论之间并无出入。因此,折衷刑根植于一体化刑罚论的理论沃壤之中。

第三节 折衷刑的认识论分析

以认识论为视角,剖视折衷刑,不难发现,其是人类历史上最为合理的一种刑罚体制。

与等价刑一样,折衷刑奠基于犯罪对刑罚的决定作用之上,即因肯定对作为意志体现的刑事活动应受制于作为客观存在的犯罪而肯定了客观对主观的决定作用。这构成对客观决定主观的肯定,符合决定论的基本原理。正是这一肯定,使折衷刑同时抛弃了威慑刑与矫正刑因片面夸大刑罚的威慑或矫正功能所

---

① 关于一体论及其分野,可参见邱兴隆著:《刑罚学》,群众出版社1988年版,第46—51页。更深入的评析将在《刑罚理性辩论——刑罚正当论批判》中展开。

② 转引自欧阳涛等著:《英美刑法刑事诉讼法概论》,中国社会科学出版社1984年版,第85页。

体现的对人的主观能动性的片面夸大，构成对威慑万能与矫正万能的同时否定，在本质上构成对等价刑的合理复归。

与威慑刑和矫正刑一样，折衷刑又以肯定刑罚具有预防犯罪的作用为前提，即肯定作为国家意志活动的刑罚对作为客观存在的犯罪具有遏制作用。这意味着肯定作为主观意志活动的国家刑事活动对于犯罪并非无能为力，而是可以通过赋予刑罚以威慑等功能遏制一般人犯罪，同时赋予刑罚以教育、改造等功能，阻止犯罪人再犯。这实际上是在承认人的主观能动性的同时，构成对机械决定论的否定，从而承袭了威慑刑与矫正刑的合理因素而扬弃了报复刑的无理性。但是，折衷刑对刑罚的威慑与改造功能的认可是有节制的，而未像单纯的威慑刑与矫正刑一样，将刑罚对犯罪的反作用推向极端，而是承认其具有有限性，从而因肯定人的主观能动性的局限性而体现了主观对客观的能动作用的相对性。

既肯定犯罪之于刑罚的决定作用，又肯定刑罚之于犯罪的反作用，既否定犯罪对刑罚的决定作用的机械性，又否定刑罚之于犯罪的反作用的绝对性，使折衷刑根植于相对决定论与主客观的辩证统一之中，因而符合认识论的基本原理，具有较强的生命力。其以客观决定主观的法则赋予刑罚以报应理性，使刑罚这匹因被矫正主义者以社会防卫的需要这根无形的缰绳取代等价主义者所握的公正这根有形的缰绳而不受驾驭变为野马的烈马，重新被公正这根有形的缰绳牵制而再次被驯服，同时又以主观能动地相对反作用于客观的法则赋予刑罚以功利理性，给策马者以由一般预防与个别预防拧结而成的马鞭，从而使刑罚既不再因无以牵制而成为野马，也不再因无以鞭策而成为死马，而是由策马者一手握缰、一手挥鞭牢牢地驾驭在理性的轨道上，真正开始步入其合乎理性的时代。

第四节 折衷刑的刑理评价

着眼于刑罚的基本理性，折衷刑体制从理性基础到具体运用上，都具有其明显的合理性与不合理性。

一、折衷刑的合理性

就理性基础而言，折衷刑的合理性首先表现在其在复归等价刑的同时，也就抛弃矫正刑的单纯的社会责任原则而重采法律责任原则，使刑罚重新奠基于社会报复与道义报应统一于法律报应之中的报应理性之上，因而符合报应根据相统一的理性规定。

折衷刑之理性基础的合理性其次表现在其实现了功利根据的统一，符合一般预防与个别预防相统一的理性规定。这是因为，一方面，其在复归等价刑的同时，也就重新肯定了一般预防作为刑罚之根据的正当性，使被矫正刑所唾弃的一般预防恢复了其作为刑罚之重要功利的本来面目；另一方面，折衷刑对矫正刑的否定只是克服了其以个别预防作为刑罚的唯一理性基础的片面性，而并未否定个别预防作为刑罚的理性基础的合理性；相反，在折衷刑体制下，刑罚的剥夺或限制再犯能力、教育、感化与矫正等个别预防功能仍受到应有的重视与追求。

折衷刑之最合理之处在于，其较充分地体现了报应与功利相统一的刑罚理性规定。原因在于，法律责任与等价性重新贯彻于刑罚体制之中，使刑罚具有充分的公正性，从而避免了基于威慑或矫正的需要而扩大犯罪人的刑事责任、加重其应受惩罚的可能性，使一般预防与个别预防对刑罚的决定作用被严格控制在报应所允许的范围内，符合报应限制功利律的理性规定，使刑罚不致被以预防一般人或犯罪人犯罪为由而不公正地运用。另外，在报应所允许的限度内，刑罚的预防作用尤其是其个别预防作用受到应有重视，刑罚之作为预防犯罪的手段的积极性与正当性被充分肯定。因此，折衷刑体现了以公正的刑罚最有效地预防犯罪的统一理性。

在刑罚的具体运用上，折衷刑从制刑、动刑、配刑到行刑的合理性同样明显。

（一）制刑的合理性

在刑罚的创制上，折衷刑对合乎人道的严厉惩罚性与有效的遏制性均体现得较为充分，因而较好地实现了制刑的报应性与功利性的统一。

随折衷刑而起的废除死刑的世界性高潮，再次敲响了死刑这一不人道的刑罚的丧钟。这表明折衷刑继承了缘起于等价时代、兴盛于矫正时代的制刑人道化理念，使刑罚向人道性迈出了新的一大步。这一方面直接体现了作为制刑的报应性修正规定的制刑的人道性，构成对制刑的严厉性的绝对制约；另一方面又意味着对不具有教育、矫正作用且对于剥夺再犯能力并非必要的严厉性过剩的刑罚的排除，符合基于个别预防的需要而生的制刑的节俭性规定。因此，折衷刑的合理性首先在于其体现了制刑的人道性与节俭性的同一性，符合制刑的报应性即符合人道的严厉惩罚性与功利性即最大效益性相统一的规定。

折衷刑在制刑上的合理性其次也表现在其符合刑罚理性统一化对制刑的可分配性规定。这是因为，死刑的废除与自由刑的统一化，一方面使作为刑罚之抽象价值标准的主刑在严厉性的质上趋于统一，有助于按照在质上统一的价值标准对害恶性不同的犯罪分配严厉性程度不同的刑罚，为以刑罚的量与犯罪之害恶性的量相对称为内容的等价配刑提供了充分的前提，从而使刑与罪的真正抽象意义上的等价成为可能，符合基于刑罚等价性而生的报应性对制刑的可分配性规定；另一方面，其又为根据不同社会权益所需的保护力度不同而以严厉性不同的刑罚阻止一般人的犯罪以及根据由不同犯罪人的人身危险性大小所体现的个别预防的需要的大小分配相应的刑罚提供了充分的前提，为按需配刑奠定了可靠的基础，因而又符合基于刑罚的适度性而生的功利性对制刑的可分配性规定。

折衷刑在制刑上的合理性还表现在其体现了制刑的人道性对制刑的功利性的绝对制约性。死刑不具有人道性但具有有效的一般遏制性与彻底的个别遏制性，这是报应性规定与功利性规定在制刑上存在的最明显的冲突。而死刑的废除意味着舍弃符合功利性规定的有效遏制性而追求制刑的人道性，从而消除了死刑的存在所形成的只符合有效的遏制性的规定不符合人道的严厉惩罚性规定的制刑悖论，使制刑符合报应限制功利的对立性理性规定。

折衷刑在制刑上的合理性最后表现在其体现了作为制刑的对立性规定的折衷调和律。在折衷刑体制下，作为刑罚体系之中心的自由刑既具有剥夺自由的严厉惩罚性，但又不像等价刑体系中的自由刑一样仅仅是剥夺自由的消极惩罚手段，而是继承了矫正刑时代的教育、矫正性。与此同时，其又不像矫正刑体系中的自由刑一样（在理念上）仅仅构成单纯的教育与矫正手段，而是融剥夺自由的惩罚性与教育、矫正性为一体的一种折衷性的刑罚手段。这构成作为制刑之报应性规定的严厉的惩罚性与作为制刑之功利性规定的有效的遏制性的有机组合，明显地符合制刑的折衷调和律的规定，极具艺术性地解决了制刑的报应性与制刑的功利性的冲突。

（二）动刑的合理性

折衷刑发动的合理性在于其较充分地体现了动刑的报应性规定与动刑的功利性规定的统一。这主要表现在如下方面：

1. 作为折衷刑之发动前提的定罪体现了应罚性与应制性的同一性。折衷刑体制所奉行的非犯罪化，使危害性不大的轻罪与只违背传统道德观念但并不构成对至为重要的社会权益的侵害的诸如堕胎等传统犯罪在立法上不再规定为犯罪，从而将定罪的范围进一步限制在严重侵犯至为重要的社会权益的行为内。这既体现了只有具有严重害恶性的行为才应受刑罚惩罚因而才应作为犯罪的报应性规定，又体现了只有具有严重害恶性的行为才应受刑罚遏制因而才应作为犯罪的功利性规定，因此，其符合应罚性与应制性的同一性。

2. 折衷刑的发动体现了动刑的宽恕性与动刑的必要性的同一性。折衷体制所奉行的非刑化，使所犯罪行轻微且无人身危险性的犯罪人可以不实际承受刑罚惩罚。将不实际予以刑罚惩罚限于所犯罪行轻微的犯罪人，是对矫正刑不考虑已然的犯罪的害恶性程度而仅据犯罪人不具有人身危险性便不予动刑的片面性的否定；就对所犯罪行轻微的人不予动刑而言，其作为动刑的必然性之修正规定的宽恕性所要求的只有对犯罪轻微的人才可免予动刑，体现了动刑的宽恕性及其有限性的规定；就对不具有人身危险性者不予动刑而言，其符合作为动刑的必要性所要求的预防犯罪不需动刑便不应动刑，体现了动刑的必要性的规定。因此，折衷刑通过诸种非刑化措施体现了作为动刑的必然性之修正规定的动刑的宽恕性与动刑的必要性的同一性。

3. 折衷刑的发动体现了动刑的奖赏性与动刑的必要性的同一性。在折衷刑体制下，犯罪轻微而自首、检举揭发他人之犯罪或退赃补失等被作为免刑的情节。① 就具有犯罪后表现好的情节不动刑而言，其体现了动刑的奖赏性，同时又体现了动刑的必要性。这是因为，犯罪后表现好，既是一种应受善报的善行，可予以免刑的奖赏，又是一种表明犯罪人真诚悔罪、人身危险性小的情节，不对其动刑，其也不至于再犯罪。就只有所犯罪行轻微的人犯罪后表现好才可免刑而言，是对奖赏性之应有限度的体现，从而构成对矫正刑体制下不论所犯罪行轻重，只要在犯罪后表现好便可不予动刑，因而奖赏无边的否定，使免刑完整地体现了动刑的有限的奖赏性与动刑的必要性的同一性。

4. 折衷刑的发动符合依法定罪动刑的理性规定。在折衷刑体制下，法无明文规定不定罪，法无明文规定不动刑的罪刑法定主义被重新作为定罪动刑的原则在立法上予以肯定、在司法中得以贯彻。这符合刑罚理性统一化对定罪动刑的理性规定，因而是折衷刑在动刑上相对于矫正刑的合理性之一。

（三）配刑的合理性

折衷刑在配刑上的合理性表现在其既在一定程度上恢复了配刑的报应等价性对配刑的决定作用，又体现了配刑的功利性规定，因而在相当程度上符合配刑的报应性与功利性的同一性规定。具体表现如下：

1. 折衷刑的分配体现了刑罚人道性与配刑的适度性的同一性。在折衷刑体制下，死刑的分配虽然在部分国家与地区被扩大，但在相当一部分国家，其越来越受到严格限制。而严格限制死刑的分配实际上是以少分配死刑来遏制死

---

① 1996年《俄罗斯联邦刑法典》第75条规定："初次实施轻罪的人，如果在犯罪后主动自首，协助揭发犯罪，赔偿所造成的损失或以其他方式弥补犯罪所造成的损害，则可以免除刑事责任。"

刑之存在所体现的制刑的不人道性，因而构成配刑的人道性的重要表现。另外，死刑对于个别预防来说，虽然是有效的，但并非是绝对必要的，因为对于犯罪人来说，纵然其不堪矫正，无期或长期自由刑也足以限制其再犯罪的能力，使之不再犯罪。因此，严格限制死刑的分配，既符合作为配刑的等价性之修正规定的配刑的人道性规定，又符合作为配刑之适度性的主要要求的刑罚与个别预防的需要相适应的规定，从而符合配刑的人道性与适度性的共同规定。

2. 折衷刑的分配体现了配刑的宽恕性与配刑的适度性的同一性。在折衷刑体制下，虽不表明犯罪的害恶性小但足以使犯罪人得到相应宽恕的因素，被普遍作为法定从轻或减轻量刑的理由。① 从配刑的报应性规定来看，这符合作为等价性之修正规定的配刑的宽恕性规定，因为对符合可宽恕条件者予以从宽量刑，是配刑的宽恕性的基本要求；而从配刑的功利性规定来看，这又符合作为适度性之主要要求的刑罚与个别预防的需要相适应的规定，因为诸如犯罪情有可原之类的因素构成表明犯罪人人身危险性小的情节，据其从宽量刑，是配刑适度性的必然要求。因此，折衷刑的分配符合配刑的宽恕性与配刑的适度性的共同规定。

3. 折衷刑的分配体现了配刑的奖赏性与配刑的适度性的同一性。在折衷刑体制下，诸如犯罪后表现好、退赃补失之类的因素也普遍被作为法定从轻或减轻量刑的理由。② 从配刑的报应性角度而言，这体现了作为等价性之修正规定的配刑的奖赏性的规定，因为诸如犯罪后的悔罪表现之类情节，构成应受鼓励的善行，据其减轻配刑，是配刑的奖赏性的基本要求；而从配刑的功利性规定来看，这又符合作为配刑之适度性的主要要求的刑罚与个别预防的需要相适应的规定，因为诸如犯罪后有悔过表现之类的情节明显地表明犯罪人人身危险性小，据其减轻量刑，是配刑适度性的必然要求。因此，折衷刑的分配符合配刑的奖赏性与适度性的同一性规定。

4. 折衷刑的分配体现了配刑的等价性与配刑的适度性的同一性。就法定刑的分配而言，折衷刑体制下的法定刑的轻重既与刑法所保护权益的价值大小相对称，又因罪过的程度不同而有所区别，这一方面体现了刑罚与犯罪的害恶性相对称的等价配刑原则，另一方面又体现了刑法所保护的权益越重要，遏制

---

① 1996年《俄罗斯联邦刑法典》第16条规定："怀孕"、"犯罪人有幼年子女"等构成"减轻刑罚的情节"。

② 1996年《俄罗斯联邦刑法典》第16条规定："在犯罪之后立即对受害人给予医疗救助或其他帮助，自愿赔偿犯罪所造成的财产损失或精神损害，以及其他旨在补偿对受害人所造成的损害的行为"，构成"减轻刑罚的情节"。

侵害此类权益的犯罪所需的刑罚便越重的配刑与一般预防相适应的按需配刑原则，因而体现了配刑的等价性与一般需要的适度性之间的同一性。就法定量刑情节的确立而言，犯罪未遂、中止、动机、累犯等对犯罪的害恶性与预防需要同时产生影响的因素被规定为从宽或从重量刑的情节，同样明显地体现了配刑与犯罪的害恶性相对称的等价性规定与配刑与预防犯罪的需要相适应的适度性规定之间的同一性。因此，折衷刑在刑罚的分配上，对按罪配刑的等价性与按需配刑的适度性之间的同一性体现得相当明显。

5. 折衷刑体现了依法量刑的理性规定。罪刑法定的被重新肯定与贯彻、不定期刑的被抛弃，使依法量刑在折衷刑体制中被作为制约司法上刑罚的分配原则重新得到严格遵守。由于立法上法定刑的分配与法定量刑情节的确立体现了等价与适度的同一性，严格依法量刑使判定刑必然相应地体现这种同一性，因此，依法量刑也是折衷刑在配刑上的合理性之所在。

（四）行刑的合理性

折衷刑在行刑上的合理性主要表现在其体现了行刑的报应性与行刑的功利性之间的同一性。具体表现在如下几方面：

1. 折衷刑体现了行刑的人道性与行刑的遏制性的同一性。折衷刑体制下的动刑继承了矫正刑体制所奉行的行刑人道性，强调受刑人的权益与待遇仍被作为行刑的指导思想。而这正是作为行刑之报应性的修正规定的行刑人道性的基本要求。另外，行刑的人道性构成充分发挥刑罚之感化功能的前提，因而又符合行刑的遏制性规定。因此，折衷刑的行刑较充分地体现了作为行刑之报应性的修正规定的行刑人道性与作为行刑之功利性规定的主要内容的行刑的个别遏制性之间的同一性。

2. 折衷刑体现了行刑的宽恕性、奖赏性与行刑的必效性之间的同一性。在折衷刑体制下，判定刑为轻刑且具有一贯表现好、犯罪后有悔改表现或退赃补失之类情节，可以作为不实际行刑而予以缓刑的理由。就判定刑为轻刑的受刑人可缓刑而言，避免了矫正刑体制下只要受刑人不具有人身危险性，无论其犯罪轻重都可缓刑的偏向，体现了作为行刑之必然性的修正规定的行刑宽恕性和奖赏性及其有限性。就具有一贯表现好、犯罪后有悔改表现或退赃补失之类情节可缓刑而言，其避免了不必要的行刑，符合行刑个别必要性的规定，因为此类情节足以表明犯罪人人身危险性较小。因此，折衷刑的行刑体现了作为行刑的必然性之修正规定的有限宽恕性和奖赏性与作为行刑的必效性的主要内容的个别预防的必效性之间的同一性规定。

3. 折衷刑体现了行刑的奖赏性与行刑的适度性的同一性。在折衷刑体制下，受刑人执行原判刑期的一部分以后，有真诚悔改表现而不致再犯罪，可以作为假释的条件。就有真诚悔改表现而言，其作为假释的条件，是行刑的奖赏性之体现，因为有悔改表现是一种应以减轻或变轻行刑为奖赏的善行；就不致再犯罪可假释而言，其是行刑的适度性的必然规定，因为对不致再犯罪的人予以假释，符合行刑的分量与个别预防的需要相适应的规定；就只有执行一部分刑期才可假释而言，其体现了奖赏的有限性，符合行刑的奖赏性的本来规定，构成对矫正刑体制下的无实行刑期限制的假释的否定。因此，折衷刑体制下的假释体现了作为行刑之等价性的修正规定的有限宽恕性与作为行刑适度性之主要内容的行刑与个别预防的需要相适应的同一性规定。

4. 折衷刑体现了行刑的必然性对行刑的必效性的限制。在折衷刑体制下，除了具有人道性、宽恕性或奖赏性的正当理由者可不实际执行判定刑外，所判刑罚均应予执行，这充分体现了作为行刑之报应性规定的行刑必然性。据此，只要受刑人不具有人道性、宽恕性与奖赏性条件，即使其不具有人身危险性，其判定刑也应予实际执行。这符合作为行刑之对立性规定的必然性限制必效性，体现了报应限制功利律。

5. 折衷刑体现了行刑的等价性对行刑的适度性的限制。在折衷刑体制下，除非受刑人又犯新罪，其判定刑在行刑过程中不得予以任何加重，同时，除非受刑人具有人道性、宽恕性或奖赏性条件，其判定刑在行刑过程中不得减轻或变轻，而且，即使减轻或变轻，其实行刑也不得低于判定刑的一定比例。这是行刑的等价性的充分体现。据此，即使受刑人具有较大人身危险性，也不得加重其判定刑，即使其不具有人身危险性，其判定刑的减轻或变轻也不得超过一定比例。这体现了作为行刑之对立性规定的行刑的等价性限制行刑的适度性，符合报应限制功利律。

6. 折衷刑体现了行刑方式的平等性与相应性相统一的理性规定。在折衷刑体制下，所有刑罚方法都基本上以统一的方式执行，既不因人而异也不因罪而不同，因而体现了行刑的平等性与作为行刑方式之相应性的内容之一的行刑一般化。另外，在此前提下，作为中心刑的自由刑，又被以有利于对受刑人的教育、感化与矫正的多种形式执行，从而体现了作为行刑方式的相应性的重要内容的行刑方式个别化。因此，折衷刑的执行体现了行刑方式的平等性与相应性相统一的理性规定。

7. 折衷刑体现了依法行刑的理性规定。在折衷刑体制下，行刑继承了作为矫正刑之合理性的重要体现的行刑规范化，行刑机构的行刑活动以及受刑人的处遇等均纳入法制化的轨道。据此，行刑的理性规定被成文化。相应地，行刑司法的严格依法进行，使行刑的理性得以较好的贯彻。因此，依法行刑也是折衷刑在行刑上的合理性的重要体现。

二、折衷刑的无理性

折衷刑虽因具有各方面的合理性而构成刑罚进化史上最合理的一种刑罚体制，但这种最合理性只是相对以往诸种刑罚体制而言的，而不意味着其完全符合刑罚的理性规定而构成一种尽善尽美的刑罚体制。相反，折衷刑与刑罚理性统一化的规定尚有较大差距，因而从理性基础到具体运用上都表现出相应的无理性。

就理性基础而言，折衷刑虽在相当程度上符合报应与功利相统一的理性规定，但其不是奠基于二者的有机统一之上，而只是奠基于二者的简单折衷之上，因而难免顾此失彼，甚至自相矛盾。其最明显的表现在于对报应与功利的冲突缺乏统一的解决标准，因而未能完整揭示并遵循报应与功利的对立性规定。一方面，折衷刑致力于复归等价刑，以犯罪的害恶性为定罪动刑与配刑的前提与基准；另一方面，其又致力于对矫正刑的承续，以犯罪人的人身危险性作为定罪动刑与配刑的根据。而当据犯罪的害恶性动刑与据犯罪人的人身危险性动刑出现不可调和的冲突时，折衷刑只注重对两者的调和，将体现害恶性与体现人身危险性的因素不论对犯罪人是否有利均同样作为决定动刑的因素，以致不具有构成犯罪所需的害恶性而只具有人身危险性的人也被作为保安处分的适用对象；当据犯罪的害恶性配刑与据犯罪人的人身危险性配刑发生不可避免的冲突时，折衷刑也只注重对两者的调和，将体现害恶性严重程度与体现人身危险性大小的因素不论是否有利于犯罪人，同样作为量刑的情节，以致犯轻罪者也可因人身危险性大而处重刑。如此等等，足以表明，折衷刑对报应性与功利性的折衷并未充分贯彻报应限制功利律的规定，其所作的折衷不能完全排除扩大与加重犯罪人刑事责任的不利犯罪人的可能性。因此，未充分揭示与贯彻刑罚理性统一化的报应限制功利律，是折衷刑在理性基础上的严重无理性之所在。

就刑罚的具体运用而言，虽然折衷刑在行刑上基本上符合刑罚理性统一化的规定，但其在制刑、动刑与配刑上的不合理性却极为明显。

（一）制刑的无理性

折衷刑虽然实现了刑罚体系与保安处分的分立，但二者的分立并不等于可以否定保安处分作为刑外之刑的无理性。虽然在名义上，保安处分不是刑罚，但实际上，其不但包含剥夺人身自由的手段，具有惩罚性，而且其之存在于刑法之中不可避免地与刑罚一样构成刑事责任的承担方式，从而为刑事责任扩大化并使犯罪人被一罪双罚、不构成犯罪的人被追究刑事责任等创造了条件。因此，折衷刑对矫正刑体制下的保安处分体系的沿袭，是其在制刑上的无理性的重要表现。

（二）动刑的无理性

与保安处分体系在刑法中的存在的不合理性相适应，折衷刑在动刑上的无理性首先表现在保安处分的发动上。在折衷刑体制下，不但患有精神病的犯罪人被作为施加强制医疗的保安处分的对象，以致变相地刑及无能，直接违背刑不及无能的动刑理性规定，而且，在许多情况下，犯罪人除了被处以刑罚外还被动之以保安处分，即不只是因既已犯罪而应承受刑罚惩罚，而且还因可能再犯罪而承受保安处分，导致一罪双罚，所承担的刑事责任严重超出犯罪的害恶性所决定的程度，有悖动刑必然性限制动刑必效性的动刑理性规定。

折衷刑在动刑上的无理性其次也表现在作为动刑之前提的定罪存在不合理因素。按照作为动刑之前提的定罪司法理性规定，任何具有刑事义务能力的人的刑事违法行为都应予定罪，然而，在折衷刑体制下，作为非犯罪化之内容的以暂缓起诉为中介的对依法构成犯罪的行为不予定罪，显然背离依法定罪这一理性规定。因为其以司法上的不予定罪否定了立法上的定罪，使作为动刑之前提的定罪在这种情况下既不符合作为报应性对定罪的规定的应罚性规定，又不符合作为功利性对定罪的规定的应制性之有机组成部分的应受一般遏制性的规定，因而不符合定罪的统一性规定。[①]

（三）配刑的无理性

折衷刑在配刑上的无理性主要表现在其将只反映犯罪人的人身，危险大不同时表明犯罪的害恶性大的因素作为从重量刑的情节。根据配刑的等价性与配刑的适度性的对立性规定，当按罪配刑与按需配刑不可调和地冲突且按需配刑不利犯罪人时，必须坚持等价性限制适度性的原则，根据犯罪的害恶性小而对犯罪人处以轻刑，而不能根据犯罪人的人身危险性大而对之处以重刑，因此，只表明犯罪人人身危险性大而不同时表明其犯罪的害恶大的因素绝对不能作为从重量刑的情节。然而，在折衷刑体制下，诸如犯罪人一贯表现或犯后态度不

---

① 德国学者汉斯·海因里希·耶施克在解释德国现行刑法之所以未采用缓起诉制度的原因时指出，这是基于一般预防的考虑（参见汉斯·海因里希·耶施克：《世界性刑法改革运动概要》，载《法学译丛》1981年第1期）。

好之类的只表明犯罪人人身危险性大不表明犯罪的害恶性大的因素被普遍作为从重量刑的情节。① 这实际上是将人身危险性凌驾于犯罪的害恶性之上，为追求配刑的适度性而牺牲配刑的等价性，严重背离等价性限制适度性的理性规定，使配刑即使得之功利也失之公正。

综上所析，折衷刑虽然构成刑罚进化史上的一种最合理的刑罚体制，但由于其只求报应与功利的简单调和、不求二者的有机统一，同时也由于其对矫正刑的片面性否定与对等价刑的合理性的复归的不彻底性，承袭了矫正刑的某些不合理因素，因而仍非一种完全合理的刑罚体制。

---

① 《德意志联邦共和国刑法典》第 46 条第二款、《意大利刑法典》第 133 条等均包含这样的规定。

结　　论

在不同刑罚体制的兴衰更替中，刑罚显现出其总体进化趋势，而在诸种进化趋势的背后，又潜藏着推动刑罚进化的理性根源。展示刑罚的进化趋势、揭示刑罚进化的理性根源，构成对刑罚的正当性历史反思的归宿。

一、刑罚的进化趋势

对不同刑罚体制的表征对比分析，可以发现刑罚的五大进化趋势。

（一）刑罚由严酷走向缓和

通观刑罚进化史，虽然威慑刑在相当程度上较之报复刑更为严酷，但在总体上，刑罚呈现出由严酷走向缓和的趋势。

等价刑之取代威慑刑，不但使以给人肉体痛苦为内容的体刑与肉刑成为历史的陈迹，而且大大削减了死刑的严厉性，严格限制了死刑的分配范围，确立了严厉性程度远逊色于死刑、肉刑的自由刑在刑罚体系中的中心地位。因此，等价刑构成刑罚由严酷走向缓和的转折点。

而在矫正时代，死刑的废除被提上议事日程，其分配与执行受到更为严格的限制；自由刑的惩罚性被大大削减，无期自由刑与长期自由刑的分配范围受到严格限制。[1]

至折衷时代，虽然在理念上，惩罚与威慑重受青睐，但刑罚的严厉性并未因此而增强。相反，尽管死刑的分配与执行在少数国家有所扩大，但这是刑罚缓和化潮流中的一股小小的逆流，因为与此同时，众多国家掀起了废除死刑的高潮。因此，在总的趋势上，折衷刑并未在刑罚缓和化面前却步。

---

[1] 如荷兰自 1950 年至 1979 年间，对强奸、夜盗、抢劫这三类重罪所判处的监禁的平均期限不到 3 年。在英国，同一期间对此三类重罪所判处的监禁之平均期限也不到 4 年［参见《不列颠犯罪学杂志》（英文版）1982 年第 4 期，第 330 页］。

(二) 刑罚由复杂走向简单

在报复时代，不存在统一的刑罚体系，有什么样的犯罪便有什么样的刑罚，因此，刑罚方法纷繁复杂。

在威慑时代，基于刑罚越严厉便越有效的主观推定，一切被认为具有威慑作用的手段均被作为刑罚，因此，刑罚方法同样多如牛毛。

然而，到了等价时代，死刑实现了单一化，体刑、肉刑与羞辱刑已不复存在，刑罚方法大为简化，刑罚体系充其量只由十余种刑罚方法所组成。

至矫正时代，死刑开始被摆上历史的祭坛，自由刑也走向统一，刑罚体系更为简单，所存刑罚方法通常已不足 10 种。

在折衷时代，死刑再度走向消亡，自由刑的统一化仍是刑罚改革的目标。相应地，刑罚方法仍呈现出简化的趋势。

显然，刑罚方法由成百上千种进化为数种，鲜明地体现了刑罚由复杂走向简单的进化趋势。

(三) 刑罚由消极走向积极

在报复时代，刑罚只是对犯罪的机械反动，为惩罚而惩罚是刑罚的唯一目的。这种只回击已然犯罪而漠视未然犯罪的所谓目的性，与其说是一种目的性，还不如说是一种惯性，或者说，是一种反弹性，使刑罚不具有任何积极因素。

至威慑时代，刑罚已被作为对犯罪的遏制手段，消极的惩罚性被积极的遏制性所取代，威慑取惩罚而成为刑罚的目的。因此，威慑刑是刑罚进化史上的一大转折点，构成刑罚由单纯的消极惩罚转向超前的积极预防的标志。

相对于威慑刑，等价刑的积极性有增无减。这不仅因为其注重刑罚对一般人的遏制作用，而且也因为其开始利用刑罚对犯罪者本人的剥夺或限制再犯能力功能遏制其再犯罪。

而相对于等价刑，矫正刑的积极性更为明显。因为其彻底抛弃了刑罚的消极惩罚性，赋予刑罚以教育、矫正功能，将预防犯罪人再犯罪作为刑罚的目的，刑罚的积极性不言而喻。

至折衷时代，刑罚虽不再以单纯的个别预防为目的，但是，在公正的惩罚的前提下，最大限度地追求预防犯罪的效果，仍是刑罚的目的之所在。因此，刑罚的积极性仍然极为明显。

很显然，由消极的惩罚走向积极的预防，也是刑罚明显的进化趋势之一。

(四) 刑罚由剥夺走向保障

在报复时代，刑罚奠基于单纯的客观责任之上，一切有客观损害的行为都成为动刑的原因，刑罚因效及无能与无责者而不具有任何保障机能。

在威慑时代，主观责任之作为刑罚的基础，使无能与无责者被排除在动刑的对象之外，刑罚的保障机能初露端倪。但是，其因奉行连带株连责任与罪刑擅断而刑及无辜，从而又使刑罚的保障机能丧失殆尽。

至等价时代，以主客观相统一为内容的法律责任制作为刑罚的基础，使刑罚的发动与分配被限于法律明文规定的范围内，从而保障了不违背刑事义务的人不受刑罚制裁、即使是违背刑事义务的人也不受法律没有明文规定的刑罚惩罚。因此，等价刑实现了剥夺与保障机能的兼顾。

虽然在矫正时代，人身危险性作为动刑的前提与不定期刑的采用，使刑罚的保障机能受到削弱，但至折衷时代，罪刑法定与定期刑的重采，使刑罚的保障机能重新受到重视。因此，在总体上，由单纯的剥夺走向剥夺与保障机能兼顾，也是刑罚明显的进化趋势之一。

(五) 刑罚由无理走向合理

在报复时代，报复观念是主宰刑罚的唯一理性，道义报应与功利均未成为刑罚的根据，刑罚的无理性不言而喻。

在威慑时代，刑罚由一个极端走向另一极端，只求威慑而不求个别预防且不受报应的节制，其无理性同样显而易见。

至等价时代，等价报应与等价威慑使刑罚初步奠基于公正与功利相统一的理性基础之上，刑罚因而初步走向合理化。

虽然在矫正时代，刑罚因完全抛弃了报应与一般预防理性而被作为单纯的个别预防手段，从而再度陷入无理状态，但是，至折衷时代，刑罚以法律报应与双重预防相折衷为理性基础，接近了报应与功利相统一的基本理性，因而回到基本合理的轨道。因此，虽然矫正刑的出现使刑罚合理化的历程受阻，但刑罚终归呈现出由无理走向合理的趋势。

二、刑罚进化的主因

阶级斗争是刑罚进化的主要动力，这是国内通行的刑法史学观。按照此论，报复刑作为人类社会最早的刑罚形态，是在无阶级的原始人类分裂为奴隶主与奴隶两大阶级之后才作为奴隶主阶级镇压奴隶阶级的反抗与维护自身的统治秩序的手段出现，在阶级产生之前，无所谓法律，自然也无所谓刑罚；威慑刑取代报复刑，是因为其比报复刑更适合于封建专制统治、更有利于地主阶级镇压农民阶级的反抗与维护封建统治秩序；等价刑之取代威慑刑，也同样是因为其更适合于自由资本主义时代资产阶级的统治、更有利于资产阶级镇压无产阶级的反抗与维护统治秩序；而矫正刑之取代等价刑，则是因为其比等价刑更适合于维护资本主义时期资产阶级的统治。如此等等，一言以蔽之，刑罚只不过是统治阶级手中的工具，刑罚由一种形态向另一种形态的演进，只不过是统治阶级主观选择的结果。

然而，刑罚的进化过程却表明，刑罚的产生与进化虽与阶级斗争有一定关联，但这种关联远不如与其他因素的关联密切。因此，阶级斗争不但不是刑罚进化的唯一原因，甚至也不是其主要原因。

刑罚之以报复刑的初始形态缘起，是原始社会复仇习惯自然演变的结果。不论人们是否将不具有阶级性的初期报复刑称为刑罚，其作为惩罪罚恶之手段的出现远早于阶级的出现，这是不容置疑的历史事实。至于其在阶级出现后之被奴隶主阶级认可、改造与利用，那只是其作为实体已经形成之后的事。如在我国，按现存通说，阶级社会始于夏朝。然而，大量文字记载表明，在夏之前的无阶级之分的虞舜时期，即有劓、刖、宫、黥、大辟五刑，以及作为其补充的流、鞭、扑、金刑。① 由此前溯至黄帝时代，亦有鞭、扑、钻、笮、刀、锯、斧、钺与甲兵之刑，亦即"大刑用甲兵，其次用斧钺；中刑用刀锯，其次用钻笮；薄刑用鞭扑"。② 甚至于早在唐舜时期，即有了"象刑"，即所谓"象以典刑"，③ "唐虞象刑而民不敢犯"。④ 显然，在中国古代，报复刑之产生远早于阶级的形成，而不是先有奴隶主与奴隶之阶级之分，后有报复刑。这足以表明，报复刑是从复仇的原始习惯中进化而来的一种"惯性刑"，而不是奴隶主阶级设计与制造的一种工具，尽管其在进入有阶级的社会后，被占统治地位的奴隶主阶级所改造、利用是无可置疑的事实，但同样不容置疑的是，刑罚的产生在前，阶级的分化在后，这也是历史的事实。

威慑刑产生于奴隶制的中后期，即早于社会进化至封建社会之前而产生，这同样是有据可查的历史。在中国，虽然明确以法家重刑威慑主义为指导思想

---

① 《通鉴前编》："帝尧七十有六载制五刑"，《尚书·舜典》："流宥五刑，鞭作官刑，扑作教刑，金作赎刑"，均表明在虞舜时期，即有较完备的刑罚体系。
② 《周语·鲁语》。
③ 《尚书·舜典》。
④ 《尚书·大传》。

的成文法与封建社会的形成同始于春秋战国时期,但作为威慑刑之重要标志的主观责任制形成于西周。在西方,封建社会的开始以公元476年西罗马帝国的灭亡为标志,但威慑刑却肇始于公元前8世纪至6世纪的罗马法时代。如果说威慑刑在中国与封建社会同步产生尚可在一定程度上支持威慑刑是封建主阶级统治工具的观点,但以这种观点却无法解释威慑刑在西方先于封建社会之形成千余年便已产生的历史事实。因此,将威慑刑之取代报复刑归为封建主阶级取代奴隶主阶级而占据统治地位的产物,显然不是一种合理的解释。

等价刑虽然产生于自由资本主义时期,但其产生并非与资本主义制度的形成同步。相反,其产生晚于资本主义制度之形成,如英国资产阶级革命完成、资本主义制度确立均是17世纪的事,但直至19世纪中期,其才完成刑法的近代化改革,也直至此时才有了等价刑取代威慑刑,在此之前的百余年内,刑罚仍然奉行威慑主义。因此,如果说,等价刑因产生于自由资本主义时期而可被认为是资产阶级维护其统治秩序的工具,那么,威慑刑因同样曾存续于自由资本主义时期而可同样被认为是资产阶级实现其阶级统治的工具,等价刑取代威慑刑,便只不过是资产阶级用一件新工具换下了一件旧工具。显然,仅仅以阶级斗争的需要,是难以完整地解释资产阶级弃威慑刑而采等价刑的。

同样,矫正刑虽然产生于垄断资本主义时期,但其与自由资本主义的衰落、垄断资本主义的兴起,并无内在的、必然联系。将矫正刑之取代等价刑仅仅归因为资产阶级在垄断资本主义时期需要以矫正刑作为阶级统治的手段,很难说是一种合理的解释。

由上可见,将阶级斗争作为刑罚进化的主要乃至根本动因,不是对刑罚进化的原因的科学而合理的解释。

立足于刑罚的进化所显现的规律性,促成刑罚之进化的因素多种多样,但作为主要乃至根本原因的是人类对刑罚理性的不断发现与深化。原始社会末期,人类的认识能力有限,其只基于复仇的需要而将制裁违犯氏族或部落生活规范的习惯认可为刑罚,其对刑罚的理性的认识自然只限于单纯的复仇。相应地,以复仇为唯一理性的报复刑便作为刑罚的第一种表现形态而出现。

随着人类认识能力的增强,其从长时间的惩罚犯罪的实践中发现,刑罚的惩罚作用可以使人产生畏惧,这种畏惧可以使人不敢犯罪,而使人不犯罪比在人们犯罪后予以简单的报复更具有保护特定权益的积极意义。相应地,威慑被作为刑罚的理性受到重视,以威慑为基本理性的威慑刑便取报复刑代之而成为新的刑罚形态。主观责任与重刑威慑之所以构成威慑时代用刑施罚的基础,便正是对犯罪是自由意志的结果、因而既具有可责性又具有可制性的认识,以道义报应与威慑的结合为基本理性的威慑刑之取代以复仇为唯一理性的报复刑,鲜明地标示着人类因认识能力的增强而对刑罚的社会报复之外的道义报应与功利理性由无知至有知的认识上的转变过程。

等价刑之取代威慑刑构成刑罚进化史上的一大进步。而这一进步同样是人类对刑罚理性的认识进步的结果。这是因为，从威慑刑的失败中，人们认识到了刑罚的威慑功能的有限性；从威慑刑所导致的罪刑擅断中，人们发现了以法律严格规范用刑施罚的活动的必要性；从威慑刑之将人作为纯粹的手段所导致的严刑峻罚中，人们发现了将人作为目的予以尊重的必要性。正是如此，才产生了使刑法克服其对政治、道德的依附性即奴性而形成其个性即法格的罪刑法定主义，因而才有了依法定罪用刑的刑罚理性；正是如此，人道性才开始被作为刑罚的重要理性而受到重视，刑罚的机能也才由单纯的剥夺转向剥夺与保障兼顾；正是如此，以法律责任、法律报应与等价威慑为基本理性的等价刑才取代以主观责任、道义报应与重刑威慑为基本理性的威慑刑，成为刑罚的近代形态。

矫正刑虽然有其诸多无理性，但其之取代等价刑，同样是人类对刑罚理性的新的认识的结果。这是因为，作为矫正刑之理性基础的个别预防，正是被等价刑所漠视的刑罚的重要功利根据。换言之，没有对作为刑罚之重要功能的个别预防的发现，便不会产生以个别预防为理性基础的矫正刑。

折衷刑取代矫正刑而成为刑罚进化史上至今为止最为合理的刑罚体制，更是人类对刑罚理性的认识由片面到全面、由分散、零乱到完整、系统的结果。虽然社会报复、道义报应之融汇于法律报应，一般预防与个别预防之并列成为刑罚的功利根据以及报应与功利之结合而成为刑罚的基本理性，未必是一种内在的有机组合，因而使折衷刑仍有其不合理性，但在作为折衷刑之基本理性的等价报应与双重预防之综合体中，凝聚着人类数千年来对刑罚理性的认识与提炼。没有对刑罚理性的全面、完整而系统的认识，自然便不会有以报应与功利相综合为基本理性的折衷刑体制。

综上所述，刑罚的进化虽然是多种因素综合作用的结果，但作为其主要动力的是人类对刑罚理性的不断探索、发现与追求。在漫长的历史发展过程中，刑罚不断接受理性的检验与反思，形成了由无理走向合理的进化轨迹。一部刑罚进化史，实际上也就是一部刑罚理性的发现与完善史，亦即以刑罚体制的更迭为表征的刑罚理性进化史：一种刑罚体制向另一种刑罚体制的嬗变与演化，无不标示着刑罚理性认识的飞跃；新的刑罚体制对旧的刑罚体制的取代，无不体现着野蛮、落后与愚昧的衰落，文明、进步与科学的勃兴。这便是对刑罚的正当性的历史反思所得出的必然结论。

第二编　制刑的现实反思

引论：制刑的现实反思之一般

刑罚方法与刑罚体系的创制，是用刑的起点，因而是刑事活动的第一个逻辑环节，因而是刑罚理性赖以实现的前提与基础。与此相适应，以制刑的统一性规定为评价标准，剖视现有刑罚体系中诸刑罚方法以及由诸刑所组合而成的刑罚体系的正当性，构成对刑罚的正当性的现实反思的首要内容。

按照刑罚理性统一论，制刑的正当性的直接规定在于制刑的报应性规定与功利性规定的统一，其间接规定则在于制刑的可分配性与可执行性。相应地，反思既存刑罚体系的正当性的基点有三：

一、既存刑罚体系是否符合制刑的一般理性规定

制刑的统一性规定在于合乎人道的严厉的惩罚性与有效的遏制性相统一。据此，立足于制刑的统一性规定反思既存刑罚体系的正当性，应从如下三方面入手：

（一）既存刑罚体系是否符合制刑的人道性规定

虽然具有人道性的刑罚方法未必是合理的刑罚方法，因为制刑的正当性不仅仅在于人道性，但不具有人道性的刑罚方法，则必然是不正当的刑罚方法，因为制刑的人道性对制刑的严厉的惩罚性即报应性的直接规定与制刑的有效的遏制性规定即功利性的理性规定应具有绝对制约作用，不具有人道性的刑罚方法，纵然既具有严厉的惩罚性，又具有有效的遏制性，也天然不具有正当性。而制刑的人道性在于所创制的刑罚方法不能以剥夺人之不可剥夺的权益为内容。与此相适应，立足于制刑的人道性来评价制刑的正当性，评价的基点便在于既存刑罚体系中的诸刑罚方法所剥夺的权益是否属于人之可被剥夺的权益。凡剥夺的是人之可被剥夺的权益的刑罚方法，便是具有人道性的刑罚方法，具有作为刑罚方法的正当性前提；凡所剥夺的是人之不可被剥夺的权益的刑罚方法，则是不具有人道性的刑罚方法，因而是天然不正当的刑罚方法。

（二）既存刑罚体系中的诸种刑罚方法是否具有严厉的惩罚性

虽然具有严厉的惩罚性的刑罚方法未必是正当的刑罚，因为按照制刑的统一性规定，正当的刑罚方法不只应具有作为报应性之直接规定的严厉的惩罚性，而且还应具有作为功利性之规定的有效遏制性与作为报应性之修正规定的人道性，但是，不具有严厉的惩罚性的刑罚方法，纵令其符合制刑的有效遏制性与人道性规定，也是不具有正当性的刑罚方法，因为不具有严厉的惩罚性的刑罚方法，便是不符合制刑的报应性规定的刑罚方法，因而谈不上符合报应性与功利性相统一的制刑理性。惩罚的严厉性在于所剥夺的权益是人之可被剥夺的重要权益。相应地，立足于惩罚的严厉性评价制刑的正当性，评价的基点在于既存刑罚体系中的诸刑罚方法所剥夺的权益是否人之可被剥夺的重要的权益。凡剥夺的是人之可被剥夺的权益中之重要者的刑罚方法，便是具有严厉的惩罚性的刑罚方法，具有作为正当性的刑罚方法之报应性前提，凡剥夺的不是人之可被剥夺的权益中之重要者的刑罚方法，则是不具有严厉的惩罚性的刑罚方法，因而不可能具有作为刑罚的正当性。

（三）既存刑罚体系中的诸种刑罚方法是否具有有效的遏制性

虽然具有有效的遏制性的刑罚方法未必是正当的刑罚方法，因为制刑的正当性不只在于作为制刑的功利性规定的有效遏制性，而且还在于作为制刑之报应性的直接规定的严厉的惩罚性与作为制刑之报应性的修正规定的人道性，但是，不具有有效遏制性的刑罚方法，纵令其具有严厉的惩罚性与人道性，也因不具有制刑的功利性、不符合制刑的统一性规定而不具有正当性。

（四）既存刑罚体系中的诸刑罚方法是否符合制刑的报应性与功利性的统一性规定

具体地说，便是指既存刑罚方法是否体现了制刑的报应性与功利性之间的同一性规定、差异性规定与对立性规定。换言之，便是指诸刑罚方法的创制是否兼顾了合乎人道的严厉惩罚性与有效遏制性的要求；当人道的严厉惩罚性与有效遏制性相冲突时，是否体现了折衷调和、报应限制功利与报应性有利让步功利性的制刑理性规定。只具有合乎人道性的严厉惩罚性而不具有有效遏制性，或者只具有有效遏制性而不具有合乎人道性的严厉惩罚性的刑罚方法，均不是正当的刑罚方法。只有既具有合乎人道的严厉的惩罚性又具有有效的遏制性，且对二者的兼容符合作为制刑的统一性规定具体内容的同一性、差异性与对立性规定的刑罚方法，才是正当的刑罚方法。

二、既存刑罚体系是否符合制刑的可分配性规定

制刑的可分配性规定在于,诸刑罚方法应该具有可分性与可配性,而整个刑罚体系必须在整体上具有有序性、主附性与主次性。① 与此相适应,立足于可分配性反思既存刑罚体系的合理性,应以刑罚方法的内容与刑罚体系的结构为对象,并从如下五个方面入手。

（一）既存刑罚体系中诸刑罚方法是否具有可分性

具体地说,便是指某种刑罚方法作为一个整体是否可以分割成轻重不同的份额。虽然具有可分性的刑罚方法未必便是合理的刑罚方法,不具有可分性的刑罚方法,也未必是完全不合理的刑罚方法,因为合理性不只是刑罚的可分性,而且还包括其他因素,但是,具有可分性,相对于不具有可分性,是刑罚方法的合理因素之一。与此相适应,可分性之有无构成评价作为制刑之结果的刑罚方法是否合理的基点之一。

（二）既存刑罚体系中诸刑罚方法是否具有相配性

具体地说,便是指诸种刑罚方法是否与犯罪在剥夺的价值上具有相似性。虽然具有相似性的刑罚方法未必便是合理的刑罚方法,不具有相似性的刑罚方法也未必是完全不合理的刑罚,因为相似性只是刑罚的合理因素之一,而不是其全部,但是,具有相似性,相对于不具有相似性,使刑罚方法更符合可分配性的规定,因而更具有合理性。因此,相配性亦即与犯罪的相似性的有无,同样构成评价作为制刑之结果的刑罚方法是否合理的基点之一。

（三）刑罚体系在结构上是否具有轻重有序性

具体地说,便是处于既存刑罚体系之中的诸种刑罚方法是否既具有不同的严厉性,又轻重衔接、呈现出由轻至重或由重至轻的序列。虽然具有轻重有序性的刑罚体系未必便是完全合理的刑罚体系,因为有序性只是刑罚体系的合理性之一,而不是其合理性之全部,但是,不具有轻重有序性的刑罚体系则必然是不合理的刑罚体系,因为据其分配的法定刑必然轻重次序混乱,以致背离轻罪轻刑、重罪重刑的配刑理性规定,因而不具有正当性。与此相适应,既存刑

---

① 详见邱兴隆著：《刑罚理性导论——刑罚的正当性原论》,中国政法大学出版社1998年版,第124—130页。

罚体系是否具有轻重有序性，构成评价作为制刑之结果的既存刑罚体系结构是否合理的首要基点。

（四）刑罚体系在结构上是否具有主附性

具体地说，便是既存刑罚体系是否既有由只能单独分配不可附加分配的主刑组成的体系，又有既可以单独分配又可附加于主刑同时分配的附加刑体系。虽然具有主附之分的刑罚体系未必是合理的刑罚体系，因为刑罚体系的合理性不只是在结构上的合理性，而且还在于其他因素，但是，不具有主附性的刑罚体系却是不合理的刑罚体系，因为仅有主刑、没有附加刑或者仅有附加刑、没有主刑的刑罚体系，既不合配刑的等价性规定，又不合配刑的适度性规定。与此相适应，既存刑罚体系是否具有主附性，也是评价作为制刑之结果的刑罚体系是否合理的重要基点。

（五）刑罚体系在结构上是否具有主次性

具体地说，便是主刑体系中是否既有作为中心刑的主要刑种，又有作为中心刑之补充手段的次要刑种。虽然有主次之分的主刑体系未必便是合理的主刑体系，因为主次性并非决定主刑体系之合理性的唯一因素，但是，不具有主次性的主刑体系却是不合理的主刑体系，因为主刑体系没有主次性，便缺乏作为抽象的价值标准的属性，从而既不合配刑的等价性规定，又不合配刑的适度性规定。与此相适应，既存主刑体系是否具有主次性，也是评价作为制刑之结果的刑罚体系是否合理的必要基点。

三、既存刑罚体系是否具有可执行性

制刑的可执行性规定在于，诸刑罚方法应该具有现实性、简便性、可缩性与可纠性。[①] 与此相适应，立足于可执行性反思既存刑罚体系的合理性，也应以如下四个方面作为着手点。

（一）既存刑罚体系中诸刑罚方法是否具有现实性

具体地说，便是指诸种刑罚方法所剥夺的权益是否系人所共有的，以及这种剥夺是否具有相应的强制力作为保障。虽然具有执行的现实性的刑罚方法未

---

① 详见邱兴隆著：《刑罚理性导论——刑罚的正当性原论》，中国政法大学出版社1998年版，第135—138页。

必便是合理的刑罚方法，因为现实性不是刑罚方法合理性的唯一内容，但是，具有现实性相对于不具有现实性，是刑罚方法的重要优点，也是其合理性的重要表现。因此，现实性之有无构成立足于可执行性评价作为制刑之结果的刑罚方法是否合理的基点之一。

（二）既存刑罚体系中诸刑罚方法是否具有简便性

具体地说，便是指诸刑罚方法的执行是否方便易行，执行的过程是否简单迅速。虽然简便性不是刑罚方法的唯一合理因素，因此，具有简便性的刑罚方法未必是合理的刑罚方法，不具有简便性的刑罚也未必是完全不合理的刑罚方法，但是，相对于不具有简便性，具有简便性是刑罚方法的重要优点之一。相应地，简便性之有无构成立足于可执行性评价作为制刑之结果的刑罚方法是否合理的又一基点。

（三）既存刑罚体系中诸刑罚方法是否具有可缩性

具体地说，便是指诸刑罚方法在开始执行后是否可以缩减、变通。虽然可缩性不是刑罚之可执行性的唯一内容，更不是刑罚之合理性的全部，因此，具有可缩性的刑罚未必是合理的刑罚，不具有可缩性的刑罚也未必是完全不合理的刑罚，但是，相对于不具有可缩性，具有可缩性构成刑罚之合理性的表现。相应地，可缩性之有无也是评价作为制刑之结果的刑罚方法是否合理的基点。

（四）既存刑罚体系中诸刑罚方法是否具有可纠性

具体地说，便是指诸刑罚方法一旦错判，可否中止执行而得以纠正，使被错误地剥夺的权益得以恢复或免被继续剥夺。虽然可纠性不是刑罚之可执行性的唯一内容，更不是刑罚之合理性的全部，因此，具有可纠性的刑罚未必是合理的刑罚，不具有可纠性的刑罚也未必是完全不合理的刑罚，但是，可纠性之有无毕竟在一定程度上对刑罚方法是否合理具有影响，因而也是立足于可执行性评价刑罚方法是否合理的一个基点。

第一章　生命刑反思

无论是1979年刑法还是1997年刑法，在我国刑罚体系中，均确认了死刑、无期徒刑、有期徒刑、拘役与管制五种主刑以及罚金、剥夺政治权利与没收财产三种附加刑。立足于制刑的基本理性，以前章所列诸因素为基点，评价这八种刑罚方法的优劣利弊，构成对刑罚方法之理性反思的全部内容。本章以作为生命刑的死刑为反思对象。

第一节　生命刑的合理性

死刑既然被作为一种刑罚方法存在于我国刑罚体系之中，其便具有剥夺生命刑所具有的全部合理因素与无理因素。立足于制刑的报应性规定、功利性规定、报应与功利的统一性规定、可分配性规定与可执行性规定，死刑的合理因素如下：

一、死刑具有最严厉的惩罚性

死刑是以剥夺受刑人生命为内容的刑罚，我国刑法中的死刑亦不例外。而生命权既是人最重要的权利，又是人实现其所有权利的前提。生命权的丧失不但意味着人最重要的权利本身的丧失，而且意味着依附于生命而存在的所有其他权益的丧失，即所谓"人死万事空"。因此，以剥夺人之最重要的权益为内容的死刑，具有最严厉的惩罚性，符合制刑报应性的直接规定。

二、死刑具有最有效的遏制性

死刑以剥夺人的生命权为内容，决定了其既具有一般预防功能又具有个别预防功能，符合制刑遏制性的质的规定，而且，其具有真效性、有利性、节俭性，因而具有最大效益性，符合制刑的遏制性的量的规定。可具体分析如下：

其一，死刑因剥夺的是犯罪人的生命，从肉体上消除了其再犯罪的可能性。生命既然是人从事一切活动的前提，自然也是人实施犯罪的前提。相应地，死刑在剥夺人的生命的同时，也就彻底剥夺了其再犯罪的能力，因而具有无可比拟的个别预防功能。

其二，死刑因剥夺的是人的生命而可以使意欲犯罪的人产生最大的恐惧，正由于生命是人最重要的权利，剥夺该权利的死刑具有最严厉的惩罚性。面对死刑的存在，意欲犯罪者可能产生强烈的畏惧，并因而不敢实施犯罪。与此相适应，死刑具有最有效的一般威慑功能。

其三，死刑的积极效果大于其消极效果，因而具有真效性。就对一般人的作用而言，死刑的积极效果在于最有效地威慑潜在犯罪人，使之不敢犯罪；最有效地安抚受害人及其亲属，使之不采取私力报复行动；最有效地强化一般人的守法意识、促成其自觉守法。其消极作用在于可能促成潜在犯罪人在决意犯罪的同时为免受死刑而杀人灭口等。两相对比，死刑对一般人的积极作用大于其消极作用，具有一般预防的真效性，因为因畏惧死刑而不敢犯罪的人数无疑多于因畏惧死刑而在犯罪的同时杀人灭口等的人数。而就对犯罪者本人的作用而言，死刑只具有彻底剥夺其再犯能力的积极作用，不具有促成其再犯罪之类的消极作用，因而具有个别预防的真效性。因此，死刑因积极效果大于消极效果而具有真效性。

其四，死刑因收益大于代价而具有有利性。死刑以剥夺人的生命为代价换取对人的生命以及价值大于其他权益的保护。对犯罪人的生命的剥夺可以使其不再实施杀人之类重罪，从而使其他社会成员的生命与国家安全等不受犯罪人的继续侵害，同时又可以使意欲实施杀人之类重罪的人放弃犯罪意念，使社会成员的生命与国家安全等得以免受其害。因此，虽然究竟死刑可遏制多少人实施杀人之类重罪、有多少人的生命因而得以保全是一个难以实证与定量分析的命题，但定性分析的结论显然倾向于支持死刑具有有利性，因为死刑所保护的是大多数人的生命，剥夺的只是少数人的生命。

其五，死刑因其最大效果是其他刑罚方法所不能实现的而是必要的，其代价之大于其他刑罚方法的代价因其效果大于其他刑罚方法的效果而是正当的，因而是必要的。死刑以剥夺人的生命为代价，而生命的价值大于人身自由、财产与公权，这就决定了死刑是一种代价昂贵的刑罚方法，然而，自由刑、财产刑与资格刑的一般威慑作用远不如死刑大，其对犯罪人的再犯能力也只构成限制，而不如死刑对再犯能力的剥夺彻底，因此，死刑之高昂的代价是实现其最大的效果所必需的，其代价之大于其他刑罚方法的代价因其效果大于其他刑罚方法的效果而符合代价越大、收效越大的效益法则，因而是正当的。与此相适应，死刑符合制刑的节俭性规定。

三、死刑符合制刑的同一性规定

如前所述,死刑既具有严厉的惩罚性又具有最有效的遏制性,因此,其作为刑罚,符合制刑之报应性的直接规定与制刑的功利性规定的同一性规定。换言之,将死刑作为刑罚方法予以确认,既是惩罚诸如故意杀人、危害公共安全与危害国家安全之类最严重的犯罪的要求,也是遏制此类严重犯罪的要求,因而是报应性与功利性的共同要求。

四、死刑符合制刑的相配性规定

死刑以剥夺人的生命为内容,而故意杀人罪也以剥夺人的生命为内容。因此,死刑与故意杀人罪之间因剥夺的权益相同而具有相似性。以其作为刑罚方法,符合制刑之可分配性对刑罚方法之相配性的规定。

五、死刑符合制刑的有序性规定

死刑在我国既存刑罚体系中,是作为最严厉的刑罚方法而存在,其理不言自明。因为死刑剥夺的是作为人之最重要价值的生命,而其他刑罚方法所剥夺的是价值不如人的生命重要的自由、财产或政治权利。正是如此,死刑因在既存刑罚体系中轻重次序清晰、明确而符合可分配性对制刑的有序性规定。

六、死刑符合制刑的主附性规定

在我国刑罚体系中,死刑是作为主刑而存在,附加刑既可随其并科,也可单处。死刑的这一特点,决定了其符合可分配性对制刑之主附性的规定。

七、死刑符合制刑的主次性规定

在我国刑罚体系中,死刑虽然是主刑,但其在主刑体系中仅居次要地位。因为死刑是一种极刑,又是一种不具有可分性的刑罚。作为极刑,其只能适用于极其严重的犯罪,而作为不具有可分性的刑罚,其可适用面极其有限。因此,相对于同为主刑但可适用于各种犯罪的有期徒刑,死刑因不是常用刑而明显地只处于次要地位。死刑的这种次要地位,符合可分配性对制刑的主次性规定。

八、死刑符合制刑的现实性规定

死刑所剥夺的是人所共有的生命权,因而对所有作为活体而存在的人都可执行,不存在对某些人可执行而对另一些人无法执行的问题。同时,按照我国刑法的规定,死刑以枪决的方式执行,而枪决是足以致人于死的方法,因而也不存在强制力不够而无法执行的问题。因此,死刑具有执行的现实性。而现实性是可执行性的首要内容。相应地,死刑也因具有执行的现实性而符合可执行性对制刑的规定。

九、死刑符合制刑的简便性规定

死刑的执行只以将犯罪人处死为必要,既不需复杂而冗长的过程,也不需营造监管设施、配备看守人员等,因而具有执行的简便性。而简便性也是制刑的可执行性的重要内容。因此,死刑也具有执行的简便性而符合可执行性的规定。

第二节 生命刑的不合理性

立足于反思制刑之正当性的诸基点,死刑的不合理因素如下:

一、死刑不符合制刑的人道性规定

生命既然是人的所有权利的载体,生命的丧失既然意味着人的一切权利的丧失,那么,假如生命权是可以被剥夺的权利,便不存在任何不可剥夺的权利。因此,假如人拥有一种不可被剥夺的权利,这种权利便是生命权。而刑罚的人道性以不得剥夺人之不可剥夺的权利为内容。与此相适应,以剥夺人之生命权为内容的死刑,因剥夺的是人之首位的不可剥夺的权利而不具有人道性。因此,死刑虽因具有严厉的惩罚性而符合制刑之报应性的直接规定,但又因不具有人道性而不符合制刑之报应性的修正规定,因而不完全符合制刑的报应理性规定。

二、死刑不符合制刑的经济性规定

经济性是制刑之最大效益性的要素之一,因而构成评价死刑的正当性的基点之一。死刑一方面因不需营造监管设施、配备监管人员且不必承担罪犯的生活开支等而具有经济性;另一方面却因剥夺犯罪人的生命、毁灭劳动力而构成一种人力的浪费,因而又不具有经济性。两相对比,由于劳动力是社会财富的创造者,对人的生命的剥夺意味着财富之源的损失,因此,死刑之不经济性大于其经济性。与此相适应,死刑最终构成一种不具有经济性的刑罚,因而不完全符合制刑的功利性规定。

三、死刑不符合人道性修正报应性与限制功利性的理性规定

按照制刑的人道性与严厉的惩罚性的关系,前者作为制刑的报应性的修正规定,对于作为报应性之直接规定的后者具有绝对制约作用,亦即刑罚所具有的严厉的惩罚性只有为人道性所允许的情况下才是充分符合制刑的报应性规定的刑罚方法,所具有的严厉惩罚性超出人道性所允许的范围的刑罚方法,不是充分符合制刑的报应性规定的刑罚方法。与此相适应,只具有严厉的惩罚性不具有人道性的死刑之作为刑罚存在于我国刑罚体系中,是一种舍人道保公正、舍个人保社会的选择,因而在严格意义上说,是一种不符合人道性修正报应性规定的选择,即是一种不具有充分的报应性的选择。另外,按照报应限制功利律,作为报应性之修正规定的人道性也应该对作为功利性之规定的有效遏制性具有制约作用,只具有有效遏制性不具有人道性的刑罚方法不是符合制刑的对立性规定的刑罚方法。与此相适应,只具有有效的遏制性不具有人道性的死刑被作为刑罚存在于我国刑罚体系之中,实际上是一种舍人道即报应性的修正规定而求功利的选择,因而是一种不符合报应限制功利律即不合报应性与功利性的对立性规定的选择。因此,死刑之作为一种刑罚方法存在于我国刑罚体系中,因只符合严厉的惩罚性与有效的遏制性的同一性,不符合人道性修正报应性与人道性限制功利性的规定而不充分符合制刑的报应性与制刑的功利性相统一的理性规定。

四、死刑不符合制刑的可分性规定

死刑剥夺的是人的生命。而人的生命是一个整体,不可分割成若干部分。与此相适应,死刑不可能分为部分死刑与完全死刑等。既然如此,以死刑作为刑罚方法,便不符合作为可分配性对刑罚方法的规定的可分性规定。

五、死刑不符合制刑的可缩性规定

人的生命只有一次,对生命的剥夺只是瞬间的事,不存在时间上的持续性。与此相适应,以剥夺人的生命为内容的死刑不可能部分地执行、部分地不执行。这就决定了死刑一经执行,便不可能减免、调整。因此,以死刑作为刑罚方法,不符合可执行性对刑罚方法的可缩性规定。

六、死刑不符合制刑的可纠性规定

人死不可复生,生命一旦被剥夺,便不可能恢复。这就决定了死刑在被错误判处的情况下,一经执行,便不可能再使人的生命得以恢复。因此,死刑不符合作为可执行性对刑罚方法之规定的可纠性规定。

结　　论

对我国刑法将死刑作为一种刑罚方法予以确认之正当性的以上全面反思展示了死刑多方面的合理性,同时也揭示了其多方面的不合理性。由此,可以得出如下结论与推论:

其一,最严厉的惩罚性是我国刑法之所以设置死刑的报应根据,而最严厉的惩罚性源于对最严重犯罪予以最严厉的惩罚的社会报复要求与道义报应要求,亦即对最严重犯罪的最严厉的否定评价要求,因此,立足于刑罚的报应性,一旦对最严重犯罪之最严厉的社会报复要求与道义报应要求消除,亦即最严厉的否定评价要求轻化,设置死刑的报应理由即不复存在。在这种情况下,死刑的继续存在便必然严重背离社会公正观念。与此相适应,立足于刑罚的报应性,对最严重犯罪之最严厉的否定评价要求的轻化是我国废除死刑的重要前提。基于历史与现实的原因,在现阶段,对最严重犯罪之最严厉的社会报复要求与道义报应要求在我国仍然深入人心而广有市场,因此,对最严重犯罪的最严厉的否定评价要求在相当长的时间内不可能轻化。这就决定了仅从报应的角度而言，死刑在今后相当长时间内必然作为公正的化身而存在于我国刑罚体系之中。

其二，最有效的遏制性是我国刑法之所以设置死刑的功利根据，而最有效的遏制性既源于最严重的犯罪需要死刑这一最严厉的手段予以最有效的遏制，也源于死刑作为最严厉的手段对最严重的犯罪可起到最有效的遏制作用。立足于刑罚的功利性，一旦不存在需要死刑遏制的最严重的犯罪，或者死刑作为最严厉的手段不能起到最有效地遏制最严重犯罪的作用，设置死刑的功利根据即不复存在，因为在这种情况下，死刑已无存在的必要性。与此相适应，最严重犯罪的消失或者死刑的最有效的遏制作用的消失，便构成我国废除死刑的功利前提。然而，在我国，诸如故意杀人、危害公共安全之类严重犯罪不但在现阶段依然存在，而且，在今后相当长时间内必将继续存在，因此，遏制最严重犯罪的必要性，必将成为支撑我国保留死刑的重要的功利理由。死刑的最有效的遏制性主要表现为剥夺再犯能力的彻底性与一般威慑的有效性。而死刑之剥夺犯罪能力的彻底性由于有无期徒刑这种终身限制人身自由因而近乎彻底地剥夺再犯能力的手段的存在而不构成支持死刑的充分理由。与此不同，由于刑罚的一般预防效果是至今为止尚能准确实证的问题，而定性分析的结论又倾向于支持死刑具有最有效的一般预防作用，因此，在无准确的定量分析结论否定死刑具有最有效的一般预防作用之前，最有效的一般遏制性必将成为支持我国保留死刑的主要功利理由。与此相适应，仅从功利的角度来看，死刑也必将以遏制最严重犯罪的必要而有效的手段的形象长期存在于我国刑罚体系之中。

其三，死刑因既具有最严厉的惩罚性又具有最有效的遏制性而体现了制刑的报应性与制刑的功利性之间的同一性，从而部分地符合报应与功利相统一的制刑理性。这是死刑存在于我国刑罚体系之中的最大的合理性。与此相适应，只要最严厉的惩罚性因对犯罪的最严厉的否定评价的轻化而不具有必要性，或者最有效的遏制性因最严重的犯罪不复存在或被证明为只是一个虚假的命题，死刑便要么不再具有报应根据，要么不再具有功利根据，从而不再符合报应与功利的同一性，因而不具有存在的合理性。因此，只要失去惩罚的严厉性或遏制的最有效性的必要性之一，死刑便将成为一种完全不合刑罚理性统一化的纯粹无理的刑罚。在这种情况下，废除死刑便是我国刑法之唯一合理而绝对必要的选择。与此相反，只要惩罚的最严厉性与遏制的最有效性均具有必要性，我国刑法保留死刑便是一种相对合理的选择。

其四，死刑不具有人道性，决定了其既不具有充分的报应根据，也不符合报应与功利的对立性规定，因而在绝对意义上是一种不合刑罚理性统一化的规定的刑罚，从而也决定了我国刑法设置死刑是一种天然不正当的选择。与此相适应，即使立足于报应的角度，死刑因具有最严厉的惩罚性而有其存在的必然性；即使立足于功利的角度，死刑因具有最有效的遏制性而具有其存在的合理性，而不具有人道性也足以成为废除死刑的充分理由。因此，随着人道观念的日益深入人心，人的生命权日益受到重视，废除死刑的呼声必然从无到有且越来越高。彻底废除死刑，将成为我国刑法的一种必然而绝对的合理的选择。

其五，与犯罪的相配性、作为刑罚体系中最严厉的刑罚方法的有序性与在主刑体系中的次要地位，是死刑符合可分配性的规定而支持其存在的重要理由。而制刑在可分配性上所具有的这些合理性，只有通过刑罚的分配才能最终实现。死刑所具有的相配性决定了其只有分配于所侵犯的权益与死刑所剥夺的权益相似的犯罪，才具有合理性；死刑是刑罚体系中最严厉的手段的有序性，决定了其只有分配于最严重的犯罪才具有合理性；死刑在主刑体系中的次要地位，决定了其应是不常运用的手段，因而只有作为主要的刑罚方法的补充即作为在不得不运用时才运用的最后手段，才具有合理性，因此，其分配必须严格限制在不得不分配的范围内。相应地，严格限制死刑的分配，是死刑的制刑理性对死刑的分配的必然要求。

其六，死刑具有的不可分性，是其所固有的缺陷。这一缺陷的不可克服性决定了其分配不可能绝对体现异罪异罚的配刑理性，即是说，同配死刑的不同犯罪因死刑不具有可分性而所受的惩罚不可能不同。与此相适应，死刑的分配起点越低、分配面越广，异罪异罚的配刑理性被牺牲的情况便越多，异罪同罚的面便越大。因此，尽量提高分配死刑的起点，严格控制死刑的分配面，以免严重性不同的犯罪因同样被处死刑而导致的异罪同罚，是由死刑的不可分性对死刑的分配所得出的必然结论。

其七，死刑具有执行现实与简便的优点，但同时又具有不可缩性与不可纠性，因而是在可执行性上具有严重缺陷的刑罚方法。死刑的不可缩性决定了应该设立变通死刑之执行的制度，以赋予死刑以可缩性。死刑的不可纠性决定了死刑的判处应该慎重，以免因错判而导致不可挽回的损失，背离刑罚的基本理性。

综上所述，我国刑法将死刑作为一种刑罚方法予以确认，在相对意义上具有一定的合理性，但在绝对意义上是一种不合理的选择。其相对合理性决定了其在相当长时间内具有继续存在的必然性，其绝对不合理性决定了其最终将被废除的必然性。死刑在可分配性与可执行性上的合理性与不合理性共同决定了在其未废除前，少用与慎用死刑是唯一合理的选择。

第二章 自由刑反思

我国既存刑罚体系中的无期徒刑、有期徒刑、拘役与管制均以剥夺或限制犯罪人的人身自由为内容,因而同属自由刑的范畴。立足于反思制刑的正当性的基点,全面评价无期徒刑、有期徒刑、拘役与管制的优劣得失,构成对自由刑的反思的全部内容。

第一节 无期徒刑评价

我国刑罚体系中的无期徒刑,是终身剥夺犯罪人人身自由的刑罚方法。从反思制刑的诸基点出发,其合理性与不合理性同样明显。

一、无期徒刑的合理性

以制刑的报应性规定、功利性规定、报应性与功利性的统一规定、可分配性规定与可执行性规定为根据,无期徒刑的合理因素如下:

(一) 无期徒刑具有合乎人道的严厉的惩罚性

自由刑以剥夺或限制犯罪人的自由为内容,而自由因是实现自己的意志、从事所有活动的前提而构成人的重要权益,自由的剥夺意味着人之重要权益的丧失。因此,自由刑具有严厉的惩罚性。而作为终身剥夺犯罪人自由的刑罚,无期徒刑之惩罚的严厉性更是不言而喻。因为其不但剥夺作为人之重要权益的人身自由,在质上显示了其惩罚的严厉性,而且是终身剥夺人身自由,从而在量上加重了其惩罚的严厉性。既然如此,无期徒刑完全符合报应性对制刑的质与量的规定。

另外,无期徒刑剥夺的只是人身自由,既不涉及对人之生命、人格等的剥夺,又不存在对人肢体完整的毁损问题,因而不存在对人之不可剥夺的权利的剥夺问题,所具有的严厉的惩罚性符合制刑的人道性规定。

有鉴于此,无期徒刑因既具有严厉的惩罚性又具有人道性而具有充分的报应根据。

(二) 无期徒刑具有有效的遏制性

立足于制刑的功利性规定,无期徒刑的合理因素显而易见。原因在于,一方面,其既具有个别预防功能,又具有一般预防功能,符合遏制性的质的规定;另一方面,其又具有真效性、有利性与节俭性,符合遏制性的量的规定,即最大效益性的规定。就此,可具体展示如下:

1. 无期徒刑在终身剥夺犯罪人的自由的同时,终身限制了其再犯罪的能力。无期徒刑虽然因未剥夺犯罪人的生命而不具有彻底地剥夺犯罪人再犯罪的能力,但其使犯罪人终身被监禁在与社会隔离的监狱之中,从而使其因客观条件的限制而很难再犯罪。因此,无期徒刑具有有效地限制犯罪人再犯罪能力的功能。不仅如此,无期徒刑因保留了犯罪人的生命而同时保留了对其予以教育、感化与强制劳动的可能性,从而又给刑罚的改造功能的发挥创造了条件。因此,无期徒刑具有有效的个别预防功能。

2. 无期徒刑因终身剥夺犯罪人的自由而具有较大的一般威慑功能。人身自由是人从事一切活动的前提,自由的终身丧失既使人将因终身处于不自由状态而承受肉体上的痛苦,又使其因终身不能按自己的意志行动而承受精神上的痛苦。正由于无期徒刑是使人终身受苦的刑罚,其必然使意欲犯罪的潜在犯罪人产生强烈的畏惧感,从而因恐惧受终身囚禁之苦而不敢实现犯罪。因此,无期徒刑对潜在犯罪人具有较大的一般威慑功能。

3. 无期徒刑的积极效果大于消极效果,因而具有真效性。无期徒刑的严厉性决定了意欲犯罪者在决意犯罪的同时可能为逃避制裁而采取杀人灭口、嫁祸于人与畏罪潜逃等极端行动,因而具有消极作用。这是其一般威慑作用的负面效应。然而,正如因恐惧刑罚而不敢犯罪的人数多于蔑视刑罚而敢于犯罪的人数一样,虽然因畏惧无期徒刑而不敢犯罪的人数多于因畏惧无期徒刑而在决意犯罪的同时采取极端行动的人数是一个难以通过定量分析得到验证的命题,但是,定性分析的结论却足以支持这一命题的成立。这是因为,因恐惧刑罚而不敢犯罪的人中理所当然地包括恐惧无期徒刑的人,而因恐惧无期徒刑而在犯罪的同时采取极端行动的人也理所当然地包含在因恐惧刑罚而在犯罪的同时采取极端行动的人之中。既然因恐惧刑罚而不敢犯罪的人数多于因恐惧刑罚而在决意犯罪的同时采取极端行动的人数,理所当然地,因恐惧无期徒刑而不敢犯罪的人数也必然多于因恐惧无期徒刑而在决定犯罪的同时采取极端行动的人数。因此,就无期徒刑对一般人的威慑作用而言,其积极效果无疑大于其消极效果。另外,无期徒刑对犯罪人虽然也具有促成其恶性感染等消极作用,但因犯罪人再犯罪的条件终身受限，即使其在狱中感染了恶习，其也难以再犯罪，因此，无期徒刑对犯罪人的积极作用大于消极作用。既然无期徒刑对一般人与犯罪人的积极作用均大于消极作用，其积极效果的余额便决定了其是一种具有真效性的刑罚方法。

4. 无期徒刑因收益大于代价而具有有利性。无期徒刑的代价在于终身剥夺犯罪人的自由，其在对犯罪人方面的收益在于使其终身难以再犯重罪，仅就此而言，无期徒刑的投入与产出之间即处于平衡状态。而除此之外，无期徒刑还可收遏制一般人犯罪之效，这构成其"纯利润"。因此，无期徒刑的收益大于其代价、代价小于其收益，是一种具有有利性的刑罚方法。

5. 无期徒刑的效果小于死刑、大于有期徒刑，而其代价同样小于死刑、大于有期徒刑，因此，其因代价的付出有与之相应的效果证明是正当的而具有节俭性。就一般预防而言，无期徒刑因严厉性轻于死刑、重于有期徒刑而威慑力小于死刑、大于有期徒刑，这是基于人对刑罚的恐惧与刑罚的严厉性成正比而得出的必然结论。而就个别预防而言，无期徒刑因剥夺的只是犯罪人的自由而只构成对其再犯能力的限制，因而不如死刑对犯罪人之再犯能力的剥夺彻底，另外，无期徒刑又构成对犯罪人再犯能力的终身限制，而有期徒刑只构成对犯罪人再犯能力的定期剥夺，因此，其个别预防功能又大于有期徒刑。因此，无论是从一般预防的角度来看还是从个别预防的角度来看，无期徒刑的效果均小于死刑而大于有期徒刑。与此相对应的是，无期徒刑因剥夺的只是犯罪人的人身自由而代价低于剥夺犯罪人生命的死刑，因剥夺的是犯罪人的终身自由而代价大于只在一定期限内剥夺犯罪人自由的有期徒刑。因此，无期徒刑的效果小于死刑大于有期徒刑。显然，在无期徒刑的代价与效果之间存在一种等比对称关系，符合制刑的节俭性规定。

（三）无期徒刑符合制刑的统一性规定

既然无期徒刑既具有严厉的惩罚性，又具有有效的遏制性，其便符合制刑的报应性与功利性的同一性规定，即其作为刑罚是制刑的报应性与制刑的功利性的共同要求。另外，无期徒刑的严厉的惩罚性与有效的遏制性均以不违背制刑的人道性为前提，因而既避免了报应性的直接规定与修正规定的冲突，又避免了报应性的直接规定或修正规定与功利性的规定之间的冲突，实现了制刑的报应性规定与制刑的功利性规定之间的完全统一。因此，无期徒刑作为刑罚方法，充分体现了制刑的统一性规定。

(四) 无期徒刑符合制刑的相配性规定

无期徒刑与有期徒刑只有量的不同，而无质的区别，均以剥夺自由为内容，因而与非法拘禁之类犯罪因剥夺的权益相同而具有相似性，因而符合可分配性对刑罚方法的相配性规定。

(五) 无期徒刑符合制刑的有序性规定

人身自由的价值低于生命的价值决定了剥夺人身自由的无期徒刑严厉性居剥夺生命的死刑之下。而无期徒刑给人所造成的是终身失去自由之苦，有期徒刑给人所造成的只是在一定期限内失去自由之苦，因此，无期徒刑的严厉性又居有期徒刑之上。正是如此，无期徒刑是作为轻于死刑、重于有期徒刑的刑罚方法而存在于我国刑罚体系之中，其轻重次序一目了然，符合可分配性对刑罚体系的轻重有序性规定。

(六) 无期徒刑符合制刑的主附性规定

在我国刑罚体系中，无期徒刑是作为主刑而存在，其不可附加于其他刑罚方法而分配，却可使任一种附加刑与之并科。无期徒刑作为主刑的这一地位，决定了其符合可分配性对刑罚体系的主附性规定。

(七) 无期徒刑符合制刑的主次性规定

无期徒刑因与有期徒刑等同属自由刑而与其他自由刑共同组成刑罚的抽象的价值标准。然而，其又因系最严厉的自由刑而有别于作为普通价值标准的有期徒刑，并因不具有可分性而在适用的面上远小于具有可分性与轻重幅度的有期徒刑。这便决定了其与死刑一样，在主刑体系中仅居次要地位。无期徒刑相对有期徒刑的这种次要地位，明显地符合可分配性对制刑的主次性规定。

(八) 无期徒刑符合制刑的现实性规定

作为无期徒刑所剥夺的人身自由是人所共有的权利，因而不存在对部分人可执行，对另一部分人不可执行的问题，另外，监狱与监管人员的设置为终身剥夺犯罪人自由的实现提供了足够的强制保障。因此，无期徒刑具有可执行的现实性。

(九) 无期徒刑符合制刑的可缩性规定

无期徒刑虽然因具有不可分性而在逻辑上构成一种不具有可缩性的刑罚，

但由于在执行期间，犯罪人始终是作为活体而存在，因此，实际上，在行刑过程中，其随时具有减轻、赦免的余地，因而具有可缩性。与此相适应，其符合作为可执行性的内容之一的可缩性规定。

（十）无期徒刑符合制刑的可纠性规定

无期徒刑是一种最具有持续性的刑罚方法。这决定了在行刑过程中，一旦发现错判，便可随时纠正，从而至少可以部分地避免受刑人被错误地执行刑罚。因此，无期徒刑符合作为可执行性之重要内容的可纠性规定。

二、无期徒刑的缺陷

无期徒刑虽然具有如上所述的多种合理因素，但这只是问题的一方面。问题的另一方面在于，其具有如下不合理因素：

（一）无期徒刑不具有经济性

无期徒刑虽因保留了犯罪人的生命而避免了劳动力的毁灭，且可强制犯罪人终身无偿劳动而创造价值，因而具有一定的经济性，但是，一方面，对犯罪人的终身监禁需国家为营建监管设施、配备监管人员等而付出大量人力、财力；另一方面，犯罪人自行刑至死亡期间的生活所需必须国家负担，尤其是在犯罪人年老力衰、丧失劳动能力之后，其处于只消费、不创造状态，徒增国家的经济负担，因此，无期徒刑又具有不经济性。显然，在无期徒刑所具有的经济性与不经济性之间，后者的比重大于前者。这就决定了无期徒刑是一种不符合制刑的经济性规定的刑罚方法。

（二）无期徒刑不具有可分性

无期徒刑所剥夺的是犯罪人的终身自由，因而与有期徒刑不同，其不具有可分性。即是说，其不存在部分无期徒刑与全部无期徒刑之分。因此，无期徒刑不符合可分配性对刑罚方法的可分性规定。

（三）无期徒刑不具有简便性

作为剥夺犯罪人自由的刑罚，无期徒刑的执行必须以监管机构、监管设施与监管人员的配备为前提，这决定了无期徒刑之执行的复杂性。同时，作为终身剥夺犯罪人自由的刑罚，无期徒刑的执行又是一个长期的过程。正由于无期徒刑的执行复杂而冗长，其不具有执行的简便性。

第二节 有期徒刑评价

我国刑罚体系中的有期徒刑是在一定期限内剥夺犯罪人自由的刑罚方法。从反思制刑的诸基点出发,有期徒刑之作为刑罚既具有其明显的合理性,也具有其缺陷。

一、有期徒刑的合理性

立足于制刑的报应性规定、功利性规定、统一性规定、可分配性规定与可执行性规定,有期徒刑的合理性如下:

(一) 有期徒刑具有合乎人道的严厉惩罚性

与无期徒刑一样,有期徒刑以剥夺人身自由为内容。而如前所述,人身自由是人的重要权利。这就决定了有期徒刑具有作为刑罚所需的严厉惩罚性。另外,人身自由不属人之不可剥夺的权利,对其剥夺不存在不人道之问题。因此,有期徒刑因剥夺的是作为人之重要权利的人身自由而符合作为制刑之报应性直接规定的严厉的惩罚性的规定,又因这种严厉的惩罚性不违背制刑的人道性规定而符合制刑的报应性的修正规定,因而具有充分的报应根据。

(二) 有期徒刑具有有效的遏制性

有期徒刑既具有一般预防功能,又具有个别预防功能,符合制刑的遏制性的质的规定,且具有真效性、有利性与节俭性,即最大效益性,因而又符合制刑的遏制性的量的规定。具体表现如下:

1. 有期徒刑具有充分的个别预防功能。有期徒刑虽因剥夺的只是犯罪人的人身自由而不具有彻底剥夺犯罪人再犯能力的功能,但其与无期徒刑一样,将犯罪人置于监狱之有限的空间范围内,使之在行刑期间难于再犯罪,因而具有限制再犯能力的功能;对于不知法而犯罪者,有期徒刑的适用与执行,构成对犯罪的否定,从而可以起到个别鉴别的作用;有期徒刑给犯罪人回归社会、重新做人留有余地,未断绝其自新之路,在行刑期间可通过对其感化、教育与劳动改造而收到改造之效;有期徒刑使犯罪人切身体验失去自由之苦,从而可使之因畏惧再次受刑而在行刑期间与刑满释放后不敢再犯罪,起到个别威慑的作用。因此,有期徒刑可以较充分地发挥刑罚的个别预防功能。

2. 有期徒刑具有一般预防功能。有期徒刑之作为刑罚存在于刑法之中与适用于犯罪人，因构成对犯罪的否定而可以对一般人起到一般鉴别作用。同时，失去自由所可能造成的有形损失与无形痛苦可以使潜在犯罪人产生畏惧，进而使之不敢犯罪，因此，有期徒刑也具有一般威慑作用。

3. 有期徒刑的积极效果大于消极效果，具有真效性。有期徒刑无论对一般人还是对犯罪人，均既可产生消极效果又可产生积极效果。就对一般人而言，有期徒刑既具有一般鉴别与一般威慑等功能，可以收到阻止一般人犯罪的积极效果，又可以促成意欲犯罪者在决定犯罪的同时为逃避惩罚而采取杀人灭口、嫁祸于人、畏罪潜逃等极端行动，产生消极效果。就对犯罪人而言，有期徒刑既具有前述多种个别预防功能，起到防止犯罪人再犯罪的作用，又可能使犯罪人在行刑期间互相传授犯罪手段、交流作案经验、形成恶性感染等，从而产生消极效果。然而，无论是对一般人还是对犯罪人，有期徒刑的积极效果均大于消极效果。这是因为，就一般人而言，正如刑罚阻止一般人犯罪的数量大于其所促成的犯罪的数量一样，有期徒刑借助其一般鉴别、一般威慑与安抚等功能所阻止的一般人犯罪的数量也大于因对其的畏惧而采取消极行动的人的数量，而就对犯罪人而言，在我国现阶段，刑满释放的人再犯罪的比例极小，这明显地证明了有期徒刑的积极效果大于消极效果。由此可见，有期徒刑因积极效果大于消极效果而具有真效性。

4. 有期徒刑因代价小于收益而具有有利性。有期徒刑以剥夺犯罪人一定期限的自由为代价，换取对犯罪人在相应期限内再犯能力的限制，并借助改造与个别威慑使之在刑满回归社会后不再犯罪。仅就此而言，有期徒刑的收益即大于其代价。而除此之外，有期徒刑所具有的一般预防功能更是其"纯利润"。因此，有期徒刑因代价小、收益大而明显地具有有利性。

5. 有期徒刑的效果虽小于无期徒刑，但其代价也小于无期徒刑；其代价虽大于拘役，但其效果也大于拘役，因此，其代价与收益之间成正比，因而具有节俭性。相对于无期徒刑，有期徒刑因只在一定期限内限制犯罪人的再犯能力而在限制再犯能力上不如终身限制犯罪人的再犯能力的无期徒刑有效，虽然有期徒刑的改造与个别威慑功能也可收使犯罪人终身不再犯罪之效，但此二项功能具有其局限性，不可能对所有犯罪人均有效。因此，在总体上，有期徒刑的个别预防效果小于无期徒刑。同样，基于人对刑罚的畏惧与刑罚严厉性成正比的合理假定，有期徒刑因不如无期徒刑严厉而在一般威慑功能上小于无期徒刑。可见，无论是个别预防还是一般预防，有期徒刑的效果均小于无期徒刑。与此相对应的是，有期徒刑剥夺的只是犯罪人一定期限的自由，而无期徒刑剥夺的却是犯罪人终身自由，因此，前者的代价也小于后者。基于此，有期徒刑之效果小于无期徒刑因其代价亦小于无期徒刑而证明是正当的。相对于拘役，有期徒刑因剥夺犯罪人自由的时间长而是一种代价大的刑罚方法。但正由于其剥夺自由的时间长，其对犯罪人之再犯能力的限制时间与对犯罪人的改造时间亦长，给犯罪人所造成的畏惧大，因此，有期徒刑的个别预防效果大于拘役。同样，也正由于有期徒刑因剥夺自由的时间长而比拘役严厉，其对潜在犯罪人的一般威慑功能亦大于拘役。正是如此，有期徒刑之代价大于拘役，因其个别预防与一般预防效果均相应地大于拘役而被证明是正当的。正由于有期徒刑之效果小于无期徒刑是其代价小于无期徒刑的必然结果，也正由于有期徒刑的代价大于拘役因其效果也大于拘役而证明是正当的，因此，有期徒刑是一种符合制刑的节俭性规定的刑罚方法。

（三）有期徒刑符合制刑的统一性规定

与无期徒刑一样，有期徒刑因既具有严厉的惩罚性，又具有有效的遏制性而符合制刑的同一性规定。同时，这种同一性又以符合制刑的人道性为前提，因而符合人道性限制严厉的惩罚性与合乎人道的严厉惩罚性制约有效遏制性的制刑理性规定。因此，有期徒刑构成一种完全符合制刑的统一性规定的刑罚方法。

（四）有期徒刑符合制刑的可分性规定

我国刑法中的有期徒刑是以 6 个月为下限、15 年为上限的剥夺犯罪人自由的刑罚，即以刑期的长短作为严厉性程度之标志的刑罚，而刑期具有无限可分性，即既可以是短期，也可以是中期、长期。这种刑期的可分性为根据具体犯罪的严重性分配相应的刑罚创造了条件，因而有助于配刑的等价性与适度性相统一的配刑理性的实现，符合制刑的可分配性规定。

（五）有期徒刑符合制刑的相配性规定

有期徒刑与无期徒刑一样，以剥夺犯罪人人身自由为内容。这与非法拘禁之类非法剥夺人身自由的犯罪因在剥夺的内容上相同而具有相似性。因此，有期徒刑符合可分配性对刑罚方法的相配性规定。

（六）有期徒刑符合制刑的有序性规定

有期徒刑因剥夺的只是一定期限的人身自由而在严厉性上轻于无期徒刑。同时，其所剥夺的人身自由的期限又长于拘役的期限，因此，其严厉性又重于拘役。与此相适应，有期徒刑在我国刑罚体系中具有明确的轻重次序，符合可分配性对制刑的有序性规定。

我国刑罚体系中的有期徒刑所具有的有序性也体现在其刑期上限与无期徒刑相衔接，其刑期下限与拘役刑期上限相衔接。

我国现行刑罚体系中的有期徒刑的一般上限为 15 年，特殊上限为 25 年。这一上限在严厉性上是否与无期徒刑在严厉性上相衔接，是评定有期徒刑是否轻重有序的重要基点。按照约定俗成的标准，成人的年龄起点为 18 岁，退休年龄为 60 岁。这表明，人的黄金年龄 40 年左右。而剥夺自由 15—25 年，意味着人最具活力的年龄段有近一半将在监狱中度过，其严厉性不言而喻，因此，以 15 年或 25 年作为有期徒刑的上限，就惩罚的严厉性而言，基本上足以与无期徒刑相衔接。另外，根据犯罪的年龄特点，30 岁以前是犯罪的高发年龄区。因此，从犯罪控制的角度来分，自法定刑事责任年龄的起点即 14 岁至 30 岁之间的 15 年左右，应该是重点控制的年限。正由于这 15 年左右是人最有犯罪可能性的年限，从自由刑所应有的限制犯罪能力的功能的角度来看，将有期徒刑的上限定为 15 年至 25 年，是基本合理的。因为即使人在最低刑事责任年龄犯罪，经 15—25 年的剥夺自由，其刑满时已过最具犯罪可能性的年龄，再犯罪的可能性不大。因此，从剥夺犯罪能力的必要性的角度来看，有期徒刑的 15 年或 25 年的上限，也大致与无期徒刑相衔接。不仅如此，一般地说，30 岁是人的可塑性年龄界限。30 岁以前，是人的可塑性较大的阶段，此后，人的人格即已基本定型，可塑性不大。因此，从教育、改造的角度来看，将有期徒刑的上限定为 15 年，与人自最低刑事责任年龄即 14 岁至 30 岁的最具有教育、改造的可能性的年限相适应，也在可改造性年限上与无期徒刑相衔接。因为无期徒刑在逻辑上构成对不堪教育、改造者的犯罪能力的终身剥夺。正由于有期徒刑 15 年或 25 年的上限在严厉性程度上与无期徒刑相衔接，其符合惩罚犯罪人的报应性规定，同时也符合遏制一般人犯罪的要求，也正由于其在剥夺犯罪能力与改造的必要性上与无期徒刑相衔接，其又符合个别预防的要求，因此，这一上限具有较为充分的报应根据与功利根据。

至于有期徒刑的下限即 6 个月，与拘役的上限 6 个月正好衔接，明显地显示了有期徒刑之严厉性重于拘役刑，即使二者的轻重次序清晰可辨，又使作为重刑的有期徒刑与作为轻刑的拘役之间的过渡极为自然，因而也符合制刑的有序性规定。

（七）有期徒刑符合制刑的主附性规定

在我国刑罚体系中，有期徒刑是作为主刑而存在。其只可独立适用、不可附加于其他刑罚适用，而所有附加刑均可随之并科适用。有期徒刑之作为主刑的地位决定了其符合可分配性对制刑的主附性规定。

（八）有期徒刑符合制刑的主次性规定

死刑、无期徒刑因不具有可分性而只能作为例外的重刑适用于少数特别严重的犯罪，拘役、管制因刑期短、惩罚轻而只能作为例外轻刑适用于少数轻罪，因此，这四种主刑均只能作为次要的刑罚方法而存在。与此不同，有期徒刑因刑期幅度大、具有可分性而可在相当大的范围内适用于轻重不同的犯罪。这就决定了我国刑法将其作为主刑体系中的中心刑，符合可分配性对制刑的主次性规定。

（九）有期徒刑符合制刑的现实性规定

有期徒刑所剥夺的是人所共有的人身自由权，因而不生无权利可剥夺而无法执行的问题。另外，对人身权利的剥夺有监狱作为强制保障，因而也不存在没有足够的强制力保障而无法执行的问题。因此，有期徒刑具有可执行的现实性。

（十）有期徒刑符合制刑的可缩性规定

有期徒刑具有持续性，在其执行过程中，原判刑罚具有减轻、赦免或变通的余地。因此，有期徒刑具有可缩性，有助于行刑的宽恕性、奖赏性与适度性的理性之实现，具有可执行性。

（十一）有期徒刑符合制刑的可纠性规定

有期徒刑在时间上的持续性不但决定了其具有可缩性，而且决定了其具有可纠性。因为在其执行过程中，一旦发现所执行的是错误的判定刑，可以随即中止刑罚的执行，以免错误的判定刑被继续执行。因此，有期徒刑也符合可执行性对刑罚方法的可纠性规定。

二、有期徒刑的缺陷

有期徒刑的不足在于其不具有经济性与简便性。

就经济性而言，有期徒刑虽可通过强制犯罪人劳动而创造一定的经济价值，但国家为监管机构与监管设施的配置以及监管人员的配备而需付出巨大的财力与人力，其代价远大于犯罪人所创造的价值。因此，在总体上，有期徒刑因经济代价大于经济收益而是一种不具有经济性的刑罚方法。

就执行而言，有期徒刑既需以监管机构、设施与人员的配置作为其执行的现实性的保障，又需对犯罪人予以管理、教育与改造，因而是一个复杂而长期的过程，不具有执行的简便性。

第三节　拘役刑评价

我国刑罚体系中的拘役刑是短期剥夺犯罪人自由的刑罚方法。其与有期徒刑在内容上大同小异，但刑期短于有期徒刑。这一特点决定了拘役刑既具有与有期徒刑相近的某些合理因素，又具有其特有的某些不合理因素。

一、拘役刑的合理性

立足于反思制刑之正当性的基点，拘役刑的合理性如下：

（一）拘役刑具有合乎人道的严厉的惩罚性

与有期徒刑一样，拘役刑以犯罪人的人身自由为剥夺对象。因此，人身自由的重要性决定了拘役刑具有严厉的惩罚性。虽然其只构成对人身自由的短期剥夺，但相对于作为治安处罚措施的行政拘留，在剥夺的期限上较长，因而具有别于行政处罚而作为刑罚方法所要求的惩罚的严厉性。另外，如前所述，对人身自由的剥夺不存在不人道之问题。拘役刑又是一种合乎人道的刑罚方法。有鉴于此，拘役刑完全符合制刑的报应性规定。

（二）拘役刑具有有效遏制性

与其合乎人道的严厉惩罚性相对应，拘役刑也具有有效的遏制性。具体表现如下：

1. 拘役刑具有个别预防功能。受制于对犯罪人人身自由的剥夺，拘役刑使受刑人在行刑期间因不具备再犯罪的客观条件而难以再犯罪，具有限制其再犯能力的功能，基于拘役刑之适用与执行构成对犯罪的否定，不知法而犯罪的受刑人可由不知法而犯罪转化为知法而不犯罪，因此，拘役刑具有个别鉴别功能，基于拘役刑具有持续性，为对犯罪人的感化、教育与劳动改造奠定了基础，因此，拘役刑具有改造功能。正是如此，拘役刑具有较充分的个别预防功能。

2. 拘役刑具有一般鉴别功能。作为一种剥夺人身自由的刑罚方法，拘役刑之在立法上的存在与实际适用于犯罪人，对一般人中不知法而可能犯罪者具有一般鉴别作用，对知法而欲犯罪者具有一般威慑作用；其之被适用于轻罪犯，对轻微的犯罪的受害人具有安抚作用，如此等等，赋予了拘役刑以一般预防功能。

3. 拘役刑具有真效性。就对犯罪人而言，虽然拘役刑可能使犯罪人交叉感染等，因而具有消极作用，也虽然其因期限短而可能使某些未改造好的犯罪人被放归社会，但在我国现阶段，拘役刑满释放后再犯罪的人只是极少数，这足以表明拘役刑对犯罪人的积极效果大于消极效果。就对一般人而言，虽然拘役刑可能使意欲犯罪者为逃避惩罚而产生嫁祸于人、畏罪潜逃等消极反应，也虽然其只属轻刑而可能不足以使某些人产生畏惧，但由于其惩罚轻，一般不致促成意欲犯罪者在决定犯罪的同时采取杀人灭口等极端行动，且不畏惧受刑而敢于犯罪者毕竟只是少数，因此，拘役刑对一般人的积极效果也大于其消极效果。既然拘役刑对犯罪人与一般人的积极效果均大于其消极效果，其便符合制刑的真效性规定。

4. 拘役刑具有有利性。作为轻微的刑罚方法，拘役刑遏制的对象只是轻罪。然而，拘役刑的代价也因只是短期剥夺犯罪人的自由而较小。而且，以短期剥夺犯罪人人身自由为代价所换取的效果不只是使犯罪人本人不再犯罪，而且还包括使一般人不犯罪。因此，拘役刑之收益大于其代价，符合制刑的有利性规定。

5. 拘役刑具有节俭性。拘役刑作为轻刑只可收遏制轻罪之效，其效果小于有期徒刑等的效果。与此相对应的是，拘役刑因只是短期剥夺犯罪人的人身自由而代价小于长期剥夺犯罪人自由的有期徒刑。因此，在拘役刑相对于有期徒刑之较小的效果与较小的代价之间，具有一种等比对称关系，符合制刑的节俭性规定。

（三）拘役刑符合制刑的统一性规定

既然拘役刑既具有合乎人道的严厉惩罚性，又具有有效的遏制性，其便既具有完全的报应根据，又具有充分的功利根据，因而符合制刑的统一性规定，具有较充分的理性基础。

（四）拘役刑符合制刑的可分性规定

在我国刑法中，拘役是剥夺犯罪人 1—6 个月自由的刑罚方法。因此，与有期徒刑一样，拘役的严厉性也是通过刑期来显示。这就决定了其具有可分性，具备根据具体犯罪的严重性程度进行分配的前提。因此，拘役刑符合作为可分配性对刑罚方法之规定的可分性规定。

（五）拘役刑符合制刑的相配性规定

与有期徒刑一样，拘役刑因与非法拘禁之类剥夺人身自由的犯罪在剥夺的权益上相同而具有相似性。因此，其符合可分配性对刑罚方法的相配性规定。

（六）拘役刑符合制刑的有序性规定

拘役刑虽然与有期徒刑一样以剥夺犯罪人的人身自由为内容，但按照刑法的规定，一方面，拘役的期限短于有期徒刑；另一方面，拘役执行中受刑人有探家与获得劳动报酬等待遇，而有期徒刑执行期间，受刑人则不享有此类待遇，① 因此，拘役刑在严厉性上显然轻于有期徒刑。拘役刑在严厉性上的这一清晰而明确的轻重次序，决定了其符合可分配性对制刑的有序性规定。

（七）拘役刑符合制刑的主附性规定

在现行刑罚体系中，拘役刑是作为主刑而存在。其与有期徒刑一样，只能单独适用，而不可附加于其他任何刑罚方法而适用。另外，其他所有附加刑均可与之并科适用。拘役刑的这一作为主刑的地位，使之符合可分配性对刑罚体系的主附性规定。

（八）拘役刑符合制刑的主次性规定

拘役刑虽然与有期徒刑同属主刑之列，但由于其刑期幅度小、可适用面有限，严厉性轻，只限于以轻微的犯罪为分配对象，因此，其在主刑体系中只居次要地位，即只是作为主要主刑的有期徒刑的补充手段。拘役刑在主刑体系中的这种次要地位，符合可分配性对刑罚体系的主次性规定。

（九）拘役刑符合制刑的现实性规定

与有期徒刑一样，拘役刑既因所剥夺的人身自由是人所共有的权利而不存在无法剥夺的问题，又因有监狱作为剥夺自由之场所而具有执行之强制力保障。因此，拘役刑符合可执行性的现实性规定。

（十）拘役刑符合制刑的可缩性规定

拘役刑虽然是一种短期自由刑，但其毕竟具有一定的持续性。因此，在执

---

① 按照《监狱法》的规定，有期徒刑的受刑人亦享有此类待遇，但其必须以刑期已过半，且受刑人表现良好等为前提。

行过程中，可以减轻、赦免或变通，具有可缩性，符合可执行性对刑罚方法的可缩性规定。

（十一）拘役刑符合制刑的可纠性规定

拘役刑所具有的持续性决定了在其执行过程中，一旦发现所执行的是错误的判定刑，可随即中止执行，使受刑人部分地免受错判的执行。因此，拘役刑符合可执行性对刑罚方法的可纠性规定。

二、拘役刑的缺陷

拘役刑的不足，与有期徒刑的不足一样，表现为不具有经济性与执行的简便性。

就经济性而言，拘役刑虽可通过强制受刑人劳动而创造一定价值，但一方面，拘役刑的刑期短，受刑人所从事的只能是简单劳动，而不可能是技术性强的复杂劳动，所创造的价值有限；另一方面，国家还必须支付监管机构与监管人员的经济所需，并负担受刑人的生活费用。因此，拘役刑因入小于出、代价大于收益而不具有经济性。

就执行而言，拘役刑期虽短，但既需设置监管机构、配备监管人员，又需对犯罪人进行教育、改造，因而较为复杂，不具有执行的简便性。

第四节　管制刑评价

管制刑作为我国独有的一个刑种，是只部分地限制而不完全剥夺人身自由的刑罚方法。从反思制刑的正当性的诸基点出发，管制刑既具有其合理因素，又具有其不合理性。

一、管制刑的合理性

管制刑的合理性主要表现在如下数方面：

（一）管制刑符合制刑的经济性规定

管制刑是不需将受刑人予以关押的刑罚方法，国家因而不需为刑罚的执行而营建监管机构、配备监管人员，也不必为受刑人的生活而付出经济上的代价，因此，管制刑符合制刑的经济性规定。

（二）管制刑符合制刑的可分性规定

按照我国刑法的规定，管制刑是以刑期来显示其严厉性程度的刑罚方法，在短至 3 个月长至 2 年的期限内，管制刑的期限具有无限可分性。这为根据具体犯罪的严重性分配管制刑创造了条件，有助于轻罪轻刑、重罪重刑的配刑理性的实现。因此，管制刑符合可分配性对制刑的可分性规定。

（三）管制刑符合制刑的主附性规定

在我国刑罚体系中，管制刑作为主刑而存在，其不可附加于任何其他刑罚，而只能独立适用，所有附加刑均可与之并科适用。管制刑在刑罚体系中作为主刑的这种地位，决定了其符合可分配性对刑罚体系的主附性规定。

（四）管制刑符合制刑的主次性规定

管制刑在我国主刑体系中处于次要地位。这是因为，其严厉性轻、刑期短，可适用面极为有限，且只宜分配于少数极轻的犯罪。管制刑相对于有期徒刑而处于次要地位的这一特点，决定了其符合可分配性对刑罚体系的主次性规定。

（五）管制刑符合制刑的简便性规定

管制刑因不剥夺犯罪人自由而既不需专门的监管机构与专门的监管人员，也不需对犯罪人予以专门的管理、教育与改造，其执行因而不需复杂的程序与过多的手段，从而符合可执行性对制刑简便性的规定。

（六）管制刑符合制刑的可缩性规定

管制刑既然以刑期为其严厉性尺度，其便具有持续性，其执行必然是一个过程而不是一瞬间的事。相应地，其在执行过程中，具有减轻或赦免的余地。因此，管制刑符合可执行性对制刑的可缩性规定。

（七）管制刑符合制刑的可纠性规定

管制刑之执行的持续性还赋予了其可纠性，因为在行刑过程中，一旦发现所执行的是错误的判定刑，可以中止行刑，使尚未执行的余刑免予继续错误地执行。因此，管制刑也符合可执行性对制刑的可纠性规定。

二、管制刑的不合理性

相对于其所具有的合理因素,管制刑的不合理因素更为明显而突出,具体表现如下:

(一)管制刑不具有严厉的惩罚性

管制刑只构成对人身自由的限制而不构成对其的剥夺。而对人身自由的限制虽然具有惩罚性,但其既不因对犯罪人予以关押而使其遭受自由的丧失,又不致使其因与社会相隔离而承受精神上的痛苦,而仅仅表现为行动自由受制约,严厉性程度甚至轻于剥夺人身自由的行政拘留。因此,管制刑的惩罚性作为刑罚方法所要求的严厉性程度,不符合制刑的报应性的直接规定。

(二)管制刑不具有有效遏制性

管制刑不构成对犯罪人的人身自由的剥夺,使之对犯罪人与一般人的功能均成为值得怀疑的问题。

就对犯罪人而言,在其具有人身危险性的情况下,仅凭执行机关的监督,显然不可能限制其再犯能力,不足以保障其不犯罪,因此,管制刑难以起到有效的限制再犯能力的作用。另外,由于管制刑既不以对犯罪人予以强制教育、劳动与改造为内容,又不以剥夺犯罪人自由为前提,不具有给其造成足够的损失与痛苦的属性,因此,刑罚的改造功能与个别威慑功能难以发挥。

就对一般人而言,管制刑之在立法上的存在与实际适用,固然构成对犯罪的否定,可以在一定程度上起到一般鉴别等作用,但由于如上所述其不具有给人造成足够的损失与痛苦的属性,因此,一方面,其不足以使潜在犯罪人产生畏惧;另一方面,其又不足以对受害人形成安抚。有鉴于此,管制刑也不具有充分的一般预防功能。

不仅如此,就最大效益性而言,管制刑也存在严重缺陷。主要表现在其不具有有利性。这是因为,根据《刑法》的规定,管制刑不但构成对人身自由的限制,而且要求受刑人"未经执行机关批准,不得行使言论、出版、集会、结社、游行、示威自由的权利",从而实际上又构成对其政治权利的限制。因此,管制刑因既包括对人身自由的限制又包括对政治权利的限制而构成一种较大的代价。然而,如前所述,管制刑的预防效果却是极其有限的。相应地,在代价与收益之间,明显地不具有值得追求的"剩余价值"。这就决定了管制刑不是一种具有有利性的刑罚方法。

(三) 管制刑违背制刑的报应性与功利性的统一规定

既然管制刑既不具有严厉的惩罚性，不符合制刑的报应性的直接规定，又不具有有效的遏制性，不符合制刑的功利性规定，其便不符合制刑的报应性与功利性的共同规定，将其作为刑罚，是一种完全不合理的选择。

(四) 管制刑不符合制刑的相配性规定

在1979年刑法中，非法管制他人被作为犯罪，相应地，将管制作为刑罚，因与非法管制罪具有相似性而符合可分配性对制刑的相配性规定。然而，1997年《刑法》取消了将非法管制他人作为犯罪的规定。与此相适应，将管制作为刑罚，便因不再与犯罪具有相似性而不符合制刑的相配性规定。由此产生了这样的悖论：以限制他人自由为内容的非法管制行为不被认为构成对人身自由的严重侵害的犯罪，而同样以限制他人自由为内容的管制刑却被认为是具有严厉的惩罚性的刑罚。显然，这一方面辅证了前述管制刑之惩罚性不足的结论；另一方面，将管制刑对等分配于任何侵犯人身自由的犯罪，均必然表现为绝对意义上的重罪轻罚，因为现行刑法中的任何侵犯人身自由罪都至少以剥夺而不只是以限制人身自由为内容，而管制刑只构成对人身自由的限制而不构成对人身自由的剥夺。因此，管制刑因不具有与犯罪的相似性而不符合制刑的可分配性对刑罚方法的相配性规定。

(五) 管制刑不符合制刑的有序性规定

按照刑法的有关规定，管制刑是刑罚体系中最轻的主刑，即其严厉性应在拘役刑之下。仅就管制刑只构成对人身自由的限制、不构成对其剥夺而言，这一轻重次序无可厚非。然而，无论是从刑法的规定来看，还是在逻辑上，管制刑的严厉性却未必轻于拘役刑。

1. 拘役的最低期限为1个月，与以剥夺人身自由为内容的行政拘留之15天的上限基本上相衔接，两者之间不存在插入一个刑种的余地。使管制作为一种轻于拘役刑、重于行政拘留的刑罚方法而介于两者之间，显然不合逻辑：一方面，管制刑因只限制人身自由不剥夺自由而应轻于剥夺自由的拘役刑；另一方面，只限制自由不剥夺自由的管制却应重于剥夺自由的行政拘留。那么，限制自由究竟是轻于还是重于剥夺自由？

2. 既然管制应属轻于拘役的刑罚，那么，作为起刑点的拘役1个月，便应重于作为起刑点的管制3个月，作为上限的拘役6个月则应重于作为上限的管制2年。而事实上，被拘役1个月者，1个月期满，刑事责任即告解除，被拘役6个月者，6个月期满，刑事责任也随之消失，而被管制3个月者，只有3个月期满后才能解除刑事责任，被管制2年者则只有待2年期满后，刑事责任才告消失。显然，被处管制者，刑事责任之持续时间长于被处拘役者。因此，较之拘役刑，管制刑明轻暗重。

3. 根据刑法的规定，判决前先行羁押的期限，羁押1日折抵管制刑期2日、折抵拘役刑期2日。这实际上认可了拘役1日相当于管制2日的比例关系。然而，刑法规定的拘役刑期为1个月至6个月，管制刑期为3个月至2年。如按拘役1日相当于管制2日的比例换算，管制刑的下限相当于拘役1个半月，重于拘役的下限半个月，其上限则相当于拘役1年，重于拘役的上限半年。由此看来，管制不但不轻于而且重于拘役。

由上可见，管制刑之作为刑罚方法存在于我国刑罚体系之中，固轻重次序混乱而违背可分配性对刑罚体系的轻重有序性规定。

（六）管制刑不符合制刑的现实性规定

管制刑之限制的对象是人所共有的人身自由，因而不存在无权利可限制而无法执行的问题。然而，这只是问题的一方面。问题的另一方面在于，管制刑对人身自由的限制没有足够的强制力保障。因为《刑法》第39条所规定的管制对受刑人人身自由的五项限制与其说是限制还不如说只是要求。因为其无一不是有赖于受刑人对有关规定的主动遵守，而没有任何有效的外力强制可以保障受刑人不违背有关规定。也就是说，如受刑人遵守有关规定，其自由可以受到限制，而如其不遵守有关规定，则其自由便不可能受到限制。这就决定了对受刑人的人身自由的限制可因受刑人不遵守有关规定而名存实亡，从而使管制刑不具有执行的现实性。因此，管制刑也不符合可执行性对制刑的现实性规定。

结　　论

对我国刑法所确认的四种自由刑的理性反思展示了如下必然结论：

第一，无期徒刑因符合制刑的统一性规定、具有作为刑罚方法的根本理性而是一种合理的刑罚方法。其所具有的不经济性与执行的不简便性虽然是其固有的缺陷，但二者是无期徒刑之严厉惩罚性与有效遏制性之必然伴生物，因为没有经济上的付出与复杂的执行过程，便不可能实现对犯罪人终身自由的剥夺，因而也无从体现对犯罪之严厉惩罚性与有效遏制性。因此，不经济性与执行的不简便性不能作为否定无期徒刑的正当性的理由。至于无期徒刑的不可分性，与死刑的不可分性一样，也是其严厉的惩罚性与有效遏制性的必然伴生物，即正由于无期徒刑是从总体上终身剥夺犯罪人的自由，其才具有重于有期徒刑的严厉性与大于有期徒刑的遏制力，因此，不可分性同样不能作为否定无期徒刑之正当性的理由。然而，无期徒刑的不可分性潜在着导致分配不合理的因素，因为正由于其具有不可分性，同处无期徒刑的犯罪在严重性上的差异因所受的惩罚无法不同而得不到应有的反映，异罪同罚在所难免。与此相适应，只有将无期徒刑的分配严格限制在严重犯罪之范围内，才可避免因不具有可分性的无期徒刑被分配于严重性殊异的犯罪而导致明显的异罪同罚。因此，不可分性构成严格限制无期徒刑之分配的重要原因。

第二，有期徒刑因既合制刑的统一性规定又较充分地合乎可分配性与可执行性的规定而构成一种最合理的自由刑。其虽然具有不经济性与执行的不简便性的缺陷，但是，一方面，此二者相对于有期徒刑的合理性只不过是极其次要的缺陷；另一方面，其又是有期徒刑之严厉惩罚性与有效遏制性之必然派生物，具有不可避免性，因而不构成否定有期徒刑之正当性的理由。

第三，与有期徒刑一样，拘役刑也因既合制刑的统一性规定又较充分地合乎可分配性与可执行性的规定而构成一种合理的自由刑。虽然拘役刑也具有不经济性与执行的不简便性的缺陷，但相对于其合理性，此二项不足只是次要因素，而且也是不可避免的，因而也不能作为否定拘役刑之正当性的理由。其理与不经济性与执行的不简便性不能作为否定有期徒刑之正当性的理由相同，不需赘述。应该指出的仅在于，拘役刑之符合可分配性之可分性、有序性与主次性规定，与有期徒刑之符合可分配性之相应因素的规定，内涵不同。拘役刑虽具有可分性，但由于其刑期幅度小，不可能因具有可分性而像有期徒刑一样可分配于严重性殊异的犯罪；拘役刑虽符合有序性的规定，但其严厉性居有期徒刑之下，因而只可分配于不足以分配有期徒刑的犯罪；拘役刑虽符合主次性的规定，但其在主刑体系中处于次要地位，因而只能作为处于主要地位的有期徒刑的后备轻刑分配。因此，拘役刑只有以严重性轻微、不足以分配有期徒刑的犯罪为分配对象，才可保障其正当性。否则，作为正当的刑罚方法的拘役刑便因被不正当地分配而成为不正当的刑罚。

第四，管制刑虽然具有诸多合理因素，但这些合理因素只是一种表象，因为其是不符合作为制刑的根据统一性规定的根本理性的前提下的"合理性"。正由于管制刑违背制刑的根本理性，既不符合制刑的报应性规定，又不符合制刑的功利性规定，且不说其因不合相配性与有序性而显示的无理性，纵然其完全符合可分配性与可执行性的规定，将其作为刑罚方法也是一种绝对无理的选择。

第三章　财产刑反思

在我国既存刑罚体系中，包含罚金与没收财产两种财产刑。相应地，从反思制刑的正当性的诸基点出发，逐一指明罚金刑与没收财产刑的优劣利弊，构成对财产刑的反思的具体内容。

第一节　罚金刑评价

我国既存刑罚体系中的罚金刑是强制犯罪人向国家缴纳一定数量金钱的刑罚方法。作为财产刑，其既具有财产刑的合理性，又具有财产刑所固有的缺陷。

一、罚金刑的合理性

立足于反思制刑的诸基点，罚金刑的合理性显而易见。

（一）罚金刑具有合乎人道的严厉惩罚性

对金钱的占有虽不属人身权利，但基于人的社会属性，一定数量的金钱既构成人维持正常生活的经济基础，又构成人参与社会经济交往的重要前提。与此相适应，拥有一定数量的金钱意味着生活的优裕，而不拥有一定数量的金钱则意味着贫穷与生活的困窘。因此，对金钱的占有构成财产权的重要组成部分，也是基于人的社会属性而生的重要权利。这便决定了以强制犯罪人缴纳一定数量的金钱为内容的罚金刑具有作为刑罚所必须具有的严厉的惩罚性。另外，正由于对金钱的占有权不属人身权利的范畴，对其的剥夺不存在不将人当人的问题而在人道性所允许的范围之内，因此，罚金刑又是一种符合制刑人道性的刑罚方法。与此相适应，罚金刑因既具有作为制刑的报应性之直接规定的严厉的惩罚性，又具有作为制刑的报应性之修正规定的人道性而完全符合制刑的报应性规定，具有充分的报应根据。

(二) 罚金刑符合制刑的有效遏制性规定

罚金刑因既具有个别预防功能与一般预防功能而符合制刑的有效遏制性的质的规定，又具有最大效益性而符合制刑的有效遏制性的量的规定。具体表现如下：

1. 罚金刑具有个别预防功能。罚金刑之适用于犯罪人，构成对犯罪人所犯罪行的否定，可以使犯罪人中的不知法而犯罪者由对自身行为之违法性的不知转向有知，从而不致再因对违法性的不知而再实施类似犯罪，因此，罚金刑具有个别鉴别功能。另外，在以营利为目的的经济犯罪中，一定数量的金钱又往往构成犯罪人再犯罪的资本，而罚金刑在强制犯罪人交纳一定数量的金钱的同时，可以使犯罪人因失去金钱而丧失再犯罪的经济资本。因此，罚金刑又具有限制犯罪人再实施以金钱为资本的犯罪的功能。正由于罚金刑既具有个别鉴别功能又具有限制再犯能力功能，因此，罚金刑可收个别预防之效。

2. 罚金刑具有一般预防功能。罚金刑之在立法上的存在与适用于犯罪人，构成对犯罪的否定，可以使一般人认识到什么样的行为是犯罪，不致因不知法而犯罪，因而具有一般鉴别功能。而对于知法而欲犯罪者，罚金刑之作为趋利型或财产型犯罪的否定而存在于立法中与适用于犯罪人，可以使之产生犯罪将使其一无所获乃至得不偿失的联想，从而因恐惧失去金钱而不敢实施趋利型或财产型犯罪，起到一般威慑的作用。正由于罚金刑既可起到一般鉴别作用，又可起到一般威慑作用，其可以收到一般预防的效果。

3. 罚金刑具有真效性。罚金刑虽然可能产生某些消极后果，如促使犯罪人为免失去金钱而在犯罪后转移赃款、赃物或隐匿财产等，但相对于其对犯罪人与一般人的前列积极效果，其消极效果只是次要的。因此，罚金刑因消极效果小于积极效果而符合作为制刑的最大效益性之要素之一的真效性规定。

4. 罚金刑具有有利性。罚金刑只以犯罪人失去一定数量的金钱为代价，而对金钱的占有相对人身权利等对人是一种价值较小的权利。因此，罚金刑是一种代价低的刑罚方法。而正如后文将述及的一样，罚金刑之给国家带来的经济收益与给犯罪人造成的经济损失具有对等性。相应地，罚金刑使国家在经济上之得足以抵消其给犯罪人造成的经济上之失，构成一种"收支平衡"。既然如此，罚金刑所具有的前述个别预防效果与一般预防效果，便构成其"纯利润"。因此，罚金刑明显地具有有利性，符合遏制性的最大效益性的规定。

5. 罚金刑具有节俭性。相对于生命刑与自由刑，作为财产刑的罚金刑无论是就个别预防而言还是就一般预防而言，效果均要小得多。但是，一方面，罚金刑所具有的剥夺经济犯罪的资本、限制经济犯罪的再犯能力功能以及其对国家的经济补偿功能是作为自由刑的有期徒刑与拘役等所不具有的；另一方面，罚金刑因只剥夺犯罪人一定数量的金钱而代价显然远低于以剥夺犯罪人生命、自由为内容的生命刑与自由刑。因此，罚金刑因可起到人身刑不能起到的作用而是必要的，同时，其有限的效果与其低廉的代价成正比，因而符合作为遏制性的最大效益性要素之一的节俭性规定。

6. 罚金刑具有经济性。罚金刑之强制犯罪人交纳一定数量的金钱，对于犯罪人无疑是一种经济损失。然而，对于国家，则是一种收益。因为强制犯罪人所交纳的所有金钱都被收归国有，而且具有交多少即收多少的对等性，不存在任何浪费。不仅如此，罚金刑的执行既不需国家为营建监狱、配备监管人员而耗费人力、财产，也不需国家为受刑人支付生活费用等。因此，不需付出、净收金钱，使罚金刑具有明显的经济性，符合遏制性之最大效益性的规定。

正由于罚金刑既具有个别预防功能又具有一般预防功能，且具备最大效益性的四要素，其完全符合有效遏制性的质、量规定，具有作为刑罚方法之充分的功利根据。

（三）罚金刑符合制刑的统一性规定

既然罚金刑既因具有合乎人道的严厉惩罚性而具有充分的报应根据，又因完全符合有效遏制性的质、量规定而具有充分的功利根据，将其作为刑罚方法便完全符合制刑的报应性规定与制刑的功利性规定，因而符合制刑的同一性规定，充分体现了制刑的基本理性。因此，我国刑法将罚金刑作为刑罚方法予以确认，是一种完全符合制刑理性的选择。

（四）罚金刑符合制刑的可分性规定

罚金刑以强制交纳的金钱数量作为其严厉性尺度，而金钱的数量可大可小，具有无限可分性。因此，罚金刑符合可分配性对刑罚方法的可分性规定，具备根据具体犯罪的严重性之不同而分配轻重相应的刑罚的前提。

（五）罚金刑符合制刑的相配性规定

罚金刑既然表现为让犯罪人向国家交纳一定数额的金钱，与将他人财产据为己有的盗窃、诈骗与侵占等犯罪具有相似性，即均表现为让人承受财产的损失。因此，罚金刑符合可分配性对刑罚方法之于犯罪的相配性规定，具有对等分配于相应的犯罪的前提。

（六）罚金刑符合制刑的有序性规定

作为财产刑，罚金刑因只使犯罪人丧失一定数量的金钱而在严厉性上显然轻于使犯罪人丧失生命、人身自由的生命刑与自由刑。因为财产可以再创造，而生命或人身自由的丧失则使人失去了创造财产的前提。因此，金钱的意义远小于生命与人身自由之于人的意义。另外，罚金刑虽与没收财产同属财产刑，但其剥夺的只是犯罪人之一定数量的金钱，而没收财产则可能以犯罪人的全部财产为对象，因此，罚金刑也轻于没收财产刑。罚金刑之严厉性轻于人身刑与没收财产刑，决定了其属最轻微的刑罚方法，在刑罚体系中具有明确的轻重次序，因而符合可分配性对刑罚体系的有序性规定。

（七）罚金刑符合制刑的主附性规定

在我国既存刑罚体系中，罚金刑是作为附加刑而存在，即既可单独适用，又可附加于主刑而适用。罚金刑的这种可附加性，符合可分配性对刑罚体系的主附性规定，为对单处主刑不足以剥夺再犯罪的经济资本的犯罪并科罚金以剥夺其经济资本或对不足以处主刑的轻微犯罪单处罚金，从而为实现等价性与适度性相统一的配刑理性奠定了基础。

（八）罚金刑符合制刑的简便性规定

罚金刑的执行只以强制犯罪人交纳一定数额的金钱为已足，既不需专门的执行场所，也不需配备专门的执行人员，更不需烦琐的手续与复杂的过程，因而具有简单、快捷的特点。因此，罚金刑符合可执行性对刑罚方法之执行的简便性规定。

（九）罚金刑符合制刑的可缩性规定

罚金刑既然以金钱的数量来显示其严厉性程度，而金钱的数量可大可小而具有张力，因而可在执行过程中根据具体情况减小或免交。因此，罚金刑符合可执行性对刑罚方法之执行的可缩性规定。

（十）罚金刑符合制刑的可纠性规定

罚金刑不同于人身刑，其不依附于人身而存在，仅仅表现为金钱的所有权的转移。因此，与返还原物或赔偿损失相似，在罚金刑付诸执行后的任何时候，一旦发现其系误判，均可以将所强制交纳的金钱予以退还的方式作出纠正，从而使其不致因错判而蒙受损失。因此，罚金刑具有充分的可纠性，完全符合可执行性对刑罚方法的可纠性规定。

二、罚金刑的缺陷

罚金刑的唯一缺陷在于,其可能不具有执行的现实性。原因在于,客现存在的贫富不均现象表明并非人人均占有一定数量的金钱。对于富者,其因拥有足够的金钱而可以交纳所判罚金,罚金刑自然不生无法执行的问题。然而,对于贫者,其可能因不拥有足够的金钱而无法交纳所判罚金,罚金刑便不具有执行的现实性。因此,罚金刑可能因难于执行而不符合可执行性对刑罚方法的执行的现实性规定。

第二节 没收财产刑评价

我国刑罚体系中的没收财产刑是将犯罪人个人所有财产的一部或全部强制无偿收归国有的刑罚方法。与罚金刑一样,没收财产刑具有作为财产刑的合理性与缺陷。

一、没收财产刑的合理性

立足于反思制刑的诸基点,没收财产刑具有如下合理性:

(一)没收财产刑具有合乎人道的严厉的惩罚性

没收财产刑剥夺的是犯罪人对其个人财产的所有权。由于一定数额的财产是人维系自身生活与进行社会交往的重要前提,财产的拥有意味着生活的优裕,财产的丧失意味着生活的困窘,因此,财产所有权系人的一种重要权利。相应地,以剥夺财产所有权为内容的没收财产刑具有作为刑罚所需的严厉的惩罚性。另外,财产所有权又是一种相对独立于人身而存在的权利,不属作为人所绝对不可剥夺的权利,对其的剥夺通常不存在不人道之问题。而且,我国刑法明文规定,在没收全部财产的情况下,应当为犯罪人及其扶养的家属保留必需的生活费用,避免了因财产的剥夺导致犯罪人及其扶养的家属难以正常生活而危及其生存,这也充分体现了制刑的人道性。因此,我国刑法中的没收财产刑既具有作为刑罚所应有的严厉惩罚性又不违背制刑的人道性规定,完全符合制刑的报应性规定。

（二）没收财产刑具有有效的遏制性

从制刑的功利性规定来看，没收财产刑的合理性也极为明显。因为其既因具有个别预防功能与一般预防功能而符合遏制性的质的规定，又因具有最大效益性而符合遏制性的量的规定。具体表现如下：

1. 没收财产刑具有个别预防功能。一定的财产往往是趋利型犯罪人再犯罪的经济资本。相应地，对其处以没收财产刑，在没收其财产的同时，构成对其再犯罪的经济资本的剥夺。因此，没收财产刑首先具有限制再犯能力的功能。不仅如此，趋利型或财产型犯罪均是出于贪欲的犯罪。对趋利型或财产型犯罪人处以财产刑，使之亲身体验到犯罪不但不能给其带来财富与物质享受，反而可能使其遭受既有财产的损失与生活的困窘，从而使其形成犯罪得不偿失的观念，并因恐惧没收财产之失而不敢追求犯罪之得。因此，没收财产刑也具有个别威慑功能。正由于没收财产刑既具有限制再犯能力功能，又具有个别威慑功能，因此可以收到阻止犯罪人再犯罪的个别预防之效。

2. 没收财产刑具有一般预防功能。没收财产刑与任何其他刑罚方法一样，构成对犯罪的否定，可以使一般人中的不知法而可能犯罪者认识到哪些行为是犯罪，起到一般鉴别作用。而对于一般人中的知法而欲犯罪者，尤其是意欲实施趋利型或财产型犯罪者，没收财产刑可以使之因惧怕失去财产而不敢犯罪，起到一般威慑作用。因此，没收财产刑也具有一般预防功能，可收阻止一般人犯罪之效。

3. 没收财产刑具有真效性。没收财产刑之存在，可能使意欲犯罪者为免失去财产而在决意犯罪的同时采取嫁祸于人、掩盖犯罪真相、隐匿财产等极端行动，从而产生消极效果。然而，相对于其如前所述的个别预防功能与一般预防功能所可能产生的积极效果，其消极效果只是次要的。因为因恐惧财产的丧失而不敢犯罪的一般人总是占多数，因恐惧财产之失而在决意犯罪的同时采取极端行动的一般人则只是少数；因财产被剥夺而难以再犯罪与因恐惧财产再受剥夺而不敢再犯罪的犯罪人也总是占多数，而因恐惧再受财产之失而在决意再犯罪的同时采取极端行动的犯罪人也只是少数。因此，没收财产刑因积极效果大于消极效果而具有真效性。

4. 没收财产刑具有有利性。没收财产刑与罚金刑一样，以犯罪人丧失财产为代价，而犯罪人所丧失的财产被不折不扣地收归国有，因此，没收财产刑使国家之得足以抵消其使犯罪人之失，实现代价与收益的平衡。而除此之外，没收财产刑所具有的遏制犯罪人与一般人犯罪的作用使国家、社会与个人财产受到的保护，则构成其"纯利润"。因此，没有财产刑因收益大于代价而具有有利性。

5. 没收财产刑具有节俭性。相对于自由刑，没收财产刑的个别预防效果与一般预防效果显然较小。因为就个别预防而言，自由刑对犯罪人人身自由的剥夺使其再犯绝大部分罪的能力均受到限制，而没收财产所限制的主要是犯罪人再实施趋利型犯罪的能力，这就决定了在限制再犯能力上，没收财产刑的效果小于自由刑；另外，由于失去财产之苦小于失去自由之苦，因此，没收财产刑的个别威慑效果也小于自由刑；更为重要的是，没收财产刑不具有自由刑所具有的改造功能。而就一般预防而言，正由于失去财产之苦小于失去自由之苦，意欲犯罪的人对没收财产刑的畏惧不如对自由刑的畏惧强烈，因此，没收财产刑的一般威慑效果也小于自由刑的威慑效果。然而，没收财产刑只以剥夺犯罪人的财产为代价，自由刑则以剥夺犯罪人的人身自由为代价，而财产相对于人身自由的意义为小，因此，没收财产刑的代价显然低于自由刑。正是如此，没收财产刑之小于自由刑之效果因没收财产刑之小于自由刑的代价而证明是正当的。与此相适应，没收财产刑符合最大效益性的节俭性规定。

6. 没收财产刑具有经济性。没收财产刑的执行与罚金刑的执行一样，几乎不需国家付出任何经济上的代价，却能将犯罪人的财产无偿收归国有，具有使国家在经济上只收入不支出的特点，因而符合最大效益性的经济性规定。

（三）没收财产刑符合制刑的统一性规定

既然符合人道的严厉惩罚性赋予了没收财产刑以充分的报应根据，既然有效的遏制性赋予了没收财产刑以充分的功利根据，那么，既具有充分的报应根据又具有充分的功利根据的没收财产刑便是一种完全符合制刑的统一性规定的刑罚方法，具有充分的制刑理性。

（四）没收财产刑符合制刑的可分性规定

作为没收财产刑之剥夺对象的财产具有部分与整体之分，即可以分割成若干组成部分。与此相适应，没收财产刑重可没收犯罪人财产之全部，轻可只没收其中的任一部分。因此，没收财产刑因具有可分性而具有根据犯罪的具体情况予以相应严厉的惩罚的可能性，符合可分配性对制刑的规定。

（五）没收财产刑符合制刑的相配性规定

没收财产刑以剥夺犯罪人的财产为内容，而盗窃罪、诈骗罪、抢夺罪之类的以非法占有为目的的犯罪均以侵犯他人财产所有权为内容。因此，没收财产刑所剥夺的对象，与侵犯财产罪所侵犯的对象相同，二者之间具有相似性。这种相似性使没收财产刑的对等分配成为可能，符合可分配性对制刑的相似性规定。

（六）没收财产刑符合制刑的有序性规定

没收财产刑剥夺的只是犯罪人的财产，而财产之于人的意义与价值小于人身自由，因此，没收财产刑的严厉性轻于自由刑，另外，没收财产可以剥夺犯罪人的全部财产，即可使犯罪人倾家荡产，而罚金刑则因只强制犯罪人交纳一定数量的金钱而不至于使犯罪人倾家荡产，因此，没收财产刑的严厉性又重于罚金刑。有鉴于此，没收财产刑在我国刑罚体系中构成一种轻于自由刑、重于罚金刑的刑罚方法，其严厉性的轻重次序十分明确，符合可分配性对刑罚体系的有序性规定。

（七）没收财产刑符合制刑的主附性规定

在我国刑罚体系中，没收财产刑是作为附加刑而存在，即其不仅可以单独适用，而且可以附加于作为主刑的人身刑而存在。没收财产在刑罚体系中的这种附加刑地位，既使其作为主刑之附加砝码、加重其严厉性以适用于单处主刑不足以体现刑罚严厉性的犯罪成为可能，又使其可单科于严重性不足以处主刑但单处罚金又嫌过轻的犯罪，有助于刑罪相适应的配刑理性的实现，符合可分配性对制刑的主附性规定。

（八）没收财产刑符合制刑的现实性规定

与罚金刑不同，没收财产刑之没收对象不以金钱为限；相反，金钱、实物、动产与不动产等财产均在可没收之列。同时，没收财产的份额虽然要考虑犯罪的严重性，但其不像罚金额的确定一样完全取决于犯罪的严重性，即不是根据犯罪的严重性确定相应的没收金额，而主要取决于犯罪人个人财产的多少，即在全部没收的情况下，有多少没收多少，在部分没收的情况下，没收犯罪人所实际拥有财产中的一部分。因此，没收财产刑不存在判处没收的份额超出犯罪人实际拥有的份额而无法执行的问题。与此相适应，没收财产刑符合可执行性对制刑的现实性规定。

（九）没收财产刑符合制刑的简便性规定

与罚金刑一样，没收财产只以将犯罪人所拥有的财产收归国有为已足，不像自由刑的执行需要设置专门的执行机构、配备训练有素的监管人员，也不需对犯罪人进行教育、感化与改造。因此，没收财产刑的执行远不如自由刑的执行复杂，符合可执行性对制刑的简便性规定。

(十) 没收财产刑符合制刑的可纠性规定

与罚金刑一样，没收财产刑所剥夺的不是人身权利，而是相对独立于人身而存在的财产。而财产具有可复原性。与此相适应，在没收财产刑执行完毕后，一旦发现所执行的系错误的判定刑，可随时以返还财产或照价赔偿的方式使受刑人重新拥有其原有财产，不致因错判的执行而遭受不可挽回的经济损失。因此，没收财产刑具有完全可纠性，符合可纠性对制刑的规定。

二、没收财产刑的缺陷

没收财产刑的缺陷主要表现为其不具有可缩性。这是因为，没收财产刑因执行过程简单、不具有持续性而不存在减免的余地。这种不可缩性使没收财产刑的执行既不具有宽恕性，使犯罪人不可能因可能具有的行刑宽恕性条件而受到减免，又不可能根据犯罪人的悔改表现而减小没收的份额，使具有行刑奖赏性条件的受刑人也无法得到减免没收财产的奖赏，难以体现行刑的宽恕性或奖赏性与行刑的适度性相统一的行刑理性规定。

结　　论

对我国刑罚体系中同为财产刑的罚金刑与没收财产刑的以上反思，既揭示了此二者作为刑罚方法而存在的合理性，也展现了其各自的不足。以此为前提，可以就二者的正当性得出如下结论：

第一，罚金刑是一种完全符合制刑的统一化理性规定与可分配性对制刑的理性规定以及符合可执行性对制刑简便性、可缩性与可纠性规定的刑罚方法，因此，其在我国刑罚体系中的存在具有正当性。其虽因可能不具有执行的现实性而在可执行性上存在不足，但是，一方面，相对于其因符合制刑的统一性与可分配性规定以及符合可执行性的大部分规定所显示的合理性，其可能不具有执行现实性的不足只是一种次要的乃至微乎其微的因素；另一方面，这种不足可通过行刑的宽恕性所允许的减免予以弥补，因此，可能不具有执行的现实性不足以成为否定罚金刑之作为刑罚方法在我国刑罚体系中之存在的正当性理由。

第二，没收财产刑同样既符合制刑的统一性规定与可分配性规定又符合可执行性对制刑的现实性、简便性与可纠性规定，因此，其作为刑罚方法存在于我国刑罚体系之中，也构成一种正当的选择。其虽然因不具有可缩性而在可执行性上存在不足，但一方面，相对于其前列诸种合理因素，这种不足无足轻重；另一方面，这种不足只是未体现作为行刑之次要理性的宽恕性与奖赏性规定，而不致有碍作为行刑之基本理性的必然性、等价性与必要性的实现，因此，其不足以作为否定没收财产刑之作为刑罚方法的正当性理由。

第三，罚金刑与没收财产刑的轻重有序性决定了罚金刑轻于没收财产刑、没收财产刑重于罚金刑。与此相适应，在刑罚的分配上必须严格遵守这一轻重次序，即只有在单处罚金不足以体现惩罚的严厉性的情况下才可考虑单处没收财产，也只有在并处罚金不足以体现惩罚的严厉性的情况下才可考虑并处没收财产。不遵守这一轻重次序，将二者同样适用，必然导致重罪轻罚与轻罪重罚，以致正当的刑罚因分配不合理而成其为不正当的刑罚。

第四章 资格刑反思

剥夺政治权利刑是我国既存刑罚体系中唯一的一种资格刑，其因既不同于作为主刑的人身刑，又不同于附加刑中的财产刑而具有其独自的特点，因而有必要设专章予以反思。

第一节 剥夺政治权利刑的合理性

从反思制刑的基点出发，剥夺政治权利刑具有明显的合理性。具体表现在如下多方面：

一、剥夺政治权利刑具有合乎人道的严厉惩罚性

剥夺政治权利刑以剥夺犯罪人参与国家管理与从事政治活动的权利为内容。管理国家与从事政治活动的权利虽不是人基于自然属性而生的权利，因而不属人的第一需要之列，但其是人基于社会属性而生的重要权利，是作为社会意义上的人参与社会政治生活的必要前提。与此相适应，政治权利的丧失意味着人参与国家管理与从事政治活动资格的丧失，同时也意味着在政治上受到否定评价。这便决定了剥夺政治权利刑是一种具有严厉的惩罚性的刑罚方法。另外，正由于政治权利不属人的自然权利，对其的剥夺不构成对人自然权利之侵害，也不构成对人作为社会意义上人的资格的剥夺，因而不存在不把人当人的问题，因此，剥夺政治权利刑不违背制刑的人道性规定。既然剥夺政治权利刑既具有严厉的惩罚性，又不违背人道性的规定，体现了制刑的报应性所规定的合乎人道的严厉惩罚性，具有作为刑罚所应有的、充分的报应根据。

二、剥夺政治权利刑基本上具有有效的遏制性

立足于制刑的功利性规定，剥夺政治权利刑因基本上符合有效遏制性的质、量规定而具有其合理性。具体表现如下：

第一，从个别预防的角度来看，政治权利往往构成犯罪人再实施某些犯罪如政治型或职务型犯罪的前提，对此类犯罪人在剥夺其政治权利的同时，也就剥夺了其再犯此类罪的条件，因而具有限制再犯能力的功能。同时，政治权利的被剥夺使犯罪人亲身体会到犯罪所招致的政治上的否定，尤其可以使某些出于政治动机的犯罪人意识到，犯罪不但不能给自己带来政治上的地位，反而会导致政治地位的丧失，进而因恐惧而不敢再犯罪，因而又具有个别威慑功能。因此，剥夺政治权利可收个别预防之效。

第二，从一般人的角度来看，剥夺政治权利刑存在于立法中与适用于犯罪人，构成对与政治权利有关的犯罪醒目的否定，可以使一般人明白哪些行为是犯罪，因而具有一般鉴别功能。另外，剥夺政治权利刑存在于立法中与适用于犯罪人，可以使一般人中的意欲犯罪者意识到侵犯他人政治权利必将使自己失去政治权利，利用政治权利或职权犯罪的必然结果是政治权利或职权的丧失，试图以犯罪获取政治地位只会导致政治上的否定等，并因恐惧政治权利的丧失与受到政治上的否定而不敢犯罪，从而起到一般威慑作用，因此，剥夺政治权利刑也可收一般预防之效。

第三，剥夺政治权利刑具有真效性。与任何其他刑罚方法一样，剥夺政治权利刑也可能导致犯罪人为免受惩罚而采取某些极端行动，如在犯罪前进行周密的犯罪计划、在犯罪后畏罪潜逃、嫁祸于人等，因而具有消极作用。然而，相对于其对犯罪人与一般人的前述积极作用，剥夺政治权利刑的消极作用只是次要的。因为从犯罪人的角度来看，在因犯罪而受到剥夺政治权利的惩罚后，因丧失政治权利而难以再犯罪者与因畏惧再丧失政治权利而不敢再犯罪者所占比例显然大于因畏惧再丧失政治权利而在犯罪的同时采取极端行动者；从一般人的角度来看，因剥夺政治权利刑之在立法上的存在而自觉地不实施者与因畏惧失去政治权利而不敢犯罪者所占比例，也必然大于因畏惧政治权利的丧失而在犯罪的同时采取极端行动者。因此，剥夺政治权利刑因积极效果大于消极效果而具有真效性。

第四，剥夺政治权利刑具有有利性。剥夺政治权利刑以犯罪人丧失管理国家与参与政治活动的资格为代价。这种代价对等地可换来使犯罪人无法或不敢再实施与政治权利有关的犯罪的收益，实现剥夺一人的政治权利与防止一人再实施与政治权利有关的犯罪的"收支平衡"。而除此之外，剥夺政治权利刑所具有的一般鉴别功能与一般威慑功能可收的防止一般人实施与政治权利有关之罪的效果则构成其"纯利润"。因此，剥夺政治权利刑因收益大于代价而符合制刑的有利性规定。

第五，剥夺政治权利刑具有经济性。剥夺政治权利刑虽不如财产刑一样可以给国家带来经济上的收益，但其同时也不似自由刑的执行需国家投入大量人、财、物而造成经济上的耗费。因此，在总体上，剥夺政治权利刑因不致给国家造成经济负担而符合制刑的经济性规定。

三、剥夺政治权利刑基本上符合制刑的统一性规定

如前所述，剥夺政治权利刑既具有严厉的惩罚性又具有人道性，完全符合制刑的合乎人道的严厉惩罚性的规定，具有充分的报应根据；既因同时具有个别预防功能与一般预防功能而符合有效遏制性的质的规定，又因具有真效性与经济性而部分地符合有效遏制性的量的规定，因而在较大程度上符合制刑的有效遏制性规定，具有较充分的功利根据。既然如此，剥夺政治权利作为刑罚方法而存在于刑罚体系中，符合制刑报应性与功利性的共同要求，构成一种基本上符合制刑基本理性的选择。

四、剥夺政治权利刑符合制刑的可分性规定

按照我国刑法的规定，剥夺政治权利刑以刑期的长短显示其严厉性程度。而幅度为1年至5年的剥夺政治权利刑期有长短之分，因而具有可分性。这种可分性使根据具体犯罪的严重性处以轻重相应的剥夺政治权利刑成为可能，有助于刑罪相应配刑理性的实现，因而符合制刑的可分配性规定。

五、剥夺政治权利刑符合制刑的相配性规定

在我国刑法中，诸如煽动分裂国家等利用言论自由的行为，贪污、受贿等利用职权的行为与破坏选举等妨碍他人政治权利的行为均被作为犯罪。此类犯罪均与政治权利有关。将剥夺言论自由、担任领导职务与选举权之类的政治权利作为刑罚方法，明显地与前列与政治权利有关的犯罪具有相似性。这种相似性为剥夺政治权利刑的对等分配提供了方向、界定了范围，有助于配刑的等价性与适度性相统一的理性的实现，符合可分配性对制刑的理性规定。

六、剥夺政治权利刑符合制刑的有序性规定

剥夺政治权利刑剥夺的只是基于人的社会属性而生的参与国家管理与政治活动的权利，而此类权利具有相对独立于人身而存在的特点，对其的剥夺既不

影响受刑人的生存，也不影响其日常生活。因此，其严厉性轻于作为主刑的人身刑。另外，正由于剥夺政治权利不致影响受刑人的日常生活，而财产之被剥夺则不可避免地将给受刑人日常生活带来不利影响，因为其使受刑人失去了物质享受的前提，因此，剥夺政治权利刑的严厉性又在没收财产刑之下。显然，剥夺政治权利之作为刑罚方法存在于刑罚体系中，因轻重次序清楚、明确而符合可分配性对刑罚体系的有序性规定。

七、剥夺政治权利刑符合制刑的主附性规定

剥夺政治权利刑在我国刑罚体系中是作为附加刑而存在，其既可单独分配，也可附加于主刑一同分配。这种可附加性，符合可分配性对制刑的主附性规定，即使剥夺政治权利可以作为附加砝码或限制再犯能力的补充手段与主刑并科以对仅处主刑不足以体现惩罚的严厉性或不足以剥夺再犯能力的犯罪，又可使之作为轻刑单独适用于不足以处主刑的犯罪，从而有助于等价性与适度性相统一的配刑理性的实现。

八、剥夺政治权利刑符合制刑的现实性规定

作为剥夺政治权利刑之剥夺对象的是理智正常的成年人所共有的权利，因而不存在对部分人因有权利可剥夺而可执行、对另一些人则因无权利可剥夺而无法执行的问题。同时，政治权利的剥夺表现为禁止行使有关权利，而这种禁止具有强制性，如选举权的剥夺因禁止投票选举而实现，因而也不生因强制力不足而难以实现的问题。因此，剥夺政治权利刑因所剥夺的是人所共有的权利，具有充分的强制力作为剥夺的手段而符合可执行性对制刑的现实性规定。

九、剥夺政治权利刑符合制刑的简便性规定

剥夺政治权利刑的执行虽有其持续性，但其不需专门的执行场所与专职的监管人员，又不需对犯罪人进行教育、改造等，因而在执行上具有简便性，符合可执行性对制刑的简便性规定。

十、剥夺政治权利刑符合制刑的可缩性规定

作为一种以刑期显示其严厉性程度的刑罚方法，与有期徒刑一样，剥夺政

治权利的执行是一个持续的过程。在这一过程中,如果受刑人符合减轻或赦免条件,剥夺政治权利的刑期可作相应的缩减。与此相适应,剥夺政治权利刑具有可缩性。这种可缩性,使根据行刑的宽恕性或奖赏性与适度性的要求减免刑期成为可能,有助于行刑理性的实现,符合可执行性对制刑的规定。

十一、剥夺政治权利刑符合制刑的可纠性规定

既然剥夺政治权利刑具有持续性,那么,在其执行过程中,一旦发现所执行的系错误的判定刑,便可即时中止行刑,避免错误的判定刑继续执行导致的政治权利被继续错误地剥夺。

第二节 剥夺政治权利刑的缺陷

立足于制刑的基本理性,我国刑法关于剥夺政治权利刑的规定也因具有严重缺陷而显示出一定程度的无理性。具体表现在不符合作为制刑之功利性之量的规定的节俭性规定。

仅就剥夺政治权利刑可收的对等地阻止与政治权利有关的犯罪之效是其他刑罚方法所难收之效,因而作为代价的剥夺政治权利是必要的而言,剥夺政治权利刑符合制刑的节俭性规定。然而,具体到我国刑法关于剥夺政治权利的有关规定,其节俭性却大可值疑。

按照刑法的规定,剥夺政治权利为同时剥夺如下四方面的权利:①选举权与被选举权;②言论、出版、集会、结社、游行、示威自由的权利;③担任国家机关职务的权利;④担任国有公司、企业、事业单位和人民团体领导职务的权利。据此,无论何种犯罪,只要其被作为剥夺政治权利的对象,犯罪人便必然被同时剥夺所有这四方面的权利。然而,在与政治权利有关的犯罪中,无一属于同时利用这四方面的权利犯罪,也无一表现为同时侵犯这四方面的权利。如破坏选举罪侵犯的只是他人的选举权,既不侵犯他人的言论、出版、集会、结社、游行、示威自由等其他权利,也不涉及利用其他权利犯罪;侮辱、诽谤罪只是利用言论自由权实施的犯罪,既不涉及选举权等,也与集会、结社、游行、示威以及担任有关职务无关;贪污罪只是利用行使职务的机会犯罪,而与言论、出版、集会、结社、游行、示威自由权毫不相关。而基于既已实施的犯罪便是犯罪人可能再实施的犯罪的合理假定,犯罪人实施的是侵犯何种政治权利的犯罪,其可能再实施的便仍然是侵犯此种政治权利的犯罪,犯罪人是利用何种政治权利实施犯罪,其可能再实施的犯罪便仍然是利用此种政治权利。既

然如此，从个别预防的角度着眼，对于侵犯政治权利或利用政治权利的犯罪人，只需对等剥夺其与犯罪有关的政治权利，即其侵犯的是何种政治权利便剥夺其何种权利、其犯罪利用的是何种政治权利便使之丧失何种权利，即足以剥夺其犯罪的条件、限制其再犯罪的能力，并遏制其再犯罪，而没有必要剥夺其与犯罪无关的其他政治权利。同样，从一般人的角度来看，犯罪侵害的是何种权利或犯罪所可能利用的是何种权利，刑罚便只需剥夺此种权利，即足以收一般鉴别与一般威慑之效，为发挥刑罚的一般鉴别与一般威慑功能而剥夺与具体犯罪无关的政治权利，毫无必要。因此，为遏制侵害某一政治权利之罪或利用某一政治权利之罪而同时剥夺犯罪人的多种政治权利，构成对刑罚之代价的巨大浪费，显然是一种不具有节俭性的选择。

结　　论

以制刑的理性规定为基点对剥夺政治权利刑的全面反思可以得出如下结论：

第一，剥夺政治权利刑基本上符合制刑的统一性规定，且完全符合制刑的可分配性规定与可执行性规定，因此，将其作为刑罚方法之一，在总体上构成一种合理的选择。

第二，我国刑法有关剥夺政治权利之内容的规定，不具有节俭性，因而不完全符合作为有效遏制性之量的最大效益性规定。这一缺陷不是资格刑所固有的，也不是剥夺政治权利作为刑罚所不可避免的，而纯系违背制刑的理性规定所致，因而构成有损刑罚之正当性的因素。

第三，剥夺政治权利刑之符合制刑的可分配性规定的诸因素所显示的正当性只有借助合理的配刑活动才可得到维持。如果剥夺政治权利刑的分配不遵守配刑的理性规定，其之作为刑罚所体现的制刑的正当性便将被否定，本来正当的刑罚方法便将成为不正当的刑罚。因此，剥夺政治权利刑所具有的可分性要求对具体犯罪所处剥夺政治权利刑期应根据严重性的不同而有轻重之别；剥夺政治权利刑所具有的相配性要求此刑只能以与政治权利有关的犯罪为分配对象；剥夺政治权利刑之附加刑地位决定了其只能附加于主刑分配于仅处主刑不足以体现处刑的严厉性的犯罪，或者单科于严重性不足以处主刑的犯罪。

结论与余论

对我国刑罚体系中诸种刑罚方法的分别反思，就其各自的正当性得出了顺乎理性的结论。将这些结论予以综合归纳，可以就我国刑罚体系的创制的正当性从总体上得出一般性的结论。在此基础上，为我国刑罚体系的合理化指明方向，构成对制刑的现实反思的归宿。

第一节 制刑的现实反思的一般结论

综合诸种刑罚方法的合理因素，可以就我国现行刑罚体系的合理性得出一般性结论，而对诸种刑罚方法的无理因素或缺陷予以归纳，又可以就我国现行刑罚体系的不合理性得出总体的结论。

一、现行刑罚体系合理性之一般

通观诸刑之反思结论所展示的诸刑的合理因素，可以肯定，我国现行刑罚体系在总体上具有如下多方面的合理性：

（一）基本上符合制刑的报应性规定

我国现行刑罚体系中的8种刑罚方法，除管制刑外，均具有严厉的惩罚性，体现了报应性对制刑的直接规定；除死刑外，均具有人道性，体现了报应性的修正规定，因此，既存刑罚体系在较大程度上体现了合乎人道的严厉惩罚性规定，基本上具有制刑的充分的报应根据。

（二）基本上符合制刑的功利性规定

在既存的8种刑罚方法中，只有管制刑近乎完全地不符合有效遏制性的质、量规定。除此之外的7种刑罚方法均符合有效遏制性的质的规定，即既具有个别预防功能又具有一般预防功能，其中，除剥夺政治权利具有不节俭性外，其他6种要么是完全符合作为制刑之量的规定的最大效益性规定，要么是在最大效益性上虽有不足,但因是相应的刑罚方法所具有的合理因素不可避免的伴生因素而不构成否定相应刑罚方法之正当性的理由。因此,既存刑罚体系也在很大程度上体现了有效遏制性的规定,基本上具有制刑的充分的功利根据。

(三) 基本上体现了制刑的统一性规定

在既存刑罚体系所确认的刑罚方法中,除管制刑既不符合制刑的报应性规定又不符合制刑的功利性规定,因而完全不符合制刑的同一性规定以及死刑因不具有人道性而不完全符合制刑的同一性规定外,其他6种刑罚方法均完全符合制刑的同一性规定,不存在任何背离报应与功利相统一的制刑的基本理性之处。因此,可以认为,既存刑罚体系的创制,基本上遵循了作为制刑之统一性规定的同一性规定。

死刑之作为刑罚方法被确认,是追求严厉的惩罚性与有效的遏制性之间的同一性、舍弃制刑的人道性的结果,体现了制刑的差异性规定。

无期徒刑与有期徒刑虽均为剥夺自由之刑,但其又不只是剥夺人身自由的刑罚方法,而且还以强制劳动、教育与改造为必要内容。这种将不具有惩罚性只具有遏制性的劳动与教育手段融入剥夺自由之中,从而赋予剥夺自由以改造功能,同时又使劳动与教育手段具有强制性的选择,合理地解决了劳动与教育手段因具有有效的遏制性而宜于作为刑罚,但又因不具有严厉的惩罚性而不宜作为刑罚的冲突,充分体现了作为制刑之对立性规定之一的折衷性规定。而在既存刑罚体系中,不存在任何肢体刑、肉刑与羞辱刑,构成对只具有严厉的惩罚性不具有人道性与有效遏制性的手段的排除,完全符合作为制刑之对立性规定之重要内容的舍弃性规定。

正由于既存刑罚体系既基本上体现了制刑的同一性规定,又符合制刑的差异性规定与对立性规定,其在总体上基本上体现了制刑的统一性规定,具有较充分的理性基础。

(四) 基本上符合制刑的可分配性规定

除死刑与无期徒刑外,其他诸刑罚方法均可作轻重之分,符合可分配性对制刑的可分性规定,而死刑与无期徒刑之不可分性是作为其最严厉的惩罚性与最有效的遏制性之必然伴生物而存在,不构成否定二者作为刑罚方法之正当性的理由;除管制刑外,其他诸刑罚方法均具有与犯罪的对应相似性,符合可分配性对制刑的相配性规定;除管制刑外,其他诸刑罚方法在刑罚体系中的轻重次序清晰而明确,使整个刑罚体系呈现出由重至轻或由轻至重的等级与阶梯,符合可分配性对刑罚体系的轻重有序性规定;所有刑罚方法,在刑罚体系中要么是作为主刑而存在,要么是作为附加刑而存在,从而使刑罚体系一分为二而形成由人身刑所组成的主刑体系与由非人身刑所组成的附加刑体系,完全符合可分配性对刑罚体系的主附性规定;在由死刑与自由刑所组成的主刑体系中,死刑只是作为次要的、例外的重刑而存在,自由刑则是作为主要的、常备刑而存在,而在自由刑中,有期徒刑又构成中心刑,其他刑种只是例外的重刑或轻刑,因此,既存主刑体系也完全符合可分配性对主刑体系的主次性规定。有鉴于此,既存刑罚体系基本上符合可分配性对制刑的诸规定,为实现重罪重刑、中罪中刑、轻罪轻刑与同罪同刑的配刑理性奠定了基础。

(五) 基本上符合制刑的可执行性规定

在既存的刑罚方法中,除管制刑与罚金刑外,其他诸刑均具有可执行的现实性,而罚金刑不具有可执行的现实性之不足是该刑在符合制刑的基本理性的前提下不可避免的缺陷,不能作为否定罚金刑之正当性的理由;除无期徒刑、有期徒刑与拘役外,其他诸刑均具有执行的简便性,而此三刑之不具有简便性之不足是其合乎制刑之基本理性的必然伴生物,不构成否定此三刑之作为刑罚正当性的根据,除死刑与没收财产刑在合乎制刑之基本理性的前提下不可避免地固有不可缩性外,其他诸刑均具有可缩性;除死刑外,其他诸刑均具有完全或部分可纠性,而死刑的不可纠性是其合乎制刑理性的前提下所固有的不足,不足以作为否定死刑之正当性的根据。因此,现存刑罚体系基本上符合可执行性的诸规定,构成实现行刑的报应性与行刑的功利性相统一的基本理性的前提。

综上所述,我国现行刑罚体系因基本上符合制刑的报应性与功利性相统一的基本理性的规定、可分配性的规定与可执行性的规定而构成一种基本合理的刑罚体系。

二、现行刑罚体系不合理性之一般

基于诸刑的某些缺陷是其作为刑罚方法的合理性所不可避免的伴生因素,不能作为否定制刑之正当性的根据,其不应归于制刑的不合理性之列。然而,撇开这些因素不谈,从对诸刑之反思的结论中,也可以发现我国现行刑罚体系具有的不合理性之一般。

（一）不具有彻底的人道性

对不具有人道性的肢体刑、肉刑与羞辱刑的排除与对具有人道性的自由刑、财产刑与资格刑的认可，从反正两方面表明，人道性是我国刑罚体系在创制过程中所遵循的基本理性。然而，死刑之作为刑罚方法被认可，却表明人道性作为制刑的基本理性尚未得到彻底贯彻。由此，现行刑罚体系处于如下在理论上无法解释的悖论之中：人之健康权与人格权属于不可剥夺的权利，剥夺此类权利的肢体刑、肉刑与羞辱刑因系对人之绝对不可剥夺的权利的侵害而构成不具有人道性的刑罚方法，被理所当然地摒弃，而作为健康权与人格权以及其他诸种权利之综合载体的生命权却属人之可以被剥夺的权利，以剥夺生命权为内容的死刑反而得以保留。由此必然得出如下结论：生命权之于人的价值与意义不如健康权与人格权之于人的价值与意义重要、对人的生命权之保护的必要性小于对健康权与人格权之保护的必要性。这一结论，且不说有悖常理与共识，又显然与现存配刑体制相冲突，因为刑法分则就故意杀人罪所规定的法定刑明显地重于故意伤害与侮辱、诽谤之类侵害健康权与人格权的犯罪的法定刑，其根据无疑只能是生命权的价值与意义大于健康与人格权的价值与意义、保护生命权的必要性大于保护健康权与人格权的必要性。显然，我国刑法在制刑上对生命权的漠视与在配刑上对生命权的重视，又构成一种无法解释的悖论。死刑的存在所导致的现行刑罚体制的悖论迭出，皆源于人道性作为制刑的基本理性未得到充分贯彻。因此，不具有彻底的人道性是我国现行刑罚体系的严重缺陷之一。由于这种缺陷是任何理由都不足以证明其正当性的绝对意义上的缺陷，同时是可以通过废除死刑得以避免却未如此避免的缺陷，因此，其构成有损现行刑罚体系之正当性的不合理因素。

（二）未彻底贯彻制刑的同一性规定

无期徒刑、有期徒刑、拘役刑、罚金刑、没收财产刑与剥夺政治权利刑均是既具有严厉的惩罚性又具有有效的遏制性的刑罚手段。其之作为刑罚方法被现行刑法所确认，表明制刑的报应性与制刑的功利性的同一性规定作为制刑的基本理性在很大程度上得到了遵循。

然而，管制刑之被作为刑罚方法得到确认，却表明作为制刑的基本理性的同一性规定并未得到彻底贯彻。原因在于，管制刑是一种既不具有严厉的惩罚性又不具有有效的遏制性手段，按照制刑的同一性规定，其应绝对排除在刑罚体系之外。而现行刑法不但未将管制刑予以废弃，反而将其予以保留，明显地违背制刑的同一性规定。因此，由管制刑之存在所表现的对制刑之同一性规定贯彻的不彻底性，也构成我国刑罚体系的严重缺陷。这种缺陷并非制刑之合理性的必然伴生物而具有不可避免性，而是本可通过废除管制刑予以避免的。因此，对制刑的同一性规定之贯彻的不彻底性，构成有损现行刑罚体系之正当性的不合理因素。

（三）未充分体现制刑的最大效益性规定

现行刑法将肢体刑、宫刑、肉刑与羞辱刑排除在刑罚体系之外，而将死刑、无期徒刑、有期徒刑、拘役、罚金、剥夺政治权利与没收财产作为刑罚方法予以确认，明显地体现了制刑的最大效益性。因为被排除的是不具有最大效益性的刑罚手段，而被确认的则是具有最大效益性的刑罚方法。

然而，现行刑罚体系对最大效益性的体现并不充分。有关剥夺政治权利刑之内容的确定不具有节俭性，便是这种不充分性的明显反映。因为本只需剥夺所列四项权利之一便可收效，现行刑法却规定以同时剥夺四项权利的方式来实现，相当于以 4 倍于必要代价与浪费 3 倍于必要代价的代价换取同样的收益。这种代价的浪费，不但不具有任何功利根据支持其正当性，而且也得不到报应根据的支持。因为报应所要求的只在于侵犯什么权利便剥夺什么权利、利用什么权利犯罪便丧失什么权利的等量报应性，而绝不允许只侵犯一种权利或只利用一种权利犯罪却剥夺四种权利的不对应性。因此，由剥夺政治权利刑的不节俭性所表明的对最大效益性的体现的不充分性，因并非不可避免却未能避免而不是一种"正当"的缺陷，构成有损刑罚体系之正当性的不合理因素。

（四）未能充分体现可分配性对制刑的理性规定

除管制刑外的所有刑罚方法，要么是完全符合可分性、相配性、有序性、主附性与主次性的规定，要么是所具有的缺陷具有不可避免性。这表明，现行刑罚体系在很大程度上体现了作为制刑的重要理性的可分配性。

然而，管制刑所具有的不相配性与轻重无序性却表明现行刑罚体系对可分配性的体现不具有充分性。由于管制刑的这二项缺陷并不因此二刑具有其他足以证明其是不可避免的理由而具有"正当性"，相反，其是管制刑不符合制刑的基本理性而生的无理性的必然派生缺陷，因此，其构成现行刑罚体系对可分配性的体现不充分的明证，进而构成有损刑罚体系之正当性的不合理因素。

（五）未能完全体现可执行性对制刑的理性规定

除管制刑外的其他诸刑罚方法，要么是完全符合可执行性的规定，要么是所具有的可执行性之不足因系其他合理因素的必然伴生物而具有不可避免性。

因此，这足以表明，我国刑罚体系在很大程度上体现了作为制刑的重要理性的可执行性。然而，不具有可执行的现实性的管制刑之被作为刑罚方法的确认，又表明可执行性在我国刑罚体系中的体现并不完全。这是因为，不具有执行的现实性是管制刑不符合制刑的基本理性而生的无理性的延伸，不存在证明其系其他合理因素之必然伴生物、其存在因而具有必然性的任何正当理由。既然如此，管制刑之不具有可执行的现实性构成我国刑罚体系未能完全体现可执行性的理性规定的异例，并相应地构成有损刑罚体系之正当性的不合理因素。

第二节　刑罚体系的完善

立足于反思现行刑罚体系之正当性的诸一般结论，可以肯定，死刑与管制刑的存在以及剥夺政治权利刑对政治权利的剥夺的笼统性，是我国现行刑罚体系所存在的诸不合理因素之源。与此相适应，废除或改造此三种刑罚方法，构成完善刑罚体系的基点。

一、严格限制死刑的分配范围

刑罚的进化史表明，刑罚的源头也就是死刑的源头，自刑罚一诞生，即有死刑存在。在我国，死刑自缘起至今，存续数千年。由于我国不似西方有过中世纪的文艺复兴与近代思想启蒙，人道、人权与人的价值在历史上始终未受到重视，相应地，死刑的不人道性也一直未成为理论界的共识，更遑论受到普通公众的关注。因此，在现实中，无论是理论界还是普通公众，均未曾有过废除死刑的呼声。而与此相反的是，在历史上，死刑一直被视为公正的化身与制罪的信物，"杀人抵命"与"欠债还钱"一样被视为天经地义的事，而以死刑遏制重罪也始终被认为行之有效。由此形成了崇尚死刑的根深蒂固的传统观念。而在现实中，故意杀人之类以剥夺人的生命为内容的严重犯罪的存在与再生又不断强化着同害报复与重刑威慑观念，促使人们普遍要求保留死刑。正是基于这种历史与现实的原因，我国现行刑罚体系中保留了死刑这种虽不具有人道性但具有最严厉的惩罚性与最有效的遏制性的刑罚方法。正是基于这种历史与现实的原因，在现阶段，仅以不具有人道性为由废除死刑，虽然是合理的，但很难说是现实的。因此，在现阶段，针对死刑这种因不具有人道性而天然不正当的刑罚方法，唯一合理而现实的选择不是将其废除，而是将其分配对象严格控制在等价对应的范围之内。具体地说，便是只以所侵害的权益的价值不低于人的生命的价值的犯罪为对象。只有如此，才能既避免基于对死刑的遏制作用的推崇与追求而超出等价报应性所允许的范围，导致死刑这种本不人道的刑罚方法又因在分配上违背等价性限制适度性的配刑理性而失之公正，成为一种完全无理的刑罚方法。

二、废除管制刑

管制刑因不合制刑的基本理性规定、可分配性规定与可执行性规定而清楚地表明，其存在构成对既存刑罚体系之正当性的严重损害，因而构成现存刑罚体系之所以不合制刑的同一性规定、未充分体现可分配性规定与可执行性规定的唯一原因。

作为一种完全不合理的刑罚方法，管制刑之所以在既存刑罚体系中被确认，纯粹是由于历史的原因。

作为我国独创的刑种，管制刑的源头可以回溯至新民主主义革命时期。在当时，解放区战事频繁，无隙建立完备的监管设施。与此相适应，既不需监管设施，又能有效地控制不法分子的活动的管制便作为一种便利而适宜的手段应运而生。新中国成立后，在特定的历史条件下，管制被作为一种对付无犯罪现行因而缺乏逮捕、判刑之前提但又有可能从事破坏活动的历史反革命分子的手段得以沿用，其性质相当于保安处分，后逐渐演变成一种刑罚方法，并被1979年刑法所确认、1997年刑法所承续。由此可见，管制刑之被作为刑罚方法存在于我国现行刑罚体系之中，并非制刑理性所使然，而只不过是对特定历史条件下所产生的一种制裁手段之简单的沿袭。而在现阶段，管制之赖以产生与延续的历史条件已不复存在，因为我国已既不存在无健全的监管机构可以利用的问题，也早已告别需要对历史反革命分子予以管制的年代，更为重要的是，我们所处的是一个崇尚自由、需要宽松的人际关系的经济社会，而不再处于"只许规规矩矩，不许乱说乱动"的政治社会。在这种情况下，废除违背制刑理性、严重损害现行刑罚体系之正当性的管制刑，是使现行刑罚体系合理化的必然选择。

三、完善剥夺政治权利刑

如前所述，剥夺政治权利刑之不节俭性构成现行刑罚体系之未能充分体现最大效益性的表现。相应地，完善剥夺政治权利刑，消除其不节俭性，构成使现行刑罚体系合理化的必要途径。

剥夺政治权利刑的不节俭性源于其对政治权利之剥夺的笼统性。因此，消除其不节俭性的唯一途径便是变笼统性剥夺为单一性剥夺与笼统性剥夺双轨制。具体地说，便是将《刑法》第54条修改如下：

"剥夺政治权利是剥夺下列所有权利或其中之一：

（一）选举权和被选举权；

（二）言论、出版、集会、结社、游行、示威的权利；

（三）担任国家机关职务的权利；

（四）担任国有公司、企业、事业单位和人民团体领导职务的权利。

依照本法第56条与第57条适用剥夺政治权利的，剥夺上列所有权利，剥夺上列权利之一的，依照本法分则的规定。"

与上列修改相适应，刑法分则除危害国家安全罪有关规定不作修改外，对其他犯罪关于剥夺政治权利的规定均应相应地由笼统剥夺修改为单一剥夺，即修改为犯罪所侵犯的是哪种政治权利或利用哪种政治权利犯罪，便剥夺与之相对应的那种政治权利。如破坏选举罪的剥夺政治权利的规定修改为"或者剥夺选举权与被选举权"；煽动民族仇恨、民族歧视罪的剥夺政治权利的规定修改为"或者剥夺言论自由权"；破坏集会、游行、示威罪的剥夺政治权利的规定修改为"或者剥夺集会、游行、示威权"等等。

以上修改，既保留了现行刑法中对严重犯罪予以笼统剥夺政治权利的规定，符合重罪重刑与将剥夺政治权利刑作为附加砝码与主刑并科以补单处主刑之严厉性不足的规定，又变对轻微犯罪的笼统剥夺为单一剥夺，避免剥夺政治权利的不节俭性。

第三编　动刑的现实反思

引论：动刑的现实反思之一般

刑罚的发动决定着刑与罪相联系的质。作为制刑之结果的刑罚方法与体系，只有借助动刑才能付诸实施。相应地，正当的刑罚体系只有被正当地发动，其正当性才能贯彻于刑事活动之中。另外，动刑又是配刑的前提，其解决的实际上是刑罚的分配资格问题。只有动刑正当，配刑才有可能具有正当性，动刑不正当，必然导致配刑不正当。因此，现行动刑体制构成继制刑之后反思现行刑罚体制的正当性的必要对象，以动刑的统一性规定为标准，评价现存动刑体制的正当性，构成对刑罚的正当性的现实反思的必要内容。

一、反思的基点

按照刑罚理性统一论，动刑的基本理性在于动刑的报应性规定与功利性规定的统一。与此相适应，对现行动刑体制的正当性的反思应从如下三方面入手：

（一）现行动刑体制是否合乎动刑的报应性规定，亦即其是否符合动刑的必然性规定、奖赏性规定与宽恕性规定

具体地说，便是指刑罚在立法上与司法上的发动是否具有动刑的必然性所要求的义务性前提、违法性前提与责任性前提；立法上与司法上的动刑例外，是否具有奖赏性或宽恕性的理由。虽然合乎必然性、奖赏性与宽恕性的动刑未必是合理的动刑，因为符合这些规定只表明动刑符合报应性的规定，未必表明其符合功利性规定，而合理的动刑必须既合报应性规定又合功利性规定。但是，不符合必然性、奖赏性与宽恕性的动刑便是不合报应性规定的动刑，因而必然是不合理的动刑。因为既然不合报应性规定，便不具有合乎报应性规定与功利性规定相统一的理性规定的前提。因此，现行动刑体制是否合乎动刑的报应性规定，构成反思其正当性的基点之一。

(二) 现行动刑体制是否合乎动刑的功利性规定，亦即其是否符合动刑的必要性、有效性与作为二者之统一的必效性规定

具体地说，便是指立法上与司法上之动刑是否对于预防犯罪是必不可少的且可以收到预防犯罪的效果。虽然具有必要性且可收预防之效的动刑只是合乎功利性的动刑，未必是合乎报应性的动刑，因而未必是合乎报应性与功利性的统一而具有合理性的动刑，但不具有必要性且不可收预防之效的动刑则是不具有功利性的动刑，因而不可能符合报应性与功利性相统一的动刑理性而构成合理的动刑。因此，现行动刑体制是否符合动刑的功利性规定，构成反思其正当性的第二个基点。

(三) 现行动刑体制是否符合动刑的报应性与动刑的功利性的统一性规定

具体地说，现行立法与司法上刑之发动是否合乎动刑的同一性规定与动刑的对立性规定，亦即在报应性与功利性均不要求动刑的情况下，是否不动刑；在报应性与功利性均要求动刑的情况下，是否动刑；在报应性或功利性之一方要求动刑，另一方不要求动刑的情况下，所作的不动刑、免予动刑或动轻刑的选择是否符合报应限制功利律、有利让步律与折衷调和律。符合动刑的报应性规定与功利性规定之同一性规定与对立性规定的动刑，便是合乎动刑的统一性规定的动刑，因而是合理的动刑，不符合动刑的同一性规定或对立性规定的动刑则是不合动刑的统一性规定的动刑，因而是不合理的动刑。因此，现行动刑体制是否合乎动刑的统一性规定，构成反思其正当性的第三个基点。

二、反思的范围

对动刑的现实反思以现行动刑体制为反思的对象。动刑体制是立法上与动刑有关的所有规定与司法上的动刑活动的组合，相应地，立法上与司法上有关定罪的所有问题都应纳入对动刑的现实反思的视野。具体地说，对动刑的正当性的反思范围如下：

(一) 定罪体制是否合理

与定罪是动刑的前提相适应，对动刑的反思也以对定罪的反思为起点。因此，现行定罪体制是否正当，构成对动刑的正当性的现实反思的有机组成部分。而定罪体制是立法上有关定罪的规定及其在司法中的贯彻的概称，相应

地，对定罪的正当性的反思范围如下：

1. 定罪原则的确立与贯彻是否合理。定罪原则是制约立法上对犯罪的确定与司法上对犯罪的认定的共同准则。因此，以什么样的原则来指导与限制对犯罪的确定与认定，对定罪是否正当具有决定性的意义。将定罪原则作为对定罪的正当性的反思对象，便是考察立法上是否按照定罪的理性规定确立相应的定罪原则，或者所确立的定罪原则是否合乎定罪的理性规定，以及所确立的定罪原则在立法上有关定罪的具体规定中与司法上有关定罪的实践中是否得到了合理而有效的贯彻。立法上所确立的定罪原则合乎定罪的理性规定，其便是合理的定罪原则，否则，其便是不合理的定罪原则。另外，合理的定罪原则一经确立，与之相符合的定罪必然是合理的定罪，而与之相背离的定罪则是不合理的定罪。

2. 法定犯罪的一般概念的界定与运用是否合理。法定犯罪的一般概念是立法上对什么是犯罪的一般规定，其既制约着立法上有关犯罪的具体规定，也决定着司法上对具体犯罪的认定。因此，所确定的法定犯罪的一般概念是否合理，对定罪是否合理具有重要影响。对法定犯罪的一般概念的正当性予以反思，便是评价其与理性的犯罪概念是否一致。与理性的犯罪概念一致的法定的犯罪概念便是合理的法定犯罪的概念，与理性的犯罪概念不一致的法定的犯罪概念则不是合理的法定犯罪概念。与合理的法定犯罪概念相吻合的定罪必然是合理的定罪，而与合理的法定犯罪概念不符合的定罪则必然是不合理的定罪。

3. 对非罪情形的排除是否合理。根据理性的犯罪概念，不符合应受刑罚惩罚性与应受刑罚遏制性相统一的定罪理性规定的任何行为或事件，均不应定罪。与此相适应，立法上是否将不应定罪的情形排除犯罪在外，司法上是否相应地不将不应定罪的情形作为犯罪，也应纳入定罪之正当性反思的范围。对非罪情形的排除合乎定罪的理性规定，有关立法规定与定罪实践便是合理的规定与实践，未将非罪情形予以排除或对非罪情形的排除不合理的立法规定与实践则是不合理的规定与实践。

4. 定罪的范围是否合理。定罪的范围，具体表现为立法上关于哪些行为应予定罪的规定。其之所以应该成为对定罪的正当性的反思对象，是因为应制性与应罚性相统一的定罪理性不只是要求从反面将不符合这一理性规定的情形排除在定罪的范围之外，而且还要求从正面将符合这一理性规定的行为予以明确限定，从而既保障所有不应定罪的情形不被定罪，又保障所有应予定罪的行为均被定罪。反思定罪的范围是否合理，所要评价的便是刑法分则是否将所有按照定罪理性应予定罪的行为均明确规定为犯罪、被其明确规定为犯罪的行为是否均是按照定罪理性规定应予定罪的行为，以及司法上认定为犯罪的行为是否均是立法上规定为犯罪的行为、司法上未认定为犯罪的行为是否均是立法上未规定为犯罪的行为。立法上规定为犯罪的行为均系按定罪理性规定应予定罪的行为、立法上未规定为犯罪的行为均系按定罪的理性规定不应定罪的行为，定罪的范围便具有合理性，在此范围内的定罪便是合理的定罪。相反，立法上规定为犯罪的行为不是按定罪的理性规定应予定罪的行为或立法上未规定为犯罪的行为是按定罪的理性规定应予定罪的行为，定罪的范围便不具有合理性。

（二）动刑的原则的确立与贯彻是否合理

动刑的原则是制约立法上关于动刑的规定与司法上动刑实践的共同准则。动刑的原则之所以应作为对动刑正当性的反思对象，是因为所确立与贯彻的动刑原则合乎动刑的理性规定，所为的动刑必然是合理的动刑，所确立与贯彻的动刑原则不合动刑的理性规定，所为的动刑便必然是不合理的动刑。因此，对动刑原则的反思，实际上便是评价立法上是否将动刑理性规定作为法定原则予以确定与所确立的动刑原则是否符合动刑的理性规定。立法上确立并贯彻了符合动刑理性规定的原则，便是合理的动刑立法，立法上未确立与贯彻符合动刑理性的规定的原则，则是不合理的动刑立法。

（三）动刑制度的确定与适用是否合理

动刑制度是决定在具体情况下是否发动刑罚的制度，其在立法上的确定与在司法上的适用是否符合动刑的理性规定，对于刑罚的发动与不发动的正当性影响重大。立法上关于动刑制度的规定符合动刑的理性规定，据其所为的动刑或不动刑具有正当性，立法上关于动刑制度的规定不符合动刑的理性规定，据其所为的动刑或不动刑则无正当性可言。另外，立法上所确定的合理的动刑制度只有在司法上被合理地运用，所为的动刑或不动刑才具有正当性。相反，立法上所确定的合理的动刑制度，如果被不合理地运用，所为的动刑或不动刑便不可能是正当的。

（四）免刑情节的确定是否合理

免刑情节是适用免刑制度的前提，其在立法上的规定与司法上的认定直接决定着免刑制度的适用。因此，免刑情节的规定与认定是否合乎动刑的理性规定，必然通过免刑制度的适用而制约所为免刑的正当性。立法上免刑情节的规定合乎动刑的理性规定，据其适用免刑制度所为的免刑必然是合理的免刑，立法上免刑情节的规定不合动刑的理性规定，据其适用免刑制度所为的免刑必然是不合理的免刑；根据动刑的合理性规定应予免刑的情节在立法上未确定为免刑情节，必然导致应予免刑的情况无法适用免刑制度予以免刑，由此所为的动刑必然是不正当的动刑。

第一章 动刑立法反思（一）
——动刑前提的立法评价

既然定罪是动刑的前提，有关定罪的立法规定是否合理，便既直接决定着动刑立法的正当与否，又通过对司法上的定罪的决定作用而必然地决定着司法上之动刑的正当性。因此，对动刑的正当性的反思应以对有关定罪的立法规定的正当性的反思为起点。

第一节 定罪原则评价

严格依法定罪是定罪的司法理性规定[①]，也是司法上定罪时必须遵循的准则。为确保这一司法理性规定真正能成为司法者在定罪时所普遍遵守的准则，立法上必须将其作为一条原则予以明文确认。

我国1979年刑法不但未明文规定罪刑法定原则，反而确立了类推定罪制度。这与依法定罪的理性规定相背离。因为类推制度允许司法者就法律没有明文规定为犯罪的行为比照法律有明文规定的行为定罪，从而赋予了司法者僭越立法的权力，使立法上有关定罪范围的规定名存实亡。因此，立法上对类推定罪制度的确认，构成对"法无明文规定不为罪"的明确否定，依法定罪的理性规定无从实现。而不依法定罪，刑法有关定罪范围的规定所体现的定罪理性规定必然被否定，所谓定罪的合理性也就无从谈起。

1997年刑法废除了类推制度，并明文规定"法律没有规定为犯罪行为的，不得定罪处刑"，从而将法无明文规定不为罪作为罪刑法定原则的首要内容予以确认，这意味着对依法定罪原则的立法认可。如此规定，使定罪严格限制在法律所规定的范围内，避免了定罪范围所体现的定罪理性规定不因超出定罪范围定罪而被否定，因而具有其合理性。因此，可以认为，我国现行刑法对罪刑法定原则的确认，是合乎定罪理性规定的选择。

---

① 详见邱兴隆著：《刑罚理性导论——刑罚的正当性原论》，中国政法大学出版社1998年版，第192—194页。

第二节　犯罪概念评价

1979年刑法与1997年刑法均明文规定了犯罪的一般概念。虽然二者在具体表述上有所不同，但在基本含意上并无二致。其主要精神有三：其一，犯罪必须是侵犯一定社会权益的危害行为；其二，犯罪必须是依法应受刑罚惩罚的行为；其三，情节显著轻微危害不大的行为不认为是犯罪。

按照刑罚理性对法定犯罪概念的规定，法定犯罪概念必须表明犯罪的客观属性、主观属性与法律属性，即必须表明犯罪是具有严重客观危害、严重主观恶性与违反刑法性的行为。

前列犯罪的法定概念关于犯罪必须是侵犯一定社会权益的危害行为与情节显著轻微危害不大的行为不认为是犯罪的规定，共同揭示了犯罪的客观属性。因为所谓侵犯一定社会权益的行为，也就是具有社会危害性的行为，是对犯罪的客观危害的质的规定的反映。而所谓情节显著轻微危害不大的不认为是犯罪，也就是指只有行为所具有的社会危害性达到了严重的程度，才能认为是犯罪，体现了犯罪的客观危害的量的规定。据此，可以认为，刑法有关犯罪的一般概念的规定，符合刑罚理性关于法定犯罪概念必须揭示犯罪的客观属性即严重社会危害性的规定。

前列犯罪的法定犯罪概念所规定的犯罪必须是依法应受刑罚惩罚的行为，揭示了犯罪的法律属性。因为依法应受刑罚惩罚的行为，也就是以刑罚作为强制力所禁止的行为。换言之，凡刑法以刑罚作为强制力所禁止的行为，均是依法应受刑罚惩罚的行为，凡不为刑法以刑罚作为强制力所禁止的行为，便不是依法应受刑罚惩罚的行为。因此，刑法关于犯罪的一般概念的规定，也符合刑罚理性关于法定犯罪概念必须揭示犯罪的法律属性的规定。

至于刑罚理性所规定的法定犯罪概念必须表明的犯罪的主观属性即严重主观恶性，虽然在前列法定犯罪概念中未有明确反映，但刑法关于故意犯罪与过失犯罪的概念的规定就此作了补充反映。因为根据刑法有关故意犯罪与过失犯罪的概念的规定，只有出于故意或过失的行为才能构成犯罪。而有故意或过失，即表明行为人具有趋恶避善的自由意志，体现了主观恶性的质的规定。[①]根据刑法关于故意犯罪的概念的规定，故意犯罪是明知行为会引起危害社会的结果而追求或放任危害结果的发生。这表明，对危害结果的追求态度与放任态

---

① 详见邱兴隆著：《刑罚理性导论——刑罚的正当性原论》，中国政法大学出版社1998年版，第156页。

度是故意犯罪的主观恶性所在。而根据主观恶性的量的规定，有对危害结果的追求态度或放任态度，便具有定罪所要求的严重的主观恶性。① 因此，刑法关于故意犯罪的概念的规定，体现了主观恶性的量的规定。根据刑法关于过失犯罪的概念的规定，过失犯罪是应当预见行为会引起危害结果的发生，由于疏忽大意而没有预见，或者已经预见，但轻信能够避免，以致危害结果发生的行为。这表明，没有预见而招致严重危害结果的认识错误与轻信而招致严重危害结果的意志错误是过失犯罪的主观恶性所在。既然是招致了严重危害结果的认识错误与意志错误，当然是严重的认识错误与严重的意志错误。而根据主观恶性的量的规定，有严重的认识错误或严重的意志错误，便具有定罪所要求的严重的主观恶性。② 因此，刑法关于过失犯罪的概念的规定，也体现了主观恶性的量的规定。既然刑法关于故意犯罪与过失犯罪的概念的规定既体现了主观恶性的质的规定，又体现了主观恶性的量的规定，因此应该认为，其在犯罪一般概念的基础上补充体现了刑罚理性对犯罪概念应该表明犯罪的主观属性即严重主观恶性的规定。

由上可见，刑法所规定的犯罪概念，符合刑罚理性对法定犯罪概念的规定，因而是一种合理的规定。

第三节　排罪规定评价

1979 年刑法与 1997 年刑法均规定了不是犯罪或不负刑事责任的情况。这些规定，构成对非罪情形的排除，符合定罪的立法理性规定，因而符合定罪的一般理性规定，具有其合理性。具体表现在如下五个方面：

一、害小非罪

如前所述，1979 年刑法与 1997 年刑法均在关于犯罪的一般概念的规定中，特别标明，情节显著轻微危害不大的，不认为是犯罪。按照这一规定，任何行为，即使其在表面上符合刑法关于某种犯罪的规定，但综合考虑其具体情况，所造成的实际损害或造成损害的危险不大，便不应认为是犯罪。这一规定

---

① 详见邱兴隆著：《刑罚理性导论——刑罚的正当性原论》，中国政法大学出版社 1998 年版，第 161 页。

② 详见邱兴隆著：《刑罚理性导论——刑罚的正当性原论》，中国政法大学出版社 1998 年版，第 160 页。

符合刑罚理性对非罪行为的排除所要求的害小非罪的立法理性规定。①

立足于应罚性与应制性相统一的定罪的一般理性规定，上一立法规定的合理性显而易见。因为危害不大的行为，只符合犯罪的客观危害的质的规定，不符合犯罪的客观危害的量的规定，即未达到应受作为最严厉的惩罚手段的刑罚惩罚的程度，不具有刑罚的报应性所规定的应罚性。同时，正由于行为的客观危害不大，即使一般人可能实施类似行为或行为人可能再实施此类行为，其客观危害也依然不大，即使动用刑罚遏制可以收效，也因代价太大而不具有动用刑罚遏制的必要性，不符合刑罚的功利性对定罪的应制性规定。因此，情节轻微危害不大的行为既不具有应罚性又不具有应制性，不将其作为犯罪，符合定罪的统一性规定。刑法关于情节显著轻微危害不大的行为不认为是犯罪的规定，构成一种合理的选择。

二、恶小非罪

1979 年刑法与 1997 年刑法均规定，过失犯罪，法律有规定的才处罚。根据这一规定，过失行为，即使其客观危害再大，如果其不在法律明文规定为犯罪之列，便不应定罪。而根据刑法分则的规定，凡构成过失犯罪的行为，均是造成了严重危害后果的行为，亦即主观上具有严重过失的行为。因此，法律未明文规定应受刑罚处罚的过失行为，实际上也就是主观上不具有严重过失即认识错误或意志错误不严重的行为。而不具有严重过失的行为，自然是主观恶性不严重的行为，不将其作为犯罪，符合刑罚理性对非罪情形之排除所要求的恶小非罪的立法理性规定。②

刑法关于过失犯罪法律有规定的才处罚的规定之将主观恶性轻的行为排除在定罪之外，完全符合应罚性与应制性相统一的定罪理性规定。这是因为，主观恶性轻的行为虽因具有主观恶性而符合主观恶性的质的规定，但又因主观恶性轻而不符合主观恶性的量的规定，从而使行为的害恶性未达到严重程度，因而不具有报应性对定罪所规定的应受刑罚惩罚性。另外，正由于行为的主观恶性轻，即使一般人或行为人实施或再实施此类行为，其对道德秩序所造成的破坏也不大，因而没有必要作为犯罪而借助刑罚遏制。因为即使刑罚可以遏制此

---

① 关于害小非罪的立法理性规定，详见邱兴隆著：《刑罚理性导论——刑罚的正当性原论》，中国政法大学出版社 1998 年版，第 184 页。

② 关于恶小非罪的立法理性规定，详见邱兴隆著：《刑罚理性导论——刑罚的正当性原论》，中国政法大学出版社 1998 年版，第 184 页。

类行为，也因代价过大而不具有必要性。因此，主观恶性轻的行为也不具有报应性对定罪所规定的应受刑罚遏制性。正由于主观恶性轻的行为既不具有应罚性也不具有应制性，不将其作为犯罪，便是符合定罪的统一性规定的必然合理的选择。

三、无恶非罪

1979年刑法与1997年刑法均明文规定，由于不能抗拒或不能预见的原则导致损害结果的非故意与过失事件，不认为是犯罪。这一规定，将所有不具有故意与过失的意外事件均排除在犯罪之外。而不具有故意与过失的情形，便是未体现人的自由意志的事件，因而不具有主观恶性。不将意外事件作为犯罪，便是将不具有主观恶性的行为排除在犯罪之外，符合刑罚理性对非罪情形之排除的无恶非罪的立法理性规定。①

刑法将意外事件不作为犯罪的规定，因符合无恶非罪的理性规定而符合应制性与应罚性相统一的理性规定。原因在于，意外事件的原因是人所不能抗拒的外力或不能预见的因素。而在不能抗拒的情况下，人被剥夺了发挥意志能力的条件，即其虽然预见乃至明知损害结果发生，但导致损害结果发生的原因是他无法避免的外力，不具有按自己的意志排除外力，阻止损害结果发生的能力，因而谈不上具有趋恶的自由意志；在不能预见的情况下，人不具有发挥认识能力的条件，即虽然他具有正常的认识能力，但在具体情况下，损害结果的发生是其认识能力所不及的，正由于其无法认识到危害结果可能发生，其便不具有借助自己的努力避免危害结果发生的前提，更不可能存在趋恶的自由意志。因此，意外事件不是人趋恶的自由意志的体现。既然不是人趋恶的自由意志的体现，其便不具有主观恶性，亦即不具有主观恶性对犯罪的质的规定性，因而不存在应受刑罚惩罚的害恶性，将其作为犯罪，不符合犯罪的应罚性规定。另外，不体现人的自由意志的情形是既不可能通过借助刑罚的鉴别或威慑作用的影响得以遏制，也不可能通过对人的教育、感化与改造予以避免，因而不具有受遏制的可行性。与此相适应，将意外事件作为犯罪，不符合犯罪的应制性规定。既然将意外事件作为犯罪既不符合应罚性规定，又不符合应制性规定，不将其作为犯罪便因符合定罪的统一性规定而是一种必然合理的选择。

---

① 关于无恶非罪的立法理性规定，详见邱兴隆著：《刑罚理性导论——刑罚的正当性原论》，中国政法大学出版社1998年版，第184页。

四、不识恶非罪

按照1979年刑法与1997年刑法的有关规定，未满14岁的人不就任何犯罪承担刑事责任；精神病人在不能辨认或者不能控制自己行为的时候，造成危害结果的，不负刑事责任。这两条规定，将年幼无知者与精神病人的行为排除在犯罪之外。而年幼无知者由于年幼，认识能力与控制能力均未达成人水准，精神病人则因精神障碍而不具有正常的认识能力或控制能力，二者均因认识能力的欠缺而不具有正确认识与判断自己行为性质的前提，并因控制能力的欠缺而不具有按照自己的意志支配自己的行为的能力。因此，二者均不具有自由意志的能力，其损害行为如同动物的行动一样，不是人自由意志的结果，因而不体现趋恶避善的主观恶性。与此相适应，将欠缺认识能力的年幼无知者与精神病人的行为排除在犯罪之外，符合刑罚理性排除非罪情形的不识恶非罪的立法理性规定。①

立足于应罚性与应制性相统一的定罪理性规定，将年幼无知者与精神病人的行为排除在犯罪之外，是一种极为合理的选择。因为既然年幼无知者与精神病人不具有自由意志的能力，其损害行为便不是其自由意志的体现，缺乏作为应受惩罚性之主观基础的主观恶性，将其作为犯罪，不符合报应性对定罪的应罚性规定。另外，既然年幼无知者不具有认识与控制能力，那么，避免年幼无知者实施或再实施损害行为的正当途径便应该是教育，以增强其认识能力，而不是予以刑罚惩罚以求隔离、改造或威慑而收个别预防之效，即不具有作为犯罪动用刑罚遏制的必要性；同样，既然精神病人不具有认识或控制能力，那么，其行为便不是可以通过惩罚而得到遏制的，因为对实施损害行为的精神病人予以惩罚既不可能消除其精神障碍而赋予其认识或控制能力，或通过教育、改造而使之不再实施损害行为，以收个别预防之效，也不可能对其他精神病人起到一般鉴别或一般威慑作用，赋予其行为以可控性，亦即不具有作为犯罪予以刑罚遏制的可行性。既然未成年人的行为不具有应罚性与作为犯罪予以刑罚遏制的必要性，精神病人的行为不具有应罚性与作为犯罪予以刑罚遏制的可行性，那么，将二者作为犯罪便既不符合定罪的报应性规定，也不符合定罪的功利性规定，因而不符合定罪的统一性规定，将其排除在犯罪之外，合乎定罪的统一性规定。

---

① 关于不识恶非罪的立法理性规定，详见邱兴隆著：《刑罚理性导论——刑罚的正当性原论》，中国政法大学出版社1998年版，第184—185页。

五、正当行为非罪

　　1979年刑法与1997年刑法均规定，正当防卫与紧急避险不负刑事责任。这二项规定，将为避免正在进行的不法侵害而实施的防卫行为与为避免可能即时发生的大的损害而实施的不得已的小的损害行为排除在犯罪之外。而防卫行为，在客观上虽然可能造成一定的损害，但这种损害是制止不法侵害所必要的，其对社会不但无害而且有益，因而是一种不具有社会危害性的行为，在主观上，行为人追求的是对社会有益的结果，不但不具有避善趋恶的意志，而且具有避恶趋善的意志，因而不具有主观恶性；避险行为，在客观上是以小害避免大害，因而是一种有益的行为，在主观上，行为人追求的是以小害避免大害的益，其只具有避恶的意志，而不具有趋恶的意志，因而也不具有主观恶性。正由于正当防卫与紧急避险行为在客观上有益，在主观上追求的是益，其便属于正当行为，将其不作为犯罪，符合刑罚理性对非罪行为之排除的正当行为非罪的立法理性规定。①

　　立足于应罚性与应制性相统一的定罪理性规定，将正当防卫与紧急避险不作为犯罪的立法规定，是一种极其合理的选择。这是因为，既然正当防卫与紧急避险在客观上都是不但无害而且有益的行为，在主观上均是不但不趋恶而且避恶趋善的行为，那么，其便是既无客观危害又无主观恶性的行为，即完全不具有作为犯罪之质的规定的害恶性的行为，将其作为犯罪，不符合作为定罪之报应性规定的应罚性规定。另外，正由于正当防卫与紧急避险均是对社会有益的行为，其便不但不应受刑罚遏制，而且还应受鼓励，将其作为犯罪予以刑罚遏制，不符合作为定罪之功利性规定的应制性规定。相应地，不将正当防卫与紧急避险作为犯罪，因既符合应罚性的规定又符合应制性的规定而符合定罪的统一性规定。

　　综上所述，我国刑法有关对非罪情形的排除的诸规定既符合定罪的立法理性规定，又符合应罚性与应制性相统一的定罪的一般理性规定，因而均构成正当而合理的规定。所不足的仅在于这些规定中有的在表述与概念的使用上缺乏准确性与统一性，因而难以表明立法精神。可具体评析如下：

　　第一，1979年《刑法》第12条、1997年《刑法》第15条关于"过失犯罪，法律有规定的才负刑事责任"的规定中所用的"犯罪"与"刑事责任"

---

　　① 关于正当行为非罪的立法理性规定，详见邱兴隆著：《刑罚理性导论——刑罚的正当性原论》，中国政法大学出版社1998年版，第185页。

的概念匀欠确切。因为过失犯罪,作为一个法律概念,有其严格的内涵,即必须具有其法律属性,亦即必须具有依法应受刑罚惩罚性。与此相适应,凡被称为"犯罪"的过失行为,都必然是依法应受刑罚惩罚的行为,而应受刑罚惩罚又必然以应负刑事责任为前提。反过来说,不具有应受刑罚惩罚性即不为刑法所规定为犯罪的过失行为便不只是不应负刑事责任,而且不能称为犯罪。而前列"过失犯罪,法律有规定的才负刑事责任"的规定中,使用的是"过失犯罪"的概念,而不是"过失行为"的概念,给人以法律没有规定的过失行为也可构成犯罪,只不过不负刑事责任的印象,既不合逻辑,也与 1997 年《刑法》第 3 条规定的"法律没有明文规定的,不得定罪判刑"相矛盾。同样,前列规定中使用"刑事责任"的概念,也欠严谨。因为刑事责任也是一个有其特定内涵的概念,其只能作为法定犯罪的法律后果而存在,亦即只要是依法构成犯罪的行为,便应负刑事责任,只要是法律没有规定为犯罪的行为,其便不只是不负刑事责任的问题,而是不构成犯罪。而前列"过失犯罪,法律有规定的才负刑事责任"的规定的另一层含义必然是"过失犯罪,法律没有规定的不负刑事责任",从而容易形成有的过失犯罪可不负刑事责任,即存在不负刑事责任的犯罪的印象,同样不合逻辑。因此,就将法律没有规定的过失行为排除在犯罪之外的立法精神而言,前列规定虽然是完全合理的,但其使用"过失犯罪"与"刑事责任"这两个概念,却既不能准确体现这一立法精神而易产生歧义,又不合逻辑,且不能准确地表明立法精神。

第二,1979 年《刑法》第 15 条、1997 年《刑法》第 18 条关于"精神病人在不能辨认或者不能控制自己的行为的时候造成危害结果的,不负刑事责任"的规定中,使用"刑事责任"的概念不确切。因为精神病人不只是没有刑事责任能力的人,更重要的是,其是没有行为能力的人,是在法律上不具有犯罪资格的人。因此,精神病人造成损害结果的行为,即使与刑法分则的规定相符,也因不具有行为能力而不构成犯罪。正是如此,精神病人的行为是因为不属犯罪才生不负刑事责任的问题。与此相适应,使用精神病人的行为"不负刑事责任"的表述,而不使用精神病人的行为"不是犯罪"的表述,只表明了精神病人不具有责任能力,但未表明作为其不具有刑事责任能力的前提是其不具有刑事义务能力,不能突出精神病人不具有刑事义务主体资格的特点,因而不能反映精神病人的行为因是不具有犯罪资格的人实施的行为而不构成犯罪的特点。其结果必然是给人以这样的印象,即精神病人的损害行为也是犯罪,只不过因其不具有责任能力而不负刑事责任而已,给人以犯罪可以不负刑事责任的误觉。因此,就立法精神而言,将精神病人的行为排除在犯罪之外虽然是完全合理的,但有关法条使用"不负刑事责任"的表述而不使用"不是犯罪"的表述却不能准确地表明这一立法精神,因而是不确切的。

第三,1979年《刑法》第17条、第18条与1997年《刑法》第20条、第21条关于正当防卫、紧急避险"不负刑事责任"的表述欠确切。因为正当防卫、紧急避险均是正当行为,因而不只是不负刑事责任的问题,而是不具备负刑事责任的前提,即不构成犯罪。使用"不负刑事责任"的表述而不使用"不是犯罪"的表述,不足以表明正当防卫与紧急避险的正当性,容易给人以此二者的正当性只足以排除刑事责任而不足以排除定罪的印象,从而既不能准确地表明正当防卫与紧急避险不能定罪即将其排除在犯罪之外的立法精神,也不足以鼓励人们主动、积极采取正当防卫与紧急避险行为,甚至可使人产生正当防卫与紧急避险行为也是犯罪,只不过不负刑事责任的印象。

第四节 定罪范围评价

按照法无明文规定不为罪的准则,法律有关哪些行为构成犯罪的规定,是对定罪范围的界定。而定罪范围的确定是否合理,不但对定罪的正当性而且对动刑的正当性影响重大,因为定罪的范围也就是动刑的范围,定罪范围不合理,必然导致定罪的不合理,进而导致动刑的不正当。因此,法定定罪范围构成对定罪立法的正当性反思的核心。

一、定罪范围的合理性

立足于定罪的统一性规定,我国刑法所确定的定罪范围具有明显的合理性。具体表现如下:

(一)被规定为犯罪的行为所侵犯的基本上都是至为重要的社会权益,对所侵犯不是至为重要的社会权益的行为基本上未规定为犯罪

无论在1979年刑法还是在1997年刑法中,被规定为犯罪的行为所侵犯的都是至为重要的社会权益,即对社会生存或生活具有重要意义或重大价值的权益。

1979年刑法所确定的八类犯罪,每一类侵犯的均是意义重要、价值重大的社会权益。其中,反革命类罪所侵犯的是国家安全权,而国家安全权是社会之最重要的权益,因为国家是社会的管理者与其他所有社会权益的保护者,国家的存在决定着所有社会权益的存在,国家的被颠覆意味着社会失去其管理者、社会权益失去其保护者,社会生活必然陷入混乱;危害公共安全类罪所侵犯的是社会公共安全权,而社会公共安全权是不特定的、众多的人身与财产安

全之所系，其意义与价值虽在国家安全权之下，但较其他社会权益的意义与价值为大，因为其所体现的不只是单个人的生命与健康权，而是不特定多人的生命与健康权，其包容的不只是特定财产的安全，而是不特定的众多财产的安全，因此，社会公共安全权是意义与价值仅属国家安全权之下的重要权益；破坏经济管理秩序类罪侵犯的是国家对社会经济秩序的管理权，而经济是社会生存与发展的物资基础，正常的经济秩序又是经济健康发展的前提，相应地，国家对社会经济秩序的管理权是事关国计民生的一项权益，其对于社会生存与生活的意义与价值重大；侵犯公民人身权利、民主权利类罪所侵犯的权益是公民个人的人身权利与民主权利，而人身权利是公民作为社会成员正常生存与生活的权利，民主权利是公民参与国家管理与政治生活的前提，二者对于公民个人均具有重要价值，因而构成重要的社会权益；侵犯财产类罪侵犯的是公、私财产所有权，而财产是社会与个人生产与生活的经济基础，其对社会与个人的价值，决定财产所有权构成社会重要权益；妨害社会管理秩序类罪侵犯的是国家对社会秩序的管理权，正常的社会秩序是社会安宁与稳定的前提，社会秩序的混乱构成破坏社会共同生活的不稳定因素，而正常的社会秩序有赖国家来管理，相应地，国家对社会秩序的管理权具有重要意义；妨害婚姻、家庭类罪侵犯的是公民个人的婚姻、家庭权，而婚姻、家庭生活是公民个人生活的重要组成部分，与此相适应，婚姻、家庭权因是公民个人的重要权益而构成重要的社会权益；渎职类罪侵犯的权益是国家机关的正常活动权，而国家机关是国家管理社会的职能的具体执行者，其活动的正常进行直接关系到国家对社会的管理的成败，因此，国家机关的正常活动权也属重要的社会权益。

1997年刑法在1979年刑法的基础上新增了二类犯罪，所增的每一类罪所侵犯的也是至为重要的社会权益。作为新增类罪的危害国防利益罪，所侵犯的权益是国家的国防利益，而国防利益是国防建设、军队建设与军事设施等多方面的国家利益之所在，其构成国家抵御外敌入侵、维护自身安全的前提，因而构成重要的社会权益；作为新增类罪的军人违反职责罪侵犯的权益是国家军事利益，而军事利益是与军事活动直接有关的国家利益，亦即国家在军队建设、战争的准备与实施等方面的利益，是国家抵御外敌入侵、维护自身安全的直接保障，因而意义重大。

就具体种罪而言，1979年刑法与1997年刑法所规定的诸种罪所侵犯的具体权益也基本上是至为重要的社会权益。如在侵犯公民人身权利类罪中，故意杀人罪与过失致死罪所侵犯的是人的生命权，而生命权是人身权利之本，理所当然地构成个人最重要的权利；故意伤害罪与过失伤害罪所侵犯的是人的健康权，而健康是人从事一切活动与正常生活的前提，其意义仅在生命之下，相应地，健康权之于个人意义重大。除此之外，非法拘禁罪与绑架罪所侵犯的人身自由权、侮辱罪与诽谤罪所侵犯的人格与名誉权等，均是人基于自然属性或社会属性而生的对人之正常生存或生活具有重大意义的权利，因而也构成人之重要的人身权利。

将侵犯至为重要的权益的行为规定为犯罪只是刑法根据社会权益的重要性确定定罪范围的一方面，其以社会权益的重要性确定定罪范围的另一方面在于将侵犯的权益不至为重要的行为不作为犯罪。如姓名权、肖像权与荣誉权等均是人身权利的组成部分，但相对于生命与人身自由等人身权利，其意义与价值显然要小得多，即属意义与价值较小的人身权利。相应地，刑法未将侵犯这些意义与价值较小的权益的行为规定为犯罪。刑法只将侵犯至为重要的社会权益的行为规定为犯罪，不将侵犯价值不大的社会权益的行为规定为犯罪，符合定罪范围的立法理性规定，① 并因而符合应罚性与应制性相统一的定罪的一般理性规定。

侵犯一定的权益，是行为之所以具有客观危害的根本原因。而权益之于社会的意义与价值，决定着对其予以侵犯的行为客观危害的程度。社会权益的意义与价值重大，侵犯这种权益的行为对社会的危害必然严重，相反，社会权益的意义与价值小，以其为对象的侵犯行为的客观危害必然轻。虽然一切对社会权益的侵犯行为都因具有客观危害而符合客观危害对定罪的质的规定，但只有其中以重要的社会权益为对象的侵犯行为才有可能因具有严重的客观危害而符合客观危害对定罪的量的规定，以不重要的社会权益为对象的侵犯行为，则因客观危害不严重而不符合客观危害对定罪的量的规定，因而谈不上具有作为报应性对定罪的规定性的严重害恶性。因此，立法上将侵犯至为重要的社会权益的行为规定为犯罪，而将只侵犯不重要的社会权益的行为不规定为犯罪，符合定罪的应罚性规定，具有其报应根据。

另外，虽然所有社会权益均因对社会具有一定的意义而应受到保护，但只有对社会具有重要意义的权益才应成为刑罚这种代价昂贵的手段的保护对象；对社会的意义不大的权益，动用刑罚作为保护手段，即使可收到良好的效果，也因代价太高而不具有正当性。相应地，作为刑罚之遏制对象的只应是侵犯应动用刑罚保护的重要的社会权益的行为，侵犯不重要的社会权益的行为，因为其所侵犯的是不应动用刑罚保护的不重要的社会权益，没有必要作为动用刑罚遏制的对象。与此相适应，刑法只将侵犯重要的权益的行为规定为犯罪，不将

---

① 详见邱兴隆著：《刑罚理性导论——刑罚的正当性原论》，中国政法大学出版社1998年版，第187—188页。

侵犯不重要的权益的行为规定为犯罪,符合定罪之应制性的规定,具有功利根据。

正由于只将侵犯重要的社会权益的行为规定为犯罪不将侵犯不重要的权益的行为规定为犯罪,既符合定罪之应罚性规定,又符合定罪之应制性的规定,其构成立法上对定罪范围之确定符合定罪之统一性规定的重要标志。

(二) 只将客观因素严重的行为规定为犯罪,不将客观因素不严重的行为规定为犯罪

客观因素,即与行为有关而体现行为的客观危害大小的因素。具体包括行为的危险性、危害后果、非法经营或所得数额、行为指向的对象、行为的实施方法、行为的时间、地点等。在我国刑法中,在相当一部分情况下,客观因素严重的行为被规定为犯罪,而客观因素不严重的行为则未被规定为犯罪。具体表现在如下几方面:

1. 以行为的危险状态作为定罪的充分客观根据。根据刑法的有关规定,有相当一部分犯罪以不实际造成危害结果而以具有某种危害状态,即具有足以引起危害结果的可能性作为定罪的客观根据。如放火罪,决水罪,爆炸罪,投放危险物质罪,以危险方法危害公共安全罪,破坏交通工具罪,破坏交通设备罪,破坏电力设备罪,破坏易燃易爆设备罪,暴力危及飞行安全罪,破坏广播电视设施罪,生产、销售假药罪,生产、销售不符合卫生标准的食品罪等等。

以上所列以危险状态之有无决定是否定罪的犯罪,主要是行为方式极为危险的犯罪,危害后果一旦发生便十分严重。如爆炸罪,因系采取爆炸这一杀伤力与破坏性极大的方式实施的行为,一旦发生危害结果,便必然致人伤亡或财产重大损失。以危险状态而不以危害结果作为诸如此类犯罪的定罪起点,符合应罚性与应制性相统一的定罪理性规定。

从应罚性的角度来看,作为其对犯罪之理性规定的严重害恶性之内容的客观危害,不只是指严重的实害,也包括严重的危险。[①] 而在所可能造成的实害结果十分严重的情况下,即使未造成任何实害结果,行为也因具有严重的危险性而符合客观危害的量的规定性。因此,以行为的严重危险状态作为可能造成十分严重的实害结果的犯罪的定罪起点,符合应罚性对犯罪的客观危害的规定,具有其报应性根据。

从应制性的角度来看,正由于行为可能造成的实害结果十分严重,对实害

[①] 详见邱兴隆著:《刑罚理性导论——刑罚的正当性原论》,中国政法大学出版社1998年版,第146页。

结果防患于未然的必要性极大，以危险状态作为定罪的起点，而不以实害结果为定罪之必要，符合作为应制性之内容的定罪的必要性规定，具有其功利性根据。

正由于以危险状态作为可能造成的实害结果十分严重的行为的定罪起点既符合作为报应性对定罪之规定的应罚性关于客观危害的规定，又符合作为功利性对定罪之规定的定罪的必要性规定，因此，现行立法以危害状态作为以危险方式实施的行为的定罪起点的前列规定，构成一种合乎定罪的统一性规定的合理选择。

2. 以行为的存在本身作为定罪的充分客观根据。按照我国刑法的有关规定，有相当一部分犯罪只需有行为存在，不论有无其他客观因素，均应定罪。如背叛国家罪，分裂国家罪，煽动分裂国家罪，武装叛乱、暴乱罪，颠覆国家政权罪，煽动颠覆国家政权罪，资助危害国家安全犯罪活动罪，投敌叛变罪，叛逃罪，间谍罪，为境外窃取、刺探、收买、提供国家秘密、情报罪，资敌罪，组织、领导、参加恐怖组织罪，故意杀人罪，强奸罪，奸淫幼女罪，绑架罪，拐卖妇女、儿童罪，组织、领导、黑社会性质组织罪与组织他人偷越国边境罪等等。

以上所列犯罪，要么是所侵害的权益十分重要，要么是行为的完成与危害结果同步发生，即行为一完成便标志着危害结果已发生，在两者之间不存在时间上的持续，如前列所有危害国家安全类罪中的种罪，侵害的权益是作为最重要的社会权益的国家安全。而拐卖妇女、儿童罪，拐卖行为的完成与妇女、儿童被拐卖的结果同步。无论是所侵害的权益重要还是行为的完成与结果的发生同步，以行为本身的存在作为定罪的客观因素，均符合应罚性与应制性相统一的定罪的一般理性规定。

就应罚性而言，侵害特别重要的社会权益的行为，正由于其侵害的是特别重要的社会权益，其存在本身即足以表明其构成对社会的严重危害，即使不给权益造成实际损害，所具有的危险性也十分严重，因而符合作为应罚性之客观基础的客观危害的质、量规定性；行为的完成与危害结果同步发生的危害行为，正由于其完成与危害结果的发生之间不存在持续性，肯定行为的存在，也就肯定了严重的客观危害存在，足以表明行为具有应罚性的客观基础，因此，刑法有关以行为本身的存在作为定罪的充分客观根据的规定，符合应罚性对客观危害的质、量规定，具有定罪的报应根据。

就应制性而言，侵害特别重要的权益的行为，所侵害的是对刑罚的保护需要特别大的权益，因而有必要将行为本身作为刑罚遏制的对象，以避免行为侵害特别重要的权益可能造成特别严重的危害后果；行为的完成与危害结果同步发生的行为,将行为本身作为刑罚的遏制对象,与避免其严重危害意义相同,或者说,遏制行为本身也就是遏制行为的严重危害。因此,在这两种情况下,以行为本身作为定罪的充分客观根据,符合作为应制性之内容的定罪的必要性规定,具有定罪的功利根据。

正由于侵害特别重要的权益的行为与行为的完成与危害结果同步发生的行为既具有定罪的应罚性的客观基础,即严重客观危害,又具有作为定罪之应制性所规定的定罪的必要性,因此,刑法将此二类行为的存在作为定罪的客观根据的规定,因符合应罚性与应制性相统一的定罪的一般理性规定而构成一种合理的选择。

3. 以危害后果严重作为定罪的充分客观根据。按照我国刑法的规定,有相当一部分犯罪只有在造成严重后果的情况下,才可定罪,即使造成了危害后果,只要危害后果不严重,便不能定罪。如生产、销售劣药罪,生产、销售不符合标准的医用器材罪,生产、销售不符合安全标准的产品罪,生产、销售伪劣农药、兽药、化肥、种子罪,生产、销售不符合卫生标准的化妆品罪,提供虚假财务报告罪,妨害清算罪,为亲友非法牟利罪,签订、履行合同失职被骗罪与徇私舞弊造成破产亏损罪,等等。

以上所列诸罪,均是只有侵害的社会权益不特别重要或行为的方式不特别危险,即行为本身不足以表明其可能造成的危害程度,只有已发生危害后果才足以表明所具有的客观危害的严重程度的行为。如生产、销售劣药行为,由于劣药并不具有致人死、伤的必然性,在未发生实际损害后果的情况下,不足以表明行为的危害程度,只有发生实际的危害后果才足以表明具体行为具有客观危害的轻重大小。刑法以严重危害后果作为此类犯罪的定罪的客观根据,具有其合理性。

从应罚性的角度来看,作为其客观基础的严重社会危害,要么表现为严重的危险性,要么表现为严重的实际损害。而危险性的大小取决于所侵害的权益的重要性或行为方式的危险性。在所侵害的权益不特别重要且行为方式不危险的情况下,仅凭行为具有引起实害结果的可能性,不足以确定行为客观危害的大小。因为引起危害结果的可能性具有不特定性,即既可能引起危害结果,也可能不引起危害结果,既可能引起严重危害结果,也可能只引起轻微危害结果。与此相适应,所侵害的权益不特别重要且方式不危险的行为,便不可能仅据其危险性即给权益造成损害的可能性而必须据其实害的大小来确定其客观危害是否达到了足以使行为构成应受刑罚惩罚的犯罪的严重程度。实害结果严重,表明行为的客观危害已达作为应罚性之客观基础所要求的严重程度,实害结果未发生或虽发生但不严重,则表明行为的客观危害未达应罚性所要求的严重程度。因此，刑法以严重危害后果作为所侵害的权益不特别重要且方式不危险的行为之定罪的客观根据，只对具有严重后果的行为定罪，对后果不严重的行为不定罪，符合应罚性对客观危害的量的规定，具有定罪的报应根据。

从应制性的角度来看，不特别重要的社会权益在遭到轻微侵害的情况下，所受的损害不大，将轻微的侵害行为作为刑罚这一严厉手段的遏制对象，只可收避免轻微的损害的效果，显系以大的代价换取小的收益，不具有有利性，因而不具有定罪的必要性。另外，不特别重要的社会权益一旦遭到严重侵害，所受的损害必大，以刑罚这一严厉手段遏制严重侵害行为，可收避免严重的损害的效果，属于以大的代价换取更大的收益，具有有利性，因而是必要的。因此，刑法只将危害后果严重的侵害不特别重要的社会权益且方式不危险的行为作为犯罪，而不将危害后果不严重的此类行为作为犯罪，符合作为定罪的应制性之内容的必要性的规定。

既然以严重后果作为侵害的权益不特别重要且方式不危险的犯罪定罪的客观根据，既符合应罚性对客观危害的量的规定，又符合作为应制性之内容的必要性的规定，那么，刑法只将具有严重后果的此类行为作为犯罪，而不将不具有严重后果的此类行为作为犯罪，便符合定罪的统一性规定，具有其合理性。

4. 以涉案数额或数量作为定罪的充分客观根据。我国刑法所规定的经济犯罪与财产犯罪，大都以涉案数额或涉案标的的数量作为定罪的客观根据，即只将数额或数量较大或巨大的行为规定为犯罪，而不将数额或数量不大的行为作为犯罪。如生产、销售伪劣产品罪，走私普通货物、物品罪，出售、购买、运输假币罪，持有、使用假币罪与集资诈骗罪，均以非法经营额较大作为定罪的根据；盗窃罪、诈骗罪、抢夺罪、侵占罪、职务侵占罪与挪用资金罪等，均以非法占有的财物的数额较大作为定罪的根据；非法持有毒品罪以所持有的毒品数量较大，非法种植毒品原植物罪以非法种植的毒品原植物数量较大作为定罪的客观根据。

破坏经济秩序或侵犯财产的行为，其对权益的侵犯程度主要以经营数额、非法所得数额或涉案标的的数量大小为标志。涉案数额或数量大，表明权益所受的侵犯严重，行为的客观危害大，涉案数额或数量小，表明权益所受的侵犯轻微，行为的危害小。正由于只有数额或数量大的行为才具有严重的客观危害，数额或数量小的行为不具有严重的客观危害性，因此，前者符合犯罪的客观危害的量的规定，后者不符合犯罪的客观危害的量的规定，将前者作为犯罪、将后者不作为犯罪，符合应制性对定罪的客观规定，具有其报应根据。

另外，经济管理秩序与财产权不是特别重要的社会权益，在侵犯行为不具有危险性的情况下，将数额或数量不大的侵犯行为作为刑罚这种严厉的手段的遏制对象，所避免的只是不特别重要的权益可能遭到的轻微损害，构成一种代价大于收益的不具有有利性的选择，不具有必要性；而将数额或数量大的侵犯行为作为刑罚的遏制对象，所避免的是不特别重要的权益可能遭到的严重损害，是一种代价小于收益的具有有利性的选择，因而是必要的。因此，只将数额或数量大的破坏经济秩序或侵犯财产行为作为犯罪，不将数额或数量小的此类行为作为犯罪，符合应制性对定罪的必要性规定，具有其功利根据。

由上可见，我国刑法以数额或数量作为经济犯罪或财产犯罪定罪的客观根据，既合应罚性的规定，又合应制性的规定，因而符合应罚性与应制性相统一的定罪理性规定，具有其合理性。

5. 以行为的规模性作为定罪的充分客观依据。我国刑法中的少数犯罪以规模性作为定罪的客观依据。如聚众扰乱社会秩序罪，聚众冲击国家机关罪，聚众扰乱公共场所秩序、交通秩序罪，聚众斗殴罪，聚众淫乱罪，聚众冲击军事禁区罪与聚众扰乱军事管理区秩序罪，均是只有在行为以聚众方式出现的情况下才作为犯罪；组织卖淫罪、组织播放淫秽音像制品罪与组织淫秽表演罪，均是只有在行为以组织的方式实施的情况下才作为犯罪。

上列诸种犯罪均是具有以聚众或组织的方式即具有一定的规模性才可构成的犯罪。同样的行为，在其参与者只有二人以下即不具有规模性的情况下，即不构成犯罪。如此区分罪与非罪的界限，符合定罪的统一性规定。

以聚众或组织的形式出现的危害行为，参与者多、规模大、影响面广、社会危害严重。而同样的行为，如不以聚众或组织的形式出现，参与者人数小、规模小、影响面较窄，其客观危害轻微。因此，只将以聚众或组织的形式出现的危害行为规定为犯罪，不将以非聚众或组织形式出现的危害行为作为犯罪，也就是只将具有严重社会危害的行为规定为犯罪，不将社会危害轻微的行为规定为犯罪，符合作为应罚性之客观基础的社会危害性对定罪的规定，具有其报应根据。

另外，正由于以非聚众或组织的方式出现的危害行为的社会危害小，将其作为刑罚这种严厉的手段遏制的对象，显系以大的代价换取小的收益，不具有有利性，因而不具有必要性。而以聚众或组织的方式出现的危害行为的社会危害大，将其作为刑罚遏制的对象，构成以大的代价换取更大的收益的选择，大的代价因有更大的效果回报而是必要的，因而符合应制性对定罪的必要性的规定。

正由于以危害行为的规模作为定罪的根据既符合客观危害对定罪的规定，又符合定罪的必要性规定，刑法只将以聚众或组织的方式出现的危害行为作为犯罪，不将以非聚众或组织的方式出现的危害行为作为犯罪的前列有关规定，构成一种符合应罚性与应制性之共同规定的合理选择。

6. 以行为的对象的特殊性作为定罪的充分客观根据。在我国刑法中,有一部分犯罪只有当危害行为指向特定的人或物时才构成犯罪,如其指向不具有这种特定性的人或物,便不构成犯罪。如拐卖妇女、儿童或拐骗儿童脱离家庭构成犯罪,而拐卖成年男性或拐骗成人脱离家庭不构成犯罪;倒卖车票、船票罪构成犯罪,而倒卖机票不构成犯罪。

以上所列犯罪均是行为指向的对象需要特别保护或控制的犯罪。只将指向需要特别保护或控制的对象的危害行为规定为犯罪,不将指向不需特别保护或控制的对象或标的的危害行为规定为犯罪,合乎定罪的应罚性与应制性的同一性规定。

需要特别保护或控制的对象往往是特别重要的权益的载体,以其为对象的危害行为往往构成对特别重要权益的侵害而具有严重的客观危害性,将此类危害行为规定为犯罪,符合客观危害的量的规定,具有应罚性的客观基础。而需要特别保护或控制的对象之所以需要特别保护或控制,要么是其易受侵害,要么是以其为对象的危害行为可引起严重危害。正由于特殊的对象易受侵害,才有必要以力度大的手段遏制对其施加侵害的行为,也正由于以其为对象的危害行为可引起严重危害,才有必要以力度大的手段遏制以其为对象的危害行为的发生。因此,将指向需要特别保护或控制的对象的行为作为刑罚这一严厉手段的遏制对象,以实现对特殊对象的特别保护或控制,具有其必要性。既然将指向需要特别保护或控制的对象的危害行为作为犯罪既具有应罚性的客观基础,又具有应制性所规定的定罪的必要性,刑法如此规定,便是一种符合应罚性与应制性之同一性规定的合理选择。

不需特别保护或控制的对象,虽也是重要权益的载体,但其特点决定了以其为目标的危害行为很少发生甚至无法发生,因而其所体现的权益不具有遭受侵犯的现实可能性,以其为目标的危害行为因不具有发生的现实基础而不具有引起法律评价的前提,既不存在恶因,自然不生刑罚之恶报,因此,将此类行为规定为犯罪,毫无实际意义。如男性虽也拥有性的自由权,强奸男性因而也构成对性权的侵犯,但男性的生理特点决定了其很难受到强奸。因此,将强奸男性规定为犯罪,虽合逻辑,但却形同虚设。既然如此,在法律上不规定不需特别保护或控制的对象的危害行为是犯罪,便符合定罪的报应性规定。另外,正由于不需特别保护或控制的对象所体现的特定权益几乎不具有受侵犯的可能性,以此类对象为标的的危害行为很少乃至几乎不发生,便没有必要将其规定为犯罪,以刑罚遏制其发生来实现对有关特定权益的保护。因此,不将指向不需特别保护或控制的对象的危害行为规定为犯罪，也符合应制性对定罪的必要性规定。既然不将指向不需特别保护或控制的对象的危害行为规定为犯罪，既合定罪的报应性规定，又合定罪的功利性规定，刑法的有关规定便合乎定罪的同一性规定而构成一种合理的选择。

7. 以行为发生的时间作为定罪的充分客观根据。按照我国刑法的规定，有一部分犯罪以实施的时间作为定罪的客观根据。如战时拒绝、逃避征召、军事训练、战时拒绝、逃避服役、战时故意提供虚假敌情、战时造谣扰乱军心、战时窝藏逃离部队军人、战时拒绝、故意延误军事订货、战时拒绝军事征用、战时违抗命令、战时临阵脱逃、战时造谣惑众、战时自伤、战时拒不救治伤病军人、战时残害居民、掠夺居民财物等犯罪，均系只有在战时才可构成、在平时不能构成的犯罪。

上述行为，要么是只有在战时才可能发生，要么是虽在平时与战时均可能发生，但在平时发生的不认为是犯罪，只有在战时发生的才认为是犯罪。

就战时临阵脱逃而言，唯其只有在战时才能发生，在平时不可能出现，因此，无论是从应罚性还是从应制性的角度而言，均没有规定平时实施也构成犯罪的必要性。与此相适应，刑法不规定平时临阵脱逃罪，是一种既合定罪的报应性规定，又合定罪的功利性规定的选择。相反地，诸如临阵脱逃之类行为，不但在战时可能发生，而且一旦发生便可能导致战斗、战役失败，造成严重危害。因此，将其规定为犯罪，符合定罪的应罚性对客观危害的规定，具有其报应根据。另外，正由于临阵脱逃之类行为不但在战时有可能发生，而且一旦发生便可能造成战斗、战役失败等严重危害，因而有必要将其作为应受刑罚遏制的犯罪。因此，将其规定为犯罪，又符合定罪的应制性对定罪的必要性的规定，具有其功利根据。既然既合应罚性的规定，又合应制性的规定，刑法将诸如战时临阵脱逃之类行为规定为犯罪，便因完全符合应罚性与应制性的统一性规定而构成一种完全合理的选择。

就拒绝、逃避征召、军事训练之类在平时与战时均可能发生的行为而言，如其在平时发生，虽然也具有一定的危害，但只限于对兵役制度本身的侵害，不可能发生严重后果，将其作为犯罪，只合定罪的应罚性对客观危害的质的规定，不合其对客观危害的量的规定，因而不具有报应根据。同样，由于上述行为如发生在平时，只可能造成轻微危害，不可能造成严重危害，将其作为刑罚遏制对象，显系代价大于收益、不具有有利性而构成一种不具有必要性、不合功利性对定罪之规定的选择。既然将发生在平时的拒绝、逃避征召、军事训练之类行为规定为犯罪既不合应罚性的规定，又不合应制性的规定，刑法不将其规定为犯罪，便是一种既合定罪的报应性规定又合定罪的功利性规定的完全合理的选择。另外，拒绝、逃避的征召、军事训练之类行为一旦发生在战时，其便不只构成对兵役制度等本身的侵害，而且影响到战争的成败，因而具有严重的危害性。因此，将其规定为犯罪，具备应罚性的客观基础，符合定罪的报应性规定。同样，正由于此类行为一旦发生在战时，便具有严重的危害，将其作为刑罚的遏制对象，所避免的是严重的危害后果，因收益大于代价而具有有利性，符合应制性对定罪的必要性的规定，具有其功利根据。既然既合应罚性规定又合应制性规定，既具有报应根据又具有功利根据，刑法将战时逃避征召、军事训练之类行为规定为犯罪，便构成一种完全符合定罪的统一性规定的合理选择。

8. 将情节严重程度作为定罪的充分客观根据。按照刑法的规定，有很大一部分犯罪以情节严重或恶劣作为定罪的客观根据。如操纵证券交易价格罪，假冒专利罪，虚假广告罪，串通投标罪，强迫交易罪，中介组织人员提供虚假证明文件罪，逃避商检罪，诬告陷害罪，强迫职工劳动罪，侮辱罪，诽谤罪，虐待被监管人员罪，煽动民族仇恨、民族歧视罪，非法剥夺宗教信仰自由罪，侵犯少数民族风俗习惯罪，侵犯通信自由罪，打击报复会计、统计人员罪，破坏选举罪，虐待罪与聚众斗殴罪等等，均是只有情节严重或恶劣的情况下才构成犯罪，情节轻微的行为不构成犯罪。

以上犯罪主要是后果不是物质性损害的种罪。由于其所造成的后果是非物质性的，仅据损害结果，难以衡量行为客观危害的轻重，因此，综合情节的轻重成为客观危害之轻重的唯一可行的衡量标准。综合情节轻，行为的危害轻，综合情节重，行为的危害必重。与此相适应，将情节严重或恶劣的危害行为规定为犯罪，而将情节较轻的危害行为不作为犯罪，也就是只将客观危害严重的行为作为犯罪，而不将客观危害轻微的行为作为犯罪。而这符合客观危害的规定，具有应罚性之客观基础，具有定罪的报应根据，又符合应制性对定罪的必要性的规定，具有定罪的功利根据，因而符合定罪的统一性规定。因此，以刑法的综合情节的轻重作为定罪的客观根据，同样是一种合理的选择。

（三）只将主观因素严重的行为规定为犯罪，不将主观因素轻微的行为规定为犯罪

主观因素，即与行为有关而体现行为人的主观恶性轻重的主观因素，具体包括行为的罪过形式、故意的内容与行为的目的等。在我国刑法中，凡被规定为犯罪的行为，均是主观因素严重的行为。可具体展示如下：

1. 所有犯罪均必须是有罪过的行为，无罪过的行为不构成犯罪。与刑法总则所规定的意外事件不是犯罪相适应，刑法分则所规定的犯罪，要么是只能

由故意构成，要么是单立罪名，标明可由过失构成，不存在任何既不需故意也不需过失便可构成的犯罪。这表明，任何犯罪都以有罪过为其主观基础，不具有罪过的任何行为均不构成犯罪。而有罪过即表明行为人具有趋恶避善的自由意志，具有主观恶性，没有罪过则表明行为人不具有趋恶避善的自由意志，不具有主观恶性。因此，只将有罪过的行为规定为犯罪，不将没有罪过的行为规定为犯罪，符合作为应罚性之主观基础的主观恶性对定罪的质的规定。另外，正由于罪过体现了行为是自由意志的结果，其才具有受外界影响的可能性，因而具有受刑罚遏制的可行性。因此，只将有罪过的行为规定为犯罪，不将没有罪过的行为规定为犯罪，也符合作为应制性对犯罪之受遏制的可行性对定罪的规定。既然既合应罚性的规定，又合应制性的规定，刑法只将有罪过的行为规定为犯罪，不将没有罪过的行为规定为犯罪，便构成一种符合定罪的报应性与功利性相统一的一般理性规定的合理选择。

2. 只将具有严重过失的行为规定为犯罪，不将只有轻微过失的行为规定为犯罪。与刑法总则所规定的过失行为法律有规定的才是犯罪相适应，刑法分则不但对可由过失构成的犯罪作了明文规定，而且，所有过失犯罪，基本上都必须以已造成严重实害结果为前提。由于过失罪过的主观恶性的严重程度表现为严重的认识错误与严重的意志错误，而认识错误与意志错误之有无与轻重，只有借助行为是否引起危害结果与危害结果的大小才能衡量，因此，以严重实害结果作为过失犯罪的定罪根据，其意义不仅在于使定罪具有严重危害这一客观基础，而且，也在于表明有严重过失存在，使定罪具有严重恶性这一主观基础。因此，刑法分则逐一明文规定可由过失构成的犯罪，并将严重的客观实害作为过失犯罪定罪的根据，既体现了定罪以故意为原则，以过失为例外的理性规定，① 又符合应罚性对主观恶性之于定罪的量的规定，即只有具有严重主观恶性的行为才应定罪。不具有严重主观恶性的行为不应定罪的规定，具有其报应根据。另外，正由于轻微的过失行为只可能造成轻微的危害结果，以刑罚这一严厉的手段对其予以遏制，所收的只是保护权益免受轻微的损害之效，因代价大于收益而不具有有利性，不符合应制性对定罪的必要性的规定。而严重的过失行为所可能导致的是严重的危害后果，将其作为刑罚的遏制对象，可收之效是使权益免受严重损害，因收益大于代价而具有有利性，符合应制性对定罪的必要性规定，具有其功利根据。既然既合应罚性的规定，又合应制性的规定，刑法将严重实害结果作为过失犯罪的根据、只将严重过失行为规定为犯

---

① 关于以故意为原则、以过失为例外的定罪理性规定，详见邱兴隆著：《刑罚理性导论——刑罚的正当性原论》，中国政法大学出版社1998年版，第190页。

罪，不将轻微过失行为规定为犯罪，便自然构成一种符合报应性与功利性相统一的定罪理性规定的合理选择。

3. 以对特定对象性质的认识作为定罪的主观根据。按照刑法的规定，有一部分故意犯罪，以对特定对象的明知为定罪根据。如明知是有毒、有害食品，不符合安全标准的产品，伪劣农药、兽药、化肥、种子，不符合卫生标准的化妆品而销售的，构成犯罪，不明知而销售的，不构成犯罪；明知是毒品犯罪、黑社会性质组织犯罪、走私犯罪的违法所得及其产生的收益，为掩饰、隐瞒其来源与性质而提供资金财产等，构成洗钱罪，不明知而提供等，不构成犯罪；明知是现役军人配偶而与之同居或者结婚的，构成犯罪，不明知而与之同居或者结婚的，不构成犯罪。①

以上犯罪均是指向特殊对象的犯罪。此类犯罪，仅据对行为后果的认识，不足以区分故意与过失，从而难以将过失行为排除在定罪范围之外。这是因为，此类行为之被规定为犯罪，旨在对其所指向的对象予以特殊控制或保护，而如果行为人对特殊对象的特殊性没有明确认识，即使其对行为的后果有认识，充其量只有过失而无故意，即不具有以特殊对象为标的的危害故意，因而不可能具有追求或放任以特殊对象为标的的危害行为之特殊危害结果的自由意志，自然不具有由这种特殊的自由意志所体现的严重主观恶性。因此，以对特殊对象性质的明知作为以特殊对象为定罪客观根据的犯罪的定罪主观根据，符合应罚性对主观恶性之于定罪的量的规定，即只有具有严重主观恶性的危害行为才应定罪，不具有严重主观恶性的危害行为不应定罪，具有定罪的报应根据。另外，对特殊对象的性质没有明确认识的行为，不具有以特殊对象为标的的自由意志，将其作为刑罚遏制的对象，所收的不是遏制以特殊对象为标的的犯罪行为之效，充其量只可收遏制不以特殊对象为标的的行为之效，无以体现对特殊对象的特别保护或控制，因而不具有应制性所规定的定罪的必要性与可行性。因此，只将对特殊对象有明知的行为规定为犯罪，不将对特殊对象不明知的行为规定为犯罪，符合应制性关于有必要以刑罚遏制且可受刑罚遏制的行为可作为犯罪，没必要以刑罚遏制或不可受刑罚遏制的行为不可作为犯罪的规定，具有定罪的功利根据。显然，刑法将对特殊对象有明知的行为规定为犯罪，不将对特殊对象不明知的行为规定为犯罪，因既合定罪的报应性规定又合定罪的功利性规定而构成一种合理的选择。

4. 以特定的目的作为定罪的主观根据。在我国刑法中，有一部分犯罪以特定的目的作为定罪的主观根据。如侵犯著作权行为、销售侵权复制品行为与

---

① 在具体情况下可能构成重婚罪但不构成破坏军婚罪。

制作、复制、出版、贩卖、传播淫秽物品行为，以营利为目的，构成犯罪，不以营利为目的，则不构成犯罪；集资诈骗、贷款诈骗与合同诈骗，均必须是出于非法占有的目的才可构成犯罪；诬告陷害罪，必须具有使他人受到刑事追究的目的才可构成。

以上犯罪，如均是不出于特定的目的，便不可能产生严重后果的犯罪，如不以营利为目的，便不可能批量性生产侵犯著作权产品或批量性制作、复制、出版、贩卖淫秽物品，因而不可能构成对著作权的严重侵犯或造成淫秽物品广为扩散。正由于不出于特定的目的便不可能产生严重的危害后果，如行为人不具有特定的目的，其实施某种行为便不是追求严重的危害结果，因而不具有严重的主观恶性，因此，将其规定为犯罪，便不符合作为应罚性之主观基础的主观恶性的量的规定。另外，既然不出于特定的目的便不可能产生严重的危害后果，将不具有特定目的行为规定为犯罪，所收的遏制效果便只是使有关权益免受轻微的损害，因代价大于收益而构成一种不具有有利性的选择，不符合应制性对定罪的必要性的规定；既然将不具有特定的目的便不可能产生严重的危害结果的行为规定为犯罪既不合应罚性的规定，又不合应制性的规定，那么，刑法以特定的目的作为定罪根据，只将具有特定目的的行为规定为犯罪，而将不具有特定目的的行为排除在定罪范围之外，便无疑是一种既合应罚性的规定又合应制性规定的合理的选择。

（四）任何犯罪都必须既具有严重的主观因素，又具有严重的客观因素

我国刑法所规定的犯罪，均以严重的主观因素与严重的客观因素同时作为定罪根据，既不存在将主观因素严重、客观因素不严重的行为规定为犯罪的情况，也不存在将主观因素不严重、客观因素严重的行为规定为犯罪的情况，更不存在将主观因素与客观因素均不严重的行为规定为犯罪的情况。如分裂国家罪，在主观上必须具有分裂国家的故意，在客观上必须具有分裂国家的行为，而分裂国家的故意与分裂国家的行为分别构成严重的主观因素与严重的客观因素。又如过失致人死亡罪，主观上必须有致人死亡的过失，客观上必须有致人死亡的行为与致人死亡的结果，而致人死亡的过失因是严重过失而构成严重的主观因素，致人死亡的行为与致人死亡的结果因是严重的危害行为与严重的危害结果而是严重的客观因素。

按照作为定罪之应罚性规定的严重害恶性的主客观统一对定罪的量规定，只有严重主观恶性与严重客观危害兼具的行为才可作为犯罪，虽然既具有客观危害又具有主观恶性但两者均不严重的行为，虽有严重的主观恶性但无严重的

主观危害的行为或者虽有严重的客观危害但无严重的主观恶性的行为均不应规定为犯罪。① 而严重的主观恶性只有通过严重的主观因素、严重的客观危害只有通过严重的客观因素，才能得以体现。因此，刑法只将严重主观因素与严重客观因素兼具的行为规定为犯罪，完全符合严重害恶性对定罪的规定，具有充分的报应根据。

按照定罪的同一性规定，有严重的客观危害，便有遏制的必要，而有严重的主观恶性，也就有遏制的可行性。② 因此，刑法只将兼具严重主观因素与严重客观因素的行为规定为犯罪，也就是将遏制的必要性与可行性兼具亦即完全符合应制性规定的行为规定为犯罪，不将不完全符合应制性规定的行为规定为犯罪，因而构成一种符合应罚性与应制性的同一性的规定的选择，具有其合理性。

二、定罪范围的不合理性

我国刑法在定罪范围的确定上虽然具有如上所列的多种合理性，但也具有不合理因素。原因在于，其或此或彼地违背定罪的理性规定，具体表现如下：

（一）以含混的概念表述定罪的客观根据

按照罪刑法定的原则，定罪的根据应在刑法分则中予以明文规定，以免法律规定不明而导致司法者在定罪时产生歧义，产生违背立法精神的随意定罪现象。然而，在我国1997年刑法中，有相当一部分条文对定罪根据的规定用语含混，给司法者违背立法精神定罪留有余地，给不依法定罪以可乘之机。如《刑法》第158条规定的虚报注册资本罪定罪的客观依据是"数额巨大、后果严重或其他情节严重"。据此，所有虚报注册资本数额巨大、后果严重或其他情节严重者均可构成犯罪。然而，此罪并非危害难以衡量的犯罪，因为虚报的注册资本"数额"足以体现行为的规模、虚报注册资本所造成的后果足以表明其损害的大小，因此，二者完全足以衡量行为的客观危害的严重程度。相应地，以虚报的注册资本"数额巨大"或所造成的"后果严重"作为定罪的客观根据，完全可以将客观危害严重的行为纳入定罪范围，并将危害不严重的行为排除在定罪范围之外，以体现只有客观危害严重的行为才应予定罪的应罚性

---

① 详见邱兴隆著：《刑罚理性导论——刑罚的正当性原论》，中国政法大学出版社1998年版，第165—166页。

② 详见邱兴隆著：《刑罚理性导论——刑罚的正当性原论》，中国政法大学出版社1998年版，第173页。

与应制性的同一规定。然而，刑法在此二项根据之外另设"其他严重情节"作为定罪的客观根据，一方面，因肯定除"数额巨大"与"后果严重"之外的其他因素也可作为定罪依据而否定了此二因素对于定罪的决定作用，否定了严重客观危害对定罪的决定作用而不合定罪的应罚性与应制性的同一规定，不具有合理性；另一方面，由于"其他严重情节"是一个极为模糊的概念，司法者在何为"其他情节"与是否"严重"上任意理解的余地极大，势必导致定罪的随意性、扩大定罪的范围而背离"法无明文规定不为罪"的依法定罪原则。因此，刑法中的诸如此类规定，因既违背定罪的一般理性规定，又不合定罪的立法理性规定而不具有合理性。属于类似不合理的规定还有以"其他严重情节"或"其他非法经营行为"作为虚假出资、抽逃出资罪，欺诈发行股票、债券罪，擅自发行股票、公司、企业债券罪，侵犯著作权罪与非法经营罪的定罪根据等。

（二）定罪的客观根据失之过宽

与前列不合理现象相似，我国刑法还存在利用综合情节扩大定罪的客观依据的情况。如非法经营罪是典型的营利型犯罪，其经营数额或非法所得额足以表明其客观危害的大小。因此，应以经营数额或非法所得额较大作为其定罪的客观根据，只对经营数额或非法所得额较大的行为定罪，不对经营数额或非法所得额未达较大程度的行为定罪。然而，刑法却以"情节严重"作为定罪的客观依据。其结果，必然导致以数额以外的其他情节严重为由对数额小的行为也予定罪，进而导致定罪的随意性并违背只有客观危害严重的行为才应定罪的定罪理性规定。除此之外，诸如假冒注册商标罪与非法收购盗伐、滥伐的林木罪等本应以数额或数量较大作为定罪的客观根据，却被规定以"情节严重"作为定罪的客观根据，也属这种不合理规定之列。

（三）定罪的客观根据不明

在我国刑法中，有相当一部分并非仅有行为即足以表明具有严重客观危害的犯罪，未明文规定行为以外的定罪的客观依据。如非法购买增值税专用发票、购买伪造的增值税专用发票罪，无论从其性质还是从刑法就其所规定的法定刑来看，其均只属轻罪，即不可能给权益造成特别大危害的犯罪。因此，仅有行为，不足以表明其客观危害严重。然而，刑法未就其规定以行为之外的严重客观因素如数量较大等作为定罪的根据。其结果必然导致购买的数量小、客观危害轻微的行为也被定罪，从而导致定罪的随意性与违背只有客观危害严重的行为才应定罪的定罪理性规定。诸如此类定罪客观根据不明的不合理现象还有关于非法出售用于骗取出口退税、抵扣税款发票罪、破坏生产经营罪与窝藏、转移、收购、销售赃物罪等的规定。

(四) 故意、过失不分

1997年《刑法》第219条规定，"明知或应知前款所列行为，获取、使用或者披露他人的商业秘密的，以侵犯商业秘密论"。在这里，"明知"与"应知"同样被作为定罪的主观依据。然而"明知"是故意，"应知"而不知只是疏忽大意的过失。将"应知"作为认定侵犯商业秘密罪的主观根据，实际上是将过失行为按故意犯罪定罪，从而违背主观恶性对定罪的量的规定，即只对严重过失行为定罪、对轻微过失行为不应定罪的定罪理性规定。

(五) 违背应罚性与应制性的对立性规定

按照应罚性与应制性的对立性规定，应受遏制但不应受惩罚的行为，绝对不应定罪。① 根据这一规定，即使行为明显地标志着行为人具有严重的危害社会倾向，即人身危险性，但行为的客观危害本身不严重，也不应将其规定为犯罪。② 然而，1997年《刑法》第201条规定，"因偷税被税务机关给予二次以上行政处罚"可以作为偷税罪定罪的根据。根据这一规定，偷税数额未达法定标准者，如受过二次以上行政处罚，便应与偷税数额已达法定标准者一样定罪。这一规定，严重违背应制性与应罚性的前列对立性规定。因为受过二次以上行政处罚并不表明行为的客观危害大，而只表明行为人的人身危险性大。以其与偷税数额大者同样定罪，显然是将人身危险性凌驾于客观危害之上，对应受遏制但客观危害不足以构成犯罪者定罪，明显违背应受遏制但不应受惩罚的行为绝对不能定罪的规定。属于这种不合理的情况还有1997年《刑法》第351条规定的"经公安机关处理后又种植的"等。

结　　论

立足于定罪的一般理性规定与立法理性规定对作为动刑之前提的定罪的立法的全面反思，既展示了我国刑法的有关规定的合理性，也表明了其多方面的

---

① 详见邱兴隆著：《刑罚理性导论——刑罚的正当性原论》，中国政法大学出版社1998年版，第177—179页。

② 详见邱兴隆著：《刑罚理性导论——刑罚的正当性原论》，中国政法大学出版社1998年版，第178页。

不足。由此，可以得出如下结论：

第一，我国现行刑法确立了法无明文规定不为罪的原则，有助于依法定罪的司法理性规定的贯彻，因而具有其合理性。然而，刑法分则有关定罪范围的许多规定失之模糊而宽泛，给司法者以不严格依法动刑留有相当大的余地，既未从立法上彻底体现法无明文规定不为罪的精神，也不能保障依法定罪的司法理性规定的全面贯彻，因而又具有其不合理性。

第二，我国刑法所规定的犯罪的一般概念揭示了犯罪的客观属性、主观属性与法律属性，从整体上明确了罪与非罪的界限，完全符合理性的犯罪概念，具有充分的合理性。

第三，我国刑法关于过失行为法律没有规定的不是犯罪、意外事件不是犯罪、未满14岁的未成年人与精神病人的损害行为不是犯罪、正当防卫与紧急避险行为不是犯罪的规定，在立法精神上完全符合恶小非罪、无恶非罪、不识恶非罪、害小非罪与正当行为非罪等排除非罪行为的立法理性规定，并因而完全符合应罚性与应制性的统一性规定，具有充分的合理性。但是，刑法有关规定部分地在概念使用与表述上不确切，不能充分表明立法精神，因而失之严谨。

第四，我国刑法分则只将侵害至为重要权益的行为作为犯罪，不将侵害普通权益的行为作为犯罪的规定与有关定罪客观根据的规定，基本上符合客观危害的质、量规定，有关定罪的主观根据的规定基本上符合主观恶性的质、量规定，因而基本上符合主客观统一的害恶性对定罪的理性规定，进而基本上符合应罚性与应制性相统一的同一性规定与对立性规定，基本上具有合理性。然而，在定罪的客观根据的确定上，有为数不少的条文的具体规定概念模糊，定罪的范围过宽或未明确限定定罪的客观根据，不符合客观危害对定罪的量的规定；在定罪的主观根据的确定上，个别条文故意、过失不分，不符合主观恶性对定罪的量的规定，不符合严重害恶性对定罪的量的规定，进而不符合应罚性与应制性的同一性规定，不具有合理性。此外，刑法分则中还有少数条文以纯粹体现人身危险性大、不表明犯罪的客观危害严重的因素作为定罪的根据，从而违背应受刑罚遏制但不应受刑罚惩罚的行为绝对不应作为犯罪的定罪的对立性规定，表现出明显的不合理性。因此，我国刑法分则对定罪范围的确定，远未达到完全合理的程度。

第二章 动刑立法反思（二）
——动刑原则、制度与情节的立法评价

动刑虽以定罪为前提，但定罪正当不是动刑正当的唯一决定因素。因为只有在定罪正当的前提下，遵循动刑的理性规定，所发动的刑罚才有可能具备充分的正当性。与此相适应，有关动刑的立法是否符合动刑的理性规定，与有关定罪的立法是否符合定罪的理性规定构成对动刑体制的正当性的反思的必要内容一样，是对动刑体制的正当性的反思的必然组成部分。

第一节 动刑原则评价

一、关于罪责自负、刑不及无辜原则的立法评价

按照动刑的立法理性规定，刑法应确立并贯彻罪责自负、刑不及无辜的原则。[1]

在我国1979年刑法与1997年刑法中，均未明文规定罪责自负、刑不及无辜的动刑原则。仅就此而言，不能不说是刑法立法上的一大缺憾。因为无责不动刑是动刑的报应性规定与动刑的功利性规定的绝对同一性规定，[2] 因而构成真正的动刑理性规定。而在作为刑罚理性规定之载体与实现手段的刑法中不明文确立罪责自负、刑不及无辜原则，便不足以突出无责不动刑的动刑理性规定的意义与价值。

然而，未明文规定罪责自负、刑不及无辜的动刑原则，并不意味着我国刑法未贯彻这一原则。因为从我国刑法有关动刑的一系列规定不难看出，刑事责任是一种绝对的个人责任，作为刑事责任之承担方式的刑罚绝对不可施加于犯

---

[1] 详见邱兴隆著：《刑罚理性导论——刑罚的正当性原论》，中国政法大学出版社1998年版，第219页。

[2] 详见邱兴隆著：《刑罚理性导论——刑罚的正当性原论》，中国政法大学出版社1998年版，第213—214页。

罪人以外的任何人。具体表现在如下方面：

（一）我国刑法没有任何条文规定可以对犯罪人以外的任何人追究刑事责任、施加刑罚

从1979年刑法到1997年刑法，从总则到分则，均无任何条文规定非犯罪人应就犯罪人的犯罪承担连带责任或替代责任，或应就犯罪人的犯罪受到刑罚惩罚。而按照罪刑法定的精神，法无明文规定不处罚。相应地，作为法律未规定应受刑罚处罚的人的非犯罪人，便应被排除在动刑的对象之外。因此，刑法不规定对非犯罪人归责与动刑，最明显地体现了罪责自负的原则。

（二）刑法关于犯罪的规定，将非行为主体排除在定罪的对象范围之外

刑法关于犯罪概念的一般规定将"行为"作为定罪的客观基础，表明只有行为才是定罪的事实根据，将行为之外的亲属关系、邻里关系或朋友关系等排除在定罪的事实根据之外，因而构成对株连责任的否定。在此基础上，刑法关于故意犯罪与过失犯罪的规定，进一步限定只有对"自己的行为"的罪过心理才是构成犯罪的主观基础，从而排除了对他人之行为的危害结果的认识被作为定罪的主观根据与他人之行为被作为定罪的客观根据之可能性；刑法关于共同犯罪的规定，共同犯罪的定罪范围限于出于共同故意而共同实施的犯罪行为，从而将不是共同故意实施共同犯罪行为的人排除在共同犯罪的定罪对象之外。所有这些规定，均体现了只有行为主体即违背刑事义务的人才是犯罪主体，对非违背刑事义务的人不能定罪的立法精神，从而将非犯罪人排除在作为动刑之前提的定罪之外，为刑不及无辜奠定了基础。

（三）刑法关于刑事责任的规定体现了刑事责任主体与刑事违法主体的同一性

刑法规定"故意犯罪，应当负刑事责任"，"过失犯罪，法律有规定的才负刑事责任"，表明犯罪是刑事责任的前提，自然蕴含了只有犯罪的人才应承担刑事责任之意；"已满十六周岁的人犯罪，应当负刑事责任"、"已满十四周岁不满十六周岁的人，犯故意杀人、故意伤害致人重伤或者死亡、强奸、抢劫、贩卖毒品、放火、爆炸、投毒罪的，应当负刑事责任"、"间歇性的精神病人在精神正常的时候犯罪，应当负刑事责任"，"醉酒的人犯罪，应当负刑事责任"，"正当防卫明显超过必要限度造成重大损害的，应当负刑事责任"，"紧急避险超过必要限度造成不应有的损害的，应当负刑事责任"，等等，均

极为明确地体现了只有犯罪的人才是应负刑事责任的人，实现了刑事责任主体与刑事违法主体的同一，避免了对非犯罪主体追究刑事责任的可能性，自然也为避免刑及无辜奠定了基础。

（四）刑法关于刑罚的适用的规定体现了刑罚只以犯罪人为对象

刑法规定，单位犯罪的，只"对其直接负责的主管人员和其他直接责任人员判处刑罚"，"死刑只适用于罪行极其严重的犯罪分子"，"没收财产是没收犯罪分子个人所有财产的一部分或者全部"，均表明了刑罚只以"犯罪分子"为对象；刑法有关量刑的规定，也同样明确限定了量刑只以"犯罪分子"为对象。而"犯罪分子"，理所当然是指具有犯罪主体资格、违背刑事义务而实施了法定犯罪行为，依法应负刑事责任的人。以其作为刑罚的发动对象，实现了刑事义务主体、刑事违法主体、刑事责任主体与动刑客体的同一，从而将无辜者绝对排除在动刑的对象之外，充分体现了刑不及无辜的原则。

二、关于依法动刑原则的立法评价

按照动刑的司法理性规定，刑罚的实际发动应严格遵守依法动刑的原则。为确保动刑实践中能严格遵守这一规定，刑法应将依法动刑原则予以明文确认。

在我国1979年刑法中，不但未确认罪刑法定原则，相反，还规定了类推制度。因此，与依法定罪未受确认与全面贯彻一样，以"法无明文规定不处罚"为内容的依法动刑原则不但未被确认，而且还因类推制度的存在被否定。原因在于，类推不只是类推定罪，而且理所当然地包括类推量刑，即对实施法律没有明文规定为犯罪行为的人予以量刑，从而将未违背刑事义务、不应负刑事责任的人作为动刑的对象，构成对动刑只应以刑事违法主体与刑事责任主体为对象的理性规定的否定，赋予了司法者以法外动刑的权力，直接背离依法动刑原则。

1997年刑法在将"法律明文规定为犯罪行为的，依照法律定罪处刑；法律没有明文规定为犯罪行为的，不得定罪处刑"作为刑法原则予以确认的同时，废除了类推制度。而对法律有明文规定的依法处刑，对法律没有明文规定的不予处刑，正是依法动刑的意蕴所在，对类推制度的废除意味着对法外动刑的绝对排除。因此，1997年刑法将罪刑法定作为刑法原则予以确认并废除类推制度，标志着依法动刑真正成为了一条法定的动刑原则。这不但直接符合动刑的立法理性规定，而且完全符合动刑的一般理性规定，具有明显合理性。

就动刑的立法理性规定而言，立法上对依法动刑的肯定与对法外动刑的排除从正反两方面将动刑司法严格限制在法定范围之内，使"恶法亦法"真正成为司法者在动刑问题上所信守的准则，为立法上有关动刑的所有规定得到司法者的遵循提供了保障，有关动刑的立法所体现的动刑的一般理性规定通过司法得以实现成为可能，因而是一种极为合理的选择。

从刑罚必然性的角度来看，依法动刑使有罪必罚与无罪不罚由理念定型为立法，确立了"罚"与"不罚"的法定前提与条件，使司法者在按照法律规定决定动刑与否的同时，自觉地或自发地遵循刑罚的必然性的理性规定，具有充分的报应根据。从刑罚必效性的角度来看，依法动刑使有无动刑的必要在法律上有据可依，并构成对为追求刑罚之效果、奉行有效必罚而无视动刑之必要性规定动刑的有效遏制，有助于避免不必要的动刑，使司法者在按照法律规定决定动刑与否的同时，自觉地或自发地遵循刑罚必效性的理性规定，具有充分的功利根据。更为重要的是，依法动刑使动刑严格限制在法律有规定的范围内，构成对只求功利不求公正的超出法定范围动刑随意性的遏制，有助于立法所体现的必然性与必效性的同一性、必然性限制必效性、必然性与必效性相折衷以及必然性有利让步必效性的动刑的统一理性规定在司法中的实现，避免了因违背立法规定而对动刑的统一化理性规定的背离，因而构成符合动刑的真正理性规定的合理选择。

第二节　动刑制度评价

我国刑法，无论是1979年刑法还是1997年刑法，均确立了从旧兼从轻的溯及力制度、免予刑事处罚制度与追诉时效制度，这三种制度，均以对本可动刑者不予动刑为内容，因而可统称为免刑制度。立足于必然性与必效性相统一的动刑理性规定，这三种免刑制度均具有明显的合理性。可分别评析如下：

一、从旧兼从轻的溯及力制度的合理性

按照刑法的规定，刑法颁布前实施的行为，如当时的法律不认为是犯罪，应适用当时的法律不予定罪动刑；如当时的法律认为是犯罪、刑法不认为是犯罪，应适用刑法不予定罪动刑。这一规定，符合动刑的报应性规定与功利性规定相统一的动刑理性规定。

就动刑的报应性规定而言，其不但包括作为直接规定的必然性规定，而且包括作为修正规定的宽恕性规定。

从必然性的角度来看，行为人在法律未将某行为规定为犯罪之时实施了该行为，不构成对刑事法律义务的违反，不具备承担刑事责任的前提，因而不构成动刑的对象，不对其动刑，是无罪不罚的理性规定的必然要求。虽然刑法根据形势的变化，将原未规定为犯罪的行为规定为犯罪，但刑法由此赋予公民的不得实施该行为的刑事义务，只随刑法的生效而生效，在刑法生效之前，公民只有不为当时的法律所禁止行为的刑事义务，而没有不为当时的法律未禁止而可能为行为后所颁布的刑法所禁止行为的义务。与此相适应，对在刑法颁布前实施的不为当时的法律所禁止的行为，以当时的法律不认为是犯罪、行为人未违背刑事义务为由不予定罪动刑，而不以行为后所颁布的刑法认为是犯罪为由予以定罪动刑，符合动刑必须以违法性为前提、动刑的客体必须是刑事违法主体的动刑的必然性规定。就动刑的功利性而言，虽然惩罚刑法颁布前不认为是犯罪、刑法颁布后认为是犯罪的行为，可以对行为起到个别鉴别的作用，使其认识到其行为已在刑法禁止之列，同时也可以对一般人产生一般鉴别与一般威慑的作用，使之知晓此种行为在刑法禁止之列从而自觉地不实施或因畏惧受刑而不敢实施该行为，以既收个别预防之效又收一般预防之效，但是，如此动刑却是不必要的。因为行为人既然实施的是当时的法律不认为是犯罪的行为，其便不具有违背刑事义务的意志，只需让其明白新的法律已将类似行为规定为犯罪，不需以刑罚对之予以惩罚，即可收个别鉴别、使之不犯罪之效，以刑罚惩罚的方式收个别鉴别之效，显然是一种代价过大的不节俭的选择，因而是一种不符合动刑必要性的选择。而根据个别预防与一般预防在司法上的主次关系，只要个别预防绝对不需动刑，便不能以一般预防的需要为由予以动刑。正是如此，对刑法颁布前所实施的不为当时法律所禁止的行为不按已将其规定为犯罪的刑法定罪动刑，也符合动刑必须具有必要性与有效性必须受制于必要性的动刑必效性规定。另外，当时的法律认为是犯罪但刑法不再认为是犯罪的行为，也就是刑法不再认为具有动用刑罚遏制必要性的行为。相应地，不以违背当时的法律、在当时具有以刑罚遏制的必要性为由对为行为时法律所禁止但不为刑法所禁止的行为定罪动刑，而以不再在刑法禁止之列、不再具有动用刑罚遏制的必要性为由对之不予定罪动刑，也符合动刑的必效性规定。因此，对行为时法律不认为是犯罪的行为不以刑法认为其是犯罪为由不予定罪动刑与对行为时法律认为是犯罪的行为以刑法不再认为其是犯罪为由定罪动刑，均构成符合动刑的必效性规定的合理选择。

既然对行为时法律不规定为犯罪、刑法规定为犯罪的行为不予定罪动刑，既符合无罪不罚的规定又符合动刑的必要性规定，符合动刑的必然性与必效性的同一性规定；既然对行为时法律规定为犯罪、刑法不规定为犯罪的行为不予定罪动刑，既符合刑罚的宽恕性规定又符合动刑的必要性规定，符合动刑的报应性的修正规定与必效性的同一性规定。因此，我国刑法所确立的从旧兼从轻的溯及力制度，是一种完全合理的免刑制度。

二、免予刑事处罚制度的合理性

按照刑法的规定，"对于情节轻微不需要判处刑罚的，可以免予刑事处罚"。这一规定，也符合动刑的报应性规定与功利性规定的统一性规定，具有其合理性。

按照动刑的必然性规定，有罪必罚，即只要是具有刑事义务主体资格的人所实施的行为具有刑事违法性、依法应承担且可承担刑事责任，便具备应受刑罚惩罚的充分条件，因而应受刑罚惩罚。然而，按照动刑的奖赏性规定，[①] 如果犯罪人所犯罪行轻微，且具有某种足以构成对其予以奖赏的重大善行，有罪必罚便应允许基于动刑的奖赏性而生例外，允许对犯罪人免予刑事处罚，以资奖励。同样，按照动刑的宽恕性规定，[②] 对于犯罪轻微的人，即使其不具有足以获得奖赏的重大善行，对其免予刑事处罚，也合乎社会宽容观念，符合刑罚的宽恕性规定，具有其报应性根据。刑法所确立的免予刑事处罚制度，既规定对应予刑罚惩罚者可以免刑，又将免刑的适用严格限制在犯罪情节轻微不需判处刑罚的范围内，为根据动刑的奖赏性与宽恕性规定免予动刑奠定了基础，符合奖赏性与宽恕性修正必然性的理性规定，因而构成一种具有动刑报应根据的合理选择。

按照动刑的必效性规定，动刑必须具有必要性，即只有在不动用刑罚便不可收遏制犯罪人再犯罪与遏制一般人犯类似罪的情况下，才可动刑。同时，根据个别预防与一般预防在司法上的主次关系，只要个别预防需要动刑，无论一般预防是否需要动刑，均可动刑；只要个别预防不需动刑，无论一般预防是否需要动刑，均可不动刑。而在犯罪人虽然构成犯罪，但情节轻微的情况下，其人身危险性往往不大，因为已然的犯罪情节轻微往往表明犯罪人再犯罪的可能性较小，因此，除非犯罪情节轻微的人具有某种表明其人身危险性大的因素，对之免予动刑，符合不需动刑即不动刑的动刑的必要性规定，具有其功利根

[①] 详见邱兴隆著：《刑罚理性导论——刑罚的正当性原论》，中国政法大学出版社1998年版，第199页。

[②] 详见邱兴隆著：《刑罚理性导论——刑罚的正当性原论》，中国政法大学出版社1998年版，第199—200页。

据。与此相适应，刑法将"情节轻微"与"不需判处刑罚"作为免予刑事处罚的适用条件，使对虽构成犯罪但不具有再犯罪的可能性的人免予动刑成为可能，因而构成一种合乎动刑的必要性，具有动刑功利根据的选择。

正由于对情节轻微，不需判处刑罚的，免予刑事处罚既符合作为动刑的报应性规定之修正规定的动刑奖赏性规定或宽恕性规定，又符合作为动刑之功利性规定的重要内容的必要性规定，我国刑法所确立的免予刑事处罚的制度，构成一种符合动刑的奖赏性或宽恕性规定与动刑的必要性规定之间的同一性规定的免刑制度，因而构成一种既有充分报应根据又有充分功利根据的合理选择。

三、追诉时效制度的合理性

按照刑法的有关规定，在犯罪后相当期限内，犯罪人未再犯罪，便不再对之予以追诉，即不再对之定罪动刑。这一关于追诉时效制度的规定，同样符合动刑的必然性与必效性的统一性规定，具有其合理性。

从报应的角度来看，虽然按照有罪必罚的规定，凡构成犯罪、应负刑事责任的人都应受刑罚惩罚，但是，犯罪人在犯罪后相当长时间内未再犯罪，表明其已改过自新，足以得到社会的谅解与宽恕，不再对之动刑，符合社会宽容观念，符合动刑的宽恕性规定。因此，我国刑法所规定的追诉时效制度因符合动刑之报应性的修正规定而具有其充分的报应根据。

就动刑的功利性而言，犯罪人在犯罪后相当长时间内未再犯罪，表明其人身危险性已经消失，足以证明其不具有再犯罪的可能性，从个别预防的角度来看，没有必要再对之动用刑罚。另外，虽然从一般预防的角度来看，对已过追诉时效的犯罪人予以刑罚惩罚，既可收一般鉴别之效又可收一般威慑之效，符合一般预防的需要，但是，按照个别预防与一般预防在司法上的主次关系，在个别预防不需动刑、一般预防不需要动刑的情况下，应该作出服从个别预防、舍弃一般预防的选择。因此，对已过追诉时效的犯罪人以个别预防不需动刑为由不再定罪动刑，符合动刑的必效性规定。

正由于对已过追效时效的犯罪人不再定罪动刑既具有动刑的报应根据又具有动刑的功利根据，我国刑法关于追诉时效的规定具有充分的理性基础，构成一种极为合理的选择。

第三节 动刑情节评价

按照刑法的规定,在外国已经受过刑罚处罚的人、又聋又哑的人或者盲人犯罪、防卫过当、避险过当、预备犯、中止犯、从犯与胁从犯、犯罪较轻而自首与有重大立功表现等均构成可以免刑的情节。这些情节,是刑法所规定的"对于犯罪情节轻微不需要判处刑罚的,可以免予刑事处罚"的具体化,构成适用免予刑事处罚制度的前提。立足于动刑的统一性规定,刑法所确立的这些免刑情节,具有明显的合理性。可具体评析如下:

一、符合动刑的报应性规定

以动刑的报应性规定为根据,诸免刑情节要么是符合动刑的宽恕性规定,要么是符合动刑的奖赏性规定。

(一) 符合动刑的宽恕性规定

在国外已受过刑罚处罚,基于国家主权原则,并不排除本国对犯罪人的刑事追诉,因而不属无罪不罚的范畴。相反,按照有罪必罚的规定,仍应对此类犯罪人予以刑罚惩罚。但是,在国外已受过刑罚处罚,构成一种可宽恕性条件。因为犯罪人毕竟已受过惩罚,不就同一犯罪再对之予以刑罚惩罚,符合社会宽容观念,符合刑罚的宽恕性规定。

又聋又哑的人与盲人,都是残疾人,属于社会弱者,对其所犯罪行予以一定程度的宽恕,符合同情弱者的社会心理。与此相适应,如其所犯罪行轻微,对其免予处罚,符合刑罚的宽恕性规定。

防卫过当与避险过当,均是事出有因、处于激愤状态下所发生的行为,因而情有可原,对其中后果不特别严重者免予刑罚处罚,理所当然地在社会宽容观念所允许之列,因而符合动刑的宽恕性规定。

预备犯、从犯与胁从犯,要么是犯罪尚未进入实施阶段,未造成实际损害结果,社会危害极小,要么是在共同犯罪中所起的作用较小,此三情节的存在,使犯罪的严重性大为减轻,对所犯系轻罪而具有此类情节者予以免刑,亦在社会宽容观念允许的范围之内,符合动刑的宽恕性规定。

中止犯系自动放弃犯罪者,具有悔悟表现,易受社会谅解,在其所犯罪行轻微,且未造成实际损害的情况下,对之免予动刑,是社会宽容观念的必然要求,符合动刑的宽恕性规定。

（二）符合动刑的奖赏性规定

在犯罪后投案自首与有重大立功表现，虽然均只是犯后因素，不对犯罪的害恶性产生影响，但投案自首是犯罪人悔改的明证，即表明其具有改恶从善的趋向，构成一种应受社会欢迎的行为；有重大立功表现是对社会有益的行为，因而也构成应受社会欢迎的一种善行。因此，二者均系应受从宽处罚之鼓励的行为。与此相适应，对犯罪轻微而具有此类因素者，予以免刑，既未超出社会宽容观念所允许的范围，又符合善有善报的社会观念，因而构成一种符合动刑的奖赏性规定的选择。

二、符合动刑的功利性规定

以动刑的功利性规定为根据，诸免刑情节的确立均符合动刑的必要性规定。

犯罪人因在国外犯罪而受过刑罚处罚，构成减轻预防需要的情节。因为一方面，在国外犯罪的人并不多见，遏制一般人在国外犯罪对刑罚的需要不大；另一方面，犯罪人毕竟受过刑罚惩罚，在国外所受刑罚对其本人不可避免地产生一定的个别预防作用。正由于已在国外受过刑罚处罚构成表明预防需要小的因素，对其免予动刑，符合预防犯罪不必动刑便可不动刑的动刑的必要性规定。

又聋又哑的人与盲人犯罪的情况较为少见，因此，从一般预防的角度而言，遏制此类人犯罪，对刑罚的需要不大，而遏制此类人犯轻罪，对刑罚的需要更小。与此相适应，对犯轻微之罪的又聋又哑的人或盲人免予刑罚处罚，同样符合可不动刑即可不动刑的动刑的必要性规定。

防卫过当与避险过当，均是以有益于社会的防卫或避险行为为前提。而防卫与避险均是应受鼓励的行为，因此，对防卫过当与避险过当的行为予以从宽处罚，对其中所造成的后果不特别严重者予以免刑，有益于调动一般人采取防卫与避险行动的积极性。另外，防卫过当者与避险过当者再犯罪的可能性极小，对其免予动刑，也符合个别预防的必要性规定。

预备犯属于既无实害又无直接重大危险者，遏制一般人的预备行为，对刑罚的需要不大，因此，对犯罪性质不严重的预备犯免予动刑，符合一般预防的必要性规定。

从犯与胁从犯对犯罪的形成与实施所起的作用小，不构成遏制的重点，因此，从一般预防的角度来看，所需的刑罚遏制力小。同时，从犯与胁从犯对犯罪的态度消极、被动，再犯罪的可能性小，从个别预防的角度来看，所需的刑罚遏制力也小。既然一般预防与个别预防对刑罚所需均小，对犯罪性质轻微的共同犯罪中的从犯与胁从犯免予动刑，便完全符合预防犯罪不需动刑便可不动刑的动刑的必要性规定。

中止犯罪、犯罪后投案自首与有重大立功表现，均是社会所欢迎的行为，对犯罪性质不严重者免予动刑，有助于鼓励一般犯罪人实施类似行为。同时，此类行为构成表明犯罪人弃恶从善、改过自新的因素，因而均足以证明犯罪人人身危险性小，对犯罪性质轻微而又具有此类因素者免予动刑，符合动刑的个别预防的必要性规定。

三、符合动刑的报应性与功利性的统一规定

刑法所规定的诸免刑情节，既然既合动刑的报应性规定，又合动刑的功利性规定，符合动刑的统一性规定。可具体评析如下：

（一）符合动刑的宽恕性与必要性的同一性规定

如前所述，对在国外受过刑罚处罚的人、又聋又哑的人与盲人犯罪、防卫过当者、紧急避险者、预备犯、中止犯、从犯与胁从犯免予动刑，既符合动刑的宽恕性规定，又符合动刑的必要性规定，因此，刑法将这些因素规定为可以免刑的情节，构成一种符合动刑的报应性之修正规定与动刑的功利性之直接规定之间的同一性规定的完全合理的选择。

（二）符合动刑的奖赏性与必要性的同一性规定

如前所述，对犯罪后投案自首者与有重大立功表现者免予动刑，既符合动刑的奖赏性规定，又符合动刑的必要性规定，相应地，刑法将这些因素规定为可以免刑的情节，同样构成一种符合动刑的报应性之修正规定与动刑的功利性之直接规定之间的同一性的合理选择。

（三）符合动刑的报应性规定与功利性规定之间的折衷性规定

刑法所规定的免刑情节，除个别例外，① 均不是单一的免刑情节，而是同时具有可供选择的其他功能即从轻或减轻处罚功能。如此规定，从立法精神上体现了只有在这些情节出现在所犯罪行轻微的情况下才可免刑，在所犯罪行

---

① 指未造成损害的中止犯。

严重的情况下不可免刑，只可从轻或减轻处罚。这一方面使免刑的适用严格控制在作为报应性之修正规定的动刑奖赏性与宽恕性的范围之内，避免对罪行严重者仅据某一情节便免刑而奖赏无度、宽容无边，以致违背动刑的报应性规定而使免刑失之公正，又可通过从轻或减轻处罚体现对犯罪严重但具有奖赏性或宽恕性情节者的动刑奖赏性与宽恕性；另一方面对不具有动刑之必要性者的免刑只限于犯罪轻微者，而不扩大至犯罪严重者，即使免刑之适用严格受制于奖赏性与宽恕性所允许的范围，不致求之功利而失之公正，又使对犯罪严重但人身危险性小者可通过从轻或减轻处罚而体现动刑的必要性对动刑的影响，不致求之公正而失之功利。因此，因符合动刑之报应性与功利性的折衷性规定而符合动刑的统一性规定，也是我国刑法关于免刑情节的规定合理性的重要表现。

结　　论

对我国刑法有关动刑的原则、免刑制度与情节的全面反思展示了如下结论：

第一，我国1979年刑法既未确立依法动刑的原则又未明文规定罪责自负、刑不及无辜的原则，因而不符合动刑的立法理性规定与一般理性规定，明显地不具有合理性。1997年刑法明文规定与全面贯彻了依法动刑的原则，并充分贯彻了罪责自负、刑不及无辜的原则，既合动刑的立法理性规定，又合动刑的一般理性规定，具有明显的合理性。但是，1997年刑法未将"罪责自负、刑不及无辜"作为刑法原则予以明文规定，不足以体现该原则之于动刑的决定性意义，因而构成一种缺憾。

第二，我国刑法所规定的从旧兼从轻的溯及力制度、免予刑事处罚制度与追诉时效制度均具有免予定罪动刑的功能。其之在立法上的存在既合动刑的报应性的修正规定，又合作为动刑功利性之内容的动刑必要性规定，因而构成完全符合动刑之统一性规定的合理选择。

第三，我国刑法所确立的免刑情节，构成适用免予刑事处罚制度的前提。所有有关情节的规定，均既合动刑的报应性的修正规定，又合作为动刑功利性之内容的动刑必要性规定，并因而符合动刑的同一性规定与折衷性规定，具有充分的合理性。

第三章 动刑司法反思

动刑体制是动刑立法与动刑司法的有机组合。与此相适应，对动刑的正当性的现实反思不但应包括对定罪动刑的立法规定的评价，而且也应以对有关定罪动刑的司法活动的评价为内容。

第一节 动刑司法的合法性评价

按照动刑的司法理性规定，在司法中必须遵循依法定罪与依法动刑的原则。[①] 与此相适应，定罪与动刑是否具有合法性，构成对动刑司法的反思的首要基点。

一、动刑司法的合法性

随着1979年刑法的颁布实行，我国的定罪与动刑实践开始被纳入法制化轨道，依法定罪与依法动刑真正作为司法原则得到普遍遵循。具体表现为严格依法定罪与严格依法动刑两方面。

（一）严格依法定罪

基于定罪与动刑的同一性，定罪合法是动刑合法的前提，合法的定罪为合法的动刑提供了保障，在合法定罪的前提下的动刑必然在很大程度上具有合法性。因此，定罪的合法性构成动刑司法之合法性的重要表现。在我国现阶段，定罪的合法性主要表现在如下诸方面：

1. 严守定罪的法定范围。在1997年刑法颁布前，类推定罪的情况在司法实践中虽不多见，但经最高人民法院核准类推定罪的案件时有出现。因此，1979年刑法分则与特别刑法所限定的定罪范围未得到严格遵守，曾是我国司

[①] 详见邱兴隆著：《刑罚理性导论——刑罚的正当性原论》，中国政法大学出版社1998年版，第192—194、220—227页。

法实践不严格依法定罪的明显表现。但是，自1997年刑法实施以来，由于类推制度被废除，1997年刑法分则所规定的定罪范围在司法实践中得到了严格遵守，法律没有明文规定为犯罪的行为被依法排除在定罪范围之外。因此，严守定罪的范围是我国现阶段司法实践依法定罪的明显表现。

2. 严格依照法定犯罪构成要件定罪。1997年刑法对类推制度的废除，不但使定罪的范围在司法实践中得到严格遵守，而且使刑法分则就各种犯罪所规定的主客观要件被作为定罪的标准得以遵守。符合法定主客观要件的行为认定为相应的犯罪，不符合法定主客观要件的行为不认定为犯罪，已成为我国司法实践所普遍遵循的准则。正因如此，在现阶段，对应予定罪者不予定罪，与对不应定罪者予以定罪的情况极少发生。这也是我国司法实践严格依法定罪的明证。

3. 严格依法排除非罪行为。在现阶段司法实践中，刑法总则关于意外事件、因未达法定年龄、不具备犯罪行为能力而不具备犯罪主体资格者的行为以及正当防卫与紧急避险不是犯罪的规定，也得到了普遍遵守。诸如此类的法定非犯罪行为被严格排除在犯罪之外，对此类行为定罪的情况很少发生。因此，对法定非犯罪行为不予定罪，同样是我国司法实践贯彻依法定罪原则的重要表现。

4. 以司法解释统一定罪的基准。刑法的有关规定抽象而概括，司法人员对其的理解难免出现分歧与差误。而理解的分歧与差误势必导致对犯罪认定的标准不一，违背立法精神，使定罪不具有合法性。有鉴于此，自1979年刑法颁布实行以来，国家最高司法机关颁行了一系列刑事司法解释，对刑法有关定罪的标准予以明确化与具体化，使法定的定罪标准在司法实践中可得到统一的遵循。这些司法解释，绝大部分符合立法精神。相应地，依据司法解释定罪，也就在很大程度上确保了定罪的合法性，避免了定罪的不合法性。因此，以符合立法精神的司法解释统一定罪的基准，构成依法定罪最明显的表现。

（二）严格依法动刑

动刑司法的合法性不仅表现为严格依法定罪，而且也表现为严格依法动刑，具体表现为无罪不罚，该免即免与不该免不免。

1. 无罪不罚。依法动刑的首要内容是对凡依法不构成犯罪者不予动刑。在这方面，我国动刑实践的合法性极为明显。因为在严格依法定罪的前提下，凡依法不构成犯罪的情况都排除在定罪范围之外，自然也就排除了无罪施罚的可能性。正由于如前所述，在我国司法实践中，依法不构成犯罪的情况基本上都未被认定为犯罪，相应地，对非罪情形予以刑罚惩罚的情况也极少发生。虽然在刑法颁布前的无法可依的年代，刑及无罪与株连无辜的情况屡见不鲜，但自1979年刑法颁布以来，刑及无罪基本上得以避免，至于株连无辜，更是成为了历史。

2. 该免即免。鉴于刑法确立了从旧兼从轻的溯及力制度、免予刑事处罚制度与时效制度，并相应地规定了诸多免予处罚的情节，自刑法实施以来，既已认定为犯罪的行为，只要符合法定免刑条件，基本上均被依法免予动刑。在实践中，不但根据溯及力制度与追诉时效制度，对具备法定免刑条件者免予定罪动刑，而且对具有法定免除处罚情节者，在大部分情况下都依法予以免刑，从而做到了当免即免，避免了对依法可免刑者动刑。

3. 不该免不免。对于被依法认定为犯罪的行为，在不具备法定免刑条件的情况下，在实践中，基本上均被依法处刑，实现了有罪即罚，即使具有法定从宽情节者，如所犯罪行严重，也基本上做到了不予免刑而只处轻刑，从而既体现了从宽，又避免了宽大无边。正是如此，依法不应免刑的情况基本上均被动之以刑，做到了不该免刑即不免刑。

二、动刑的不合法性

虽然刑法有关定罪动刑的规定在实践中大都得到了遵循，但是，有罪不罚与无罪施罚的情况亦时有发生，而且在某些方面，定罪动刑的不合法性还较为突出。就此，可具体揭示如下：

（一）无罪施罚

对依法不构成犯罪者予以定罪动刑的无罪施罚现象，可能因种种客观原因而在所难免，因此，要求司法者完全杜绝其发生，是不现实的。然而，在定罪动刑实践中，无罪施罚的违法动刑现象的存在，并非均是客观原因所致，甚至也很难完全归咎于司法者的执法水平，而是有其发人深省的种种原因。扼其要者，略列如下：

1. 据势动刑。自1983年"大严打"开始，"从重"已作为一条既定的刑事政策为中国刑事司法所遵循。虽然在逻辑上，"从重"是指对既已构成犯罪者予以从重处罚，即是在依法可动刑且应动刑的前提下的从重，只涉及刑罪关系的量的规定，而不涉及其质的规定，因而不发生违背动刑理性的问题，但是，实际上，根据形势的需要来决定定罪动刑与否，以致在"形势需要"与"从重"或"严打"的名下对依法不构成犯罪的轻害行为予以定罪动刑的情况却并不罕见。1983年"大严打"虽已成为历史，但其在当时所造成的监狱人满为患与为数不少的冤假错案却在新中国刑事司法史上留下了极不和谐的一页。至于说自此以后，每遇严打，即错案骤增，更是一条众所共识的规律。如此等等违法动刑的历史与现实，均是依势动刑的结果。

2. 屈权动刑。如果说据势动刑尚有"形势需要"这一丝理性，其所导致的违法动刑尚可认为"情有可原"，那么，屈权动刑则是对法制赤裸裸的践踏与蹂躏。虽然司法独立是一条由《宪法》、《法院组织法》、《检察院组织法》乃至新《刑事诉讼法》所共同确立的原则，但是，党政领导对司法的干预在有些地方一直存在，以权压法始终是笼罩着当代中国刑事司法的一道阴影，以致凡领导交办或过问的案件，司法者即使明知不能定罪动刑也不得不定罪动刑。在这里，本应依法定罪动刑的司法人员被权势奴化，严重丧失其作为司法者所应有的独立人格，不再也无法依法定罪动刑，而是被沦为实现凌驾于法律之上的领导意志的工具。因此，屈权动刑虽然不是一种十分普遍的违法动刑现象，但其害之深却不容低估。

3. 徇私动刑。司法者出于个人恩怨、泄愤报复或其他私情而对明知无罪或不应动刑的人予以定罪动刑，是无罪施罚最恶劣的表现。这种违法定罪动刑现象，虽属个别，但时有发生。在这里，违法动刑不只是欲加之刑何患无罪的表现，也不能仅仅简单地归咎于罪刑擅断，而是司法者犯罪的手段。

（二）有罪不罚

与无罪施罚相对应，有罪不罚即对依法构成犯罪、应负刑事责任且可归责、不可免刑者不定罪动刑或虽予定罪但予以免刑，是违法动刑的又一重要表现，其存在的普遍性远甚至无罪施罚。且不论诸如执法水平有限之类客观原因，仅就司法者明知有罪却不依法定罪动刑而言，其成因与表现至少有如下三方面：

1. 权权交易。司法人员因为犯罪人本人具有一定地位、拥有一定的权威或有某种权势背景，而违背法律规定，对明知是有罪的人不予定罪动刑或虽予定罪但违法免刑，是有罪不罚的明显表现。究其原委，是司法人员屈从或媚从权势的结果，在其背后隐藏着权权交易与屈权枉法的实质。在这里，司法人员理性不足，奴性有余，不具有作为司法者所应有的人格。

2. 以权徇情。因与犯罪人有某种亲情、友情或其他私情而在明知其有罪的情况下对其不予定罪动刑或予以违法免刑，是司法者不按法律规定动刑的又一常见表现。究其原委，这是司法人员不能理智地处理法与情的关系，滥用职权、徇情枉法所使然。在这里，法律被私情所取代，司法者的理性与人格同样丧失殆尽。

3. 权钱交易。司法人员贪图钱财而对明知是有罪的人不予定罪动刑，是违法动刑的最常见与最恶劣的表现。在这里，司法人员的良知、良心、人格、人性，连同法律的理性被明码标价地出卖，有权者以权卖刑，有钱者以钱买刑，法律被沦为可以任意蹂躏的对象。

（三）曲解法律

如前所述，国家最高司法机关的大部分司法解释因符合立法精神而确保了定罪动刑的合法性。然而，在既已颁行的司法解释中，也有少数明显地违背立法精神，作出了曲解立法本意的规定，以致据其所为的定罪动刑不具有合法性。如在1985年，刑法尚无对挪用公款定罪处刑的规定，更无对挪用公款不还者以贪污罪论处的规定。然而，当年7月18日发布的《关于当前办理经济犯罪案件中具体应用法律的若干问题的解答（试行）》指出："司法实践中，国家工作人员、集体经济组织工作人员和其他经手、管理公共财物的人员，挪用公款归个人使用，超过六个月不还的，或者挪用公款进行非法活动的，以贪污论处。"这一解释，将刑法排除在定罪范围之外且与贪污罪性质不同的挪用公款不退行为按贪污罪论处，显然已不只限于解释法条，而是一种法官立法，明显地不具有合法性。又如1989年颁发的最高人民法院、最高人民检察院《关于执行〈关于惩治贪污罪受贿罪的补充规定〉若干问题的解答》规定，"挪用公物归个人使用"，"情节严重，需要追究刑事责任的，可以折价按挪用公款罪处理"。这一解释，明显地扩大了法定的定罪范围，违背立法原意。因为法律将此罪的对象严格限定为"公款"，而"公款"，理所当然地只是指货币而不包括实物。前述司法解释把挪用公物也作为挪用公款罪处理，将此罪的对象扩大至公物，显然不具有合法性。

第二节　动刑司法的合理性评价

动刑司法不但应贯彻依法定罪动刑的原则，而且还应贯彻合理定罪动刑的原则。[①] 相应性，定罪与动刑在合法的前提下是否合理，也是反思动刑司法的重要基点。

[①] 详见邱兴隆著：《刑罚理性导论——刑罚的正当性原论》，中国政法大学出版社1998年版，第222—227页。

一、动刑司法的合理性

动刑司法的合理性,与动刑司法的合法性一样,表现在定罪与动刑两个方面。

(一) 定罪的合理性

就总体趋势而言,在我国司法实践中,定罪基本上做到了合法的前提下的合理性,即不只是合乎法律规定,而且在法律规定不具体的情况下,合乎定罪的一般理性规定。具体表现如下:

1. 按照主客观统一原则定罪。主客观统一,是我国司法实践所普遍遵守的定罪原则。在法律规定不明确的情况下,司法者大都可以根据这一原则,正确地理解立法精神,准确地划分罪与非罚的界限,既避免主观归罪,又避免客观归罪,使定罪合乎定罪的一般理性规定。如制作、贩卖淫秽物品罪,刑法未明文规定以明知制作、贩卖的对象是淫秽物品为对象。但在实践中,司法人员大都能根据此罪在客观上以特殊对象为要件,而认定其在主观上必须以对对象的特殊性的认识为要件,从而对虽有诸如制作、贩卖淫秽物品之类行为,但并不知道所制作、贩卖的是淫秽物品的情况不认定为犯罪。按照定罪的理性规定,犯罪应该是统一体现严重主观恶性与严重客观危害的行为,因此,以主客观统一原则区分罪与非罪的界限,也就是根据定罪的理性规定定罪,因而具有其合理性。

2. 根据犯罪构成理论定罪。犯罪构成理论,已作为定罪的重要理论根据为我国司法实践所普遍接受。由于刑法有关犯罪特征的表述大都简明扼要,只表明作为定罪主要根据的特征,省略了其他特征,而被省略的特征又往往构成区分罪与非罪界限的必要要件。在这种情况下,犯罪构成理论便为正确定罪提供了指南。如偷割使用中的电线,表面上是一种盗窃财物的行为,而盗窃罪必须以数额较大作为定罪的起点,因此,偷割使用中的电线,数额不大的,便很可能按情节轻微的盗窃行为处理。然而,根据犯罪构成理论,使用中的电线是一种特殊的对象,其价值也超出财产本身而在于作为通信设备之意义,因此,偷割使用中的电线侵害的权益即客体不只是财产所有权而且是通信安全。相应地,虽然刑法未明文规定偷割使用中的电线构成破坏通信设备罪,但从犯罪构成理论入手,可以正确认定,这种行为,无论数额大小,均构成破坏通讯设备罪。而如此认定,完全符合刑法关于破坏通信设备罪的立法精神,因而具有合理性。因此,我国司法实践中运用犯罪构成理论定罪,是合理定罪的重要表现。

3. 按有利被告原则定罪。长期以来,"可捕可不捕的不捕,可判可不判的不判"被作为一项刑事政策为我国刑事司法实践所遵循。按照这一政策的基本精神,对于刚达犯罪起点的行为,可以不作为犯罪处理。基于此,在司法实践中,在相当一部分情况下,可定罪可不定罪的行为未认定为犯罪。这是有利被告原则在定罪问题上的具体体现,符合合理定罪的原则。

(二) 动刑的合理性

基于定罪与动刑的同一性,合理的定罪构成合理动刑的前提与保障。然而,定罪合理不等于动刑合理,只有在合理定罪的前提下,正确掌握免刑的标准,对理应免刑者予以免刑,对按理不应免刑者不予免刑,动刑实践才具有完全的合理性。在这方面,我国司法实践的合理性也较为明显,具体表现如下:

1. 按有利被告原则免刑。如前所述,"可判可不判的不判",是我国司法实践长期以来所贯彻的一项政策。这一有利被告的原则,不但体现在对可定罪可不定罪者不予定罪动刑,而且也体现为对虽构成犯罪但情节轻微者免予刑事处分。正是在这一精神指导下,我国刑事司法实践中,对"可判可不判"的相当一部分案件予以免予刑事处分,实现了可免即免的动刑理性,因而具有其合理性。

2. 正确运用免刑情节合理免刑。按照刑法的规定,除未造成损害的犯罪中止外,其他所有免刑情节均是既可免刑又可减轻甚至还可以从轻的情节。因此,根据这些情节对具体案件予以免刑或不予免刑而只予减轻或从轻,具有合法性而不生违法之问题。然而,在具体案件中,根据从宽情节决定是免刑还是减轻、从轻,应以动刑的理性规定为标准,否则,必然导致合法但不合理的动刑。这一理性标准是,对所犯罪行严重但具有免刑情节者不予免刑而只予减轻或从轻,对所犯罪行轻微而且有免刑情节者则予以免刑而不只是减轻或从轻。唯有如此,才符合刑法所规定的"情节轻微不需要判处刑罚的,可以免予刑事处罚"的立法精神,也唯有如此,才符合动刑的宽恕性或奖赏性与必效性相统一的一般理性规定。在我国司法实践中,基本上做到了对虽有免刑情节但所犯罪行严重者不予免刑而只予减轻或从轻处罚,对所犯罪行轻微且具有免刑情节者予以免刑,因而具有其合理性。

二、动刑司法的不合理性

相对于动刑司法的不合法性，在我国刑事司法实践中，动刑司法的不合理性更为明显，同样表现在定罪与动刑两个方面。

（一）定罪的不合理性

在我国司法实践中，定罪的不合理性主要表现如下：

1. 定罪起点过低。如前所述，有关司法解释因存在与法律规定相冲突的因素而使定罪在某些情况下不具有合法性。不仅如此，其还存在某些虽不违法但不合理的因素，以致据其定罪不具有合理性。最明显的体现是，司法解释就某些经济犯罪或财产犯罪确定的数额起点数十年一成不变，导致定罪起点过低。最高人民法院、最高人民检察院在有关经济犯罪或财产犯罪的司法解释中，大都就作为定罪的客观根据的数额标准作了具体规定。在司法解释颁行之初符合当时的形势，具有其合理性。然而，由于经济发展、物价上涨与货币贬值等原因，在司法解释颁布之初，被视为危害严重而由司法解释界定为犯罪的行为，在数年后，却显然只属危害轻微的行为，原来所规定的定罪起点数额因而明显过低。在这种情况下，最高司法机关本应适时修正司法解释，相应地提高定罪起点数额，使定罪严格限制在危害严重的范围之内。然而，有关司法解释却数十年一成不变，导致大量危害轻微、不受刑罚惩罚也没有必要以刑罚遏制的行为被定罪。如在20世纪80年代初，"万元户"尚是一个令一般人可望不可及的概念。与此相适应，有关司法解释将非法经营额一万元或非法所得额3000元作为投机倒把的定罪的起点数额，将盗窃罪、诈骗罪的定罪起点线定为数百元，符合当时的经济形势，具有其合理性。然而，到80年代中后期，"10万元户"已令普通人不再陌生，到90年代初中期，"100万元户"也不再令普通人感到不可思议，但投机倒把、盗窃、诈骗等罪的定罪起点线仍原封未动，以致卖几瓶假洋酒、偷一辆自行车或在极普通的歌舞厅消费一晚而逃账，也被定罪。在诸如此类情况下，定罪虽不违法，但显然不符合只有具有严重害恶性的行为才具有应受刑罚惩罚性与应受刑罚遏制性，因而才应作为犯罪的定罪理性规定，不具有合理性。

2. 超出应罚性的限制以应制性作为定罪的根据。某些司法解释以行为人曾受过行政处罚而不以行为的危害严重作为定罪的根据。如最高人民法院、最高人民检察院《关于依法惩处倒卖飞机票犯罪活动的通知》规定："多次倒卖飞机票，经行政处罚仍不悔改的"，视为"情节严重"，按投机倒把定罪论处；

最高人民法院《关于适用〈全国人民代表大会常务委员会关于惩治侵犯著作权的犯罪的决定〉若干问题的解释》规定,"因侵犯著作权曾经两次以上被追究行政责任或者民事责任",属于"有其他严重情节",应予定罪。在司法实践中,以"一贯表现不好"或"态度恶劣"等作为定罪根据的情况也较为常见。然而,"受过行政处罚"或"被追究民事责任"与"一贯表现不好",均属行为前的情节,"态度恶劣"也只不过是行为后的情节,其均不是行为过程中出现的情节,既不影响行为的客观危害,也不影响行为所体现的主观恶性,因而不影响行为的害恶性。诸如此类因素的存在,只表明行为人的人身危险性大,丝毫也不表明行为的害恶性大。而作为定罪之客观根据的只能是与行为有关的因素,也只有与行为有关而增大行为的客观危害的因素才是刑法作为定罪的客观根据的"严重情节"。以行为前受过行政处罚、追究过民事责任或一贯表现不好,或行为后态度恶劣为根据而对客观危害轻微的行为予以定罪,实际上是以行为人的人身危险性而不是以行为的害恶性作为定罪的根据,违背定罪的应罚性限制应制性的理性规定,求之功利而失之公正,因而不具有合理性。

(二) 动刑的不合理性

在司法实践中,不违法但不合理的动刑现象也较为严重地存在。主要表现如下:

1. 该免不免。如前所述,所有法定免刑情节,在绝大多数情况下均同时构成减轻或从轻情节,因此,对具有此类情节者应按犯罪性质的轻重决定是免刑还是减轻或从轻处罚。对于犯罪轻微而具有可免刑情节者不予免刑,而只予减轻或从轻,虽不违法但不合理。在司法实践中,虽然如前所述,对犯罪轻微而具有可免刑情节者一般均能予以免刑,但是不予免刑而仅予减轻或从轻处罚的情况也并不鲜见。尤其是在"从重"与"严打"运动中,应予免刑而不予免刑的情况更是屡见不鲜,明显地违背该免即免的动刑理性规定,不具有合理性。

2. 不该免刑者免刑。与该免不免相对应,对所犯罪行严重但具有免刑或减轻、从轻情节者予以免刑,也属虽不违法但不合理的表现。在司法实践中,这种不合理现象虽不常见,但时有发生。这明显地违背不该免即不免的动刑司法理性规定,构成超出动刑的宽恕性或奖赏性限度的不合理选择。

结 论

对我国动刑司法的正当性的全面反思,展示了如下结论:

第一,在大部分情况下,我国司法实践贯彻了依法定罪原则,因而在相当程度上确保了动刑的合法性。然而,种种原因所导致的对不构成犯罪者予以定罪或对构成犯罪者不予定罪的违法现象也并不鲜见。这种现象的结果,是导致无罪施罚与有罪不罚的动刑的不合法性,构成动刑不合法的主要原因。

第二,免刑制度大都得到了合法运用,免刑的适用基本上控制在具有法定免刑情节的范围内,不具有法定免刑情节者通常均被动之以刑。这表明,依法定罪的前提下的依法动刑原则已为我国司法实践普遍遵循,动刑的合法性得到了较为彻底的贯彻。然而,对具有法定免刑情节依法应予免刑者不予免刑与对不具有法定免刑情节者予以免刑的情况同样存在,其构成动刑司法不合法的重要表现。

第三,主客观统一与有利被告原则的贯彻以及犯罪构成理论的运用,使定罪的合理性在我国司法实践中得到了较充分的体现,为合法动刑前提下的合理动刑提供了保障。然而,司法解释所确定的定罪起点过低与以行为人一贯表现不好或态度不好之类不表明行为的害恶性严重而只表明行为人的人身危险性大的因素作为定罪的根据,构成不符合定罪的统一性规定的明显表现。这种定罪的不合理现象,必然导致作为定罪之结果的动刑不合理。

第四,免刑制度的正确运用使该免刑者大都被免刑,不该免刑者大都被动之以刑,因而在很大程度上保障了合理定罪前提下的合理动刑,使动刑的合理性得到了普遍贯彻。然而,对该免刑者不免刑与对不该免刑者予以免刑的情况的存在又是动刑不合理的明显表现,因而构成动刑的合理性未得到彻底贯彻的标志。

结论与余论

对我国动刑体制的现实反思就有关定罪与动刑的立法与司法的正当性得出了个别的结论,将这些各别结论予以综合与抽象,可以就我国动刑体制的正当性得出一般性的结论,并为完善我国动刑体制指明方向。而这正是对动刑体制的现实反思的价值所在。

第一节 动刑的现实反思的一般结论

对我国动刑体制的正当性的全面反思表明,无论是定罪还是动刑,从立法到司法均既有合理性又有不合理性。

一、动刑的合理性之一般

立足于定罪与动刑的一般理性规定,我国动刑体制的合理性可归纳如下:

（一）基本上符合定罪动刑的报应性规定

就定罪而言,在立法上,刑法总则关于故意犯罪与过失犯罪的概念的确立,将法律没有规定为犯罪的过失行为、意外事件、年幼无知者与精神病人的行为排除在定罪范围之外,刑法分则所规定的所有犯罪均以有罪过为成立的前提,且所有过失犯罪都以已造成严重后果为必要要件,如此等等,充分表明,严重的主观恶性被作为定罪的主观基础得到了充分体现,符合作为定罪之报应性规定的应罚性的犯罪之主观恶性的质、量规定性。同样,在司法上,刑法总则所确立的犯罪的一般概念对构成犯罪所必须具有的社会危害性的限定与将情节显著轻微危害不大的行为排除在犯罪之外,并规定正当防卫与紧急避险不是犯罪,刑法分则只将侵害至为重要的社会权益的行为规定为犯罪,不将侵害普通社会权益的行为规定为犯罪,侵害的社会权益越重要,定罪的起点越低,侵害的社会权益的价值越小,定罪的起点越高,如此等等,足以表明,严重的客观危害被作为定罪的客观基础得到了较充分的体现。而刑法总则之将正当防卫与紧急避险排除在定罪之外，意味着既无主观恶性又无客观危害因而不具有害恶性的行为不应定罪。因此，我国刑法关于定罪的规定基本上体现了只有具有严重害恶性的行为才应作为犯罪，不具有严重害恶性的行为不应作为犯罪的定罪的报应性规定。而"法无明文规定不为罪"的定罪原则之确立与依法定罪、合理定罪之在司法实践中的普遍贯彻，又使立法所体现的定罪的报应理性通过司法得以实现。因此，我国有关定罪的立法与司法均基本上符合定罪的报应性规定。

就动刑而言，在立法上，刑法分则就所有犯罪均规定了法定刑，体现了有罪必罚的动刑的必然性规定；刑法总则与分则均贯彻了罪责自负、刑不及无辜的原则，因而又体现了无罪不罚的动刑的必然性规定；刑法总则所确立的从旧兼从轻的溯及力制度、免予刑事处罚制度与追诉时效制度均符合动刑的宽恕性规定，刑法总则有关免刑情节的确立与具体规定，也符合动刑的宽恕性规定或奖赏性规定。如此等等，足以表明，我国刑法有关动刑的规定较充分地体现了作为动刑之报应性规定的必然性规定以及作为其修正规定的动刑的宽恕性规定与奖赏性规定。而"法无明文规定不处罚"的动刑原则之确立与依法动刑、合理动刑之在司法实践中的普遍贯彻，又使立法所体现的动刑的报应理性通过司法而得以实现。因此，我国有关动刑的立法与司法均基本上符合动刑的报应性规定。

正由于作为动刑之前提的定罪与作为定罪之结果的动刑从立法到司法均基本上符合报应性规定，因此，我国现行动刑体制是一种具有较充分的报应根据的动刑体制。

（二）基本上符合定罪动刑的功利性规定

就定罪而言，刑法总则只将体现人之自由意志的故意与过失行为规定为犯罪，而将不体现人的自由意志的意外事件、年幼无知者的行为、精神病人的行为规定为不是犯罪，这充分表明，只有可受遏制的行为才应作为犯罪，因而体现了作为定罪之功利性规定的内容的受遏制的可行性规定。刑法总则以犯罪概念限定只有具有严重社会危害性的行为才应作为犯罪、将危害不大的行为排除在定罪范围之外，并将有益无害的正当防卫与紧急避险行为明文规定为不是犯罪；刑法分则只将侵害至为重要因而需要以刑罚保护的社会权益的行为规定为犯罪，不将侵害不需刑罚保护的社会权益的行为规定为犯罪；社会权益越重要、对刑罚的保护需要越大，以其为侵害目标的行为定罪的起点低，社会权益的意义越小、对刑罚的保护需要越小，以其为侵害目标的行为定罪的起点高，如此等等，充分表明，只有具有严重的客观危害的行为才是有以刑罚遏制的必要性的行为，因而体现了作为定罪之功利性规定的内容的受遏制的必要性规定。因此，我国刑法有关定罪的规定，较充分地体现了作为定罪之功利性规定的定罪的应制性规定。而"法无明文规定不为罪"原则的确立以及依法定罪与合理定罪之在司法实践中的贯彻，又使立法所体现的定罪的功利理性得以最终实现。因此，我国有关定罪的立法与司法均基本上符合定罪的功利性规定，构成定罪的功利理性的载体与实现手段。

就动刑而言，刑法分则就所有犯罪均规定了法定刑，宣布了所有犯罪均是有必要以刑罚的强制力禁止的行为，既可收一般鉴别之效，又可收一般威慑之效，从而体现了动刑的必要性与有效性规定。刑法总则所规定的从旧兼从轻的溯及力制度、免予刑事处罚制度与追诉时效制度均以不具有一般预防或个别预防之必要性的行为为适用对象，其所确立的所有免刑情节也均系表明行为人人身危险性小、个别预防需要不大的情节或者表明行为的危害不大、一般预防需要小的情节，因而也体现了预防犯罪不需动刑即不动刑的动刑的必要性规定。因此，我国刑法有关动刑的规定，较充分地体现了作为动刑之功利性规定的动刑的必效性规定。另外，由于立法上确立了"法无明文规定不处罚"的原则，司法上贯彻了依法动刑与合理动刑的原则，因此，立法所体现的动刑必效性功利理性可经司法而得以最终实现。正是如此，我国有关动刑的立法与司法均基本上符合动刑的功利性规定，构成动刑的功利理性的载体与实现手段。

由上可见，作为动刑之前提的定罪与作为定罪之结果的动刑从立法到司法均基本上体现了功利性规定，因此，我国现行动刑体制是一种具有较充分的功利根据的动刑体制。

(三) 基本上符合定罪动刑的统一性规定

既然我国的动刑体制既基本上符合报应性规定，又基本上符合功利性规定，理所当然地，其便基本上符合报应性与功利性相统一的理性规定，具体表现如下：

1. 基本上符合定罪的同一性规定。以严重的主观恶性作为定罪的主观基础，因符合只有具有严重主观恶性的行为才可作为应受刑罚惩罚的行为的主观恶性对定罪的质、量规定而符合定罪的应罚性规定。同时，只有具有主观恶性的行为才是出于人自由意志的行为，因而才是可受刑罚遏制的行为，不具有主观恶性的行为不体现人的自由意志，因而不是可受刑罚遏制的行为，因此，以主观恶性作为定罪的主观基础，因符合只有可受刑罚遏制的行为才应作为犯罪的定罪的可行性规定而符合定罪的应制性规定。正由于以严重的主观恶性作为定罪的主观基础，因既符合作为应罚性之内容的主观恶性对定罪的规定又符合作为应制性之内容的定罪的可行性规定，因此，其符合定罪的应罚性与应制性的同一性规定。

以严重的客观危害作为定罪的客观基础，因符合只有具有严重客观危害的行为才应作为应受刑罚惩罚的行为的客观危害对定罪的质、量规定而符合定罪的应罚性规定。同时，只有具有严重客观危害的行为才是应以作为最严厉的强制手段的刑罚遏制的行为，不具有客观危害或客观危害不严重的行为是没有必要以刑罚遏制的行为，因此，以严重的客观危害作为定罪的客观基础，因符合只有应受刑罚遏制的行为才应作为犯罪的定罪的必要性规定而符合定罪的应制性规定。正由于以严重的客观危害作为定罪的客观基础既符合作为应罚性之内容的客观危害对定罪的规定又符合作为应制性之内容的定罪的必要性规定，因此，其符合定罪的应罚性与应制性的同一性规定。正由于以严重主观恶性作为定罪主观基础符合应罚性中的主观恶性与应制性中的可制性的同一性规定，以严重客观危害作为定罪客观基础符合应罚性中的客观危害与应制性中的必要性的同一性规定，因此，我国立法与司法以作为严重主观恶性与严重客观危害之统一体的严重害恶性作为定罪的根据，符合作为定罪之报应性规定的应罚性规定与作为定罪之功利性规定的应制性的同一性规定。

2. 基本上符合动刑的同一性规定。对犯罪严重者，虽具有可免刑的从宽情节，也不予免刑而动之以刑，对犯罪轻微而具有可免刑的从宽情节者，予以免刑，符合有罪必罚的动刑必然性规定与作为其修正规定的动刑宽恕性规定或奖赏性规定。同时，基于所犯系重罪、可能再犯的便是重罪的合理假定，犯罪严重者人身危险性大，即使其具有可免刑的从宽情节，也应对其动之以刑以适应个别预防之需；另外，遏制一般人的严重犯罪，对刑罚之需大，对虽有可免刑的从宽情节，但犯罪严重者动之以刑，也是一般预防之需。相反，基于所犯系轻罪、可能再犯的便是轻罪的合理假定，犯罪轻微者人身危险性小，如其具有可免刑的从宽情节，对其予以免刑，符合个别预防之需；另外，遏制一般人的轻微犯罪，对刑罚之需小，对犯罪轻微而具有可免刑的从宽情节者予以免刑，也符合一般预防之需。因此，对虽具有可免刑的从宽情节但犯罪严重者不予免刑，对犯罪轻微而具有可免刑的从宽情节者予以免刑，符合动刑的必要性规定。正由于对虽有可免刑的从宽情节但犯罪严重者不免刑、对犯罪轻微而具有可免刑的从宽情节者予以免刑既符合作为动刑之报应性直接规定的必然性规定与作为其修正规定的宽恕性规定或奖赏性规定，又符合作为动刑之功利性规定的必要性规定，因此，我国立法有关动刑的规定与司法中有关动刑的实践，体现了动刑报应性规定与动刑功利性规定的同一性规定。

3. 符合动刑的折衷性规定。对具有可免刑情节但犯罪严重者，可不予免刑，对具有可免刑情节的犯罪轻微者予以免刑，这是一种折衷性选择。而对具有可免刑情节但犯罪严重者虽不免刑但予以减轻或从轻，又构成一种折衷性选择。这两种折衷性选择既体现了作为报应性之修正规定的宽恕性与奖赏性对有罪必罚的报应性规定的有限修正，不致因强调必然性而忽视宽恕性与奖赏性，或因宽容无边、奖赏无度、超出二者所允许的范围而忽视必然性，又构成对根据作为功利性之规定的必效性动刑的限制，不致以预防犯罪不需动刑为由对犯重罪者仅据某一从宽情节免刑，或以预防犯罪需要动刑为由不据可免刑的从宽情节予以免刑，避免了求之公正失之功利，而实现了公正与功利兼顾，因而符合动刑报应性与动刑功利性的折衷性规定。

4. 基本上符合定罪的对立性规定。在大部分情况下，立法上与实践中都是以体现犯罪的害恶性的因素而不以只体现犯罪人人身危险性不体现犯罪的害恶性的因素作为定罪的根据，这体现了以应罚性限制应制性，避免了超出应罚性的限制而根据应制性定罪所导致的定罪得之功利失之公正，符合解决应罚性、应制性相冲突的应罚性限制应制性的定罪的对立性规定。

综上所述，我国动刑体制基本上符合定罪的同一性规定与对立性规定，也基本上符合动刑的同一性规定与折衷性规定，因而是一种基本上符合动刑的统一性规定即基本合理的动刑体制。

二、动刑不合理性之一般

所以说我国动刑体制是一种基本合理的动刑体制，而不是一种完全合理的动刑体制，是因其存在违背动刑的统一性规定的因素。这些不合理因素，可归纳如下：

（一）有悖定罪动刑的报应性规定

1. 有悖定罪的报应性规定。在立法上，刑法分则某些规定模糊，给司法者违背依法定罪原则扩大定罪范围留有余地，对诸如偷税罪、种植毒品原生物罪等以受过行政处罚而不以行为的客观危害的严重性作为定罪的根据；在司法上，司法解释对诸如挪用公款罪之类的扩大解释规定以受过行政处罚或追究过民事责任作为侵犯著作权罪等的定罪根据，与对经济犯罪或财产犯罪等的定罪数额一成不变，以及在实践中将"一贯表现不好"与"态度恶劣"等因素作为定罪的根据，如此等等，均是超出行为的害恶性之外定罪的表现，构成对只有具有严重害恶性的行为才应作为应受刑罚惩罚的犯罪、不具有严重害恶性的行为不应作为应受刑罚惩罚的定罪应罚性规定的背离，有悖定罪的报应性规定。尽管诸如此类的情况只不过是定罪立法与司法中的异例，但却足以表明我国的定罪立法与司法尚未完全体现定罪的报应理性规定，构成有损定罪之正当性的不合理因素。

2. 有悖动刑的报应性规定。在司法上，有罪不定导致的有罪不罚与无罪定罪导致的无罪施罚等违法动刑现象，以及该免不免与不该免却免等不合理的动刑现象，均构成对有罪必罚、无罪不罚、该免即免与不该免不免的动刑的必然性、宽恕性或奖赏性规定的背离，有悖动刑的报应理性规定。尽管诸如此类的异例并不代表定罪立法与司法的主流，但其同样表明我国的动刑立法与司法远未完全体现动刑的报应理性规定，构成有损动刑之正当性的不合理因素。

(二) 有悖定罪动刑的功利性规定

1. 有悖定罪的功利性规定。刑法分则的某些规定模糊，使公众难以从法律的规定中明确什么是犯罪、什么不是犯罪，有碍刑罚的立法鉴别功能与立法威慑功能的发挥，不符合定罪的可制性规定，同时，其不可避免地导致司法者扩大定罪的范围，将本不需以刑罚遏制的行为作为应受刑罚遏制的犯罪，不符合定罪的必要性规定。司法上的有罪不定与无罪定罪，使本应受刑罚遏制的行为未被作为受遏制的犯罪，不应受刑罚遏制的行为反被作为受遏制的犯罪，同样不符合定罪的必要性规定。如此等等，足以表明应制性尚未完全成为我国定罪立法与司法的根据。诸如前述不符合定罪之可制性或必要性的异例的存在，有损定罪之正当性。

2. 有悖动刑的功利性规定。司法上有罪不定导致的有罪不罚与对犯重罪者免刑，使应受刑罚个别遏制的人不受刑而得不到个别预防，同时又使刑罚的司法一般预防功能得不到发挥，应受一般遏制的行为得不到有效遏制；而无罪定罪导致的无罪施罚与对犯轻罪且具有可免刑情节者不免刑，使不必受刑罚个别遏制的人受到不必要的刑罚惩罚。前者是有必要动刑而不动刑，后者则是没必要动刑却动刑，两者均违背动刑的必要性规定，不具有动刑的功利根据。诸如此类因素的存在，使动刑有失应有的正当性。

(三) 有悖定罪动刑的统一性规定

1. 有悖定罪的统一性规定。如前所揭，刑法分则的某些规定模糊，司法上的有罪不定与无罪定罪，既不符合定罪的应罚性规定，又不符合定罪的应制性规定，因而不符合作为定罪的统一性规定之首要内容的同一性规定，既不具有定罪的报应根据又不具有定罪的功利根据，不具有任何合理性。如前所揭，立法上与司法解释以受过行政处罚、被追究过民事责任作为定罪根据，实践中将"一贯表现不好"、"态度恶劣"等作为定罪根据，不符合定罪的应罚性规定，只符合定罪的个别预防的必要性规定，因而只具有定罪的功利根据，不具有定罪的报应根据，违背解决报应与功利相冲突的报应限制功利律，不符合定罪的对立性规定。因此，我国定罪立法与司法既不完全符合定罪的同一性规定，又不完全符合定罪的对立性规定，因而不完全符合定罪的统一性规定，不具有充分的正当性。

2. 有悖动刑的统一性规定。如前所述，由无罪定罪所导致的无罪施罚、由有罪不定所导致的有罪不罚、对重罪免刑与对具有可免刑情节的轻罪不免刑，既不合动刑的必然性或宽恕性与奖赏性规定，又不合动刑的必要性规定，因而不符合作为动刑之统一性首要内容的同一性规定，既不具有动刑的报应根据，又不具有动刑的功利根据，毫无正当性可言。

第二节 动刑体制的完善

基于对我国现行动刑体制的正当性反思所得出的诸一般结论，可以定论，罪刑法定即依法定罪动刑原则之贯彻与遵守的不彻底性、以只反映行为人的人身危险性大不表明行为的害恶性严重的因素作为定罪的根据以及司法中未能充分贯彻合理定罪动刑原则，是我国现行动刑体制所存在的诸多不合理因素的症结之所在。与此相适应，在立法上全面贯彻罪刑法定原则，删除以只体现人身危险性大的因素作为定罪根据的异例，在司法中严守依法定罪动刑与合理定罪动刑原则，构成完善我国现行动刑体制的基点。

一、动刑体制的立法完善

如前所述，有关定罪动刑立法的不合理性表现在刑法分则部分条文关于定罪的范围或根据的规定失之模糊与过宽。因此，动刑体制的立法完善应以对这些条文的修正为内容。具体应从如下数方面着手：

（一）定罪范围特定化

我国1997年刑法总则明文确立了罪刑法定原则，但分则有关定罪根据的规定却多处采取"无穷列举法"，即采用诸如"其他严重情节"或"其他非法经营行为"之类的术语，使定罪的范围实际上包罗了法律没有明文规定的所有相关行为，只不过把已经废除的司法类推改为了法定类推而已，为司法者对任何相关行为均予定罪大开方便之门，从而使罪刑法定名存实亡，徒具形式。

究其原委，这种既一般地肯定罪刑法定，又在具体规定上违背罪刑法定的悖论，远非立法者的疏忽所致，而是立法者既欲贯彻罪刑法定，又担心法网不密，唯恐罪刑法定束缚了司法者的手脚，以致其无法对法律没有明文规定的行为定罪动刑，这样一种矛盾心态的体现。然而，罪刑法定的实质恰恰在于将定罪动刑的范围严格限制在法律明文规定之内，禁止司法者以任何理由对非法定行为定罪动刑，因此，罪刑法定的贯彻必然意味着将部分危害行为排除在定罪之外，既要将所有危害行为纳入定罪的范围，又要贯彻罪刑法定，是不可能的。基于此，修改有关刑法条文，变"无穷列举"为有限列举，使定罪的范围明确化，以全面贯彻罪刑法定，遏制司法上定罪动刑的随意性，是必然而唯一合理的选择。在这方面，有关条文所需的修改如下：

其一，删除《刑法》第158条、第159条、第160条、第179条、第217条与第268条文中关于"有其他严重情节的"规定，将可以作为定罪根据的"其他严重情节"予以明文具体列举。

其二，删除《刑法》第128条、第191条、第193条、第224条等条文末项关于"以其他方法……"的规定，将可以作为定罪根据的"其他方法"予以明文具体列举；删除第225条末项关于"……其他非法经营行为"的规定，将可以作为定罪根据的"其他……非法经营行为"予以明文列举。

以上修改，可以明确限制定罪的范围，避免司法者任意将"其他"情节、方法或行为作为定罪的根据、扩大定罪的范围而违背依法定罪的原则，全面贯彻罪刑法定原则。同时，只有不常见的"其他"情节、方法或行为才是无法列举的情节、方法或行为，否则便不生无法列举的问题。而不常见的情节、方法或行为恰恰是没有必要动用刑罚遏制的，因为既然其不常见，即使发生，也不致给社会造成严重危害。因此，只列举可列举者，舍弃无法列举者，符合一般预防的必要性对定罪的规定。

（二）定罪根据明确化

在经济型或财产型犯罪中，如涉案的数额足以体现客观危害的大小，在其他某些犯罪中，如后果等足以体现客观危害的大小，便不应以"情节严重"之类概念来表述定罪的根据。因为"情节严重"是一种综合性的概念，除非在只有以综合情节才足以定罪的情况下，使用诸如此类的概念，容易导致司法者将不体现行为的客观危害大小的因素，诸如"一贯表现不好"、"态度恶劣"、"曾受过行政处罚"等作为定罪的根据，以致扩大定罪的范围而违背罪刑法定原则，对不应定罪动刑者定罪动刑。为此，有必要对刑法有关条文进行如下修改：

其一，将《刑法》第 182 条操纵证券交易价格罪，第 213 条假冒注册、商标罪，第 216 条假冒专利罪，第 222 条虚假广告罪，第 223 条串通投标罪，第 228 条非法转让、倒卖土地使用权罪与第 229 条中介组织人员提供虚假证明文件罪等犯罪的定罪根据由"情节严重"修改为"后果严重"。

其二，将《刑法》第 190 条逃汇罪与第 225 条非法经营罪等的定罪根据由"情节严重"分别修改为"数额较大"或者"数额巨大"。

以上修改，既因修改后的定罪的根据足以体现有关犯罪的客观危害严重程度而不致使危害严重的行为被不合理地排除在定罪范围之外，又可避免因"情节严重"所生的歧义而定罪范围扩大化，以致背离罪刑法定原则，因而是一种合理的选择。

（三）定罪根据充分化

在所侵犯的权益不是特别重要的情况下，仅有危害行为不足以表明行为的客观危害已达严重程度。相应地，如不在危害行为之外补充足以表明客观危害严重的因素作为定罪的客观根据，便有可能导致司法者将危害行为本身作为定罪的充分根据，以致降低定罪标准，将客观危害不严重的行为认定为犯罪。与此相适应，修改刑法有关规定，在行为之外补充定罪的客观根据，使定罪的根据充分化，也构成完善定罪立法的重要内容。在这方面，刑法的修改方向如下：

其一，对诸如《刑法》第 195 条、第 208 条信用证诈骗罪，非法购买增值税专用发票、购买伪造的增值税专用发票罪，非法制造、出售非法制造的发票罪，出售非法制造的用于骗取出口退税、抵扣税款发票罪等的规定予以补充，以"数额较大"作为定罪的充分根据，即定罪的起点；对《刑法》第 205 条虚开增值税专用发票、用于骗取出口退税、抵扣税款发票罪，第 206 条伪造、出售伪造的增值税专用发票与第 207 条非法出售增值税专用发票罪等的有关规定予以修改，以其第二格法定刑的适用标准即"数额较大"作为定罪的起点，而将其第三格法定刑的适用标准即"数额巨大"降为第二格法定刑的适用标准，并加设"数额特别巨大"作为第三格法定刑的适用标准。之所以作如此补充与修改，是因为以上诸罪均不是侵犯的权益特别重要或行为方式危险的犯罪，只有行为不足以表明行为的客观危害严重，而刑法现有规定容易使人误以为此类犯罪是只要有行为即足以构成的"行为犯"，以致司法者仅据行为而不论涉案数额大小便一律定罪，将不足以构成犯罪的危害轻微的行为也认定为犯罪，导致定罪范围扩大化。而在行为之外加设"数额较大"作为定罪的根据，有助于避免此类弊端。

其二，对诸如《刑法》第 257 条暴力干涉婚姻自由罪、第 277 条妨害公务罪、第 278 条煽动暴力抗拒法律实施罪、第 285 条非法侵入计算机信息系统罪与第 300 条组织、利用会道门、邪教组织、利用迷信破坏法律实施罪等的规定予以补充，加设"情节严重"作为定罪的根据。此类犯罪，既不是侵犯的权益特别重要或行为方式危险的犯罪，也不是行为一实施即发生严重后果的犯罪，仅有行为不足以体现客观危害的严重程度，因而有必要在行为之外增设定罪的充分根据。同时，此类犯罪所侵害的权益具有非物质性，其危害结果往往难以衡量，因而有必要以综合情节作为定罪的充分根据。

（四）定罪根据合理化

对不能以过失构成的犯罪以"明知"作为定罪的主观依据，必然导致对法律没有规定的过失行为定罪动刑，既违背"过失行为，法律有规定的才是犯罪"的规定，又不符合只有主观恶性严重的行为才应定罪的理性规定；以"受过行政处罚"或曾被"追究过民事责任"作为定罪根据，不符合应罚性限制应制性的定罪的对立性规定；以确定的数额作为定罪的根据，可能因刑法一成不变而与经济发展不适应，以致对危害不严重的行为定罪动刑。而所有这些不合理的规定，在 1979 年刑法中均不存在，但却存在于 1997 年刑法之中。究其原委，均是修改刑法时未予充分重视而简单援用特别刑法的有关规定所致。这些因素，严重损害定罪的正当性，因而有必要通过对有关条文的修改予以消除。在这方面，刑法的修改方向如下：

其一，删除《刑法》第 219 条等关于以"应知"作为侵犯商业秘密罪之主观要件的规定，避免对法律没有明文规定的过失行为定罪；

其二，删除《刑法》第 201 条关于"或者因偷税被税务机关给予二次行政处罚又偷税"、第 264 条关于"或者多次盗窃"与第 351 条关于"经公安机关处理后又种植"等规定，避免以只反映人身危险性大不体现危害大的因素作为定罪的根据而违背定罪的对立性规定；

其三，将《刑法》第 153 条关于走私普通货物、物品罪，第 201 条关于偷税罪与第 203 条关于逃避追缴欠税罪等以确定的涉案数额为定罪量刑基准的规定，修改为以"数额较大"、"数额巨大"与"数额特别巨大"作为定罪量刑的基准，以避免有关规定一成不变而在今后导致定罪的起点过低、将轻微的危害行为作为犯罪的不合理性。

二、动刑体制的司法完善

如前所述,司法解释之不合立法精神与不合理,司法人员执法违法、枉法裁判与定罪动刑不合理,构成动刑司法不正当的症结。与此相适应,严格依法定罪动刑与合理定罪动刑,构成完善动刑司法的基点。在这方面,应该努力的方向主要有:

(一) 完善与加强司法解释

刑事司法解释,作为立法与司法的中介,具有使刑法的规定具体化与明确化的功能,其权威性决定了其对司法具有不亚于立法的约束力。因此,完善与加强司法解释,是确保动刑司法合法合理化的重要环节。根据我国刑事司法解释的现状,其完善与加强应从如下方面着手:

1. 合法化。前章已述,曲解立法原意,是我国刑事司法解释中不正当因素的表现之一。虽然不合法的原有司法解释,有的已随 1997 年刑法的颁布而失效,有的则因被 1997 年刑法所追认而由不合法成为合法,但是,一方面,其中有的至今仍然有效,另一方面,也是最重要的是,这些不合法司法解释的出现,证明了司法解释的合法性并未为最高司法机关充分重视与遵循,因而兆示着在今后的司法解释中仍有可能出现不合法现象。因此,对现仍有效的不合法的司法解释予以修正,使其合法化,如删除关于挪用公物按挪用公款罪论处的规定等,并在今后的解释过程中避免司法解释的不合法性的再现,是完善司法解释,使动刑司法正当化的重要内容。

2. 合理化。前章已述,以只表明人身危险性大不表明害恶性大的因素作为定罪动刑的根据与对经济犯罪所确定的定罪数额一成不变,是司法解释之不合理性的表现。随着 1997 年刑法的颁行,这些不合理的规定有的已失效,有的已作了相应的修正,但还有的至今仍有效。因此,继续修正不合理的司法解释,删除诸如以受过行政处罚之类因素作为定罪根据的规定,适时提高某些经济犯罪的定罪起点数额,并在今后的司法解释中避免类似不合理规定的重现,也是完善司法解释,使动刑司法正当化的必要内容。

3. 全面化。国家最高司法机关在以往虽已作过不少刑事司法解释,但总的说来,其覆盖面有限,刑法所规定的大部分罪名尚无配套的刑事司法解释,尤其是 1997 年刑法新增的罪名繁多,缺乏必要的司法解释,难以保障动刑司法的合法合理进行。因此,在合法、合理的前提下,加强司法解释的力度,充分发挥司法解释之于合法、合理的动刑司法的导向与保障功能,是加强司法解释的当务之急。

(二) 严格依法定罪动刑

依法定罪动刑,是定罪动刑的必要的司法理性规定,构成动刑正当的基本保障。因此,在司法中,严格依法定罪动刑,避免定罪动刑的不合法性,构成完善动刑司法的方向,在这方面,主要的着手点如下:

1. 严禁非法定罪动刑。对明知不构成犯罪者定罪动刑,是我国现阶段动刑实践中存在的明显的不合法现象。这种现象,已超出司法失误的范畴而属执法违法,其存在使立法体现的理性被彻底否定,其所导致的有罪不罚与无罪施罚直接背离有罪必罚与无罪不罚的动刑理性规定,因而严重破坏着刑罚的正当性。因此,要保障动刑司法的正当性,必须杜绝种种明知故犯的非法定罪动刑现象。在这方面,坚持审判独立、排除种种非正常干扰、依法追究执法者的责任等,是对症下药的有效措施。

2. 避免司法错误。有罪不罚与无罪施罚,不只是可能因执法者明知故犯而生,而且也可能因司法者的失误而生。因司法者的失误而导致有罪不罚与无罪施罚,虽然因复杂多样的原因而在所难免,但这种错误的存在与再生,构成对依法定罪动刑原则的违背,有碍动刑正当性的实现,因而有必要避免。

3. 坚持合理定罪动刑。合理定罪动刑,是定罪动刑的必要的司法理性规定,构成动刑司法正当性的重要保障。因此,在司法中坚持合理定罪动刑,克服与避免定罪动刑的不合理性,也是完善动刑司法的重要内容。在这方面,主要基点如下:

其一,定罪的根据合理化。前章已揭,以"一贯表现不好"、"态度恶劣"等只表明人身危险性大、不表明害恶性大的因素作为定罪的根据,是定罪司法不合理的突出表现。相应地,严格遵守应罚性限制应制性的定罪理性规定,避免在行为的害恶性之外另立定罪根据,使定罪的根据合理化,构成动刑司法合理化的首要基点。

其二,免刑的适用合理化。前章已揭,对虽有可免刑情节但所犯罪行严重者予以免刑,对所犯罪行轻微且有可免刑情节者不予免刑,是动刑司法不合理的突出表现。相应地,合理适用免予刑事处罚制度,只对犯罪轻微且具有可免刑情节者免刑,不对虽有可免刑情节但犯罪严重者免刑,使免刑的适用合理化,构成动刑司法合理化的重要基点。

其三,按有利被告原则定罪动刑。有利被告是决定可定罪可不定罪、可免刑可不免刑的具体案件是否定罪、免刑问题的唯一合理选择。因此，坚持有利被告原则，对可定罪可不定罪者不予定罪、可免刑可不免刑者予以免刑，也构成动刑司法合理化的重要内容。

第四编　配刑的现实反思

引论：配刑的现实反思之一般

刑罚的分配，即立法上法定刑的确定与司法上判定刑的裁量，承制刑与动刑之先，启行刑于后，在整个刑事活动过程中处于核心地位，构成刑罚理性赖以实现的重要环节。因此，以配刑的统一性规定为评价标准，剖视现存配刑体制的正当性，构成对刑罚正当性的现实反思之不可或缺的重要组成部分。

一、反思的基点

按照刑罚理性统一论，配刑的正当性在于配刑的报应性规定与功利性规定的统一。相应地，反思现行配刑体制的正当性的基点有三：

（一）现行配刑体制是否合乎配刑的报应性规定

具体地说，便是指其是否符合作为配刑之报应性直接规定的等价性规定以及作为配刑之报应性修正规定的宽恕性、奖赏性与人道性规定。虽然符合报应性规定的配刑体制未必便是合理的配刑体制，因为配刑的合理性在于既合报应性规定又合功利性规定，而不仅仅在于合乎报应性规定，但是，不符合报应性规定的配刑体制却必然是不合理的配刑体制，因为既然不合乎配刑的报应性规定，便谈不上合乎配刑的报应性与功利性相统一的理性规定。

（二）现行配刑体制是否合乎配刑的功利性规定

具体地说，便是指其是否与一般预防的需要、个别预防的需要以及两者的统一性相适应，即是否具有适度性。虽然具有适度性、符合预防犯罪需要的配刑体制未必便是合理的配刑体制，因为符合配刑的功利性规定并不等于符合配刑的报应性规定，因而可能并不符合配刑的统一性规定，但是，不具有适度性、不符合预防犯罪的需要，便必然是不合理的配刑体制，因为既然不符合配刑的功利性规定，便谈不上符合配刑的报应性与功利性相统一的规定。

（三）配刑体制是否合乎配刑的统一性规定

具体地说，便是指配刑体制是否体现了配刑的报应性与功利性之间的同一性规定、差异性规定与对立性规定。换言之，便是指配刑体制在通常情况下是否兼顾了按罪配刑与按需配刑的要求，在按罪配刑与按需配刑相冲突的情况下，是否体现了等价性与适度性的折衷调和、等价性限制适度性以及等价性有利让步适度性的配刑理性规定。只体现按罪配刑、不体现按需配刑，或者只体现按需配刑、不体现按罪配刑的配刑体制，以及虽然同时体现了按罪配刑与按需配刑但不符合两者相统一的具体规定的配刑体制，均不是合理的配刑体制，只有兼顾按罪配刑与按需配刑，而且所作的兼顾符合乎配刑的统一性的具体规定的配刑体制，才是真正合理的配刑体制。

二、反思的范围

对配刑的正当性的现实反思理所当然地以现行配刑体制为反思的对象。由于配刑有立法上法定刑与司法上判定刑的确定即二次分配之分，因此，立法上与司法上有关配刑的所有问题都构成反思的对象，具体地说，对配刑的正当性的反思范围如下：

（一）法定刑的分配是否合理

即是说，现行刑法对各类与各种犯罪所分配的法定刑是否符合基的相应与序的相应的规定。就基的相应而言，主要分析法定刑的严厉性幅度是否与由犯罪的害恶性程度与预防需要程度所组合的严重性程度相适应，即立法上所确立的法定刑幅度是否既与犯罪的害恶性相等价，又与预防犯罪所需的力度相适应。就序的相应而言，主要考察对害恶性与预防需要即严重性不同的犯罪所确定的法定刑是否不同，亦即对重罪所确定的法定刑是否重于对轻罪所确定的法定刑、对轻罪所确定的法定刑是否轻于对重罪所确定的法定刑，以及严重性相同的犯罪是否被分配严厉性相同的法定刑。基与序均不相应或基与序之一不相应的法定刑，均是不合配刑理性规定的法定刑，只有基与序均相应的法定刑才是合理的法定刑。

（二）配刑原则的确立与贯通是否合理

配刑原则是制约立法上法定刑的确定与司法上判定刑的裁量的共同准则，因此，以什么样的原则来指导刑罚分配，对配刑是否合理具有决定性的意义。将配刑原则作为配刑的正当性的反思对象，便是考察立法上所确立的决定刑之轻重的一般原则与有关量刑的具体原则是否合乎配刑的理性规定，以及这些原则在法定刑的分配与量刑实践中是否得到了合理有效的贯彻。立法上所确立的配刑原则符合配刑的统一性规定，其便是合理的配刑原则，否则，便是不合理的配刑原则。另外，合理的配刑原则一经确立，与之相符合的配刑必然是合理的配刑，而与之相背离的配刑则是不合理的配刑。

(三) 配刑制度的确立与适用是否合理

配刑制度是调节法定刑的分量、对量刑具有重要影响的制度。其在立法上的确立与在司法上的适用是否符合配刑的理性规定，对于判定刑的裁量是否合理具有相当的决定作用。立法上所确立的配刑制度符合配刑的理性规定，据其确定的判定刑必然合理而正当，立法上所确立的配刑制度不合配刑的理性规定，据其所裁量的判定刑必然不具有正当性。另外，立法上所确立的合理的配刑制度只有在司法中得到正当的运用，据其所裁量的判定刑才具有正当性。立法上所确立的配刑制度即使是合理的，如果得不到正当的运用，据其所裁量的刑罚同样无正当性可言。

(四) 配刑情节的确定是否合理

配刑情节是适用配刑制度的前提，其通过配刑制度的适用而影响着判定刑的轻重，其在立法上的确立与在司法上的确定与适用是否合乎配刑的理性规定，直接影响着判定刑的正当与否。立法上所确立的配刑情节合乎配刑的理性规定，据其所裁量的判定刑必然合理而正当，立法上所确立的配刑情节不合配刑的理性规定，所裁量的判定刑便很难有正当性可言。另外，即使立法上所确立的法定配刑情节是合理的，如果司法上对其的适用不正当，据其适用配刑制度所裁量的判定刑也必然不具有正当性。不仅如此，量刑情节还包括司法上的酌定情节，其确定与适用同样构成合理配刑的重要因素。相应地，只有对酌定情节的确定与适用合乎配刑的理性规定，所裁量的判定刑才可能具有正当性。相反，如果对酌定情节的确定与适用不合配刑的理性规定，所裁量的判定刑便必然不具有正当性。

(五) 判定刑的裁量是否合理

即是说，现行量刑实践对各种罪所属个罪所裁量的判定刑的轻重是否既符合基的相应的规定，又符合序的相应的规定。就基的相应而言，考察的主要是对同一种罪中具体个罪所裁量的刑罚是否与其严重性程度相适应，即是否既与个罪的害恶性相等价，又与具体犯罪人的人身危险性相适应。就序的相应而言，需要审视的主要是同一种罪中严重性不同的个罪所受的刑罚的轻重是否不同，亦即最严重的个罪与人身危险性最大的犯罪人所受的判定刑是否属种罪法定刑中的最重刑，较严重的个罪与人身危险性较大的犯罪人所受的判定刑是否属种罪法定刑中的较重刑，轻微的个罪与人身危险性较小的犯罪人所受的判定刑是否属种罪法定刑中的较轻刑。基与序均不相应或基与序之一不相应的判定刑不是合理的判定刑，只有基与序均相应的判定刑才是合理的判定刑。

第一章 配刑立法反思（一）
——1979年刑法法定刑幅度评价

法定刑幅度，既是刑罚的第一次分配即立法上刑之分配的结果，又是刑罚的第二次分配即司法上刑之裁量的基准，因而在配刑体制中居于核心地位。相应地，对法定刑幅度的确定是否合理的反思，构成对配刑之正当性的反思的重要内容。本章以1979年刑法中诸种罪法定刑幅度为反思对象。

第一节 反革命类罪法定刑幅度评价

在反革命类罪中，有3个条文所规定的罪名的法定刑幅度为10年有期徒刑至死刑，6个条文所规定的罪名的法定刑幅度为3年有期徒刑至死刑，3个条文所规定的罪名的法定刑幅度为管制、拘役与有期徒刑。

以10年有期徒刑至死刑为法定刑幅度的犯罪，为第91条的背叛国家罪、第92条的颠覆政府与分裂国家罪以及第93条的策动叛乱罪。

背叛国家罪、颠覆政府罪与分裂国家罪均是直接从总体上危及国家安全，具有使国将不国的现实可能性的犯罪，其害恶性与预防需要极大，因而属于反革命类罪中最严重的种罪。对其规定死刑，符合死刑的分配应以所侵犯的权益的价值不低于人的生命的价值的犯罪为对象的规定。因为其所直接侵犯的权益为价值高于人的生命的价值的国家主权、领土完整与政权等。而以10年有期徒刑作为其法定刑幅度下限，以死刑作为其法定刑幅度上限，既以起刑点高又以上限重显示了法定刑幅度的严厉性，从而使法定刑幅度的严厉性幅度与此3种罪的严重性幅度实现了基的对称，同时又以此最严厉的法定刑幅度适应了此3种犯罪的最严重性，实现了最重罪刑最重的序的相应性。因此，对此3罪规定的法定刑幅度具有其合理性。

策动叛乱罪虽然不是直接从总体上危及国家安全，但因叛乱带有暴力性而具有致人于死亡的可能性，对此罪规定以死刑为最高法定刑幅度，符合数死刑等价分配的规定。然而，策动叛乱既包括策动叛变，又包括策动叛乱，而在通常情况下，叛变不具有暴力性，而且策动叛乱也有规模大小之分，因此，此罪可能包括情节较轻的行为，其严重性幅度的下限可能较低，因而可能轻于背叛国家等犯罪。相应地，就基的角度而言，策动叛乱罪的法定刑幅度应以较低的下限与其严重性的下限相适应，就序的角度而言，此罪的法定刑幅度应以下限低于背叛国家罪等最严重的种罪的法定刑幅度下限体现配刑的轻重的序的相应性。而1979年刑法规定，此罪以10年有期徒刑为法定刑幅度下限，既使此罪的法定刑幅度下限高于此罪的严重性下限而表现出基的不相应，又使严重性轻的此罪的法定刑幅度与严重性较之为重的叛国罪等的法定刑幅度相同而表现出轻罪重罚的序的不相应性，因而失之过重，不具有合理性。

以3年有期徒刑至死刑为法定刑幅度的犯罪，是第95条的持械叛乱罪、第96条的聚众劫狱罪与组织越狱罪、第97条的间谍罪、第98条的特务罪、第100条的反革命破坏罪与第101条的反革命杀人罪。

持械叛乱罪、反革命破坏罪与反革命杀人罪虽然不是直接从整体上危及国家安全的犯罪，但均含有致人死亡的直接可能性，以死刑作为其最高法定刑幅度，使法定刑幅度上限与此3种犯罪的严重性的上限具有相应性。同时，正由于此3罪不是直接从整体上危及国家安全的犯罪，其严重性轻于前述直接危及国家安全的犯罪，因此，以3年有期徒刑作为其法定刑幅度下限，体现了严重性不同的犯罪配刑轻重不同的序的相应性，即以法定刑幅度轻于直接危及国家安全的犯罪的法定刑幅度体现了持械叛乱罪等3罪的严重性轻于背叛国家罪等3罪，从而做到了轻罪轻刑、重罪重刑。

聚众劫狱罪与组织越狱罪虽然可能使用暴力，但如其致人于死亡，应按反革命杀人罪单独定罪，而间谍罪、特务罪都是通常不具有暴力因素的犯罪，因此，此4种犯罪均不包括致人死亡的因素。同时，此4罪又不是直接从整体上危及国家安全的犯罪。从基的对应的角度来看，不应对此4罪分配死刑。而从序的角度来看，此4罪的严重性也明显地轻于持械聚众叛乱罪、反革命杀人罪，不以死刑为其最高法定刑幅度，符合序的相应性的规定。正是如此，以死刑作为此四罪的最高刑，失之过重。

以管制、拘役与有期徒刑为法定刑幅度的犯罪，为第98条的组织、领导反革命集团罪与积极参加反革命集团罪，第99条的组织、利用封建迷信、会道门进行反革命活动罪以及第102条的反革命宣传、煽动罪。这些种罪不但不是直接从整体上危及国家安全的犯罪，而且，其手段也不具有暴力性，因而不具有致人于死亡的可能性。不以死刑为其法定刑幅度上限，避免了死刑分配的不相应性，同时，以管制为其法定刑幅度的起刑点、以15年有徒期刑为其法定刑幅度上限，使作为反革命类罪中最轻微种罪的这3条所列犯罪的法定刑幅度也最轻，从而又体现了最轻罪配最轻刑的配刑的序的相应性。因此，前列3

罪的法定刑幅度具有其合理性。

综上所述，1979年刑法关于反革命类罪中的部分种罪的法定刑幅度的规定具有其合理性，但因关于策动叛乱罪的法定刑幅度下限过高，关于聚众劫狱罪、组织越狱罪、间谍罪与特务罪的上限过高而不具有合理性。

第二节　危害公共安全类罪法定刑幅度评价

在危害公共安全类罪中，有2个条文规定的法定刑幅度为10年以上有期徒刑至死刑，4个条文规定的法定刑幅度为3年以上10年以下有期徒刑，1个条文规定的法定刑幅度为拘役与15年以下有期徒刑，1个条文规定的法定刑幅度为有期徒刑与无期徒刑，6个条文规定的法定刑幅度为拘役以上7年以下有期徒刑。

以10年以上有期徒刑至死刑为法定刑幅度的犯罪是第106条的造成严重后果的爆炸罪、放火罪、决水罪、投毒罪与以危险方法危害公共安全罪，以及第110条的造成严重后果的破坏交通工具罪、破坏交通设备罪与破坏易燃易爆设备罪。这8种犯罪，都是以特别危险的方法或对特别重要的对象实施的犯罪，且均已造成包括致不特定多人于死亡在内的严重后果，因而构成最严重的危害公共安全罪，以死刑为其最高刑，符合死刑的等价分配的规定。而以10年有期徒刑至死刑为其法定刑幅度，既实现了法定刑幅度的基与这些犯罪的严重性的基的相应性，又体现了最严重的犯罪法定刑幅度最重的序的相应性，即重罪重刑的相应性，同时，由于这8种犯罪都是以特别危险的方法或对特别重要的对象的犯罪，根据评价犯罪的严重性的"罪"与"需"同基等序律,① 其相互间在严重性程度上相差无几，属于同一序列，对其同以10年以上有期徒刑至死刑为法定刑幅度，又体现了严重性程度相同的犯罪法定刑幅度相同的相应性，即同罪同罚的相应性。因此，前列2个条文的8种犯罪的法定刑幅度既符合配刑的基的相应的规定，又符合配刑的序的相应的规定，具有其合理性。

以3年以上10年以下有期徒刑为法定刑幅度的犯罪，是第105条尚未造成严重后果的爆炸罪、放火罪、投毒罪、决水罪与以危险方法危害公共安全罪，第107条的尚未造成严重后果的破坏交通工具罪，第108条的尚未造成严重后果的破坏交通设备罪，第109条的尚未造成严重后果的破坏易燃易爆设备罪。这8种犯罪，在性质上与前述已造成严重后果的8种犯罪完全相同，但因

---

① 详见邱兴隆著：《刑罚理性导论——刑罚的正当性原论》，中国政法大学出版社1998年版，第313—314页。

尚未造成严重后果而在严重性程度上远轻于前述 8 种犯罪，相当于前 8 种犯罪的危险犯。以 3 年有期徒刑为其法定刑幅度下限，体现了危险性大的犯罪起刑点高的罪与刑的基的对应性，以 10 年有期徒刑为其法定刑幅度上限，与已造成严重后果的同样性质的犯罪的法定刑幅度相衔接，使法定刑幅度在总体上轻于已造成严重后果的同样性质的犯罪的法定刑幅度而体现了轻罪轻刑的序的相应性，同时，因此 8 种犯罪所用方法的危险性或所侵害的对象的重要性大致相当，按"罪"与"需"的同基等序律，其严重性属同一序列，对其同以 3 年至 10 年有期徒刑为法定刑幅度，又体现了同罪同刑的序的相应性。因此，此 8 种尚未造成严重后果的犯罪的法定刑幅度从基到序都符合配刑的理性规定，因而具有合理性。

以拘役与有期徒刑为法定刑幅度的犯罪，是第 111 条的破坏广播电视设施、公用电信设备罪。此罪不以特别危险的方法为要件，其侵害的对象不至于因受到破坏而引发特别严重的有形损害后果，因而不具有致人死、伤等严重后果的危险，因此，其严重性轻于前述爆炸罪等以特别危险的方法为要件的犯罪与以交通工具等特别重要的对象为要件的犯罪。以拘役为其法定刑幅度的起刑点，以 15 年有期徒刑为其法定刑幅度上限，即使法定刑幅度的严厉性与此二罪的严重性的基相对应，符合配刑的基的相应性的规定，又使此二罪的法定刑幅度在总体上轻于严重性重于其严重性的爆炸等犯罪的法定刑幅度而体现了轻罪轻刑的配刑的序的相应性，因而具有其合理性。

以有期徒刑与无期徒刑为法定刑幅度的犯罪为第 111 条的非法制造、买卖、运输枪支弹药罪与盗窃、抢夺枪支、弹药罪。此二罪既因对象危险而具有较大的危险性，又因不至于直接造成人身伤亡或重大财产损失而不属最严重的犯罪，其严重性重于破坏广播电视设施与通信设备罪，但轻于爆炸等犯罪，以有期徒刑与无期徒刑为其法定刑幅度既体现了法定刑幅度严厉性与该罪的严重性的基的相应性，又体现了该罪因严重性轻于爆炸等犯罪、重于破坏广播电视设施等犯罪而在法定刑幅度上轻于爆炸等犯罪的法定刑幅度、重于破坏广播电视设施等犯罪的法定刑幅度的轻罪轻刑、重罪重刑的配刑的序的相应性，其合理性显而易见。

以拘役与 7 年以下有期徒刑为法定刑幅度的犯罪，均是过失危害公共安全罪。根据评价犯罪的严重性的罪过决定律，① 过失犯罪不但因主观恶性轻而既在严重性程度上轻于同种情况下的故意犯罪，而且在总体上应属同类犯罪中最

---

① 详见邱兴隆著：《刑罚理性导论——刑罚的正当性原论》，中国政法大学出版社 1998 年版，第 286 页。

轻微的种罪。对过失危害公共安全的种罪以拘役为其法定刑幅度下限，以7年有期徒刑为其法定刑幅度上限，既体现了法定刑幅度的严厉性幅度与这些种罪的严重性幅度的基的对应性，又使主观恶性轻的过失爆炸之类犯罪的法定刑幅度轻于主观恶性重的故意爆炸之类犯罪的法定刑幅度，并居类罪中法定刑幅度最轻的种罪之列，从而体现了轻罪轻刑、最轻的犯罪刑罚最轻的配刑的序的相应性。同时，所有过失危害公共安全种罪在主观上都是过失，在客观上都是已造成严重后果，按评价犯罪的严重性的同基等序律，这些种罪的严重性属于同一序列，对其同以拘役至7年有期徒刑为法定刑幅度，体现了严重性相同的犯罪所受刑罚轻重相同的同罪同罚的序的相应性。因此，这些犯罪的法定刑幅度具有其明显的合理性。

综上所述，1979年刑法关于危害公共安全类罪中诸种罪的法定刑幅度的规定，既符合配刑的基的相应的规定，又符合配刑的序的相应的规定，因而基本上是合理而正当的。

第三节 侵犯人身权利、民主权利类罪法定刑幅度评价

在侵犯人身权利、民主权利类罪中，有2个条文以3年有期徒刑至死刑为法定刑幅度，1个条文以拘役至无期徒刑为法定刑幅度，1个条文以6个月以上15年以下有期徒刑为法定刑幅度，2个条文以拘役至无期徒刑为法定刑幅度，1个条文以6个月以上15年以下有期徒刑为法定刑幅度，1个条文以3年至10年有期徒刑为法定刑幅度，2个条文以拘役至15年有期徒刑为法定刑幅度，3个条文以拘役至7年有期徒刑为法定刑幅度，3个条文以拘役至3年有期徒刑为法定刑幅度，1个条文以拘役至2年有期徒刑为法定刑幅度，1个条文以拘役至1年有期徒刑为法定刑幅度。

以3年有期徒刑至死刑为法定刑幅度的犯罪是故意杀人罪与强奸罪。

故意杀人罪是故意剥夺他人生命的犯罪，其严重性居侵害人身权利与民主权利类罪之首，以死刑作为其最高法定刑，体现了死刑的分配的等价性，符合死刑的分配的理性规定。而以3年有期徒刑至死刑为其法定刑幅度，既体现了法定刑幅度的严厉性幅度与此种罪的严重性幅度的基的相应性，又体现了此种罪作为类罪中最严重的种罪所应受的法定刑幅度最严厉的配刑的序的相应性，其合理性极为明显。

强奸罪只是侵害妇女性权利的犯罪，其虽因可能使用暴力手段而可能致人死、伤，但一旦出现此种状况，便应另行定罪，即按故意杀人或伤害罪与强奸

罪并罚，因此，单纯的强奸罪不具有剥夺他人生命的可能性，其因作为其所侵害的权益的性权利不如人的生命权重要而在严重性上远轻于杀人罪。因此，以死刑为强奸罪的法定刑幅度上限，不符合死刑的等价分配的规定，从而使法定刑幅度的严厉性高于此罪的严重性幅度而不具有基的相应性。而对严重性远轻于杀人罪的此罪与杀人罪同样配之以3年以上有期徒刑至死刑的法定刑幅度，明显地是异罪同罚，使强奸罪的法定刑幅度相对过重而违背轻罪轻刑的配刑的序的相应性规定。既然以3年有期徒刑至死刑作为强奸罪的法定刑幅度既不符合配刑的基的相应性的规定，又不符合配刑的序的相应性的规定，其当然属于不合理的配刑。

以拘役至无期徒刑为法定刑幅度的犯罪为第134条的故意伤害罪。此罪所侵害的权益是人的健康权，而健康权属于不如生命重要又在重要性上仅次于生命的权益，相应地，故意伤害罪不如故意杀人罪严重，但其严重性仅轻于故意杀人罪。虽然在故意伤害致人死亡的情况下，故意伤害罪也构成对人的生命权的侵害，但对于致人死亡来说，行为人只具有过失而不具有故意，因此，即便在这种情况下，也因行为人主观恶性轻于故意杀人者而使故意伤害罪的严重性轻于故意杀人罪。与此相适应，不以死刑为故意伤害罪的最高法定刑幅度，避免了死刑的分配的不等价性。另外，由于故意伤害有轻伤、重伤与致死之分，其严重性幅度极大，以拘役至无期徒刑为其法定刑幅度，符合刑罚的严厉性幅度与犯罪的严重性幅度相对应的基的相应性，同时又因法定刑幅度上、下限分别低于故意杀人罪的法定刑幅度的上、下限而体现了轻罪轻刑的序的相应性。因此，故意伤害罪的法定刑幅度因既具有基的相应性又具有序的相应性而具有明显的合理性。

以6个月以上15年以下有期徒刑为法定刑幅度的犯罪是第133条的过失杀人罪与第141条的拐卖人口罪。

过失杀人罪虽然是一种致人死亡的犯罪，但其因是一种过失犯罪而主观恶性轻，根据评价犯罪的严重性的罪过决定律，其应属轻微的犯罪。同时，此罪在通常情况下只以特定的人为对象，不致造成多人死亡，因此，其严重性应轻于、至少不重于可能致不特定多人死亡的交通肇事等过失危害公共安全罪。而15年有期徒刑为重刑，以其作为过失杀人罪的法定刑幅度上限，既不合长期自由刑的分配规定，又使法定刑幅度严厉性幅度高于该罪的严重性幅度而不符合基的相应性的配刑理性规定。另外，以6个月有期徒刑与15年有期徒刑为过失杀人罪的法定刑幅度下、上限，使严重性轻的该罪的法定刑幅度的严厉性远重于严重性重的交通肇事等过失危害公共安全罪的法定刑幅度，因为后者的法定刑幅度仅以拘役为下限、仅以7年有期徒刑为上限，导致轻罪重刑，明显地违背配刑的序的相应的理性规定。正由于过失杀人罪的法定刑幅度既不具有基的相应性又不具有序的相应性，其自无合理性可言。

拐卖人口罪，侵害的权益是他人的人身自由权，而人身自由权的重要性低于生命权与健康权，因此，此罪的严重性低于故意杀人与故意伤害。然而，由于其包括使用暴力等危险手段先绑架后出卖等因素，其又可能侵害他人的其他权益，因而严重性重于一般的侵害人身自由权的犯罪。以有期徒刑作为拐卖人口罪的法定刑幅度，既适应了此罪的严重性幅度，符合配刑的基的相应性的规定，又使此罪的法定刑幅度轻于故意伤害罪等的法定刑幅度、重于非法拘禁罪等的法定刑幅度而对应了此罪在严重性上轻于故意伤害等罪、重于非法拘禁等罪的轻重次序，符合配刑的序的相应性的规定。因此，以有期徒刑作为拐卖人口罪的法定刑幅度，从基到序都具有其合理性。

以 3 年至 10 年有期徒刑为法定刑幅度的犯罪是第 140 条规定的强迫妇女卖淫罪。此罪既以"强迫"为特点，自然是一种包含有暴力手段的犯罪，其侵害的权益是妇女的性权利。因此，无论是从手段的危险性还是从侵害的权益的重要性来看，此罪的严重性均不亚于强奸罪。以 3 年有期徒刑为其法定刑幅度下限，与强奸罪的法定刑幅度下限相同，符合同罪同刑的序的相应性的规定。然而，仅以 10 年有期徒刑为此罪的法定刑幅度上限，使整个法定刑幅度过轻而不具有与该罪的严重性幅度的基的相应性，同时，相对于与之严重性相当的强奸罪的法定刑幅度，其又因法定刑幅度上限过低而背离同罪同刑的序的相应性规定，明显地表现为重罪轻刑。因此，强迫妇女卖淫罪的法定刑幅度因上限过低、幅度过轻而不具有合理性。

以拘役至 15 年有期徒刑为法定刑幅度的犯罪为第 143 条规定的非法拘禁罪。按照该条规定，非法拘禁包含有致人重伤、死亡的因素。就单纯的非法拘禁而言，其只以剥夺人身自由为内容，而人身自由的重要性远低于生命、健康。然而，上述法条将致人重伤、死亡作为加重犯予以规定，因此，此罪的严重性显示出由轻到重的较大幅度，而以拘役为其法定刑幅度下限，以 15 年有期徒刑为其法定刑幅度上限，使法定刑幅度同样显示出由轻至重的较大幅度，明显地体现了法定刑幅度的严厉性幅度与犯罪的严重性幅度的基的相应性。另外，因为此罪中的致人重伤、死亡显然不是指故意重伤与故意杀人，否则便应单独论罪、数罪并罚，以轻于故意杀人与故意伤害罪的法定刑幅度作为其法定刑幅度，体现了轻罪轻刑的序的相应性。因此，无论从基的相应还是从序的相应的角度来看，非法拘禁罪的法定刑幅度均具有其合理性。

以拘役至 7 年有期徒刑为法定刑幅度的犯罪是第 135 条的过失重伤罪、第 146 条的报复陷害罪与第 148 条的伪证罪。

构成过失重伤罪基本因素的是主观上的过失与客观上的对他人身体造成重伤。按照评价犯罪严重性的罪过决定律，过失重伤罪总的说来应是一种轻罪。而相对而言，根据"罪"与"需"同序递减律，① 过失重伤罪因客观危害轻于过失杀人罪、主观恶性轻于故意重伤罪而在严重性上居此二罪之下，相应地，其法定刑幅度也应轻于此二罪的法定刑幅度。按照第133条的规定，过失杀人的法定刑幅度为6个月至15年有期徒刑。按照第134条的规定，故意重伤的法定刑幅度为3年以上7年以下有期徒刑。显然，对过失重伤罪规定以拘役为法定刑幅度下限，因轻于过失杀人与故意重伤的法定刑幅度下限而具有序的相应性。但是，以7年有期徒刑为过失重伤罪的法定刑幅度上限，却与故意重伤罪的法定刑幅度上限相同，从而导致异罪同刑而不具有序的相应性。因此，过失重伤罪的法定刑幅度因上限过高而不具有合理性。

报复陷害罪与伪证罪，都不是一种以直接的方式对人身的犯罪，其严重性自然轻于直接侵害人身的伤害罪等。因此，以拘役至7年有期徒刑为其法定刑幅度，既符合短期自由刑的分配规定，又因法定刑幅度轻于伤害罪的法定刑幅度而体现了轻罪轻刑的配刑的序的相应性规定。同时，由于此二罪的主体可是国家工作人员，其危害结果均可是使人受到不应受的刑事处分，因此，两者在严重性程度上大致相当，对两者规定轻重相同的法定刑幅度，也符合同罪同刑的序的相应性规定。基于此，以拘役至7年有期徒刑为此二罪的法定刑幅度，具有其合理性。

以拘役至3年有期徒刑为法定刑幅度的犯罪为第142条破坏选举罪、第144条非法管制罪与非法搜查罪以及第145条的侮辱罪与诽谤罪。此4罪均不具有给人身造成有形损害的可能性，表现为对民主权利的侵害、人身自由的限制或对人格、名誉的毁损，而民主权利、人身自由、人格与名誉属于相对不如身体健康等权利重要的权利。相应地，侵犯此类权利的犯罪的严重性无论是基还是序都轻微。以拘役至3年有期徒刑为其法定刑幅度，既符合短期自由刑的分配规定，又使法定刑幅度的严厉性幅度与犯罪的严重性幅度具有基的相应性。同时，如此确定此五罪的法定刑幅度，既使其法定刑幅度的严厉性轻于严重性重于其严重性的伤害等罪的法定刑幅度而显示出轻罪轻罚，又因以同样的法定刑幅度反映了其相互间的严重性的大致相当而体现了同罪同罚，因而又具有序的相应性。正是由于此五罪的法定刑幅度从基到序都具有相应性，其合理性不言而喻。

---

① 详见邱兴隆著：《刑罚理性导论——刑罚的正当性原论》，中国政法大学出版社1998年版，第313页。

以拘役至 2 年有期徒刑为法定刑幅度的犯罪是第 147 条非法剥夺宗教信仰自由罪与侵犯少数民族风俗习惯罪,以拘役至 1 年有期徒刑为法定刑幅度的犯罪为侵犯通信自由罪。此三罪侵害权益的重要性远低于人身权利等,因此构成类罪中最轻微的种罪,以轻微的自由刑作为其法定刑幅度,既符合短期自由刑的分配规定,又符合最轻微的犯罪的法定刑幅度最轻的序的相应性的规定,因而具有明显的合理性。

综上所述,1979 年刑法对侵害公民人身权利、民主权利类罪中的诸种罪的法定刑幅度的确定,既有合理性又有不合理性。属于法定刑幅度合理的种罪有故意杀人罪等大部分犯罪,属于法定刑幅度因过重而不合理者有强奸罪、过失杀人罪与过失重伤罪,因法定刑幅度过轻而不合理者有强迫妇女卖淫罪。

第四节 破坏经济管理秩序类罪法定刑幅度评价

在破坏经济管理秩序类罪中,有 3 个条文的法定刑幅度为拘役至 10 年有期徒刑,1 个条文的法定刑幅度为 3 年以上有期徒刑与无期徒刑,4 个条文的法定刑幅度为拘役至 7 年有期徒刑,1 个条文的法定刑幅度为 7 年以下有期徒刑,3 个条文的法定刑幅度为拘役至 3 年有期徒刑,2 个条文的法定刑幅度为拘役至 2 年有期徒刑。

以拘役至 10 年有期徒刑为法定刑幅度的犯罪,为第 117 条、第 118 条规定的走私与投机倒把罪。走私罪侵害的权益是国家对外贸易管理秩序,投机倒把罪侵害的权益是国家金融和市场管理秩序。而外贸管理秩序与金融、市场管理秩序的好坏事关国计民生,因而构成国家最重要的经济管理秩序。这就决定了走私罪与投机倒把罪是破坏经济管理秩序类罪中最严重的种罪。按照类罪的严重性的排列次序,破坏经济管理秩序罪的严重性轻于侵害人身权利类罪而重于侵犯财产罪。相应地,对此类罪的配刑,从基与序的角度只要排除了死刑便是正当的,即此类罪可以无期徒刑为最高刑。既然此类罪可以无期徒刑为最高刑,而走私罪与投机倒把罪又是此类罪中最严重的种罪,以无期徒刑作为其最高法定刑幅度,完全符合最重的犯罪法定刑幅度最重的配刑的序的相应的规定,同时,也只有如此,才能使此二罪的法定刑幅度与其严重性幅度相适应,使刑罚的严厉性与犯罪的严重性符合配刑的基的相应性的规定。然而,1979 年刑法仅以 10 年有期徒刑为走私罪与投机倒把罪的法定最高刑,使此二罪的法定刑幅度仅为拘役至 10 年有期徒刑,既因与此二罪的严重性幅度不相应而不符合配刑的基的相应性的规定,又因此二罪的法定刑幅度低于同类罪中严重性不重于此二罪的其他种罪的法定刑幅度①而不符合最重的犯罪法定刑幅度最重的序的相应性规定，表现出重罪轻刑的无理性。因此，走私罪与投机倒把罪的法定刑幅度因失之过轻而不具有合理性。

以3年以上有期徒刑与无期徒刑为法定刑幅度的犯罪是第122条的伪造或者贩运伪造的国家货币罪。伪造国家货币罪与贩运伪造的国家货币罪侵害的权益是国家金融管理秩序，而如前所述，金融管理秩序是国家最重要的经济管理秩序。同时，伪造国家货币罪与贩运伪造的国家货币罪的行为方式决定了其对金融管理秩序的扰乱的直接性与严重性。因此，此二罪与走私、投机倒把罪一样，同属破坏经济管理秩序类罪中最严重的种罪。相应地，以类罪可配之最重刑的无期徒刑作为此二罪的法定刑幅度上限，既与此二罪的严重性上限在基上相适应，又符合最严重的犯罪法定刑幅度最重的序的相应性规定，因而具有其合理性。然而，以3年有期徒刑作为此二罪的起刑点，却失之过重。这是因为，从基的角度而言，在此二罪中存在小量伪造或贩运伪造的货币的情况，以3年有期徒刑为法定刑幅度下限，使法定刑幅度下限与此二罪的严重性下限不相应，有悖配刑的基的相应的理性规定；而从序的角度而言，如前所述，此二罪在严重性程度上与走私、投机倒把罪居同一序列，而走私与投机倒把的起刑点仅为拘役，相比之下，以3年有期徒刑为伪造与贩运伪造的国家货币罪的法定刑幅度下限，显然过重，有悖同罪同罚的配刑理性规定而表现出轻罪重刑的无理性。

以拘役至7年有期徒刑为法定刑幅度的犯罪，是第120条的伪造或者倒卖计划供应票证罪、第123条的伪造有价证券罪、第124条的伪造有价票证罪与第126条挪用国家特定款物罪。

伪造或倒卖计划票证罪；伪造有价证券罪与伪造有价票证罪，侵害的权益分别是国家计划票证管理秩序、国家有价证券管理秩序与国家有价票证管理秩序。一方面，此类票证的意义与作用不如国家货币的意义与作用大；另一方面，此类票证管理秩序不如国家货币管理秩序重要。因此，此三罪不如伪造国家货币罪严重。相应地，此三罪的法定刑幅度应轻于伪造国家货币罪的法定刑幅度，才能体现轻罪轻刑的序的相应性的规定。仅在这一意义上，以拘役至7年有期徒刑为此三罪的法定刑幅度，因轻于伪造国家货币罪的法定刑幅度而具有其合理性。然而，伪造支票、股票等有价证券，与伪造国家货币一样，构成

---

① 按1979年《刑法》第122条的规定，伪造或贩运伪造的国家货币罪的法定刑幅度为3年以上有期徒刑至无期徒刑，其上、下限均远高于走私、投机倒把罪的法定刑幅度上、下限。

对国家金融管理秩序的侵害，虽因伪造的对象的意义与作用不如国家货币的意义与作用大而在严重性上不如伪造货币重，但相距不是特别悬殊。同时，作为一种直接破坏金融管理秩序的犯罪，伪造有价证券的严重性显然重于伪造普通计划供应票证与有价票证的犯罪。因此，伪造有价证券罪的严重性顺序应紧居伪造国家货币罪之下而居伪造计划供应票证罪与伪造有价票证罪之上。与此相适应，伪造有价证券的法定刑幅度应略轻于伪造国家货币罪的法定刑幅度但重于伪造计划供应票证罪与伪造有价票证的法定刑幅度，才能体现配刑的序的相应性。而以7年有期徒刑为伪造有价证券罪的法定刑幅度上限，既使此罪的法定刑幅度过分低于以无期徒刑为上限的伪造国家货币罪的法定刑幅度上限，又使此罪的法定刑幅度与严重性轻于此罪的伪造计划供应票证罪与伪造有价票证罪的法定刑幅度完全相同，显然不具有配刑的序的相应性而表现出重罪轻刑的无理性。因此，以7年有期徒刑作为伪造有价证券罪的法定刑幅度上限因失之过轻而不具有合理性。

挪用国家特定款物罪，侵害的权益是国家特定款物专款专用、专物专用的财经管理秩序。特定款物财经管理秩序因所涉款物的特定性而是一种重要的财经管理秩序。但挪用此类款物不以占有为目的，其危害不表现为款物的损失而表现为造成间接损害，即因款物被挪用而影响救灾等事业。同时，只有特定的人在特定的条件下方可实施，因而并非常见犯罪。因此，此罪不属严重破坏经济管理秩序罪之列，以拘役至7年有期徒刑为其法定刑幅度，轻重适中，具有其合理性。

以7年以下有期徒刑为法定刑幅度的犯罪，是第125条的破坏集体生产罪。此罪侵害的权益是集体生产秩序。尽管生产秩序是一种较重要的经济管理秩序，但是，一方面，由于以爆炸等危险方法实施的破坏行为必然按危害公共安全罪定罪，构成破坏生产秩序罪的破坏行为不可能是以危险的方法实施，其危害结果通常不十分严重；另一方面，由于这不是一种营利性的行为，属于"损人不利己"之列，其发案频率不很高，因此，破坏生产秩序罪的严重性相对有限。以7年以下有期徒刑作为其法定刑幅度，既基本上可体现法定刑幅度的严厉性与该种罪的严重性之间的基的相应性，又可通过法定的严厉性程度体现此罪在类罪中的严重性次序，符合配刑的序的相应性规定，因而可以认为是合理的。

以拘役至3年有期徒刑为法定刑幅度的犯罪是第121条的偷税、抗税罪，第127条的假冒商标罪与第128条的盗伐、滥伐林木罪。

偷税、抗税罪侵犯的权益是国家税收管理秩序。相对于外贸、金融、生产、流通等领域的管理秩序，税收管理秩序的意义较小。而且，偷税、抗税的表现形式为应交而不交，是一种消极的不作为行为，其危险性一般不如走私、投机倒把等积极的作为行为大。因此，在破坏经济秩序类罪中，偷税、抗税属于严重性较轻的种罪，其法定刑幅度理应低于走私、投机倒把等种罪。然而，一方面，偷税、抗税的数额低可为数千元、数万元，高可至数百万乃至数千万元，其严重性幅度极大，仅以拘役至3年以下有期徒刑为其法定刑幅度，法定刑幅度与犯罪的严重性幅度之间很难有基的相应性可言；另一方面，按前述第123条规定，伪造税票的行为被归为伪造有价票证罪，其法定刑幅度为拘役至7年有期徒刑。伪造税票的根本危害在于给偷税创造条件，扰乱国家税收管理秩序，即直接破坏国家有价票证管理秩序、间接破坏国家税收管理秩序。而偷税、抗税罪是一种直接破坏国家税收管理秩序的行为，其严重性自然不在伪造税票的行为之下。对偷税、抗税罪仅以拘役至3年有期徒刑为法定刑幅度，相对伪造税票的拘役至7年以下有期徒刑的法定刑幅度，显然不符合配刑的序的相应性的规定。因此，偷税、抗税罪的法定刑幅度从基到序都不具有相应性，表现出重罪轻刑的不合理性。

假冒商标罪侵害的权益为国家商标管理秩序。商标虽然不是一种有价票证，但在现代社会，名牌商标的价值并不低于某些有价票证，其所可转化的经济效益往往巨大，而作为假冒对象的通常只是名牌商标，而不会是普通商标。在这一意义上说，商标管理秩序的重要性未必低于有价票证管理秩序。同时，假冒商标的危害并不仅限于对国家商标管理秩序本身的破坏，更重要的是给商标注册者的正常生产与经营秩序造成损害。而且，此罪是一种以营利为目的的犯罪，因而是一种常发性犯罪。因此，假冒商标罪在绝对意义上是一种严重性幅度较大的犯罪，在相对意义上，是一种严重性不在伪造有价票证罪之下的犯罪。仅以拘役至3年有期徒刑作为此罪的法定刑幅度，即使刑罚的严厉性幅度与该罪的严重性不具有基的相应性，又使此罪的法定刑幅度低于严重性不重于此罪的伪造有价票证罪而不符合配刑的序的相应性的规定，表现出重罪轻罚的无理性。因此，假冒商标罪的法定刑幅度因失之过轻而不具有合理性。

盗伐、滥伐林木罪所侵害的权益为国家林业管理秩序。林业资源的重要性决定了国家林业管理秩序的重要性。但是，相对于生产、流通、经营领域的管理秩序，林业管理秩序的地位略低，对其的侵害一般不如对工商等管理秩序的侵害的危害直接而巨大。同时，由于以非法占有为目的的数额较大的盗伐林木的行为应以盗窃罪单论，因此，构成盗伐林木罪的盗伐行为一般是数额较小的盗伐行为，而滥伐行为不具有非法占有的目的，其发案率通常不太高。正是如此，盗伐、滥伐林木罪，无论是从其所侵害的权益的意义、其危害程度与发案率所决定的绝对意义上的严重性来看，还是就其相对于诸如走私、伪造有价票证之类其他种罪的严重性而言，均属破坏经济管理秩序类罪中的轻罪，以拘役至3年有期徒刑为其法定刑幅度，既符合短期自由刑的分配的规定，又符合配刑的基的相应与序的相应的规定，因而具有其合理性。

以拘役至2年有期徒刑为法定刑幅度的犯罪，是第129条非法捕捞水产品罪与第130条非法狩猎罪。此二罪侵害的权益是国家渔业与野生动物资源管理秩序。与林业管理秩序一样，渔业与野生动物管理秩序的意义不如生产、经营、流通等领域的管理秩序重要。因此，非法捕捞水产品罪与非法狩猎罪同属破坏经济管理秩序类罪中最轻微的种罪，以拘役至2年有期徒刑为其法定刑幅度，既符合短期自由刑的分配规定，又符合最轻的犯罪法定刑幅度最轻的配刑的序的相应性的规定，因而是合理的。

综上所述，1979年刑法虽然对部分破坏经济管理秩序种罪的法定刑幅度的规定具有其合理性，但对相当一部分种罪的法定刑幅度的规定不具有合理性。法定刑幅度的不合理性除在伪造或贩运伪造的国家货币罪中表现为起刑点过高而失之过重外，还表现为走私、投机倒把、伪造有价证券、偷税、抗税与假冒商标等较重种罪的法定刑幅度过轻而不符合刑罪相应的配刑理性规定。

第五节　侵犯财产类罪法定刑幅度评价

在侵犯财产类罪中，有1个条文以3年有期徒刑至死刑为法定刑幅度，1个条文以拘役至死刑为法定刑幅度，2个条文以管制至无期徒刑为法定刑幅度，1个条文以拘役至7年有期徒刑为法定刑幅度，1个条文以拘役至3年有期徒刑为法定刑幅度。

以3年有期徒刑至死刑为法定刑幅度的犯罪是第150条的抢劫罪。此罪因可能使用暴力而在侵犯他人财产的同时侵害他人的健康乃至生命，属于侵犯财产类罪中唯一的暴力犯罪，其严重性居此类罪之首。因此，对其配之以此类罪的严重性所允许分配的最严厉的法定刑幅度，理所应当。然而，由于在抢劫过程中直接以暴力致人死、伤的行为应单以故意杀人或故意重伤定罪，与抢劫罪数罪并罚，因此，在抢劫罪中不应包括故意致人死亡、重伤的因素。相应地，对抢劫罪不应以死刑为最高法定刑幅度，否则，便有悖死刑的分配的等价性。正是如此，1979年《刑法》第150条以死刑作为抢劫罪的法定刑幅度上限，既违背侵犯财产类罪不应分配死刑规定，又使该罪的法定刑幅度的严厉性上限超出此罪的严重性的上限而不符合配刑的基的相应性规定，因而不具有合理性。

以拘役至死刑为法定刑幅度的犯罪，是第155条的贪污罪。贪污罪侵犯的是公共财产所有权，且系国家工作人员犯罪，因而是一种严重的侵犯财产罪。然而，此罪不以任何暴力行为为手段，因而不具有致人死、伤的可能性，其严重性应居抢劫罪之下。以死刑作为贪污罪的法定最高刑，就基而言，违背死刑只应对等分配于所侵犯的价值不低于人的生命的价值的犯罪等价性，不符合配刑的基的相应性的规定，就序而言，其使严重性远轻于抢劫罪的贪污罪的法定刑幅度与抢劫罪的法定刑幅度在上限上完全相同，且不说如前所述的对抢劫罪规定死刑失之过重，也系异罪同刑、轻罪重罚而不符合配刑的序的相应性规定。因此，贪污罪的法定刑幅度因失之过重而不具有合理性。

　　以管制至无期徒刑为法定刑幅度的犯罪为第151条与第152条的盗窃、诈骗与抢夺罪。此三罪都是单纯的侵犯财产罪，不具有任何暴力因素，不具有致人死、伤的可能性。但是，其又均是常发性犯罪，对其的一般预防需要较大。这些特点决定：首先，此三罪的严重性轻于包含有暴力因素的抢劫罪；其次，此三罪的严重性重于发案率不如其高的其他侵犯财产罪；最后，此三罪互相间在严重性次序上大致相当，不存在明显的轻重之别。基于此，对此三罪的配刑应轻于对抢劫罪的配刑、重于对诸如敲诈勒索罪之类的犯罪的配刑，所配法定刑幅度可以也应相同，这是此三罪的配刑的序的规定性。对此三罪同以拘役至无期徒刑为法定刑幅度，既使其严厉性轻于抢劫罪的法定刑幅度、重于敲诈勒索等罪的法定刑幅度，又使其相互间的配刑一致，因而符合配刑的序的规定性。另外，此三罪的危害性主要通过侵犯的财产的数额来显示，而其所侵犯的财产的数额少可至数百元、数千元、大可至数十万元乃至数百万元，因此，其严重性幅度相当大。相应地，对此三罪也应确定较大的法定刑幅度，才符合配刑的基的相应性的规定。而以管制为此三罪的法定刑幅度下限，以无期徒刑为其法定刑幅度上限，使法定刑幅度跨度极大，因而符合配刑的基的相应的规定。既然此三罪的法定刑幅度既符合基的相应的规定，又符合序的相应的规定，其合理性自然显而易见。然而，这种合理性只是一种表象，因为其序的相应性在于作为此三罪的法定最高刑的无期徒刑轻于作为严重性重于此三罪的抢劫罪的法定最高刑的死刑。而如前所述，以死刑作为抢劫罪的法定最高刑，是一种不合理的选择，亦即抢劫罪的法定最高刑充其量只应是无期徒刑。既然如此，对盗窃、诈骗与抢夺以无期徒刑为最高法定刑幅度，便同样是一种不合理的选择，因为这无从体现此三罪的严重性轻于抢劫罪因而配刑亦应轻于抢劫罪的配刑的序的相应性。据此可以定论，以无期徒刑作为盗窃、诈骗与抢夺罪的最高法定刑幅度，使此三罪的法定刑幅度失之过重而不具有合理性。

　　以拘役至7年有期徒刑为法定刑幅度的犯罪是第154条的敲诈勒索罪。此罪是一种单纯的侵犯财产罪，不具有暴力因素，因而严重性轻于抢劫罪。同时，此罪对财产的非法取得必须以受害人的屈服为前提，其成功率低于盗窃、诈骗与抢夺罪，且其发案率也低于后三罪，因此，其危害性与一般预防需要决定了其严重性也轻于盗窃、诈骗与抢夺罪。因此，从序的角度而言，敲诈勒索罪的法定刑幅度应低于盗窃、诈骗与抢夺罪的法定刑幅度，才具有相应性；另外，敲诈勒索罪的危害性主要通过其非法所得数额来显示，而在不使用暴力的前提下，仅以心理强制而使受害人屈服，从而获取特别巨大数额的财产，可能性不大。这就决定了此罪的严重性幅度不太大，其法定刑幅度不必太大即可体现配刑的基的相应性。而以拘役至7年有期徒刑为此罪的法定刑幅度，明显地轻于盗窃等罪的法定刑幅度，具有序的相应性，同时也以较小的法定刑幅度对应了此罪之较小的严重性幅度，符合短期自由刑的分配规定，具有基的相应性，因而是一种合理的选择。

以拘役至3年有期徒刑为法定刑幅度的犯罪，是第156条的故意毁坏公私财物罪。此罪不以占有为目的，发案率不高，且不可能以爆炸等危险方法实施，否则，便应定为危害公共安全罪，因而通常不至造成特别巨大损失，因此，其预防需要与危害均较其他犯罪为小，其严重性居类罪之末。以拘役至3年有期徒刑为其法定刑幅度，既符合短期自由刑的分配规定，又符合最轻的犯罪刑最轻的序的相应性的规定，因而是合理的。

综上所述，1979年刑法关于侵犯财产类罪的法定刑幅度的规定，除敲诈勒索与毁坏公私财物罪的法定刑幅度具有合理性外，其他所有种罪的法定刑幅度都因失之过重而不具有合理性。

第六节 妨害社会管理秩序类罪法定刑幅度评价

在妨害社会管理秩序类罪中，有1个条文以3年有期徒刑至无期徒刑为法定刑幅度，1个条文以管制至15年有期徒刑为法定刑幅度，2个条文以拘役至15年有期徒刑为法定刑幅度，3个条文以管制至10年有期徒刑为法定刑幅度，2个条文以管制至7年有期徒刑为法定刑幅度，2个条文以拘役至7年有期徒刑为法定刑幅度，1个条文以拘役至5年有期徒刑为法定刑幅度，3个条文以管制至5年有期徒刑为法定刑幅度，3个条文以拘役至3年有期徒刑为法定刑幅度，2个条文以管制至3年有期徒刑为法定刑幅度，1个条文以拘役至2年有期徒刑为法定刑幅度，1个条文以管制至1年有期徒刑为法定刑幅度。

以3年有期徒刑至无期徒刑为法定刑幅度的犯罪是第173条盗运珍贵文物出口罪。此罪侵犯的权益是国家文物管理秩序，其直接危害是造成国家珍贵文物的流失。珍贵文物不但拥有较高的经济价值而且具有不可估量的文化价值，因此，其价值远在一般财物之上。同时，将国家珍贵文物盗运出口，虽然未必以占有为目的，但无论是为占有还是为营利，其危害后果都是造成珍贵文物的流失，因此，此罪的危害重于盗窃财物罪，属于妨害社会管理秩序罪中最严重的种罪。更为重要的是，此种犯罪是有关国际公约所规定的一种国际犯罪。基于此罪重于普通盗窃罪而居类罪严重性之最的严重性，对其应配之以重于盗窃罪的法定刑幅度而为类罪的严重性所允许分配的最重法定刑幅度，才符合配刑的序的相应性规定。而1979年刑法对盗窃罪规定的法定刑幅度为管制至无期徒刑，以3年有期徒刑至无期徒刑为盗运珍贵文物出口罪的法定刑幅度，因下限高于盗窃罪的法定刑幅度下限而具有其序的相对合理性。另外，按照死刑的分配规定，妨害社会管理秩序罪因不具有致人于死亡的因素而应排除死刑的分配，其所允许分配之最高刑自然只能是无期徒刑。以3年有期徒刑至无期徒刑作为盗运珍贵文物出口罪的法定刑幅度，既因上限是类罪所可配之最重刑又因起刑点高、使整个法定刑幅度重而具有基的相应性。因此，盗运珍贵文物出口罪的法定刑幅度符合配刑的理性规定。

以管制至15年有期徒刑为法定刑幅度的犯罪是第160条的流氓罪。流氓罪所侵害的权益是社会公共秩序，而公共秩序具有相对不特定性，其之于社会生活的意义与作用因而可大可小，即在特定情况下既可能大于也可能小于一些具体的社会管理秩序的意义与作用。这一特点，决定了此罪的严重性难以准确评估。另外，按刑法规定，此罪的行为方式纷繁复杂，且既可以表现为个犯，也可表现为结伙犯，还可以表现为集团性犯罪，相应地，其严重性幅度较大。基于其严重性序的相对不确定性与基的复杂性，对其应规定较大的法定刑幅度，以适应可能存在的诸种情况。以拘役至15年有期徒刑为其法定刑幅度，既符合这一特点，又使此罪的法定刑幅度相对低于类罪中最严重种罪的法定刑幅度，因而基本上可认为是合理的。

以拘役至15年有期徒刑为法定刑幅度的犯罪，是第169条的引诱、容留妇女卖淫罪与第171条的毒品罪。

引诱、容留妇女卖淫罪侵犯的权益是社会风化。社会风化是一种道德秩序，对其的侵害的危害表现为非物质性的损害，即不良的社会影响。这就决定了引诱、容留妇女卖淫罪不是一种严重犯罪。同时，此罪不以强迫为要件，因为强迫妇女卖淫罪已单立罪名，不构成对妇女人身权利的侵犯，因此，此罪的严重性轻于既有伤风化又侵犯妇女人身权利的强迫妇女卖淫罪。基于这两方面的原因，引诱、容留妇女卖淫罪不应是类罪中配刑较重者，同时又应轻于对强迫妇女卖淫罪的配刑。而以15年有期徒刑作为此罪法定刑幅度的上限，使其严厉性仅次于盗运珍贵文物出口罪的法定刑幅度而居类罪中配刑重者之列，与毒品罪之法定刑幅度上限相同而高于强迫妇女卖淫罪之法定刑幅度上限达5年有期徒刑之巨，显然不合轻罪轻刑配刑序的相应性的规定，因而无合理性可言。

毒品犯罪的危害主要表现在其对毒品的传播对人身健康具有极大的损害，并诱发其他违法犯罪。同时，其又是一种国际犯罪。因此，此罪应属最严重的妨害社会管理秩序罪之列。另外，毒品罪又是一个综合性概念，所包括的具体行为较多，而各种具体行为的具体情节又往往互不相同，因此，其严重性幅度极大。基于其是类罪中最严重的犯罪，对其应配之以类罪所允许分配的最重刑，而基于其严重性幅度极大，对之应确定较大的法定刑幅度。只有如此，才符合配刑的序的相应性与基的相应性。以拘役至15年有期徒刑为此罪的法定刑幅度，使法定刑幅度跨度较大，基本上适应此罪的严重性幅度。但是，以15年有期刑为其法定刑幅度上限，却失之过轻。因为虽然此罪不具有直接致人于死的可能性，不应分配死刑，但作为类罪中最严重的种罪，其理应以类罪所允许分配的最重刑即无期徒刑为上限。否则，便无从体现最重罪刑最重的序的相应性。

以管制至10年有期徒刑为法定刑幅度的犯罪是第162条窝藏、包庇罪，第166条冒充国家工作人员招摇撞骗罪与第167条伪造、变造或者盗窃、抢夺、毁灭国家机关公文、证件、印章罪。

窝藏或包庇罪，是一种妨碍司法管理秩序的犯罪，其危害在于使罪犯不受追诉。虽然其可能因窝藏或包庇的对象是重大案犯而严重破坏司法秩序，但其严重性显然应轻于由司法人员实施的私放罪犯罪。因为后者具有执法犯法、主观恶性大的因素，且其行为方式表现为使已受监管的人逃避制裁而同时构成对监管秩序的破坏。因此，从配刑的序的相应性规定来看，窝藏或包庇罪的法定刑幅度应轻于私放被监管人员罪的法定刑幅度。而以10年有期徒刑作为此罪的法定刑幅度上限，与第190条就私放罪犯罪所规定的法定刑幅度上限完全相同，显然不合配刑的序的相应性的规定而表现为轻罪重刑。冒充国家工作人员招摇撞骗罪，侵害的权益是国家工作人员的威信。由于以骗取财物为目的的冒充国家工作人员行骗应以诈骗罪论处，单纯的冒充国家工作人员招摇撞骗往往表现为骗取名誉、地位、信任与尊重等，因而一般不至于造成有形的损害，因此，此罪不构成严重的妨害社会管理秩序罪，其严重性也应轻于以骗取钱财为目的、以有形的损害为危害方式的诈骗罪。相应地，此罪的配刑不应居类罪中配刑重者之列，且应轻于诈骗罪的配刑。以管制至10年有期徒刑为此罪的法定刑幅度，既轻于类罪中诸如前述的多种重罪的配刑而在严厉性上居中上水准，又轻于诈骗罪的法定刑幅度，因而符合配刑的序的相应的规定，具有其合理性。

伪造、变造或盗窃、抢夺、毁灭国家机关公文、证件、印章罪侵犯的权益是公文、证件与印章管理秩序。此罪的直接危害表现为给国家机关威信造成损害，即表现为非物质性的损害，而不表现为物质性的损失。因此，其严重性与侵犯国家工作人员威信的冒充国家工作人员招摇撞骗罪大致相当。相应地，对此罪与冒充国家工作人员招摇撞骗罪一样，以拘役至 10 年有期徒刑作为法定刑幅度，符合配刑的序的相应性的规定。

以管制至 7 年有期徒刑为法定刑幅度的犯罪，是第 164 条制造、贩卖假药罪与第 165 条神汉、巫婆造谣、诈骗罪。

制造、贩卖假药罪侵害的权益是医药管理秩序。但是，由于假药既可能仅仅只是损害医药管理秩序，也可能引起死亡或损害身体健康的严重后果，因此，其严重性幅度相当大。虽然此种情况下的致人死、伤因行为人不具有杀人、伤害的目的而有别于故意杀人、伤害罪，因而不能以死刑作为其法定刑幅度上限，但既为了使法定刑幅度上限与此罪的严重性上限相对应，也为了使法定刑幅度在总体上与此罪的严重性幅度相适应，同时，为突出此罪在类罪中的严重性地位，以符合配刑的基与序的相应的规定，有必要以较重的刑罚作为其法定刑幅度上限。以 7 年有期徒刑为此罪的法定刑幅度上限，即使法定刑幅度过小而不适应此罪的严重性幅度，导致基的不相应，又使此罪的法定刑幅度在严厉性上居于类罪中诸种罪法定刑幅度轻者之列而表现出重罪轻刑的序的不相应性，因而不具有合理性。

利用封建迷信造谣、诈骗罪是指以各种迷信活动、制造谣言或骗取钱物的行为，其危害在于引起混乱或骗取财物。造谣的直接危害是一种非物质性的不良影响，其结果是使正常的社会生活秩序陷于混乱状态，通常不至于造成过大的物质性损害。诈骗一般也是指小额的骗取钱物，而不是大额的诈骗，否则，便应按诈骗罪论处。这就决定了利用封建迷信造谣、诈骗罪的严重性不属类罪中的重者，且较之侵犯财产罪中的诈骗罪的严重性要轻。与此相适应，此罪的法定刑幅度不应居同类罪中配刑重者之列，且应轻于诈骗罪的法定刑幅度，才符合配刑的序的相应性的规定。以拘役至 7 年有期徒刑作为此罪的法定刑幅度，既轻于诸如盗运珍贵文物出口罪、窝藏、包庇罪之类严重或较严重的同类种罪的法定刑幅度，又远轻于诈骗罪的法定刑幅度，因而具有其合理性。

以拘役至 7 年有期徒刑为法定刑幅度的犯罪是第 161 条的脱逃罪与第 174 条的故意破坏珍贵文物、名胜古迹罪。

脱逃罪侵犯的权益是监管秩序。监管秩序虽然是一种重要的司法秩序，但一方面，如以暴力手段脱逃而致人伤、亡，应按伤害或杀人罪单论，并予以并罚，而组织越狱罪又已单立罪名，因此，单纯的脱逃罪的危险性不大；另一方面，脱逃罪是被监管人员处于严密监管之下实施的脱逃行为，其成功率不高，因而预防的需要亦不大。这两方面的因素决定了脱逃罪不是类罪中严重性突出的犯罪。同时，脱逃罪的严重性应轻于司法人员私放罪犯罪。因为后者的主体是国家工作人员，且成功率高，因而害恶性与预防需要均大于脱逃罪。因此，脱逃罪的严重性的基决定了其在序上不属同类罪中的重罪，且轻于私放罪犯罪。相应地，按照配刑的序的相应性的规定，脱逃罪的法定刑幅度应不属类罪中的重者，且应轻于司法人员私放罪犯罪的法定刑幅度。而以拘役至7年有期徒刑作为此罪的法定刑幅度，基本上符合这一序的规定。因为这既轻于类罪中的重罪的法定刑幅度而只在严厉性上属中下水准，又在上限上低于私放罪犯罪之10年有期徒刑的上限。

故意破坏珍贵文物与名胜古迹罪所侵害的权益是国家珍贵文物与名胜古迹保护秩序。珍贵文物与名胜古迹虽然价值重大，但破坏此类价值物的行为不是一种营利性与占有性的行为，因而不是常见性犯罪，其预防需要小于盗窃珍贵文物的犯罪与盗运珍贵文物出口罪，其严重性相应地较后者为轻。另外，珍贵文物与名胜古迹的价值又不在普通财物之下，这就决定了故意破坏珍贵文物与名胜古迹罪的严重性不亚于甚至重于故意毁坏公私财物罪。据此，从配刑的序的相应性的角度出发，故意破坏珍贵文物与名胜古迹罪的法定刑幅度应轻于盗窃罪与盗运珍贵文物出口罪的法定刑幅度而不低于故意毁坏公私财物罪的法定刑幅度。以拘役至7年有期徒刑为故意破坏珍贵文物与名胜古迹罪的法定刑幅度，其上限远低于盗窃罪与盗运珍贵文物出口罪的法定刑幅度上限，其幅度与故意毁坏公私财物罪的去定刑幅度完全相同，因而基本上是合理的。

以管制至5年有期徒刑为法定刑幅度的犯罪是第158条的聚众扰乱社会秩序罪，第159条的聚众扰乱公共场所秩序、交通秩序罪与177条组织、运送他人偷越国（边）境罪。

聚众扰乱社会秩序罪与聚众扰乱公共场所秩序、交通秩序罪所受害的权益均是社会公共秩序，两者虽然在发生的地点与侵犯的对象上有所不同，但其根本危害均是使特定的社会秩序处于混乱状态，且均表现为聚众的方式，因此，其严重性大致相当。同时，使社会秩序陷于混乱的直接危害结果主要表现为非物质性的恶劣影响，而不表现为人身损害或直接的财产毁损，否则便应以其他罪单论、并罚。因此，此二罪均只属类罪中较轻的种罪。同以管制至5年有期徒刑作为此二罪的法定刑幅度，使其严厉性居类罪法定刑幅度之较轻者之列，符合短期自由刑的分配规定以及轻罪轻刑、同罪同刑的配刑的序的规定性。

组织、运送他人偷越国（边）境罪侵犯的权益是国（边）境管理秩序。

国（边）境管理，属于国家主权的一个重要方面，其秩序的好坏，直接牵涉到国际关系，因而在社会管理秩序中具有重要地位。而组织、运送他人偷越国（边）境罪，既以组织或运送为要件，便因具有一定的规模性而构成对国（边）境管理秩序的较严重侵犯，其危害性远大于个人的偷越国（边）境行为。同时，此罪是一种以营利为目的的犯罪，因而具有常发性乃至职业性的特点，其预防需要较大。基于此罪之较大的危害性与预防需要，其构成一种较严重的犯罪。从配刑的基的相应角度出发，对其应以较重的刑罚作为法定刑幅度。以管制至5年有期徒刑作为其法定刑幅度，既不符合以短期自由刑为唯一法定刑幅度的种罪只应是轻罪的理性规定，又不符合法定刑幅度的严厉性幅度应与种罪的严重性幅度相对应的基的相应性的规定，因失之过轻而不具有合理性。

以拘役至3年有期徒刑为法定刑幅度的犯罪，是第157条的妨碍公务罪与拒不执行生效判决、裁定罪，第175条的破坏国家边境界碑、界桩罪与破坏测量标志罪以及第178条的违反国境卫生检疫规定罪。此3罪所侵害的权益都是不太重要的社会管理秩序，危害较小，发案率不高因而预防的需要不大，因此，其严重性较轻。以拘役至3年有期徒刑为其法定刑幅度，既符合短期自由刑应分配于轻罪的理性规定，又符合法定刑幅度的严厉性应与犯罪的严重性相对应的配刑的序的相应的规定，因而具有其合理性。

以管制至3年有期徒刑为法定刑幅度的犯罪，是第168条的赌博罪，第170条的制作、贩卖淫书、淫画罪以及第172条的窝赃罪与销赃罪。

赌博罪、窝赃罪与销赃罪所侵犯的权益均是社会治安管理秩序。而社会治安管理秩序相对于其他社会管理秩序，意义与作用较轻，对其侵害所造成的危害较小。因此，侵犯此种社会管理秩序的犯罪均属较轻微的犯罪。以管制至3年有期徒刑为赌博罪与窝赃、销赃罪的法定刑幅度，既符合以短期自由刑为法定刑幅度的犯罪应是轻罪的理性规定，又符合法定刑幅度的严厉性与种罪的严重性的基的相应规定，因而是合理的。

制作淫书、淫画罪，在根本意义上是一种侵犯文化管理秩序的犯罪。但是，由于书刊、影像、音带、图片等均可作为商品存在，因此，制作淫书、淫画行为往往表现为生产与流通领域的犯罪，因而同时构成对市场管理秩序的破坏。正由于此罪所侵犯的是文化管理秩序与市场管理秩序双重权益，危害往往大于仅仅侵犯市场管理秩序的投机倒把罪，因为投机倒把的对象是普通商品，其进入流通一般不至于造成不良的社会影响，而制作、贩卖淫书、淫画的对象是有伤社会风化的特殊商品，其进入流通，直接产生伤风败俗的不良影响，乃至诱引性犯罪。另外，与投机倒把罪一样，制作、贩卖淫书、淫画也是以营利为目的的犯罪，发案率较高，预防的需要大。据此，制作、贩卖淫书、淫画罪的严重性不在投机倒把罪之下，应居破坏社会管理秩序类罪中重罪之列。同时，在具体情况下，制作、贩卖的数量可能相距悬殊，这使此罪的严重性幅度相当大。制作、贩卖淫书、淫画罪在严重性上的这些特点，决定了其法定刑幅度的严厉性不应轻于投机倒把罪的法定刑幅度，且应居破坏社会管理秩序类罪中诸罪法定刑幅度重者之列，并表现出由轻至重的较大幅度。以管制至3年有期徒刑为制作、贩卖淫书、淫画罪的法定刑幅度，不但远远轻于投机倒把罪的法定刑幅度，而且属类罪中法定刑幅度轻者之列，显系重罪轻刑而不符合配刑的序的相应性的规定。同时，也因上限过低、幅度过小、不与此罪的严重性幅度相对应而违背配刑的基的相应性的规定，因而极不具有合理性。

以拘役至2年有期徒刑为法定刑幅度的犯罪是第163条的私藏枪支、弹药罪以及第176条的偷越国（边）境罪。私藏枪支、弹药只是一种私藏行为，而不是制作、贩卖行为，不至于使枪支、弹药流入社会，其危险性小；偷越国（边）境罪是一种个人偷越行为，且在严格的国（边）境管理秩序之下，成功率不高，因而也不具有大的危害。因此，此二罪属类罪中最轻微的种罪，以最轻的短期自由刑作为其法定刑幅度，既符合短期自由刑的分配的理性规定，又符合最轻的罪法定刑幅度最轻的配刑的序的相应性规定，因而具有其合理性。

第七节 妨碍婚姻、家庭类罪法定刑幅度评价

在妨碍婚姻、家庭类罪中，有1个条文以拘役至7年有期徒刑为法定刑幅度，1个条文以管制至7年有期徒刑为法定刑幅度，1个条文以管制至5年有期徒刑为法定刑幅度，1个条文以拘役至5年有期徒刑为法定刑幅度，1个条文以3年有期徒刑为法定刑幅度，1个条文以拘役至2年有期徒刑为法定刑幅度。

以拘役至7年有期徒刑为法定刑幅度的犯罪是第179条的暴力干涉他人婚姻自由罪。暴力干涉他人婚姻自由是侵犯此类权益的犯罪中唯一以暴力为必要构成要件的种罪，因而是类罪中最严重的种罪。但是，此罪中的暴力只限于一般的殴打等给人以皮肉之苦的暴力行为，而不包含杀、伤等重暴力，否则便应以杀人罪或伤害罪论处。同时，由于婚姻、家庭秩序是刑法所保护的社会权益中价值相对最小的一类权益，妨害婚姻、家庭罪因而是严重性最轻的类罪，因此，即使是其中最严重的种罪，也不应以重刑作为法定刑幅度。相应地，作为类罪中最严重的种罪的暴力干涉婚姻、家庭罪的法定刑幅度既不应是绝对意义上的重刑，又应该是类罪中相对意义上最重的法定刑幅度。以拘役为此罪法定

刑幅度的下限，以7年有期徒刑为其法定刑幅度上限，基本上符合配刑的这一基与序的相应性规定，因而具有其合理性。

以管制至7年有期徒刑为法定刑幅度的犯罪是虐待家庭成员罪。此罪不以暴力为必要构成要件，因而严重性起点低于暴力干涉婚姻自由罪，但是，其又包含殴打等暴力行为，且也可能引起被害人伤、亡，因而其严重性上限又与暴力干涉婚姻自由罪不相上下。因此，从序的相应的角度出发，此罪的法定刑幅度下限应稍低于暴力干涉婚姻自由罪的法定刑幅度下限，上限应与暴力干涉婚姻自由罪的法定刑幅度上限相同。以管制至7年有期徒刑为此罪的法定刑幅度，符合配刑的这一序的相应性的规定，因而基本上是合理的。

以拘役至5年有期徒刑为法定刑幅度的犯罪是第184条的拐骗儿童脱离家庭罪。此罪既不以暴力的形式实施，不至于造成人身损害，又非以出卖儿童为目的，因而严重性轻于暴力干涉婚姻自由罪、虐待罪与拐卖人口罪。以拘役至5年有期徒刑为其法定刑幅度，轻于此3罪的法定刑幅度，符合罪轻刑轻的序的相应性的规定，具有其合理性。

以管制至5年有期徒刑为法定刑幅度的犯罪是第183条的遗弃罪。此罪是一种以不作为方式构成的犯罪，不具有暴力等因素，其严重性轻于暴力干涉婚姻自由罪与虐待家庭成员罪。以管制至5年有期徒刑为此罪的法定刑幅度，严厉性轻于暴力干涉婚姻自由罪与虐待家庭成员罪的法定刑幅度，符合配刑的序的相应性规定。

以拘役至2年有期徒刑为法定刑幅度的犯罪是第180条的重婚罪，以3年以下有期徒刑为法定刑幅度的犯罪是第181条的破坏军婚罪。此二罪是单纯的破坏婚姻秩序的犯罪，其严重性居类罪之末，以轻微的短期自由刑作为其法定刑幅度，既符合短期自由刑的分配规定，又符合最轻微的犯罪法定刑幅度最轻的配刑的序的相应性的规定，因而是合理的。同时，由于军人婚姻需要予以特殊保护，破坏军婚罪的预防需要大于重婚罪，因此，以3年以下有期徒刑为破坏军婚罪的法定刑幅度，使其上下限均高于重婚罪的法定刑幅度上下限，因符合配刑的序的相应性规定而具有其合理性。

第八节　渎职类罪法定刑幅度评价

在渎职类罪中，有1个条文的1个罪名与2个条文以拘役至15年有期徒刑为法定刑幅度，2个条文以拘役至10年有期徒刑为法定刑幅度，1个条文以拘役至7年有期徒刑为法定刑幅度，1个条文以拘役至5年有期徒刑为法定刑幅度，1个条文的1款以拘役至3年有期徒刑为法定刑幅度，1个条文以拘役至 2 年有期徒刑为法定刑幅度。

以拘役至 15 年有期徒刑为法定刑幅度的犯罪是第 185 条的受贿罪与第 188 条的徇私舞弊罪。

受贿罪侵害的权益是国家工作人员职务行为的廉洁性。但是，其危害并不限于对廉洁性的侵犯本身，更重要的是，受贿以为行贿者谋取利益为前提，往往构成不正当交易的砝码与诱因，从而使国家利益遭受重大损失，因此，其危害性与预防需要重大，严重性居类罪之首。然而，此罪的严重性相对于贪污罪的严重性较轻。这是因为，贪污罪虽然也是侵害国家工作人员职务行为的廉洁性的犯罪，但其更主要的危害在于行为人亲自侵吞公共财物，直接侵害公有财产所有权，且侵吞的财物数额可能极大，因而直接危害的幅度大。而受贿罪所造成的损失相对而言具有一定的间接性，且是与行贿罪共同导致的损失，受贿的赃款、赃物本身未必是公共财物。因此，从配刑的序的相应性出发，受贿罪的法定刑幅度既应属渎职类罪中的最重刑，又应轻于贪污罪的法定刑幅度。以拘役至 15 年有期徒刑为其法定刑幅度，既因上限轻于贪污罪法定刑幅度上限而显示了轻罪轻刑，又因严厉性幅度为类罪中诸种罪法定刑幅度之最重者而显示了最重罪刑最重，因而具有其合理性。

徇私舞弊罪侵犯的权益是国家司法秩序，但由于此罪包含使明知无罪的人受追诉或故意做枉法裁判的行为，有可能导致他人被枉处重刑直至死刑的严重后果，因此，其危害性幅度较大。相应地，此罪构成渎职类罪中最严重的种罪。从配刑的基的相应角度出发，此罪应配之以严厉性幅度较大的法定刑幅度，而从配刑的序的相应的角度出发，此罪应为类罪中法定刑幅度最重的种罪。以拘役至 15 年有期徒刑为此罪的法定刑幅度，即使法定刑幅度较大而具有与此罪的严重性幅度之基的相应性，又因其上限高于类罪中其他所有种罪的法定刑幅度上限而使之成为类罪中最严厉的法定刑幅度，符合最严重的犯罪配刑最严厉的重罪重刑的序的相应性的规定，因而具有其合理性。

以拘役至 15 年有期徒刑为法定刑幅度的犯罪是第 189 条的体罚虐待被监管人员罪与第 190 条的私放罪犯罪。

体罚虐待被监管人员罪侵犯的是监管秩序与被监管人员的人身权利双重权益，且可能具有一贯性的体罚虐待或致人身体伤残等严重情节，因而是类罪中较严重的种罪。但此罪不包含故意致人死、伤的因素，否则便应按故意杀人、伤害罪论处，因此，其严重性上限又低于徇私舞弊罪的上限。基于此，此罪的法定刑幅度既应居类罪法定刑幅度重者之列，又应轻于徇私枉法罪的法定刑幅度。而以拘役至 10 年有期徒刑为此罪的法定刑幅度，既使其上限低于徇私枉法罪的法定刑幅度上限而显示了罪轻刑轻，又使其总体上重于其他诸种罪的法定刑幅度而显示了罪重刑重，因而符合配刑的序的相应性的规定，具有其合理性。

私放罪犯罪侵犯的权益虽然只是监管秩序，其严重性轻于既侵犯司法秩序又可能侵犯他人人身权利的徇私舞弊罪，但前文已揭，其严重性既与窝藏、包庇罪的严重性大致相当，又重于脱逃罪。从配刑的序的相应性角度出发，此罪的法定刑幅度应轻于徇私舞弊罪的法定刑幅度，与窝藏、包庇罪的法定刑幅度相当，并重于脱逃罪的法定刑幅度。而以拘役至 10 年有期徒刑为此罪的法定刑幅度，使其上限低于徇私舞弊罪的法定刑幅度的上限显示了轻罪轻刑，使其幅度与窝藏、包庇罪的法定刑幅度相同而显示了同罪同刑，并使其上限高于作为脱逃罪法定刑幅度上限的 7 年有期徒刑而显示了重罪重刑，从而完全符合配刑的序的相应性的规定，其合理性显而易见。

以拘役至 7 年有期徒刑为法定刑幅度的犯罪是第 186 条的泄露国家机密罪。此罪侵犯的权益是国家保密秩序，其危害表现为由于泄露国家机密而可能导致国家利益遭受重大损失。然而，国家利益遭受重大损失并非行为人所直接追求的结果，其与泄密行为之间的因果关系具有一定的间接性。因此，泄露国家机密罪的严重性不属类罪中最重者。以拘役至 7 年有期徒刑为此罪的法定刑幅度，使其严厉性大致居类罪中诸种罪法定刑幅度之中，基本上符合配刑的相应性规定，因而可视为轻重适中，具有一定的合理性。

以拘役至 5 年有期徒刑为法定刑幅度的犯罪是第 189 条的玩忽职守罪。此罪是一种过失犯罪。而根据评价犯罪的严重性的罪过决定律，过失犯罪只构成轻罪。按照配刑的序的相应性规定与短期自由刑的分配规定，此罪只应以短期自由刑作为法定刑幅度来显示轻罪轻刑的相应性。而以作为短期自由刑的拘役至 5 年有期徒刑为此罪的法定刑幅度，符合配刑的这种理性规定，因而是合理的。

以拘役至 3 年有期徒刑为法定刑幅度的犯罪是第 185 条第三款的行贿罪与介绍贿赂罪。此二罪因与受贿罪具有对偶共生性而同样构成对国家工作人员的职务行为廉洁性的侵犯，且在因贿赂而使国家利益遭受重大损失的情况下，其与受贿行为构成共同的原因，具有共同的因果关系，因而应共同承担责任。这就决定了此二罪是渎职罪的较严重附随性种罪。但是，行贿之成否主要取决于行贿对象是否接受，且在造成重大损失的情况下，起主要作用因而应承担主要责任者也是受贿人，因此，行贿罪与介绍贿赂罪的严重性又轻于受贿罪。行贿罪与介绍贿赂罪既属较严重犯罪但严重性又轻于受贿罪的这一特点，决定了其法定刑幅度的轻重次序应该轻于受贿罪的法定刑幅度。以拘役至 3 年有期徒刑为此二罪的法定刑幅度，显然因上限低于行贿罪的法定刑幅度上限而符合此二罪法定刑幅度应轻于行贿罪的法定刑幅度上限的规定。然而，这一法定刑幅度不但与受贿罪的法定刑幅度在严厉性上相距过分悬殊，而且居类罪中诸种罪法定刑幅度之最轻者之列，因而与此二罪之较重的严重性极不相称。因此，行贿罪与介绍贿赂罪的法定刑幅度因失之过轻而不具有合理性。

以拘役至 2 年有期徒刑为法定刑幅度的犯罪是第 191 条的妨碍邮电通讯罪。此罪侵害的是邮电工作职责，其危害是妨碍正常的通讯秩序。由于此罪的行为方式仅为私拆、隐藏或遗弃信件或电报等，不至于直接造成重大经济损失或其他人身性损害，因此，其属渎职类罪中之最轻微的种罪。然而，此罪又系邮电工作人员违背职责的行为，因而比普通公民开拆、隐藏或遗弃他人信件等的侵犯通信自由罪严重。基于妨碍邮电通讯罪是最轻微渎职罪，但重于侵犯通讯自由罪这一在严重性上的轻重次序，根据配刑的序的相应性的规定，其法定刑幅度应属渎职类罪中的最轻者，又应重于侵犯通讯自由罪的配刑。以拘役至 2 年有期徒刑作为此罪的法定刑幅度，既轻于类罪中所有其他种罪的法定刑幅度而位居最轻，又重于作为侵犯通讯自由罪之法定刑幅度的拘役至 1 年有期徒刑，因而符合配刑的序的相应性规定，具有其合理性。

第二章　配刑立法反思（二）
——特别刑法法定刑幅度评价

1979年刑法颁布实行后，1997年刑法颁布实行前，全国人大常委会曾颁布多种决定与补充规定，以特别刑事立法的方式对1979年刑法作了较大的修改与补充。相应地，1979年刑法有关法定刑幅度的规定亦被修改或补充，新增的罪名亦规定了相应的法定刑幅度。因此，特别刑法中有关法定刑幅度的规定，也构成对有关法定刑幅度的立法反思的重要对象。

第一节　1979年刑法法定刑幅度的修改与补充评价

特别刑法对1979年刑法有关法定刑幅度的规定作了较多的修改与补充。根据配刑的一般理性规定与立法理性规定，这些修改与补充的合理性与无理性同样明显。

一、《关于严惩严重破坏经济的罪犯的决定》对法定刑幅度的补充与修改评价

1982年4月1日生效的《关于严惩严重破坏经济的罪犯的决定》（以下简称《决定》），就与经济有关的某些犯罪的法定刑幅度进行了重大补充与修改，具体地说，便是规定对走私罪、投机倒把罪、盗窃罪、贩毒罪、盗运珍贵文物出口罪，情节特别严重的，处10年以上有期徒刑，无期徒刑或者死刑，可以并处没收财产，从而加重了有关犯罪的法定刑幅度。

前章已述，1979年刑法就走私罪、投机倒把罪所规定的法定刑幅度因上限过低、幅度过轻而不具有合理性。因此，在1979年刑法所规定的法定刑幅度上限之上增设一格法定刑幅度，既加大此二罪的法定刑幅度，又使此二罪的法定刑幅度居类罪中最重者之列，以符合罪最重刑最重的配刑的序的相应性的规定，无疑是合理的。然而，将死刑作为此二罪的最高法定刑幅度，既突破了破坏经济类罪不得分配死刑的理性规定，又使此二种根本不具有致人死亡因素

的犯罪因被配之以死刑而不具有基的相应性,其不合理性显而易见。因此,对走私、投机倒把罪的法定刑幅度的补充加重具有其合理性,但补充加重至以死刑为法定刑幅度的上限则具有无理性,这是对此二罪法定刑幅度的补充加重的正当性评价的必然结论。

前章已述,盗窃罪属于侵犯财产类罪,不具有致人死、伤的暴力因素,其严重性因而居抢劫罪之下。由于侵犯财产罪属于不得分配死刑的类罪,作为类罪中的最重种罪的抢劫罪充其量只应以无期徒刑为法定刑幅度上限,而严重性较之为轻的盗窃罪充其量只应以 15 年有期徒刑为法定刑幅度上限。因此,1979 年刑法所规定的盗窃罪的法定刑幅度因上限过高而失之重,不具有合理性。而《决定》对此罪法定刑幅度的补充与修改,使本应降低的其法定刑幅度上限反而提高至死刑,不但使之因法定刑幅度上限与严重性重的抢劫罪的法定刑幅度上限相同而表现为轻罪重刑、因法定刑幅度上限高于严重性相当的诈骗罪、抢夺罪的法定刑幅度上限而表现为同罪异罚,严重违背轻罪轻刑、重罪重刑与同罪同刑的配刑理性规定,而且使不具有致人死亡的因素的犯罪被配之以死刑而不符合死刑的分配规定,并因而使法定刑幅度不具有基的相应性。因此,《决定》将盗窃罪的法定刑幅度上限由无期徒刑提高至死刑,使本来因失之过重而不具有合理性的法定刑幅度更加失之过重而更加不具有合理性。

前章已述,1979 年刑法关于毒品罪的法定刑幅度应以却未以无期徒刑为上限而失之过轻、不具有合理性。《决定》对此罪的法定刑幅度予以补充与修改,提高其上限、加重其幅度,是一种合理的选择。然而,不将法定刑幅度上限加重至无期徒刑,而将其加重至死刑,却因失之过重而表现出其无理性。因为,一方面,毒品罪属于妨害社会管理秩序类罪,而妨害社会管理秩序类罪是不应分配死刑的类罪,对毒品罪分配死刑,突破了这一限制;另一方面,毒品罪不具有直接致人死亡的因素,以死刑为其法定刑幅度上限,不符合死刑的等价分配规定,违背配刑的基的相应性的规定。

前章已述,盗运珍贵文物出口罪以无期徒刑为法定刑幅度上限,既符合配刑的基的相应性规定,又符合配刑的序的相应性规定,因而是一种合理的选择。而《决定》将此罪的法定刑幅度上限提高至死刑,既突破了妨害社会管理秩序类罪不得分配死刑的限制,又违背死刑只应等价分配于具有致人于死亡的可能性的犯罪的理性规定,使法定刑幅度的严厉性上限高于种罪的严重性上限而不符合配刑的基的相应性的规定,以致本来合理的法定刑幅度因被加重而失之过重。因此,《决定》对盗运珍贵文物出口罪的法定刑幅度的补充加重,是一种无理的选择。

根据《决定》第 1 条第二款的修改规定,受贿罪比照贪污罪论处,情节特别严重的，处无期徒刑或死刑。经此修改，受贿罪的法定刑幅度上限由 15 年有期徒刑提高至死刑，其幅度与贪污罪的法定刑幅度完全相同。然而，前章已述，贪污罪以死刑为法定刑幅度上限是一种不合理的选择，而受贿罪的严重性又轻于贪污罪的严重性，将受贿罪的法定刑幅度修改为与贪污罪的法定刑幅度相同，不但与对贪污罪规定死刑一样不符合配刑的基的相应性规定，而且因异罪同刑以致作为轻罪的受贿罪的法定刑幅度不再轻于作为重罪的贪污罪的法定刑幅度而轻罪重罚，违背配刑的序的相应性的规定，从而使本来合理的受贿罪的法定刑幅度变为极为不合理的法定刑幅度。

二、《关于严惩严重危害社会治安的犯罪分子的决定》对 1979 年刑法有关法定刑幅度的规定的补充与修改评价

1983 年 9 月 2 日施行的全国人大常委会《关于严惩严重危害社会治安的犯罪分子的决定》（以下简称《决定》），就部分严重危害社会治安的犯罪对 1979 年刑法进行了补充与修改，将组织反动会道门或利用封建迷信进行反革命活动罪、非法制造、买卖、运输或者盗窃、抢夺枪支、弹药、爆炸物罪、故意伤害罪、强迫妇女卖淫罪、拐卖人口罪、流氓罪与引诱、容留妇女卖淫罪的法定刑幅度一律加重至以死刑为上限。

组织利用反动会道门或利用封建迷信进行反革命活动罪，前章已述，既不具有直接从整体上危及国家安全的可能性，又不具有致人死、伤的暴力因素，因而属于反革命类罪中的轻罪，1979 年刑法以 15 年有期徒刑为其法定刑幅度上限，既合配刑的基的相应性又合配刑的序的相应性。而《决定》将其法定刑幅度上限提高至死刑，严重违背死刑的等价分配规定，使法定刑幅度上限超出犯罪的严重性上限而不具有基的相应性，从而使本来合理的法定刑幅度失之过重而成为不合理的法定刑幅度。因此，《决定》对组织反动会道门或利用封建迷信进行反革命活动罪的法定刑幅度的加重，是一种无理的选择。

非法制造、买卖、运输或盗窃、抢夺枪支、弹药、爆炸物罪，前章已述，不具有直接致人死伤的可能性，其严重性远轻于放火、决水、破坏交通工具等种罪，1979 年刑法以有期徒刑与无期徒刑作为其法定刑幅度，具有其合理性。《决定》将此罪的法定刑幅度上限提高至死刑，其不合理性显而易见。因为其严重违背死刑的等价分配规定，使法定刑幅度上限超出种罪的严重性上限而不符合配刑的基的相应性规定。

故意伤害罪，前章已述，不包含故意致人于死的因素，因而不应分配死刑，且其严重性轻于故意杀人罪，因此，1979 年刑法以无期徒刑为其法定刑

幅度上限，具有其合理性。《决定》修改 1979 年刑法的规定，对故意重伤或致人死亡规定可以在法定刑幅度以上处刑，直至判处死刑，从而实际上使重伤的法定刑幅度由原来的 3 年以上 7 年以下有期徒刑变为了 3 年有期徒刑至死刑，使伤害致死的法定刑幅度由 7 年有期徒刑至无期徒刑变为了 7 年有期徒刑至死刑。这既严重违背配刑的基的相应性，又严重违背配刑的序的相应性，表现出极大的不合理性。就违背配刑的基的相应性而言，对伤害罪分配死刑，不符合死刑的等价分配规定，使法定刑幅度上限超出种罪的严重性上限而失之过重。就违背配刑的序的相应性而言，将重伤的法定刑幅度规定为 3 年有期徒刑至死刑，与故意杀人罪的法定刑幅度完全相同，将伤害致死的法定刑幅度规定为 7 年有期徒刑至死刑，因下限高于、上限等于故意杀人罪的法定刑幅度以致在严厉性上重于故意杀人罪的法定刑幅度而明显地表现为异罪同罚与轻罪重罚。

强迫妇女卖淫罪，前章已述，因不具有故意致人死亡的因素而是一种不应分配死刑的犯罪，但又是一种在严重性上与强奸罪相当的犯罪。因此，1979 年刑法未以死刑为其法定刑幅度上限，是一种合理的选择，但仅以 10 年有期徒刑为其法定刑幅度上限，又因与强奸罪之应然的合理的法定刑幅度上限即无期徒刑相差甚远而是一种无理的选择。在这一意义上，《决定》提高强迫妇女卖淫罪的法定刑幅度，是一种合理的选择。但是，将此罪的法定刑幅度上限提高至死刑，与以死刑作为强奸罪的法定刑幅度上限一样，因违背死刑的等价分配规定、使法定刑幅度上限超出种罪的严重性上限从而违背配刑的基的相应性规定而不具有合理性。

拐卖人口罪，前章已述，因不具有致人死伤的因素而在严重性上轻于故意杀人罪与故意伤害罪，因此，1979 年刑法以 15 年有期徒刑为其法定刑幅度上限，具有其合理性。《决定》将此罪的法定刑幅度上限提高至死刑，既违背死刑的等价分配规定，使法定刑幅度上限超出种罪的严重性上限而不具有基的相应性，又使此罪的法定刑幅度上限与较之此罪严重的故意伤害罪与故意杀人罪的法定刑幅度上限相同而表现出异罪同罚、轻罪重罚，违背配刑的序的相应性规定，因而是一种不合理的选择。

流氓罪，前章已述，虽是一种严重性幅度较大的犯罪，但其严重性居毒品罪、盗运珍贵文物罪之下，且不是一种包含致人伤亡因素的犯罪，因此，1979 年刑法以 15 年有期徒刑为其法定刑幅度上限，既排除了死刑的等价分配而符合配刑的基的相应性规定，又因轻于盗运珍贵文物出口罪的法定刑幅度上限与毒品罪之应然的法定刑幅度上限而符合配刑的序的相应性规定，具有其合理性。《决定》将此罪的法定刑幅度上限提高至死刑，既不符合死刑的等价分配规定而使法定刑幅度上限超出种罪的严重性上限、不具有基的相应性，又使此罪的法定刑幅度与修改后的毒品罪、盗运珍贵文物出口罪的法定刑幅度相同而导致异罪同罚、轻罪重罚，违背配刑的序的相应性规定，因而不具有合理性。

引诱、容留妇女卖淫罪，前章已述，应是一种严重性轻于强迫妇女卖淫罪的犯罪，且不属妨害社会管理秩序罪中的重罪，因此，以15年有期徒刑作为其法定刑幅度上限，失之过重而不具有合理性。《决定》将此罪的法定刑幅度上限提高至死刑，既违背死刑的等价分配规定，又使此罪的法定刑幅度居类罪之最重者之列，从而使本因失之过重而不具有合理性的法定刑幅度因更失之过重而更不具有合理性。因此，《决定》对引诱、容留妇女卖淫罪的法定刑幅度的加重，是一种极其无理的选择。

三、其他特别刑法对1979年刑法有关法定刑幅度的修改与补充评价

1988年1月21日施行的全国人大常委会《关于惩治贪污罪贿赂罪的补充规定》（以下简称《补充规定》）第8条规定，"对犯行贿罪的，处5年以下有期徒刑或者拘役；因行贿谋取不正当利益，情节严重的，或者使国家利益、集体利益遭受重大损失的，处5年以上有期徒刑；情节特别严重的，处无期徒刑，并处没收财产"。这实际上是就将行贿罪的法定刑幅度上限由1979年刑法所规定的3年有期徒刑提高至无期徒刑，将此罪的法定刑幅度加重了二格。

前章已述，行贿罪的严重性虽低于受贿罪，但相距不太大，因此，以3年有期徒刑作为行贿罪的法定刑幅度上限，显然失之过轻。正是如此，《补充规定》对1979年刑法予以补充规定，加重行贿罪的法定刑幅度上限，是一种必然合理的选择。然而，将此罪的法定刑幅度加重至以无期徒刑为上限，却因失之过重而不具有其合理性。原因在于，如前所述，贪污罪应该是一种排除死刑的犯罪，其法定刑幅度之应然上限充其量只是无期徒刑；受贿罪的严重性轻于贪污罪，其法定刑幅度之上限应低于无期徒刑才具有序的相应性，因此，其法定刑幅度之应然上限充其量只是15年有期徒刑；行贿罪的严重性轻于受贿罪，按照配刑的序的相应性规定，其法定刑幅度上限应低于15年有期徒刑。因此，《补充规定》对行贿罪的法定刑幅度的加重是一种合理的选择，但将其上限加重至无期徒刑却又是一种无理的选择。

1990年12月28日施行的全国人大常委会《关于惩治走私、制作、贩卖、传播淫秽物品犯罪分子的决定》（以下简称《决定》）规定，"以牟利为目的，制作、复制、出版、贩卖、传播淫秽物品的，处3年以下有期徒刑或者拘役，

并处罚金；情节严重的，处 3 年以上 10 年以下有期徒刑，并处罚金；情节特别严重的，处 10 年以下有期徒刑或者无期徒刑"。这实际上是将 1979 年刑法就制作、贩卖淫书、淫画罪所规定的法定刑幅度即拘役至 3 年有期徒刑提高二格而加重至以无期徒刑为上限。

前章已述，制作、贩卖淫书、淫画罪的法定刑幅度因过分低于投机倒把罪的法定刑幅度且居类罪法定刑幅度之最轻者之列而失之过轻、不具有合理性。《决定》加重此罪的法定刑幅度，无疑是一种合理的选择。这是因为，这一加重，增大了此罪的法定刑幅度，使法定刑幅度与此罪较大的严重性幅度相对应，具有基的相应性，同时，以无期徒刑为此罪的法定刑幅度上限，使其严厉性既接近于修改后的投机倒把罪的上限，又低于同类罪中修改后的盗运珍贵文物出口罪、毒品罪等的法定刑幅度上限而具有序的相应性。然而，由于如前所述，以死刑作为投机倒把罪、盗运珍贵文物出口罪与毒品罪的法定刑幅度上限是一种不合理的选择，相应地，以无期徒刑作为制作、贩卖淫秽物品罪的法定刑幅度上限所具有的序的相应性也只不过是不合理前提下的一种合理性。因为既然前三罪不应以死刑为法定刑幅度上限，其最高法定刑幅度便充其量只应是无期徒刑，而制作、贩卖淫秽物品罪的严重性低于此三罪的严重性，其法定刑幅度自然因应低于此三罪应然的法定刑幅度上限而不能是无期徒刑。因此《决定》对制作、贩卖淫秽物品罪的法定刑幅度的加重具有合理性，但将其上限加重至无期徒刑则因失之过重而不具有合理性。

1991 年 9 月 4 日施行的全国人大常委会《关于严禁卖淫嫖娼的决定》第 3 条规定，"引诱、容留、介绍他人卖淫的，处 5 年以下有期徒刑或者拘役，并处 5000 元以下罚金；情节严重的，处 5 年以上有期徒刑，并处 1 万元以下罚金"。这实际上是将由前述《关于严惩严重危害社会治安的犯罪分子的决定》加重至以死刑为上限的引诱、容留妇女卖淫罪的法定刑幅度减轻至以 15 年有期徒刑为上限。

前章已述，《关于严惩严重危害社会治安的犯罪分子的决定》对引诱、容留妇女卖淫罪法定刑幅度的加重是一种无理选择。因此，《关于严禁卖淫嫖娼的决定》对加重后的此罪法定刑幅度予以减轻，是一种合理的选择。其合理性在于，既避免了以死刑作为此罪之法定刑幅度上限所导致的背离死刑的分配规定的基的不相应性，又避免了严重性轻的此罪的法定刑幅度上限与严重性重的强迫妇女卖淫罪的法定刑幅度相同而导致的序的不相应性。然而，这种合理性又是不彻底的。因为前章已述，引诱、容留妇女卖淫罪在妨害社会管理秩序类罪中属严重性较轻的种罪，且此类罪是不应分配死刑的类罪，以 15 年有期徒刑作为此种罪的法定刑幅度，使之居于本只应以无期徒刑为最重刑的此类罪中的法定刑幅度重者之列，显然既不符合法定刑幅度严厉性与种罪的严重性之间应有的基的相应性，又不符合轻罪轻刑的序的相应性。

1993年1月1日施行的全国人大常委会《关于惩治偷税、抗税犯罪的补充规定》（以下简称《补充规定》）第1条规定，偷税罪的法定刑幅度下限为拘役至3年有期徒刑，上限为3年至7年有期徒刑；第6条规定，抗税罪的法定刑幅度下限为拘役至3年有期徒刑，上限为3年至7年有期徒刑。这实际上是将1979年刑法所规定的偷税、抗税罪的法定刑幅度增加了3年以上7年以下有期徒刑一格，将此二罪的法定刑幅度上限由3年有期徒刑提高至7年有期徒刑。

前章已述，1979年刑法就偷税、抗税罪所确定的法定刑幅度相适应既因幅度过小而不具有与此二罪的严重性幅度相适应的基的相应性，又因轻于严重性并不较之为重的以伪造税票为对象的伪造有价票证罪的法定刑幅度而不具有序的相应性，因而失之过轻，不具有合理性。因此，《补充规定》将此二罪的法定刑幅度予以加重，使其幅度与伪造有价票证罪的法定刑幅度相同，从而增大了法定刑幅度与犯罪的严重性幅度的基的相应性，并符合同罪同刑的序的相应性规定，因而是一种极为合理的选择。

1993年7月1日施行的全国人大常委会《关于惩治假冒注册商标犯罪的补充规定》（以下简称《补充规定》）规定，"未经注册商标所有人许可，在同一种商品上使用与其注册商标相同的商标，违法所得数额较大或者有其他严重情节的，处3年以下有期徒刑或者拘役，可以并处或者单处罚金；违法所得数额巨大的，处3年以上7年以下有期徒刑，并处罚金"。这实际上是就1979年刑法关于假冒商标罪所规定的法定刑幅度加重了一格，将其上限由3年有期徒刑提高至7年有期徒刑。

前章已述，假冒商标罪是一种严重性幅度较大的犯罪，且其严重性不在伪造有价票证罪之下，因此，1979年刑法对其所规定的拘役至3年有期徒刑的法定刑幅度因失之过轻而不具有合理性。《补充规定》对其的加重，使其幅度扩大至拘役至7年有期徒刑，从而较好地实现了与犯罪的严重性幅度的基的相应性，同时又因与伪造有价票证罪的法定刑幅度相同而实现了同罪同罚的基的相应性，因而是一种合理的选择。

1993年9月1日施行的全国人大常委会《关于惩治生产、销售伪劣商品犯罪的决定》（以下简称《决定》）规定，"生产、销售假药，足以危害人体健康的，处3年以下有期徒刑或者拘役，并处罚金；对人体造成严重危害的，处3年以上10年以下有期徒刑，并处罚金；致人死亡或者对人体健康造成其他特别严重危害的，处10年以上有期徒刑、无期徒刑或死刑，并处罚金或者没收财产"。这实际上是将1979年刑法所规定的制造、贩卖假药罪的法定刑幅度上限由7年有期徒刑提高至死刑,大大加重了此罪的法定刑幅度。

前章已述,制造、贩卖假药罪是生产、流通领域的一种营利性犯罪,同时,其制造的对象的特殊性决定了其具有危及他人健康与生命的可能性,其严重性因而不低于投机倒把罪的严重性,1979年刑法以7年有期徒刑为此罪的法定刑幅度失之过轻。因此,《决定》加重此罪的法定刑幅度,是一种合理的选择。然而,对此罪以死刑作为法定刑幅度上限,却不符合死刑的分配规定。因为且不说妨害社会管理秩序罪是不应分配死刑的类罪,单就制造、贩卖假药罪所包括的致人死亡的因素而言,也不足以支持对此罪分配死刑。因为此罪的致人死亡因素,绝非出于故意,否则便应以投毒罪论处。相应地,加重制造、贩卖假药罪的法定刑幅度是合理的,但加重至以死刑为法定刑幅度上限却是无理的。

1994年7月5日施行的全国人大常委会《关于严惩组织、运送他人偷越国(边)境犯罪的补充规定》(以下简称《补充规定》)将组织他人偷越国(边)境罪的法定刑幅度修改为2年有期徒刑至无期徒刑,将运送他人偷越国(边)境罪的法定刑幅度修改为管制至10年有期徒刑。

前章已述,1979年刑法关于组织他人偷越国(边)境罪的法定刑幅度的规定基本上是合理的。全国人大常委会根据此罪发案率剧增、其预防需要增大因而严重性加重而加重其法定刑幅度,虽然符合立法上可以将纯粹加重预防需要的因素作为加重配刑的因素的理性规定,但又因加重的分量过大而违背根据纯粹加重预防需要的因素加重配刑应受犯罪的害恶性大小之限制,不能因配刑的加重而导致害恶性小的犯罪的配刑重于害恶性大的犯罪的配刑的理性规定。① 这是因为,将此罪的法定刑幅度起点定为2年有期徒刑,使此罪的法定刑幅度居类罪法定刑幅度起点最高之列,② 而以无期徒刑作为此罪法定刑幅度的上限,又使此罪的法定刑幅度上限达到了类罪的严重性所允许分配的最重刑的限度,因为妨害社会管理秩序罪是应排除死刑之分配的类罪。而事实上,无论组织他人偷越国(边)境罪的预防需要大到何种程度,其严重性都应在毒品罪、盗运珍贵文物出口罪之下,因为其客观危害并不表现为有形的损害,因而小于有害健康的毒品罪与直接造成珍贵文物流失的盗运珍贵文物出口罪的客

---

① 有关根据种罪发案率上升等纯粹加重预防需要的因素加重立法上之配刑的理性规定,详见邱兴隆著:《刑罚理性导论——刑罚的正当性原论》,中国政法大学出版社1998年版,第352—356页。

② 仅轻于以3年有期徒刑作为下限的盗运珍贵文物出口罪的法定刑幅度下限。

观危害。以2年有期徒刑为组织他人偷越国（边）境罪的法定刑幅度下限，高于毒品罪与盗运珍贵文物出口罪的法定刑幅度已然的下限而不符合轻罪轻刑的配刑的序的相应性规定，以无期徒刑作为组织他人偷越国（边）境罪的法定刑幅度上限，与类罪中最严重的种罪之应然的法定刑幅度上限相同，违背轻罪轻刑的配刑的序的相应性规定。因此，《补充规定》所修改后的组织他人偷越国（边）境罪的法定刑幅度因上、下限均过高而失之过重，不具有合理性。

前章已述，1979年刑法就运送他人偷越国（边）境罪所规定的法定刑幅度基本上是合理的。《补充规定》基于此罪发案率剧增而将其法定刑幅度上限提高至10年有期徒刑同样基本上是合理的。因为一方面，根据种罪的发案率上升在立法上加重配刑，符合纯粹加重预防需要的因素可以作为立法上加重配刑的因素的理性规定；另一方面，这种加重是有节制的，并未导致加重后的法定刑幅度成为类罪所允许的最重法定刑幅度，仍然符合轻罪轻刑的配刑的序的相应性规定。

1995年6月30日施行的全国人大常委会《关于惩治破坏金融秩序犯罪的决定》（以下简称《决定》）将伪造国家货币罪的法定刑幅度修改规定为3年有期徒刑至死刑，将伪造有价证券罪的法定刑幅度修改为拘役至无期徒刑。

前章已述，伪造国家货币罪是破坏经济管理秩序类罪中最严重的种罪，1979年刑法以3年有期徒刑至无期徒刑为其法定刑幅度，体现了最重罪刑最重的序的相应性，具有其合理性。《决定》将其法定刑幅度上限提高至死刑，是一种不合理的选择。因为这既突破了破坏经济秩序类罪不得分配死刑的限制，使死刑被分配于不具有致人于死亡的因素的此罪而不符合配刑的基的相应性规定，又使此罪的法定刑幅度与远比其严重的故意杀人罪的法定刑幅度完全相同而表现为异罪同罚、轻罪重罚，有悖配刑的序的相应性规定。

前章已述，伪造有价证券罪因有价证券的价值接近于货币的价值而在严重性上与伪造国家货币罪相近，因此，1979年刑法仅将此罪的法定刑幅度上限规定为7年有期徒刑，因失之过轻，不符合同罪同罚的配刑的序的相应性规定而不具有合理性。《决定》将此罪的法定刑幅度上限提高至无期徒刑，增大其幅度而与此罪的严重性幅度实现了基的相应，又因下限低于伪造国家货币罪的法定刑幅度下限，上限与伪造国家货币罪的法定刑幅度之应然的上限相同而体现了此罪的严重性略轻于伪造国家货币罪的严重性而符合同罪同刑的配刑的序的相应性规定，因而是一种基本合理的选择。

第二节 新增罪名的法定刑幅度评价

全国人大常委会颁布的一系列修改或补充1979年刑法的《决定》与《补充规定》，陆续增补了相当多的罪名，并相应地规定了各种罪的法定刑幅度。这些特别刑法有关法定刑幅度的规定，根据配刑的理性规定，既有其合理之处，也存在明显的不合理因素。

一、危害公共安全类罪中增补罪名的法定刑幅度评价

1992年12月28日施行的全国人大常委会《关于惩治劫持航空器犯罪分子的决定》（以下简称《决定》），增设了劫持航空器罪，规定"以暴力、胁迫或者其他方法劫持航空器的，处10年以上有期徒刑或者无期徒刑，致人重伤、死亡或者使航空器遭受严重破坏或者情节特别严重的，处死刑；情节较轻的，处5年以上10年以下有期徒刑"。

航空器作为空中交通工具，一旦遭受外力干扰，便可能发生致多人死亡的严重后果。而劫持航空器的暴力行为，具有极大危险性，构成导致严重后果的直接危险。因此，劫持航空器罪，与破坏交通工具罪的严重性大致相当，应属危害公共安全类罪中最严重的种罪之列。以此为基准，其法定刑幅度应属类罪法定刑幅度最重者之列，而与破坏交通工具罪的法定刑幅度相同，才具有序的相应性。同时，由于此罪具有致多人死亡的因素，其法定刑幅度应以死刑为上限才符合死刑的分配的理性规定，并具有基的相应性。《决定》以死刑为此罪的法定刑幅度上限，既合死刑的分配规定，与此罪的严重性上限相对应而具有基的相应性，又与破坏交通工具罪的法定刑幅度上限相同而具有同罪同刑的序的相应性，因此，其合理性极为明显。然而，以5年有期徒刑为此罪的法定刑幅度下限，却使此罪的法定刑幅度因起点高于破坏交通工具罪等所有种罪的法定刑幅度而成为唯一最重的法定刑幅度。而如前所述，劫持航空器罪的严重性只相当于而不重于以航空器为对象的破坏交通工具罪的严重性，以高出破坏交通工具罪的法定刑幅度起点即3年有期徒刑的刑期作为劫持航空器罪的法定刑幅度起点，显然违背同罪同刑的序的相应性规定。尽管劫持航空器罪的法定刑幅度起点与破坏交通工具罪的法定刑幅度起点只有2年有期徒刑之距，但其在质上构成对配刑理性规定的背离，因而具有不合理性。因此，上限合理、下限过重，是劫持航空器罪的法定刑幅度所存在的悖论。

二、侵犯公民人身权利类罪增补罪名法定刑幅度评价

特别刑法共增补了 4 种侵犯人身权利罪，这便是全国人大常委会《关于严惩拐卖、绑架妇女、儿童犯罪分子的决定》所增设的拐卖妇女、儿童罪，绑架妇女、儿童罪，绑架勒索罪与收买被拐卖绑架的妇女、儿童罪。其中，有 2 种以 10 年有期徒刑至死刑为法定刑幅度，1 种以 5 年有期徒刑至死刑为法定刑幅度，1 种以管制至 3 年有期徒刑为法定刑幅度。

以 10 年有期徒刑至死刑为法定刑幅度的犯罪是绑架妇女、儿童罪与绑架勒索罪。此二罪均是以暴力为手段侵犯人身权利的犯罪，因而是侵害人身权利类罪中较严重的种罪。然而，绑架行为不是直接故意致人于死、伤的暴力行为，否则便应以故意杀人或伤害论处。因此，绑架妇女、儿童罪的严重性也低于故意杀人罪与故意伤害罪。以 10 年有期徒刑作为此二罪的法定刑幅度下限，以死刑作为此二罪的法定刑幅度上限，既严重超出此二罪的严重性上、下限而不具有基的相应性，又使法定刑幅度下限高、上限已达极限，重于故意杀人罪与故意伤害罪的法定刑幅度，甚至重于放火等最严重的危害公共安全罪的法定刑幅度，而与颠覆政府罪等居所有种罪严重性之首的种罪的严重性相同，严重违背轻罪轻刑的配刑的序的相应性规定，因而构成一种极其无理的选择。

以 5 年有期徒刑至死刑为法定刑幅度的犯罪是拐卖妇女、儿童罪。单纯的拐卖妇女、儿童行为不是一种暴力犯罪，不具有任何直接致人死、伤的因素，因此，拐卖妇女、儿童罪严重性轻于绑架妇女、儿童罪，更远轻于故意杀人罪与故意伤害罪。以 5 年有期徒刑至死刑为拐卖妇女、儿童罪的法定刑幅度，虽然因下限轻于上述绑架妇女、儿童罪的法定刑幅度下限而具有表面上的序的相应性，但是，一方面，其因下限与上限均严重超出此罪的严重性限度而不具有基的相应性；另一方面，其又远重于绑架妇女、儿童罪的应然的合理法定刑幅度甚至重于故意杀人罪与故意伤害罪之已然的法定刑幅度而严重违背配刑的序的相应性规定，因而同样构成一种极端无理的选择。

以管制至 3 年有期徒刑为法定刑幅度的犯罪是收买被拐卖、绑架的妇女、儿童罪。此罪不具有任何暴力因素，否则便同时构成其他犯罪，其危害仅在于侵害妇女、儿童的人身自由，因此，其严重性与非法拘禁罪相似而居类罪最轻者之列。以管制至 3 年有期徒刑为其法定刑幅度，既与不具有加重情节的非法拘禁罪的法定刑幅度相当，又居类罪中法定刑幅度之最轻者，符合同罪同刑与最轻罪刑最轻的配刑的序的相应性的规定，具有其合理性。

三、破坏经济管理秩序类罪中增补罪名的法定刑幅度评价

1988年全国人大常委会《关于惩治走私罪的补充规定》、1993年全国人大常委会《关于惩治偷税、抗税犯罪的补充规定》、1993年全国人大常委会《关于惩治假冒注册商标犯罪的补充规定》、1993年全国人大常委会《关于惩治生产、销售伪劣商品犯罪的决定》、1994年全国人大常委会《关于惩治侵犯著作权的犯罪的决定》、1995年全国人大常委会《关于惩治违反公司法的犯罪的决定》、1995年全国人大常委会《关于惩治破坏金融秩序犯罪的决定》、1995年全国人大常委会《关于惩治虚开、伪造和非法出售增值税专用发票的犯罪的决定》，增补了大量破坏经济管理秩序的种罪，这些种罪大致可归为生产、销售伪劣商品犯罪、走私犯罪、妨害对公司的管理秩序犯罪、破坏金融管理秩序犯罪、危害税收征管犯罪与侵犯知识产权犯罪等几个方面。现分类就特别刑法关于其法定刑幅度的规定的正当性评价如下：

（一）生产、销售伪劣商品罪法定刑幅度评价

特别刑法共增设了8种生产、销售伪劣商品罪。其中有1种以拘役至死刑为法定刑幅度，有2种以3年有期徒刑至无期徒刑为法定刑幅度，有1种以6个月有期徒刑至无期徒刑为法定刑幅度，有2种以拘役至无期徒刑为法定刑幅度，1种以6个月以上15年以下有期徒刑为法定刑幅度，1种以拘役至3年有期徒刑为法定刑幅度。

以拘役至死刑为法定刑幅度的犯罪是生产、销售有毒、有害食品罪。食品是一种特殊商品，其特殊性在于其因是"进口"的物品而直接与人的身体健康乃至生命息息相关。这就决定了生产、销售有毒、有害食品的行为，可能直接导致毁人健康乃至致人死亡的严重后果。因此，生产、销售有毒、有害食品罪不只是一种破坏食品卫生管理秩序的行为，而且是一种危害不特定多人健康与生命的行为，其严重性理所当然地居破坏经济管理秩序类罪之最重者之列。按照配刑的序的相应性的规定，对此罪应以类罪所允许分配的最重刑作为法定刑幅度。然而，此罪中的致人重伤、死亡因素又不是行为人出于直接故意的结果，否则，便应以作为危害公共安全的投毒罪论处，这正是特别刑法将此罪归于破坏经济管理秩序类罪而不将其归于危害公共安全类罪的原因所在。既然如此，无论是从破坏经济管理秩序类罪应属排除死刑的类罪，还是从只有具有故意致人于死的因素的种罪才能分配死刑的角度来看，此罪均不应以死刑为最高法定刑幅度。以拘役至死刑作为此罪的法定刑幅度，虽因使其居类罪法定刑幅

度之最重者之列而符合最重罪刑最重的序的相应性规定，但这种序的相应性却以基的不相应性为前提。因为对此罪以死刑为法定刑幅度上限，超出了此罪的严重性上限，不符合配刑的基的相应性规定，表现为绝对意义上的轻罪重刑。因此，以死刑作为生产、销售有毒、有害食品罪的法定刑幅度上限，因失之过重而不具有其合理性。

以3年有期徒刑至无期徒刑为法定刑幅度的犯罪是生产、销售劣药罪。药品作为一种特殊商品，其价值在于治病救人。而劣质药品，不但不能起到治病救人的功效，而且还可能因产生副作用而危害健康乃至致人死亡。因此，因生产、销售劣药而造成危害人体健康的行为，是一种严重的犯罪，其严重性居破坏经济秩序类罪之重者之列。但是，此罪的严重性上限相对于生产、销售假药罪与生产、销售有毒、有害食品罪的严重性上限较轻。这是因为，假药是所含成份的名称与规定不符的药品或假冒药品的非药品，而劣药只是所含成分的含量不符标准或过期的药品，因此，前者之对人身的危害大于后者对人身的危害。同样，有毒有害的食品对人身之危害具有必然性，而劣药对人身的危害仅具有可能性，因此，前者的危害大于后者的危害。然而，生产、销售假药罪是危险犯，即只要足以危害人体健康，便构成犯罪，生产、销售有毒、有害食品罪是行为犯，即只要生产、销售的是有毒、有害的食品，便构成犯罪。而生产、销售劣药罪是结果犯，即只有在已对人体健康造成严重危害的情况下才构成犯罪。因此，生产、销售劣药罪的严重性下限，重于生产、销售假药罪与生产、销售有毒、有害食品罪的严重性。生产、销售劣药罪的严重性上限轻于、下限重于生产、销售假药罪与生产、销售有毒、有害食品罪，决定了其法定刑幅度上限应低于、下限应高于后二罪的法定刑幅度，才符合配刑的序的相应性规定。以3年有期徒刑为生产、销售劣药罪的法定刑幅度下限，重于生产、销假药罪与生产、销售有毒、有害食品罪的法定刑幅度下限；以无期徒刑为生产、销售劣药罪的法定刑幅度上限，低于生产、销售假药罪与生产销售有毒、有害食品罪的法定刑幅度上限，因而符合配刑的序的相应性规定。然而，前文已揭，以死刑作为生产、销售假药罪与生产、销售有毒、有害食品罪的法定刑幅度上限，违背死刑的分配规定，是一种不合理选择，因此，作为此二罪法定刑幅度之应然的上限的充其量只能是无期徒刑。既然如此，严重性上限轻于此二罪之严重性上限的生产、销售假药罪以无期徒刑为法定刑幅度上限便同样失之过重而是一种不合理的选择。

以6个月有期徒刑至无期徒刑为法定刑幅度的犯罪是生产、销售不符合卫生标准的食品罪与生产、销售不符合标准的医疗器械、医用卫生材料罪。此二罪是结果犯，即同以对人体健康造成严重危害为构成犯罪的前提，因此，二者的严重性程度大致相同,且其严重性下限重于作为行为犯的生产、销售有毒、有害食品罪的严重性下限。同时,此二罪所生产、销售的对象对人身的危害小于有毒、有害食品对人身的危害,其理不言自明,因此,此二罪的严重性上限轻于生产、销售有毒、有害食品罪的严重性上限。既然此二罪的严重性程度大致相同,且严重性下限重于、上限轻于生产、销售有毒、有害食品罪的严重性,按照配刑的序的相应性规定,其法定刑幅度应该相同且下限应高于、上限应低于生产销售有毒、有害食品罪的法定刑幅度,才具有其合理性。同以6个月有期徒刑作为此二罪的法定刑幅度下限,重于作为生产、销售有毒、有害食品罪之下限的拘役,同以无期徒刑作为此二罪法定刑幅度上限,轻于作为生产、销售有毒、有害食品罪的法定刑幅度上限的死刑,且使二者的法定刑幅度一致,因而符合配刑的序的相应性规定,即符合轻罪轻刑、同罪同刑的理性规定。然而,如前所述,以死刑作为生产、销售有毒、有害食品罪的法定刑幅度上限,是一种不符合配刑的基的相应性的选择,此罪之应然的法定刑幅度上限充其量只是无期徒刑。既然如此,以无期徒刑作为严重性上限轻于此罪的严重性上限的生产、销售不符合食品卫生标准罪与生产、销售不符合标准的医疗器械、医用卫生材料罪的法定刑幅度上限,便因失之过重而不具有其合理性。

以拘役至无期徒刑为法定刑幅度的犯罪是生产、销售伪劣产品罪、生产、销售伪劣农药、化肥、种子罪。此二罪均不具有给人身造成损害的可能性,其危害均表现为经济性损害,因此,二者的严重性大致相当,且轻于以造成人身危害为构成犯罪的前提的生产、销售不符合卫生标准的食品罪与生产、销售不符合标准的医疗器械、医用卫生材料罪的严重性。按照配刑的序的相应性的规定,此二罪的法定刑幅度应该相同,以体现同罪同罚,同时又应轻于生产、销售不符合卫生标准的食品罪与生产、销售不符合标准的医疗器械、医用卫生材料罪的法定刑幅度。同以拘役至无期徒刑作为此二罪的法定刑幅度,符合同罪同刑的配刑理性规定;以拘役为此二罪的法定刑幅度下限,因轻于作为生产、销售不符合卫生标准的食品罪与生产、销售不符合标准的医疗器械、医用卫生材料罪的法定刑幅度下限的6个月有期徒刑而符合轻罪轻刑的配刑理性规定。然而,以无期徒刑作为此二罪的法定刑幅度上限,与生产、销售不符合卫生标准的食品罪与生产、销售不符合标准的医疗器械、医用卫生材料罪的不合理的已然的法定刑幅度上限相同、重于其合理的应然的法定刑幅度上限,明显地表现为异罪同罚、轻罪重刑,不具有序的相应性,因而是一种不合理的选择。

以6个月以上15年以下有期徒刑为法定刑幅度的犯罪是生产不符合安全标准的产品罪。不符合安全标准的产品罪以造成严重后果为构成犯罪的必要前提,其严重性下限与生产、销售不符合卫生标准的食品罪以及生产、销售不符合标准的医疗器械、医用卫生材料罪的严重性下限相当。以 6 个月有期徒刑作为生产不符合安全标准的产品罪的法定刑幅度下限，因与生产、销售不符合卫生标准的食品罪以及生产、销售不符合标准的医疗器械、医用卫生材料罪的法定刑幅度下限相同而符合同罪同刑的配刑理性规定，具有其合理性。另外，不符合卫生标准的食品系"进口"之物，具有危害人身的直接现实性且危及面广，不符合标准的医疗器械、医用卫生材料不但可能在使用中直接造成人身危害，还可能造成误诊而导致重大医疗事故，因此，生产、销售不符合卫生标准的食品罪与生产、销售不符合标准的医疗器械、医用卫生材料罪的严重性上限较重。而不符合安全标准的产品因与人身的联系不如不符合卫生标准的食品等直接而危害性相对较小，其严重性上限相对较轻。因此，以 15 年有期徒刑作为生产不符合安全标准的产品罪的法定刑幅度上限，因轻于作为生产、销售不符合卫生标准的食品罪与生产、销售不符合标准的医疗器械、医用卫生材料罪的法定刑幅度上限的无期徒刑而符合轻罪轻刑的配刑的序的相应性规定。然而，如前所述，以无期徒刑作为生产销售不符合卫生标准的食品罪与生产、销售不符合标准的医疗器械、医用卫生材料罪的法定刑幅度上限，因失之过重而是一种不合理的选择。相应地，以 15 年有期徒刑作为生产、销售不符合安全标准的产品罪的法定刑幅度上限，因并不轻于生产、销售不符合卫生标准的食品罪与生产、销售不符合标准的医疗器械、医用卫生材料罪的法定刑幅度之应然的合理上限而不具有合理性。

以拘役至 3 年有期徒刑为法定刑幅度的犯罪是生产、销售不符合卫生标准的化妆品罪。不符合卫生标准的化妆品，其危害在于可能造成使用者脸部毁损，除此之外，不至于造成其他严重人身危害。而且，一方面，此罪以造成严重后果作为构成犯罪的起点；另一方面，严重后果的发生并非生产、销售者出于故意的结果。因此，生产、销售不合卫生标准的化妆品罪应是一种较轻微的犯罪。按照配刑的序的相应性规定，其法定刑幅度应居类罪中法定刑幅度轻者之列。以拘役至 3 年有期徒刑为其法定刑幅度，既符合短期自由刑的分配规定，又符合最轻的罪配刑最轻的配刑理性规定，因而具有其合理性。

（二）走私罪法定刑幅度评价

特别刑法共增补了 6 种走私特殊物品罪。[①] 其中，有 5 种以 6 个月有期徒刑至死刑为法定刑幅度，1 种以拘役至无期徒刑为法定刑幅度。

---

① 因走私文物罪只是 1979 年刑法中盗运珍贵文物出口罪的扩张，未作为增补罪名计入。

以 6 个月有期徒刑至死刑为法定刑幅度的犯罪是走私毒品罪、走私武器、弹药罪、走私伪造的货币罪、走私珍贵动物、动物制品罪与走私贵重金属罪。此 5 种犯罪的严重性显然与贩卖毒品罪、买卖枪支、弹药罪、伪造国家货币罪、盗运珍贵文物出口罪与走私罪的严重性大致相当。而贩卖毒品罪经特别刑法的修改,其法定刑幅度为拘役至死刑,非法买卖枪支、弹药罪经特别刑法的修改,其法定刑幅度为 6 个月有期徒刑至死刑,伪造国家货币罪经特别刑法的修改,其法定刑幅度为 3 年有期徒刑,盗运珍贵文物出口罪的法定刑幅度经特别刑法的修改,为 3 年有期徒刑至死刑,走私罪的法定刑幅度经特别刑法的修改,为拘役至死刑,对走私毒品罪、走私武器、弹药罪、走私伪造的货币罪、走私珍贵动物、动物制品罪与走私贵重金属罪以 6 个月有期徒刑至死刑为法定刑幅度,因大致与前 5 种罪的法定刑幅度相当而符合同罪同刑的配刑理性规定。同时,前章已述,由于走私属破坏经济管理秩序类罪中的重罪之列,以 6 个月有期徒刑至死刑作为走私毒品罪,走私武器、弹药罪,走私伪造的货币罪,走私珍贵动物、动物制品罪与走私贵重金属罪的法定刑幅度也符合罪重刑重的配刑理性规定。然而,这种同罪同刑与罪重刑重的序的相应性却不是以符合配刑的基的相应性为前提。因为此 5 种罪均不包含直接致人死亡的因素,以死刑为其法定刑幅度上限,不具有基的相应性。因此,与前文所揭的以死刑作为贩毒罪、非法买卖枪支、弹药罪、伪造国家货币罪、盗运珍贵文物出口罪与走私罪的法定刑幅度上限之不合理性一样,以死刑作为走私毒品罪、走私武器、弹药罪与走私伪造的国家货币罪的法定刑幅度上限因严重性超出了种罪的严厉性上限而不具有合理性。

以拘役至无期徒刑为法定刑幅度的犯罪是走私淫秽物品罪。就其严重性而言,走私淫秽物品与贩卖淫秽物品大致相当。因此,以拘役至无期徒刑作为走私淫秽物品罪的法定刑幅度,与前文已揭的将无期徒刑作为贩卖淫秽物品罪的法定刑幅度上限之不合理性一样,因上限失之过重而不具有合理性。

(三) 妨害对公司的管理秩序罪法定刑幅度评价

特别刑法共增加了 7 种妨害对公司管理秩序罪。其中有 1 种以拘役至 15 年有期徒刑为法定刑幅度,4 种以拘役至 5 年有期徒刑为法定刑幅度,2 种以拘役至 3 年有期徒刑为法定刑幅度。

以拘役至 15 年有期徒刑为法定刑幅度的犯罪是公司人员受贿罪。公司人员是非国家工作人员,其受贿不构成对国家工作人员职务行为廉洁性的侵害,而只构成对公司管理秩序与公司利益的侵害。因此,其严重性轻于国家工作人员受贿罪。按照配刑的序的相应性规定,公司人员受贿罪的法定刑幅度应轻于国家工作人员受贿罪的法定刑幅度才具有合理性。以拘役至 15 年有期徒刑作为公司人员受贿罪的法定刑幅度，因上限轻于作为国家工作人员受贿罪之法定刑幅度不合理的已然的上限的死刑而具有序的相应性。然而，由于贪污罪之应然的合理的法定刑幅度上限充其量只应是无期徒刑，而国家工作人员受贿罪的严重性轻于贪污罪的严重性，因此，国家工作人员受贿罪的应然的合理的法定刑幅度上限充其量只应是 15 年有期徒刑。相应地，公司人员受贿罪作为严重性轻于国家工作人员受贿罪的种罪，其法定刑幅度上限应轻于作为国家工作人员受贿罪之应然的合理的法定刑幅度上限的 15 年有期徒刑才具有序的相应性。因此，以 15 年有期徒刑作为公司人员受贿罪的法定刑幅度上限，因失之过重而不具有合理性。

以拘役至 5 年有期徒刑为法定刑幅度的犯罪是虚假出资、抽逃出资罪、欺诈发行股票、债券罪、妨害清算罪与提供虚假的资产评估、验资、验证、审计证明文件罪。此 4 种犯罪均以弄虚作假为特征，且均是对公司管理秩序的侵害，因此，其严重性大致相当。同时，此三罪均非以非法占有为目的，且不是发生在生产、流通领域的犯罪，因而通常不至于造成直接的严重经济损害，因此，其同属严重性较轻的破坏经济管理秩序犯罪。同以拘役至 5 年有期徒刑为其法定刑幅度，既符合同罪同刑的序的相应性，又符合轻罪轻刑的序的相应性，并与短期自由刑的分配规定相吻合，因而是一种合理的选择。

以拘役至 3 年有期徒刑为法定刑幅度的犯罪是虚报注册资本罪与提供虚假财会报告罪。此二罪同样表现为弄虚作假的行为，也同样是对公司管理秩序的侵害，因此，其严重性大致相当。同时，此二罪是单纯的对公司注册登记制度与财务监督制度的违反，其影响面有限，一般不至于直接给他人利益造成损害，因而在严重性上轻于可能给合股人利益造成损害的虚假出资、抽逃出资罪、可能给投资者利益造成损害的欺诈发行股票、债券罪与可能给债权人利益造成损害的妨害清算罪。因此，同以拘役至 3 年有期徒刑作为虚报注册资本罪与提供虚假财会报告罪的法定刑幅度，既适应了此二罪在严重性上的一致性，符合同罪同刑的规定，又因轻于虚假出资、抽脱出资罪等的法定刑幅度而具有轻罪轻刑的序的相应性，因而具有合理性。

（四）破坏金融管理秩序罪的法定刑幅度评价

特别刑法增补了 15 种破坏金融管理秩序罪。[①] 其中，有 4 种以拘役至死

[①] 伪造货币罪与伪造金融票证罪前文已作为对伪造国家货币罪与伪造有价证券罪的修改，走私伪造的货币罪前文已列入走私罪，因而未计入增补之罪。

刑为法定刑幅度，4种以拘役至无期徒刑为法定刑幅度，2种以拘役至15年有期徒刑为法定刑幅度，4种以拘役至10年有期徒刑为法定刑幅度，1种以拘役至5年有期徒刑为法定刑幅度。

以拘役至死刑为法定刑幅度的犯罪是集资诈骗罪、金融票据诈骗罪、金融结算凭证诈骗罪与信用证诈骗罪。此4种犯罪均是金融诈骗行为，且均是以占有为目的，危害性大致相当，因而严重性程度不相上下。同时，由于此4种罪均属以金融活动为名义或对金融机构所为的诈骗，其数额往往可达极大，因此，其严重性上限重于普通诈骗罪。同以拘役至死刑为此4种罪的法定刑幅度，具有同罪同罚的相应性，又因上限高于作为普通诈骗罪之上限的无期徒刑而具有重罪重刑的相应性。然而，一方面，此4种罪均为不具有致人于死的可能性的犯罪，以死刑为其法定刑幅度上限不具有基的相应性，其应然的合理上限因而充其量只应为无期徒刑；另一方面，前章已述，侵犯财产类罪中的诈骗罪以无期徒刑为法定刑幅度上限失之过重，其应然的合理上限充其量只应为15年有期徒刑，因此，只需以无期徒刑而不需以死刑作为此4种金融诈骗罪的法定刑幅度上限便足以体现重罪重刑的相应性。据此，以死刑作为前列4种金融诈骗罪的法定刑幅度上限，因失之过重而不具有其合理性。

以拘役至无期徒刑为法定刑幅度的犯罪是出售、购买、运输假币罪、金融工作人员购买假币、以假币换取货币罪、贷款诈骗罪与信用卡诈骗罪。

相对于伪造货币的行为，出售、购买、运输假币的行为与金融工作人员购买假币或以假币换取货币的行为的危害较小。因为前者是一种制造行为，是假币之源，而后者则只是流通行为，是假币之流。既然如此，在特别刑法已将伪造货币罪的法定刑幅度修改为3年有期徒刑至死刑之后，将出售、购买、运输假币罪与金融工作人员购买假币或以假币换取货币罪的法定刑幅度规定为拘役至无期徒刑，便因上、下均低于伪造货币罪的法定刑幅度而具有轻罪轻刑的序的相应性。然而，前文已述，以死刑作为伪造货币罪法定刑幅度上限，因不符合死刑的等价分配规定而不具有基的相应性，此罪之应然的合理法定刑幅度上限充其量只应是无期徒刑。相应地，严重性轻于伪造货币罪的出售、购买、运输假币罪与金融工作人员购买假币或以假币换取货币罪的应然的合理法定刑幅度上限应轻于无期徒刑才具有真正的序的相应性。因此，以无期徒刑作为此二罪的法定刑幅度上限，因失之过重而不具有合理性。

贷款诈骗与信用卡诈骗罪虽然也是金融诈骗罪，但其严重性上限轻于前述集资诈骗罪等的严重性上限。因为此二罪的手段决定了其行骗最大可能的数额一般不如集资诈骗等行骗的最大可能的数额大。因此，以拘役至无期徒刑作为此二罪的法定刑幅度，因下限同于、上限低于集资诈骗罪等之已然的法定刑幅度而适应了此二罪的严重性下限同于、上限低于集资诈骗罪等的严重性而具有罪同刑同、罪轻刑轻的相应性。然而，如前所述，以死刑作为集资诈骗罪等的法定刑幅度上限，是一种不符合基的相应性的选择，此罪之应然的合理法定刑幅度上限充其量只应是无期徒刑，因此，严重性上限轻于集资诈骗罪等的贷款诈骗罪与信用卡诈骗罪之应然的合理法定刑幅度上限应轻于无期徒刑才具有应然的序的相应性。基于此，以无期徒刑作为贷款诈骗罪与信用卡诈骗罪的法定刑幅度上限，因失之过重而不具有合理性。

以拘役至15年有期徒刑为法定刑幅度的犯罪是持有、使用假币罪与保险诈骗罪。

持有、使用假币，虽然也只是假币之流，但其严重性显然轻于出售、购买或运输假币罪。因为单纯的持有假币、不让其进入流通，只构成对货币管理秩序的侵害，而不可能产生其他有形的损害，而使用假币，虽然使假币进入了流通，但单纯的使用不至于数额过大，因而有形的损害有限。而出售、购买假币具有营利性，运输带有批量性，其使假币进入流通的数额往往可达特别巨大。因此，按照配刑的序的相应性规定，持有、使用假币的法定刑幅度应轻于出售、购买或运输假币的法定刑幅度。以拘役至15年有期徒刑为持有、使用假币罪的法定刑幅度，因上限轻于作为出售、购买或运输假币等罪之已然法定刑幅度上限的无期徒刑而具有序的相应性。然而，如前所述，以无期徒刑作为出售、购买或运输假币罪的法定刑幅度上限因失之过重而不是一种合理的选择，其应然的合理法定刑幅度上限充其量只应为15年有期徒刑，因此，以15年有期徒刑为持有、使用假币罪的法定刑幅度因与出售、购买或运输假币罪之应然的合理法定刑幅度上限相同而失之过重，不符合轻罪轻刑的配刑理性规定。

保险诈骗虽然也是一种金融诈骗罪，但受保险金额的限制，其行骗的数额不至于过大，因此，其严重性上限一般轻于信用卡诈骗罪等罪而属较轻的金融诈骗罪之列。因此，其法定刑幅度上限应轻于信用卡诈骗等犯罪的法定刑幅度上限。而如前所述，以无期徒刑作为信用卡诈骗罪的法定刑幅度上限因失之过重而不具有合理性，其应然的合理法定刑幅度上限充其量只应为15年有期徒刑。相应地，以15年有期徒刑作为保险诈骗罪的法定刑幅度上限，因与严重性上限较之为重的信用卡诈骗罪的应然合理法定刑幅度上限相同而失之过重，不具有合理性。

以拘役至10年有期徒刑为法定刑幅度的犯罪是变造货币罪，非法设立金融机构罪，伪造、变造转让金融机构经营许可证罪与非法吸收公众存款罪。

变造货币，是一种利用挖、补等手段扩大货币面额或数量的行为。由于一方面，这种行为方式不可能批量产生假币；另一方面，变造的货币容易鉴别、不易进入流通，因此，其严重性远低于伪造货币罪的严重性。以拘役至 10 年有期徒刑作为此罪的法定刑幅度，因上限远轻于伪造货币罪的应然的合理法定刑幅度上限即无期徒刑而具有序的相应性。

非法设立金融机构罪与伪造、变造、转让金融机构经营许可证的行为，均只是单纯的侵害金融机构注册登记秩序的行为，如与此同时进行了其他犯罪则应按牵连犯择重定罪或单论、并罚。因此，这 2 种犯罪一般不至于造成经济损害等严重结果，相应地，其严重性较轻。以拘役至 10 年有期徒刑为其法定刑幅度，因上限低于较之严重的其他种罪的法定刑幅度已然的上限而具有轻罪轻刑的相应性。

非法吸收公众存款罪，不具有占有的目的，其危害主要仅限于对储蓄管理秩序的侵害，一般不至于造成直接的经济损害，因而也只是一种较轻的危害金融管理秩序罪。以拘役至 10 年有期徒刑为其法定刑幅度，因上限低于较严重的其他种罪的法定刑幅度已然的上限而具有序的相应性。

然而，按立法者的立法精神，以上 4 种罪的严重性轻于以 15 年有期徒刑为法定刑幅度上限的持有、使用伪造的货币罪与保险诈骗罪的严重性，否则，便不会存在法定刑幅度上限的 5 年有期徒刑之差。而如前所述，以 15 年有期徒刑为持有、使用伪造的货币罪与保险诈骗罪的法定刑幅度上限因失之过重而不具有合理性，相应地，其应然的法定刑幅度上限便应该是作为重期自由刑上限的 10 年有期徒刑。既然如此，严重性轻于此二罪之严重性的前列 4 种罪也以 10 年有期徒刑作为法定刑幅度上限，便同样失之过重而不具有合理性。

以拘役至 5 年有期徒刑作为法定刑幅度的犯罪是非法发行股票、公司债券罪。此罪不具有非法占有的目的，只表现为对股票、债券发行管理秩序的侵害，而不表现为对他人财产所有权的侵害，而且，其以"数额巨大、后果严重或者有其他严重情节"作为构成犯罪的起点，因而严重性幅度不大，属于破坏金融管理秩序罪中的轻罪，其严重性与妨害公司、企业管理秩序罪中的欺诈发行股票、债券罪大致相当。以拘役至 5 年有期徒刑作为此罪的法定刑幅度，符合短期自由刑的分配规定，具有轻罪轻刑的序的相应性，且因与欺诈发行股票、债券罪的法定刑幅度相同而符合同罪同刑的配刑理性规定，因而具有其合理性。

（五）危害税收征管罪法定刑幅度评价

特别刑法共增补了 7 种危害税收征管罪。其中，有 2 种以拘役至死刑为法定刑幅度，2 种以拘役至 15 年有期徒刑为法定刑幅度，2 种以管制至 7 年有期徒刑为法定刑幅度，1 种以拘役至 5 年有期徒刑为法定刑幅度。

以拘役至死刑为法定刑幅度的犯罪是虚开增值税专用发票或用于骗取出口退税、抵扣退税款发票罪与伪造或出售伪造的增值税专用发票罪。按照特别刑法的规定，虚开增值税专用发票或用于骗取出口退税、抵扣退税款发票罪，既可以是单纯的虚开税票的行为；也可以是既虚开税票又以虚开的税票骗取国家税款的行为。而虚开税票的金额与骗取的国家税款数额小可至较大，大可至特别巨大，这便决定了此罪的严重性幅度相当大，其严重性上限重。同时，虚开税票并骗取国家税款的行为在严重性上重于侵犯财产罪中的诈骗罪，居危害税收征管罪严重性之首。因此，按照死刑的基的相应性规定，虚开增值税专用发票或用于骗取出口退税、抵扣税款发票罪的法定刑幅度应有较大的幅度，以适应其较大的严重性幅度，且其法定刑幅度上限应重，以适应其严重性上限。而按照配刑的序的相应性的规定，此罪的法定刑幅度应重于诈骗罪的法定刑幅度，以适应其严重性不亚于诈骗罪的严重性之序，且应居危害税收征管罪法定刑幅度最重者之列，以适应其严重性之居此类罪严重性之首而符合最重罪刑最重的配刑理性规定。以拘役至死刑作为此罪的法定刑幅度，其幅度极大、上限已达最重，具有与严重性幅度大、上限重的对应性。然而，此罪不具有致人死亡的因素，以死刑为其法定刑幅度上限，不符合死刑的等价分配规定，因而不具有与其严重性之基的相应性。同时，诈骗罪的法定刑幅度上限为无期徒刑，以死刑作为虚开税票罪的法定刑幅度上限，具有重罪重刑的相应性，而且，死刑是最重刑，以其作为虚开税票罪的法定刑幅度上限，使此罪的法定刑幅度居危害税收征管罪中法定刑幅度最重者，具有最重罪刑最重的相应性。然而，这种序的相应性是以基的不相应为前提的，因而不具有真正的合理性。因为如前所述，虚开税票罪是绝对不应分配死刑的犯罪，其合理的法定刑幅度上限充其量只能是无期徒刑。同时，前章已述，以无期徒刑作为诈骗罪的法定刑幅度上限，因失之过重而不具有合理性，此罪的合理的法定刑幅度上限充其量只应是无期徒刑，因此，不必以死刑而只需以无期徒刑作为虚开增税票罪的法定刑幅度上限，便足以体现其应然的法定刑幅度重于诈骗罪的法定刑幅度。再者，破坏经济秩序类罪是不应分配死刑的类罪，因此，只需以无期徒刑作为虚开税票罪之法定刑幅度上限，便足以体现其居危害税收征管罪法定刑幅度之最重者。自此以观之，以死刑作为虚开税票罪的法定刑幅度上限，因失之过重而是一种无理的选择。

伪造或出售伪造的增值税专用发票罪，按照特别刑法的规定，既包括单纯的伪造或出售行为，又包括既伪造又出售的行为，而伪造出售的数额可能极大、因此，此罪严重性幅度大、上限高，重于单纯的伪造有价票证罪。然而，伪造或出售伪造的增值税专用发票罪的严重性又应轻于前述虚开税票罪的严重性。因为伪造或出售伪造的增值税发票的直接危害仅限于税票管理秩序本身，而不至于直接给国家造成重大经济损失。而虚开税票不但包括虚开行为，而且包括骗取国家税款的行为，因此，其直接危害不仅在于危害税票管理秩序本身，而且在于直接给国家造成重大经济损失。以拘役至死刑作为伪造、出售伪造的增值税发票罪的法定刑幅度，虽然幅度大，但因违背死刑的等价分配规定而不具有基的相应性。另外，以死刑作为此罪的法定刑幅度上限，虽然高于伪造有价票证罪的法定刑幅度上限，但与虚开税票罪的法定刑幅度已然的不合理的上限相同、重于作为虚开税票罪之应然的合理的法定刑幅度上限的无期徒刑，明显地表现出轻罪重刑的无理性。这种无理性甚至达到了如此明显的程度，以致伪造、出售伪造的税票罪的法定刑幅度上限等同于伪造货币罪的已然的不合理的法定刑幅度上限且重于出售伪造的货币罪之已然的不合理的上限、重于伪造货币罪的应然的合理的法定刑幅度上限并远重于出售伪造的货币罪之应然的合理的法定刑幅度上限。因此，伪造、出售伪造的增值税发票罪的合理的法定刑幅度上限充其量只应是低于作为虚开税票罪之合理的法定刑幅度上限的无期徒刑的15年有期徒刑。相应地，以死刑作为此罪的法定刑幅度因失之极重而是一种极不合理的选择。

以拘役至15年有期徒刑为法定刑幅度的犯罪是非法制造、出售非法制造的用于骗取出口退税、抵扣税款发票与非法出售用于骗取出口退税、抵扣税款发票罪。此二罪均不包含利用特种出口退税、抵扣税款发票弄虚作假骗取税款的因素而只构成对税票管理秩序本身的侵害，和至于直接给国家造成重大经济损害，其严重性大致相当。同时，出口退税、抵扣税款发票的使用面有限，而增值税专用发票的使用面较之要普遍得多，因此，伪造、出售伪造的出口退税、抵扣税款发票罪与非法出售用于骗取出口退税、抵扣税款发票罪的严重性轻于伪造、出售伪造的增值税发票与非法出售增值税专用发票罪。同以拘役至15年有期徒刑为伪造、出售伪造的出口退税、抵扣税款发票罪与非法出售用于骗取出口退税、抵扣税款发票的法定刑幅度，具有同罪同罚的相应性，同时，又因上限低于伪造、出售伪造的增值税发票与非法出售增值税发票罪之已然的上限而具有轻罪轻刑的相应性。然而，如前所述，伪造或出售伪造的增值税发票罪与非法出售增值税发票罪之应然的法定刑幅度上限充其量只应为15年有期徒刑。既然如此，严重性轻于此二罪的伪造、出售伪造的出口退税、抵扣退税款发票罪与非法出售用于骗取出口退税、抵扣税款发票罪之应然的法定刑幅度上限便应低于15年有期徒刑才符合配刑的序的相应性的规定。因此，以15年有期徒刑作为伪造、出售伪造的出口退税、抵扣退税款发票罪与非法出售用于出口退税、抵扣税款发票罪的法定刑幅度上限，便显然因失之过重而不具有合理性。

以管制至 7 年有期徒刑为法定刑幅度的犯罪是非法制造、出售非法制造的发票罪与非法出售发票罪。作为此二罪之伪造或出售对象的是普通发票，其意义与作用远低于增值税专用发票与出口退税发票。相应地，伪造、出售伪造的发票罪与非法出售发票罪的严重性远轻于伪造、出售伪造的增值税专用发票罪、非法出售增值税专用发票罪、非法制造、出售非法制造的用于骗取出口退税、抵扣税款发票罪以及非法出售用于骗取出口退税、抵扣税款发票罪，而与伪造有价票证罪的严重性大致相当。以管制至 7 年有期徒刑作为伪造、出售伪造的发票罪与非法出售发票罪的法定刑幅度，远轻于伪造、出售伪造的增值税发票罪等的已然或应然的法定刑幅度，等同于伪造有价票证罪的法定刑幅度，符合轻罪轻刑、同罪同刑的配刑的序的相应性规定，具有其合理性。

以拘役至 5 年有期徒刑为法定刑幅度的犯罪是非法购买增值税专用发票、购买伪造的增值税专用发票罪。非法购买增值税专用发票或购买伪造的增值税专用发票，仅仅是一种购买行为。而一方面，购买的危害面远小于非法制造、出售行为的危害面；另一方面，如购买后又出售或使用，必然构成其他犯罪，因此，单纯的非法购买增值税专用发票罪的严重性轻于有关税票的其他犯罪的严重性。以拘役至 5 年有期徒刑作为此罪的法定刑幅度，因轻于所有其他有关税票犯罪的法定刑幅度而符合罪最轻刑最轻的配刑的序的相应性规定，因而是一种合理的选择。

（六）侵犯知识产权罪法定刑幅度评价

特别刑法共增补了 4 种侵犯知识产权罪。其中，有 3 种以拘役至 7 年有期徒刑为法定刑幅度，1 种以拘役至 5 年有期徒刑为法定刑幅度。

以拘役至 7 年有期徒刑为法定刑幅度的犯罪是销售假冒注册商标的商品罪、伪造、擅自制造他人注册商标标识或者销售伪造、擅自制造的注册商标标识罪与侵犯著作权罪。

销售假冒注册商标的商品罪与伪造、擅自制造他人注册商标标识或者销售伪造、擅自制造的注册商标标识罪在严重性上与假冒注册商标罪大致相当。这不仅因为其均是对商标管理秩序与商标、标识的注册使用者的利益的侵害，而且，其可能的危害程度也相差无几。因此，对销售假冒注册商标的商品罪与伪造、擅自制造他人注册商标标识或者销售伪造、擅自制造的注册商标标识罪与假冒注册商标罪一样，以拘役至 7 年有期徒刑为法定刑幅度，符合同罪同刑的配刑的序的相应性规定，具有其合理性。

侵犯著作权罪所侵犯的权益是著作权管理秩序与著作权人的利益。而与对商标使用权的侵犯一样，对著作权的侵犯也表现为对知识产权的专有属性的侵害，且侵犯著作权之可能的危害程度与侵犯商标使用权之可能的危害程度大致相当。因此，侵犯著作权罪与侵犯商标权的有关犯罪在严重性上难分轻重。以拘役至 7 年有期徒刑作为侵犯著作权罪的法定刑幅度，因严厉性与有关侵犯商标权的犯罪的法定刑幅度相同而符合同罪同刑的配刑的序的相应性规定，因而是一种合理的选择。

以拘役至 5 年有期徒刑为法定刑幅度的犯罪是销售侵权复制品罪。单纯的销售侵权复制品行为，在对著作权的侵犯的规模上小于侵犯著作权行为，因为后者构成前者的前提，前者只不过是后者的自然延伸。因此，销售侵权复制品罪的严重性轻于侵犯著作权罪。同时，著作权制品之作为商品的流通面小于普通商品，因此，销售侵权复制品的发案率与不良影响程度均轻于销售假冒注册商标的商品罪与销售伪造、擅自制造的注册商标标识罪。根据配刑的序的相应性规定，销售侵权复制品罪的法定刑幅度应轻于侵犯著作权罪的法定刑幅度。以拘役至 5 年有期徒刑作为销售侵权复制品罪的法定刑幅度，因上限低于侵犯著作权罪等的法定刑幅度上限而符合配刑的序的相应性，具有其合理性。

四、侵犯财产类罪增补罪名的法定刑幅度评价

1988 年全国人大常委会《关于惩治贪污罪贿赂罪的补充规定》增设了 3 种侵犯财产罪。其中有 2 种以拘役至 5 年有期徒刑为法定刑，1 种以拘役至 2 年有期徒刑为法定刑。

以拘役至 5 年有期徒刑为法定刑的犯罪是挪用公款罪与巨额财产来源不明罪。挪用公款罪因不以占有为目的而严重性轻于贪污罪，其理如挪用公款罪之严重性轻于职务侵占罪，不需赘述。同时，挪用公款因挪用的对象不如挪用特定款物的对象重要而严重性轻于后罪。因此，以拘役至 5 年有期徒刑作为挪用公款罪的法定刑幅度轻于贪污罪与挪用特定款物罪的法定刑幅度而具有轻罪轻刑的序的相应性，因而是合理的。巨额财产来源不明罪的危害仅在于巨额财产来源不明、巨有非法所得的可能性，因而严重性轻，以拘役至 5 年有期徒刑作为其法定刑幅度，具有轻罪轻刑的相应性，因而也是合理的。

以拘役至 2 年有期徒刑为法定刑的犯罪是隐瞒境外存款不报罪。此罪中的财产具有合法性，其危害仅在于破坏财产申报制度，因而只是一种绝对意义上的轻罪。以拘役至 2 年有期徒刑为法定刑，具有罪最轻刑最轻的相应性，因而具有合理性。

1995 年全国人大常委会《关于惩治违反公司法的犯罪的决定》，共增补了

2 种侵犯财产罪。其中，有 1 种以拘役至 15 年有期徒刑为法定刑幅度，1 种以拘役至 3 年有期徒刑为法定刑幅度。

以拘役至 15 年有期徒刑为法定刑幅度的犯罪是职务侵占罪与挪用公司资金不还罪。

职务侵占罪所侵犯的权益是公司财产的所有权，其严重性与盗窃公共财产大致相当。以拘役至 15 年有期徒刑为其法定刑幅度，因幅度较大、避免了死刑的不等价分配而具有基的相应性，同时又因上限低于作为抢劫罪之应然的合理法定刑幅度上限的无期徒刑、等同于作为盗窃罪之应然的合理法定刑幅度上限的 15 年有期徒刑而具有轻罪轻刑、同罪同刑的序的相应性，因而构成一种合理的选择。

挪用公司资金不退罪，在主观上不是以占有公司资金为目的，因此，其侵犯的权益只是公司资金的使用权，而不是其所有权。虽然不归还挪用的资金，客观危害大于挪用资金罪，同于职务侵占罪，但在主观恶性上，挪用资金不还轻于职务侵占罪，因此，按照配刑的序的相应性规定，挪用公司资金不还罪的法定刑幅度应重于挪用资金罪的法定刑幅度、轻于职务侵占罪的法定刑幅度。以 15 年有期徒刑为挪用公司资金罪的法定刑幅度上限，因本应轻于却同于侵占罪的法定刑幅度上限而失之过重，不具有合理性。

以拘役至 3 年有期徒刑为法定刑幅度的犯罪是挪用公司资金罪。挪用公司资金，不以非法占有为目的，其所侵犯的不是财产所有权而只是财产管理秩序，因而不至于导致直接的财产损失，其严重性居侵犯财产类罪之末。以拘役至 3 年有期徒刑为其法定刑幅度，符合最轻罪刑最轻的配刑的序的相应性规定，具有其合理性。

五、妨害社会管理秩序类罪增补罪名的法定刑幅度评价

1983 年全国人大常委会《关于严惩严重危害社会治安的犯罪分子的决定》、1988 年全国人大常委会《关于惩治捕杀国家重点保护的珍贵濒危野生动物犯罪的决定》、1990 年全国人大常委会《关于惩治侮辱中华人民共和国国旗国徽罪的决定》、1990 年全国人大常委会《关于惩治走私、制作、贩卖、传播淫秽物品的犯罪分子的决定》、1991 年全国人大常委会《关于惩治盗掘古文化遗址古墓葬犯罪的补充规定》、1991 年全国人大常委会《关于严禁卖淫嫖娼的决定》、1991 年全国人大常委会《关于严惩拐卖、绑架妇女、儿童的犯罪分子的决定》、1994 年全国人大常委会《关于严惩组织、运送他人偷越国（边）境犯罪的补充规定》等，以特别刑法的方式增补了较多妨害社会管理秩序的

种罪。这些由特别刑法所增补的新罪，可以大致归为妨害国（边）境管理犯罪、毒品犯罪、卖淫犯罪、淫秽物品犯罪及其他妨害社会管理秩序犯罪四个方面。现分类就这些增补罪名的法定刑幅度的正当性评价如下：

（一）妨害国（边）境管理犯罪的法定刑幅度评价

特别刑法共增补了3种妨害国（边）境管理犯罪。其中，有1种以2年有期徒刑至无期徒刑为法定刑幅度，2种以6个月至15年有期徒刑为法定刑幅度。

以2年有期徒刑至无期徒刑为法定刑幅度的犯罪是骗取出境证件罪。按照特别刑法的规定，此罪是为组织他人偷越国（边）境而骗取出境证件的行为。由于组织他人偷越国（边）境是一种单独的犯罪，以此为目的的骗取出境证件行为只不过是此罪的一种预备行为，因此，单纯的骗取出境证件罪的严重性远轻于组织他人偷越国（边）境罪。其理如同预备行为的严重性轻于实行行为，不需赘述。相应地，骗取出境证件罪的法定刑幅度应远轻于组织他人偷越国（边）境罪的法定刑幅度才符合轻罪轻刑的序的相应性规定。特别刑法规定，对骗取出境证件罪按组织他人偷越国（边）境罪处罚，使二罪均以2年有期徒刑至无期徒刑为法定刑幅度，显系异罪同罚、轻罪重罚。因此，特别刑法所规定的骗取出境证件罪的法定刑幅度明显地不具有合理性。

以6个月至15年有期徒刑为法定刑幅度的犯罪是提供伪造、变造的出入境证件罪与倒卖出入境证件罪。提供伪造、变造的出入境证件与倒卖出入境证件，其直接危害在于侵害出入境证件管理秩序，间接危害在于为他人偷越国（边）境提供便利，两者的严重性轻于直接组织或运送他人偷越国（边）境罪。因此，按照配刑的序的相应性规定，提供伪造、变造的出入境证件罪与倒卖出入境证件罪的法定刑幅度应轻于组织他人偷越国（边）境罪与运送他人偷越国（边）境罪的法定刑幅度。以6个月至15年有期徒刑作为此2罪的法定刑幅度，虽轻于组织他人偷越国（边）境罪的已然的法定刑幅度，但并不轻于此罪之应然的合理法定刑幅度，而且，其上、下限均高于因而严厉性重于运送他人偷越国（边）境罪的法定刑幅度，因而表现出明显的轻罪重罚，不具有序的相应性。因此，提供伪造、变造的进出境证件罪与倒卖伪造的进出境证件罪的法定刑幅度因失之过重而不具有合理性。

（二）毒品犯罪的法定刑幅度评价

特别刑法增补了 10 种毒品犯罪。① 其中，有 1 种以管制至死刑为法定刑幅度，1 种以管制至无期徒刑为法定刑幅度，1 种以管制至 15 年有期徒刑为法定刑幅度，1 种以 3 年至 10 年有期徒刑为法定刑幅度，1 种以管制至 10 年有期徒刑为法定刑幅度，5 种以管制至 7 年有期徒刑为法定刑幅度。

以管制至死刑为法定刑幅度的犯罪是容留吸毒并出售毒品罪。按照特别刑法的规定，容留吸毒与出售毒品是构成此罪之必要要件，二者缺一不可。这就决定了此罪的严重性不亚于单纯的贩卖毒品罪。因此，与以走私、贩卖、运输、制造毒品罪以死刑为法定刑幅度上限不具有基的相应性一样，以死刑作为容留吸毒并出售毒品这种不具有直接致人死亡的因素的犯罪的法定刑幅度上限，不符合死刑的等价分配规定，使法定刑幅度上限超出犯罪的严重性上限而不符合配刑的基的相应性规定。因此，容留吸毒并出售毒品罪的法定刑幅度因上限过重而不具有合理性。

以管制至无期徒刑为法定刑幅度的犯罪是非法持有毒品罪。此罪的表现形式仅限于非法持有毒品，如将毒品进入流通，则同时构成其他犯罪。因此，单纯的非法持有毒品罪不至于造成毒品扩散的危害后果，其严重性不但远轻于走私、贩卖、运输、制造毒品罪，而且轻于教唆、引诱、欺骗他人吸毒等大部分毒品犯罪而构成毒品罪中较轻的种罪。其理如同私藏枪支弹药罪的严重性远轻于非法制造、买卖、运输枪支弹药罪，且只构成轻微的犯罪一样简单，不需赘述。因此，按照配刑的基的相应性规定，对非法持有毒品罪只应以适应其较轻的严重性的刑罚作为其法定刑幅度，而按照配刑的序的相应性规定，此罪的法定刑幅度轻于大部分毒品犯罪的法定刑幅度而居毒品犯罪法定刑幅度轻者之列。以管制至无期徒刑为非法持有毒品罪的法定刑幅度，既因上限过重，严重超出严重性的上限而不具有基的相应性，又因重于大部分毒品犯罪的法定刑幅度而居毒品罪法定刑幅度重者之列，极其明显地违背配刑的序的相应性规定，因而是一种极不合理的选择。

以管制至 15 年有期徒刑为法定刑幅度的犯罪是非法种植毒品原植物罪。毒品原植物虽然是毒品的原始来源，但其只有经加工、提炼才能成为毒品。因此，毒品原植物与毒品有着质的区别，相应地，种植毒品原植物与制毒也是严重性殊异的两种不同的行为，前者因不具有直接的现实危害而在严重性上远轻

---

① 走私毒品罪已归入走私罪，贩卖、运输、制造毒品罪只不过是 1979 年刑法中制造、贩卖毒品罪的修改与扩张，因而未计入增补的毒品罪名。

于后者。根据配刑的序的相应性规定,非法种植毒品原植物罪的法定刑幅度应远轻于制造毒品罪等的法定刑幅度。以管制至 15 年有期徒刑为非法种植毒品原植物罪的法定刑幅度,因上限轻于作为制造毒品罪之已然的法定刑幅度上限的死刑与作为此罪之应然的合理法定刑幅度上限的无期徒刑而具有序的相应性。然而,一方面,以 15 年有期徒刑作为非法种植毒品原植物罪的法定刑幅度上限,因与作为制造毒品罪的应然的法定刑幅度上限的无期徒刑相距过近而不足以体现此二罪在严重性上限上的轻重之差;另一方面,由于非法种植毒品原植物的危害不具有直接的现实性,一旦将原植物的产品加工成毒品便应按制造毒品罪论处。因此,此罪的严重性上限不重,以作为重刑的 15 年有期徒刑作为此罪的法定刑幅度上限,明显地超出严重性上限而不具有基的相应性。因此,非法种植毒品原植物罪的法定刑幅度因上限失之过重而不具有合理性。

以 3 年至 10 年有期徒刑为法定刑幅度的犯罪是强迫他人吸毒罪。强迫他人吸毒,其危害既在于传播毒品,又在于违背他人意志、毁损其健康。因此,其严重性重于不具有强制因素的引诱、教唆、欺骗他人吸毒罪。然而,一方面,强迫他人吸毒不具有营利的目的,其发案率不高,预防的需要相对较小;另一方面,此罪以特定的人为传播毒品的对象,其危害相对有限。因此,其严重性轻于走私、贩卖、运输、制造毒品罪。相应地,强迫他人吸毒罪的法定刑幅度轻于走私、贩卖、运输、制造毒品罪的法定刑幅度,但应重于引诱、教唆、欺骗他人吸毒罪的法定刑幅度。以 10 年有期徒刑为强迫他人吸毒罪的法定刑幅度上限,远轻于作为走私、贩卖、运输、制造毒品罪之已然的法定刑幅度上限的死刑与作为其应然的法定刑幅度上限的无期徒刑,又重于作为引诱、教唆、欺骗他人吸毒罪的法定刑幅度上限的 7 年有期徒刑,符合配刑的序的相应性规定,具有其合理性。然而,以 3 年有期徒刑为强迫他人吸毒罪的法定刑幅度下限,却因失之过重而不具有合理性。因为一方面,强迫他人吸毒可能仅仅是只强迫一人小量吸毒,以致此罪的严重性下限较轻,以 3 年有期徒刑作为此罪的起刑点,因超出此罪的严重性下限而不具有基的相应性;另一方面,又使法定刑幅度下限与上限相距过近,以致轻微的强迫他人吸毒个罪与严重的强迫吸毒个罪之间的严重性之差难以通过处刑的不同得到体现,从而不足以体现对个罪的配刑的序的相应性。

以管制至 10 年有期徒刑为法定刑幅度的犯罪是非法运输、携带制毒物品进出境罪。制毒物品只是制毒的原料,而不是毒品,其只有经过加工才能成为毒品,而其一旦进入加工程序,便应按制毒罪论处。因此,非法运输、携带制毒物品罪因对象只是制毒原料不是毒品而危害轻于走私毒品罪,又因其只相当于制毒的预备、不是制毒的实行而危害小于制造毒品,因而严重性轻于走私或制造毒品罪。以管制至10年有期徒刑为此罪的法定刑幅度，上限明显地较之走私或制造毒品罪之已然或应然的法定刑幅度上限为轻，符合配刑的序的相应性规定，具有其合理性。

以管制至7年有期徒刑为法定刑幅度的犯罪是引诱、教唆、欺骗他人吸毒罪，非法提供麻醉药品、精神药品罪，包庇毒品犯罪分子罪，窝藏、转移、隐瞒毒品、毒赃罪，掩饰、隐瞒毒赃性质、来源罪。

引诱、教唆、欺骗他人吸毒罪，因不具有强迫的因素、不违背他人意志而在严重性上轻于强迫他人吸毒罪，以管制至7年有期徒刑为其法定刑幅度，因上限轻于前述强迫他人吸毒罪的法定刑幅度上限而符合轻罪轻刑的配刑的序的相应性规定，具有合理性。

非法提供麻醉药品、精神药品罪，所提供的对象虽属毒品，但毒性较轻，且此罪不属营利性犯罪，其不可能具有规模性，因此，其严重性较轻。以管制至7年有期徒刑为此罪的法定刑幅度，既与此罪的严重性幅度大致相符，具有基的相应性，又居毒品罪法定刑幅度轻者之列，具有序的相应性，因而可认为是一种合理的选择。

包庇毒品犯罪分子罪，既然刑法将其单列为一种特殊的包庇罪，其法定刑幅度理应不轻于普通包庇罪才具有序的相应性。同时，包庇毒品犯罪分子的危害轻于毒品犯罪本身的危害，乃不言自明之理，因此，按照配刑的序的相应性规定，此罪的法定刑幅度应居毒品罪法定刑幅度轻者之列。综合这两方面的因素，包庇毒品犯罪分子罪的法定刑幅度应为既不低于包庇罪的法定刑幅度，又属毒品罪中的最轻法定刑幅度。以管制至7年有期徒刑为此罪的法定刑幅度，虽因上限低于包庇罪的法定刑幅度上限而在表面上失之过轻，但前章已述，以10年有期徒刑作为包庇罪的法定刑幅度上限是一种失之过重的不合理选择，因此，包庇毒品犯罪分子罪的法定刑幅度因不低于包庇罪之应然的法定刑幅度而具有其合理性。同时，以管制至7年有期徒刑作为包庇毒品犯罪分子罪的法定刑幅度，使其居毒品罪法定刑幅度之最轻者之列，也符合最轻罪刑最轻的序的相应性规定。因此，包庇毒品犯罪分子罪的法定刑幅度是一种合理的选择。

窝藏、转移、隐瞒毒品、毒赃罪与掩饰、隐瞒毒赃性质、来源罪，其危害不在于直接传播或扩散毒品，而在于妨害对毒品犯罪的司法活动，与普通窝赃罪具有一定的相通性，因此，正如窝赃罪的严重性轻于抢劫、盗窃等犯罪一样，此二罪也不如其他毒品犯罪严重而属毒品罪中轻罪之列；与此相适应，此二罪的法定刑幅度应重于普通窝赃罪的法定刑幅度，以反映窝藏毒品之重于窝藏普通赃物的危险性，但又应居毒品罪法定刑幅度轻者之列。以管制至7年有期徒刑为此二罪的法定刑幅度，既重于普通窝赃罪的法定刑幅度，又属毒品罪法定刑幅度之最轻者，符合配刑的序的相应性规定，因而基本上可认为是合理的。

(三) 与卖淫有关的犯罪的法定刑幅度评价

特别刑法共增补了3种与卖淫有关的犯罪。① 其中，有1种以10年有期徒刑至死刑为法定刑幅度，1种以3年以上15年以下有期徒刑为法定刑幅度，1种以管制至5年有期徒刑为法定刑幅度。

以10年有期徒刑至死刑为法定刑幅度的犯罪是组织他人卖淫罪。组织卖淫因系一种有组织性的犯罪而具有一定的规模性，其严重性重于引诱、容留妇女卖淫罪。但是，此罪不具有强迫因素，不构成对组织对象人身权利的侵害，其严重性因而又轻于强迫他人卖淫罪。据此，组织卖淫罪的法定刑幅度应重于引诱、容留妇女卖淫罪的法定刑幅度、轻于强迫他人卖淫罪的法定刑幅度，才具有序的相应性。以10年有期徒刑至死刑为此罪的法定刑幅度，虽然明显地重于引诱、容留妇女卖淫罪的法定刑幅度，但不但不轻于而且还重于强迫妇女卖淫罪之应然的合理的法定刑幅度而与其失之过重而极不合理的法定刑幅度相同，以致其重于强奸、故意杀人、放火、爆炸等罪的法定刑幅度而与背叛国家、颠覆政府等极其严重的犯罪的法定刑幅度相同，即使法定刑幅度从下限到上限都严重超出种罪的严重性幅度而违背配刑的基的相应性规定，又极为明显地违背配刑的序的相应性规定，表现出异罪同刑与轻罪重刑。因此，组织卖淫罪的法定刑幅度是一种极不合理的法定刑幅度。

以3年以上15年以下有期徒刑为法定刑幅度的犯罪是协助组织他人卖淫罪。协助组织他人卖淫，是组织他人卖淫的一种帮助行为，而组织犯是主犯、帮助犯是从犯。按照从犯轻于主犯的定论，协助组织他人卖淫罪的严重性轻于组织他人卖淫。相应地，协助组织他人卖淫罪的法定刑幅度应轻于组织他人卖淫罪的法定刑幅度。以3年以上15年以下有期徒刑为此罪的法定刑幅度，上、下限均低于上述组织卖淫罪的法定刑幅度，具有轻罪轻刑的序的相应性。然而，如前所述，以10年有期徒刑至死刑为组织卖淫罪的法定刑幅度，从基到序都是一种因失过重而极不合理的选择，因此，协助组织卖淫罪之法定刑幅度的序的相应性只不过是一种表象。前章已述，强迫他人卖淫罪的严重性与强奸罪大致相当，其应然的法定刑幅度充其量只应为3年有期徒刑至无期徒刑。而如前述，组织卖淫罪的严重性轻于强迫他人卖淫罪，相应地，其应然的法定刑幅度也应轻于作为强迫他人卖淫罪之应然的法定刑幅度的3年有期徒刑至无期

---

① 介绍卖淫因系引诱、容留妇女卖淫罪的扩张，未计入新增罪名。

徒刑。据此，撇开其下限不谈，组织他人卖淫罪的应然的法定刑幅度上限充其量只应为 15 年有期徒刑。既然如此，严重性轻于组织他人卖淫罪的协助组织他人卖淫罪的法定刑幅度的下限理应低于 3 年有期徒刑，上限理应低于 15 年有期徒刑，才符合配刑的序的相应性的规定。因此，以 3 年以上 15 年以下有期徒刑作为协助组织他人卖淫罪的法定刑幅度，因失之过重而不具有合理性。

以管制至 5 年有期徒刑为法定刑幅度的犯罪是传播性病罪。按照特别刑法的规定，传播性病是指明知自己患有梅毒、淋病等严重性病而卖淫、嫖娼的行为。由于性病是一种有害健康的疾病，因此，患有性病而卖淫、嫖娼可以理解为一种特殊的伤害行为。性病的种类复杂多样，其对人身健康的危害程度不一。但是，作为一种传染病，性病对人身健康的损害既不如暴力伤害一样直接，也通常不至于造成特别严重的伤害后果。更重要的是，发生在卖淫、嫖娼中的传播性病的受害对象本身具有相当的过错责任，因为其感染性病是其实施作为违法行为的卖淫、嫖娼行为的结果。因此，传播性病罪的严重性轻于重伤罪，且属有关卖淫、嫖娼罪中的轻罪之列。以管制至 5 年有期徒刑作为传播性病罪的法定刑幅度，既轻于重伤罪的法定刑幅度，又属有关卖淫、嫖娼犯罪之法定刑幅度中的轻者，因而符合配刑的序的相应性规定，具有其合理性。

（四）有关淫秽物品的犯罪的法定刑幅度评价

特别刑法共增设了 3 种与淫秽物品有关的犯罪。① 其中，有 1 种以拘役至 10 年有期徒刑为法定刑幅度，1 种以拘役至 3 年有期徒刑为法定刑幅度，1 种以拘役至 2 年有期徒刑为法定刑幅度。

以拘役至 10 年有期徒刑为法定刑幅度的犯罪是组织播放淫秽音像制品罪。此罪不是一种以营利为目的的犯罪，其严重性理所当然地轻于严重性与制作、贩卖淫秽物品罪相当的传播淫秽物品牟利罪。然而，此罪又是一种以组织形式传播淫秽物品的行为，因而具有一定的规模性，其严重性又重于非组织形式的非营利性传播淫秽物品罪。与此相适应，组织播放淫秽音像制品罪的法定刑幅度既应轻于传播淫秽物品牟利罪的法定刑幅度，又应重于传播淫秽物品罪的法定刑幅度。以拘役至 10 年有期徒刑作为此罪的法定刑幅度，因明显地轻于传播淫秽物品牟利罪的法定刑幅度、重于传播淫秽物品罪的法定刑幅度而符合配刑的序的相应性的规定，具有其合理性。

以拘役至 3 年有期徒刑为法定刑幅度的犯罪是为他人提供书号出版淫秽书

---

① 走私淫秽物品罪已归于增补的走私罪，在此未再计入；复制、出版、传播淫秽物品因系制作、贩卖淫书、淫画罪的修改与扩张，未作为增补之罪。

刑罪。此罪是一种过失犯罪，因而是一种轻罪。以拘役至3年有期徒刑为其法定刑幅度，既符合短期自由刑的分配规定，又符合轻罪轻刑的配刑理性规定，因而是一种合理的选择。

以拘役至2年有期徒刑为法定刑幅度的犯罪是传播淫秽物品罪。此罪既非以营利为目的，又非以组织为行为方式，因此，其传播的面有限，危害较小，严重性有限。以拘役至2年有期徒刑为其法定刑幅度，符合短期自由刑的分配规定与轻罪轻刑的配刑理性规定，具有其合理性。

（五）其他妨害社会管理秩序种罪法定刑幅度评价

除前列四方面的犯罪外，特别刑法还增补了5种妨害社会管理秩序罪。其中，有1种以3年有期徒刑至死刑为法定刑幅度，1种以6个月有期徒刑至死刑为法定刑幅度，1种以拘役至7年有期徒刑为法定刑幅度，1种以拘役至5年有期徒刑为法定刑幅度，1种以管制至3年有期徒刑为法定刑幅度。

以3年有期徒刑至死刑为法定刑幅度的犯罪是传授犯罪方法罪。传授犯罪方法罪，是一种特殊形式的教唆犯，因而是一种共犯行为，其危害性随所传授的犯罪方法的性质不同而异，因此，此罪的严重性幅度较大。然而，由于通常只有在技术性与智能型犯罪中才可能存在传授犯罪方法的问题，而技术性与智能型犯罪一般不是暴力性犯罪，而且传授犯罪方法不是一种直接的实行行为，其与危害结果之间的联系必须以他人的实行行为为中介，因此，此罪不包含直接致人于死亡的因素。基于此罪的严重性幅度大，其法定刑应有较大的幅度；基于其不具有致人于死亡的因素，其不应以死刑为法定刑幅度上限。只有这样，其法定刑幅度才符合配刑的基的相应性的规定。以3年有期徒刑至死刑为其法定刑幅度，因起刑点过高而超出了此罪的严重性下限，违背死刑的等价分配规定，因而不具有基的相应性。同时，此法定刑幅度上、下限与故意杀人罪的法定刑幅度上、下限完全相同，未能体现此罪之严重性轻于故意杀人罪的严重性，因而也明显地违背配刑的序的相应性的规定。因此，传授犯罪方法罪的法定刑幅度因失之过重而不具有合理性。

以6个月有期徒刑至死刑为法定刑幅度的犯罪是盗掘古文化遗址、古墓葬罪。此罪属妨害文物管理秩序的犯罪，且通常以非法占有地下埋藏的文物为目的，其危害既表现为破坏文化古迹，又侵犯国家对文物的所有权。因此，此罪的严重性上限重于单纯的破坏珍贵文物、名胜古迹罪而与盗窃罪、走私珍贵文物罪大致相当。与此相适应，盗掘古文化遗址、古墓葬罪的法定刑幅度上限应重于破坏珍贵文物、名胜古迹罪的法定刑幅度上限而与走私珍贵文物罪的法定刑幅度上限相当。以死刑为此罪的法定刑幅度上限，既重于作为破坏珍贵文物、名胜古迹罪的法定刑幅度上限的 10 年有期徒刑，又与盗窃罪、走私珍贵文物罪的法定刑幅度上限相同，因而具有序的相应性。然而，一方面，破坏珍贵文物、名胜古迹罪不具有致人于死亡的因素，以死刑为其法定刑幅度上限，违背死刑的等价分配规定，不具有基的相应性；另一方面，以死刑作为盗窃罪、走私文物罪的法定刑幅度上限，前文已述，是一种失之过重的不合理的选择，相应地，以死刑作为盗掘古文化遗址、古墓葬罪的法定刑幅度上限因重于盗窃罪、走私文物罪的应然的合理的法定刑幅度上限而不具有序的相应性。因此，盗掘古文化遗址、古墓葬罪的法定刑幅度因上限过重而不具有合理性。

以拘役至 7 年有期徒刑为法定刑幅度的犯罪是非法捕杀珍贵、濒危野生动物罪。珍贵、濒危野生动物是国家重点保护的野生动物，其意义与价值大于非国家重点保护的野生动物。根据评价犯罪的严重性的对象决定律，① 非法捕杀珍贵、濒危野生动物罪的严重性重于以非国家重点保护的野生动物为捕杀对象的非法狩猎罪。另外，珍贵、濒危野生动物的价值与珍贵文物的价值大致相当，因此，非法捕杀珍贵、濒危野生动物罪的严重性与故意损毁文物罪的严重性大致相当。因此，按照配刑的序的相应性的规定，非法捕杀珍贵、濒危野生动物罪的法定刑幅度应重于非法狩猎罪的法定刑幅度，并与故意损毁文物罪的法定刑幅度相当。以拘役至 7 年有期有徒刑为此罪的法定刑幅度，重于作为非法狩猎罪之法定刑幅度的管制至 3 年有期徒刑，且与故意损毁珍贵文物罪的法定刑幅度相同，具有重罪重刑与同罪同刑的序的相应性，因而是一种合理的选择。

以拘役至 5 年有期徒刑为法定刑幅度的犯罪是聚众阻碍解救被收买的妇女、儿童罪。阻碍解救被收买的妇女、儿童，本质上是一种妨害公务的犯罪，因此，其严重性与妨碍公务罪大致相当。由于阻碍解救收买的妇女、儿童以"聚众"为构成犯罪的前提，而聚众具有一定的规模性，其危害大于个人实施的阻碍解救的行为，因此，作为一种特殊的妨害公务罪，聚众阻碍解救被收买的妇女、儿童罪的严重性又重于普通妨害公务罪。按照配刑的序的相应性规定，聚众阻碍解救被收买的妇女、儿童罪的法定刑幅度应重于普通妨害公务罪的法定刑幅度。另外，正由于聚众阻碍解救被收买的妇女、儿童本质上属于妨害公务犯罪，其严重性又不至于过分重于普通妨害公务罪，因此，其法定刑幅度又不应过分高于妨害公务罪的法定刑幅度。以拘役至 5 年有期徒作为此罪的法定刑幅度，上限高出妨害公务罪法定刑幅度上限 2 年有期徒刑，明显地具有序的相应性，因而具有其合理性。

---

① 详见邱兴隆著：《刑罚理性导论——刑罚的正当性原论》，中国政法大学出版社 1998 年版，第 285 页。

以管制至 3 年有期徒刑为法定刑幅度的犯罪是侮辱国旗、国徽罪。侮辱国旗、国徽侵害的是国旗、国徽的尊严，其危害仅表现为不良影响。因此，此罪属于轻微的犯罪。以管制至 3 年有期徒刑为其法定刑幅度，符合短期自由刑的分配规定，具有基与序的相应性。

六、渎职类罪增补罪名的法定刑幅度评价

1990 年全国人大常委会《关于惩治泄露国家秘密犯罪的补充规定》、1991 年全国人大常委会《关于严惩拐卖、绑架妇女、儿童的犯罪分子的决定》、1994 年全国人大常委会《关于严惩组织、运送他人偷越国（边）境犯罪的补充规定》、1995 年全国人大常委会《关于惩治破坏金融秩序犯罪的决定》与 1995 年全国人大常委会《关于惩治虚开、伪造和非法出售增值税专用发票犯罪的决定》共增补了 7 种渎职罪。其中，有 4 种以拘役至 15 年有期徒刑为法定刑幅度，2 种以管制至 10 年有期徒刑为法定刑幅度，1 种以拘役至 7 年有期徒刑为法定刑幅度。

以拘役至 15 年有期徒刑为法定刑幅度的犯罪是违规向关系人发放贷款罪，违规发放贷款罪，违规出具信用证、保函、票据、资信证明罪与税务人员玩忽职守罪。

违规向关系人发放贷款罪与违规发放贷款罪，均是金融工作人员的玩忽职守行为，且均是一种故意违规行为，危害均表现为造成重大经济损失。因此，此二罪的严重性大致相当。同时，由于此二罪的危害的大小取决于所造成的经济损失的大小，而经济损失小可为数额较大，大可至数额巨大，因此，此二罪之严重性幅度较大。此二罪之严重性大致相当，决定了其法定刑幅度应大致相当才具有同罪同罚的序的相应性。此二罪之严重性幅度较大决定了其法定刑幅度应该较大才具有基的相应性。另外，此二罪是故意违规，属于特殊玩忽职守罪，其特殊性决定了其对造成经济损失的直接性，而普通玩忽职守罪既可以是故意违规也可以是过失违规，因此，此二罪的严重性重于玩忽职守罪，其法定刑幅度亦应重于玩忽职守罪的法定刑幅度才具有重罪重刑的序的相应性。然而，此二罪又是出于混合罪过的犯罪，即正如在故意伤害致死的情况下，伤害是出于故意但致死却是出于过失一样，此二罪中的违规虽是故意，但行为人对所造成的损失却是出于过失，根据评价犯罪的严重性的罪过决定律，此二罪不属严重犯罪。因此，其法定刑幅度上限不宜过重。基于所有这些考虑，此二罪的法定刑既应重于玩忽职守罪的法定刑，又应有较大幅度，但又不得以重刑作为其上限。以拘役至 15 年有期徒刑为此二罪的法定刑幅度，虽然重于作为玩

忽职守罪之法定刑幅度的拘役至 5 年有期徒刑，但其上限却是作为重刑的长期自由刑且重于玩忽职守罪之法定刑幅度上限达 10 年有期徒刑，因而失之过重，不具有合理性。

违规出具信用证、保函、票据、资信证明罪，也是一种金融工作人员玩忽职守罪，且客观上所造成的也是重大经济损失、主观上也是出于混合罪过，因此，其严重性与违规向关系人发放贷款罪、违规发放贷款罪的严重性大致相当。以拘役至 15 年有期徒刑为此罪的法定刑幅度，与以此作为违规向关系人发放贷款罪与违规发放贷款罪一样，因上限过重而不具有合理性。

税务人员玩忽职守罪，除了主体是税务人员而不是金融工作人员外，其他特点与前列三种金融工作人员玩忽职守罪大致相同，因而严重性大致相当。因此，与以 15 年有期徒刑作为金融工作人员玩忽职守罪的法定刑幅度上限因失之过重而不具有合理性一样，以拘役至 15 年有期徒刑作为税务人员玩忽职守罪的法定刑幅度，也因上限失之过重而不具有合理性。

以管制至 10 年有期徒刑为法定刑幅度的犯罪是办理偷越国（边）境人员出入境证件罪与放行偷越国（边）境人员罪。此二罪的危害均在于利用职权为他人偷越国（边）境人员出入境提供便利。由于此二罪实质上均只是一种帮助偷越国（边）境的行为，其严重性轻于组织他人偷越国（边）境罪与运送他人偷越国边境罪。同时，此二罪在主观上均是故意，因而严重性重于作为过失犯罪的玩忽职守罪。因此，按照配刑的序的相应性规定，此二罪的法定刑幅度应轻于组织他人偷越国（边）境罪与运送他人偷越国（边）境罪的法定刑幅度、重于玩忽职守罪的法定刑幅度，以管制至 10 年有期徒刑作为此二罪的法定刑幅度，虽轻于组织他人偷越国（边）境罪的法定刑幅度、重于玩忽职守罪的法定刑幅度，且轻于运送他人偷越国（边）境罪的已然的不合理的法定刑幅度，但与运送他人偷越国（边）境罪的应然的合理法定刑幅度相同，因而相对过重，不具有合理性。

以拘役至 7 年有期徒刑为法定刑幅度的犯罪是阻碍解救被拐卖妇女、儿童罪。此罪是国家工作人员利用职务阻碍解救被拐卖妇女、儿童的行为，其危害与聚众阻碍解救被拐卖妇女、儿童罪一样，均是使解救活动受阻。但是，由于此罪是国家工作人员利用职务实施的行为，因而严重性稍重于由普通人聚众阻碍解救行为。因此，按照配刑的序的相应性规定，阻碍解救被拐卖妇女、儿童罪的法定刑幅度应稍重于聚众阻碍解救被拐卖妇女、儿童罪的法定刑幅度。以拘役至 7 年有期徒刑作为阻碍解救被拐卖妇女、儿童罪的法定刑幅度，因上限稍重于作为聚众阻碍解救被拐卖、妇女、儿童罪的法定刑幅度而具有序的相应性，因而是一种较为合理的选择。

第三章　配刑立法反思（三）
——1997年刑法法定刑幅度评价

1997年刑法就种罪重新分类并增设了部分类罪，同时，沿用了1979年刑法与特别刑法中的绝大部分种罪并沿用或修改了这些种罪的法定刑幅度，还增设了部分新罪并规定了相应的法定刑幅度，从而形成了新的法定刑幅度格局。因此，有必要就这种新的法定刑幅度格局予以全面反思，以指明其利弊得失。

第一节　危害国家安全类罪法定刑幅度评价

1997年刑法将1979年刑法中的反革命类罪易名为危害国家安全罪，重新确认了12种犯罪。其中，有1种以10年有期徒刑至死刑为法定刑幅度，3种以3年有期徒刑至死刑为法定刑幅度，4种以管制至死刑为法定刑幅度，3种以管制至15年有期徒刑为法定刑幅度，1种以管制至10年有期徒刑为法定刑幅度。

以10年有期徒刑至死刑为法定刑幅度的犯罪是背叛国家罪。此罪的罪名与法定刑幅度均是对1979年刑法有关规定的沿用，如此分配法定刑幅度，本篇第二章已述，具有其合理性，因而不需赘述。

以3年有期徒刑至死刑为法定刑幅度的犯罪是投敌叛变罪、间谍罪与资敌罪。此三罪的罪名与法定刑幅度均是对1979年刑法有关规定的沿用。相应地，本篇第二章关于以死刑作为投敌叛变罪与资敌罪的法定刑幅度上限失之过重的评价仍然适用，不需赘述。应该指出的仅在于1997年刑法将1979年刑法归于反革命破坏罪中的"为敌人指示轰击目标"移入间谍罪之中，而"指示轰击目标"具有直接致人死亡的因素，因此，间谍罪的严重性上限增重。相应地，以死刑作为此罪的法定刑幅度上限，也因符合死刑的等价分配规定，具有基的相应性而不再是一种不合理的选择。因此，本篇第一章关于以死刑作为间谍罪之法定刑幅度上限失之过重的评价不再适用于1997年刑法关于间谍罪的法定刑幅度的规定。

以管制至死刑为法定刑幅度的犯罪是分裂国家罪，武装叛乱、暴乱罪，颠覆政权罪与为境外窃取、刺探、收买、非法提供国家秘密、情报罪。

以上诸罪，除为境外窃取、刺探、收买、非法提供国家秘密、情报罪外，均是沿用 1979 年刑法中的罪名，但法定刑幅度作了较大修改，即将下限由 1979 年刑法中的 10 年有期徒刑下调至管制，从而既增大了法定刑幅度，又轻化了法定刑幅度。具体地说，便是增加了 3 年以上 10 年以下有期徒刑与管制至 3 年有期徒刑二格。在整体上，1997 年刑法对前列三罪法定刑幅度的修改避免了 1979 年刑法所确定的法定刑幅度起点高所可能导致的与犯罪的严重性下限的不对应，从而更加符合配刑基的相应性规定。因此，修改后的法定刑幅度是一种更为合理的选择。

为境外窃取、刺探、收买与非法提供国家秘密、情报罪，本是特别刑法所增补的一种犯罪，① 1997 年刑法对此罪的罪名与法定刑幅度的规定均只是对特别刑法有关规定的沿用。此罪虽然是一种严重性幅度较大的危害国家安全罪，因而要求有较大的法定刑幅度，但其既不具有从整体上危及国家、政权存续的直接现实可能性，又不具有直接致人死亡的因素，因而不属于应分配死刑的犯罪。因此，以死刑作为此罪的法定刑幅度，因超出犯罪的严重性上限、不符合死刑的等价分配规定而不具有基的相应性。另外，分裂国家罪、颠覆政权罪是直接从总体上危及国家与政权的存续，具有使国将不国的现实可能性的犯罪，武装叛乱、暴乱罪属于暴力型犯罪，具有致人死亡的因素，其严重性上限显然重于既不直接危及国家与政权存续又不具有致人死亡因素的为境外窃取、刺探、收买与非法提供国家秘密、情报罪的严重性上限。同以死刑作为此 4 种罪的法定刑幅度上限，显属异罪同罚、轻罪重罚，不符合罪轻刑轻配刑序的相应性规定。因此，以死刑作为为境外窃取、刺探、收买、非法提供国家秘密、情报罪法定刑幅度上限，既不具有基的相应性，又不具有序的相应性，因而是一种失之过重的不合理的选择。

以管制至 15 年有期徒刑为法定刑幅度的犯罪是煽动分裂国家罪、煽动颠覆政权罪与资助危害国家安全犯罪活动罪。

煽动分裂国家罪与煽动颠覆政权罪的罪名只是 1979 年刑法中的反革命宣传煽动罪的细化，其法定刑幅度也只是 1979 年刑法相应规定的沿用，因此，本编第二章关于反革命宣传煽动罪的法定刑幅度具有合理性的评价依然适用于对煽动分裂国家罪与煽动颠覆政权罪法定刑幅度的评价，不需赘述。

---

① 因在 1979 年刑法中，反革命类罪必须以反革为目的，而此罪又不必以反革命为目的，因而不宜归于反革命类罪，同时，此罪又未必以国家工作人员为主体，因而又不宜归于渎职罪，因此，在前章中未对此罪的法定刑幅度予以评价。

资助危害国家安全犯罪活动罪为1997年刑法所增设的罪名。此罪实际上是背叛国家、分裂国家、武装叛乱、暴乱与颠覆政权罪的帮助犯。而帮助行为的严重性轻于实行行为、帮助犯作为从犯的责任轻于作为主犯的实行犯的责任。因此,按照配刑的序的相应性规定,资助危害国家安全罪的法定刑幅度应轻于背叛国家罪、分裂国家罪、武装叛乱、暴乱罪与颠覆政府罪的法定刑幅度。以管制至15年有期徒刑作为资助危害国家安全罪的法定刑幅度,因上限显然轻于作为背叛国家等罪的法定刑幅度的死刑而符合配刑的序的相应性规定,具有合理性。

以管制至10年有期徒刑为法定刑幅度的犯罪是1997年刑法新增的叛逃罪。叛逃罪的危害表现在叛逃行为本身构成对国家安全的危害,而不包括实施其他危害国家安全的行为,否则便应以其他危害国家安全罪单论、并罚。而单纯的叛逃既不具有从整体上危及国家与政权存续的可能性,也不至于像非法提供国家情报、煽动分裂国家等罪一样构成对国家安全之积极的、直接的、现实的损害,而仅仅表现为一种有可能损害国家安全的危险性。因此,叛逃罪是危害国家安全类罪中最轻微的种罪。以管制至10年有期徒刑为此罪的法定刑幅度,既与此罪的严重性上限不重、幅度不大相对应,具有基的相应性,又属危害国家安全类罪中法定刑幅度之最轻者,具有罪轻刑轻的序的相应性,因而是一种较为合理的选择。

综上所评,在危害国家安全类罪所属12种犯罪中,背叛国家罪,分裂国家罪,武装叛乱、暴乱罪,颠覆政权罪,间谍罪,煽动分裂国家罪,煽动颠覆政权罪,资助危害国家安全犯罪活动罪与叛逃罪9种犯罪的法定刑幅度既具有基的相应性又具有序的相应性,因而具有合理性。但是,投敌叛变罪,资敌罪与为境外窃取、刺探、收买、非法提供国家秘密、情报罪3种犯罪的法定刑幅度因以死刑为上限不符合死刑的等价分配规定而不具有基的相应性,因与严重性上限较此三罪严重性上限为重的分裂国家罪、间谍罪等的法定刑幅度上限相同而不符合轻罪轻刑序的相应性,因而失之过重,不具有合理性。

第二节 危害公共安全类罪法定刑幅度评价

1997年刑法共确认了42种危害公共安全罪。其中有2种以10年有期徒刑至死刑为法定刑幅度,12种以3年有期徒刑至死刑为法定刑幅度,1种以5年有期徒刑至无期徒刑为法定刑幅度,1种以6个月有期徒刑至无期徒刑为法定刑幅度,1种以3年至15年有期徒刑为法定刑幅度,2种以拘役至15年有期徒刑为法定刑幅度,1种以拘役至10年有期徒刑为法定刑幅度,1种以管制至

10年有期徒刑为法定刑幅度，17种以拘役至7年有期徒刑为法定刑幅度，2种以管制至7年有期徒刑为法定刑幅度，1种以拘役至3年有期徒刑为法定刑幅度，1种以管制至3年有期徒刑为法定刑幅度。

以10年有期徒刑至死刑为法定刑幅度的犯罪是劫持航空器罪与抢劫枪支、弹药、爆炸物罪。

劫持航空器罪本是特别刑法所增补的一种犯罪，1997年刑法只是对此罪的再次确认。在确认此罪的同时，1997年刑法删除了特别刑法关于"情节较轻的，处5年以上10年以下有期徒刑"的规定，从而将此罪的法定刑幅度由下限提高到了10年有期徒刑。前章已述，特别刑法以5年有期徒刑作为此罪的法定刑幅度下限因失之过重、不具有序的相应性而不具有合理性。1997年刑法不但未降低此罪的法定刑幅度下限，反而将这一下限提高了5年有期徒刑，以致此罪的法定刑幅度与作为最严重的危害国家安全罪的背叛国家罪的法定刑幅度完全相同，从而更加违背配刑序的相应性规定而表现出轻罪重罚，因而是一种更不合理的选择。

抢劫枪支、弹药、爆炸物罪是1997年刑法所新设的种罪。此罪因既以抢劫的手段实施、具有暴力致人于死的可能，又系以危险的物品为劫夺对象，而构成双重危险行为，因而具有较大的危害性，其严重性既重于不包含暴力因素的盗窃、抢夺枪支、弹药、爆炸物罪，又重于仅以普通财物为劫夺对象的抢劫罪。按照配刑序的相应性规定，此罪的法定刑幅度重于盗窃、抢夺枪支、弹药、爆炸物罪与抢劫罪的法定刑幅度。以10年有期徒刑至死刑为此罪的法定刑幅度，因上限同于、下限重于盗窃、抢夺枪支、弹药罪与抢劫罪之已然的法定刑幅度而具有重罪重刑序的相应性。然而，这一法定刑幅度不但重于严重性重于此罪的故意杀人罪的法定刑幅度，而且与严重性远重于此罪的背叛国家罪的法定刑幅度相同，从而不具有轻罪轻刑序的相应性。同时，由于抢劫枪支、弹药、爆炸物的过程中的故意杀人行为应以故意杀人罪单论、并罚，因此，此罪不包含故意致人死亡的因素。相应地，以死刑作为此罪的法定刑幅度上限，不符合死刑的等价分配规定，不具有基的相应性。不仅如此，前两章已述，以死刑作为盗窃、抢夺枪支、弹药罪与抢劫罪的法定刑幅度上限是一种失之过重的不合理选择，盗窃、抢夺枪支、弹药罪与抢劫罪之合理的法定刑幅度上限充其量只应为无期徒刑。另外，即便假定此二罪已然的法定刑幅度下限即3年有期徒刑是一种合理的选择，也没有必要以10年有期徒刑作为抢劫枪支、弹药、爆炸物罪的法定刑幅度下限来体现此罪之重于前二罪的严重性。因此，以10年有期徒刑至死刑作为抢劫枪支、弹药、爆炸物罪的法定刑幅度之因重于盗窃、抢夺枪支、弹药、爆炸物罪与抢劫罪的法定刑幅度而体现的序的相应性也不是一种真正合理的相应性，而是一种超出应然的限制、以过重的严厉性之差显示的重罪重刑的序的相应性。基于以上从基到序的不相应性，可以定论，以10年有期徒刑至死刑作为抢劫枪支、弹药、爆炸物罪的法定刑幅度，因失之过重而不具有合理性。

以3年有期徒刑至死刑为法定刑幅度的犯罪是放火罪，决水罪，爆炸罪，投毒罪，以危险方法危害公共安全罪，破坏交通工具罪，破坏交通设施罪，破坏电力设备罪，破坏易燃易爆设备罪，非法制造、买卖、运输、邮寄、储存枪支、弹药、爆炸物罪，非法买卖、运输核材料罪与盗窃、抢夺枪支、弹药、爆炸物罪。

在上列诸罪中，放火罪、决水罪、爆炸罪、投毒罪、以危险方法危害公共安全罪、破坏交通工具罪、破坏交通设施罪、破坏电力设备罪、破坏易燃易爆设备罪从罪名到法定刑幅度都是对1979年刑法有关规定的沿用。本篇第二章已指明此罪的法定刑幅度是一种合理的选择，在此不赘述。

非法制造、买卖、运输、邮寄、储存枪支、弹药、爆炸物罪与盗窃、抢夺枪支、弹药、爆炸物罪分别是对1979年刑法中的非法制造、买卖、运输枪支、弹药罪与盗窃、抢夺枪支、弹药罪的扩张沿用。本篇第二章已指明，1979年刑法以拘役至无期徒刑为此二罪的法定刑幅度是一种合理的选择，第三章也已表明，特别刑法将此二罪的法定刑幅度上限加重至死刑因违背死刑的等价分配规定而是一种不合理的选择。而1997年刑法不但未减轻其法定刑幅度上限，反而将其法定刑幅度下限由6个月有期徒刑提高至3年有期徒刑，以致严重性显然轻于放火罪、故意杀人罪等的这两种犯罪的法定刑幅度从下限到上限均完全相同，明显地表现出异罪同刑、轻罪重刑的不相应性。因此，以3年有期徒刑至无期徒刑作为此二罪的法定刑幅度，既因违背死刑的等价分配规定而违背配刑基的相应性规定，又违背轻罪轻刑的配刑序的相应性规定，因而是一种极不合理的选择。

以5年有期徒刑至无期徒刑为法定刑幅度的犯罪是1997年刑法新增的劫持船只、汽车罪。船只、汽车，是地面交通工具，对其劫持，危险性小于劫持作为空中交通工具的航空器的危险性。因此，劫持船只、汽车罪的法定刑幅度应轻于劫持航空器罪的法定刑幅度才具有序的相应性。以5年有期徒刑至无期徒刑作为劫持船只、汽车罪的法定刑幅度，因上、下限均轻于作为劫持航空器罪的法定刑幅度而具有序的相应性。然而，这种序的相应性又远非完整而无懈可击。原因在于，如前章所述，以5年有期徒刑作为劫持航空器罪的法定刑幅度下限因失之过重而是一种不合理的选择，只有以3年有期徒刑作为此罪的法定刑幅度下限，才符合序的相应的规定，而前文已揭，以10年有期徒刑作为此罪的法定刑幅度下限，更是一种无理的选择。以5年有期徒刑作为劫持船只、汽车的法定刑幅度下限所体现的序的相应性是相对劫持航空器罪之已然的不合理的法定刑幅度下限即10年有期徒刑而言的。如果相对其应然的合理的法定刑幅度下限，即3年有期徒刑，以5年有期徒刑作为劫持船只、汽车罪的法定刑幅度下限，不但不能体现轻罪轻刑的序的相应性，反而明显地表现为轻罪重罚的无理性。因此，劫持船只、汽车罪的法定刑幅度上限合理，但下限失之过重而不具有合理性。

以6个月有期徒刑至无期徒刑为法定刑幅度的犯罪是1997年刑法新增的违规制造、销售枪支罪。违规制造、销售枪支罪，除了主体是依法被指定、确定的枪支制造企业、销售企业而与非法制造、买卖枪支罪有所区别，二者在本质上并无殊异，其危害均表现为造成枪支流入社会。因此，此两者的严重性大致相当。而本篇第二章已述，以6个月有期徒刑至无期徒刑作为非法制造、销售枪支、弹药罪的法定刑幅度是一种合理的选择，第三章与上文已揭以3年有期徒刑至死刑为此罪的法定刑幅度因失之过重而是一种无理的选择。相应地，以6个月有期徒刑至无期徒刑作为违规制造、销售枪支、弹药罪的法定刑幅度，因轻于非法制造、买卖枪支罪之失之过重的不合理的法定刑幅度、同于其应然的合理的法定刑幅度而符合同罪同刑的序的相应性规定，因而是一种合理的选择。

以3年至15年有期徒刑为法定刑幅度的犯罪是破坏广播电视设施、公用电信设施罪。此罪从罪名到法定刑幅度均是沿用的1979年刑法中的相应规定，其法定刑幅度具有合理性，本篇第二章已述，在此不赘言。

以拘役至15年有期徒刑为法定刑幅度的犯罪是暴力危及飞行安全罪与交通肇事罪。

作为新增之罪的是在航空器上实施暴力的行为，其危害在于直接侵害他人人身权利，间接危及飞行安全。即虽然不以航空安全为直接危害目标，但航空器的特殊性决定了在其中使用暴力具有危及航空安全的现实可能性。因此，此罪的严重性轻于直接以航空安全为危害目标且具有危害航空安全之必然性的劫持航空器罪、破坏交通工具罪。相应地，其法定刑幅度也应轻于劫持航空器罪、破坏交通工具罪的法定刑幅度。以拘役至15年有期徒刑作为暴力危及飞行安全罪的法定刑幅度，上、下限均远轻于劫持航空器罪之已然或应然的法定刑幅度与破坏交通工具罪的法定刑幅度，因而具有其合理性。

交通肇事罪在1979年刑法中的法定刑幅度上限为7年有期徒刑，1997年刑法就其法定刑幅度增加了"因逃逸致人死亡的，处七年以上有期徒刑"的规定，从而将此罪的法定刑幅度上限提高至15年有期徒刑。本篇第二章已述，

1979年刑法以7年有期徒刑为交通肇事罪的法定刑幅度上限是一种合理的选择。同样，1997年刑法将此二罪的法定刑幅度上限提高至15年有期徒刑，也是一种合理的选择。这是因为，1997年刑法所列的"逃逸致人死亡"已超出过失的范畴，而是出于间接故意。因此，交通肇事罪的严重性因"逃逸致人死亡"之介入而增重，相应地，将其法定刑幅度上限予以适当提高，使法定刑幅度上限与犯罪的严重性上限相对应，符合配刑基的相应性规定。

以拘役至10年有期徒刑为法定刑幅度的犯罪是1997年刑法新增的工程重大安全事故罪。此罪在主观上是过失，根据评价犯罪的严重性的罪过决定律，其应属轻罪。按照配刑基的相应性规定，其法定刑幅度应为轻刑。同时，此罪与重大责任事故罪等其他同类过失犯罪在客观危害上均是致人伤亡或重大财产损失，很难有轻重大小之分。因此，此罪的严重性与重大责任事故罪均不相上下。按照配刑序的相应性规定，此罪的法定刑幅度相同。以拘役至10年有期徒刑作为工程重大安全事故罪的法定刑幅度，使其上限已达中期自由刑之上限与长期自由刑的下限，超出了轻刑的限度，因失之过重而不符合配刑基的相应性规定。另外，这一法定刑幅度上限明显地高于严重性与此罪之严重性相同的其他同类过失犯罪的法定刑幅度上限即7年有期徒刑，以致同罪不同罚、轻罪重刑而不具有序的相应性。因此，工程重大安全事故罪的法定刑幅度因上限失之过重而不具有合理性。

以管制至10年有期徒刑为法定刑幅度的犯罪是1997年刑法新设的组织、领导、参加恐怖组织罪。恐怖组织即旨在进行恐怖活动的犯罪组织。组织、领导、参加恐怖组织罪的危害在于这一组织的存在本身对社会公共安全构成一种危险。但是，由于恐怖组织所实施的恐怖活动应予单独定罪、并罚，因此，组织、领导、参加恐怖组织罪的危害又仅以该组织的存在对社会公共安全所构成的危险为限，而不包括其他足以构成犯罪的实害形态。据此，组织、领导、参加恐怖组织罪在危害公共安全类罪中不属严重种罪，其严重性居包含造成死、伤、重大损害的其他故意危害公共安全罪之下。以管制至10年有期徒刑作为此罪的法定刑幅度，既适应了恐怖组织因存在组织者、领导者与参与者之别而显示的较大严重性幅度，具有基的相应性，又轻于绝大部分故意危害公共安全种罪的法定刑幅度，具有轻罪轻刑的序的相应性，因而具有其合理性。

以拘役至7年有期徒刑为法定刑幅度的17种犯罪均是过失犯罪。其中，失火罪、过失决水罪、过失爆炸罪、过失投放危险物质罪、过失以危险方法危害公共安全罪、过失损坏交通工具罪、过失损坏电力设备罪、过失损坏易燃易爆设备罪、过失损坏广播电视设施、公用电信设施罪、重大责任事故罪、危险物品肇事罪等12种犯罪的罪名与法定刑幅度均是对1979年刑法有关规定的沿用，其合理性本编第二章已揭，不需赘述。除此之外的5种犯罪，即重大飞行事故罪、铁路运营安全事故罪、重大安全事故罪、教育设施重大安全事故罪与消防责任事故罪，也均是过失犯罪，按照评价犯罪之严重性的罪过决定律，其应属轻罪。另外，这5种犯罪的客观危害均是致人伤、亡或重大财产损失等，除了发生的领域不同，其与重大责任事故罪等过失危害公共安全罪在危害上没有殊异。因此，此5种罪的严重性与前列重大责任事故罪等的严重性相当。受制于此5种罪属过失犯罪所决定的其为绝对意义上的轻罪，只有以轻刑作为法定刑幅度才具有基的相应性，受制于此5种罪与重大责任事故罪在严重性上相当，其法定刑幅度应与重大责任事故罪等的法定刑幅度相当才具有同罪同刑序的相应性。以拘役至7年有期有徒刑为此5种罪的法定刑幅度，既避免了重刑，又与重大责任事故罪等的法定刑幅度相同，符合配刑的基的相应性与序的相应性的规定，因而是一种合理的选择。

以管制至7年有期徒刑为法定刑幅度的犯罪是非法持有、私藏枪支、弹药罪与非法出租、出借枪支罪。非法持有、私藏枪支、弹药罪的罪名，是对1979年《刑法》第163条私藏枪支、弹药罪的扩张性修改，非法出租、出借枪支罪是1997年刑法新设的罪名。本编第一章已述，1979年刑法以拘役至2年有期徒刑为私藏枪支、弹药罪的法定刑幅度，具有其合理性。1997年刑法根据非法持有、私藏枪支、弹药案增多，其与其他涉枪犯罪的关联密切、构成严重危害社会治安的隐患等新情况，将此罪的法定刑幅度予以加重，同样具有其合理性。这是因为，一方面，发案率上升加重了此罪的预防需要，从而加重了其严重性，加重其法定刑幅度符合基的相应性的规定；另一方面，这种加重是有节制的，加重后的法定刑幅度并不重于危害性大于此罪的其他种罪的法定刑幅度，未因加重而导致轻罪重罚、违背配刑序的相应性规定，因而符合根据纯粹加重一般预防需要的情节加重法定刑幅度的规定。

非法出租、出借枪支罪的危害与非法持有、私藏枪支、弹药罪的危害一样，主要表现为对枪支管理规定的违反，两者的严重性大致相当。刑法规定，对非法出租、出借枪支罪按非法持有、私藏枪支、弹药罪的法定刑幅度处罚，符合同罪同刑序的相应性规定，具有其合理性。

以拘役至3年有期徒刑与以管制至3年有期徒刑为法定刑幅度的犯罪分别是1997年刑法新设的丢失枪支不报罪与非法携带枪支、弹药、管制刀具、危险物品危及公共安全罪。

丢失枪支不报罪的危害在于丢失枪支不报告，违反枪支管理规定，并因而导致枪支被人利用、造成严重后果。虽然就丢失枪支后不报告而言，可能是出于故意，但枪支的丢失则只能是过失乃至意外事件，而且严重后果的发生不是行为人所追求的结果，其对此只存在过失，加之丢失枪支不报只是严重后果发生的条件或间接原因，他人利用丢失的枪支为害才是其直接原因，因此，丢失枪支不报罪是一种绝对意义上的轻罪，且相对于其他同类种罪，其严重性轻。以拘役至3年有期徒刑作为此罪的法定刑幅度，既因是绝对意义上的轻刑而具有基的相应性，又因居类罪法定刑幅度最轻者之列而符合罪最轻刑最轻的序的相应性规定，因而是一种合理的选择。

非法携带枪支、弹药、管制刀具、危险物品危及公共安全罪是一种危险犯，其危害仅在于携带此类特殊物品进入公共场所具有危及公共安全的可能性，即只表现为一种危险，而不包含造成实际的损害后果，否则便应以其他犯罪单论、并罚。因此，此罪是一种严重性幅度较小的绝对意义上的轻罪，同时又是一种严重性较之其他同类实害犯为轻的相对意义上的轻罪。以管制至3年有期徒刑作为此罪的法定刑幅度，从基到序均具有其相应性，因而构成一种合理的选择。

综上所评，1997年刑法所确认的42种犯罪中，有7种因失之过重而不具有合理性。其中，劫持航空器罪，劫持船只、汽车罪的法定刑幅度上限合理但下限失之过重而不具有合理性；工程重大安全事故罪的法定刑幅度下限合理但上限失之过重而不具有合理性；抢劫枪支、弹药、爆炸物罪，非法制造、买卖、运输、邮寄、储存枪支、弹药、爆炸物罪，非法买卖、运输核材料罪，盗窃、抢夺枪支弹药罪的法定刑幅度因上、下限均失之过重而不具有合理性。除此之外的35种犯罪的法定刑幅度基本上符合配刑基与序的相应性规定，可以认为是合理的选择。

第三节　侵犯人身权利、民主权利类罪法定刑幅度评价

1997年刑法共确认了37种侵犯公民人身权利、民主权利类罪。其中，有1种以10年有期徒刑至死刑为法定刑幅度，1种以5年有期徒刑至死刑为法定刑幅度，3种以3年有期徒刑至死刑为法定刑幅度，1种以管制至死刑为法定刑幅度，2种以拘役至15年有期徒刑为法定刑幅度，1种以管制至15年有期徒刑为法定刑幅度，1种以拘役至10年有期徒刑为法定刑幅度，2种以管制至10年有期徒刑为法定刑幅度，1种以6个月至7年有期徒刑为法定刑幅度，2种以拘役至7年有期徒刑为法定刑幅度，1种以管制至7年有期徒刑为法定刑幅度，2种以拘役至5年有期徒刑为法定刑幅度，1种以管制至5年有期徒刑为法定刑幅度，9种以拘役至3年有期徒刑为法定刑幅度，4种以管制至3年

有期徒刑为法定刑幅度，4种以拘役至2年有期徒刑为法定刑幅度，1种以拘役至1年有期徒刑为法定刑幅度。

以10年有期徒刑至死刑为法定刑幅度的犯罪是绑架罪。此罪名是对特别刑法所规定的绑架妇女、儿童罪与绑架勒索罪的综合与扩张，其法定刑幅度亦是对特别刑法的有关规定的沿用。前章已述，此罪的法定刑幅度上、下限均失之过重而不具有合理性，在此不赘述。

以5年有期徒刑至死刑为法定刑幅度的犯罪是拐卖妇女、儿童罪。此罪的罪名是对1979年刑法中拐卖人口罪，特别刑法中拐卖妇女、儿童罪的修改与沿用。本编第二章已述，1979年刑法以6个月至15年有期徒刑作为拐卖人口罪的法定刑幅度是一种合理的选择，第三章已述，特别刑法将此罪的法定刑幅度上限加重至死刑因失之过重而是一种不合理的选择。既然如此，1997年刑法沿用特别刑法对此罪的法定刑幅度的第二次修改，将此罪的法定刑幅度确定为5年有期徒刑至死刑，以致其上限同于、下限重于故意杀人罪的法定刑幅度，便因上、下限均失之过重而是一种极其无理的选择。

以3年有期徒刑至死刑为法定刑幅度的犯罪是故意杀人罪、强奸罪与奸淫幼女罪。此三罪的罪名与法定刑幅度均是对1979年刑法有关规定的沿用。本编第二章已述，以3年有期徒刑至死刑作为故意杀人罪的法定刑幅度具有其合理性，但以此作为强奸罪（含奸淫幼女罪）的法定刑幅度却因不合死刑的等价分配规定而不具有基的相应性、因与故意杀人罪的法定刑幅度相同而不具有序的相应性，因而是一种不合理的选择。这一评价仍然适用于1997年刑法对此3罪所沿用的法定刑幅度，不需赘述。

以管制至死刑为法定刑幅度的犯罪是故意伤害罪。此罪的罪名是对1979年刑法的规定的沿用。本编第二章已述，1979年刑法以拘役至无期徒刑为此罪的法定刑幅度是一种合理的选择，第三章已述，特别刑法将此罪的法定刑幅度加重至死刑因失之过重而是一种不合理的选择。1997年刑法虽将此罪的法定刑幅度下限降至管制，但仍以死刑为其上限，因而未能避免死刑的不等价分配所导致基的不相应，其不合理性不言而喻。

以拘役至15年有期徒刑为法定刑幅度的犯罪是强制猥亵、侮辱妇女罪与猥亵儿童罪。强制猥亵、侮辱妇女罪与猥亵儿童罪是从1979年刑法中的流氓罪分解而来。本编第一章已述，1979年刑法以管制至15年有期徒刑作为流氓罪的法定刑幅度是一种合理的选择，第二章已述，特别刑法将此罪的法定刑幅度上限加重至死刑是一种不合理的选择。1997年刑法将从流氓罪中分解而来的强制猥亵、侮辱妇女罪与猥亵儿童罪的法定刑幅度上限降至15年有期徒刑，避免了以死刑作为此二罪的法定刑幅度基的不相应性，以及因此导致序的不相应性，因而是一种合理的选择。

以管制至 15 年有期徒刑为法定刑幅度的犯罪是非法拘禁罪。此罪的罪名与法定刑幅度基本上是对 1979 年刑法有关规定的沿用，本编第二章已述，1979 年刑法以拘役至 15 年有期徒刑为此罪的法定刑幅度是一种合理的选择。1997 年刑法除将其下限降至管制，未作其他调整，因而仍然具有其合理性。

以拘役至 10 年有期徒刑为法定刑幅度的犯罪是虐待被监管人员罪。此罪的罪名与法定刑幅度均是对 1979 年《刑法》第 189 条的规定的沿用，其合理性前章已述，不需赘述。

以管制至 10 年有期徒刑为法定刑幅度的犯罪是诬告陷害罪与煽动民族仇恨、民族歧视罪。

诬告陷害罪，在 1979 年刑法中只有罪名而无确定的法定刑幅度，其处刑有"反坐"的意蕴，即参照所诬告的罪的法定刑幅度而定。1997 年刑法沿用了这一罪名，并以管制至 10 年有期徒刑作为其确定的法定刑幅度。此罪对他人人身权利的侵害表现为以捏造的犯罪事实予以告发，以图使受害人受到刑事制裁。由于所诬告的犯罪事实有轻有重，此罪所可能造成的危害结果亦有大小之别，因此，其严重性幅度较大。然而，由于一方面，此罪对人身权利的侵害不是以直接的方式而是以间接的方式，其危害性小于故意杀人、伤害等直接加害的暴力犯罪；另一方面，在健全的刑事司法体制之下，诬陷的目的较难实现，犯罪的成功率不高，而且，一旦受害人因受诬陷而受到刑事制裁，司法机关便应承担失职之责，即不只是诬陷者一方的责任，因此，诬陷罪的严重性上限不重。按配刑基的相应性规定，诬陷罪的法定刑幅度不应以重刑为上限但又应有较大幅度，按照配刑的序的相应性规定，此罪的法定刑幅度应轻于故意杀人、伤害等暴力犯罪的法定刑幅度。1997 年刑法以管制至 10 年有期徒刑作为此罪的法定刑幅度，既具有基的相应性又具有序的相应性，因而是一种较为合理的选择。

作为新增之罪的煽动民族仇恨、民族歧视罪的危害在于挑起民族矛盾，破坏民族团结。民族团结的意义固然重大，但其价值较之国家统一、政权存续的价值为小。这就决定了危害民族团结的煽动民族仇恨、民族歧视的严重性轻于破坏国家统一、危害政权存续的煽动分裂国家罪与煽动颠覆政权罪。以管制至 10 年有期徒刑作为煽动民族仇恨、民族歧视罪的法定刑幅度，轻于作为煽动分裂国家罪与煽动颠覆政权罪的法定刑幅度的管制至 15 年有期徒刑，符合配刑的序的相应性规定，具有其合理性。

以 6 个月至 7 年有期徒刑为法定刑幅度的犯罪是过失致人死亡罪。此罪沿用的是 1979 年刑法中的罪名，但将 1979 年刑法所规定的 6 个月至 15 年有期徒刑的法定刑幅度减轻为 6 个月至 7 年有期徒刑。本编第二章已述，1979 年刑法以 6 个月至 15 年有期徒刑作为过失致人死亡罪的法定刑幅度，因失之过重而不具有合理性。1997 年刑法将此罪的法定刑幅度上限降为 7 年有期徒刑，既符合过失犯罪只应以轻刑为法定刑幅度基的相应性规定，又使此罪的法定刑幅度与失火、重大责任事故罪的法定刑幅度基本一致而具有序的相应性，从而克服了 1979 年刑法关于此罪的法定刑幅度之规定的不合理性，构成一种合理的选择。

以拘役至 7 年有期徒刑为法定刑幅度的犯罪是报复陷害罪与暴力干涉婚姻自由罪，以管制至 7 年有期徒刑为法定刑幅度的犯罪是虐待罪。此三罪从罪名到法定刑幅度都是对 1979 年刑法有关规定的沿用。其法定刑幅度的合理性本篇第二章已述，在此不赘。

以拘役至 5 年有期徒刑为法定刑幅度的犯罪是聚众阻碍解救被收买的妇女、儿童罪与拐骗儿童罪，以管制至 5 年有期徒刑为法定刑幅度的犯罪是遗弃罪。此三罪的罪名与法定刑幅度均是对特别刑法与 1979 年刑法有关规定的沿用。其法定刑幅度的合理性本编第二章、第三章已述，在此不赘述。

以拘役至 3 年有期徒刑为法定刑幅度的犯罪是过失重伤罪，强迫职工劳动罪，非法搜查罪，非法侵入住宅罪，刑讯逼供罪，暴力取证罪，打击报复会计、统计人员罪，破坏选举罪与破坏军婚罪。其中，非法搜查罪、非法侵入住宅罪、刑讯逼供罪、破坏选举罪与破坏军婚罪从罪名到法定刑幅度都是对 1979 年刑法有关规定的沿用，其合理性本编第二章已述，在此不赘。强迫职工劳动罪、暴力取证罪与打击报复会计、统计人员罪，都是 1997 年刑法所新设的犯罪。此 4 种罪要么是侵犯的权益意义较小，要么是危害的程度较轻，因而无论从绝对意义上还是从相对意义上均属轻罪，以拘役至 3 年有期徒刑为其法定刑幅度，符合配刑的基与序的相应性规定，具有其合理性。

过失致人重伤罪的罪名是对 1979 年刑法中过失伤害罪的沿用。本编第二章已述，1979 年刑法以拘役至 7 年有期徒刑作为过失伤害罪的法定刑幅度因失之过重而是一种不合理的选择。1997 年刑法将过失致人重伤罪的法定刑幅度减轻为拘役至 3 年有期徒刑，既与过失致人死亡罪的法定刑幅度的减轻相协调，又避免了此罪的法定刑幅度与失火罪、重大责任事故罪等严重过失犯罪的法定刑幅度相同所导致的轻罪重罚序的不相应性，因而具有其合理性。

以管制至 3 年有期徒刑为法定刑幅度的犯罪是收买被拐卖妇女、儿童罪，侮辱罪，诽谤罪与出版歧视、侮辱少数民族作品罪。其中，收买被拐卖妇女、儿童罪的罪名是对特别刑法所增设的收买被绑架、拐卖妇女、儿童罪的沿用，法定刑幅度亦未作调整。侮辱罪、诽谤罪从罪名到法定刑幅度均是对 1979 年刑法有关规定的沿用。此三罪的法定刑幅度的合理性本编第二章、第三章已述，不需赘述。出版歧视、侮辱少数民族作品罪侵犯的是少数民族的民族尊严，其危害仅表现为非物质性的不良影响。因此，此罪属轻罪，以管制至3年有期徒刑作为此罪的法定刑幅度，从基到序都具有相应性，因而是一种合理的选择。

以拘役至2年有期徒刑为法定刑幅度的犯罪是非法剥夺公民宗教信仰自由罪，侵犯少数民族风俗习惯罪，私拆、隐匿、毁弃邮件、电报罪与重婚罪，以拘役至1年有期徒刑为法定刑幅度的犯罪是侵犯通信自由罪。此5种罪的罪名与法定刑幅度均是对1979年刑法有关规定的沿用。其法定刑幅度的合理性本编第二章已述，在此不赘。

综上所评，在37种侵害公民人身权利、民主权利罪中，有5种犯罪的法定刑幅度因失之过重而不具有合理性。其中，绑架罪与拐卖妇女、儿童罪的法定刑幅度上、下限均失之过重，故意伤害罪、强奸罪与奸淫幼女罪的法定刑幅度下限合理但上限过重。除此之外的32种犯罪的法定刑幅度基本上符合配刑的理性规定，具有其合理性。

第四节 破坏经济管理秩序类罪法定刑幅度评价

1997年刑法将破坏经济管理秩序类罪细分为8类，共确认了94种犯罪。现逐类将有关犯罪的法定刑幅度的正当性评析如下：

一、生产、销售伪劣商品罪法定刑幅度评价

1997年刑法共确认了9种生产、销售伪劣商品罪。其中，有2种以拘役至死刑为法定刑幅度，1种以3年有期徒刑至无期徒刑为法定刑幅度，1种以6个月有期徒刑至无期徒刑为法定刑幅度，4种以拘役至无期徒刑为法定刑幅度，1种以6个月至15年有期徒刑为法定刑幅度，1种以拘役至3年有期徒刑为法定刑幅度。

以拘役至死刑为法定刑幅度的犯罪是生产、销售假药罪与生产、销售有毒、有害食品罪。此二罪的罪名是对特别刑法有关规定的沿用。前章已述，特别刑法以3年有期徒刑至死刑为此二罪的法定刑幅度，因不符合死刑的等价分配规定而不具有基的相应性，构成失之过重的一种不合理选择。1997年刑法虽然降低了此二罪的法定刑幅度下限，但仍以死刑作为其法定刑幅度上限，不合理性不言而喻。

以 3 年有期徒刑至无期徒刑为法定刑幅度的犯罪是生产、销售劣药罪，以 6 个月有期徒刑至无期徒刑为法定刑幅度的犯罪是生产、销售不符合标准的医用器材罪，以拘役至无期徒刑为法定刑幅度的犯罪是生产、销售伪劣产品罪，生产、销售不符合卫生标准的食品罪与生产、销售伪劣农药、兽药、化肥、种子罪。这五种罪的罪名均是对特别刑法有关规定的沿用，除个别罪名的法定刑幅度下限有所下调外，其法定刑幅度是对特别刑法有关规定的沿用。前章已述，以无期徒刑作为此 5 种罪的法定刑幅度上限失之过重。1997 年刑法仍以无期徒刑作为此 5 罪的法定刑幅度上限，其不合理性依旧。

以 6 个月以上 15 年以下有期徒刑为法定刑幅度的犯罪是生产、销售不符合安全标准的产品罪。此罪从罪名到法定刑幅度均是对特别刑法有关规定的沿用。前章已述，特别刑法以 15 年有期徒刑作为此罪的法定刑幅度上限失之过重。1997 年刑法仍以此为此罪的法定刑幅度上限，仍然失之过重而不具有合理性。

以拘役至 3 年有期徒刑为法定刑幅度的犯罪是生产、销售不符合卫生标准的化妆品罪。此罪从罪名到法定刑幅度均是对特别刑法有关规定的沿用。其法定刑幅度的合理性本编第二章已述，在此不赘。

综上所列，1997 年刑法所确认的 9 种生产、销售伪劣商品罪中，除生产、销售不符合卫生标准的化妆品罪的法定刑幅度具有合理性外，其他 8 种犯罪的法定刑幅度均因上限过重而不具有合理性。

二、走私罪法定刑幅度评价

1997 年刑法共确认了 10 种走私犯罪。其中，有 3 种以 3 年有期徒刑至死刑为法定刑幅度，4 种以 6 个月有期徒刑至死刑为法定刑幅度，2 种以拘役至无期徒刑为法定刑幅度，1 种以管制至无期徒刑为法定刑幅度。

以 3 年有期徒刑至死刑为法定刑幅度的犯罪是走私武器弹药罪、走私核材料罪与走私假币罪。走私武器弹药罪与走私假币罪的罪名是对特别刑法有关规定的沿用。前章已述，特别刑法以 6 个月有期徒刑至死刑作为此二罪的法定刑幅度，因上限不符合死刑的等价分配规定、失之过重而不具有合理性。1997 年刑法不但未降低此二罪的法定刑幅度上限，反而提高了其下限，即使这种提高可认为是合理的，其上限的不合理性依然明显。走私核材料罪是 1997 年刑法新增的犯罪，其严重性与走私武器弹药罪相当。以 3 年有期徒刑至死刑作为此罪的法定刑幅度，与以死刑作为走私武器弹药罪的法定刑幅度上限一样，因不符合死刑的等价分配规定而不具有基的相应性，因而是一种不合理的选择。

以6个月有期徒刑至死刑为法定刑幅度的犯罪是走私文物罪,走私贵重金属罪,走私珍贵动物、珍贵动物制品罪,走私珍稀植物、珍稀植物制品罪。走私文物罪、走私贵重金属罪与走私珍贵动物、珍贵动物制品罪的罪名与法定刑幅度均是对特别刑法有关规定的沿用。前章已述,以6个月有期徒刑至死刑作为此三罪的法定刑幅度因上限不符合死刑的等价分配规定、失之过重而不具有合理性。1997年刑法仍以死刑作为此三罪的法定刑幅度,仍然构成一种失之过重的不合理选择。走私珍稀植物、珍稀植物制品罪是1997年刑法新设的种罪。此罪的严重性与走私珍贵动物、珍贵动物制品罪相当。以6个月有期徒刑至死刑作为此罪的法定刑幅度,与以死刑作为走私珍贵动物、珍贵动物制品罪的法定刑幅度上限一样,因上限失之过重而不具有合理性。

以拘役至无期徒刑为法定刑幅度的犯罪是走私普通货物、物品罪与走私固体废物罪。走私普通货物、物品罪的罪名是对1979年刑法中的走私罪与特别刑法中普通走私罪的沿用。本编第二章已述,1979年刑法以10年有期徒刑作为此罪的法定刑幅度上限,因失之过轻而是一种不合理的选择,第三章已述,特别刑法将此罪的法定刑幅度上限加重至死刑,因违背死刑的等价分配规定、不具有基的相应性而失之过重,同样是一种不合理的选择。1997年刑法将此罪的法定刑幅度上限降至无期徒刑,避免了死刑的不等价分配所导致基的不相应性,具有其合理性。然而,以无期徒刑作为此罪的法定刑幅度上限,仍然失之过重而不具有合理性。这是因为,此罪的严重性轻于走私武器弹药等特殊走私罪,法定刑幅度亦应轻于特殊走私罪。而如前所述,走私武器弹药等罪法定刑幅度不应包含死刑,其应然的合理法定刑幅度上限充其量只应是无期徒刑。与此相适应,严重性轻于走私武器弹药等罪的走私普通货物、物品罪的法定刑幅度的上限只有低于无期徒刑才具有序的相应性。既然如此,1997年刑法以无期徒刑作为此罪的法定刑幅度上限,便因失之过重而不具有合理性。

走私固体废物罪,是1997年刑法新增的一种犯罪。1997年刑法虽未明确规定其法定刑幅度,但按有关条文的规定,其不应按特殊走私罪而只应按走私普通货物、物品罪的法定刑幅度处罚。此罪的严重性不在走私普通货物、物品罪之上,以无期徒刑为其法定刑幅度上限,与以无期徒刑作为走私普通货物、物品罪的法定刑幅度上限一样,因失之过重而不具有合理性。

以管制至无期徒刑为法定刑幅度的犯罪是走私淫秽物品罪。此罪的罪名是对特别刑法有关规定的沿用。第三章已述,特别刑法以无期徒刑作为走私、制作、贩卖淫秽物品罪的法定刑幅度上限,因失之过重而是一种不合理的选择。1997年刑法虽然将走私淫秽物品罪的法定刑幅度下限由拘役降至了管制,但仍以无期徒刑作为此罪的法定刑幅度上限,因而仍然失之过重而不具有合理性。

以6个月至15年有期徒刑为法定刑的犯罪是新增的走私珍稀植物、珍稀植物制品罪。此罪因走私的物品的价值低于珍贵文物、贵重金属、珍贵动物与珍贵动物制品的价值而在客观危害上小于走私珍贵文物罪等,同时,又因发案率低于走私珍贵文物等罪的发案率而预防需要相对较小。因此,其严重性轻于走私珍贵文物等罪。以6个月至15年有期徒刑作为其法定刑,不但轻于走私珍贵文物等罪之已然的不合理的法定刑而且轻于其应然的合理法定刑,具有轻罪轻刑的相应性,因而是合理的。

综上所述,1997年刑法所确认的10种走私罪中除走私珍稀植物、珍稀植物制品罪的法定刑合理外,其余9种罪的法定刑幅度均因上限失之过重而不具有合理性。

三、妨害对公司、企业的管理秩序罪法定刑幅度评价

1997年刑法共确认了12种妨害对公司企业的管理秩序罪。其中有1种以拘役至15年有期徒刑为法定刑幅度,1种以拘役至10年有期徒刑为法定刑幅度,4种以拘役至7年有期徒刑为法定刑幅度,3种以拘役至5年有期徒刑为法定刑幅度,3种以拘役至3年有期徒刑为法定刑幅度。

以拘役至15年有期徒刑为法定刑幅度的犯罪是公司企业人员受贿罪。此罪的罪名是对特别刑法中的公司人员受贿罪的扩张沿用。前章已述,以拘役至15年有期徒刑作为此罪的法定刑幅度,因上限过高而不具有合理性。1997年刑法仍沿用特别刑法关于此罪法定刑幅度的规定,未就其上限予以减轻,因而仍然失之过重而不具有合理性。

以拘役至10年有期徒刑为法定刑幅度的犯罪是对公司、企业人员行贿罪。此罪是1997年刑法所新设的种罪。诚如对国家工作人员行贿罪之严重性轻于国家工作人员受贿罪,对公司、企业人员行贿罪的严重性也轻于公司、企业人员受贿罪的严重性。因此,正如对国家工作人员行贿罪的法定刑幅度应轻于国家工作人员受贿罪的法定刑幅度一样,对公司、企业人员行贿罪的法定刑幅度也应轻于公司、企业人员受贿罪的法定刑幅度。另外,诚如公司、企业人员受贿罪的严重性轻于国家工作人员受贿罪,因此,正如公司、企业人员受贿罪的法定刑幅度应轻于国家工作人员受贿罪的法定刑幅度一样,对公司企业人员行贿罪的法定刑幅度应轻于对国家工作人员行贿罪。据此,对公司、企业人员行贿罪的法定刑幅度应轻于公司、企业人员受贿罪与对国家工作人员行贿罪的法定刑幅度,才符合轻罪轻刑的配刑序的相应性规定。以拘役至10年有期徒刑

作为对公司企业人员行贿罪的法定刑幅度,既轻于作为公司、企业人员受贿罪之法定刑幅度的拘役至 15 年有期徒刑,又轻于作为对国家工作人员行贿罪之法定刑幅度的拘役至无期徒刑,① 具有序的相应性。然而,如前所述,以 15 年有期徒刑作为公司、企业人员受贿罪的法定刑幅度上限,因失之过重而不具有合理性,其应然的法定刑幅度上限充其量只应为 10 年有期徒刑。② 相应地,以 10 年有期徒刑作为对公司、企业人员行贿罪的法定刑幅度上限便难以体现此罪与公司、企业人员受贿罪的严重性之差,配刑序的相应性无从实现。因此,对公司、企业人员行贿的法定刑幅度因上限不轻于公司、企业人员受贿罪法定刑幅度之应然的合理法定刑幅度上限而失之过重,不具有合理性。

以拘役至 7 年有期徒刑为法定刑幅度的犯罪是非法经营同类营业罪,为亲友非法牟利罪,签订、履行合同失职被骗罪与徇私舞弊低价折股、出售国有资产罪。此 4 种罪均为 1997 年刑法所新增之罪。

非法经营同类营业罪的危害在于利用在本公司、企业职务上的便利为本公司、企业以外的其他公司、企业经营与本公司、企业同类的营业,侵害本公司、企业的利益。由于其对公司、企业利益的侵害不是直接对公司、企业财产的侵占,此罪的严重性轻于职务侵占罪。以拘役至 7 年有期徒刑为其法定刑幅度,轻于职务侵占罪的法定刑幅度,符合轻罪轻刑配刑序的相应性规定,具有其合理性。

为亲友非法牟利罪的危害在于在经营过程中为给亲友牟利而给国家利益造成重大损失。此罪对国家利益的损害同样不是直接侵占国有财产,因此,其严重性与非法经营同类营业罪大致相当。以拘役至 7 年有期徒刑为此罪的法定刑幅度,因与非法经营同类营业罪的法定刑幅度相同而符合同罪同刑序的相应性规定,构成一种合理的选择。

签订、履行合同失职被骗罪是国有公司、企业、事业单位直接负责主管人员在签订、履行合同过程中的一种玩忽职守行为,其主观上是出于过失,客观上的危害在于导致上当受骗而给国家利益造成重大损失。基于其是一种过失犯罪,根据评价犯罪的罪过决定律,此罪是一种绝对意义上的轻罪,法定刑幅度应为轻刑才具有基的相应性。基于其本质上是一种玩忽职守行为且危害结果与普通玩忽职守罪相当,此罪的法定刑幅度应与作为渎职罪的普通玩忽职守罪相当才具有序的相应性。以拘役至 7 年有期徒刑作为签订、履行合同失职被骗罪

---

① 1997 年《刑法》第 390 条。
② 按刑法的有关规定,以 10 年有期徒刑作为法定刑幅度上限,是不以 15 年有期徒刑为法定刑幅度上限的必然递轻选择。

的法定刑幅度，既不含有重刑，又与玩忽职守罪的法定刑幅度相同，符合配刑的基的相应性与序的相应性规定，具有其合理性。

徇私舞弊低价折股、出售国有资产罪的危害在于徇私舞弊，将国有资产低价折股或低价出售，致使国家利益遭受重大损失。此罪与非法经营同类营业罪与为亲友非法牟利罪只是行为方式有别，而无本质上的殊异。因为后二罪实际上也以徇私为前提，且危害结果也是致使国家利益遭受重大损失。因此，此罪的严重性与后二罪的严重性大致相当。以拘役至 7 年有期徒刑作为此罪的法定刑幅度，因与后二罪的法定刑幅度相同而符合同罪同刑配刑序的相应性规定，具有其合理性。

以拘役至 5 年有期徒刑为法定刑幅度的犯罪是虚假出资、抽逃出资罪，欺诈发行股票、债券罪与妨害清算罪。此三罪从罪名到法定刑幅度均是对特别刑法有关规定的沿用。其法定刑幅度的合理性，前章已述，在此不赘。

以拘役至 3 年有期徒刑为法定刑幅度的犯罪是虚报注册资本罪、提供虚假财务报告罪与徇私舞弊造成破产、亏损罪。前二罪从罪名到法定刑幅度均是对特别刑法有关规定的沿用，其法定刑幅度的合理性前章已述，不需赘述。徇私舞弊造成破产、亏损罪是 1997 年刑法新增的种罪。此罪虽然就徇私舞弊而言，是出于故意，但导致破产、亏损而造成重大损失则是出于过失。换言之，破产、亏损而造成重大损失是过失经营不善的结果。正由于损害结果是过失经营不善的产物，此罪的严重性轻于故意将国有资产低价折股或低价出售而致使国家利益遭受重大损失的徇私舞弊低价折股、出售国有资产罪的严重性。以拘役至 3 年有期徒刑作为徇私舞弊造成破产、亏损罪的法定刑幅度，因轻于徇私舞弊低价折股、出售国有资产罪的法定刑幅度而具有轻罪轻刑序的相应性，因而具有其合理性。

综上所述，1997 年刑法所确认的妨害对公司的管理秩序罪，除公司、企业人员受贿罪与对公司企业人员行贿罪的法定刑幅度因上限失之过重而不合理外，其他诸罪的法定刑幅度基本上是合理的。

四、破坏金融管理秩序罪法定刑幅度评价

1997 年刑法共确认了 24 种破坏金融管理秩序罪。其中，有 1 种以 3 年有期徒刑至死刑为法定刑幅度，4 种以拘役至无期徒刑为法定刑幅度，6 种以拘役至 15 年有期徒刑为法定刑幅度，8 种以拘役至 10 年有期徒刑为法定刑幅度，1 种以拘役至 7 年有期徒刑为法定刑幅度，4 种以拘役至 5 年有期徒刑为法定刑幅度。

以 3 年有期徒刑至死刑为法定刑幅度的犯罪是伪造货币罪。此罪从罪名到法定刑幅度均是对特别刑法有关规定的沿用。本编第二章已述，以 3 年有期徒刑至无期徒刑作为伪造货币罪的法定刑幅度是一种合理的选择，第三章已述，特别刑法将此罪的法定刑幅度上限加重至死刑因不合死刑的等价分配规定、不具有基的相应性而失之过重。1997 年刑法仍以 3 年有期徒刑至死刑作为伪造货币罪的法定刑幅度，因而仍因上限失之过重而不具有合理性。

以拘役至无期徒刑为法定刑幅度的犯罪是出售、购买、运输假币罪，金融工作人员购买假币、以假币换取货币罪，伪造、变造金融票证罪与伪造、变造国家有价证券罪。前三种犯罪的罪名与法定刑幅度均是对特别刑法有关规定的沿用。前章已述，以拘役至无期徒刑作为此三罪的法定刑幅度因上限失之过重而不具有合理性。1997 年刑法仍沿用特别刑法所规定的法定刑幅度，其上限同样失之过重而不具有合理性。伪造、变造国家有价证券罪的罪名与法定刑幅度是对 1979 年《刑法》第 123 条的规定的修改、补充。本编第二章已述，1979 年刑法以拘役至 7 年有期徒刑作为伪造有价证券罪的法定刑幅度，因失之过轻而不具有合理性。1997 年刑法加重此罪的法定刑幅度上限，具有其合理性。但是，将此罪的法定刑幅度上限加重至无期徒刑，却因失之过重而是一种不合理的选择。原因在于，伪造国家有价证券罪的严重性与伪造金融票证罪的严重性相当，以无期徒刑作为伪造国家有价证券罪的法定刑幅度上限正当与否与以无期徒刑作为伪造、变造金融票证罪的法定刑幅度上限是否正当相同。而如前所述，以无期徒刑作为伪造、变造金融票证罪的法定刑幅度，失之过重。相应地，以无期徒刑作为伪造国家有价票证罪的法定刑幅度上限同样失之过重而不具有合理性。

以拘役至 15 年有期徒刑为法定刑幅度的犯罪是持有、使用假币罪，违法向关系人发放贷款罪，违法发放贷款罪，用账外客户资金非法拆借、发放贷款罪，非法出具金融票证罪与对违法票据承兑、付款、保证罪。其中，持有、使用假币罪、违法向关系人发放贷款罪、违法发放贷款罪与非法出具金融票证罪从罪名到法定刑幅度均是对特别刑法有关规定的沿用。前章已述，以拘役至 15 年有期徒刑作为此 4 种罪的法定刑幅度，因上限失之过重而不具有合理性。既然如此，1997 年刑法仍沿用特别刑法的规定，以 15 年有期徒刑作为此 4 种罪的法定刑幅度上限，便同样因失之过重而不具有合理性。用账外客户资金拆借、发放贷款罪与对违法票证承兑、付款、保证罪是 1997 年刑法新设的种罪。用账外客户资金拆借、发放贷款罪也是一种违法借贷行为，其严重性与违法发放贷款相当，对违法票证承兑、付款、保证是非法出具金融票证罪的对偶行为，其严重性与非法出具金融票证罪的严重性不相上下。既然如此，以拘役至

15年有期徒刑作为此二罪的法定刑幅度，便与以此作为违法贷款罪与非法出具金融票证罪的法定刑幅度一样，因上限失之过重而不具有合理性。

以拘役至10年有期徒刑为法定刑幅度的犯罪是变造货币罪，擅自设立金融机构罪，伪造、变造、转让金融机构许可证罪，非法吸收存款罪，伪造、变造股票或者公司、企业债券罪，内幕交易、泄露内幕信息罪，诱骗投资者买卖证券罪与洗钱票。其中，前4种犯罪从罪名到法定刑幅度均是对特别刑法有关规定的沿用。前章已述，以拘役至10年有期徒刑作为此4种罪的法定刑幅度，上限失之过重。既然如此，1997年刑法仍沿用特别刑法的规定，将10年有期徒刑作为此4种罪的法定刑幅度上限，便同样失之过重而不具有合理性。

伪造、变造股票、公司、企业债券罪，内幕交易、泄露内幕信息罪与诱骗投资者买卖证券罪是1997年刑法所新设的犯罪。伪造、变造股票、公司、企业债券罪，以有价票证为伪造对象，因而与伪造、变造国家有价证券罪有一定相似性。但是，股票与公司、企业债券仅限于对特定的公司、企业有效，以其为伪造的对象，危害的只是特定公司、企业利益。而国家有价证券在全国范围内有效，以其为伪造的对象，危害的是国家利益。因此，伪造、变造股票、公司、企业债券罪的严重性轻于伪造、变造国家有价证券罪的严重性。以拘役至10年有期徒刑作为伪造、变造股票、公司、企业债券罪的法定刑幅度上限便因并不低于伪造、变造国家有价证券罪应然的合理法定刑幅度上限而失之过重，不具有应然的序的相应性。因为既然以15年有期徒刑作为伪造、变造国家有价票证罪的法定刑幅度失之过重，此罪应然的合理法定刑幅度上限便充其量只应是作为最高中期自由刑的10年有期徒刑，从而与伪造、变造股票、公司企业债券罪已然的法定刑幅度上限相同，后者的法定刑幅度上限如不减轻，轻罪轻刑序的相应性便无从体现。内幕交易、泄露内幕信息罪与诱骗投资者买卖证券罪均是证券交易过程中以不正当手段侵犯投资者利益的行为，此二罪的严重性较难找到相应的参照系予以评价。但是，由于此二罪的法定刑幅度与变造货币罪等的法定刑幅度相同，可以推定立法者认为此二罪与变造货币罪等罪的严重性相当。而如前所述，以拘役至10年有期徒刑作为变造货币罪等的法定刑幅度，因上限失之过重而不具有合理性。依此类推，以拘役至10年有期徒刑作为此二罪的法定刑幅度，也因上限过重而不具有合理性。洗钱罪是特别刑法有关掩饰、隐瞒毒赃性质、来源罪的规定的修改与补充。前章已述，特别刑法以管制至7年有期徒刑作为掩饰、隐瞒毒赃性质、来源罪的法定刑幅度，因与包庇反革命罪犯罪之外普通罪犯的法定刑幅度相同而具有合理性。既然如此，1997年刑法在删除包庇反革命罪犯与普通罪犯的法定刑幅度轻重之别的同时，将洗钱罪的法定刑幅度上限提高至10年有期徒刑，使作为毒品罪等之包庇行为的此罪的法定刑幅度上限同于修改后的包庇罪，明显地符合同罪同刑的规定，因而也具有其合理性。

以拘役至 7 年有期徒刑为法定刑幅度的犯罪是 1997 年刑法新设的高利转贷罪。此罪在客观上表现为从金融机构低息贷进再以高利贷出，从中赚取利差，其危害在于破坏国家信贷管理秩序。此罪不具有非法占有贷款的目的，不致给国家或金融机构造成重大经济损失，因而严重性远轻于贷款诈骗罪。同时，正由于此罪虽是一种违法贷款行为，但不至于直接造成重大经济损失，其严重性又轻于以造成较大或重大损失为构成犯罪之前提的违法向关系人发放贷款罪与违法发放贷款罪等。以拘役至 7 年有期徒刑作为高利转贷罪的法定刑幅度，不但远轻于贷款诈骗罪之已然的法定刑幅度上限、轻于违法发放贷款罪等已然的法定刑幅度上限，而且远轻于贷款诈骗罪之应然的合理法定刑幅度上限、轻于违法发放贷款罪之应然的合理法定刑幅度上限，符合轻罪轻刑序的相应性规定，具有其合理性。

以拘役至 5 年有期徒刑为法定刑幅度的犯罪是擅自发行股票、公司、企业债券罪，编造并传播证券交易虚假信息罪，操纵证券交易价格罪与逃汇罪。其中，擅自发行股票、公司、企业债券罪的罪名是特别刑法规定的非法发行股票、公司、企业债券罪的扩张沿用。前章已述，以拘役至 5 年有期徒刑为此罪的法定刑幅度，具有其合理性。1997 年刑法仍沿用这一法定刑幅度，因而仍是一种合理选择。编造并传播证券交易信息罪与操纵证券交易价格罪均是 1997 年刑法所新设的种罪，其危害在于扰乱证券交易秩序。正由于此二罪的危害仅在于扰乱证券交易秩序，而不表现为直接给国家利益造成重大损失，其严重性轻于直接给国家利益造成重大损失的非法发放贷款等罪，属破坏金融管理秩序类罪中轻罪之列。以拘役至 5 年有期徒刑作为此二罪的法定刑幅度，符合轻罪轻刑序的相应性规定，具有其合理性。逃汇罪系由特别刑法中的逃汇、套汇罪修改而来，此罪是一种单位犯罪，其危害的是国家外汇管理秩序。正由于此罪的主体是单位而不是个人，且其危害仅表现为破坏国家外汇管理秩序，而不以造成严重经济损失为必要，因此，其属破坏金融管理秩序罪中的轻罪。以拘役至 5 年有期徒刑为此罪的法定刑幅度，符合轻罪轻刑的序的相应性规定，具有其合理性。

五、金融诈骗罪法定刑幅度评价

1997 年刑法共确认了 8 种金融诈骗罪。其中，有 4 种以拘役至死刑为法定刑幅度，3 种以拘役至无期徒刑为法定刑幅度，1 种以拘役至 15 年有期徒刑为法定刑幅度。

以拘役至死刑为法定刑幅度的犯罪是集资诈骗罪、票据诈骗罪、金融凭证诈骗罪与信用证诈骗罪。此4种罪从罪名到法定刑幅度均是对特别刑法有关规定的沿用。前章已述，以拘役至死刑作为此4种罪的法定刑幅度，因上限不符合死刑的等价分配规定而不具有基的相应性。1997年刑法仍以死刑作为此4罪的法定刑幅度上限，其因基的不相应性所表现的不合理性显而易见，不需赘述。

以拘役至无期徒刑为法定刑幅度的犯罪是贷款诈骗罪、信用卡诈骗罪与有价证券诈骗罪。此三罪从罪名到法定刑幅度均是对特别刑法有关规定的沿用。前章已述，此三罪的严重性轻于集资诈骗等罪，其法定刑幅度亦应轻于集资诈骗等罪。由于集资诈骗罪等是不应分配死刑的犯罪，其法定刑幅度上限充其量只应为无期徒刑，相应地，严重性轻于集资诈骗罪等的贷款诈骗罪、信用卡诈骗罪与有价证券诈骗罪的法定刑幅度上限充其量只应为轻于无期徒刑的15年有期徒刑，因此，特别刑法以无期徒刑作为此三罪的法定刑幅度，因不合轻罪轻刑的序的相应性而失之过重、不具有合理性。既然如此，1997年刑法仍以无期徒刑作为此三罪的法定刑幅度，其失之过重的不合理性不言自明。

以拘役至15年有期徒刑为法定刑幅度的犯罪是保险诈骗罪。此罪从罪名到法定刑幅度均是对特别刑法中有关规定的沿用。前章已述，此罪的严重性轻于贷款诈骗罪等，以15年有期徒刑作为此罪的法定刑幅度上限，是一种合理的选择。1997年刑法沿用特别刑法的规定，仍以15年有期徒刑作为此罪的法定刑幅度，其合理性不言而喻。

综上所述，1997年刑法所规定的8种金融诈骗罪，除保险诈骗罪的法定刑幅度具有合理性外，其余7种犯罪的法定刑幅度均因上限失之过重而不具有合理性。

六、危害税收征管罪法定刑幅度评价

1997年刑法共确认了12种危害税收征管罪。其中有1种以拘役至死刑为法定刑幅度，1种以管制至死刑为法定刑幅度，2种以拘役至无期徒刑为法定刑幅度，2种以管制至15年有期徒刑为法定刑幅度，3种以拘役至7年有期徒刑为法定刑幅度，2种以管制至7年有期徒刑为法定刑幅度，1种以拘役至5年有期徒刑为法定刑幅度。

以拘役至死刑与以管制至死刑为法定刑幅度的犯罪分别是虚开增值税专用发票、用于骗取出口退税、抵扣税款发票罪与伪造、出售伪造的增值税专用发票罪。此二罪的罪名与法定刑幅度基本上都是对特别刑法有关规定的沿用。前章已述，特别刑法以死刑作为此二罪的法定刑幅度上限，因不符合死刑的等价分配规定而不具有基的相应性，因而失之过重而不合理。1997年刑法仍以死刑作为此二罪的法定刑幅度上限，其失之过重的不合理性依旧存在。

以拘役至无期徒刑为法定刑幅度的犯罪是骗取出口退税罪与非法出售增值税专用发票罪。

骗取出口退税罪是由特别刑法中作为单位犯罪的骗取出口退税罪修改、补充而来，其法定刑幅度作了重新规定。其主体已不再以单位为限，而且包括个人。因此，1997年刑法中的骗取出口退税罪的严重性与诈骗罪大致相当。既然如此，此罪的法定刑幅度应与诈骗罪的法定刑幅度相当才具有同罪同刑序的相应性。1997年刑法以拘役至无期徒刑作为骗取出口退税罪的法定刑幅度，因与诈骗罪的法定刑幅度大致相当而符合同罪同刑的序的相应性规定。然而，本编第二章已述，诈骗罪以无期徒刑为法定刑幅度上限因失之过重而不具有合理性。既然如此，以无期徒刑作为严重性与诈骗罪相当的骗取出口退税罪的法定刑幅度上限，便同样因失之过重而不具有合理性。

非法出售增值税专用发票罪，从罪名到法定刑幅度均是对特别刑法有关规定的沿用。前章已述，以无期徒刑作为此罪的法定刑幅度上限因失之过重而不具有合理性。既然如此，1997年刑法仍以无期徒刑作为此罪的法定刑幅度上限，其不合理性依旧存在。

以管制至15年有期徒刑为法定刑幅度的犯罪是非法制造、出售非法制造的用于骗取出口退税、抵扣税款发票罪与非法出售用于骗取出口退税、抵扣税款发票罪。此二罪的罪名与法定刑幅度均是对特别刑法有关规定的沿用。前章已述，以15年有期徒刑作为此二罪的法定刑幅度上限因失之过重而不具有合理性。相应地，1997年刑法对特别刑法有关此二罪法定刑幅度的沿用，也不具有合理性。

以拘役至7年有期徒刑为法定刑幅度的犯罪是偷税罪、抗税罪与逃避追缴欠税罪，以管制至7年有期徒刑为法定刑幅度的犯罪是非法制造、出售非法制造的发票罪与非法出售发票罪，以管制至5年有期徒刑为法定刑幅度的犯罪是非法购买增值税专用发票、购买伪造的增值税专用发票罪。此六罪除逃避追缴欠税罪系新设之罪外，其余5种罪从罪名到法定刑幅度基本上均是对特别刑法有关规定的沿用，其法定刑幅度之合理性前章已述，不需赘述。逃避追缴欠税罪，与偷税罪一样，表现为拒不交纳应交税款，因此，两者的严重性相当。以拘役至7年有期徒刑作为逃避追缴欠税罪的法定刑幅度，与偷税罪的法定刑幅度相同，符合配刑的序的相应性规定，具有其合理性。

综上所述，1997年刑法所确认的12种危害税收征管罪中，有6种的法定刑幅度基本上是合理的，但虚开增值税发票、用于骗取出口退税、抵扣税款发票罪，伪造、出售伪造的增值税专用发票罪，骗取出口退税罪，非法出售增值税专用发票罪，非法制造、出售非法制造的用于骗取出口退税、抵扣税款发票罪与非法出售用于骗取出口退税、抵扣税款发票罪六罪的法定刑幅度因失之过重而不具有合理性。

七、侵犯知识产权罪法定刑幅度评价

1997年刑法共确认了7种侵犯知识产权罪。其中，有4种以拘役至7年有期徒刑为法定刑幅度，1种以管制至7年有期徒刑为法定刑幅度，2种以拘役至7年有期徒刑为法定刑幅度。

以拘役至7年有期徒刑为法定刑幅度的犯罪是假冒注册商标罪、销售假冒注册商标的商品罪、侵犯著作权罪与侵犯商业秘密罪，以管制至7年有期徒刑为法定刑幅度的犯罪是非法制造、销售非法制造的注册商标标识罪。此5种罪除侵犯商业秘密罪系新增之罪外，其他4种罪的罪名与法定刑幅度均基本上是对特别刑法有关规定的沿用，其法定刑幅度的合理性前章已述，不需赘述。侵犯商业秘密罪以因侵犯商业秘密而给商业秘密权利人造成重大损失为构成前提，因而与假冒他人注册商标罪等一样，构成严重侵犯知识产权的种罪。以拘役至7年有期徒刑作为侵犯商业秘密罪的法定刑幅度，既使其居侵犯知识产权罪法定刑幅度重者之列，又与假冒注册商标罪等的法定刑幅度相同，符合重罪重刑、同罪同刑的配刑序的相应性规定，具有其合理性。

以拘役至3年有期徒刑为法定刑幅度的犯罪是假冒专利罪与销售侵权复制品罪。销售侵权复制品罪，在特别刑法中，以拘役至5年有期徒刑为法定刑幅度。前章已述，这一法定刑幅度基本上是合理的。1997年刑法在沿用此罪名的同时，将其法定刑幅度调整为拘役至3年有期徒刑，更明显地突出了此罪严重性轻于侵犯著作权罪的严重性，同样是一种合理的选择。假冒专利罪是1997年刑法新设的种罪。① 假冒专利与假冒商标、侵犯著作权给权利人所可能造成的客观危害大致相当。但是，一方面，专利的流通面小，不如商标与著作的流通面广，相应地，假冒专利不如假冒商标或侵犯著作权常见，因此，假冒专利罪的预防需要小于假冒商标罪与侵犯著作权罪，因而严重性轻于后二者。据此，以拘役至3年有期徒刑作为假冒专利罪的法定刑幅度，因轻于假冒商标

---

① 此罪在《专利法》中规定比照假冒商标罪处罚。

罪与侵犯著作权罪的法定刑幅度而符合轻罪轻刑序的相应性规定,具有其合理性。

综上所述,1997年刑法所确认的诸种侵犯知识产权罪的法定刑幅度均具有其合理性。

八、扰乱市场管理秩序罪法定刑幅度评价

1997年刑法共确认了12种扰乱市场管理秩序罪。其中,有1种以拘役至无期徒刑为法定刑幅度,1种以拘役至15年有期徒刑为法定刑幅度,1种以拘役至10年有期徒刑为法定刑幅度,1种以拘役至7年有期徒刑为法定刑幅度,1种以管制至7年有期徒刑为法定刑幅度,4种以拘役至3年有期徒刑为法定刑幅度,1种以管制至3年有期徒刑为法定刑幅度,2种以拘役至2年有期徒刑为法定刑幅度。

以拘役至无期徒刑为法定刑幅度的犯罪是1997年刑法所新设的合同诈骗罪。此罪与普通诈骗罪只是表现形式不同,在客观危害上并无殊异。因此,合同诈骗的严重性与诈骗罪大致相当。相应地,以拘役至无期徒刑作为合同诈骗罪的法定刑幅度,与以无期徒刑作为诈骗罪的法定刑幅度上限一样,因失之过重而不具有合理性。

以拘役至15年有期徒刑为法定刑幅度的犯罪是非法经营罪。此罪的罪名是由1979年刑法中的投机倒把罪分解而来。本编第二章已述,1979年刑法以10年有期徒刑作为投机倒把罪的法定刑幅度上限,失之过轻,前章已述,特别刑法以死刑作为投机倒把罪的法定刑幅度上限,失之过重。1997年刑法所确认的非法营业罪是已将生产、销售有毒、有害食品、伪造、虚开增值税发票等原属投机倒把罪的严重犯罪单立罪名后所余的严重性相对较轻的犯罪行为。以15年有期徒刑作为非法经营罪的法定刑幅度,既避免了1979年刑法以10年有期徒刑作为投机倒把罪法定刑幅度上限失之过轻的不合理性,又避免了特别刑法以死刑作为投机倒把罪法定刑幅度上限不合死刑的等价分配规定的基的不相应性,而且轻于作为严重性重于此罪的生产、销售有毒、有害食品罪、伪造、虚开增值税发票罪等罪之应然的合理法定刑幅度上限的无期徒刑,符合配刑轻罪轻刑的序的相应性规定。因此,以拘役至15年有期徒刑作为非法经营罪的法定刑幅度,是一种合理的选择。

以拘役至10年有期徒刑为法定刑幅度的犯罪是中介组织人员提供虚假证明文件罪。此罪的罪名是由特别刑法规定的提供虚假的资产评估、验资、验证、审计证明文件罪修改而来。前章已述,特别刑法以拘役至5年有期徒刑作

为此罪的法定刑幅度,具有其合理性。1997年刑法将此罪的法定刑幅度增加5年至10年有期徒刑一格,同样具有其合理性。这是因为,特别刑法未将索取或收受贿赂作为此罪的严重性的评价根据,而1997年刑法将此予以补充规定,使此罪的法定严重性上限加重,相应地,加重此罪的法定刑幅度,使法定刑幅度上限与犯罪的严重性上限相对应,符合配刑序的相应性规定。

以拘役至7年有期徒刑为法定刑幅度的犯罪是非法转让、倒卖土地使用权罪,以管制至7年有期徒刑为法定刑幅度的犯罪是伪造、倒卖伪造的有价票证罪。非法转让、倒卖土地使用权罪是1997年刑法新增的种罪。土地是一种不动产,非法转让、倒卖的土地使用权因而具有可恢复性,因此,非法转让、倒卖土地使用权罪的危害基本上只限于对土地管理秩序的侵害,一般不致造成不可挽回的重大损失。这便决定了此罪的严重性较轻。以拘役至7年有期徒刑作为此罪的法定刑幅度,符合轻罪轻刑的序的相应性规定,具有其合理性。伪造、倒卖伪造的有价票证罪的罪名系由1979年刑法中的伪造有价票证罪修改扩张而来,其法定刑幅度基本上是对1979年刑法规定的沿用。本编第二章已述,1979年刑法以拘役至7年有期徒刑作为伪造有价票证罪的法定刑幅度,具有其合理性。1997年刑法以管制至7年有期徒刑作为伪造、倒卖伪造的有价票证罪的法定刑幅度,变动不大,因而仍是一种合理的选择。

以拘役至3年有期徒刑为法定刑幅度的犯罪是作为新增之罪的串通投标罪、强迫交易罪、中介人员出具证明文件重大失实罪与逃避商检罪,以管制至3年有期徒刑为法定刑幅度的犯罪是倒卖车票、船票罪。串通投标罪是投标活动中投标人相互串通报价损害其他投标人或招标人利益的行为,强迫交易罪是强买强卖商品、强迫他人提供服务或强迫他人接受服务的行为。此二罪均属违背正当竞争、公平交易的犯罪,其危害面有限,可能给他人造成的损害不太大,因而属于轻微的扰乱市场秩序罪,以拘役至3年有期徒刑作为此二罪的法定刑幅度,具有轻罪轻刑的相应性。倒卖车票、船票罪的严重性明显地在伪造、倒卖伪造的车票、船票等有价票证之下。以管制至3年有期徒刑为其法定刑幅度,轻于较之此罪严重的伪造、倒卖伪造的有价票证罪的法定刑幅度,符合序的相应性规定,具有其合理性。中介组织出具证明文件重大失实罪是过失犯罪,因而属绝对意义上的轻罪之列,且其危害不可能表现为致人死伤,因而严重性又轻于重大过失犯罪,以拘役至3年有期徒刑作为其法定刑幅度,既属绝对意义上的轻刑之列,具有基的相应性,又轻于重大责任事故、过失致人死亡等严重过失犯罪的法定刑幅度,具有序的相应性,因而具有合理性。逃避商检罪是违反商品进出口检验规定,将应予报检的商品不予报检即进、出口的行为。一方面,此罪是一种不作为犯罪;另一方面,此罪的故意一般只限于对商检秩序的侵害，对可能导致严重经济损失往往只是过失，因此，此罪也只是一种轻罪。以拘役至有期徒刑作为其法定刑幅度，符合轻罪轻刑的相应性规定，具有其合理性。

以拘役至 2 年有期徒刑为法定刑幅度的犯罪是 1997 年刑法所新设的损害商业信誉、商品声誉罪与虚假广告罪。损害商业信誉、商品声誉之对他人利益的损害不如假冒注册商标、专利等直接，其严重性因而轻于假冒注册商标罪与假冒专利罪而居最轻的扰乱市场管理秩序罪之列，以拘役至 2 年有期徒刑为其法定刑幅度，既轻于假冒注册商标罪与假冒专利罪的法定刑幅度，又属扰乱市场管理秩序罪中的最轻刑，符合罪轻刑轻、最轻的犯罪刑最轻的相应性规定，具有合理性。虚假广告罪的危害仅限于侵害广告管理秩序、以不实的广告推销产品，损害消费者利益，而不包括利用假广告行骗，否则，便应以诈骗罪论处。因此，此罪的严重性轻微。以拘役至 2 年有期徒刑为其法定刑幅度，同样具有轻罪轻刑的序的相应性，因而有其合理性。

综上所述，在扰乱市场管理秩序罪中，除合同诈骗罪因以无期徒刑为法定刑幅度上限失之过重不具有合理性外，其他种罪的法定刑幅度均基本上是合理的。

第五节 侵犯财产类罪法定刑幅度评价

1997 年刑法共确认了 12 种侵犯财产罪。其中，有 1 种以 3 年有期徒刑至死刑为法定刑幅度，1 种以管制至死刑为法定刑幅度，2 种以管制至无期徒刑为法定刑幅度，1 种以拘役至 15 年有期徒刑为法定刑幅度，1 种以拘役至 10 年有期徒刑为法定刑幅度，2 种以管制至 10 年有期徒刑为法定刑幅度，2 种以拘役至 7 年有期徒刑为法定刑幅度，1 种以管制至 7 年有期徒刑为法定刑幅度，1 种以拘役至 5 年有期徒刑为法定刑幅度。

以 3 年有期徒刑至死刑为法定刑幅度的犯罪是抢劫罪，以管制至死刑为法定刑幅度的犯罪是盗窃罪。此二罪的罪名是对 1979 年刑法有关规定的沿用，其法定刑幅度则沿用了 1979 年刑法与特别刑法的有关规定。本编第二章、第三章已述，以死刑作为抢劫罪的法定刑幅度上限不合死刑的等价分配规定，不具有基的相应性。以无期徒刑作为盗窃罪的法定刑幅度上限因与严重性重于盗窃罪的抢劫罪应然的合理法定刑幅度上限相同而不具有序的相应性，以死刑作为盗窃罪的法定刑幅度上限，既不具有基的相应性又不具有序的相应性。既然如此，1997 年刑法沿用 1979 年刑法与特别刑法的规定，以死刑作为抢劫罪与盗窃罪的法定刑幅度上限，便明显地失之过重而不具有合理性。

以管制至无期徒刑为法定刑幅度的犯罪是抢夺罪与诈骗罪。此二罪的罪名与法定刑幅度均是对 1979 年刑法有关规定的沿用。本编第二章已述，以无期徒刑作为此二罪的法定刑幅度上限因与抢劫罪之应然的合理法定刑幅度上限相同、不能体现轻罪轻刑序的相应性规定而不具有合理性。1997 年刑法仍以无期徒刑作为此 2 罪的法定刑幅度上限，其不合理性不言而喻。

以拘役至 15 年有期徒刑为法定刑幅度的犯罪是职务侵占罪。此罪从罪名到法定刑幅度均是对特别刑法有关规定的沿用。前章已述，以拘役至 15 年有期徒刑为职务侵占罪的法定刑幅度，因轻于严重性重于此罪的抢劫罪应然的合理法定刑幅度上限、相当于严重性与此罪相当的盗窃罪应然的合理法定刑幅度上限而具有合理性。1997 年刑法沿用特别刑法的有关规定，仍以拘役至 15 年有期徒刑作为此罪的法定刑幅度，是一种合理的选择。

以拘役至 10 年有期徒刑为法定刑幅度的犯罪是挪用资金罪，以管制至 10 年有期徒刑为法定刑幅度的犯罪是聚众哄抢罪与敲诈勒索罪。挪用资金罪的罪名是对特别刑法挪用公司资金不还罪与挪用公司资金罪的合并。前章已述，特别刑法以拘役至 15 年有期徒刑作为挪用公司资金不还罪的法定刑幅度，因上限失之过重而不具有合理性，以拘役至 3 年有期徒刑作为挪用公司资金罪的法定刑幅度具有其合理性。1997 年刑法将此二罪合并，以拘役至 10 年有期徒刑为挪用资金罪的法定刑幅度，实际上是在挪用公司资金罪的法定刑幅度上增加了 3 年至 10 年有期徒刑一格，既适应了新组合的挪用资金罪严重性重于原有挪用公司资金罪、轻于职务侵占罪的序，又避免了以 15 年有期徒刑作为此罪的法定刑幅度上限所不具有序的相应性，具有其合理性。因此，以拘役至 10 年有期徒刑作为挪用资金罪的法定刑幅度，仍因上限过重而不具有合理性。聚众哄抢罪是 1997 年刑法所增设的一种罪。此罪的客观危害与抢夺罪大致相当，但不如抢夺罪常见，其预防需要小于抢夺罪，因而严重性轻于抢夺罪。以管制至 10 年有期徒刑作为聚众哄抢罪的法定刑幅度，上限轻于作为抢夺罪之应然的合理法定刑幅度上限的 15 年有期徒刑，具有序的相应性，因而是合理的。敲诈勒索罪的罪名是对 1979 年刑法有关规定的沿用。本编第二章已述，1979 年刑法以拘役至 7 年有期徒刑作为敲诈勒索罪的法定刑幅度，具有其合理性。1997 年刑法根据此罪发案率上升、预防需要增大而将其法定刑幅度上限加重至 10 年有期徒刑，同样是一种合理的选择。因为这种根据预防需要增大而对法定刑幅度的加重是有节制的，加重后的法定刑幅度上限仍轻于作为盗窃、抢夺、诈骗罪之应然的合理法定刑幅度上限的 15 年有期徒刑，仍然符合轻罪轻刑的序的相应性规定。

以拘役至 7 年有期徒刑为法定刑幅度的犯罪是挪用特定款物罪与故意毁坏

公私财物罪,以管制至 7 年有期徒刑为法定刑幅度的犯罪是破坏生产经营罪。挪用特定款物罪的罪名与法定刑幅度均是对 1979 年刑法有关规定的沿用。其法定刑幅度的合理性本编第二章已述,在此不赘。故意毁坏公私财物罪的罪名是对 1979 年刑法有关规定的沿用。前章已述,1979 年刑法以拘役至 3 年有期徒刑作为此罪的法定刑幅度具有其合理性。1997 年刑法将此罪的法定刑幅度上限加重至 7 年有期徒刑,加重后的法定刑幅度仍轻于以占有为目的的敲诈勒索罪等的法定刑幅度,且仍属类罪中法定刑幅度最轻者之列,不存在因加重而导致序的不相应之问题,因而仍是一种合理的选择。破坏生产经营罪的罪名系由 1979 年刑法中的破坏集体生产罪修改而来。法定刑幅度基本上是对 1979 年刑法有关规定的沿用。前章已述,1979 年刑法以拘役至 7 年有期徒刑作为此罪的法定刑幅度,具有合理性。1997 年刑法除将此罪的法定刑幅度下限降至管制,未作变动,因而仍是一种合理的选择。

  以拘役至 5 年有期徒刑为法定刑幅度的犯罪是 1997 年刑法新设的侵占罪。此罪以代为保管的他人财物为侵占对象。而一方面,代为保管的他人财物数额通常不可能特别巨大,对其的侵占的危害结果一般小于职务侵占罪;另一方面,侵占罪不如职务侵占罪常见,预防需要小于职务侵占罪。这就决定了侵占罪的严重性轻于职务侵占罪。以拘役至 5 年有期徒刑作为侵占罪的法定刑幅度,既与此罪的严重性上限不重相对应,具有基的相应性,又轻于职务侵占罪的法定刑幅度,具有序的相应性,因而是一种合理的选择。

  综上所述,在侵犯财产类罪中,抢劫罪、盗窃罪、抢夺罪、诈骗罪与挪用资金罪的法定刑幅度因上限失之过重而不具有合理性。除此之外的其他诸种罪的法定刑幅度基本上是合理的。

第六节　妨害社会管理秩序类罪法定刑幅度评价

  1997 年刑法共确认了 119 种妨害社会管理秩序罪,并将其具体归为 9 类。现依类将诸种罪法定刑幅度的正当性评价如下:

一、扰乱公共秩序罪法定刑幅度评价

  1997 年刑法共确认了 35 种扰乱公共秩序罪。其中,有 1 种以管制至死刑为法定刑幅度,2 种以 3 年至 15 年有期徒刑为法定刑幅度,1 种以拘役至 15 年有期徒刑为法定刑幅度,1 种以 3 年至 10 年有期徒刑为法定刑幅度,1 种以拘役至 10 年有期徒刑为法定刑幅度,6 种以管制至 10 年有期徒刑为法定刑幅

度，4种以管制至7年有期徒刑为法定刑幅度，6种以管制至5年有期徒刑为法定刑幅度，10种以管制至3年有期徒刑为法定刑幅度，1种以拘役至3年有期徒刑为法定刑幅度，1种以拘役至2年有期徒刑为法定刑幅度，1种以管制至2年有期徒刑为法定刑幅度。

以管制至死刑为法定刑幅度的犯罪是传授犯罪方法罪。此罪的罪名与法定刑幅度都是对特别刑法有关规定的沿用，但法定刑幅度下限有所降低。前章已述，特别刑法以3年有期徒刑至死刑作为传授犯罪方法罪的法定刑幅度，因上、下限均失之过重而不具有合理性。1997年刑法虽然将此罪的法定刑幅度降至管制，避免了下限过重的不合理性，但仍以死刑作为此罪的法定刑幅度上限，因而仍然失之过重而不具有合理性。

以3年至15年有期徒刑为法定刑幅度的犯罪是组织、利用会道门、邪教组织、利用迷信破坏法律实施罪与组织、利用会道门、邪教组织、利用迷信致人死亡罪。组织、利用会道门、邪教组织、利用迷信破坏法律实施罪的罪名与法定刑幅度系由1979年刑法中的组织、利用封建迷信、会道门进行反革命活动罪修改而来。本编第二章已述，1979年刑法以管制至15年有期徒刑作为组织、利用封建迷信、会道门进行反革命活动罪的法定刑幅度具有其合理性，第三章已述，特别刑法将此罪的法定刑幅度上限加重至死刑不具有合理性。1997年刑法将由此修改而来的组织利用会道门、邪教组织、利用迷信破坏法律实施的法定刑幅度上限减轻恢复至15年有期徒刑，是一种合理的选择，但将其法定刑幅度下降提高至3年有期徒刑却明显失之过重、不具有合理性。组织、利用会道门、邪教组织、利用迷信致人死亡罪是1997年刑法新设之罪，取代了1979年刑法中的神汉、巫婆造谣、诈骗罪。此罪以组织利用会道门、邪教组织或利用封建迷信蒙骗他人、使之死亡为特点，就骗人致死而言，其危害严重，而就其致人死亡的手段而言，既非暴力，又非直接杀人：死亡的终极原因是受害人的自杀行为，因此，此罪的严重性远轻于故意杀人。以3年至15年有期徒刑为此罪的法定刑幅度，上限低于故意杀人罪的法定刑幅度，符合轻罪轻刑序的相应性规定，具有合理性，但下限与故意杀人罪的下限相同，不具有合理性。

以拘役至15年有期徒刑为法定刑幅度的犯罪是破坏计算机信息系统罪。此罪的危害在于直接破坏计算机信息系统的功能，间接导致使用计算机领域的工作、生产、管理等活动混乱与重大经济损失，因此，此罪是一种较严重的扰乱公共秩序罪。以拘役至15年有期徒刑作为此罪的法定刑幅度，使之居类罪法定刑幅度重者之列，符合重罪重刑序的相应性规定，具有合理性。

以3年至10年有期徒刑为法定刑幅度的犯罪是入境发展黑社会组织罪。

此罪系1997年刑法新增之罪。入境发展黑社会组织，与组织黑社会组织的危害无异，严重性相当，以3年至10年有期徒刑作为入境发展黑社会组织罪的法定刑幅度，与组织、领导和积极参加黑社会性质组织的法定刑幅度相当，符合同罪同刑序的相应性规定，具有合理性。

以拘役至10年有期徒刑为法定刑幅度的犯罪是包庇、纵容黑社会性质组织罪，以管制至10年有期徒刑为法定刑幅度的犯罪是招摇撞骗罪，伪造、变造、买卖国家机关公文、证件、印章罪，盗窃、抢夺、毁灭国家机关公文、证件、印章罪，聚众冲击国家机关罪，聚众斗殴罪与组织、领导、参加黑社会性质组织罪。

招摇撞骗罪，伪造、变造、买卖国家机关公文、证件、印章罪与盗窃、抢夺、毁坏国家机关公文、证件、印章罪的罪名均是对1979年刑法有关规定的沿用与扩张，其法定刑幅度均是对1979年刑法有关规定的沿用。本编第二章已述，1979年刑法以管制至10年有期徒刑作为招摇撞骗罪，伪造、变造或盗窃、抢夺、毁坏国家机关公文、证件、印章罪的法定刑幅度，具有合理性。1997年刑法对相应罪名沿用1979年刑法有关法定刑幅度的规定，同样是一种合理的选择。

包庇、纵容黑社会性质组织罪与组织、领导、参加黑社会性质组织罪是1997年刑法新增之罪。黑社会性质组织与恐怖组织一样，其危害在于其存在本身构成对社会安宁的危险，而不包括其实施的其他犯罪行为，因为其所实施的其他犯罪行为应单论、并罚。因此，组织、领导、参加黑社会性质组织罪的严重性与组织、领导参加恐怖组织罪相当。以管制至10年有期徒刑作为组织、领导、参加黑社会性质组织罪的法定刑幅度，与组织、领导、参加恐怖组织罪的法定刑幅度相同，符合同罪同刑序的相应性规定，具有其合理性。包庇、纵容黑社会性质组织罪，与包庇、窝藏罪只有表现形式之异而无危害大小之别，其危害均在于使犯罪人不受刑事追究，因此，二者的严重性相当。以拘役至10年有期徒刑作为包庇、纵容黑社会性质组织罪的法定刑幅度，因与窝藏、包庇罪的法定刑幅度大致相当而具有同罪同刑序的相应性，可以认为是一种合理的选择。

聚众冲击国家机关罪是从1979年刑法中的扰乱社会秩序罪中分立而来。本编第二章已述，1979年刑法以管制至5年有期徒刑为扰乱社会秩序罪的法定刑幅度，具有合理性。1997年刑法将聚众冲击国家机关的行为从扰乱社会秩序罪中分离而单列为一种犯罪，提高其法定刑幅度，具有合理性。因为国家机关的地位决定了其正常活动的意义大于其他机构的活动的意义，冲击国家机关的严重性重于扰乱其他机构的活动的严重性。

聚众斗殴罪是从1979年刑法中的流氓罪分解而来的一种犯罪。本编第一章已述，以管制至15年有期徒刑作为流氓罪的法定刑幅度，具有合理性，第三章已述，以死刑作为流氓罪的法定刑幅度上限因失之过重而不具有合理性。1997年刑法将从流氓罪中分解而来的聚众斗殴罪的法定刑幅度规定为管制至10年有期徒刑，具有明显的合理性。这是因为，其不但减轻了特别刑法所确定的法定刑幅度上限，避免了死刑的不等价分配，而且，将此罪的法定刑幅度上限确定为10年有期徒刑，相对1979年刑法的规定将此罪的法定刑幅度上限减轻了5年有期徒刑，适应了新设的聚众斗殴罪因不存在集团犯罪的首要分子这一加重情节而减轻了的严重性上限，使法定刑幅度上限与聚众斗殴罪的严重性上限实现了基的相适应。另外，聚众斗殴具有暴力性，虽然在致人重伤、死亡的情况下应单论、并罚，但包括致人轻伤的因素，其可能给社会秩序造成的混乱、所生的社会影响的恶劣程度，均可能大于聚众扰乱公共场所秩序、交通秩序罪与聚众扰乱社会秩序罪，且其发案率也高于后二罪，因此，聚众斗殴罪的客观危害与预防需要均大于聚众扰乱公共场所秩序罪、交通秩序罪与聚众扰乱社会秩序罪，其严重性因而重于后二罪。以管制至10年有期徒刑作为聚众斗殴罪的法定刑幅度，因上限高于聚众扰乱公共场所秩序、交通秩序罪等的法定刑幅度上限而符合重罪重刑的配刑的序的相应性规定，具有其合理性。

以管制至7年有期徒刑为法定刑幅度的犯罪是煽动暴力抗拒法律实施罪，伪造、变造居民身份证罪，非法获取国家秘密罪与聚众扰乱社会秩序罪。

煽动暴力抗拒法律实施罪是由1979年刑法中的反革命宣传煽动罪分解而来。此罪之煽动的内容仅限于暴力抗拒法律的实施，严重性显然轻于同样从反革命宣传煽动罪中分立的煽动分裂国家罪与煽动颠覆政权罪。以管制至7年有期徒刑作为煽动暴力抗拒法律实施罪的法定刑幅度，因上限轻于煽动分裂国家罪与煽动颠覆政权罪的法定刑幅度而符合轻罪轻刑序的相应性规定，具有其合理性。

伪造、变造居民身份证罪系1997年刑法所新增之罪。居民身份证的意义与作用远小于国家机关公文、证件、印章的意义与作用，这是不言自明之理。受制于此，伪造、变造居民身份证罪的严重性轻于伪造、变造国家机关公文、证件、印章罪。以管制至7年有期徒刑作为伪造、变造居民身份证罪的法定刑幅度，轻于伪造、变造国家机关公文、证件、印章罪的法定刑幅度，符合轻罪轻刑的配刑序的相应性规定，具有合理性。

非法获取国家秘密罪，系1997年刑法新增之罪，此罪的行为方式仅限于获取国家秘密而不涉及向境外提供，即使扩散也仅限于境内，其危害因而小于为境外窃取、刺探、收买、提供国家秘密罪。另外，非法获取国家秘密罪系故意泄露国家秘密罪的对偶犯,其可能造成的危害与故意泄露国家秘密罪的危害大致相当,因此,二者的严重性大致相同。以管制至7年有期徒刑作为非法获取国家秘密罪,远轻于为境外窃取、刺探、收买、提供国家秘密罪之已然的或应然的法定刑幅度,又与故意泄露国家秘密罪的法定刑幅度相当,符合轻罪轻刑、同罪同刑的配刑理性规定,具有其合理性。

聚众扰乱社会秩序罪系由1979年刑法中的扰乱社会秩序罪修改而来。本编第二章已述,聚众扰乱社会秩序罪的严重性与聚众扰乱公共场所秩序、交通秩序罪的严重性大致相当,1979年刑法同以管制至5年有期徒刑作为此二罪的法定刑幅度,具有序的相应性,因而是合理的。1997年刑法在将作为扰乱社会秩序之最严重表现的聚众冲击国家机关行为单立罪名、加重法定刑幅度后,聚众扰乱社会秩序罪的严重性上限相对于1979年刑法中包括聚众冲击国家机关在内的扰乱社会秩序罪的严重性上限并未加重,而1997年刑法却将其法定刑幅度上限提高至7年有期徒刑,以致聚众扰乱社会秩序罪的法定刑幅度重于严重性并不较之为轻的聚众扰乱公共场所秩序、交通秩序罪,从而表现为同罪异罚、轻罪重刑,不符合配刑的序的相应性规定,不具有合理性。

以管制至5年有期徒刑为法定刑幅度的犯罪是聚众扰乱公共场所秩序、交通秩序罪,寻衅滋事罪,非法集会、游行、示威罪,破坏集会、游行、示威罪,聚众淫乱罪与引诱未成年人聚众淫乱罪。

聚众扰乱公共场所秩序、交通秩序罪从罪名到法定刑幅度都是对1979年刑法有关规定的沿用,其法定刑幅度的合理性本章第一节已述,不需赘述。寻衅滋事罪、聚众淫乱罪与引诱未成年人聚众淫乱罪均是从1979年刑法中的流氓罪分解而来。寻衅滋事不具有暴力性,聚众淫乱与引诱未成年人聚众淫乱罪一般不具有公然性,因此,此三罪可能的不良影响不如同从流氓罪中分解而生的聚众斗殴罪恶劣,其严重性轻于聚众斗殴罪。以管制至5年有期徒刑作为聚众斗殴罪、聚众淫乱罪与引诱未成年人聚众淫乱罪,符合轻罪轻刑的序的相应性规定,具有其合理性。

非法集会、游行、示威罪与破坏集会、游行、示威罪,均是1997年刑法新设之罪。此二罪均是违反集会、游行、示威法规、破坏集会、游行、示威管理秩序的行为,因而严重性大致相当。同时,由于集会、游行、示威具有公开性,因此,非法集会、游行、示威罪与破坏集会、游行、示威罪的危害主要表现为对公共场所管理秩序的破坏。这就决定了此二罪的严重性与聚众扰乱公共场所秩序罪大致相当。以管制至5年有期徒刑作为此二罪的法定刑幅度,与聚众扰乱公共场所秩序罪、交通秩序罪的法定刑幅度相同,具有同罪同刑的序的相应性,因而是一种合理的选择。

以拘役至 3 年有期徒刑为法定刑幅度的犯罪是非法侵入计算机信息系统罪。此罪的危害仅在于非法侵入，而不具有破坏性，不至于造成严重后果或损失，其严重性远轻于破坏计算机信息系统罪的严重性，以管制至 3 年有期徒刑作为非法侵入计算机信息系统罪的法定刑幅度，远轻于破坏计算机信息系统罪，符合轻罪轻刑的序的相应性规定，具有其合理性。

在以管制至 3 年有期徒刑为法定刑幅度的犯罪中，妨害公务罪，侮辱国旗、国徽罪与赌博罪从罪名到法定刑幅度都是对 1979 年刑法或特别刑法有关规定的沿用。其法定刑幅度的合理性本编第二章、第三章已述，在此不赘。除此之外，伪造公司、企业、事业单位、人民团体印章罪，非法生产、销售警用装备罪，非法持有国家秘密、机密文件、资料、物品罪，非法生产、销售间谍专用器材罪，扰乱无线电通讯管理秩序罪，非法携带武器、管制刀具、爆炸物参加集会、游行、示威罪与盗窃、侮辱尸体罪均是 1997 年刑法新增之罪。公司、企业、事业单位、人民团体印章的意义与作用小于国家机关的印章，因此，伪造公司、企业、事业单位、人民团体印章罪的严重性轻于伪造国家机关公文、证件、印章罪。以管制至 3 年有期徒刑作为此罪的法定刑幅度，轻于伪造国家机关公文、证件、印章罪的法定刑幅度，具有序的相应性，因而是合理的。非法持有国家绝密、机密文件、资料、物品罪的严重性轻于非法获取国家秘密罪与故意泄露国家秘密罪，因为前者只是持有状态，而后二者则有积极、主动的获取或泄露行为，其理如同私藏枪支或持有假币的严重性轻于盗窃枪支或出售假币，不需赘述。

以管制至 3 年有期徒刑作为非法持有国家绝密、机密文件、资料、物品罪的法定刑幅度，轻于非法获取国家秘密罪、故意泄露国家秘密罪的法定刑幅度，具有序的相应性，其合理性显而易见。非法携带武器、管制刀具、爆炸物参加集会游行、示威罪的严重性与非法携带武器、管制刀具、爆炸物危及公共安全罪相当。因为集会、游行、示威的场合往往是人数众多的公共场所、携带武器、管制刀具参加集会、游行、示威因而也是一种危及公共安全的行为。因此，以管制至 3 年有期徒刑作为非法携带武器、管制刀具、爆炸物参加集会、游行示威罪的法定刑幅度，因与非法携带此类物品危及公共安全、非法生产、买卖警用装备罪、非法生产、销售间谍专用器材罪、扰乱无线电通讯管理秩序罪、盗窃、侮辱尸体罪均不可能引起直接的严重危害后果或损失，因而属绝对意义上的轻罪。以管制至 3 年有期徒刑作为这些罪的法定刑幅度，具有轻罪轻刑的合理性。

以拘役至 2 年有期徒刑为法定刑幅度的犯罪是故意延误投递邮件罪，以管制至 2 年有期徒刑为法定刑幅度的犯罪是非法使用窃听、窃照专用器材罪。故意延误投递邮件罪的直接危害是延误邮期，间接危害在于导致重大损失。其严重性与私自开拆、隐匿、毁弃邮件、电报罪相当。因为后者也是由邮电工作人员实施，其直接危害在于妨害通信自由，间接危害也可能导致重大损失。因此，以拘役至 2 年有期徒刑作为故意延误投递邮件罪的法定刑幅度，与私自开拆、隐匿、毁弃邮件、电报罪的法定刑幅度相同，符合配刑的序的相应性，具有其合理性。非法使用窃听、窃照专用器材只以非法使用为限，其严重性轻于非法生产、销售间谍专用器材罪。以管制至 2 年有期徒刑作为非法使用窃听、窃照专用器材罪的法定刑幅度，因轻于非法生产、销售间谍专用器材罪的法定刑幅度而具有序的相应性，因而是合理的。

综上所述，在 1997 年刑法所确认的扰乱公共秩序罪中，传授犯罪方法罪、聚众扰乱公共秩序罪的法定刑幅度因上限失之过重而不具有合理性，组织、利用会道门、邪教组织、利用迷信破坏法律实施罪与组织、利用会道门、邪教组织、利用迷信致人死亡罪的法定刑幅度因下限失之过重而不具有合理性。除此之外的其他诸种罪的法定刑幅度均基本上是合理的。

二、妨害司法罪法定刑幅度评价

1997 年刑法共确认了 17 种妨害司法罪。其中，有 2 种以 3 年有期徒刑至死刑为法定刑幅度，1 种以 3 年至 15 年有期徒刑为法定刑幅度，1 种以拘役至 15 年有期徒刑为法定刑幅度，1 种以管制至 10 年有期徒刑为法定刑幅度，4 种以拘役至 7 年有期徒刑为法定刑幅度，1 种以拘役至 5 年有期徒刑为法定刑幅度，1 种以 6 个月至 3 年有期徒刑为法定刑幅度，3 种以拘役至 3 年有期徒刑为法定刑幅度，3 种以管制至 3 年有期徒刑为法定刑幅度。

以 3 年有期徒刑至死刑为法定刑幅度的犯罪是暴动越狱罪与聚众持械劫狱罪。此二罪的罪名系由 1979 年刑法中的组织越狱罪与聚众劫狱罪修改而来，其法定刑幅度则是对 1979 年刑法有关规定的沿用。本编第二章已述，以 3 年有期徒刑至死刑作为组织越狱罪与聚众劫狱罪的法定刑幅度，不符合死刑的等价分配规定而上限失之过重，不具有基的相应性。1997 年刑法仍以死刑作为由此二罪修改而来的暴动越狱罪与聚众持械劫狱罪的法定刑幅度上限，其失之过重的不合理性不言而喻。

以 3 年至 15 年有期徒刑为法定刑幅度的犯罪是劫夺被押解人员罪，以拘役至 15 年有期徒刑为法定刑幅度的犯罪是组织越狱罪。劫夺被押解人员罪劫夺的对象是押解途中被押解人员，其犯罪的地点不是监管机构，且不以聚众持械劫夺为必要要件，因此，其危险性小于聚众持械劫狱罪。以 3 年至 15 年有期徒刑作为劫夺被押解人员罪的法定刑幅度，其上限不但轻于作为聚众持械劫狱罪之已然的法定刑幅度上限的死刑，而且轻于可作为此罪之应然的合理法定刑幅度上限的无期徒刑，符合轻罪轻刑的序的相应性规定，具有其合理性。组织越狱罪不具有规模性的暴力因素，其危险小于暴动越狱罪，因而严重性轻于后者。以拘役至 15 年有期徒刑作为组织越狱罪的法定刑幅度，下限轻于暴动越狱罪的法定刑幅度下限，上限不但轻于作为暴动越狱罪之已然的法定刑幅度上限的死刑，而且轻于可作为其应然的合理法定刑幅度上限的无期徒刑，符合配刑的序的相应性规定，具有其合理性。

以管制至 10 年有期徒刑为法定刑幅度的犯罪是窝藏、包庇罪。此罪从罪名到法定刑幅度均是对 1979 年刑法有关规定的沿用。本编第二章已述，1979 年刑法以管制至 10 年有期徒刑作为窝藏、包庇罪的法定刑幅度，因与严重性重于此罪的私放罪犯罪的法定刑幅度相同而不具有序的相应性，是一种失之过重的不合理选择。1997 年刑法虽然仍沿用了 1979 年刑法所规定的此罪的法定刑幅度，但其同时将私放在押人员罪的法定刑幅度上限提高至 15 年有期徒刑，从而避免了异罪同罚的不相应性。因此，1997 年刑法以管制至 10 年有期徒刑作为窝藏、包庇罪的法定刑幅度，可以认为是一种合理的选择。

以拘役至 7 年有期徒刑为法定刑幅度的犯罪是伪证罪，辩护人、诉讼代理人毁灭证据、伪造证据、妨害作证罪，妨害作证罪与打击报复证人罪，以拘役至 5 年有期徒刑为法定刑幅度的犯罪是脱逃罪。

伪证罪与脱逃罪的罪名与法定刑幅度均是对 1979 年刑法有关规定的沿用。此二罪的法定刑幅度之合理性本编第二章已述，在此不赘。辩护人、诉讼代理人毁灭证据、伪造证据、妨害作证罪、妨害作证罪与打击报复证人罪是 1997 年刑法新增之罪。此三罪与伪证罪一样，均是以干扰取证的方式妨害司法活动的正常进行，因此，此三罪的严重性与伪证罪相当。以拘役至 7 年有期徒刑作为此三罪的法定刑幅度，与伪证罪的法定刑幅度相同，符合同罪同刑的配刑的序的相应性规定，具有其合理性。

以拘役至 3 年有期徒刑为法定刑幅度的犯罪是帮助毁灭、伪造证据罪，非法处置查封、扣押冻结的财产罪，拒不执行判决、裁定罪，以管制至 3 年有期徒刑为法定刑幅度的犯罪是扰乱法庭秩序、拒绝提供间谍犯罪证据罪与窝藏、转移、收购、销售赃物罪的罪名是 1979 年刑法有关规定的修改与扩张，其法定刑幅度则是对 1979 年刑法有关规定的沿用。本编第二章已述，此罪的法定刑幅度具有合理性，在此不赘言。帮助毁灭、伪造证据罪既只是帮助犯，又不存在使用暴力等手段阻碍作证之问题，其严重性轻于妨害作证罪。以拘役至 3 年有期徒刑作为帮助毁灭、伪造证据罪的法定刑幅度，轻于妨害作证罪的法定刑幅度，符合轻罪轻刑的配刑序的相应性规定，具有其合理性。非法处置查封、扣压、冻结的财产罪与拒不执行判决、裁定罪的严重性大致相当，两者均是对司法机关的决定不予执行。以拘役至 3 年有期徒刑作为非法处置查封、扣压、冻结的财产罪的法定刑幅度，与拒不执行判决、裁定罪的法定刑幅度相同，具有同罪同刑的相应性，因而是一种合理的选择。扰乱法庭秩序罪与妨害公务罪的严重性相当。两者均是妨害公务活动的正当进行。以管制至 3 年有期徒刑作为扰乱法庭秩序罪的法定刑幅度，与妨害公务罪的法定刑幅度相同，符合同罪同刑的配刑理性规定，具有其合理性。拒绝提供间谍犯罪证据罪的危害在于使对间谍犯罪的查证难以顺利进行。由于此罪只是一种消极的不作为犯罪，且拒绝提供间谍犯罪以外的犯罪的证据不以犯罪论处，因此，此罪属于绝对意义上的轻罪。以管制至 3 年有期徒刑作为此罪的法定刑幅度，符合轻罪轻刑的配刑理性规定，因而是合理的。

综上所述，1997 年刑法所确认的妨害司法罪中，暴动越狱罪与持械聚众越狱罪的法定刑幅度上限失之过重而不具有合理性。除此之外的其他种罪的法定刑幅度基本上是合理的。

三、妨害国（边）境管理罪法定刑幅度评价

1997 年刑法共确认了 8 种妨害国（边）境管理罪。其中有 1 种以 2 年有期徒刑至无期徒刑为法定刑幅度，2 种以 6 个月至 15 年有期徒刑为法定刑幅度，1 种以管制至 15 年有期有徒刑为法定刑幅度，1 种以 6 个月至 10 年有期徒刑为法定刑幅度，2 种以拘役至 3 年有期徒刑为法定刑幅度，1 种以管制至 1 年有期徒刑为法定刑幅度。

以 2 年有期徒刑至无期徒刑为法定刑幅度的犯罪是组织运送他人偷越国（边）境罪。此罪的罪名与法定刑幅度均是对特别刑法有关规定的沿用。本编第二章已述，特别刑法以 2 年有期徒刑至无期徒刑为组织他人偷越国（边）境罪的法定刑幅度，上、下限均失之过重而不具有合理性。既然如此，1997 年刑法对此罪法定刑幅度的沿用便依然是一种上、下限均失之过重而不合理的选择。

以 6 个月至 15 年有期徒刑为法定刑幅度的犯罪是提供伪造、变造的出入境证件罪与出售出入境证件罪，以管制至 15 年有期徒刑为法定刑幅度的犯罪是运送他人偷越国（边）境罪。此三罪的法定刑幅度均是对特别刑法相应规定的沿用。而本编第二章、第三章已述，以管制至 15 年有期徒刑作为运送他人偷越国（边）境罪的法定刑幅度，上限失之过重，以 6 个月至 15 年有期徒

刑作为提供伪造、变造的出入境证件罪与倒卖出入境证件罪的法定刑幅度上、下限均失之过重。1997年刑法仍沿用特别刑法对相应罪名法定刑幅度的规定，其失之过重的不合理性依然明显。

以6个月至10年有期徒刑为法定刑幅度的犯罪是骗取出境证件罪。此罪的罪名是对特别刑法有关规定的沿用。前章已述，特别刑法以6个月有期徒刑至无期徒刑作为骗取出境证件罪的法定刑幅度，因失之过重而不具有合理性。1997年刑法将骗取出境证件罪的法定刑幅度减轻至以10年有期徒刑为法定刑幅度上限，既避免了此罪的法定刑幅度因与组织他人偷越国（边）境罪的已然或应然的法定刑幅度相同而导致的序的不相应性，又与严重性与此罪相当的提供伪造、变造出境证件罪应然的法定刑幅度相当，因而符合轻罪轻刑配刑的序的相应性规定，具有合理性。

以拘役至3年有期徒刑为法定刑幅度的犯罪是破坏界碑、界桩罪，破坏永久性测量标志罪，以管制至1年有期徒刑为法定刑幅度的犯罪是偷越国（边）境罪。此三罪的罪名与法定刑幅度均是对1979年刑法有关规定的沿用。本编第二章已述，此三罪的法定刑幅度是合理的。相应地，1997年刑法对其的沿用也具有合理性。

综上所述，1997年刑法所确认的组织运送他人偷越国（边）境罪与运送他人偷越国（边）境罪的法定刑幅度因上限失之过重而不具有合理性，提供伪造、变造的出境证件罪与出售出入境证件罪的法定刑幅度因上、下限均失之过重而不具有合理性。

四、妨害文物管理罪法定刑幅度评价

1997年刑法共确认了10种妨害文物管理罪。其中，有2种以管制至死刑为法定刑幅度，2种以拘役至10年有期徒刑为法定刑幅度，3种以拘役至5年有期徒刑为法定刑幅度，3种以拘役至3年有期徒刑为法定刑幅度。

以管制至死刑为法定刑幅度的犯罪是盗掘古文化遗址、古墓葬罪与盗掘古人类化石、古脊椎动物化石罪。盗掘古文化遗址、古墓葬罪的罪名是对特别刑法有关规定的沿用。前章已述，特别刑法以6个月有期徒刑至死刑作为此罪的法定刑幅度因上限不符合死刑的等价分配规定而失之过重。1997年刑法虽将此罪的法定刑幅度下限减轻至管制，但仍以死刑作为此罪的法定刑幅度上限，因而仍失之过重而不具有合理性。盗掘古人类化石、古脊椎动物化石罪系1997年刑法新增之罪。古人类化石与古脊椎动物化石的文化价值与古文化遗址相当，因此，盗掘古人类化石、古脊椎动物化石罪的严重性与盗掘古文化遗址罪相当。相应地，以管制至死刑作为盗掘古人类化石，古脊椎动物化石罪的法定刑幅度，与以死刑作为盗掘古文化遗址、古墓葬罪的法定刑幅度上限一样，因不合死刑的分配规定而不具有基的相应性，即因上限失之过重而构成一种不合理的选择。

以拘役至 10 年有期徒刑为达定刑幅度的犯罪是故意损毁文物罪与倒卖文物罪。故意损毁文物罪的罪名系由 1979 年刑法中的故意破坏珍贵文物罪修改而来。本编第二章已述，1979 年刑法以拘役至 7 年有期徒刑作为此罪的法定刑幅度，重于故意毁坏公私财物罪的法定刑幅度而具有重罪重刑的序的相应性。1997 年刑法将故意损毁文物罪的法定刑幅度上限加重至 10 年有期徒刑，与故意毁坏财产罪的法定刑幅度之上限由 3 年有期徒刑加重至 7 年有期徒刑，保持了序的相应性，因而可认为是一种合理的选择。倒卖文物罪系由 1979 年刑法中的投机倒把罪分解而来。本编第二章已述，投机倒把罪的法定刑幅度不应以死刑为上限，因此，投机倒把罪的最重法定刑幅度充其量只应为无期徒刑。而倒卖文物的危害性轻于生产销售有毒、有害食品与假药等行为。以 10 年有期徒刑作为分立的倒卖文物罪法定刑幅度上限，轻于作为分立的生产销售有毒、有害食品罪与生产、销售假药罪等之应然法定刑幅度上限的无期徒刑，符合轻罪轻刑序的相应性规定，具有其合理性。

以拘役至 5 年有期徒刑为法定刑幅度的犯罪是故意损毁名胜古迹罪，非法向外国人出售、赠送珍贵文物罪与抢夺、窃取国有档案罪。故意损毁名胜古迹罪系由 1979 年刑法中的故意破坏名胜古迹罪修改而来。本编第二章已述，1979 年刑法以拘役至 7 年有期徒刑作为故意破坏珍贵文物、名胜古迹罪的法定刑幅度，因重于故意毁坏公私财物罪的法定刑幅度而具有其合理性。但是，在 1979 年刑法中，故意破坏珍贵文物与名胜古迹是作为同一种罪规定，此罪的严重性重于故意毁坏公私财物罪主要取决于珍贵文物的价值大于普通公私财物。1997 年刑法将故意毁损珍贵文物与故意毁损名胜古迹分立罪名，而名胜古迹的价值主要表现在其文化价值，其不像珍贵文物除文化价值外往往可以表现一定的经济价值，因此，其价值低于珍贵文物的价值，这就决定了故意毁损名胜古迹罪的严重性轻于故意毁损珍贵文物罪。因此，1997 年刑法在加重故意毁损珍贵文物罪的法定刑幅度的同时，减轻故意毁损名胜古迹罪的法定刑幅度，具有其合理性。相应地，1997 年刑法以拘役至 5 年有期徒刑作为故意毁损珍贵文物罪的法定刑幅度，可认为是一种合理的选择。非法向外国人出售、赠送珍贵文物罪是 1997 年刑法新增之罪。向外国人出售、赠送珍贵文物罪的危害不在于出售、赠送行为本身，而在于买方或受方是外国人这一特殊性决定了这种行为有可能导致珍贵文物流失国外。正由于在这种情况下，珍贵文物流失国外仅仅是一种可能性，而走私珍贵文物出口具有使珍贵文物流失国外的直接现实性，因此，向外国人出售、赠送珍贵文物罪的严重性远轻于走私文物罪。同时，向外国人出售、赠送行为不具有牟利性，而倒卖文物则具有居间牟利的性质，因此，向外国人出售、赠送珍贵文物罪的严重性又轻于倒卖文物罪。以拘役至 5 年有期徒刑作为向外国人赠送、出售珍贵文物罪的法定刑幅度，既远轻于走私文物罪之已然的与应然的法定刑幅度，又轻于倒卖文物罪的法定刑幅度，符合轻罪轻刑序的相应性规定，具有其合理性。

以拘役至 3 年有期徒刑为法定刑幅度的犯罪是过失毁损文物罪，非法出售、私赠文物藏品罪与擅自出卖、转让国有档案罪。此三罪均是 1997 年刑法所新设的犯罪。过失毁损文物罪，既然是过失犯罪，其严重性便轻于故意毁损文物罪，且属绝对意义上的轻罪。以拘役至 3 年有期徒刑作为此罪之法定刑幅度，既轻于故意毁损文物罪的法定刑幅度，又属绝对意义上的轻刑之列，具有轻罪轻刑序的相应性，其合理性极为明显。非法出售、私赠文物罪既是一种单位犯罪，又非以外国人为出售、私赠对象、不具有使文物流失国外的危险，因此，此罪的严重性轻于非法向外国人出售、赠送文物罪。以拘役至 3 年有期徒刑作为此罪的法定刑幅度，轻于向外国人出售、赠送文物罪，符合配刑序的相应性规定，具有其合理性。擅自出卖、转让国有档案的严重性轻于抢夺、盗窃国有档案，其理不言自明。以拘役至 3 年有期徒刑为擅自出卖、转让国有档案罪的法定刑幅度，因轻于抢夺、盗窃国有档案罪之法定刑幅度而具有序的相应性，其合理性显而易见。

综上所述，1997 年刑法所确认的妨害文物管理罪中，盗掘古文化遗址、古墓葬罪与盗掘古人类化石、古脊椎动物化石罪的法定刑幅度因上限失之过重而不具有合理性。除此之外的其他种罪的法定刑幅度具有其合理性。

五、危害公共卫生罪法定刑幅度评价

1997 年刑法共确认了 11 种危害公共卫生罪。其中，有 1 种以拘役至无期徒刑为法定刑幅度，2 种以管制至 15 年有期徒刑为法定刑幅度，2 种以 6 个月至 10 年有期徒刑为法定刑幅度，2 种以拘役至 7 年有期徒刑为法定刑幅度，1 种以拘役至 5 年有期徒刑为法定刑幅度，3 种以拘役至 3 年有期徒刑为法定刑幅度。

以拘役至无期徒刑为法定刑幅度的犯罪是 1997 年刑法新设的非法采集、供应血液、制作、供应血液制品罪。血液与血液制品是出于人体而进入人体的特殊商品，其采集、供应或制作如不合规范，便可能危及被采集人或使用人的身体健康乃至其生命安全。因此，血液与血液制品的意义与作用与食品的意义与作用也大致相当。相应地，非法采集、供应血液、制作、供应血液制品罪的严重性与生产、销售不符合卫生标准的食品罪也大致相当。以拘役至无期徒刑作为非法采集、供应血液、制作、供应血液制品罪的法定刑幅度，以较低的起刑点适应了作为危险犯的此罪的严重性下限，以较高的上限适应了此罪的严重性上限，从而使法定刑幅度与犯罪的严重性幅度具有基的相应性。同时，这一法定刑幅度又与生产、销售不符合卫生标准的食品罪的法定刑幅度相当，因而具有同罪同刑的序的相应性。然而，这种基的相应性与序的相应性不足以表明这一法定刑幅度具有完全合理性。这是因为，如前章所述，生产、销售不符合卫生标准的食品罪的严重性轻于生产、销售有毒、有害食品罪。而生产、销售有毒、有害食品罪以死刑作为法定刑幅度上限因不符合死刑的等价分配规定而不具有合理性，其应然的合理法定刑幅度上限充其量只应是无期徒刑。与此相适应，严重性轻于生产、销售有毒、有害食品罪的生产、销售不符合卫生标准的食品罪的法定刑幅度上限应轻于作为生产、销售有毒、有害食品罪之应然合理法定刑幅度上限的无期徒刑才具有轻罪轻刑序的相应性。因此，生产、销售不符合卫生标准的食品罪之应然的合理法定刑幅度上限，充其量只应为15年有期徒刑。而如前所述，非法采集、供应血液、制作、供应血液制品罪的严重性与生产、销售不符合卫生标准的食品罪相当，相应地，其应然的合理法定刑幅度上限也充其量只有为15年有期徒刑才符合同罪同刑的序的相应性规定。因此，1997年刑法以无期徒刑作为此罪的法定刑幅度上限因失之过重而不具有合理性。

  以管制至15年有期徒刑为法定刑幅度的犯罪是1997年刑法新增的非法行医罪与非法进行节育手术罪。此二罪均直接危及人的健康与生命，包含有损人健康乃至致人死亡的因素，因而是类罪中较为严重的犯罪。然而，此二罪中的损人健康或致人死亡的因素又非出于直接故意，否则，便应以故意伤害或杀人罪单论、并罚，因此，此二罪的严重性上限轻于故意伤害与故意杀人罪。同时，此二罪与非法采集、供应血液、制作、供应血液制品罪不但均是发生在医疗领域的犯罪，而且均具有非直接故意损人健康、致人死亡的因素，因而二者的严重性大致相当。既然如此，按照配刑的基的相应性规定，非法行医罪与非法进行节育手术罪的法定刑幅度应有较大幅度，以适应此二罪的严重性的较大幅度。按照配刑的序的相应性规定，此二罪的法定刑幅度上限又应低于故意杀人、伤害罪的法定刑幅度上限而与非法采集、供应血液、制作、供应血液制品罪的法定刑幅度上限相当。以拘役至15年有期徒刑作为此二罪的法定刑幅度，既具有较大幅度，又轻于故意杀人罪的法定刑幅度上限、避免了死刑的不等价分配，而且轻于作为故意伤害罪之应然的合理法定刑幅度上限的无期徒刑、等同于作为非法采集、供应血液、制作、供应血液制品罪之应然的合理法定刑幅度上限的 15 年有期徒刑，从基到序均符合配刑序的相应性规定，具有相当的合理性。

以 6 个月至 10 年有期徒刑为法定刑幅度的犯罪是 1997 年刑法新设的非法组织卖血罪与强迫卖血罪。非法组织卖血与强迫他人卖血的危害在于，一方面，其可能给卖血者的健康造成损害；另一方面，又破坏有关献血的管理秩序，导致血液采集活动的混乱，并给非法采集血液活动以可乘之机。然而，一方面，此二罪一般不具有致人死亡的因素；另一方面，其危害的对象通常只限于卖血者，而不至于危及血液的使用者。因此，此二罪的严重性上限轻于可能危及献血者与用血者双方健康、生命的非法采集、供应血液、制作、供应血液制品罪。以 6 个月至 10 年有期徒刑作为此二罪的法定刑幅度，因上限轻于非法采集、供应血液、制作、供应血液制品罪的法定刑幅度上限而具有序的相应性，因而是一种合理的选择。

以拘役至 7 年有期徒刑为法定刑幅度的犯罪是 1997 年刑法新增的妨害传染病防治罪与传染病菌种、毒种扩散罪。此二罪的客观危害均是造成传染病的传播，因而具有危及多人健康的因素。在主观方面，此二罪均系出于过失。正由于此二罪系过失，其属绝对意义上的轻罪，应避免以重刑作为法定刑幅度。另外，其所危及的是不特定多人的健康，其严重性因而重于以特定个人健康为危害对象的过失致人重伤罪而与危害公共安全罪中的过失投毒罪与危险物品肇事罪大致相当。以拘役至 7 年有期徒刑作为此二罪的法定刑幅度，既不包含重刑，具有基的相应性，又重于经修改后的过失重伤罪的法定刑幅度，同于危险物品肇事罪的法定刑幅度，具有序的相应性，因而基本上是一种合理的选择。

以拘役至 5 年有期徒刑为法定刑幅度的犯罪是 1997 年刑法新增的采集、供应血液、制作、供应血液制品事故罪。此罪是过失犯罪，且系单位犯罪，因而严重性轻于作为故意犯罪的非法采集、供应血液、制作、供应血液制品罪，且构成绝对意义上的轻罪。以拘役至 5 年有期徒刑作为此罪的法定刑幅度，既远轻于非法采集、供应血液、制作、供应血液制品罪之已然或应然的法定刑幅度，具有序的相应性，又避免了重刑，符合短期自由刑的分配规定，具有基的相应性，因而是一种合理的选择。

以拘役至 3 年有期徒刑为法定刑幅度的犯罪是妨害国境卫生检疫罪、医疗事故罪与逃避动植物检疫罪。妨害国境卫生检疫罪从罪名到法定刑幅度都是对 1979 年刑法有关规定的沿用。其法定刑幅度的合理性本编第二章已述，在此不赘。医疗事故罪是 1997 年刑法新增的一种过失犯罪，因而属于绝对意义上的轻罪。以拘役至 3 年有期徒刑作为此罪的法定刑幅度，符合短期自由刑的分配规定，具有最轻罪刑最轻的相应性，因而有其合理性。逃避动植物检疫罪的严重性与妨害国境卫生检疫罪相当，以拘役至 3 年有期徒刑作为此罪的法定刑幅度，因与妨害国境卫生检疫罪的法定刑幅度相同而具有序的相应性，因而是合理的。

综上所述，1997 年刑法所确认的危害公共卫生罪中，非法采集、供应血液、制作、供应血液制品罪的法定刑幅度上限，因失之过重而不具有合理性。除此之外的其他犯罪的法定刑幅度基本上是合理的。

六、破坏环境资源保护罪法定刑幅度评价

1997 年刑法共确认了 14 种破坏环境资源保护罪。其中有 3 种以拘役至 15 年有期徒刑为法定刑幅度，1 种以管制至 15 年有期徒刑为法定刑幅度，1 种以拘役至 7 年有期徒刑为法定刑幅度，4 种以管制至 7 年有期徒刑为法定刑幅度，2 种以拘役至 5 年有期徒刑为法定刑幅度，3 种以管制至 3 年有期徒刑为法定刑幅度。

以拘役至 15 年有期徒刑为法定刑幅度的犯罪是非法处置进口的固体废物罪，擅自进口固体废物罪，非法猎捕、杀害珍贵、濒危野生动物罪与非法收购、运输、出售珍贵、濒危野生动物、珍贵、濒危野生动物制品罪。

非法处置进口的固体废物罪与擅自进口固体废物罪是 1997 年刑法新设的种罪。此二罪的危害均是造成环境污染，导致经济损失或损人健康、致人死亡，因而严重性相当。就污染环境、损人健康与致人死亡的结果而言，此二罪的危害与重大环境污染事故罪的危害大致相当，就发案率而言，此二罪远不如重大环境污染事故罪常见，因此，此二罪的预防需要并不大于重大环境污染事故罪。既然如此，此二罪的严重性并不重于重大环境污染事故罪。基于此，此二罪的法定刑幅度应与重大环境污染事故罪相当，才具有同罪同刑的序的相应性。1997 年刑法以拘役至 15 年有期徒刑作为此二罪的法定刑幅度，其上限远高于作为重大环境污染事故罪之法定刑幅度的 7 年有期徒刑，显然失之过重而不符合配刑的序的相应性规定，不具有合理性。

非法猎捕、杀害珍贵、濒危野生动物罪的罪名系对特别刑法有关规定的沿用。前章已述，此罪的严重性重于故意毁坏公私财物罪而与故意破坏珍贵文物罪大致相当，特别刑法以拘役至 7 年有期徒刑作为此罪的法定刑幅度，重于故意毁坏公私财物罪而同于故意破坏珍贵文物罪，具有序的相应性，因而是合理的。1997 年刑法将此罪的法定刑幅度上限加重至 15 年有期徒刑，不是一种合

理的选择。因为这一提高虽然不但使此罪的法定刑幅度重于作为加重后的故意毁坏公私财物罪的法定刑幅度上限的 7 年有期徒刑，避免了异罪同罚的重罪轻罚，而且使之重于作为同时加重后的故意毁损珍贵文物罪之法定刑幅度上限的 10 年有期徒刑，从而导致了异罪同罚的轻罪重罚。因此，非法猎捕、杀害珍贵、濒危野生动物罪的法定刑幅度因上限失之过重而不具有合理性。非法收购、运输、出售珍贵、濒危野生动物，珍贵、濒危野生动物制品罪的严重性与倒卖文物罪的严重性相当，因此，此二罪的法定刑幅度应大致相当才具有序的相应性。另外，诚如 1997 年刑法所规定的非法收购、运输、出售珍贵、濒危野生动物、濒危野生动物制品罪与非法猎捕、杀害珍贵、濒危野生动物罪已然的法定刑幅度相同所示，此二罪的严重性相同，因此，此二罪之应然的法定刑幅度也就相同。然而，1997 年刑法以拘役至 15 年有期徒刑作为非法收购、运输、出售珍贵、濒危野生动物，珍贵、濒危野生动物制品罪的法定刑幅度，上限重于作为倒卖文物罪之法定刑幅度上限的 10 年有期徒刑，同于作为非法猎捕、杀害珍贵、濒危野生动物罪失之过重的已然的不合理法定刑幅度上限的 15 年有期徒刑，重于作为其应然合理法定刑幅度上限的 10 年有期徒刑，因而不符合配刑序的相应性规定，因失之过重而不具有合理性。

以管制至 15 年有期徒刑为法定刑幅度的犯罪是盗伐林木罪。本编第二章已述，1979 年刑法以拘役至 3 年有期徒刑作为盗伐林木罪有其合理性。1997 年刑法根据此罪的发案率上升而加重其法定刑，同样具有其合理性。因为发案率上升意味着预防需要加重，而预防需要加重又意味着严重性加重，从配刑的基的相应性的角度出发，有必要加重法定刑。然而，将此罪的法定刑上限加重至 15 年有期徒刑，却是一种不合理的选择。因为盗伐林木罪的严重性轻于盗窃罪，按照配刑的序的相应性规定，前者的配刑在任何情况下都应轻于后者。以 15 年有期徒刑作为盗伐林木罪的法定刑上限，虽然轻于盗窃罪之已然的法定刑上限，但由于盗窃罪应然的合理法定刑上限充其量只应为 15 年有期徒刑，因此，盗伐林木罪之应然的合理法定刑上限只有轻于 15 年有期徒刑才具有合理性。与此相适应，盗伐林木罪的法定刑上限因同于盗窃罪之应然的合理法定刑上限而不合理。林木是一种财产，盗伐行为系以占有为目的。因此，盗伐林木罪实际上是一种以林木为对象的盗窃罪，其严重性与盗窃罪相当。以管制至 15 年有期徒刑作为盗伐林木罪的法定刑幅度，虽然轻于盗窃罪之已然的法定刑幅度而在表面上不符合同罪同刑的序的相应性规定。然而，本编第二章已述，盗窃罪的法定刑幅度上限失之过重，其应然的合理上限只应为 15 年有期徒刑。因此，盗伐林木罪之法定刑幅度因与盗窃罪之应然的合理法定刑幅度相当而具有实质上的相应性，因而是合理的。

以拘役至 7 年有期徒刑为法定刑幅度的犯罪是 1997 年刑法所新增的重大环境污染事故罪。如前所述，此罪的严重性不轻于甚至稍重于非法处置进口的固体废物罪与擅自进口固体废物罪。以拘役至 7 年有期徒刑作为此罪的法定刑幅度，上限远轻于作为后二罪之法定刑幅度上限的 15 年有期徒刑，明显地表现为重罪轻罚，因失之过轻而不具有合理性。①

以管制至 7 年有期徒刑为法定刑幅度的犯罪是非法采矿罪，非法采伐、毁坏珍贵树木罪，滥伐林木罪与非法收购盗伐、滥伐的林木罪。

非法采矿罪的危害在于擅自开采国家规定实行保护性开采的特种矿种，破坏特种矿产资源、非法采伐、毁坏珍贵树木罪的危害在于违法采伐、毁坏国家保护的珍贵树木、破坏珍贵林业资源。特种矿产与珍贵树木均系稀有、珍贵资源，其价值相当。因此，非法采矿罪与非法采伐、毁坏珍贵树木罪的严重性相同。同时，特种矿产与珍贵树木的价值较之珍贵文物与珍贵、濒危野生动物的价值为小，因此，非法采矿罪与非法采伐、毁坏珍贵林木罪的严重性轻于故意毁损珍贵文物罪与非法猎捕、杀害珍贵、濒危野生动物罪。同以管制至 7 年有期徒刑作为非法采矿罪与非法采伐、毁坏珍贵树木罪的法定刑幅度具有同罪同刑的序的相应性，同时又轻于故意毁损珍贵文物罪已然的合理法定刑幅度与非法猎捕、杀害珍贵、濒危野生动物罪之应然的合理法定刑幅度，具有轻罪轻刑序的相应性，因而是一种合理的选择。

滥伐林木罪是不按规定的方法、品种、限额等采伐森林或林木，造成林业资源严重破坏的行为。滥伐的对象是普通林木。而普通林木的价值低于珍贵树木。这就决定了滥伐林木罪的严重性轻于非法采伐、毁坏珍贵树木罪。另外，正如非法采伐、毁坏珍贵树木罪的严重性与非法采矿罪相当一样，滥伐林木罪的严重性与破坏性采矿罪也大致相当。以拘役至 7 年有期徒刑作为滥伐林木罪的法定刑幅度，因与非法采伐、毁坏珍贵树木罪的法定刑幅度相同，重于破坏性采矿罪的法定刑幅度而不符合轻罪轻刑、同罪同刑配刑的序的相应性规定，因失之过重而不具有合理性。

非法收购盗伐、滥伐的林木罪，系一种收购赃物的行为。在一般情况下，

---

① 鉴于相对于 15 年有期徒刑，以 7 年有期徒刑作为重大环境污染事故罪的法定刑幅度上限失之过轻，而相对于 7 年有期徒刑，以 15 年有期徒刑作为非法处置进口的固体废物罪与擅自进口固体废物罪的法定刑幅度上限失之过重，在无其他合理的参照系辅证何为此三罪应然的合理法定刑幅度上限的情况下，最佳的选择是对两者轻重取中，以 10 年有期徒刑作为此三罪的法定刑幅度上限，以便既具有同罪同罚的序的相应性，又使此三罪的法定刑幅度仍居破坏环境资源保护类罪法定刑幅度最重者之列，以适应此三罪作为类罪中最重种罪的严重性。

收购普通赃物的行为不以犯罪论处,即使以犯罪论处,无论收购的赃物数额大到何种程度,也只定销赃罪,而销赃是一种绝对意义上的轻罪,其法定刑幅度上限仅为 3 年有期徒刑。依此类推,非法收购盗伐、滥伐的林木罪便只应是一种轻罪。另外,诚如销赃罪的严重性轻于盗窃、诈骗与抢劫等罪,非法收购盗伐、滥伐的林木罪的严重性显然轻于盗伐林木罪与滥伐林木罪。以管制至 7 年有期徒刑作为非法收购盗伐、滥伐的林木罪的法定刑幅度,因重于销赃罪的法定刑幅度、同于滥伐林木罪已然的法定刑幅度、重于应然的法定刑幅度而不符合轻罪轻刑的序的相应性规定,不具有合理性。

以拘役至 5 年有期徒刑为法定刑幅度的犯罪是 1997 年刑法新增的非法占用耕地罪与破坏性采矿罪。非法占用耕地的危害在于毁坏耕地资源,即特种土地资源。然而,土地的特殊性决定被毁坏的耕地具有可恢复性。因此,非法占用耕地罪的严重性轻于破坏状态不具有可还原性的非法采矿罪与非法采伐、毁坏珍贵树木罪。以拘役至 5 年有期徒刑作为非法占有耕地罪的法定刑幅度,因轻于非法采矿罪与非法采伐、毁坏珍贵树木罪而符合轻罪轻刑的配刑理性规定,具有其合理性。破坏性采矿罪破坏的是普通矿产资源,而普通矿产资源的价值小于作为非法采矿罪之对象的特定矿种。这就决定了破坏性采矿罪的严重性轻于非法采矿罪。以拘役至 5 年有期徒刑作为破坏性采矿罪的法定刑幅度,因轻于非法采矿罪的法定刑幅度而符合配刑序的相应性规定,具有其合理性。

以管制至 3 年有期徒刑为法定刑幅度的犯罪是非法捕捞水产品罪与非法狩猎罪。此二罪的罪名与法定刑幅度均是对 1979 年刑法有关规定的沿用。其法定刑幅度的合理性本编第二章已述,不需赘述。

综上所述,1997 年刑法所确认的破坏环境资源保护罪中,非法处置进口的固体废物罪,擅自进口固体废物罪,非法猎捕、杀害珍贵、濒危野生动物罪,非法收购、运输、出售珍贵、濒危野生动物、珍贵、濒危野生动物制品罪,滥伐林木罪,非法收购盗伐、滥伐的林木罪的法定刑幅度因失之过重而不具有合理性,重大环境污染罪的法定刑幅度因失之过轻而不具有合理性。除此以外的其他犯罪的法定刑幅度具有合理性。

七、毒品犯罪法定刑幅度评价

1997 年刑法共确认了 12 种毒品犯罪。其中,有 1 种以管制至死刑为法定刑幅度,1 种以管制至 15 年有期徒刑为法定刑幅度,1 种以管制至无期徒刑为法定刑幅度,1 种以 3 年至 10 年有期徒刑为法定刑幅度,4 种以管制至 10 年有期徒刑为法定刑幅度,1 种以拘役至 7 年有期徒刑为法定刑幅度,1 种以管制至 7 年有期徒刑为法定刑幅度，2 种以管制至 3 年有期徒刑为法定刑幅度。

以管制至死刑为法定刑幅度的犯罪是走私、贩卖、运输、制造毒品罪。此罪是对 1979 年刑法与特别刑法所规定的贩卖、运输、制造毒品罪与走私毒品罪的合并、修改。本编第二章、第三章已述，此二罪的法定刑幅度上限只应为无期徒刑。1997 年刑法将二罪合并后，虽将其法定刑幅度下限降至管制，但仍沿用死刑作为其法定刑幅度上限，因而仍违背死刑的等价分配规定而不具有合理性。

以管制至无期徒刑为法定刑幅度的犯罪是非法持有毒品罪。此罪从罪名到法定刑幅度均是对特别刑法有关规定的沿用。前章已述，特别刑法以管制至无期徒刑作为此罪的法定刑幅度，因明显地失之过重而不具有合理性。1997 年刑法仍沿用特别刑法所规定的法定刑幅度，其不合理性依旧。

以管制至 15 年有期徒刑为法定刑幅度的犯罪是非法种植毒品原植物罪。此罪从罪名到法定刑幅度均系对特别刑法有关规定的沿用。前章已述，此罪的法定刑幅度失之过重，不具合理性，在此不赘言。

以 3 至 10 年有期徒刑为法定刑幅度的犯罪是强迫他人吸毒罪，以管制至 10 年有期徒刑为法定刑幅度的犯罪是包庇毒品犯罪分子罪，窝藏、转移、隐瞒毒品、毒赃罪，走私制毒物品罪与非法买卖制毒物品罪。

强迫他人吸毒罪从罪名到法定刑幅度均是对特别刑法有关规定的沿用。前章已述，以 3 至 10 年有期徒刑作为此罪的法定刑幅度，上限合理但下限失之过重，在此不赘言。

包庇毒品犯罪分子罪与窝藏、转移、隐瞒毒品、毒赃罪的罪名均是对特别刑法有关规定的沿用。特别刑法以管制至 10 年有期徒刑作为此二罪的法定刑幅度的合理性前章已述，在此不赘。1997 年刑法沿用此二罪的法定刑幅度，其合理性依旧。

走私制毒物品罪的罪名由特别刑法中的非法运输、携带制毒物品进出境罪修改而来，法定刑幅度系对特别刑法有关规定的沿用。其法定刑幅度的合理性前章已述，在此不赘。非法买卖制毒物品罪是新增之罪。此罪的严重性与走私制毒物品罪相当，对此罪规定与走私制毒物品罪相同的法定刑幅度，符合同罪同刑序的相应性规定，具有其合理性。

以拘役至 7 年有期徒刑为法定刑幅度的犯罪是非法提供麻醉药品、精神药品罪，以管制至 7 年有期徒刑为法定刑幅度的犯罪是引诱、教唆、欺骗他人吸毒罪。此二罪的罪名是对特别刑法有关规定的沿用。前章已述，特别刑法关于此二罪法定刑幅度的规定，具有其合理性。1997 年刑法沿用此二罪的法定刑幅度，仍然具有其合理性。

以管制至 3 年有期徒刑为法定刑幅度的犯罪是非法买卖、运输、携带、持有毒品原植物种子、幼苗罪与容留他人吸毒罪。非法买卖、运输、携带、持有毒品原植物种子、幼苗罪系新增之罪。买卖、运输、携带、持有毒品原植物种子，充其量只是非法种植毒品原植物的预备行为，其严重性轻于非法种植毒品原植物罪与非法持有毒品罪。以管制至 3 年有期徒刑作为此罪的法定刑幅度，轻于非法种植毒品原植物罪与非法持有毒品罪的法定刑幅度，符合轻罪轻刑序的相应性规定，具有其合理性。容留他人吸毒罪系由特别刑法中的容留他人吸毒并出卖毒品罪修改而来。1997 年刑法将此罪中的出卖毒品并入贩卖毒品罪之中，将容留他人吸毒单立罪名，从而大大减轻了此罪的严重性而使之成为了一种轻罪。以管制至 3 年有期徒刑作为此罪的法定刑幅度，符合轻罪轻刑序的相应性规定，构成一种合理的选择。

综上所述，1997 年刑法所确认的毒品犯罪中，走私、贩卖、运输、制造毒品罪与非法持有毒品罪的法定刑幅度因上限过重而不具有合理性，强迫他人吸毒罪的法定刑幅度因下限过重而不具有合理性。除此之外的所有犯罪的法定刑幅度均具有合理性。

八、组织、强迫、引诱、容留、介绍卖淫罪法定刑幅度评价

1997 年刑法共确认了 7 种组织、强迫、引诱、容留、介绍卖淫罪。其中，有 2 种以 5 年有期徒刑至死刑为法定刑幅度，2 种以 5 年至 15 年有期徒刑为法定刑幅度，1 种以管制至 15 年有期徒刑为法定刑幅度，1 种以 5 年至 10 年有期徒刑为法定刑幅度，1 种以管制至 5 年有期徒刑为法定刑幅度。

以 5 年有期徒刑至死刑为法定刑幅度的犯罪是组织卖淫罪与强迫卖淫罪。此二罪的罪名是对 1979 年刑法与特别刑法有关规定的沿用。前章已述，特别刑法以 10 年有期徒刑至死刑作为组织卖淫罪的法定刑幅度，因上、下限均失之过重而是一种极其无理的选择。1997 年刑法虽将此罪的法定刑幅度下限降至 5 年有期徒刑，但一方面，这一下限仍高于故意杀人罪的法定刑幅度下限；另一方面，以死刑作为此罪的法定刑幅度上限既违背死刑的等价分配规定、不具有基的相应性，又与故意杀人罪的法定刑幅度上限相同，以致法定刑幅度重于故意杀人罪而不具有序的相应性，因而仍不具有合理性。强迫卖淫罪的法定刑幅度系对特别刑法有关规定的沿用，其不合理性前章已述，在此不赘言。

以 5 年至 15 年有期徒刑为法定刑幅度的犯罪是引诱幼女卖淫罪与嫖宿幼女罪，以管制至 15 年有期徒刑为法定刑幅度的犯罪是引诱、容留、介绍卖

淫罪。

引诱幼女卖淫罪与嫖宿幼女罪系 1997 年刑法新增之罪。引诱幼女卖淫,诚如奸淫幼女的严重性重于强奸妇女,其严重性重于引诱、容留、介绍卖淫,而嫖宿幼女又是引诱幼女卖淫的对偶犯罪,二者的严重性相当,因此,嫖宿幼女罪的严重性也重于引诱卖淫罪。按照配刑的序的相应性规定,引诱幼女卖淫罪与嫖宿幼女罪的法定下限失之过重而不合理,上限适中而具有其合理性。

引诱、容留、介绍卖淫罪的罪名与法定刑幅度均系对 1997 年刑法有关规定的沿用。前章已述,以管制至 15 年有期徒刑作为此罪的法定刑幅度,因上限失之过重而不具有合理性,在此不赘言。

以 6 个月至 10 年有期徒刑为法定刑幅度的犯罪是协助组织卖淫罪,以管制至 5 年有期徒刑为法定刑幅度的犯罪是传播性病罪。此二罪从罪名到法定刑幅度均是对特别刑法有关规定的沿用。其法定刑幅度的合理性前章已述,在此不赘。

综上所述,1997 年刑法所确认的组织、强迫、引诱、容留、介绍卖淫罪中,组织卖淫罪、强迫卖淫罪与引诱、容留、介绍卖淫罪的法定刑幅度因上限失之过重而不具有合理性,引诱幼女卖淫罪与嫖宿幼女罪的法定刑幅度因下限失之过重而不具有合理性,只有协助组织卖淫罪与传播性病罪的法定刑幅度具有合理性。

九、制作、贩卖、传播淫秽物品罪法定刑幅度评价

1997 年刑法共确认了 5 种制作、贩卖、传播淫秽物品罪。其中,有 1 种以管制至无期徒刑为法定刑幅度,2 种以管制至 10 年有期徒刑为法定刑幅度,1 种以管制至 3 年有期徒刑为法定刑幅度,1 种以管制至 2 年有期徒刑为法定刑幅度。

以管制至无期徒刑为法定刑幅度的犯罪是制作、复制、出版、贩卖、传播淫秽物品牟利罪。此罪的罪名与法定刑幅度均是对特别刑法有关规定的沿用。前章已述,以管制至无期徒刑作为此罪的法定刑幅度,因上限失之过重而不具有合理性,在此不赘言。

以管制至 10 年有期徒刑为法定刑幅度的犯罪是组织播放淫秽音像制品罪与组织淫秽表演罪。组织播放淫秽音像制品罪的罪名与法定刑幅度均是特别刑法有关规定的沿用,其法定刑幅度的合理性前章已述,不需赘述。组织淫秽表演罪是 1997 年刑法所新增的犯罪。组织淫秽表演的内容与影响的范围均与组织播放淫秽音像制品相近,因此,此二罪的严重性相当。以管制至 10 年有期徒刑为组织淫秽表演罪的法定刑幅度,因与组织播放淫秽音像制品罪的法定刑幅度

相同而符合同罪同刑的配刑理性规定,具有序的相应性,因而是一种合理的选择。

以管制至3年有期徒刑为法定刑幅度的犯罪是为他人提供书号出版淫秽书刊罪,以管制至2年有期徒刑为法定刑幅度的犯罪是传播淫秽物品罪。此二罪从罪名到法定刑幅度均是对特别刑法有关规定的沿用。其法定刑幅度的合理性前章已述,在此不赘言。

综上所述,1997年刑法所确认的制作、贩卖、传播淫秽物品罪中,除制作、复制、出版、贩卖、传播淫秽物品牟利罪的法定刑幅度因上限失之过重而不具有合理性外,其他种罪的法定刑幅度均具有其合理性。

第七节 危害国防利益类罪法定刑幅度评价

1997年刑法增设了危害国际利益类罪,确认了21种危害国防利益罪。其中,有1种以拘役至死刑为法定刑幅度,1种以管制至死刑为法定刑幅度,1种以3年有期徒刑至无期徒刑为法定刑幅度,1种以拘役至15年有期徒刑为法定刑幅度,5种以管制至10年有期徒刑为法定刑幅度,2种以拘役至7年有期徒刑为法定刑幅度,1种以管制至7年有期徒刑为法定刑幅度,1种以拘役至5年有期徒刑为法定刑幅度,3种以拘役至3年有期徒刑为法定刑幅度,3种以管制至3年有期徒刑为法定刑幅度,1种以拘役至2年有期徒刑为法定刑幅度。

以拘役至死刑为法定刑幅度的犯罪是破坏武器装备、军事设施、军事通信罪。武器装备、军事设施、军事通信,是最重要的军事装备与设施,对其的破坏,在平时必然给国防利益、军队的正常活动造成巨大危害,在战时则可能直接导致战斗、战役失败。而战斗、战役的失败具有导致人员牺牲的可能性,因此,破坏武器装备、军事设施、军事通信罪是最严重的危害国防利益犯罪。按照配刑序的相应性规定,对此罪应配之以类罪最严重的法定刑幅度。同时,此罪的严重性不但因平时与战时而不同,而且因危害的轻重而殊异。按照配刑基的相应性规定,对此罪应以上下限悬殊的幅度作为其法定刑幅度,以适应其轻重殊异的严重性幅度。以拘役至死刑作为此罪的法定刑幅度,既因包含死刑而使此罪的法定刑幅度居类罪中之最重者,具有序的相应性,又使其轻重幅度达到了最大限度,且符合死刑的等价分配规定而具有基的相应性,因而有其合理性。

以管制至死刑为法定刑幅度的犯罪是故意提供不合格武器装备、军事设施罪。此罪与破坏武器装备、军事设施罪均是以武器装备、军事设施为对象的犯罪，而且，破坏既存的武器装备、军事设施与提供不合格武器装备、军事设施只有表现方式的不同，不存在危害性质与程度之别。因此，故意提供不合格武器装备、军事设施罪的严重性与破坏武器装备、军事设施罪的严重性相当。既然如此，以拘役至死刑作为提供不合格武器装备、军事设施罪的法定刑幅度，因与破坏武器装备、军事设施罪的法定刑幅度相同而具有同罪同刑的序的相应性，构成一种合理的选择。

以 3 年有期徒刑至无期徒刑为法定刑幅度的犯罪是战时提供虚假敌情罪。正确判断敌情，是军事行动成功的关键。因此，在战时提供虚假敌情，可能直接导致对敌情的判断错误进而导致军事行动的失败。这就决定了战时提供虚假敌情是一种较严重的危害国防利益的犯罪。与此相适应，对此罪应规定较重的法定刑幅度才具有配刑基的相应性。然而，因提供虚假敌情而危及军事行动，必须以接受敌情的武装力量误信虚假敌情并据此作出错误的决策、采取错误的行动为前提，因而与军事行为之失败具有相对间接性。而破坏武器装备、军事设施、军事通信罪与提供不合格武器装备、军事设施罪的危害则是使武器装备、军事设施、军事通信不能正常使用，其可能构成军事行动失败的直接原因。因此，仅就与最严重的危害后果的关系而言，战时提供虚假敌情罪的严重性上限轻于破坏武器装备、军事设施、军事通信罪与提供不合格武器装备、军事设施罪。这就决定了前者的法定刑幅度上限应轻于后二者，才具有轻罪轻刑序的相应性。另外，战时提供虚假情报罪只可能发生在战时，不可能发生在平时，而战时与军事行动的关系直接而密切。而破坏武器装备、军事设施、军事通信罪与提供不合格的武器装备、军事设施罪不只是可能发生在战时，而且也可能发生在平时，而平时发生的此种行为不可能直接导致战役之类军事行动失败。因此，就严重性下限而言，战时提供虚假情报罪又重于后二罪。基于战时提供虚假情报罪的严重性上限轻于、下限重于破坏武器装备、军事设施、军事通信罪与提供不合格武器装备、军事设施罪的严重性上、下限，其法定刑幅度的上限应轻于、下限应重于后二罪。以 3 年有期徒刑至无期徒刑作为此罪的法定刑幅度，因上限低于作为后二罪之法定刑幅度上限的死刑、下限重于作为后二罪之法定刑幅度下限的管制或拘役而具有序的相应性，因而是合理的。

以拘役至 15 年有期徒刑为法定刑幅度的犯罪是战时拒绝、故意延误军事订货罪。此罪之最严重的危害在于贻误军队供给、导致军事行动的失败，其因而也构成一种较严重的危害国防利益罪，对其应配以较重的法定刑幅度才符合配刑的基的相应性规定。然而，战时拒绝、故意延误军事订货罪又是一种以消极的、不作为的行为构成的犯罪，不具有积极的、主动的破坏性，而破坏武器装备、军事设施、军事通信与故意提供不合格武器装备、军事设施则是积极的、作为犯罪，具有主动破坏性。因此，相对于破坏武器装备、军事设施、军事通信与故意提供不合格武器装备、军事设施罪，战时拒绝、故意延误军事订货罪的严重性轻重。这就决定了战时拒绝、故意延误军事订货罪的法定刑幅度只有轻于后二罪才具有序的相应性。以15年有期徒刑为战时拒绝、故意延误军事订货罪的法定刑幅度上限，因属类罪中可配之重刑而使此罪的法定刑幅度居类罪法定刑幅度重者之列，符合前述基的相应性要求，又轻于作为破坏武器装备、军事设施、军事通信罪与故意提供不合格武器装备、军事设施罪之应然的合理法定刑幅度上限的无期徒刑，符合前述配刑序的相应性规定，因而是一种合理的选择。

以管制至10年有期徒刑为法定刑幅度的犯罪是聚众冲击军事禁区罪，冒充军人招摇撞骗罪，伪造、变造、买卖武装部队公文、证件、印章罪，盗窃、抢夺武装部队公文、证件、印章罪与战时造谣动摇军心罪。

军事禁区是军事重地，其意义不亚于国家机关。因此，聚众冲击军事禁区罪的严重性与聚众冲击国家机关罪相当。以管制至10年有期徒刑作为聚众冲击军事禁区罪的法定刑幅度，因与聚众冲击国家机关罪相同而符合同罪同刑序的相应性规定，具有其合理性。

军人虽不是国家工作人员，但其身份的重要性决定了其威信与国家工作人员的威信一样需要特殊保护，而且冒充军人招摇撞骗往往可达到与冒充国家工作人员招摇撞骗同样的目的、产生同样的危害。因此，冒充军人招摇撞骗罪的严重性与冒充国家工作人员招摇撞骗罪相当。以管制至10年有期徒刑作为冒充军人招摇撞骗罪的法定刑幅度，与冒充国家工作人员招摇撞骗罪的法定刑幅度相同，具有序的相应性，因而是合理的。

武装部队的公文、证件、印章的意义与作用往往不亚于国家机关的公文、证件、印章，其一旦被人用于违法犯罪活动，所造成的危害后果往往不亚于国家机关公文、证件、印章之被人用于违法犯罪。因此，伪造、变造、买卖武装部队公文、证件、印章罪的严重性与伪造、变造、买卖国家机关公文、证件、印章罪、盗窃、抢夺国家机关公文印章罪相当。以管制至10年有期徒刑作为前二罪的法定刑幅度，与后二罪的法定刑幅度相同，具有序的相应性，符合配刑的理性规定，其合理性不言而喻。

战时造谣动摇军心罪的危害在于直接导致军心不稳、削弱武装力量的战斗力，乃至导致军事行动失败。由于此罪的直接危害主要在于导致军人情绪的不稳，而不像战时提供虚假敌情可能直接导致决策失误，其导致军事行动失败的可能性小于战时提供虚假情报。因此，战时造谣动摇军心罪的严重性轻于战时提供虚假敌情罪。以拘役至10年有期徒刑作为战时造谣动摇军心罪的法定刑幅度，轻于作为战时提供虚假敌情罪应然的法定刑幅度的 3 年至 15 年有期徒刑，符合序的相应性规定，因而是合理的。

以拘役至 7 年有期徒刑为法定刑幅度的犯罪是过失提供不合格武器装备、军事设施罪与接送不合格兵员罪。

过失提供不合格武器装备、军事设施罪，因系出于过失而严重性轻于故意提供不合格武器装备、军事设施罪，且属绝对意义上的轻罪。然而，作为此罪之构成要件的严重后果可能包含重大军事行动失败，因此，此罪又属重大过失犯罪。以拘役至 7 年有期徒刑作为此罪的法定刑幅度，避免了重刑，具有基的相应性，又轻于故意提供不合格武器装备、军事设施罪的法定刑幅度、同于重大责任事故罪等重过失罪的法定刑幅度，具有从基到序的相应性，因而构成一种合理的选择。

接送不合格兵员罪，是征兵工作中发生的一种徇私舞弊犯罪。其严重性与其他徇私舞弊罪相近。以拘役至 7 年有期徒刑作为此罪的法定刑幅度，与作为渎职罪的其他徇私舞弊犯罪的法定刑幅度相比，轻重居中，即轻于枉法裁判等特别严重的徇私舞弊罪的法定刑幅度，重于招收公务员、学生等轻微徇私舞弊罪的法定刑幅度，基本上是合理的。

以管制至 7 年有期徒刑为法定刑幅度的犯罪是聚众扰乱军事管理区秩序罪。军事管理区的地位虽然重要，但相对于军事禁区，其价值较小。因此，聚众扰乱军事管理区罪的严重性轻于聚众冲击军事禁区。以管制至 7 年有期徒刑作为聚众扰乱军事管理区秩序罪的法定刑幅度，轻于聚众冲击军事禁区罪的法定刑幅度，具有序的相应性，因而有其合理性。

以拘役至 5 年有期徒刑为法定刑幅度的犯罪是阻碍军事行动罪。军事行动是军人执行职务的行为。但是，军事行动是一种规模性的重大行动，其意义大于军人一般性执行职务。因此，阻碍军事行动罪的严重性重于阻碍军人执行职务罪。以拘役至 5 年有期徒刑作为阻碍军事行动罪的法定刑幅度，重于妨害公务罪与阻碍军人执行职务罪的法定刑幅度，具有序的相应性，因而可认为是合理的。

以拘役至 3 年有期徒刑为法定刑幅度的犯罪是战时拒绝、逃避征召、军事训练罪，战时窝藏逃离部队军人罪与战时拒绝军事征用罪。战时拒绝、逃避征召、军事训练罪，是预备役军人违背应征、应召与军事训练义务的一种不作为犯罪。正由于其只是一种消极的不作为犯罪，不具有积极的破坏性，且是一种仅仅由单个人实施的行为，妨害的只是战时征召与军事训练秩序，既不至于影响军事行动的成败，也不至于产生其他严重后果，因此，此罪属绝对意义上的轻罪之列。以拘役至 3 年有期徒刑作为此罪的法定刑幅度，居类罪最轻法定刑幅度之列，符合短期自由刑的分配规定，具有最轻罪最轻刑序的相应性，因而是合理的。战时窝藏逃离部队军人罪是逃离部队罪的附随性犯罪，其严重性轻于逃离部队罪，诚如窝藏罪的严重性轻于被窝藏者犯罪的严重性，以拘役至3年有期徒刑作为此罪的法定性，轻于作为战时实施的逃离部队罪之法定刑幅度的3年至7年有期徒刑，具有轻罪轻刑序的相应性，因而有其合理性。战时拒绝军事征用罪，也只是一种不作为犯罪，且所妨害的只是军事征用秩序，不至于造成军事行动失败等严重后果，因而只是一种绝对意义上的轻罪。以拘役至3年有期徒刑作为此罪的法定刑幅度，符合短期自由刑的分配规定，具有最轻罪刑最轻的相应性，因而是合理的。

以管制至3年有期徒刑为法定刑幅度的犯罪是阻碍军人执行职务罪、煽动军人逃离部队罪与雇用逃离部队军人罪。阻碍军人执行职务罪，一方面是一种妨害军务罪，其严重性与妨害公务罪相当；另一方面，如前已揭，其严重性又轻于阻碍军事行动罪。以管制至3年有期徒刑作为此罪的法定刑幅度，同于妨害公务罪的法定刑幅度，轻于阻碍军事行动罪的法定刑幅度，符合同罪同刑、轻罪轻刑序的相应性规定，具有其合理性。煽动军人逃离部队罪与雇用逃离部队军人罪，也是逃离部队罪的附随性犯罪，严重性轻于逃离部队罪。以管制至3年有期徒刑作为此二罪的法定刑幅度，轻于逃离部队罪的法定刑幅度，具有轻罪轻刑序的相应性，因而是合理的。

以拘役至2年有期徒刑为法定刑幅度的犯罪是战时拒绝、逃避服役罪。此罪的危害与战时拒绝、逃避征召、军事训练罪大致相当。但此罪的主体是一般公民而不是预备役人员，其严重性因而轻于以预备役人员为主体的战时拒绝、逃避征召、军事训练罪。以拘役至2年有期徒刑作为此罪的法定刑幅度，轻于后罪的法定刑幅度，具有轻罪轻刑序的相应性，因而有其合理性。

综上所述，1997年刑法所确认的诸种危害国防利益罪的法定刑幅度均基本上具有其合理性。

第八节　贪污贿赂类罪法定刑幅度评价

1997年刑法共确认了12种与贪污贿赂有关的犯罪。其中，有2种以拘役至死刑为法定刑幅度，2种以拘役至无期徒刑为法定刑幅度，2种以拘役至7年有期徒刑为法定刑幅度，2种以拘役至5年有期徒刑为法定刑幅度，2种以拘役至3年有期徒刑为法定刑幅度，1种以拘役至2年有期徒刑为法定刑幅度。

以拘役至死刑为法定刑幅度的犯罪是贪污罪与受贿罪。此二罪的法定刑幅度均是对1979年刑法或特别刑法有关规定的沿用。本编第二章、第三章已述，以死刑作为此二罪的法定刑幅度上限，因不合死刑的等价分配规定、失之过重而不具有合理性。1997年刑法仍然以死刑作为此二罪的法定刑幅度上限，其不合理性依旧存在。

以拘役至无期徒刑为法定刑幅度的犯罪是挪用公款罪与行贿罪。此二罪的罪名与法定刑幅度也都是对1979年刑法与特别刑法有关规定的沿用。以无期徒刑作为此二罪的法定刑幅度上限，因失之过重而不具有合理性，已如前章所述，不需赘述。

以拘役至7年有期徒刑为法定刑幅度的犯罪是1997年刑法新设的私分国有资产罪与私分罚没财物罪。国有资产与罚没财物的所有权均归属于国家，单位对此二类财产予以私分，实质上是一种侵吞国有财产的行为，因而与贪污罪的危害相近。然而，与贪污罪不同，此二罪的主体是单位而不是个人。因此，此罪可理解为是单位贪污罪。鉴于单位犯罪主要是一种集体责任，其严重性轻于个人承担责任的个人犯罪，因此，私分国有资产罪与私分罚没财物罪的严重性轻于贪污罪。另外，正如贪污罪的严重性重于受贿罪，作为单位贪污罪的私分国有资产罪与私分罚没财物罪的严重性重于单位受贿罪。既然如此，以拘役至7年有期徒刑作为私分国有资产罪与私分罚没财物罪的法定刑幅度，便因轻于贪污罪之应然的合理法定刑幅度，重于单位受贿罪的法定刑幅度而具有序的相应性，因而是合理的。

以拘役至5年有期徒刑为法定刑幅度的犯罪是单位受贿罪、单位行贿罪与巨额财产来源不明罪。诚如单位贪污罪的严重性轻于个人贪污罪，单位受贿罪的严重性轻于个人受贿罪；诚如受贿罪的严重性轻于贪污罪，单位受贿罪的严重性又轻于作为单位贪污罪的私分国有资产罪与私分罚没财物罪。因此，以拘役至5年有期徒刑作为单位受贿罪的法定刑幅度，因轻于受贿罪之应然的合理法定刑幅度与私分国有资产罪与私分罚没财物罪的前述合理法定刑幅度而具有序的相应性，因而是合理的。诚如行贿罪的严重性轻于受贿罪的严重性，单位行贿罪的严重性轻于单位受贿罪。相应地，单位行贿罪的法定刑幅度应轻于单位受贿罪的法定刑幅度。以拘役至5年有期徒刑作为单位行贿罪的法定刑幅度，因与单位受贿罪的法定刑幅度相同而显系异罪同罚，不具有轻罪轻刑的序的相应性，是一种失之过重的不合理选择。巨额财产来源不明罪的罪名与法定刑幅度均是对特别刑法有关规定的沿用。其法定刑幅度的合理性前章已述，在此不赘言。

以拘役至3年有期徒刑为法定刑幅度的犯罪是对单位行贿罪与介绍贿赂罪，以拘役至2年有期徒刑为法定刑幅度的犯罪是隐瞒境外存款罪。诚如单位受贿罪的严重性轻于个人受贿罪的严重性，对单位行贿罪的严重性也轻于对个人行贿罪的严重性；诚如行贿罪的严重性轻于受贿罪的严重性，对单位行贿罪的严重性又轻于单位受贿罪的严重性。以拘役至 3 年有期徒刑作为对单位行贿罪的法定刑幅度，轻于行贿罪的法定刑幅度与单位受贿罪的法定刑幅度，具有序的相应性。介绍贿赂罪与隐瞒境外存款罪从罪名到法定刑幅度均是对 1979 年刑法或特别刑法有关规定的沿用。其法定刑幅度的合理性前二章已述，不需赘述。

综上所述，1997 年刑法所确认的与贪污贿赂有关的犯罪中，贪污罪、受贿罪、挪用公款罪、行贿罪、单位受贿罪与对单位行贿罪的法定刑幅度因上限失之过重而不具有合理性，其他诸罪的法定刑幅度具有其合理性。

第九节　渎职类罪法定刑幅度评价

1997 年刑法共确认了 33 种渎职罪。其中，有 5 种以拘役至 15 年有期徒刑为法定刑幅度，7 种以拘役至 10 年有期徒刑为法定刑幅度，10 种以拘役至 7 年有期徒刑为法定刑幅度，3 种以拘役至 5 年有期徒刑为法定刑幅度，8 种以拘役至 3 年有期徒刑为法定刑幅度。

以拘役至 15 年有期徒刑为法定刑幅度的犯罪是徇私枉法罪，私放在押人员罪，徇私舞弊不征、少征税款罪，徇私舞弊发售发票、抵扣税款、出口退税罪与放纵走私罪。其中，徇私枉法罪与私放在押人员罪的罪名与法定刑幅度都是对 1979 年刑法有关规定的沿用。其法定刑幅度的合理性前章已述，不需赘述。徇私舞弊不征、少征税款罪，徇私舞弊发售发票、抵扣税款、出口退税罪与放纵走私罪均是经济领域的徇私舞弊罪，其危害只可能是经济损失，不具有危及人身自由或生命的因素，因此，其严重性轻于直接危及人身权益的徇私枉法罪与私放在押人员而可能间接危及人身的私放在押人员罪。以拘役至 15 年有期徒刑作为此三罪的法定刑幅度，因与徇私枉法罪与私放在押人员罪的法定刑幅度相同而不具有轻罪轻刑的序的相应性，失之过重而不具有合理性。

以拘役至 10 年有期徒刑为法定刑幅度的犯罪是滥用职权罪、玩忽职守罪、枉法裁判罪、失职致使在押人员脱逃罪、商检徇私舞弊罪、动植物检疫徇私舞弊罪、帮助犯罪分子逃避处罚罪。

玩忽职守罪的罪名是对 1979 年刑法有关规定的沿用，法定刑幅度上限由 1979 年刑法中所规定的 5 年有期徒刑提高到了 10 年有期徒刑。对法定刑幅度的这一加重，违背过失犯罪只应以轻刑作为法定刑幅度的规定，因为 10 年有期徒刑已属长期自由刑，同时，这一加重还导致玩忽职守罪的法定刑幅度重于重大责任事故罪等重过失罪的法定刑幅度，以致同罪异罚、轻罪重罚而不符合序的相应性规定，失之过重而不具有合理性。同样，失职致使在押人员脱逃，也是一种过失犯罪，属于绝对意义上的轻罪。以10年有期徒刑作为其法定刑幅度上限，与以此作为玩忽职守罪的法定刑幅度上限一样，因失之过重而不具有合理性。

滥用职权罪的危害后果与玩忽职守罪相当。但此罪系一种间接故意罪，按照评价犯罪的严重性的罪过决定律，其严重性重于作为过失犯罪的玩忽职守罪。以拘留至10年有期徒刑作为此罪的法定刑幅度，因上限重于玩忽职守罪之应然的合理法定刑幅度上限而具有序的相应性，因而是合理的。

枉法裁判罪仅限于对行政、民事案件的裁判，因而不涉及枉法追究刑事责任而不具有侵犯人身权利的可能性，其严重性轻于发生在刑事审判中的徇私枉法罪。以拘役至10年有期徒刑作为枉法裁判罪的法定刑幅度，因轻于徇私枉法罪的法定刑幅度而具有轻罪轻刑的序的相应性，因而是合理的。

商检徇私舞弊罪、动植物检疫徇私舞弊罪，诚如逃避商检罪与逃避动物检疫罪的严重性轻于走私罪的严重性，其严重性轻于放纵走私罪的严重性，因此，此二罪的法定刑幅度应轻于放纵走私罪等的法定刑幅度才具有序的相应性。以拘役至10年有期徒刑作为此二罪的法定刑幅度，虽然轻于放纵走私罪等之已然的法定刑幅度，但由于如前所述，以15年有期徒刑作为放纵走私罪等的法定刑幅度上限因失之过重而不具有合理性，其应然的合理法定刑幅度上限充其量只应为10年有期徒刑，因此，商检徇私舞弊罪与动植物检疫徇私舞弊罪的法定刑幅度因应轻于却同于放纵走私罪之应然的合理法定刑幅度上限而不具有轻罪轻刑的序的相应性，构成一种失之过重的不合理的选择。

帮助犯罪分子逃避处罚罪，与包庇罪一样，都是使犯罪人逃避刑事制裁的行为，因此，二者的严重性大致相当。以拘役至10年有期徒刑作为帮助犯罪分子逃避处罚罪的法定刑幅度，与包庇罪的法定刑幅度相当，符合同罪同刑的序的相应性规定，具有其合理性。

以拘役至7年有期徒刑为法定刑幅度的犯罪是故意泄露国家秘密罪，过失泄露国家机密罪，徇私舞弊减刑、假释、暂予监外执行罪，徇私舞弊不移交刑事案件罪，国家机关工作人员签订、履行合同失职罪，非法批准征用、占有土地罪，非法低价出让国有土地使用权罪，办理偷越国（边）境人员出入境证件罪，放行偷越国（边）境人员罪与阻碍解救被拐卖、绑架妇女、儿童罪。

故意泄露国家秘密罪，本章前文已述，是非法获取国家秘密罪的对偶犯罪，两者的严重性相当。以拘役至7年有期徒刑作为此罪的法定刑幅度，因与非法获取国家秘密罪的法定刑幅度相当而符合同罪同刑的配刑的序的相应性规定，具有其合理性。过失泄露国家秘密罪，因系过失而属绝对意义上的轻罪，以拘役至 7 年有期徒刑为其法定刑幅度，因不含重刑而具有基的相应性。但是，以此作为过失泄露国家秘密罪的法定刑幅度，却因与故意泄露国家秘密罪的法定刑幅度相同而未体现过失犯罪与故意犯罪的严重性之差，不具有轻罪轻刑的序的相应性，因失之过重而不合理。徇私舞弊减刑、假释、暂予监外执行罪与徇私舞弊不移交刑事案件罪，均系徇私舞弊性质的犯罪，而且，其目的均系使犯罪人少受或免受惩罚，因而严重性大致相当。同时，此二罪均只包含对犯罪人有利的因素，而不包含使不应受刑事处罚的人受到刑事处罚的因素，因而不至于造成侵犯他人人身权利的严重后果，因此，其严重性均轻于包含使不应受刑事处罚的人受到刑事处罚因素的徇私枉法罪。同以拘役至 7 年有期徒刑作为此二罪的法定刑幅度，符合同罪同刑序的相应性规定，又因轻于徇私枉法罪的法定刑幅度而具有轻罪轻刑的序的相应性，因而是合理的。

国家机关工作人员签订、履行合同失职罪是一种过失犯罪，因而属绝对意义上的轻罪。而且，此罪与玩忽职守罪只是发生的领域不同，在本质上都是一种失职犯罪，因此，此罪的严重性与玩忽职守罪大致相当。以拘役至 7 年有期徒刑作为此罪的法定刑幅度，既避免了重刑，具有基的相应性，又与玩忽职守罪的法定刑幅度相同，具有同罪同刑的序的相应性，因而是合理的。

非法批准征用、占有土地罪、非法低价出让国有土地使用权罪，都是与土地权有关的犯罪，其危害均只是造成财产或经济损失等，而不至于侵犯人身权利，因此，其严重性轻于徇私枉法罪等罪。同时，土地的特殊性决定了非法批准征用、占有或低价出售的国有土地使用权具有可复原性，一般不至于造成不可挽回的损失，因此，非法批准征用、占有土地罪与非法低价出售国有土地使用权罪的严重性也轻于徇私舞弊不征、少征税款罪与放纵走私罪等经济领域的徇私舞弊罪。以拘役至 7 年有期徒刑为此二罪的法定刑幅度，远轻于徇私枉法罪等之法定刑幅度，又轻于徇私舞弊不征、少征税款罪与放纵走私罪等的应然的合理法定刑幅度，具有序的相应性，因而是合理的。

办理偷越国（边）境人员出入境证件罪与放行偷越国（边）境人员罪的罪名是对特别刑法有关规定的沿用。前章已述，特别刑法以 10 年有期徒刑作为此二罪的法定刑幅度上限因失之过重而不具有合理性。1997 年刑法将此二罪的法定刑幅度上限减轻至 7 年有期徒刑，避免了与运送他人偷越国（边）境罪的法定刑幅度相同的序的不相应性，从而是一种合理的选择，不需赘述。

阻碍解救被拐卖的妇女、儿童罪，从罪名到法定刑幅度均是对特别刑法有关规定的沿用。其法定刑幅度的合理性，前章已述，在此不赘。

以拘役至 5 年有期徒刑为法定刑幅度的犯罪是滥用管理公司、证券职权罪，放纵制售伪劣商品犯罪行为罪与不解救被拐卖、绑架妇女、儿童罪。

滥用管理公司、证券职权罪，虽是一种职务上的犯罪，但其危害主要表现为妨害公司与证券管理秩序，因此，其严重性与妨害对公司、企业的管理秩序罪大致相当。以拘役至 5 年有期徒刑作为此罪的法定刑幅度，与妨害对公司的管理秩序罪中严重性居中的种罪的法定刑幅度相当，基本上是合理的。

放纵制售伪劣商品犯罪行为罪，既然是制售伪劣商品犯罪的附随性犯罪，其严重性便取决于制售伪劣商品罪的严重性。制售伪劣商品罪中含有可致人死、伤因素的种罪，其严重性至少不亚于不包含可致人死、伤因素的走私罪。与此相适应，放纵制售伪劣商品罪的严重性不亚于放纵走私罪。既然如此，放纵制售伪劣商品罪的法定刑幅度应同于放纵走私罪的法定刑幅度才具有序的相应性。以拘役至 5 年有期徒刑作为放纵制售伪劣商品罪的法定刑幅度，远轻于放纵走私罪之已然的法定刑幅度，不具有同罪同刑的相应性，因失之过轻而不具有合理性。①

不解救被拐卖妇女、儿童罪系新增之罪。这是一种以不履行职责的消极不作为方式构成的犯罪，其严重性轻于以利用职务的积极作为方式构成的阻碍解救被拐卖妇女、儿童罪。以拘役至 5 年有期徒刑作为不解救被拐卖妇女、儿童罪的法定刑幅度，因轻于阻碍解救被拐卖、妇女、儿童罪的法定刑幅度而具有轻罪轻刑序的相应性，因而是合理的。

以拘役至 3 年有期徒刑为法定刑幅度的犯罪是违法发放林木采伐许可证罪，环境监管失职罪，传染病防治失职罪，商检失职罪，动植物检疫失职罪，招收公务员、学生徇私舞弊罪与失职造成珍贵文物毁损、流失罪。

环境监管失职罪、传染病防治失职罪、商检失职罪、动植物检疫失职罪与失职造成珍贵文物毁损、流失罪均系过失犯罪，因而属于绝对意义上的轻罪之列。同时，此五罪不具有致人伤亡的因素，其危害轻于重大责任事故罪等重过失罪，因而又属轻罪中的轻罪。以拘役至 3 年有期徒刑作为此 5 罪的法定刑幅度，既属绝对意义上的轻刑，符合短期自由刑的分配规定，具有基的相应性，

---

① 鉴于以 15 年有期徒刑作为放纵走私罪的法定刑幅度上限失之过重，其应然的自然递减法定刑幅度上限充其量只应为 10 年有期徒刑；鉴于以 5 年有期徒刑作为放纵制售伪劣商品行为罪的法定刑幅度上限失之过轻，其应然的自然递增法定刑幅度上限至少应为 7 年有期徒刑。而以 10 年有期徒刑作为放纵走私罪的法定刑幅度上限与以 7 年有期徒刑作为放纵制售伪劣商品罪的法定刑幅度上限仍不能体现同罪同罚序的相应性，按照避重就轻的原则（详见邱兴隆著：《刑罚理性导论——刑罚的正当性原论》，中国政法大学出版社 1998 年版，第 389—390 页），合理的选择应是将放纵走私罪的法定刑幅度上限也确定为 7 年有期徒刑。

又轻于重大责任事故罪等的法定刑幅度,具有轻罪轻刑的序的相应性。

违法发放林木采伐许可证罪的直接危害在于破坏森林管理法律秩序,间接危害是为滥伐林木提供便利,导致森林资源被破坏,因而可以理解为滥伐林木罪的一种间接帮助行为,其严重性轻于直接破坏森林资源的滥伐林木罪。以拘役至3年有期徒刑作为违法发放林木采伐许可证罪的法定刑幅度,因轻于盗伐林木罪的法定刑幅度而具有序的相应性。

招收公务员、学生徇私舞弊罪的危害在于破坏公务员与学生招收管理秩序,导致公务员或学生不合格。由于此罪不具有造成有形的物质性损害的可能性,其严重性居渎职类罪之末,以拘役至3年有期徒刑作为其法定刑幅度,具有最轻罪刑最轻的序的相应性,因而是合理的。

综上所述,1997年刑法所确认的渎职罪中,徇私舞弊不征、少征税款罪,徇私舞弊发售发票、抵扣税款、出口退税罪,放纵走私罪,玩忽职守罪,商检徇私舞弊罪,动植物检疫徇私舞弊罪,过失泄露国家机密罪的法定刑幅度失之过重而不具有合理性,放纵制售伪劣商品罪的法定刑幅度因失之过轻而不具有合理性。除此之外的其他种罪的法定刑幅度均具有其合理性。

第十节 军人违反职责类罪法定刑幅度评价

1997年刑法共确认了31种军人违反职责罪。其中,有1种以10年有期徒刑至死刑为法定刑幅度,5种以3年有期徒刑至死刑为法定刑幅度,3种以6个月有期徒刑至死刑为法定刑幅度,3种以拘役至死刑为法定刑幅度,2种以拘役至无期徒刑为法定刑幅度,3种以6个月有期徒刑至15年有期徒刑为法定刑幅度,3种以拘役至15年有期徒刑为法定刑幅度,3种以拘役至10年有期徒刑为法定刑幅度,1种以6个月有期徒刑至7年有期徒刑为法定刑幅度,3种以拘役至7年有期徒刑为法定刑幅度,2种以6个月至5年有期徒刑为法定刑幅度,1种以6个月至3年有期徒刑为法定刑幅度,1种以拘役至3年有期徒刑为法定刑幅度。

以10年有期徒刑至死刑为法定刑幅度的犯罪是为境外窃取、刺探、收买、非法提供国家秘密罪。军事秘密事关军队的安危、战役的成败,因而属于最重要的国家秘密。因此,为境外窃取、刺探、收买、非法提供军事秘密罪的严重性重于为境外窃取、刺探、收买、非法提供国家秘密罪。按照配刑序的相应性规定,前者的法定刑幅度应重于后者。另外,正由于军事秘密事关军队的安危、战役的成败,其一旦落入敌手即有可能导致军队受到打击、战役失败,从而造成人员的大量伤亡,为境外窃取、刺探、收买、非法提供军事秘密罪的危害中包含有致人死亡的因素。据此，其可以死刑作为法定刑幅度上限。以死刑作为为境外窃取、刺探、收买、非法提供军事秘密罪的法定刑幅度上限，既合死刑的等价分配规定，又重于作为为境外窃取、刺探、收买、提供军事秘密罪之应然的合理法定刑幅度上限的无期徒刑而具有重罪重刑的序的相应性，因而是合理的。然而，一方面，军事秘密有轻重等级之分；另一方面，窃取、刺探、收买、提供军事秘密也可能发生在平时因而不至于造成重大直接危害，因此，此罪存在在平时为境外窃取、刺探、收买、提供不太重要的秘密之类严重性轻的情况。以10年有期徒刑作为此罪的法定刑幅度下限，因超出此罪之严重性下限、失之过重而不具有基的相应性。同时，相对于作为为境外窃取、刺探、收买、非法提供国家秘密罪的法定刑幅度下限的管制，以10年有期徒刑作为为境外窃取、刺探、收买、非法提供军事秘密罪的法定刑幅度下限，明显超出此二罪之严重性下限的差距而失之过重。因此，为境外窃取、刺探、收买、提供军事情报罪的法定刑幅度下限因失之过重而不具有合理性。

以3年有期徒刑至死刑为法定刑幅度的犯罪是战时违抗命令罪，隐瞒、谎报军情罪，拒传、假传军令罪，投降罪与非法出卖、转让武器装备罪。

战时违抗命令罪，隐瞒、谎报军情罪，拒传、假传军令罪均具有直接导致战斗、战役遭受重大损失的可能。因此，此罪属最严重的军人违反职责罪。另外，战斗、战役受重大损失不可避免地包含人员的牺牲，因此，此三罪具有致人死亡的因素。以3年有期徒刑至死刑作为此三罪的法定刑幅度，既使其居类罪法定刑幅度最重者之列，具有最重罪刑最重的序的相应性，又符合死刑的等价分配规定，具有基的相应性，因而具有合理性。

投降罪可能表现为军官乃至高级军官率众投降，而这种率众投降可能导致战斗、战役遭受重大损失，因此，其严重性不亚于前列战时违抗命令等罪。另外，此罪正因为可能导致战斗、战役失败，所以具有直接致人死亡的因素，因而具有分配死刑的等价前提。① 以3年有期徒刑至死刑作为此罪的法定刑幅度，既因与严重性重于此罪的战时违抗命令等罪的法定刑幅度相同而不具有轻罪轻刑的序的相应性，又因违背死刑的等价分配规定而不具有基的相应性，②

---

① 1997年《刑法》第423条第二款所规定的适用死刑的唯一前提是"投降后为敌人效劳的"。而"投降后为敌人效劳"既不等于致战斗、战役遭受重大损失，也不等于致人死亡。因此，这一规定不是一种合乎死刑的等价分配规定的合理选择。

② 1997年《刑法》第423条第二款所规定的适用死刑的唯一前提是"投降后为敌人效劳的"。而"投降后为敌人效劳"既不等于致战斗、战役遭受重大损失，也不等于致人死亡。因此，这一规定不是一种合乎死刑的等价分配规定的合理选择。

因而是一种失之过重的不合理选择。

非法出卖、转让武器装备罪因出卖、转让的是作为战斗、战役赖以取胜之保障的武器装备而构成军人违反职责罪中的重罪。此罪一旦发生在战时，便有可能直接导致战斗、战役失败，从而具有危及人员生命的可能性。因此，以3年有期徒刑至死刑作为此罪的法定刑幅度，既符合重罪重刑的序的相应性规定，又因符合死刑的等价分配规定而具有基的相应性，因而具有其合理性。

以6个月有期徒刑至死刑为法定刑幅度的犯罪是战时临阵脱逃罪、战时造谣惑众罪与战时残害居民、掠夺居民财物罪。

战时临阵脱逃罪，具有导致战斗、战役失败的可能性，因而包含致人死亡的因素。然而，临阵脱逃是一种消极避敌的行为，其严重性轻于主动投降敌人的投降罪。与此罪之导致战斗、战役失败与人员死亡的严重性上限相适应，可以死刑作为其法定刑幅度上限，而与其严重性轻于投降罪相适应，其法定刑幅度又应轻于投降罪的法定刑幅度。由于在死刑之上不存在更严厉的刑罚，战时临阵脱逃罪与投降罪这两种均可分配死刑的犯罪的法定刑幅度不可能从上限体现轻重之别，因此，唯一可作的选择是以下限的不同来体现两者应有的轻重之别。有鉴于此，以6个月有期徒刑至死刑作为战时临阵脱逃罪的法定刑幅度，因下限轻于投降罪的法定刑幅度而符合轻罪轻刑的序的相应性规定，具有其合理性。

战时造谣惑众罪的危害在于动摇军心，而在战时，军心的稳定与否，对于战斗、战役的成败关系重大。尤其在勾结敌方造谣惑众的情况下，造谣惑众本身构成敌方军事计划的一部分，往往可能导致战斗、战役的失败。然而，即使在因军心不稳而导致战斗、战役失败的情况下，战时造谣惑众行为与危害结果之间的关系也不如投降行为与战斗、战役失败之间的关系直接而密切。因为投降至少直接从局部代表着敌方的胜利，而造谣惑众必须以军心被严重动摇为中介才可能导致战斗或战役失败。因此，战时造谣惑众罪具有使战斗、战役失败、致人死亡的可能性，可以死刑为其法定刑幅度上限，而基于其严重性轻于投降罪，其法定刑幅度也应轻于投降罪的法定刑幅度。以6个月有期徒刑至死刑作为此罪的法定刑幅度，下限低于作为投降罪的下限的3年有期徒刑，构成在无法以法定刑幅度上限体现配刑的序的相应性时情况下，以下限的不同体现这一相应性的唯一可作的选择，因而具有其合理性。

战时残害居民、掠夺财物罪，是一种国际犯罪。基于此罪包含残害居民的行为，其具有杀害无辜的因素，其法定刑幅度可以死刑为上限。而基于其包含掠夺财物的行为，在具体情况下，此罪可能表现为非暴力伪盗窃、抢夺行为，因此，其严重性下限较低，其法定刑幅度下限因而应较轻。以6个月有期徒刑至死刑作为此罪的法定刑幅度，上、下限均与此罪的严重性具有对应性，符合配刑基的相应性规定，具有其合理性。

以拘役至死刑的犯罪是阻碍执行军务罪，军人叛逃罪与盗窃、抢夺武器装备、军用物资罪。

阻碍执行军务罪虽然包含暴力手段，而一旦在行为过程中实施了故意杀人行为，便应按故意杀人罪单论、并罚，因此，此罪应属不包括故意致人于死的因素的犯罪。以死刑作为此罪的法定刑幅度上限，不符合死刑的等价分配规定，因失之过重而不具有合理性。

军人叛逃罪，既不是战时投降行为，不存在导致战斗、战役失败之问题，又不是一种暴力性犯罪，不存在致人死亡的因素，因而不具有分配死刑的等价前提。① 以死刑作为此罪的法定刑幅度上限，不符合配刑基的相应性规定，因失之过重而不具有合理性。②

盗窃、抢夺武器装备、军用物资罪，与作为危害公共安全罪的盗窃、抢夺枪支、弹药、爆炸物罪的严重性大致相当，且不具有致人死亡的因素。以死刑作为盗窃、抢夺武器装备、军用物资罪的法定刑幅度上限，与以死刑作为盗窃、抢夺枪支、弹药、爆炸物罪的法定刑幅度上限一样，因不符合死刑的等价分配规定而不具有基的相应性，是一种失之过重的不合理选择。

以拘役至无期徒刑为法定刑幅度的犯罪是故意泄露军事秘密罪与过失泄露军事秘密罪。

诚如故意泄露国家秘密罪的严重性轻于为境外窃取、刺探、收买、非法提供国家秘密罪，故意泄露军事秘密罪的严重性也轻于为境外窃取、刺探、收买、非法提供军事情报罪；诚如为境外窃取、刺探、收买、非法提供军事情报罪的严重性重于为境外窃取、刺探、收买、非法提供国家情报罪，故意泄露军事秘密罪的严重性重于故意泄露国家秘密罪。因此，根据配刑序的相应性规定，故意泄露军事秘密罪的法定刑幅度应轻于为境外窃取、刺探、收买、非法提供军事秘密罪的法定刑幅度、重于故意泄露国家秘密罪的法定刑幅度。以拘役至无期徒刑作为故意泄露军事秘密罪的法定刑幅度，轻于为境外窃取、刺

---

① 即使根据法条的规定，此罪适用死刑的前提也仅仅是"驾驶航空器、舰船叛逃等"，而不是导致战斗、战役失败或致人死亡。因此，以死刑作为此罪的法定刑幅度上限之不等价性极为明显。

② 即使根据法条的规定，此罪适用死刑的前提也仅仅是"驾驶航空器、舰船叛逃等"，而不是导致战斗、战役失败或致人死亡。因此，以死刑作为此罪的法定刑幅度上限之不等价性极为明显。

探、收买、非法提供军事情报罪的法定刑幅度，重于故意泄露国家秘密罪的法定刑幅度，具有序的相应性。但是，这种序的相应性所体现配刑的合理性是有限的。原因在于，按照配刑的立法理性规定，法定刑幅度的分配应避重就轻。而以无期徒刑作为故意泄露国家秘密罪之法定刑幅度上限，与作为为境外窃取、刺探、收买、非法提供军事秘密罪的法定刑幅度上限的死刑衔接密切，相距极近，但与作为故意泄露国家秘密罪之法定刑幅度上限的 7 年有期徒刑却相距极远，从而极其明显地表现出趋重避轻的倾向，违背避重就轻的配刑理性规定。因此，严格说来，故意泄露军事秘密罪的法定刑幅度因上限过重而不具有合理性。

过失泄露军事秘密罪，既然是一种过失犯罪，其便属绝对意义上的轻罪，因此，其法定刑幅度应绝对排除重刑才具有基的相应性。另外，唯其是一种过失犯罪，严重性轻于故意泄露军事秘密罪的法定刑幅度才具有序的相应性。以拘役至无期徒刑作为过失泄露军事秘密罪的法定刑幅度，其上限为仅次于死刑的绝对重刑，明显地违背配刑基的相应性规定，同时又与故意泄露军事秘密罪之失之过重的不合理的法定刑幅度完全相同，严重违背轻罪轻刑的配刑序的相应性规定。因此，过失泄露军事秘密罪的法定刑幅度是一种极端无理的选择。

以 6 个月至 15 年有期徒刑为法定刑幅度的犯罪是违令作战消极罪、非法获取军事秘密罪与私放俘虏罪，以拘役至 15 年有期徒刑为法定刑幅度的犯罪是遗弃武器装备罪、擅离、玩忽军事职守罪与虐待部属罪。

违令作战消极罪与擅离、玩忽军事职守罪均属过失犯罪。按照评价犯罪的严重性的罪过决定律，此二罪应属绝对意义上的轻罪，应该排除以重刑作为其法定刑幅度。另外，此二罪又可能导致战斗或战役失败、人员大量伤亡等严重后果，因此，其严重性重于重大责任事故罪等普通犯罪中的重过失罪。有鉴于此，此二罪既不应以重刑作为法定刑幅度，又应以重于重大责任事故罪等的法定刑幅度的刑罚作为法定刑幅度，以便从基到序都符合配刑的相应性规定。受制于不能以重刑作为法定刑幅度的基的相应性，此二罪的合理法定刑幅度上限充其量只能是作为中期自由刑上限的 10 年有期徒刑；受制于应重于重大责任事故罪等普通重过失犯罪法定刑幅度之序的相应性，此二罪的法定刑幅度上限应重于作为重大责任事故罪等之法定刑幅度上限的 7 年有期徒刑。综合这两方面的因素，以 10 年有期徒刑作为此二罪的法定刑幅度上限，是唯一合理的选择。既然如此，以拘役至 15 年有期徒刑为此二罪的法定刑幅度，便因上限失之过重而是一种不合理的选择。

诚如非法获取国家秘密罪的严重性同于故意泄露国家秘密罪，非法获取军事秘密罪的严重性同于故意泄露军事秘密罪；诚如为境外窃取、刺探、收买、提供军事情报罪的严重性重于为境外窃取、刺探、收买、提供国家情报罪、故意泄露军事秘密罪的严重性重于故意泄露国家秘密罪，非法获取军事秘密罪的严重性重于非法获取国家秘密罪。有鉴于此，非法获取军事秘密罪的法定刑幅度只有既同于故意泄露军事秘密罪，又重于非法获取国家秘密罪，才具有序的相应性。而如前所述，以无期徒刑作为故意泄露军事秘密罪的法定刑幅度上限失之过重，其应然的合理法定刑幅度上限充其量只应为15年有期徒刑，而非法获取国家秘密罪的法定刑幅度上限为7年有期徒刑。以6个月至15年有期徒刑作为非法获取军事情报罪的法定刑幅度，既与故意泄露军事秘密罪之应然的合理法定刑幅度相当，又重于故意泄露国家秘密罪的法定刑幅度，符合配刑的序的相应性规定，具有其合理性。

私放俘虏罪是军人违反职责罪中特有的种罪，难以找到相应的参照系来评价其严重性的序。但是，此罪的性质决定了其既不至于直接导致战斗、战役失败，又不具有致人死伤的因素，因此，其严重性的基不太重，而且轻于战时违背抗命令罪、投降罪等犯罪。以6个月至15年有期徒刑作为此罪的法定刑幅度，使其轻重居类罪法定刑幅度之中，基本上可以认为是合理的。

遗弃武器装备罪，其行为方式仅限于遗弃不应遗弃的武器装备，不具有直接导致战斗、战役失败与致人死亡的因素，其严重性显然轻于向敌方缴械的投降罪与将武器装备非法出卖、转让的非法出卖、转让武器装备罪。以拘役至15年有期徒刑作为此罪的法定刑幅度，轻于以死刑为上限的投降罪与非法出卖、转让武器装备罪，具有轻罪轻刑的序的相应性，因而是合理的。

虐待部属罪是一种滥用职权虐待部下的犯罪，其严重性重于家庭成员间发生的虐待罪。因为后者不存在造成动摇军心等恶劣影响的可能性，而虐待部属罪除了侵犯部属的人身权利，还具有动摇军心等可能性。然而，正如虐待罪中的致人重伤、死亡不是出于故意一样，虐待部属罪中的致人重伤、死亡也不是出于故意。因此，虐待部属罪不属特别严重的军人违反职责罪。以拘役至15年有期徒刑作为此罪的法定刑幅度，重于普通犯罪中的虐待罪的法定刑幅度，轻于战时违抗命令罪等种罪的法定刑幅度，具有序的相应性，因而有其合理性。

以拘役至10年有期徒刑为法定刑幅度的犯罪是指使部属违反职责罪，擅自出卖、转让军队房地产罪与战时拒不救治伤病军人罪。

指使部属违反职责罪，所指使违反的只是普通职责，而不是重要职责。因为凡违背重要职责的行为均构成犯罪，指使部属实施构成犯罪的违背重要职责的行为，应以军人违反职责罪的教唆犯论处，不单独构成指使部属违反职责罪。因此，指使部属违反职责罪不属类罪中的重罪，其严重性居类罪中诸种罪严重性之中。以拘役至10年有期徒刑作为此罪的法定刑幅度，使之居类罪法定刑幅度之中，具有中罪中刑的相应性，因而基本上是合理的。

擅自出卖、转让军队房地产，是军职罪中的一种经济犯罪，其不具有直接导致战斗、战役失败或致人伤亡的可能性，因而不属类罪中的重罪。同时，房地产之于军队的意义与作用小于武器装备的意义与作用，因此，擅自出卖、转让军队房地产罪的严重性轻于非法出卖、转让武器装备罪。以拘役至10年有期徒刑作为擅自出卖、转让军队房地产罪的法定刑幅度，轻于非法出卖、转让武器装备罪之法定刑幅度且居类罪法定刑幅度之中，符合轻罪轻刑、中罪中刑的序的相应性规定，具有其合理性。

战时拒不救治伤病军人罪，是一种不作为犯罪，虽然其也可能导致死伤结果，但导致死伤的直接原因是伤、病，拒不救治只是其间接原因。因此，此罪不属类罪中的重罪。以拘役至10年有期徒刑作为此罪的法定刑幅度，具有中罪中刑的相应性，因而可以认为是合理的。

以6个月至7年有期徒刑为法定刑幅度的犯罪是战时自伤罪，以拘役至7年有期徒刑为法定刑幅度的犯罪是逃离部队罪、武器装备肇事罪与擅自改变武器装备编配用途罪。

战时自伤身体罪的目的在于逃避军事义务，侵犯的权益是军人参战秩序，由于此罪损害的只是自伤者自身的身体，除此之外，不具有造成任何有形损害的可能性，而且，其是单个人实施的消极逃避军事义务的行为，其对参战秩序的危害不大，因此，此罪的严重性远轻于战时监阵脱逃等罪而属类罪中的相对轻罪。以6个月至7年有期徒刑作为此罪的法定刑幅度，远轻于战时监阵脱逃罪等的法定刑幅度，属类罪法定刑幅度中下之列，具有与此罪之相对较轻的严重性之相应性，因而有其合理性。

逃离部队罪的目的也在于逃避兵役义务，侵犯的权益是兵役秩序，严重性大致与战时自伤相当。以拘役至7年有期徒刑作为此罪的法定刑幅度，与战时自伤罪的法定刑幅度大致相当，符合配刑序的相应性规定，具有合理性。

武器装备肇事罪，是一种过失犯罪，因而属不应配重刑之罪。同时，武器装备与危险物品的性质相当，因此，武器装备肇事罪的严重性与危险物品装备罪相当。另外，武器装备肇事不至于造成战斗或战役失败等严重后果，因此，其严重性又轻于擅离、玩忽军事职守罪。以拘役至7年有期徒刑作为此罪的法定刑幅度，不包含重刑，具有基的相应性，且轻于擅离、玩忽军事职守罪的法定刑幅度、同于危险物品肇事罪的法定刑幅度，具有序的相应性，因而有其合理性。

擅自改变武器装备编配用途罪，侵犯的权益是武器装备管理秩序，其行为方式是擅自挪用武器装备。正由于此罪只是挪用武器装备，构成对武器装备的使用权的侵犯，而不构成对其所有权的侵犯，因此，其严重性轻于放弃武器装备所有权的遗弃武器装备罪。以拘役至 7 年有期徒刑作为此罪的法定刑幅度，因轻于遗弃武器装备罪的法定刑幅度而具有轻罪轻刑的序的相应性，因而有其合理性。

以 6 个月至 5 年有期徒刑为法定刑幅度的犯罪是拒不救援友邻部队罪与遗弃伤病军人罪，以 6 个月至 5 年有期徒刑为法定刑幅度的犯罪是虐待俘虏罪，以拘役至 3 年有期徒刑为法定刑幅度的犯罪是遗弃武器装备罪。

拒不救援友邻部队罪，是一种过失犯罪，因而属于绝对意义上的轻罪，其法定刑幅度应排除重刑。另外，此罪虽然可能导致阵地失陷、进攻受挫、人员伤亡、装备毁损等严重后果，但敌方的攻击是其直接而主要的原因，拒不救援的行为只是其间接而次要的原因，因此，其严重性轻于擅离、玩忽军事职守、武器装备肇事之类重过失罪。以拘役至 5 年有期徒刑作为此罪的法定刑幅度，因只包含短期自由刑而具有基的相应性，又因轻于擅离、玩忽军事职守、武器装备肇事之类犯罪的法定刑幅度而具有序的相应性，因而有其合理性。

遗弃伤病军人罪，与拒不救治伤病军人罪一样，侵犯的权益是战场救护秩序，且两者的危害结果均可能是致伤病军人伤亡。因此，两者的客观危害大致相当。然而，遗弃伤病军人罪的实施者只限于负有专门救治之责的人员，而拒不救治伤病军人罪的实现者仅限于负有专门救治之责的人员，根据评价犯罪的身份决定律，后罪的严重性轻于前罪。以拘役至 5 年有期徒刑作为遗弃伤病军人罪的法定刑幅度，因轻于拒不救治伤病军人罪的法定刑幅度而具有轻罪轻刑的序的相应性、因而是合理的。

虐待俘虏罪，以俘虏为虐待对象。而作为人，解除武装的俘虏与普通人享有同样的人权，因此，对俘虏的生命、健康与其作为人的正当权利应予以同等保护。而且，与虐待部属罪和虐待家庭成员罪一样，虐待俘虏也具有致人死、伤的可能。因此，虽然虐待俘虏罪因不具有动摇军心的因素而在严重性上轻于虐待部属罪，但其严重性并不亚于普通虐待罪。与此相适应，虐待俘虏罪的法定刑幅度应轻于虐待俘虏罪的法定刑幅度，接近于虐待罪的法定刑幅度。以 6 个月至有 3 年期徒刑作为虐待俘虏罪的法定刑幅度，虽轻于虐待部属罪的法定刑幅度而不具有轻罪轻刑的相应性，但因其上限应接近却明显也轻于虐待罪的法定刑幅度上限而具有重罪重刑的相应性，因失之过轻而不具有合理性。

遗失武器装备罪是一种过失犯罪，且不具有任何直接致人伤亡或经济损失的可能性，因而既属绝对意义上的轻罪，又属严重性轻于武器装备肇事罪、拒不救援友邻部队罪等轻罪中的轻罪。以拘役至 3 年有期徒刑作为此罪的法定刑幅度，因属绝对意义上的轻罪而具有最轻罪刑最轻的相应性，因而是合理的。

第四章 配刑立法反思（四）
——法定刑格的评价

  法定刑幅度的确定，是刑罚的第一次分配即立法上刑之分配的重要内容，但不是其唯一内容，严格说来，其只是立法上刑之初步分配。因为其限定的只是种罪的量刑范围。构成立法上刑之分配的另一重要内容即立法上刑之再分配的是法定刑格的划分，其限定的是同一种罪中诸个罪的量刑范围。与此相适应，对法定刑幅度的正当性评价只是对刑罚第一次分配的初步反思。只有在此基础上，进一步对法定刑格的正当性予以评价，才是对刑罚的第一次分配的终极反思。逐一评价诸种罪法定刑格确定的正当性，失之烦琐而庞杂。因此，对法定刑格的反思，只需归纳、例举，余者可举一反三，依此类推。

第一节 1979年刑法法定刑格评价

一、法定刑格的合理性

  1979年刑法法定刑格的划分，在较大程度上具有其合理性。主要表现在其在大多数情况下符合划分法定刑格的立法理性规定与配刑的一般理性规定。

（一）刑轻未分格

  按照划分法定刑格的立法理性规定，刑轻不分格。[1] 也就是说，对以轻微的短期自由刑为唯一法定刑幅度的种罪，不应划分轻重等级。在1979年刑法中，有关法定刑的规定，对这一立法理性规定体现较为充分。如侵犯公民人身权利、民主权利类罪中，破坏选举罪，非法管制、搜查或侵入他人住宅罪，侮辱罪，诽谤罪，侵犯少数民族风俗习惯罪与侵犯公民通信自由罪等的法定刑的上限都在3年有期徒刑以下，未划分刑格；在破坏经济秩序类罪中，偷税、抗

---

[1] 详见邱兴隆：《刑罚理性导论——刑罚的正当性原论》，中国政法大学出版社1998年版，第390—391页。

税罪，假冒商标罪，盗伐、滥伐森林罪，非法捕捞罪与非法狩猎罪等以 3 年以下有期徒刑为上限的法定刑亦未分格；侵犯财产类罪中的故意毁坏公私财物罪，妨害社会管理秩序类罪中的妨碍公务罪，拒不执行判决罪，扰乱社会秩序罪，扰乱公共场所秩序罪，私藏枪支、弹药罪，赌博罪，制作、贩卖淫书淫画罪，窝赃、销赃罪，偷越国（边）境罪，组织、运送他人偷越国（边）境罪与违犯国境卫生检疫规定罪，妨害婚姻、家庭类罪中的重婚罪、破坏军婚罪、遗弃罪与拐骗儿童脱离家庭罪，渎职类罪中的行贿罪、介绍贿赂罪、玩忽职守罪、妨害邮电通信罪等罪的法定刑都未分格，而这些犯罪的法定刑上限均为 5 年以下有期徒刑。由于诸如此类犯罪的法定刑幅度均只限于短期自由刑，即使司法者在量刑时出现畸轻畸重的差误，判定刑也不至于过分违背轻罪轻刑、重罪重刑的配刑理性规定，因此，不就这些法定刑分格，具有其合理性。

(二) 幅度越大分格越细

按照划分法定刑格的立法理性规定，法定刑幅度越大，格的划分便应越细。① 1979 年刑法有关法定刑的规定，基本上体现了这一立法理性规定。如诸类犯罪中法定刑上限在 7 年以上的种罪的法定刑大都被分为 2 格；而伤害罪、盗窃罪、诈骗罪、抢夺罪与贪污罪之类种罪的法定刑以管制或拘役为下限，以无期徒刑为上限，幅度极大，因而被划分为 3 格。诸如此类幅度大的法定刑，轻刑与重刑之间在严厉性上相距悬殊，一旦在量刑时发生偏差，必然严重背离轻罪轻刑、重罪重刑的配刑的一般理性规定。因此，将其按种罪中可能出现的个罪的严重性程度划分相应的严厉性不同的等级，有助于避免量刑时的轻罪重刑与重罪轻刑，符合配刑的一般理性规定。

(三) 以基本情节的轻重作为分格的基准

按照划分法定刑格的立法理性规定，应以种罪所属个罪的基本情节的轻重作为划分法定刑格的基准。② 1979 年刑法有关法定刑格的规定，对这一立法理性规定的体现同样较为明显，可具体展示如下：

1. 以危害后果的大小作为分格的根据。危害后果，直接体现着权益所受的侵害程度，因而构成个罪的基本情节，以危害后果的轻重作为划分法定刑

---

① 详见邱兴隆著：《刑罚理性导论——刑罚的正当性原论》，中国政法大学出版社 1998 年版，第 391 页。

② 详见邱兴隆著：《刑罚理性导论——刑罚的正当性原论》，中国政法大学出版社 1998 年版，第 391 页。

格的根据，符合以个罪之可能的基本情节划分法定刑格的基准的立法理性规定。在1979年刑法中，相当一部分种罪的法定刑，正是以种罪所属个罪可能引起的危害后果的大小作为分格的根据。如在危害公共安全类罪中，放火罪、决水罪、爆炸罪、投毒罪、以危险方法危害公共安全罪、破坏交通工具罪、破坏交通设备罪与破坏易燃易爆设备罪的法定刑均被以是否造成严重后果为根据，划分为3年以上10年以下有期徒刑与10年以上有期徒刑至死刑2格；破坏广播通讯设备罪的法定刑被以是否造成严重后果为根据划分为拘役至7年有期徒刑与7年以上有期徒刑2格；违反危险物品管理规定肇事罪的法定刑以是否造成严重后果划分为拘役至3年有期徒刑与3年以上7年以下有期徒刑2格。在侵犯公民人身权利、民主权利类罪中，故意伤害罪的法定刑被以所造成的后果是轻伤、重伤或死亡为根据划分为拘役至3年以下有期徒刑、3年以上7年以下有期徒刑与7年以上有期徒刑至无期徒刑3格。在妨害婚姻、家庭类罪中，暴力干涉他人婚姻自由罪的法定刑以是否引起被害人死亡的后果为根据划分为拘役至2年有期徒刑与2年至7年有期徒刑2格；虐待罪的法定刑以是否引起被害人重伤、死亡为根据划分为管制至2年以下有期徒刑与2年以上7年以下有期徒刑2格。根据评价犯罪的严重性的同一性规定，危害结果大的个罪是害恶性与预防需要均大的个罪，① 个罪的危害结果越严重，其害恶性与预防需要越大，其严重性因而越重。② 以危害后果的大小作为划分法定刑格的根据，使危害后果轻的个罪的量刑的格度轻、危害后果重的个罪量刑的格度重，符合作为配刑的一般理性规定的同一性规定，即刑罚与犯罪的后果相适应的规定，③ 因而具有其合理性。

2. 以犯罪的数额大小作为划分法定刑格的根据。在经济型或财产型犯罪中，犯罪的所得额或经营额构成犯罪的危害后果或规模大小的标志，因此，与危害后果一样，犯罪的数额构成个罪的基本情节，以犯罪数额作为划分法定刑格的根据，符合以基本情节的轻重作为划分法定刑格的基准的立法理性规定。1979年刑法对相当一部分经济型或财产型犯罪的法定刑格的划分，正是以个罪的数额为基准。如在破坏经济秩序类罪中，走私罪与投机倒把罪的法定刑被

---

① 详见邱兴隆著：《刑罚理性导论——刑罚的正当性原论》，中国政法大学出版社1998年版，第254页。
② 详见邱兴隆著：《刑罚理性导论——刑罚的正当性原论》，中国政法大学出版社1998年版，第313页。
③ 详见邱兴隆著：《刑罚理性导论——刑罚的正当性原论》，中国政法大学出版社1998年版，第341—343页。

以数额是否巨大为根据划分为拘役至 3 年有期徒刑与 3 年以上 10 年以下有期徒刑 2 格；在侵犯财产类罪中，盗窃、诈骗、抢夺罪与贪污罪的法定刑以数额巨大作为分格的标准。根据评价犯罪的同一性规定，所得或经营数额大的个罪是害恶性与预防需要均大的个罪，① 数额越大，个罪的害恶性与预防需要越大，其严重性因而越重。② 以犯罪的数额大小作为划分法定刑格的根据，使犯罪数额小的个罪的量刑格轻，犯罪数额大的个罪的量刑格重，符合作为配刑之同一性规定的刑罚与犯罪的数额相适应的理性规定，③ 具有其合理性。

3. 以在犯罪中所处地位或所起作用为划分法定刑格的根据。在只能以共同犯罪的形式构成的犯罪中，犯罪人在犯罪中所处地位或所起作用对个罪的严重性具有决定性的影响，构成个罪的基本情节。因此，在这种犯罪中，以犯罪人在犯罪中所处地位或所起作用为划分法定刑格的根据，符合以基本情节作为分格基准的立法理性规定。在 1979 年刑法中，有一部分以共同犯罪形式构成犯罪的法定刑分格根据是犯罪人在犯罪中所处地位或所起作用。如在反革命类罪中，持械聚众叛乱的首要分子或其他罪恶重大者，为上格法定刑，其他积极参加的，为下格法定刑；组织、领导反革命集团者居上格法定刑，其他积极参加者居下格法定刑。根据评价犯罪的严重性的同一性规定，共同犯罪的主犯构成完全充分加重情节，④ 共同犯罪的从犯构成完全充分减轻情节。⑤ 以犯罪人在共同犯罪中所处地位或所起作用作为确定法定刑格的根据，使主犯的量刑格重，从犯的量刑格轻，符合重罪重刑、轻罪轻刑的配刑理性规定，具有其合理性。

4. 以综合情节作为划分法定刑格的基准。综合情节，即以"情节"二字概称而未表明其具体所指的情节。法条未指明综合情节之具体所指，是因为在具体犯罪中，其基本情节较难判断，而并不意味着为综合情节所包容的具体情节可以不分主次轻重。相反，只有对权益的侵害程度起决定性作用的情节才是

---

① 详见邱兴隆著：《刑罚理性导论——刑罚的正当性原论》，中国政法大学出版社 1998 年版，第 284 页。

② 详见邱兴隆著：《刑罚理性导论——刑罚的正当性原论》，中国政法大学出版社 1998 年版，第 313 页。

③ 详见邱兴隆著：《刑罚理性导论——刑罚的正当性原论》，中国政法大学出版社 1998 年版，第 341 页。

④ 详见邱兴隆著：《刑罚理性导论——刑罚的正当性原论》，中国政法大学出版社 1998 年版，第 289 页。

⑤ 详见邱兴隆著：《刑罚理性导论——刑罚的正当性原论》，中国政法大学出版社 1998 年版，第 291 页。

个罪的主要情节即基本情节①，其他情节均只是次要的或参考性情节。因此，以综合情节作为划分法定刑格的根据，仍应理解为是以基本情节作为划分法定刑格的根据，符合划分法定刑格的立法理性规定。在1979年刑法中，大部分种罪均是以综合情节的轻重作为划分法定刑格的根据，如反革命类罪中，情节严重与否是将法定刑划分为3年以上10年以下有期徒刑与10年有期徒刑至无期徒刑2格的根据之一；情节较轻是间谍、资敌罪，反革命破坏罪与反革命杀人、伤害罪之法定刑，由上格即无期徒刑或10年以上有期徒刑降至下格即3年以上10年以下有期徒刑的根据，也是组织、利用封建迷信或会道门进行反革命活动罪由5年以上有期徒刑之上格法定刑降至5年以下有期徒刑、拘役、管制之下格法定刑的根据。情节严重是非法制造、买卖、盗窃、运输、抢夺枪支、弹药罪由7年以下有期徒刑之下格法定刑升至7年以上有期徒刑或无期徒刑之上格法定刑的根据。情节特别恶劣是交通肇事罪、重大责任事故罪的法定刑由拘役至3年有期徒刑的下格升至3年以上7年以下有期徒刑之上格的根据。同样，在其他类罪中，综合情节的严重程度也是据以划分法定刑格最多的因素。根据评价犯罪的严重性的同一性规定，综合情节严重的个罪是严重的个罪，② 综合情节越重，个罪越重，综合情节轻微的个罪是轻微的个罪，③ 综合情节越轻，个罪越轻。因此，以综合情节的轻重作为划分法定刑格的根据，使综合情节轻因而严重性轻的个罪的量刑格轻，综合情节重因而严重性重的个罪的量刑格重，因而符合刑罚与综合情节相适应的配刑的同一性规定，具有其合理性。

（四）层次分明

按照划分法定刑格的立法理性规定，格的划分应层次分明，即上格与下格不应有任何交差重叠。④ 1979年刑法中所有种罪法定刑格的划分均符合这一立法理性规定，上格法定刑的起点恰是下格法定刑的上限，不存在任何交差重叠、层次不明的情况。如故意杀人罪的上格法定刑为10年以上有期徒刑至死

---

① 详见邱兴隆著：《刑罚理性导论——刑罚的正当性原论》，中国政法大学出版社1998年版，第343页。

② 详见邱兴隆著：《刑罚理性导论——刑罚的正当性原论》，中国政法大学出版社1998年版，第286页。

③ 详见邱兴隆著：《刑罚理性导论——刑罚的正当性原论》，中国政法大学出版社1998年版，第289页。

④ 详见邱兴隆著：《刑罚理性导论——刑罚的正当性原论》，中国政法大学出版社1998年版，第391—392页。

刑，下格法定刑为 3 年以上 10 年以下有期徒刑。在这里，10 年有期徒刑构成法定刑上下格的分水岭，使法定刑的格截然划分，表现出鲜明的层次性。法定刑格的划分这种层次分明性，避免了因严厉性等级不明、层次不清而可能导致的轻罪重刑或重罪轻刑，因而符合配刑序的相应的理性规定。

（五）重罪递轻，轻罪递重

按照划分法定刑格的立法理性规定，在最严重的种罪中，法定刑的排列顺序应该是重刑在先、轻刑在后，而在其他绝大部分种罪中，法定刑的排列顺序应该是轻刑在先、重刑在后。① 1979 年刑法关于法定刑格先后的排列，基本上遵循了这一立法理性规定。如在反革命类罪中，叛国罪，颠覆政府罪，策动叛乱罪，投敌叛变罪，持械聚众叛乱罪，聚众劫狱罪，组织越狱罪，反革命破坏罪，反革命杀人、伤害罪的法定刑，在未划分格的情况下，均采取无期徒刑排列在先，有期徒刑排列在后的方式规定，在划分有格的情况下，则采取上格法定刑在先、下格法定刑在后且上格法定刑中无期徒刑列先、有期徒刑列后的方式规定；在侵犯公民人身权利、民主权利类罪中，故意杀人罪的法定刑同样是上格列先、下格列后且上格为死刑、无期徒刑列先、有期徒刑列后。而在除此以外的其他种罪中，法定刑格或格内刑种、刑期均以由轻至重的递重方式排列。重罪法定刑递轻、轻罪法定刑递重的排列方式，突出了在重罪中，重刑是常刑，在轻罪中，轻刑是常刑，既有助于刑罚的立法鉴别与立法威慑功能的发挥，又提示司法者，重刑应严格控制适用于严重种罪中的严重个罪，有助于司法上节俭用刑，因而符合重罪重刑、轻罪轻刑的配刑的一般理性规定，具有其合理性。

（六）上格幅度大，下格幅度小

按照划分法定刑格的立法理性规定，在确定法定刑格之幅度时，应做到上格幅度大、下格幅度小。② 1979 年刑法对法定刑格度的确定，基本上符合这一立法理性规定。如在反革命类罪中，投敌叛变罪，持械聚众叛乱罪，间谍、资敌罪，反革命破坏罪与反革命杀人、伤害罪的法定刑下格为 3 年以上 10 年以下有期徒刑，其幅度仅为 8 年有期徒刑，而上格法定刑为 10 年以上有期徒刑

---

① 详见邱兴隆著：《刑罚理性导论——刑罚的正当性原论》，中国政法大学出版社 1998 年版，第 392 页。

② 详见邱兴隆著：《刑罚理性导论——刑罚的正当性原论》，中国政法大学出版社 1998 年版，第 392—393 页。

至死刑，其幅度不仅包括 6 年有期徒刑，而且还包括无期徒刑与死刑，上格的幅度明显地大于下格的幅度；在侵犯公民人身权利、民主权利类罪中，故意伤害罪的下格法定刑为拘役至 3 年有期徒刑，中格法定刑为 3 年至 7 年有期徒刑，上格法定刑为 7 年有期徒刑至无期徒刑，明显地表现出上格幅度大于中格幅度、中格幅度大于下格幅度的特点。法定刑上格幅度大、下格幅度小，适应了种罪中可能有的个罪的严重性上限无限、下限有限的特点，而法定刑格上、下限均有限的特点，为在严厉性有限的法定刑与严重性无限的犯罪之间尽量实现相对意义上的轻重对应奠定了基础，符合轻罪轻刑、重罪重刑配刑的一般理性规定，具有其合理性。

二、法定刑格的无理性

1979 年刑法在法定刑格的确定上虽然具有如上所述的多方面的合理性，但其无理性也同样明显。原因在于，其在法定刑格的确定上，或此或彼地不合立法理性，因而不合配刑的一般理性规定。主要表现如下：

（一）刑重未分格

按照划分法定刑格的立法理性规定，不分格只能是以轻微的自由刑为内容的法定刑。因此，凡包括有中期自由刑的法定刑，均应分格。然而，在 1979 年刑法中，少数包含有中期自由刑的法定刑未分格。具体地说，危害公共安全类罪中的失火罪，过失决水罪，过失爆炸罪，过失投毒罪与过失以危险方法危害公共安全罪，过失破坏交通工具罪，过失破坏交通设备罪，过失破坏电力、易燃易爆设备、煤气设备罪与过失破坏广播、通信设备罪，渎职类罪中的泄露国家机密罪的法定刑以拘役为起点，上限为作为中期自由刑的 7 年有期徒刑，已超出不分格的限度，但其未分格。对于幅度重、上下限相距悬殊的法定刑不予分格，容易导致司法上混淆轻微个罪与严重个罪的界限，对轻罪处以重刑，对重罪处以轻刑，违背轻罪轻刑、重罪重刑的配刑理性规定，因而不具有合理性。

（二）划分法定刑格的根据混乱

按照划分法定刑格的立法理性规定，法定刑应以种罪所属个罪的基本情节的严重程度作为分格的根据。然而，在 1979 年刑法中，相当一部分种罪的法定刑格的划分根据处于混乱状态。主要表现为如下三种情况：

1. 主次不分。如在第 118 条中，以走私、投机倒把为常业的，走私投机倒把数额巨大的或者走私、投机倒把集团的首要分子，被并列作为法定刑升格的根据。而在走私、投机倒把犯罪中，作为决定个罪之严重性程度的只应是犯罪数额的大小，常业犯与犯罪集团的首要分子只属基本情节之外加重犯罪严重性的次要情节，其对犯罪严重性的加重影响只有在数额相同的前提下才能得以显示，其在个罪中的存在，对犯罪严重性的加重影响再大，也不至于等同于数额的增大对严重性的加重影响。以其与数额巨大并列作为法定刑升格的根据，必然导致数额较大的常业犯或数额较大的犯罪集团的首要分子与数额巨大的个罪同样处刑。这实际上否定了数额巨大作为犯罪的基本情节对于划分法定刑格的决定性作用，违背以基本情节作为分格的根据的立法理性规定，进而最终违背配刑序的相应性规定，导致异罪同刑、轻罪重刑。属于这种情况的还有第120条与第122条以"首要分子"或者"情节特别严重"并列作为法定刑升格的根据以及第160条的以"流氓集团的首要分子"作为升格的根据等。

2. 基本情节与综合情节并列作为分格的根据。如第155条规定，数额巨大、情节严重的，是贪污罪法定刑由第一格上升为第二格的根据。作为财产型犯罪，数额大小应是贪污罪的基本情节，以"数额巨大"作为法定刑升格的根据，无疑符合划分法定刑格的立法理性规定。然而，在此同时，又以作为综合情节的"情节严重"与"数额巨大"相并列而作为法定刑升格的根据，实际上是认可即使数额不巨大、但其他情节严重的个罪也应与数额巨大的个罪同格处刑，从而否定了数额巨大作为升格根据的决定性作用，背离以基本情节作为分格根据的立法理性规定与轻罪轻刑、重罪重刑序的相应性，其结果必然导致异罪同罚与轻罪重罚。

3. 分格的根据不具有同一性。如第151条所确定的盗窃、诈骗、抢夺罪之第一格法定刑之根据是"数额较大"，第152条所确定的此三罪之第二格法定刑之根据是"惯窃、惯骗或者盗窃、诈骗、抢夺公私财物数额巨大"。其所确定的此3罪之第三格法定刑的根据是"情节特别严重"。在这里，作为第一格之根据的是作为犯罪基本情节的数额，作为第二格之根据的是作为犯罪之次要情节的惯犯与作为基本情节的数额，而作为第三格之根据的则是犯罪的综合情节。据此，数额较大的惯犯与数额巨大的非惯犯必然同处第二格法定刑，数额巨大但其他次要情节特别严重的个罪则必然与数额特别巨大但其他次要情节不特别严重的个罪必然同处第三格法定刑，从而使次要情节与基本情节同样被作为分格的根据，使作为基本情节的犯罪数额的大小对法定刑格之升降的决定作用被否定，违背只有基本情节才能作为分格根据的立法理性规定，最终违背轻罪轻刑、重罪重刑的序的限制，导致异罪同刑与轻罪重刑。属于这种情况的分格根据不合理现象的还有第155条的以"数额巨大、情节严重"作为第二格的根据,而以"情节特别严重"作为第三格的根据等。

（三）上格幅度小,下格幅度大

按照配刑的立法理性规定,划分法定刑格时,应使上格幅度大于下格幅度。然而,在1979年刑法中,有少数犯罪的法定刑却是上格幅度小、下格幅度大。如在反革命类罪中,以死刑为法定刑上限的犯罪,实际上被划分为由有期徒刑至无期徒刑的下格与死刑构成的上格,从而使上格不存在任何可伸缩的幅度；在侵犯财产类罪中,贪污罪的上格只包括无期徒刑与死刑,而其中格为5年以上15年以下有期徒刑,幅度长达11年有期徒刑,以至于上格因是2个不具有可分性的刑种而伸缩余地极小。上格幅度小,使同居上格的个罪之间的严重性的较大差异,难以通过处刑的轻重得到应有的体现,异罪同刑在所难免,因而违背轻罪轻刑、重罪重刑的配刑理性规定,不具有合理性。

第二节 特别刑法法定刑格评价

一、法定刑格的合理性

与1979年刑法中法定刑格的划分一样,特别刑法有关法定刑格的划分也在较大范围内具有其合理性。主要表现如下：

（一）轻刑未分格

在特别刑法所增补的种罪中,生产、销售不符合卫生标准的化妆品罪,虚假出资、抽逃出资罪,欺诈发行股票、债券罪,妨害清算罪,提供虚假生产评估、验收、验证、审计证明文件罪,虚报注册资本罪,提供虚假财会报告罪,非法发行股票,公司债券罪,非法购买增值税专用发票,购买伪造的增值税专用发票罪,销售侵权复制品罪,收买被拐卖、绑架的儿童罪,挪用公司资金罪,传播性病罪,为他人提供书号出版淫秽书刊罪,传播淫秽物品罪,聚众阻碍解救被收买的妇女、儿童罪,侮辱国旗、国徽等种罪均是以5年以下有期徒刑为法定刑的犯罪,其法定刑均未分格。因此,刑轻不分格的立法理性在特别刑法中得到了较明显的体现。

（二）幅度越大分格越细

特别刑法所增补的种罪的法定刑的划分仍然沿用了1979年刑法中的二分法与三分法,而且,采三分法的法定刑幅度大于采二分法的法定刑的幅度。如传播犯罪方法罪的起刑点为6年有期徒刑,上限为死刑,其幅度包含整个有期徒刑幅度、无期徒刑与死刑,跨度相当大,因而被划分为5年以下有期徒刑、5年以上有期徒刑与无期徒刑至死刑三格。同样,盗掘古文化遗址、古墓葬罪的法定刑下限为拘役、上限为死刑,其幅度包含四个刑种,跨度极大,因而被划分为拘役至3年有期徒刑、3年至10年有期徒刑与10年有期徒刑至死刑三格。与此不同,为他人提供伪造、变造的出入境证件罪与倒卖出入境证件罪的法定刑下限为6个月有期徒刑,上限为15年有期徒刑,只包含一个刑种,跨度不大,因而只划分为5年以下有期徒刑与5年以上有期徒刑二格。同样,为企图偷越国(边)境人员办理出入境证件罪的法定刑上限仅为10年有期徒刑,幅度不大,因而只分为管制至3年有期徒刑与3年至10年有期徒刑二格。

(三) 以基本情节作为分格的基准

与1979年刑法的有关规定一样,特别刑法也在相当程度上遵循了以基本情节的轻重作为分格根据的立法理性规定。具体表现如下:

1. 以危害后果的大小作为分格的根据。特别刑法所增补的种罪中,有一部分的法定刑以作为犯罪之基本情节的危害后果的大小作为分格的根据。如生产销售假药罪的下格法定刑的根据是足以但尚未对人体健康造成危害、第二格的根据是已对人体健康造成严重危害、第三格的根据是致人死亡或者对人体健康造成其他特别严重危害;生产、销售劣药罪的第一格法定刑的根据是对人体健康造成严重危害,第二格的根据是后果特别严重;生产、销售不符合卫生标准的食品罪的第一格法定刑根据是造成严重后果,第二格根据是后果特别严重;生产销售伪劣农药、兽药、化肥、种子罪的第一格法定刑根据是使生产遭受较大损失,第二格根据是使生产遭受重大损失,第三格根据是使生产遭受特别重大损失;违规向关系人发放贷款罪,出具信用证、保证、票据资信证明罪的第一格法定刑以造成较大损失为根据,第二格法定刑以造成重大损失为根据,违规发放贷款罪以造成重大损失作为第一格法定刑的根据,以造成特别重大损失作为第二格法定刑的根据。

2. 以犯罪的数额大小作为划分法定刑格的根据。特别刑法所增补的种罪中,经济型、财产型与营利型犯罪占有相当大的比例。此类犯罪的法定刑,大都是以犯罪的经营额或所得额作为分格的根据。如违法所得数额大小是生产、销售伪劣产品罪法定刑格之划分的唯一根据;伪造货币数额特别巨大是由第一格法定刑升至第二格法定刑的根据之一,数额较大、巨大与特别巨大分别是出售、购买、运输假币罪与持有、使用伪造的货币罪的法定刑第一、第二、第三格的根据;数额巨大、数额特别巨大分别是集资诈骗罪的法定刑由第一格升至第二格与由第二格升至第三格的根据之一。

3. 以综合情节作为划分法定刑格的根据。与1979年刑法一样，特别刑法所增补的新罪有相当一部分以综合情节为法定刑分格的根据。如传授犯罪方法罪的第一、第二、第三格法定刑的根据分别是情节较轻、情节严重与情节特别严重；情节较轻是为境外窃取、刺探、收买、非法提供国家秘密罪的法定刑由第二格降至第一格的根据，而情节特别严重则是第二格升至第三格的根据；情节严重是私放偷越国（边）境人员罪的法定刑由第一格升至第二格的根据；情节严重与情节特别严重分别是制作、复制、出版、贩卖、传播淫秽物品罪法定刑第二格与第三格的根据。

（四）上格幅度大，下格幅度小

与1979年刑法中的有关规定一样，特别刑法所新增的大部分罪名的法定刑格的划分体现了上格幅度大、下格幅度小的立法理性规定。如生产、销售假药罪的法定刑第一格的幅度为拘役至3年有期徒刑，跨度为3年有期徒刑加6个月拘役；第二格的幅度为3年至10年有期徒刑，跨度为8年有期徒刑，大于第一格的跨度；第三格法定刑为10年以上有期徒刑至死刑，跨度为6年有期徒刑、无期徒刑与死刑，明显地大于第二格的跨度。生产、销售有毒有害食品罪的法定刑第一格为拘役至5年有期徒刑，跨度为5年有期徒刑加6个月拘役；第二格为5年至10年有期徒刑，跨度为6年有期徒刑，大于第一格的跨度；第三格为10年有期徒刑，跨度为6年有期徒刑、无期徒刑与死刑，明显地大于第二格的跨度。生产、销售不符合安全标准的产品罪的法定刑分为拘役至5年有期徒刑与5年至15年有期徒刑二格，下格的跨度为5年有期徒刑加拘役，明显地大于第一格的跨度。侵犯著作权罪的下格法定刑为拘役至3年以下有期徒刑，跨度为3年有期徒刑加6个月拘役，上格法定刑为3年至7年有期徒刑，跨度为8年有期徒刑，大于第一格的跨度。伪造货币罪的下格法定刑为3年至10年有期徒刑，跨度为8年有期徒刑，上格为10年有期徒刑至死刑，跨度为6年有期徒刑、无期徒刑与死刑，明显地大于第一格的跨度。

二、法定刑格的无理性

与1979年刑法的法定刑格一样，特别刑法的法定刑格在某些方面也明显地违背配刑的立法理性规定与一般理性规定，从而显现出其无理性。主要表现如下：

（一）刑重未分格

特别刑法所增补的罪名中，有相当一部分的法定刑应分格而未分格。如在毒品犯罪中，引诱、教唆、欺骗他人吸毒罪，非法提供麻醉药品、精神药品罪，包庇毒品犯罪分子罪，窝藏、转移、隐瞒毒品、毒赃罪，掩饰、隐瞒毒赃性质、来源罪的法定刑为管制至7年有期徒刑，包含3个刑种且上限属于中期自由刑而不属轻刑，已明显地超出不应分格的轻刑的范围，但未分格；非法捕杀珍贵、濒危野生动物罪的法定刑为拘役至7年有期徒刑，其幅度与上限也均已超出不分格的范围，但未分格。

（二）上格幅度小，下格幅度大

较之1979年刑法，特别刑法不符合上格幅度大、下格幅度小的立法理性规定之处更为明显，因为经其修改或补充的种罪的法定刑有较多的上格幅度小于下格幅度。如特别刑法就行贿罪的法定刑上格规定为"情节特别严重的，处无期徒刑"，从而使之不具有任何可伸缩的余地而不符合上格幅度应大于下格幅度的立法理性规定；特别刑法就生产、销售假冒伪劣产品罪的法定刑上限规定为"违法所得数额100万元以上的，处15年有期徒刑或者无期徒刑"，从而使其幅度只包括15年有期徒刑与无期徒刑两种选择，伸缩余地极小，几乎没有跨度，明显地小于作为其下一格幅度的7年至15年有期徒刑；特别刑法就受贿罪的上格法定刑修改规定为"情节特别严重的，处无期徒刑或死刑"，就走私毒品罪、走私武器弹药罪与走私假币的法定刑上限规定为"情节特别严重的，处无期徒刑或者死刑"，从而使此四罪的上格法定刑仅为2个不具有可分性的刑种，几无跨度可言，明显地小于作为其下一格幅度的7年至15年有期徒刑；同样，按照特别刑法的规定，集资诈骗罪、金融票据诈骗罪、金融结算凭证诈骗罪与信用证诈骗罪的上格法定刑也只包括无期徒刑与死刑，其幅度明显地小于其下一格幅度，特别刑法中的虚开增值税专用发票罪、伪造增值税专用发票罪与出售伪造的增值税专用发票罪的上格法定刑也仅包括无期徒刑与死刑；更有甚者，特别刑法中拐卖妇女、儿童罪，绑架妇女、儿童罪，绑架勒索罪，组织卖淫罪，强迫卖淫罪的上格法定刑竟为不存在任何幅度的绝对死刑；特别刑法就走私、贩卖、运输、制造毒品罪所确定的法定刑上限虽然包括3个刑种，但其所包括的是15年有期徒刑、无期徒刑与死刑，其幅度也小于作为其下格幅度的3年至15年有期徒刑。

(三) 层次不清

特别刑法在法定刑格的划分上，还因有的犯罪的法定刑上、下格交叉重叠而违背分格应该层次分明的立法理性规定，以至于层次不清、等级不明。如特别刑法将贪污罪的法定刑修改规定为："（1）个人贪污数额在5万元以上的，处10年以上有期徒刑或者无期徒刑……情节情别严重的，处死刑。（2）个人贪污数额在1万元以上不满5万元的，处5年以上有期徒刑……；情节特别严重的，处无期徒刑……（3）个人贪污数额在2000元以上不满1万元的，处1年以上7年以下有期徒刑；情节严重的，处7年以上10年以下有期徒刑……（4）个人贪污数额不满2000元，情节较重的，处2年以下有期徒刑或者拘役……"根据这一规定，10年以上有期徒刑至无期徒刑是第（1）、（2）格法定刑的交叉重叠部分；5年至10年有期徒刑是第（2）、（3）格法定刑的交叉重叠部分；1年至2年有期徒刑是第（3）、（4）格法定刑的交叉重叠部分。又如特别刑法规定，走私普通货物罪的法定刑为："（1）走私货物、物品价额在50万元以上的，处10年以上有期徒刑或者无期徒刑……，情节特别严重的，处死刑……（2）走私货物、价额在15万元以上不满50万元的，处7年以上有期徒刑，情节特别严重的，处无期徒刑……（3）走私货物、物品价额在5万元以上不满15万元的处3年以上10年以下有期徒刑……（4）走私货物、物品价额在2万元以上不满5万元的处3年以下有期徒刑或者拘役……"据此，10年有期徒刑至无期徒刑是第一、第二格法定刑的交叉重叠部分；7年至10年有期徒刑是第二、第三格法定刑的交叉重叠部分。再如特别刑法规定的虚开增值专用发票罪与伪造、出售伪造的增值税专用发票罪的普通上格法定刑为"10年以上有期徒刑或者无期徒刑"，加重格法定刑为"无期徒刑或死刑"，从而使无期徒刑成为二格的交叉重叠部分。这种格的划分的交叉重叠，使上、下格层次不清、等级不明，明显地违背划分法定刑格应该层次分明的立法理性规定。其结果必然导致对上格个罪与下格个罪的处刑在相当一部分情况下相同，以致异罪同罚、轻罪重罚或重罪轻罚而违背配刑的序的相应性规定，不具有合理性。

(四) 划分法定刑格的根据混乱

相对1979年刑法，特别刑法在划分法定刑格的根据上的混乱状态有过之而无不及。主要表现在其修改或增补的相当多的一部分犯罪的法定刑格的划分违背以基本情节的严重程度作为分格的根据的理性规定。具体可分为如下数种情况；

1. 主次不分。如1979年《刑法》第134条以作为危害结果的伤害程度为标准，将故意伤害罪的法定刑划分为拘役至 3 年以下有期徒刑、3 年以上 7 年以下有期徒刑与 7 年以上有期徒刑或无期徒刑三格，完全符合按基本情节的轻重划分法定刑格的理性规定，且层次分明。而特别刑法将此罪的法定刑修改为"故意伤害他人身体，致人重伤或者死亡，情节恶劣的，或者对检举、揭发、拘捕犯罪分子和制止犯罪行为的国家工作人员和公民行凶伤害的"，"可以在刑法规定的最高刑以上处刑，直至判处死刑"。根据这一修改规定，重伤的法定刑由 1979 年刑法中的 3 年以上 7 年以下有期徒刑加重至 3 年有期徒刑至死刑，伤害致死的法定刑由 7 年以上有期徒刑至无期徒刑加重为 7 年以上有期徒刑至死刑。由于"对检举、揭发、拘捕犯罪分子和制止犯罪行为的国家工作人员和公民行凶伤害的"，即使是轻伤，也"可以在刑法规定的最高刑以上处刑，直至判处死刑"，因此，这种特殊轻伤的法定刑也增加了 3 年有期徒刑至死刑一格。这一规定，不但构成对 1979 年刑法以危害结果作为分格根据的否定，使"对检举、揭发、拘捕犯罪分子和制止犯罪行为的国家工作人员和公民行凶伤害"这一次要情节与重伤这一基本情节并列成为由拘役至 3 年有期徒刑这一法定刑下格转入 3 年有期徒刑至死刑这一法定刑中格的根据，以致"行凶伤害"情况下的轻伤与一般情况下的重伤的法定刑完全相同，违背法定刑只能以基本情节作为分格根据的立法理性规定，不可避免地导致轻伤与重伤同样处刑而轻罪重刑，而使 7 年有期徒刑至死刑成为"行凶伤害"、"重伤与致人死亡"的法定刑的交差重叠部分，违背分格应层次分明的立法理性规定，导致基本情节迥然有别的个罪处刑相同，不可避免地违背异罪异罚配刑序的相应性规定。又如伪造货币罪的基本情节只应是所伪造的货币的数额大小。但特别刑法却将"伪造货币集团的首要分子"、"有其他特别严重情节"与"伪造货币数额特别巨大的"并列作为第二格法定刑的根据，这实际上否定了数额特别巨大作为基本情节对法定刑分格的决定性作用。因为据此规定，数额并非特别巨大的伪造货币集团的首要分子与有其他特别严重情节者均属第二格法定刑。其结果必然导致基本情节不同的犯罪被同样处刑，以致异罪同罚、轻罪重罚而违背配刑序的相应性规定。属于此类情况的还有以走私、贩卖、运输、制造毒品的数额与毒品犯罪集团的首要分子、武装掩护毒品犯罪、暴力抗拒缉毒、参与国际贩毒组织活动并列作为走私、贩卖、运输、制造毒品罪上格法定刑的根据；以"数额巨大或者其他严重情节"并列作为金融工作人员购买伪造的货币或以伪造的货币换取货币罪上格法定刑根据；以"数额特别巨大或者其他严重情节"、"数额特别巨大或者其他特别严重情节"分别并列作为集资诈骗罪、贷款诈骗罪、金融结算凭证诈骗罪、信用证诈骗罪、信用卡诈骗罪、保险诈骗罪、虚开增值税专用发票罪与伪造、出售增值税专用发票罪第

二、第三格法定刑的根据等。

2. 以基本情节与综合情节并列作为分格的根据。如按特别刑法规定，致人重伤、死亡或者航空器遭受严重破坏或者情节特别严重，是劫持航空器罪上格即死刑的根据。这实际上是将作为基本情节的致人重伤、死亡、造成航空器遭受严重性破坏与除此之外的非基本情节等同视之，使未造成死、伤与未造成航空器遭受严重破坏但非基本情节严重的个罪与致人重伤、死亡或者航空器遭受严重破坏的个罪同样作为适用死刑的前提，明显违背以基本情节作为分格根据的立法理性规定，不可避免地导致异罪同罚与轻罪重罚。

3. 分格的根据不具有同一性。如特别刑法将有虚开增值税发票行为并"骗取国家税款数额巨大、情节严重、给国家利益造成特别重大损失的"，作为法定刑加重格的根据，而此罪之法定刑普通格的根据均是虚开的税款数额大小或其他情节的严重程度；同样，特别刑法将"伪造并出售伪造的增值税专用发票，情节特别严重、严重破坏经济秩序"，作为法定刑加重格的根据，而此罪之法定刑的普通格的根据均是伪造或出售伪造的增值税专用发票的数额的大小或其他情节的严重程度。在这两种情况下，实际上均是将作为具有牵连关系的两种行为合并作为加重法定刑格的根据，而在普通格中，作为分格根据的只是一种行为涉案数量的大小或其他情节的严重程度，以非基本情节超出基本情节的限制而加重法定刑，违背以基本情节作为分格根据的立法理性规定，最终导致基本情节不特别严重但有牵连情节的犯罪处刑同于甚至重于基本情节特别严重的犯罪，违背轻罪轻刑的配刑理性规定。类似的情况还表现为将两种犯罪合并作为一种犯罪的加重法定刑根据。如按照特别刑法的规定，"诱骗、强迫被拐卖的妇女卖淫或者将被拐卖的妇女卖给他人迫使其卖淫"构成拐卖妇女、儿童罪之第二、第三格法定刑的根据，这实际上是将引诱他人卖淫罪、强迫他人卖淫罪并入拐卖妇女、儿童罪的加重法定刑根据之中。而引诱他人卖淫罪与强迫他人卖淫罪既已单立罪名，便不应包括在拐卖妇女、儿童罪的基本情节之中，因此，将单独构成犯罪的行为作为另一种犯罪法定刑的加重根据，违背以犯罪的基本情节作为分格根据的立法理性规定，其谬如同将盗窃作为加重杀人罪的法定刑的根据一样明显，不需赘述。

4. 将不应作为配刑情节的因素作为分格的根据。特别刑法在划分法定刑格的根据上的混乱，不仅表现在前列数方面，更为不合理的是，其甚至将某些不应作为配刑情节的因素作为加重法定刑的根据。如按照特别刑法的规定，"奸淫被拐卖的妇女"，是拐卖妇女、儿童罪的第二、第三格法定刑的根据。

然而,"奸淫"不应是指强奸,否则便应以强奸罪单论、并罚。① 因此,奸淫被拐卖的妇女,实际上只不过是与被拐卖妇女通奸的代名词。而通奸行为既不是一种构成犯罪的行为,也不是影响拐卖妇女、儿童罪的严重性的情节,只不过是拐卖妇女、儿童罪的一种伴生状态。以其作为加重拐卖妇女、儿童罪法定刑的根据,如同对有通奸行为的杀人者加重处罚一样无合理性可言。其结果必然导致拐卖两名妇女者只在下格处刑,而拐卖一名妇女但与之有通奸行为者却应在上格处刑,明显地导致轻罪重罚而违背配刑序的相应性规定。

第三节 1997年刑法法定刑格评价

1997年刑法与1979年刑法及特别刑法一样,在法定刑格的确定与划分上,既有其明显的合理性,又有其明显的不合理性。其合理性既表现在不但修正了1979年刑法与特别刑法有关法定刑的部分不合理规定,而且新增的大部分罪名的法定刑格的划分符合配刑的理性规定,其无理性也同样表现在不但沿用了1979年刑法与特别刑法的部分罪名的法定刑格的划分不符合配刑的理性规定,而且新增的部分罪名的法定刑的分格也不符合配刑的理性规定。

一、1997年刑法法定刑格的合理性

(一) 刑轻不分格

前述1979年刑法与特别刑法因刑轻而未分格的法定刑,在未调整、修改的情况下,被1997年刑法所沿用,相应地,这些法定刑所体现的刑轻不分格的立法理性,也为1997年刑法所承续。如破坏经济管理秩序罪中的生产、销售不合格化妆品罪、假冒专利罪、侵犯人身、民主权利罪中的非法搜查罪、侮辱罪,妨害社会管理秩序类罪中的妨害公务罪、赌博罪,渎职类罪中的不解救被拐卖、绑架妇女、儿童罪等,从罪名到法定刑均是对1979年刑法与特别刑法有关规定的沿用。相应地,在1997年刑法中,此类犯罪的法定刑也未分格,从而符合刑轻不分格的规定。

另外,1997年刑法就对1979年刑法与特别刑法有关规定进行修改的部分

---

① 按有关司法解释,"奸淫"是指与被拐卖妇女发生任何性关系的行为。即使这一解释合理,将强奸作为加重拐卖妇女罪的法定刑的根据,也与如前所述的将引诱、强迫、被拐卖妇女卖淫作为加重拐卖妇女、儿童罪的法定刑的根据一样不合理。

法定刑划分了格，从而使原有法定刑格的不合理性部分得到了纠正，表现出其合理性。如失火罪，过失决水罪，过失爆炸罪，过失投毒罪，过失以危险方法危害公共安全罪，过失损坏交通工具罪，过失损坏交通设施罪，过失损坏电力设备罪，过失损坏易燃易爆设备罪，过失损坏广播设施、公用电信设施罪等危害公共安全罪，均属1979年刑法中应予分格而未分格的种罪。1997年刑法在沿用其法定刑幅度的同时，将其法定刑划分为二格，从而消除了危害公共安全类罪中刑重未分格的不合理性。同样，渎职类罪中的泄露国家机密罪在1979年刑法中也是一种应予分格而未分格的犯罪，1997年刑法在沿用此罪之法定刑幅度的同时，将其分为二格，从而使渎职类罪中不再存在应予分格而未分格的法定刑。对于特别刑法中应予分格而未予分格者，1997年刑法在沿用其幅度的同时，也作了格的划分。如引诱、教唆、欺骗他人吸毒罪与非法提供麻醉药品、精神药品罪均曾是法定刑应予分格而未分格的种罪。而1997年刑法在沿用其法定刑幅度的同时，将其分为二格，从而避免了刑重不分格的不合理性。

在1997年刑法所新增的种罪中，法定刑未分格者占有相当比例。这些法定刑未分格的种罪，基本上是法定刑上限为5年以下有期徒刑的种罪，符合刑轻不分格的立法理性规定，具体包括：丢失枪支不报罪，徇私舞弊造成破产、亏损交易罪，中介组织人员出具证明文件失实罪，逃避商检罪，强迫职工劳动罪，出版歧视、侮辱少数民族作品罪，打击报复会计、统计人员罪，伪造公司、企业、单位、人民团体印章罪，变造居民身份证罪，非法生产、买卖警用装备罪，非法持有国家绝密、机密文件、资料、物品罪，非法生产、销售间谍专用器材罪，非法使用窃听、窃照专用器材罪，非法侵入计算机系统罪，扰乱无线电通信管理秩序罪，寻衅滋事罪，非法集会、游行、示威罪，非法携带武器、管制刀具、爆炸物参加集会、游行、示威罪，破坏集会、游行、示威罪，聚众淫乱罪，盗窃、侮辱尸体罪，故意延误投递邮件罪，辩护人、诉讼代理人毁灭证据、伪造证据、妨害作证罪，帮助毁灭、伪造证据罪，扰乱法庭秩序罪，拒绝提供间谍犯罪的证据罪，非法处置查封、扣押、冻结的财产罪，破坏监管秩序罪，过失损毁文物罪，非法向外国人出售、赠送珍贵文物罪，非法出售、私赠文物藏品罪，抢夺、窃取国有档案罪，擅自出卖、转让国有档案罪，医疗事故罪，逃避动植物检疫罪，非法占有耕地罪，破坏性采矿罪，容留他人吸毒罪，阻碍军人执行职务罪，阻碍军事行动罪，非法生产、买卖军用标志罪，战时拒绝、逃避征召、军事训练罪，战时拒绝、逃避服役罪，战时窝藏逃离部队军人罪，战时拒绝军事征用罪，单位受贿罪，对单位行贿罪，单位行贿罪，巨额财产来源不明罪，隐瞒境外存款罪，滥用管理公司、证券职权罪，违法发放林木采伐许可证罪，环境监管失职罪，传染病防治失职罪，商检失职罪，动植物检疫失职罪，放纵制售伪劣商品犯罪行为罪，不解救被拐卖、绑架妇女、儿童罪，招收公务员、学生徇私舞弊罪，失职造成珍贵文物毁损、流失罪，拒不救援友邻部队罪，遗失武器装备罪，遗弃伤病军人罪，虐待俘虏罪。

通观1997年刑法的规定，不难发现，但凡上限为5年以下有期徒刑的法定刑基本上均未分格。据此，可以认为，1997年刑法较为彻底地贯彻了刑轻不分格的立法理性规定。

(二) 幅度越大，分格越细

1997年刑法在法定刑格的确定与划分上，在一定程度上体现了幅度越大分格越细的立法理性规定。

一方面，1997年刑法在沿用1979年刑法与特别刑法符合法定刑格的划分应幅度越大分格越细的立法理性规定的种罪法定刑的同时，也承续了这些法定刑格的划分的合理性。如放火罪、决水罪、爆炸罪、投毒罪与以危险方法危害公共安全罪的法定刑在1979年刑法中均是法定刑起点高、幅度不太大的种罪，其法定刑只分为二格，抢夺罪、诈骗罪等的法定刑在1979年刑法中均因幅度大而被划分三格。1997年刑法有关规定依旧。同样，生产、销售假药罪，生产销售劣药罪，生产销售不符合卫生标准的食品罪与生产、销售有毒、有害食品罪等的法定刑在1979年刑法中均因幅度大而被划分为三格，生产、销售不符合安全标准的产品罪与公司企业人员受贿罪等的法定刑在特别刑法中均因幅度不大而只分为二格。1997年刑法对此未作变更。

就1997年刑法所确认的新种罪的法定刑格的划分而言，幅度越大、分格越细的趋向也较为明显。如走私珍稀植物、珍稀植物制品罪的法定刑仅为有期徒刑1个刑种，因而只分为5年以下有期徒刑与5年以上有期徒刑二格；变造货币罪的法定刑下限为拘役，上限仅为10年有期徒刑，幅度不大，因而只分为3年以下有期徒刑、拘役与3年以上10年以下有期徒刑二格。而破坏武器装备、军事设施、军事通信罪的法定刑下限为管制、上限为死刑，包含5个刑种，幅度极大，相应地，其被划分为管制至3年有期徒刑，3年以上10年以下有期徒刑与10年有期徒刑至死刑三格；故意提供不合格武器装备、军事设施罪的法定刑下至拘役，上至死刑，包含4个刑种，幅度也相当大，其因而也被划分为拘役至5年有期徒刑、5年至10年有期徒刑与10年有期徒刑至死刑三格。而冒充军人招摇撞骗罪的法定刑上限仅为10年有期徒刑，幅度不大，因而只分为管制至3年有期徒刑与3年以上10年以下有期徒刑二格；接送不合格兵员罪的法定刑下限为拘役、上限仅为 7 年有期徒刑, 幅度刚达分格标准, 因而只分为拘役至 3 年有期徒刑与 3 年至 7 年有期徒刑二格。

(三) 以基本情节的轻重作为分格的基准

1997 年刑法对法定刑格的确定与划分, 在大部分情况下遵循了以基本情节的轻重作为分格根据的立法理性规定。

就对 1979 年刑法与特别刑法有关犯罪与法定刑的规定的沿用而言, 凡未作修改的以危害后果大小、犯罪数额大小、在犯罪中所处地位或所起作用以及综合情节轻重作为分格根据的法定刑, 在 1997 年刑法中均得以承续, 从而保持了其以基本情节作为分格根据的合理性。如放火、决水、爆炸、投毒与以其他危险方法危害公共安全罪的法定刑, 在 1979 年刑法中是以重大危害结果之有无作为分格的根据; 生产、销售假药罪, 生产、销售劣药罪, 生产、销售不符合卫生标准的食品罪, 生产、销售有毒、有害食品罪, 生产、销售不符合标准的医用器材罪, 生产、销售不符合安全标准的产品罪与生产、销售伪劣农药、兽药、化肥、种子罪的法定刑, 在特别刑法中均是以危害结果之有无与严重程度作为分格的根据。1997 年刑法沿用了这些规定, 从而保持了以作为基本情节的危害结果的大小作为分格的根据的合理性。在 1979 年刑法中, 诈骗罪、抢夺罪的法定刑以犯罪的数额作为分格的根据, 在特别刑法中, 生产、销售伪劣产品罪、持有、使用假币罪、偷税罪等均以犯罪的数额作为法定刑分格的根据, 1997 年刑法在沿用这些规定的同时, 保持了这些犯罪的法定刑以作为犯罪的基本情节的犯罪数额作为分格根据的合理性。在 1979 年刑法中, 组织越狱罪与聚众劫狱罪的法定刑以在犯罪中所处地位与所起作用作为分格根据, 1997 年刑法沿用这些规定, 同时也保持了以作为基本情节的在犯罪中所处地位与所起作用作为法定刑分格根据的合理性。在 1979 年刑法中, 故意杀人罪以综合情节较轻作为下格法定刑根据。报复陷害罪以综合情节严重作为上格法定刑的根据, 在特别刑法中, 走私武器、弹药罪、走私假币罪、走私淫秽物品罪与伪造、变造金融票证罪等的法定刑均以综合情节的严重程度作为分格的根据, 1997 年刑法对这些规定未作变动, 从而保持了以作为犯罪之基本情节的综合情节作为分格根据的合理性。

就对 1979 年刑法与特别刑法有关法定刑的修正而言, 某些不符合以基本情节作为法定刑分格根据的立法理性规定的法定刑, 经 1997 年刑法的调整而具有其合理性。如前所述, 经特别刑法的修改, 故意伤害罪的法定刑分格根据主次不分。1997 年刑法删除了被特别刑法作为分格根据的"行凶伤害", 同时将轻伤作为 3 年以下有期徒刑、拘役或管制即下格的根据, 将普通重伤作为 3

年以上 10 年以下有期徒刑即中格的根据,将伤害致死或以特别残忍手段致人重伤造成严重残废即下格的根据,消除了分格根据主次不分的无理性,恢复了以作为基本情节的危害结果作为分格根据的合理性。

就 1997 年刑法新增的罪名的法定刑的格的划分而言,在相当一部分情况下,也符合以基本情节的轻重作为分格根据的立法理性规定,具体表现如下:

1. 以危害结果的轻重作为分格的根据。如战时提供虚假敌情罪,以造成严重后果作为下格法定刑的根据,以造成特别严重后果作为上格法定刑的根据;战时拒绝、故意延误军事订货罪,以造成严重后果作为上格法定刑的根据,失职致使在押人员脱逃罪,以造成严重后果作为下格法定刑的根据,以造成特别严重后果作为上格法定刑的根据;徇私舞弊不移交刑事案件罪,以造成严重后果作为上格法定刑的根据等。

2. 以犯罪数额的大小作为分格的根据。如对公司、企业人员行贿罪,以数额较大作为下格法定刑的根据,以数额巨大作为上格法定刑的根据;非法经营同类营业罪,以非法获利数额巨大作为下格法定刑的根据,以数额特别巨大作为下格法定刑的根据,以数额特别巨大作为上格法定刑的根据;高利转贷罪,以违法所得数额较大作为下格法定刑的根据,以违法所得数额巨大作为上格法定刑的根据;伪造、变造国家有价证券罪,以数额较大作为下格法定刑的根据,以数额巨大作为中格法定刑的根据,以数额特别巨大作为上格法定刑的根据;伪造、变造股票、公司、企业债券罪,以数额较大作为下格法定刑的根据,以数额巨大作为上格法定刑的根据;等等。

3. 以在犯罪中所处的地位与所起的作用为根据。如组织、领导、参加恐怖组织罪中的组织者、领导者与积极参加者,是上格法定刑对象,其他参加者,是下格法定刑的对象;聚众冲击国家机关罪,以首要分子作为上格法定刑的对象,以其他积极参加者作为下格法定刑的对象;组织、领导、参加黑社会组织罪,以组织、领导与积极参加者作为上格法定刑的对象,以其他参加者作为下格法定刑的对象;暴动越狱罪,以首要分子与积极参加的作为上格法定刑的对象,以其他参加的为下格法定刑的对象;聚众冲击军事禁区罪、聚众扰乱军事管理区秩序罪,以首要分子为上格法定刑的对象,以其他积极参加的为下格法定刑的对象;等等。

4. 以综合情节作为分格的根据。如故意提供不合格武器装备、军事设施罪,以情节严重作为下格法定刑的根据,以情节特别严重作为上格法定刑的根据,冒充军人招摇撞骗罪,以情节严重作为上格法定刑的根据;枉法裁判罪,以情节严重作为下格法定刑的根据,以情节特别严重作为上格法定刑的根据;放纵走私罪,以情节严重作为下格法定刑的根据,以情节特别严重作为上格法定刑的根据；等等。

（四）上格幅度大、下格幅度小

1997年刑法也在相当范围内遵循了上格幅度大、下格幅度小的立法理性规定，这同样可从其对1979年刑法与特别刑法有关规定的沿用或修正以及对新增罪名的有关规定两个方面予以说明。

从对1979年刑法与特别刑法有关规定的沿用来看，但凡符合上格幅度大、下格幅度小的立法理性规定而为1997年刑法所沿用的法定刑，在1997年刑法中仍然显示了其合理性。如放火罪、决水罪、爆炸罪、投毒罪与以危险方法危害公共安全罪，在1979年刑法中的法定刑上格为10年以上有期徒刑、无期徒刑或死刑，其幅度远大于作为下格法定刑的3年至10年有期徒刑，符合上格幅度大于下格幅度的立法理性规定。其被1997年刑法原样移植，因而合理性依旧。而生产、销售假药罪，不符合卫生标准的食品罪，在特别刑法中法定刑上格为10年以上有期徒刑、无期徒刑或者死刑，幅度大于作为中格的3年以上10年以下有期徒刑，而中格的这一幅度又大于作为下格的3年以下有期徒刑或拘役。1997年刑法在移植这一法定刑时，未对其格度作任何变更、调整，从而保持了其合理性。

从1997年刑法对1979年刑法与特别刑法的有关规定的修正来看，原有的某些不符合上格幅度大、下格幅度小的立法理性规定的法定刑，经1997年刑法的修正，因符合这一规定而具有其合理性。如在特别刑法中，行贿罪的上格仅为无期徒刑，毫无伸缩余地可言。而1997年刑法将此罪的上格法定刑修改为10年以上有期徒刑、无期徒刑或死刑，使之在幅度上大于作为中格法定刑的5年以上10年以下有期徒刑，并使这一中格幅度大于作为下格幅度的5年以下有期徒刑与拘役，从而由不符合至符合上格幅度大、下格幅度小的立法理性规定，具有其合理性。

从1997年刑法所新增的罪名的法定刑的格的划分来看，符合上格幅度大、下格幅度小的情况也较多。如冒充军人招摇撞骗罪的下格法定刑为3年以下有期徒刑、拘役、管制，其幅度明显地小于作为上格幅度的3年以上10年以下有期徒刑；战时拒绝、故意延误军事订货罪的上格法定刑为5年以上15年以下有期徒刑，幅度大于作为下格法定刑的5年以下有期徒刑或者拘役；合同诈骗罪的下格法定刑为3年以下有期徒刑或拘役，幅度小于作为中格法定刑的3年以上10年以下有期徒刑，中格的这一幅度又小于作为上格的10年以上有期徒刑或无期徒刑。

（五）层次分明

在大部分情况下，1997年刑法在法定刑格的划分上也符合层次分明的立法理性规定。

就对1979年刑法与特别刑法有关规定来看，凡符合分格层次分明之立法理性规定的法定刑，1997年刑法在对其予以沿用的同时，也就沿用了其格的层次分明的合理性。如在1979年刑法中，故意杀人罪与强奸罪的法定刑以10年有期徒刑作为上、下格的分界线，上、下格之间不存在交差重叠。1997年刑法对此未作任何修改，仍以10年有期徒刑为上、下格法定刑的衔接点，其因符合层次分明的立法理性规定而具有的合理性依旧。同样，在特别刑法中，生产、销售假药罪以3年有期徒刑作为上格与中格的分界线，以10年有期徒刑作为中格与上格法定刑的分界线，1997年刑法对此未作变更，仍分别以3年有期徒刑与10年有期徒刑作为此罪法定刑下格与中格、中格与上格的分界线，因而仍符合分格层次分明的立法理性规定，具有其合理性。

就对1979年刑法与特别刑法有关法定刑的规定的修改而言，1997年刑法在法定刑格的划分上，也未出现层次不明的情况，其合理性极为明显。如1979年刑法以7年有期徒刑作为伪造货币罪上、下格法定刑的分界线，符合分格应层次分明的立法理性规定，1997年刑法将此罪法定刑上、下格的分界线修改为10年有期徒刑，使上、下格法定刑仍不存在交叉重叠，因而仍符合分格应层次分明的立法理性规定，具有其合理性。又如在特别刑法中，集资诈骗的上格与中格法定刑以3年有期徒刑为分界线，不存在交叉重叠，具有其合理性。1997年刑法将此罪的上格与中格法定刑的分界线修改为10年有期徒刑，仍不存在交叉重叠，因而仍然具有其合理性。

就新增的犯罪的法定刑格的划分而言，1997年刑法也完全符合分格应层次分明的立法理性规定。这是因为，所有新增之罪的法定刑在格的划分上无一有交叉重叠现象。如作为新设之罪的合同诈骗罪以3年有期徒刑为下格与中格法定刑的分界线，以10年有期徒刑为中格与上格法定刑的分界线，在下格与中格、中格与上格之间不存在任何交叉重叠，因而符合分格应层次分明的立法理性规定，具有其明显的合理性。又如作为新增之罪的妨害作证罪以3年有期徒刑作为法定刑上、下格的分界线，其间也不存在交叉重叠部分，符合分格应层次分明的立法理性规定，具有其合理性。

（六）重罪递轻，轻罪递重

1997年刑法在法定刑格划分上的合理性，还于其在法定刑格的轻重次序的排列上符合重罪递轻、轻罪递重的立法理性规定，具体表现在凡 1979 年刑法中以由重至轻的方式排列的法定刑，在 1997 年刑法中仍以同一方式排列，从而体现了重罪递轻的立法理性规定，除此之外的其他种罪则采取由轻至重的方式排列，而其中绝大部分种罪不是重罪，从而又体现了轻罪递重的立法理性规定。如背叛国家罪、分裂国家罪、武装叛乱暴乱罪、颠覆政权罪的法定刑，在 1979 年刑法中都是无期徒刑列先、有期徒刑列后，体现了重罪递轻的规定，而 1997 年刑法对这些犯罪的法定刑采取同样方式排列，同样符合重罪递轻的立法理性规定。

二、法定刑格的无理性

与其因符合法定刑分格之立法理性规定而具有明显的合理性一样，1997 年刑法在法定刑格的划分上，也或此或彼此地不符合分格的立法理性规定而具有明显不合理性。具体表现如下：

（一）分格的级数与法定刑幅度的大小不相应

1997 年刑法在法定刑格的确定上的不合理性首先表现为不符合幅度越大、分格越细的立法理性规定。具体表现为幅度大分格的级数少与幅度小分格的级数多。

就幅度大分格的级数少而言，在 1997 年刑法中，有相当一部分幅度大的法定刑只分为二格。如暴力危及飞行安全罪，公司、企业人员受贿罪，违法向关系人发放贷款罪，违法发放贷款罪，非法出具金融票证罪，对违法票据承兑付款，强制猥亵、侮辱妇女罪，职务侵占罪与破坏计算机信息系统罪等，法定刑为拘役与 6 个月以上 15 年以下有期徒刑，跨度为 15 年有期徒刑加 6 个月拘役，幅度较大。但其只被划分为 5 年以下有期徒刑、拘役与 5 年以上有期徒刑二格。而持有、使用假币罪，保险诈骗罪等的法定刑同样是拘役与 6 个月以上 15 年以下有期徒刑，却被划分为三格。显然，两相对比，二分法不符合幅度大分格细的立法理性规定，并因而不符合配刑的一般理性规定。因为对如此大幅度的法定刑只分为二格，下格的上限过高、上格的下限过低，容易导致严重性相距明显的格轻罪与格重罪被同样处刑，违背轻罪轻刑、重罪轻刑的立法理性规定。

就幅度小分格的级数过多而言，1997 年刑法中的少数犯罪的法定刑幅度最大者，幅度虽大，但与其他犯罪的法定刑幅度相同，其分格的级数却多于幅度相同的犯罪的法定刑。如生产、销售伪劣产品罪的法定刑仅为拘役至无期徒刑，幅度并非最大，但被分为2年以下有期徒刑或拘役、2年以上7年以下有期徒刑、7年以上有期徒刑与15年有期徒刑或无期徒刑四格；盗窃罪的法定刑为管制至死刑，幅度已达最大，其也被划分为3年以下有期徒刑、拘役或管制、3年以上10年以下有期徒刑、10年以上有期徒刑或无期徒刑与无期徒刑或死刑四格；贪污罪的法定刑为拘役至死刑，其幅度因不以管制而以拘役为下限而不属最大，但其被划分为10年以上有期徒刑、无期徒刑或死刑、5年以上有期徒刑或无期徒刑、1年以上10年以下有期徒刑与2年以下有期徒刑或拘役四格。而伪造、出售伪造的增值税专用发票罪的法定刑为管制至死刑，幅度大于生产、销售伪劣产品罪与贪污罪的法定刑幅度、同于盗窃罪的法定刑幅度，但其只分为三格。相比之下，四分法因分格过多而不符合分格的立法理性规定，并因而导致不符合分格的其他立法理性规定与配刑的一般理性规定。一方面，分格过重，难以显示格与格之间应有的层次，违背分格应层次分明的立法理性规定，以致上格与下格部分交差重叠，如生产、销售伪劣产品罪法定刑中的15年有期徒刑、盗窃罪的法定刑中的无期徒刑、贪污罪法定刑中的10年有期徒刑至无期徒刑等均明显地构成一种违背分格应层次分明的交差重叠，其结果，必将导致上格个罪与下格个罪同样处刑的异罪同罚；另一方面，分格过多，各格的幅度较小，又必然导致上格幅度过小，违背上格幅度大、下格幅度小的立法理性规定，如生产、销售伪劣产品罪的最上格法定刑仅为15年有期徒刑与无期徒刑、盗窃罪的最上格法定刑仅为无期徒刑或死刑、贪污罪的最上格法定刑中的上格为绝对死刑，均因幅度过小而不符合上格法定刑幅度大的立法理性规定，其结果必然导致异罪同罚。

(二) 分格的根据混乱

在法定刑格的划分上，1997年刑法不符合以基本情节作为分格根据的立法理性规定之处颇多。具体表现如下：

1. 主次不分。1997年刑法在法定刑格划分根据上的混乱首先表现为主次不分。一方面，在特别刑法中，诸如伪造货币罪、非法吸收公众存款罪之类犯罪的法定刑均以作为基本情节的犯罪数额与作为非基本情节的其他情节并列作为分格的根据。1997年刑法在沿用这些犯罪的法定刑时，未对其分格的根据予以必要修改、调整，因而仍表现出分格根据主次不分的无理性。如在伪造货币罪中，特别刑法将"伪造货币集团的首要分子"与"其他特别严重情节"、"伪造货币数额特别巨大"并列作为上格法定刑的根据，明显地违背分格只能以基本情节作为根据的立法理性规定。而1997年刑法全盘沿用了这些规定，承续了此罪法定刑分格根据主次不分的无理性。

另一方面，在1997年刑法所新增的犯罪中，诸如有价证券诈骗罪、合同诈骗罪、聚众哄抢公私财物罪之类犯罪法定刑的分格根据主次不分。此类犯罪的基本情节均应是犯罪数额。然而，1997年刑法却将犯罪的数额与其他情节并列作为其法定刑分格的根据，从而因实际上否认了犯罪的数额对法定刑格的决定作用而违背以基本情节作为分格根据的立法理性规定，表现出明显的不合理性。

2. 基本情节与综合情节并列作为分格的根据。1997年刑法在划分法定刑格的根据方面的混乱，也表现为以基本情节与综合情节并列作为分格的根据。如1997年刑法在将盗窃罪的法定刑第二上格修改为10年以上有期徒刑或者无期徒刑的同时，以"数额特别巨大或者情节特别严重"作为其根据，亦即在作为基本情节的数额之外另以综合情节作为分格的标准。实际上是认可数额不是特别巨大、但其他情节特别严重的盗窃个罪，可以与盗窃数额特别巨大的个罪同样处刑，否定了数额作为分格根据的决定作用，违背只能以基本情节作为分格根据的立法理性规定，势必导致数额不是特别巨大的个罪与数额特别巨大的个罪被同样处刑，以致异罪同罚，轻罪重罚。

3. 分格的根据不具有同一性。1997年刑法在法定刑格的划分根据上的混乱，还表现在上、下格的法定刑的根据不具有同一性。如按照1997年刑法的规定，集资诈骗罪、信用卡诈骗罪、有价证券诈骗罪、保险诈骗罪的第一格法定刑的根据是"数额较大"，但第二格与第三格法定刑的根据却分别是"数额巨大或者有其他严重情节"、"数额特别巨大或者有其他特别严重情节"。据此，虽然数额只是较大但有其他严重情节的个罪应与数额巨大的个罪同格处刑，虽然数额只是巨大但有其他特别严重情节的个罪应与数额特别巨大的个罪同格处刑，否定了作为基本情节的数额对法定刑分格的决定作用，不可避免地导致异罪同罚、轻罪重罚。

（三）层次不清

在法定刑格的划分上，1997年刑法在相当一部分情况下违背分格应层次分明的立法理性规定。具体地说，便是有一部分犯罪法定刑上、下格交叉重叠。这些犯罪法定刑分格层次不清的无理性主要源于对特别刑法有关规定的沿用。如15年有期徒刑是生产、销售伪劣产品罪上格与第二上格法定刑的不合理交叉、10年有期徒刑至无期徒刑是走私普通货物、物品罪上格与中格法定刑的不合理交叉，15年有期徒刑是走私、贩卖、运输、制造毒品罪的上格与中格法定刑的不合理交叉，10年以上有期徒刑至无期徒刑是贪污罪第一上格与第二上格法定刑的不合理交叉、5年至10年有期徒刑是此罪第二上格与第三上格法定刑的不合理交叉、1年至2年有期徒刑是此罪第三上格与最下格法定刑的不合理交叉，无期徒刑是集资诈骗罪、票据诈骗罪、金融凭证诈骗罪与信用证诈骗罪法定刑普通上格与加重格的不合理交叉，等等。这些不合理的规定，均是1997年刑法在未加修改的情况下对1979年刑法有关规定予以沿用所致。

（四）上格幅度小，下格幅度大

在法定刑格的划分上，1997年刑法在较多情况下也违背上格幅度应大于下格幅度的立法理性规定。具体地说，便是有一部分犯罪的法定刑上格幅度过小，不具有应有的张力。这种分格不合理性，部分源于对1979年刑法与特别刑法有关规定不合理性的承续，部分是1997年刑法所新有。

属于源于对1979年刑法有关规定不合理性的承续的主要是关于危害国家安全罪适用死刑的规定。本章第一节已述，1979年刑法关于反革命罪适用死刑的规定，实际上是以死刑单独作为有关犯罪的法定刑上格，从而不具有任何可伸缩的余地，违背上格幅度应大的立法理性规定。1997年刑法对危害国家安全罪适用死刑的规定，只不过是对1979年刑法这一规定的沿用，因而同样违背上格幅度应大的立法理性规定，不具有合理性。

属于源于对特别刑法有关规定不合理性的承续的主要有以死刑作为劫持航空器罪的上格法定刑，以15年有期徒刑或无期徒刑作为生产、销售伪劣产品罪的第一上格法定刑、以无期徒刑或死刑作为虚开增值税专用发票罪，用于骗取出口退税、抵扣税款发票罪，伪造、出售伪造的增值税专用发票罪的加重格法定刑，等等。这些规定，均是对特别刑法有关规定的沿用，因而如前节所述，不具有合理性。

属于1997年刑法在划分新增罪名法定刑格方面的不合理性的规定主要有以无期徒刑或死刑作为走私武器、弹药罪，走私核材料罪，走私假币罪，走私文物罪，走私贵重金属与走私珍贵动物制品罪等集资诈骗罪，票据诈骗罪，金融凭证诈骗与信用证诈骗罪的上格法定刑。无期徒刑与死刑均是不具有可分性的刑种，以其作为上格法定刑，幅度显然小于此类犯罪法定刑的中格幅度，违背上格幅度应大于下格幅度的立法理性规定。

第五章　配刑立法反思（五）
——附加刑的分配评价

附加刑的特殊性决定了其不像主刑可以分配于所有犯罪。相应地，前文未将其纳入法定刑之分配的范围予以评价。然而，附加刑在立法上的分配有其不容背离的理性规定，只有以附加刑分配的理性规定与配刑的一般理性规定为根据所分配的附加刑，才具有正当性。因此，以配刑的理性规定为标准，反思现行立法关于附加刑分配的规定，构成对配刑立法的现实反思的重要内容。

第一节　罚金刑的分配评价

从 1979 年刑法到 1997 年刑法，有关罚金刑之分配的规定都既有合理性，又有无理之处。合理性在于，在绝大部分情况下，罚金刑之与犯罪在立法上的联系，符合配刑的理性规定；无理之处在于，在少数情况下，有关罚金刑分配的立法规定，与配刑的理性规定不尽相符。

一、罚金刑之分配的合理性

立足于财产刑分配规定与配刑的一般理性规定，我国刑法有关罚金刑分配的规定显示出如下合理性：

（一）分配于营利型或财产型犯罪

按照财产刑之分配的理性规定，作为财产刑的罚金刑应该作为价值对等与刑需相应的手段分配于与营利或财产有关的犯罪。[①] 1979 年刑法、特别刑法与 1997 年刑法有关罚金刑之作为法定刑的规定，在绝大部分情况下，符合配刑的这一理性规定。

[①] 详见邱兴隆著：《刑罚理性导论——刑罚的正当性原论》，中国政法大学出版社 1998 年版，第 376 页。

在1979年刑法中，有20个条文的法定刑中含有罚金刑。其中大部分犯罪为趋利型的犯罪，如走私罪，投机倒把罪，伪造或倒卖计划票证罪，伪造货币或贩运伪造的货币罪，伪造有价证券罪，伪造有价票证罪，制造、贩卖假药罪，赌博罪，引诱、容留妇女卖淫罪，制作、贩卖淫书、淫画罪，毒品罪与组织、运送他人偷越国（边）境罪，等等。

特别刑法对1979年刑法有关趋利型、财产型犯罪法定刑的修改，增配了罚金刑，而对新增之罪中的趋利型、财产型犯罪，也相应地在其法定刑中规定了罚金刑。

属于通过对1979年刑法的修改而增配罚金刑的犯罪主要有：偷税、抗税罪，拐卖妇女、儿童罪，等等。这些犯罪均属与营利或财产有关的犯罪。1979年刑法在其法定刑中未规定罚金，但特别刑法对其增配了罚金。属于规定有罚金刑的与营利或财产有关的新增之罪主要有：生产、销售伪劣商品罪，生产、销售劣药罪，生产、销售不符合卫生标准的食品罪，生产、销售有毒、有害食品罪，生产、销售不合格医疗器械、医用卫生材料罪，生产、销售不符合安全标准的产品罪，生产、销售伪劣农药、兽药、化肥、种子罪，生产、销售不符合卫生标准的化妆品罪，走私武器、弹药罪，走私假币罪，走私文物罪，走私珍贵动物、珍贵动物制品罪，走私贵重金属罪，走私淫秽物品罪，虚报注册资本罪，虚假出资、抽逃出资罪，出售、购买、运输假币罪，金融工作人员购买假币、以假币换取货币罪，持有、使用假币罪，变造货币罪，擅自设立金融机构罪，非法吸收公众存款罪，伪造、变造金融票证罪，擅自发行股票、公司、企业债券罪，逃汇罪，为犯罪分子窝藏、转移、隐瞒毒品罪，集资诈骗罪，贷款诈骗罪，金融票据诈骗罪，信用证诈骗罪，信用卡诈骗罪，保险诈骗罪，逃避追缴欠税罪，骗取出口退税罪，虚开增值税专用发票、用于骗取出口退税、抵扣税款发票罪，伪造或者出售伪造的增值税专用发票罪，非法出售增值税专用发票罪，非法购买增值税专用发票、购买伪造的增值税专用发票罪，非法制造、出售非法制造的用于骗取出口退税、抵扣税款发票罪，销售假冒注册商标的商品罪，非法制造、销售非法制造的注册商标标识罪，侵犯著作权罪，销售侵权复制品罪，中介组织人员提供虚假证明文件罪，绑架妇女、儿童罪，倒卖出入境证件罪，盗掘古文化遗址、古墓葬罪，非法猎捕、杀害珍贵、濒危野生动物罪，非法持有毒品罪，掩饰、隐瞒出售毒品所获财物非法性质和来源罪，非法携带制毒物品进出境罪，非法种植毒品原植物罪，教唆、引诱、欺骗他人吸毒罪，非法提供麻醉药品、精神药品罪，组织卖淫罪，协助组织卖淫罪，强迫卖淫罪，传播性病罪，提供书号出版淫秽物品罪等等。

在1997年刑法中，罚金刑也被普遍分配于与营利或财产有关的犯罪。

在对 1979 年刑法与特别刑法有关规定的沿用或修改方面，1997 年刑法明显地表现出将罚金刑分配于趋利型或财产型犯罪的趋向。一方面，诸如走私罪，伪造货币罪，生产、销售伪劣商品罪，生产销售劣药罪之类在 1979 年刑法或特别刑法中配有罚金的趋利型或财产型犯罪，在 1997 年刑法中仍被分配有罚金刑；另一方面，有些在 1979 年刑法或特别刑法中未配以罚金刑的趋利型或财产型犯罪，在 1997 年刑法中被增配了罚金刑，如非法制造、买卖、运输、邮寄、储存枪支、弹药、爆炸物罪，违规制造、销售枪支罪，抢劫罪，盗窃罪，诈骗罪与抢夺罪等，在特别刑法或 1979 年刑法中均未规定罚金刑，但 1997 年刑法对之增配了罚金刑。

在新增罪名法定刑的确定上，1997 年刑法同样以趋利型或财产型犯罪作为罚金刑的重点分配对象。如走私珍稀植物、珍稀植物制品罪，对公司、企业人员行贿罪，非法经营同类营业罪，为亲友非法营利罪，高利转贷罪，内幕交易、泄露内幕信息罪，编造并传播证券交易虚假信息罪，诱骗投资者买卖证券罪，操纵证券交易价格罪，用账外资金非法拆借、发放贷款罪，洗钱罪，有价证券诈骗罪，非法制造、销售非法制造的注册商标标识罪，假冒专利罪，侵犯商业秘密罪，串通投标罪，合同诈骗罪，非法经营罪，强迫交易罪，倒卖车票、船票罪，非法转让、倒卖土地使用权罪，聚众哄抢罪，侵占罪，非法生产、买卖警用装备罪，非法处置查封、扣押、冻结的财产罪，倒卖文物罪，非法出售、私赠文物藏品罪，非法组织卖血罪，强迫卖血罪，非法采集、供应血液、制作、供应血液制品罪，非法行医罪，非法进行节育手术罪，非法占有耕地罪，非法采矿罪，破坏性采矿罪，非法采伐、毁坏珍贵林木罪，非法收购盗伐、滥伐的林木罪，非法买卖、运输、携带毒品原生物罪，单位受贿罪，单位行贿罪，私分国有资产罪与私分罚没财物罪等均是 1997 年刑法所新增的趋利型或财产型犯罪，其法定刑中均含有罚金刑。

对诸如上列的趋利型或财产型犯罪配之以罚金刑，使刑罚的性质与犯罪的性质具有对应性，既具有想得到的是财产、失去的便是财产的等价性，又具有想利用财产再犯罪，便无法再利用财产犯罪的相应性，符合配刑等价性与适度性的同一性规定，因而具有其合理性。

（二）分配于犯罪单位

1979 年刑法未规定单位犯罪，自然不可能以单位作为刑罚的分配对象，相应地，罚金刑的分配仅以犯罪的个人为限。

特别刑法通过对 1979 年刑法的修改与补充，增设了单位犯罪，不但将单位犯罪的责任人员，而且将犯罪的单位本身作为刑罚的分配对象。相应地，罚金刑作为对犯罪单位唯一可用之刑,被开始分配于犯罪的单位。如全国人大常委会《关于惩治生产、销售伪劣商品犯罪的决定》规定,企业事业单位犯制造、贩卖假药罪,生产、销售劣药罪,生产、销售不符合卫生标准的食品罪,生产、销售有毒、有害食品罪,生产、销售不符合标准的医疗器械、医用卫生材料罪,生产、销售不符合安全标准的产品罪,生产、销售假农药、假兽药、假化肥罪与生产、销售不符合卫生标准的化妆品罪,对单位判处罚金;全国人大常委会《关于惩治违反公司法的犯罪的决定》规定,单位犯虚报注册资本罪,虚假出资、抽逃出资罪与欺诈发行公司债券罪的,对单位判处罚金;全国人大常委会《关于惩治破坏金融秩序犯罪的决定》规定,单位犯非法吸收公众存款罪,伪造、变造金融票证罪,擅自发行股票、公司债券罪,违法向关系人发放贷款罪,违法发放贷款罪,非法出具金融票据罪,逃汇罪,集资诈骗罪,贷款诈骗罪,金融票据诈骗罪,信用证诈骗罪,保险诈骗罪,擅自设立金融机构罪,伪造、变造、转让金融机构经营许可证罪的,对单位判处罚金;全国人大常委会《关于惩治偷税、抗税犯罪的补充规定》规定,单位犯偷税罪,逃避追缴欠税罪的,对单位判处罚金;全国人大常委会《关于惩治虚开、伪造和非法出售增值税专用发票犯罪的决定》规定,单位犯虚开增值税专用发票、用于骗取出口退税、抵扣税款发票罪,伪造、出售伪造的增值税专用发票罪,非法出售增值税专用发票罪,购买伪造的增值税专用发票罪,骗取出口退税罪,非法制造、出售非法制造的用于骗取出口退税、抵扣税款发票罪,非法制造、出售非法制造的发票罪,非法出售用于骗取出口退税、抵扣税款发票罪,非法出售发票罪的,对单处判处罚金;全国人大常委会《关于惩治假冒注册商标犯罪的补充规定》规定,单位犯假冒注册商标罪,销售假冒注册商标的商品罪,非法制造、销售非法制造的注册商标标识罪的,对单位判处罚金;全国人大常委会《关于惩治侵犯著作权的犯罪的决定》规定,单位犯侵犯著作权罪,销售侵权复制品罪的,对单位判处罚金;全国人大常委会《关于惩治侵犯著作权的犯罪的决定》规定,单位犯侵犯著作权罪、销售侵权复制品罪的,对单位判处罚金;全国人大常委会《关于严惩组织、运送他人偷越国(边)境犯罪的补充规定》规定,单位犯组织、运送他人偷越国(边)境罪,骗取出境证件罪的,对单位判处罚金;全国人大常委会《关于禁毒的决定》规定,单位犯走私制毒物品罪,非法提供麻醉药品、精神药品罪的,对单位判处罚金;全国人大常委会《关于惩治走私、制作、贩卖、传播淫秽物品的犯罪分子的决定》规定,单位犯走私淫秽物品罪,制作、出版、贩卖、传播淫秽物品牟利罪,传播淫秽物品罪的,对单位判处罚金。

  1997年刑法不但保留了特别刑法关于对犯罪单位适用罚金的规定。而且在特别刑法规定的基础上，将1979年刑法中的一些犯罪与新增的一些犯罪规定为可由单位构成从而进一步扩大了对犯罪单位分配罚金的范围。如1997年刑法新增的违法制造、销售枪支罪是以单位为主体的犯罪，相应地，犯此罪的单位被配之以罚金；走私珍稀植物、珍稀植物制品罪，高利转贷罪，内幕交易罪，编造并传播证券交易虚假信息罪，诱骗投资者买卖证券罪，操纵证券交易价格罪，用账外客户资金非法拆借、发放贷款罪，对违法票据承兑、付款、保证罪，洗钱罪，假冒专利罪，侵犯商业秘密罪，损害商业信誉、商品声誉罪，虚假广告罪，串通投标罪，合同诈骗罪，非法经营罪，强迫交易罪，非法转让、倒卖土地使用权罪，中介组织提供虚假证明文件罪，重大环境污染事故罪，非法处置进口的固体废物罪，擅自进口固体废物罪，走私固体废物罪，非法捕捞水产品罪，非法猎捕、杀害珍贵、濒危野生动物罪，非法收购、运输、出售珍贵、濒危野生动物、珍贵、濒危野生动物制品罪，非法狩猎罪，非法占有耕地罪，非法采矿罪，破坏性采矿罪，非法采伐、毁坏珍贵林木罪，盗伐林木罪，滥伐林木罪，非法收购盗伐、滥伐的林木罪等，按照1997年刑法的规定，均是可以由单位构成的犯罪，相应地，罚金刑被作为适用于犯罪单位的刑罚。

单位犯罪，主要是营利型的犯罪或与营利有关的犯罪，对之分配罚金刑，符合配刑等价性与适度性相统一的理性规定。另外，无论是何种犯罪，在其由单位构成的情况下，罚金刑是唯一可对单位分配之刑，因为单位不存在人身，无法对之分配作为人身刑的主刑。因此，对犯罪单位配之以罚金刑，既因符合等价与适度相统一的配刑理性规定，又因系制裁犯罪单位的唯一可用之手段而具有其合理性。

（三）独立适用于轻罪

1979年刑法与1997年刑法均在总则规定了附加刑可以独立适用。而罚金刑作为附加刑，是一种轻微的刑罚，根据财产刑的分配规定，其独立适用的对象只应是不足以处主刑的轻微个罪。[①] 1979年刑法分则、特别刑法与1997年刑法分则有关罚金刑之分配的规定，体现了财产刑分配的这一理性规定。

在1979年刑法中，规定可以单独适用罚金刑的犯罪，要么是轻微的种罪，要么是种罪中轻微个罪。如伪造、倒卖计划供应票证罪，假冒注册商标罪，盗伐、滥伐林木罪，非法捕捞罪，非法狩猎罪，故意毁坏公私财物罪，妨害公务

---

① 详见邱兴隆著：《刑罚理性导论——刑罚的正当性原论》，中国政法大学出版社1998年版，第377页。

罪，窝赃、销赃罪，妨害国境卫生检疫罪，均是法定刑中规定可以单处罚金的种罪，而这些种罪均属法定刑上限在3年有期徒刑以下的绝对轻罪。又如走私罪，投机倒把罪，伪造有价票证票与制造、贩卖假药罪，均是以中期自由刑为法定刑上限的犯罪，不属绝对意义上的轻罪。相应地，只有其下格个罪即轻微的个罪才被规定可单处罚金，而其上格个罪则没有可单处罚金的规定。

在特别刑法中，可单独适用罚金刑的犯罪也大多是轻微的种罪或种罪中轻微的个罪。如生产不符合卫生标准的化妆品罪，销售侵权复制品罪等均是特别刑法所新增的可单独适用罚金的犯罪。而这些犯罪都是法定刑上限在3年有期徒刑以下的轻罪。又如经特别刑法修改、加重法定刑的假冒注册商标罪以及新增的销售假冒注册商标的商品罪等均是以中期自由刑为法定刑上限的犯罪，不属绝对意义上的轻罪，相应地，特别刑法只就其下格个罪即轻微的个罪规定可以单处罚金，而未就其上格个罪即严重的个罪规定可以单处罚金。

对轻微犯罪单处罚金的规定，在1997年刑法中被承续与扩张。就对1979年刑法与特别刑法的有关规定的承续而言，非法捕捞罪，非法狩猎罪，妨害公务罪，窝藏、转移、收购、销售赃物罪，生产、销售不合格的化妆品罪，销售侵权复制品罪与妨害国境卫生检疫罪等在1979年刑法或特别刑法中均是规定可单处罚金的绝对轻罪，在1997年刑法中仍为可单处罚金的犯罪，而诸如伪造有价票证罪，假冒商标罪与侵犯著作权罪等在1979年刑法或特别刑法中被规定为只有其下格轻罪才可单处罚金的犯罪，在1997年刑法中，仍被规定为只有下格轻罪才可单处罚金。就对1979年刑法与特别刑法有关对轻罪可单处罚金规定的扩张而言，一方面，在1979年刑法中未规定可单处罚金的诸如盗窃罪，诈骗罪，抢夺罪之类犯罪以及在特别刑法中未规定可单处罚金的诸如虚报注册资本罪，虚假出资、抽逃出资，欺诈发行股票、债券罪，提供虚假财务报告罪，妨害清算罪，非法经营同类营业罪，为亲友非法牟利罪等罪，1997年刑法均就种罪或种罪中轻微的个罪增加了可以单处罚金刑的规定；另一方面，1997年刑法也就其所新增的相当一部分轻微的种罪或某些种罪中轻微的个罪规定了可以单处罚金。如生产、销售不符合卫生标准的化妆品罪，假冒专利罪，损害商业信誉、商品声誉罪，虚假广告罪，串通投标罪，强迫交易罪，倒卖车票、船票罪，中介组织人员提供虚假证明文件罪，中介组织人员出具证明文件重大失实罪与逃避商检罪等均是新增的法定刑上限在3年有期徒刑以下的轻罪，1997年刑法就其增加了单处罚金的规定。而1997年刑法所新增的内幕交易罪，泄露内幕信息罪，编造并传播证券交易虚假信息罪，诱骗投资者买卖证券罪，操纵证券交易价格罪与洗钱罪等罪中的下格个罪即轻微的个罪也均增设了可以单处罚金的规定。

对轻微的犯罪规定可以单处罚金,实际上是以附加刑延长了由主刑所组成的法定刑下限。一方面,这一规定从整体上体现了法定刑中的主刑下限相同但严重性不同的种罪在严重性起点上的不同,符合最轻罪刑最轻配刑的序的相应性规定;另一方面又为司法上对严重性极轻、处以最轻的主刑仍然过重,但又不具备免刑条件的个罪处以相应的刑罚提供了保障,不致因无相应的轻刑可用而导致对轻罪处以重刑,符合配刑基的相应性规定,因而具有其合理性。

(四) 附加适用于重罪

与单独适用于轻罪相对应,在1979年刑法、特别刑法与1997年刑法中,罚金刑还被规定可附加于主刑适用于重罪。

在1979年刑法分则中,部分相对严重的营利型或财产型种罪被作为与主刑并科罚金的对象。如伪造货币、贩运伪造的货币罪,伪造有价证券罪是破坏经济管理秩序类罪中较为严重的种罪,制造、贩卖毒品罪,盗运珍贵文物出口罪,组织运送他人偷越国边境罪是妨害社会管理秩序类罪中较严重的与营利或财产有关的种罪,其被规定为只可并处、不可单处罚金。伪造有价票证罪等是法定刑上限为中期自由刑的较严重犯罪,相应地,其中的格重罪被规定只可并科不可单科罚金。

在特别刑法中,生产、销售伪劣产品罪,生产、销售假药罪,生产、销售劣药罪,生产、销售不符合卫生标准的食品罪,生产、销售有毒、有害食品罪,生产、销售不符合标准的医疗器材、医用卫生材料罪,生产、销售不符合安全标准的产品罪,走私武器、弹药罪,走私核材料罪,走私伪造的货币罪,走私文物罪,走私贵重金属罪,走私淫秽物品罪,走私普通货物罪,伪造货币罪,出售、购买伪造的货币罪,金融机构工作人员购买伪造的货币或以假币换取货币罪,集资诈骗罪,贷款诈骗罪,金融票据诈骗罪,信用证诈骗罪,信用卡诈骗罪,虚开增值税专用发票罪,伪造、出售伪造的增值税专用发票罪与非法出售增值税专用发票罪,绑架妇女、儿童罪,拐卖妇女、儿童罪,组织他人偷越国(边)境罪,盗掘古文化遗址、古墓葬罪,走私、贩卖、运输、制造毒品罪,非法持有毒品罪,组织卖淫罪,强迫卖淫罪,制作、复制、出版、贩卖、传播淫秽物品牟利罪均是以死刑为法定刑上限的最严重的趋利型或财产型犯罪。这些犯罪,均被作为只可并科、绝对不可单科罚金的对象。同样,诸如擅自设立金融机构罪,非法吸收公众存款罪,假冒注册商标罪,销售假冒注册商标的商品罪与侵犯著作权罪等并非最严重种罪中的上格个罪,也被规定为只可并科、绝对不可单科罚金。

1979年刑法与特别刑法所体现的将罚金刑附加适用于绝对意义上的严重

种罪与较严重的种罪中最严重个罪的趋向,在 1997 年刑法中的体现得更为明显。这是因为,一方面,1997 年刑法承续了 1979 年刑法与特别刑法的有关规定;另一方面,1997 年刑法通过对 1979 年刑法与特别刑法有关规定的修改,与通过对新增之罪规定并科罚金刑,使对重罪并科罚金刑的范围更为广泛。就对 1979 年刑法与特别刑法有关规定的承续而言,诸如制造、贩卖毒品罪,生产、销售伪劣产品罪与生产、销售假药罪之类在 1979 年刑法或特别刑法中只可并科不可单科罚金的种罪,在 1997 年刑法中仍是只可并科不可单科罚金的对象。就对 1979 年刑法与特别刑法的修改而言,诸如抢劫罪、盗窃罪、诈骗罪与抢夺罪之类在 1979 年刑法中未规定可处罚金的严重侵犯财产的种罪,被修改为应予并科罚金,而诸如虚报注册资本罪,虚假出资、抽逃出资罪,欺诈发行股票、债券罪,提供虚假财会报告罪与妨害清算罪之类在 1979 年刑法或特别刑法中被规定为只可并科不可单科罚金的轻罪,在 1997 年刑法中被修改为既可单科也可并科罚金,诸如持有、使用货币罪,变造货币、伪造、变造金融票证罪,伪造有价证券罪,擅自发行股票、债券罪与逃避追缴欠税票之类在 1979 年刑法或特别刑法中被规定为只可并科不可单科罚金的较为严重但并非最严重的种罪被修改为对其中严重的个罪即上格个罪只可并科不可单科罚金、对其中轻微的个罪既可单科也可并科罚金。就对新增之罪罚金刑的分配而言,诸如对公司、企业人员行贿罪,非法经营同类营业罪,为亲友非法牟利罪,内幕交易、泄露内幕信息罪,洗钱罪之类较为严重但并非最重的新增之罪中的上格个罪即严重个罪被规定为只可并科不可单科罚金,而诸如有价证券诈骗罪之类居最严重罪之列的犯罪被规定为绝对只可并科不可单科罚金。

对严重种罪或较严重的种罪中严重的个罪规定只可并科不可单科罚金,一方面避免了严重犯罪不处主刑、只处附加刑以致重罪轻罚、违背重罪重刑的配刑的序的相应性规定;另一方面又通过附加罚金加重了配刑的总体分量,适应了严重趋利型或财产型犯罪之重于普通趋利型或财产型犯罪的严重性,符合重罪重刑的配刑的序的相应性规定,因而具有合理性。

(五) 罚金额与犯罪轻重相对应

1979 年刑法与 1997 年刑法均在总则中规定,判处罚金,应当根据犯罪情节决定罚金数额。而司法上根据犯罪情节决定罚金额,以立法上以罪的轻重决定罚金额为前提。与此相适应,刑法分则应该体现以犯罪轻重作为决定罚金额根据的精神。

在 1979 年刑法中,分则未就各罪的罚金额作出明文规定,难以避免司法上在决定罚金额时的随意性,不足以保障罚金的轻重与犯罪的轻重相适应,因而可能导致轻罪重罚与重罪轻罚的不合理现象。有鉴于此，特别刑法与1997年刑法就部分犯罪作出了明文规定罚金额的努力。

按照特别刑法与1997年刑法的规定，罚金额的确定方式有数量定额与比例定额两种。

数量定额即明确规定，具体犯罪可处或应处的罚金数量，如伪造货币罪，出售、购买假币罪，金融机构工作人员购买假币、以假币换取货币罪，持有、使用假币罪，变造货币罪，擅自设立金融机构罪，非法吸收公众存款罪，伪造、变造金融票证罪，伪造、变造国家有价证券罪，伪造、变造公司、企业股票、证券罪，编造并传播影响证券交易的虚假信息罪，诱骗投资者买卖证券罪，用账外客户资金非法拆借、发放贷款罪，集资诈骗罪，贷款诈骗罪，金融票据诈骗罪，信用证诈骗罪，信用卡诈骗罪，有价证券诈骗罪，保险诈骗罪，虚开增值税发票罪，伪造、出售增值税发票罪，非法出售增值税发票罪与非法购买增值税发票、购买伪造的增值税发票罪等，其罚金都采取绝对限定上、下额数量的确定方式，罚金额表现出上、下额之间的数量幅度。

比例定额即按犯罪数额的百分比或倍数确定罚金额。如生产、销售伪劣产品罪，生产、销售假药罪，生产、销售劣药罪，生产销售不符合卫生标准的食品罪，生产销售有毒、有害食品罪，生产不符合标准的医用器材罪，生产、销售不符合安全标准的产品罪，生产、销售伪劣农药、兽药、化肥、种子罪的罚金额均为非法经营额的50%以上、2倍以下；走私普通货物罪的罚金额为偷逃应缴税款1倍至5倍；虚报注册资本罪的罚金额为虚报资金的1%至5%，虚假出资、抽逃出资罪的罚金额为虚假出资额或抽逃出资额的20%至10%，欺诈发行股票罪的罚金额为非法募集资金额的1%至5%，偷税罪，抗税罪，逃避缴纳欠税罪，骗取出口退税罪的罚金额分别为偷税额、拒缴税额、欠缴税款与骗取税额的1倍至5倍，等等。

在采取数量定额制确定罚金额的情况下，罚金数量因种罪或个罪的严重程度不同而大小有别。种罪或个罪越严重，所规定的罚金额越大，种罪或个罪越轻微，所规定的罚金额越小。如集资诈骗罪的严重性重于保险诈骗罪，相应地，集资诈骗罪的下格罚金额为2万元以上20万元以下，重于作为保险诈骗罪之下格罚金额的1万元以上10万元以下，其上格罚金额为5万元以上50万元以下，重于作为保险诈骗罪之上格罚金额的2万元以上20万元以下。而在集资诈骗罪中，下格个罪即轻微的个罪的罚金额仅为2万元以上20万元以下，其中格、上格个罪的罚金额则高达5万元以上50万元以下，表现出严重个罪罚金额重于轻微个罪，轻微个罪的罚金额轻于严重个罪的罚金额的特点。不仅如此，在同一格内，罚金额不是绝对确定的，而只是上、下额确定的相对的轻重幅度，从而体现了同一格罚金额应按格内个罪的轻重裁量的立法精神。如此确定罚金额，明显地体现了罚金额大小与犯罪严重性程度之间的对应性，符合轻罪轻罚、重罪重罚的配刑理性规定。

在采比例定额制确定罚金额的情况下，罚金额与犯罪额等比对称。相应地，作为犯罪之基本情节的犯罪数额越大，罚金额必然随之越大，而作为犯罪之基本情节的犯罪数额越小，罚金额必然随之越小，从而也明显地体现了罚金额大小与犯罪严重性程度的对应性，同样符合重罪重罚、轻罪轻罚的配刑理性规定。

二、罚金刑分配的无理性

在罚金刑分配的前述合理性的另一面，是我国刑法在罚金刑分配上的无理性。原因在于，有关罚金刑分配的立法规定在一定程度上不符合财产刑分配的理性规定与配刑的一般理性规定。具体表现如下：

（一）部分趋利型或财产型犯罪未分配罚金

如前所述，1979年刑法对趋利型或财产型犯罪分配罚金刑的范围极为有限。特别刑法与1997年刑法虽然扩大了罚金刑的分配范围，但仍然对部分趋利型或财产型犯罪未分配罚金刑。

公司、企业人员受贿罪，受贿罪等是最典型的出于贪欲的犯罪，无疑属于趋利型的犯罪。对公司、企业人员行贿罪，行贿罪等，是既包括有谋取不正当物质利益的目的又以财物作为犯罪之手段的犯罪，因而也可归于趋利型或财产型犯罪之列。贪污罪、职务侵占罪、敲诈勒索罪等是典型的以非法占有财物为目的的犯罪，因而无疑属于财产型犯罪之列。但是，无论在1979年刑法或特别刑法中还是在1997年刑法中，诸如此类犯罪均未配之以罚金，明显违背配刑的理性规定。

就配刑的基的相应性而言，前列犯罪均包含有趋利或占有财产的因素，具有分配作为财产刑的罚金刑的前提。按照财产刑的分配规定，① 其可以且应该分配罚金刑。不对此类犯罪分配罚金刑，不符合刑罚性质与犯罪性质相对应的理性规定，既不具有按罪配刑的等价性，又不具有按需配刑的适度性，因而不符合按罪配刑的等价性与按需配刑的适度性相统一的配刑理性规定。

---

① 详见邱兴隆著：《刑罚理性导论——刑罚的正当性原论》，中国政法大学出版社1998年版，第372页。

就配刑的序的相应性而言，按照1997年刑法的规定，中介组织人员索取或非法收受财物而提供虚假证明文件的，应并处罚金，而公司人员受贿罪，受贿罪同样是为他人谋取利益而索取或收受财物的行为，对前者规定并处罚金，而对后者不规定适用罚金，明显违背同罪同罚的配刑理性规定；抢劫罪、盗窃罪、诈骗罪与侵占罪都是1997年刑法规定应处罚金之罪，而贪污罪、敲诈勒索罪、职务侵占罪同样是以非法占有财物为目的的犯罪，对前者分配罚金，对后三者不分配罚金，同样无从体现同罪同罚的序的相应性；按照1997年刑法的规定，对公司、企业人员行贿罪为应并科罚金，而作为此罪对偶犯的公司、企业人员受贿罪与行贿罪却未配之以罚金，也很难说符合同罪同罚的序的相应性规定。

由上可见，对公司、企业人员受贿罪，贪污罪，受贿罪，行贿罪之类趋利型或财产型犯罪不分配罚金刑，从基到序均不具有相应性、不符合配刑的理性规定，不具有合理性。

（二）对轻罪未规定单处罚金

轻微的趋利型或财产型犯罪，唯其是趋利型或财产型犯罪，对其分配罚金刑，符合等价性与适度性相统一的配刑理性规定，唯其是轻罪，对其中最轻微的个罪单处罚金足以体现最轻罪刑最轻的相应性。然而，即使是按照明显地扩大了罚金刑的适用范围的1997年刑法的规定，也因对相当一部分犯罪乃至轻微的趋利型或财产型犯罪未规定单处罚金而不符合财产刑之分配的理性规定。

1997年刑法中的非法生产、销售间谍专用器材罪，赌博罪等均是明显的以营利为目的的轻微犯罪，其法定刑上限未超过3年有期徒刑。但1997年刑法对非法生产、销售间谍专用器材等种罪未规定罚金，更未规定单处罚金，而对赌博罪等种罪，刑法只规定并处罚金，未规定单处罚金。同样，高利转贷罪，违法向关系人发放贷款罪，违法发放贷款罪，用账外客户资金非法拆借、发放贷款罪，非法出具金融票证罪与对违法票据承兑、付款、保证罪，并非最严重的趋利型种罪，其法定刑上限在15年有期徒刑以下。相应地，其中轻微个罪即下格个罪显然应属绝对意义上的轻罪。然而，刑法对高利转贷罪，违法向关系人发放贷款罪与违法发放贷款罪的下格轻罪只规定并处罚金，未规定单处罚金，而对非法出具金融票证罪与对违法票据承兑、付款、保证罪的下格轻罪则根本未规定罚金，更未规定单处罚金。如此规定，既不符合配刑基的相应性规定，也不符合配刑序的相应性规定。

就基的相应性而言，前列种罪中轻微个罪属绝对意义上的轻罪，而罚金刑属绝对意义上的轻刑。对诸如此类的犯罪不规定可以单处罚金，结果必然是使绝对意义上的轻罪只能被配之以并非绝对意义上之轻刑的主刑，以致所处的最轻刑罚的严厉性高于犯罪的严重性而不具有基的相应性。

就序的相应性而言，1997年刑法规定，非法生产、买卖警用装备罪是可单处罚金之罪，非法生产、销售间谍专用器材罪与此罪均系营利型犯罪，且表现方式与作为法定刑的主刑均相同。赌博罪也是法定主刑与此二罪相同的营利型轻罪。对非法生产、买卖警用装备罪规定可单处罚金，对非法生产、销售间谍专用器材罪与赌博罪不规定可单处罚金，意味着前罪中的轻微个罪可不处主刑而只处罚金，而后二罪中的轻微个罪则只能处主刑，不能处罚金，显然不合同罪同刑序的相应性规定。同样，高利转贷罪从严重性到法定主刑均轻于持有、使用假币罪，变造货币罪与擅自设立金融机构罪。对后三者的下格个罪规定可单处罚金，对高利转贷罪不规定可单处罚金，相比之下，明显违背轻罪轻刑的配刑的序的相应性规定。至于违法向关系人发放贷款罪，违法发放贷款罪，用账外客户资金非法拆借、发放贷款罪，非法出具金融票证罪与对违法票据承兑、付款、保证罪，从严重性到法定刑均轻于伪造、变造金融票据罪与伪造、变造金融票证罪。而后二罪的下格轻罪，按刑法规定，可单处罚金。显然，对严重性较之为轻的前六罪的下格轻罪不规定可单处罚金，同样是一种不符合轻罪轻刑序的相应性规定的选择。

（三）对轻微的非趋利型或财产型犯罪规定并处罚金

按照财产刑的分配规定，罚金刑只能在不足以配主刑的情况下才能作为轻刑适用于非趋利型或非财产型犯罪。换言之，对于非营利型或非财产型犯罪，只能单科而不可并处罚金。然而，在1997年刑法分则中，个别非趋利型或非财产型轻罪被规定为并科罚金。如偷越国（边）境罪是一种与趋利或财产无关的犯罪，且其法定刑上限仅为一年有期徒刑，因而属于绝对意义上的轻罪。因此，对此罪分配罚金刑的正当性既不在于刑罚所剥夺价值与犯罪所侵害价值的对等性，也不在于剥夺犯罪人再犯罪的资本，而仅仅在于最轻刑罚与最轻犯罪的相应性。据此，对此罪只应规定单处罚金，以适用于这一最轻微的种罪中最轻微因而不足以处法定主刑的个罪。然而，1997年刑法不但未规定此罪可单处罚金，反而规定其应并处罚金，既违背配刑基的相应性规定，又违背配刑序的相应性规定。

就基的相应性而言，一方面，偷越国（边）境罪与趋利或财产无关，无需以罚金来体现剥夺价值与侵害价值的对等，对此罪在主刑之外并科罚金，纯属多余；另一方面，此罪的严重性极轻，以并科罚金作为加重刑罚的总体分量，超出此罪的严重性上限，表现为绝对的轻罪重罚。

就序的相应性而言，偷越国（边）境罪与妨害公务罪，扰乱无线电通讯管理秩序罪，扰乱法庭秩序罪、拒不执行判决、裁定罪均系非趋利型或财产型的轻罪，且其严重性与法定刑均轻于后四罪。而后四罪，按照刑法的规定只可单处不可并处罚金。对严重性重的后四罪规定可单处不可并处罚金，意味着其中轻微的个罪可不处主刑而只处罚金，而对严重性轻的偷越国（边）境罪规定应该并科，不可单科罚金，则意味着其中最轻微的个罪既应处主刑又应处罚金。两相对比，轻罪中的轻罪处刑必然远重于重罪中的轻罪，明显地违背轻罪轻刑的配刑序的相应性规定。

第二节　剥夺政治权利刑的分配评价

与罚金刑的分配一样，作为附加刑的剥夺政治权利刑在立法上的分配，在相当一部分情况下符合资格刑分配的理性规定与配刑的一般理性规定，显示出其合理性，又在一定程度上与资格刑的分配规定与配刑的一般理性规定相背离，因而又显示出一定的无理性。

一、剥夺政治权利刑之分配的合理性

立足于资格刑的分配规定与配刑的一般理性规定，我国刑法有关剥夺政治权利刑的分配规定具有如下合理性：

（一）作为否定的政治评价的载体并科于最严重的犯罪或犯罪人

按照资格刑分配的理性规定，基于传统观念，剥夺政治权利刑因具有浓烈的政治否定色彩而可作为政治谴责的手段分配于最严重的犯罪人，以体现对其更严厉的惩罚性。[①] 1979 年刑法与 1997 年刑法都极明显地体现了这一规定。

在 1979 年刑法与 1997 年刑法总则中，都明文规定，被判处死刑、无期徒刑的犯罪分子，应当附加剥夺政治权利；对于严重破坏社会秩序的犯罪分子，即故意杀人犯、强奸犯、放火犯、爆炸犯、投毒犯、抢劫犯等，可以附加剥夺政治权利。

危害国家安全罪，是最严重的类罪，对之在法定主刑之外附加适用剥夺政治权利，与对严重经济犯罪并科罚金一样，是以附加刑作为主刑的添加砝码，

---

① 详见邱兴隆著：《刑罚理性导论——刑罚的正当性原论》，中国政法大学出版社 1998 年版，第 376 页。

以补对其单配主刑之惩罚性与政治否定色彩的不足，体现了重罪重刑序的相应性，因而符合配刑的一般理性规定，具有其合理性。

被判处死刑或无期徒刑的犯罪分子，理所当然的是最严重的犯罪分子，虽然其未必是政治型犯罪，对之并科剥夺政治权利因而未必具有等价剥夺基的相应性，但一方面，并科剥夺政治权利可以在主刑之外表达对最严重犯罪的政治否定与谴责，以补单处主刑政治谴责之不足；另一方面，剥夺政治权利的并科，使处刑的总体严厉性加重，符合最重罪刑最重序的相应性规定，具有其合理性。

故意杀人、强奸、放火、爆炸、投毒、抢劫等犯罪不属政治型犯罪，但系严重的种罪。为显示对其中严重个犯的政治否定与谴责，有必要就其分配剥夺政治权利刑。然而，诸如此类的种罪的具体实施者又可能只构成轻微的个犯，因而没有必要对其以并处剥夺政治权利的方式来表达对其的政治否定与谴责。正是如此，刑法规定对此类严重种罪在必要时可以并科剥夺政治权利，既使其中的严重个犯可被并科而受到必要的政治否定与谴责，又避免对其中不严重的个罪并科而失之不必要，因而同样有其合理性。

（二）作为政治型犯罪的等价刑与适应刑并科或单科于此类犯罪

按照资格刑分格的理性规定，剥夺政治权利刑应作为等价刑与适应刑分配于政治型犯罪。[①] 1979年刑法与1997年刑法同样极明显地体现了这一规定。

如前所述，1979年刑法与1997年刑法均明确规定了对作为政治型犯罪的危害国家安全罪应予并科剥夺政治权利刑。不仅如此，在1979年刑法与1997年刑法中，危害国家安全罪还是单科剥夺政治权利的主要对象。如按照1997年刑法的有关规定，凡法定主刑下限为管制的所有危害国家安全罪均被配之以单科剥夺政治权利。此外，破坏选举罪与破坏集会、游行、示威罪均是侵犯他人政治权利的犯罪，因而也可归于政治型犯罪。相应地，在1997年刑法中，破坏选举罪与破坏集会、游行、示威罪也被作为单科剥夺政治权利的对象。

危害国家安全罪，破坏选举罪与破坏集会、游行、示威罪，既然带有相当的政治色彩或直接以他人的政治权利为侵犯的客体，对之科以剥夺政治权利刑符合配刑的等价性规定。另外，由于政治型犯罪中的背叛国家罪主要只能由担任要职的人构成，煽动分裂国家罪，煽动颠覆政权罪是利用言论自由实施的犯罪，破坏选举罪与破坏集会、游行、示威罪往往发生在行使选举权或集会、游

---

① 详见邱兴隆著：《刑罚理性导论——刑罚的正当性原论》，中国政法大学出版社1998年版，第377页。

行、示威的过程中，等等，对此类犯罪配以剥夺政治权利，在相当程度上构成对再犯能力的限制或剥夺，符合配刑的适度性规定。因此，以政治型犯罪作为剥夺政治权利刑的科处对象，符合配刑的等价性与适度性相统一的理性规定，具有其合理性。

（三）作为利用政治权利的犯罪的适应刑单科于此类犯罪

在1997年刑法中，侮辱、诽谤罪始终是可单处剥夺政治权利的对象，1997年刑法在此基础上又规定对煽动民族仇恨、民族歧视罪，煽动暴力抗拒法律实施罪与非法集会、游行、示威罪等规定了可单处剥夺政治权利刑。此类犯罪，分别是利用行使作为政治权利的言论自由权与集会、游行、示威权的机会实施的犯罪。以其作为适用剥夺政治权利刑的对象，符合配刑的等价性规定，又符合配刑的适度性规定，因而符合配刑的等价性与适度性相统一的理性规定，具有其合理性。

（四）作为利用职务犯罪的等价刑与适应刑分配于利用职务犯罪

按照资格刑的分配的理性规定，剥夺政治权利刑可作为等价刑与适应刑分配于利用职务的犯罪。① 1997年刑法对包庇、纵容黑社会性质组织罪规定可单处剥夺政治权利，便是这一理性规定的具体体现。

包庇黑社会性质组织罪是由国家机关工作人员构成的犯罪，即其利用职务之便实施的犯罪。对犯此罪的国家工作人员科处剥夺政治权利刑，使之丧失担任公务员的资格，既具有等价报应性，又具有相应性，符合等价性与适度性相统一的配刑理性规定，具有其合理性。

（五）作为最轻微的刑罚单独适用于轻罪

按照资格刑的分配的理性规定，剥夺政治权利刑可作为轻刑单科于不足以处法定主刑的轻罪。② 这一规定，在现行刑法中得到了较为充分的体现。

按照1997年刑法的规定，只有严重种罪中最轻微的个罪即下格轻罪与绝对意义上轻微的种罪才可单科剥夺政治权利刑。如在危害国家安全类罪中，被规定可单处剥夺政治权利刑的种罪，均是法定最低主刑为管制的种罪，即分裂

---

① 详见邱兴隆著：《刑罚理性导论——刑罚的正当性原论》，中国政法大学出版社1998年版，第377页。
② 详见邱兴隆著：《刑罚理性导论——刑罚的正当性原论》，中国政法大学出版社1998年版，第377页。

国家罪，煽动分裂国家罪，武装叛乱、暴乱罪，颠覆政权罪，煽动颠覆政权罪，资助危害国家安全活动罪，叛逃罪，为境外窃取、刺探、收买、非法提供国家秘密、情报罪。除此之外的不以管制为法定最低主刑的种罪，即背叛国家罪、间谍罪、资敌罪，均未规定可单处剥夺政治权利刑。不仅如此，即使是可以单处剥夺政治权利的种罪，也只有其最下格个罪即轻微的个罪才被规定为可单处剥夺政治权利，其中格或上格个罪均未规定要单处剥夺政治权利。同样，其他可单处剥夺政治权利的犯罪，要么是绝对意义上的轻罪即刑轻未分格的犯罪，如侮辱罪，诽谤罪，破坏选举罪，伪造公司、企业、事业单位、人民团体印章罪，伪造、变造居民身份证罪，包庇、纵容黑社会性质组织罪，非法集会、游行、示威罪，非法携带武器、管制刀具、爆炸物参加集会、游行、示威罪，破坏集会、游行、示威罪与侮辱国旗、国徽罪等均是法定主刑上限在5年有期徒刑以下、下限为拘役或管制轻罪；要么是不构成绝对意义上轻罪的种罪的下格轻罪，如非法拘禁罪，煽动民族仇恨、民族歧视罪，煽动暴力抗拒法律实施罪，招摇撞骗罪，伪造、变造、买卖国家机关公文、证件、印章罪，盗窃、抢夺、毁灭国家机关公文、证件、印章罪，聚众扰乱社会秩序罪，聚众冲击国家机关罪，组织、领导、参加黑社会性质组织罪，聚众冲击军事禁区罪，聚众扰乱军事管理区秩序罪，冒充军人招摇撞骗罪，伪造、变造、买卖武装部队公文、证件、印章罪与盗窃、抢夺武装部队公文、证件、印章罪等，均是只规定下格轻罪可单处罚金的种罪。

与对轻罪单科罚金刑一样，对轻罪单科剥夺政治权利刑，实际上是以附加刑延长由主刑所组成的法定刑下限，避免了严重性轻微、不足以处法定主刑而又不具有免刑情节的犯罪因无轻刑可适用而被处以主刑的轻罪重罚，符合最轻罪刑最轻序的相应性规定，具有其合理性。

（六）限定了剥夺政治权利的期限

1979年刑法与1997年刑法总则均规定，剥夺政治权利的期限为1年以上5年以下，被判处死刑、无期徒刑的犯罪分子，剥夺政治权利的期限为终身。

以1年以上5年以下作为剥夺政治权利的期限，并将其规定于刑法总则之中，实际上是规定了各种罪之剥夺政治权利的法定幅度。一方面，这一幅度轻重差距不大，据其量刑，不至于发生大的偏差，以其作为诸罪之统一的法定刑期而不就具体犯罪再单定刑期，与刑轻不分格的法定刑分格的理性规定上一致；另一方面，正由于其是一个幅度而不是绝对确定的刑期，司法者可根据诸种罪以及诸种罪中不同个罪严重性的不同在幅度内决定判定刑期，为贯彻轻罪轻刑、重罪重刑的配刑理性规定提供了保障。因此，刑法总则对剥夺政治权利普通刑期的限定，符合配刑的理性规定，具有其合理性。

死刑与无期徒刑的受刑人，如前所述，是最严重的犯罪人，将其剥夺政治权利的期限确定为终身，表达对其终身的政治否定与谴责，明显地体现了犯最重罪受最重刑序的相应性以及附加刑严厉性与主刑严厉性的同步性，因而同样具有其合理性。

二、剥夺政治权利刑之分配的无理性

有关剥夺政治权利刑之分配的立法规定的无理性在于其中存在不符合配刑的理性规定之处。具体表现如下：

（一）对绝大部分利用职务的犯罪未规定单处剥夺政治权利

如前所述，有关剥夺政治权利的立法因规定了对包庇、纵容黑社会性质组织罪剥夺政治权利而符合对利用职务的犯罪剥夺政治权利的理性规定，具有其合理性。然而，有关立法在这方面的合理性又是极为有限的。因为对包庇、纵容黑社会性质组织罪适用剥夺政治权利，是对利用职务的犯罪适用此刑的唯一规定，除此之外的所有利用职务的犯罪，在1997年刑法中均未规定可适用剥夺政治权利。

在1979年刑法中，泄露国家机密罪与徇私舞弊罪曾被规定可以单处剥夺政治权利。这种规定，明显符合对利用职务的犯罪应分配剥夺政治权利的理性规定。然而，1997年刑法在未加重此二罪的法定刑上、下限，未将其归入绝对意义上重罪的情况下，删除了可单处剥夺政治权利规定，从而使本来合理的规定变成了不合理规定。不仅如此，1997年刑法所沿用或新增的刑讯逼供罪、报复陷害罪，非法剥夺宗教信仰自由罪，侵犯少数民族风俗习惯罪，枉法裁判罪，私放在押人员罪，徇私舞弊减刑、假释、暂予监外执行罪，徇私舞弊不移交刑事案件罪，滥用管理公司、证券职权罪，徇私舞弊不征、少征税款罪，徇私舞弊发售发票、抵扣税款、出口退税罪，违法提供出口退税凭证罪，违法发放林木采伐许可证罪，非法批准征用、占有土地罪，非法低价出售国有土地使用权罪，放纵走私罪，商检徇私舞弊罪，动植物检疫徇私舞弊罪，放纵制售伪劣商品犯罪行为罪，办理偷越国（边）境人员出入境证件罪，放行偷越国（边）境人员罪，不解救被拐卖、绑架妇女、儿童罪，阻碍解救被拐卖妇女、儿童罪，帮助犯罪分子逃避处罚罪与招收公务员、学生徇私舞弊等利用职务的故意渎职罪，均未规定适用剥夺政治权利刑，既违背配刑基的相应性规定，又违背配刑序的相应性规定，不具有合理性。

就基而言，以上诸罪均是国家工作人员利用职务实施的犯罪，且其法定刑下限均为拘役刑，对其中轻微的个罪，只需单处剥夺政治权利刑，不需处以主刑，便足以体现按罪配刑的等价性，即使犯罪人因利用职务犯罪而失去担任职务的资格，同时体现按需配刑的适度性，从而符合配刑的等价性与适度性相统一的配刑的一般理性规定。有鉴于此，对诸如此类利用职务犯罪中轻微种罪或非轻罪中的轻微个罪即下格个罪不规定可单处罚金，必然导致轻罪重罚，不具有最轻罪刑最轻的基的相应性。

就序而言，包庇、纵容黑社会性质组织罪与前列犯罪均是国家工作人员利用职务犯罪，且其法定刑下限均为拘役。对包庇、纵容黑社会性质组织罪规定可单处剥夺政治权利，而其他利用职务犯罪不规定可单处剥夺政治权利，意味着包庇、纵容黑社会性质组织罪中的轻罪可只处作为附加刑的剥夺政治权利、不处主刑，而对其他利用职务犯罪只能处主刑，不能处作为附加刑的剥夺政治权利，导致严重性相当的犯罪处刑不一，违背同罪同罚的配刑理性规定。

（二）对部分利用政治权利的犯罪未规定单处剥夺政治权利

1997年刑法所新增的出版歧视、侮辱少数民族作品罪实际上是一种利用出版自由权进行的犯罪，煽动军人逃离部队罪与战时造谣扰乱军心罪则是利用言论自由权进行的犯罪。按照资格刑的分配规定，此三罪中的轻罪可单科剥夺政治权利，以便使绝对意义上的轻罪只处绝对意义上的轻刑，同时也使配刑既具有等价性，又具有适度性。然而，1997年刑法却未就此三罪规定可单处剥夺政治权利，既违背配刑基的相应性规定，又违背配刑序的相应性规定，不具有合理性。

就基而言，前列三罪均是利用政治权利实施的犯罪，具有分配剥夺政治权利的等价与适度的前提，同时，此三罪中的出版歧视、侮辱少数民族作品罪与煽动军人逃离部队罪的法定刑上限仅为3年有期徒刑、下限为管制，战时造谣扰乱军心罪的法定刑下限也仅为管制。对这些绝对意义上的轻罪，不规定可以作为其可处之最轻刑的剥夺政治权利，必然导致对其处以主刑，从而表现出绝对意义上的轻罪重罚，不具有最轻罪刑最轻的基的相应性。

就序而言，侮辱罪、诽谤罪是利用言论自由权进行的犯罪，出版歧视、侮辱少数民族作品罪是利用出版自由权进行的犯罪，而在广义上，出版自由只不过是以书面形式实现的言论自由，两种并无本质上的区别。同时，按照刑法的规定，此三罪均是法定主刑上限为3年有期徒刑、下限为管制的犯罪，即绝对意义上的轻罪。对侮辱罪与诽谤罪规定可单处剥夺政治权利，而对作为与此二罪一样是利用政治权利实施、严重性相当的出版歧视、侮辱少数民族作品罪不规定可单处剥夺政治权利，意味着对前二者中的轻罪可只处作为附加刑的剥夺政治权利，对后者中的轻罪只可处主刑，以致严重性相当的犯罪处刑不同，表现出同罪异罚、轻罪重罚的无理性。同样，煽动军人逃离部队罪与战时造谣扰乱军心罪，与煽动民族仇恨、民族歧视罪、煽动暴力抗拒法律实施罪一样，均是利用言论自由实施的犯罪，且均是法定主刑下限为管制的犯罪，即其中的轻罪均系绝对意义上的轻罪。对煽动民族仇恨、民族歧视罪，煽动暴力抗拒法律实施罪规定可单处剥夺政治权利，而对与之一样利用言论自由实施的煽动军人逃离部队罪与战时造谣扰乱军心罪不规定单处剥夺政治权利，意味着其中最轻的个罪只可处主刑、不可处附加刑，两相对比，明显地构成一种同罪异罚、对后二罪失之过重的不合理选择。

（三）对前列以外的部分宜于规定单处剥夺政治权利的犯罪未规定可单处剥夺政治权利

在1979年刑法中，聚众扰乱公共场所秩序、交通秩序罪曾被规定可单处剥夺政治权利，但1997年刑法删除了这一规定，这构成一种不合理选择。因为与聚众扰乱社会秩序罪，聚众冲击国家机关罪，聚众冲击军事禁区罪，聚众扰乱军事管理秩序一样，聚众扰乱公共场所秩序、交通秩序罪既然具有"聚众"的特点，便必然以煽动、蛊惑人心与滥用他人信用等为前提，与前列其他聚众犯罪性质相近，且严重性轻于、法定刑下限同于其他聚众犯罪。对聚众扰乱公共场所秩序、交通秩序罪不规定单处剥夺政治权利，对其他聚众犯罪规定可单科剥夺政治权利，也是一种同罪异罚、轻罪重罚的失之过重的不合理选择。同样，伪证罪，辩护人、诉讼代理人毁灭证据、伪造证据、妨害作证罪，妨害作证罪，帮助毁灭、伪造证据罪，打击报复证人罪与拒绝提供间谍犯罪证据罪，均是法定主刑轻的犯罪，其中的轻罪属于绝对意义上的轻罪，且此类犯罪与趋利或财产无关而表现为蔑视司法权威、破坏司法秩序，因而不宜以单处罚金、而宜以单处剥夺政治权利作为绝对意义上的轻罪，以实现绝对意义上的轻罪处绝对意义上的轻刑的配刑理性规定。然而，1997年刑法对于这些犯罪未规定单处剥夺政治权利，以致本可只处附加刑的轻罪不得不处主刑，失之过重而不具有合理性。

（四）并科剥夺政治权利的范围限制过严

如前所述，剥夺政治权利因在传统观念中被视为一种"政治刑罚"而在分配上偏重于表达政治否定、谴责，因而其并科的范围被严格限制在危害国家安全罪与其他严重刑事犯罪的范围内。然而，剥夺政治权利毕竟是一种由法律规定的刑罚，其分配理应充分符合资格刑的配刑理性规定。因此，与对危害国家安全罪之外的破坏选举罪，破坏集会、游行、示威罪等妨碍他人政治权利的犯罪以及利用政治权利或职务实施的犯罪中的轻罪应规定单处剥夺政治权利一样，对这些犯罪中的重罪也应规定并处剥夺政治权利，以使剥夺政治权利具有对等剥夺的等价性与相应遏制的适度性，符合配刑的等价性与适度性相统一的配刑理性规定。然而，刑法对危害国家安全罪与严重刑事犯罪以外的所有妨碍他人政治权利的犯罪，利用政治权利或职务犯罪均未作出并科剥夺政治权利的规定，以致剥夺政治权利既不符合资格刑的分配规定，又不能充分发挥其特有的等价惩罚与适度遏制功能。如国家工作人员利用职务实施的非危害国家安全犯罪，很少是可处死刑、无期徒刑的犯罪，也不是严重危害社会秩序的刑事犯罪，因而几乎不属并科剥夺政治权利的范围。其结果必然是，对利用职务犯罪者无法体现利用职务犯罪便失去职务的等价报应性与想再利用职务犯罪便因没有资格取得职务而无法再犯罪的适度遏制性，因而不符合等价性与适度性的统一性规定。又如破坏选举罪只可单科不可并科剥夺政治权利。因此，对其中的严重个罪无从实现刑罚的对等剥夺性与相应遏制性，使剥夺政治权利之特有的功能无从实现。再如组织、利用会道门、邪教组织破坏法律实施罪既是一种具有明显政治色彩的犯罪，又是一种滥用作为政治权利的结社自由的犯罪，对其理应配以剥夺政治权利。但是，其既不属危害国家安全罪，又不属严重危害社会秩序的犯罪，不属并科剥夺政治权利的法定范围，同时，又因为其法定刑下限重，不属轻罪，因而不属可单科剥夺政治权利的犯罪。这样，便出现了利用政治权利实施的政治型犯罪不得处以剥夺政治权利的矛盾，明显违背资格刑分配的理性规定，不具有合理性。

第三节 没收财产刑的分配评价

没收财产作为附加刑，虽与罚金刑同属财产刑的范畴，但又是一种较之罚金刑更为严厉的刑罚，因而有着不同于罚金刑分配的理性规定。在我国刑法中，有关没收财产刑分配的规定，与有关罚金刑分配的立法规定一样，合理性与不合理性同样明显。

一、没收财产刑之分配的合理性

立法上有关没收财产刑之分配的合理性在于其符合财产刑之分配的理性规定与配刑的一般理性规定。具体表现如下：

（一）作为主刑的加重砝码并科适用于危害国家安全罪

在1979年刑法中，反革命类罪是适用没收财产刑的首要对象。按照1979年刑法的规定，所有反革命种罪均可并科没收财产。1997年刑法沿用这一规定的精神，同样规定，对所有危害国家安全种罪均可并科没收财产。

危害国家安全罪是最为严重的类罪，没收财产刑是最为严厉的附加刑。对严重的类罪在配以最为严厉主刑的同时，配以作为最为严厉的附加刑的没收财产，明显显示了罪最重刑最重、附加刑的严厉性与主刑的严厉性同步与以附加刑作为额外砝码加重对最为严重类罪的处刑分量的配刑理性规定，其合理性不言而喻。

（二）作为趋利型或财产型犯罪的等价刑与适应刑并科适用于此类犯罪

按照财产刑分配的理性规定，作为财产刑的没收财产可作为等价刑与适应刑适用于趋利型与财产型犯罪。① 1979年刑法、特别刑法与1997年刑法均极为明显地体现了这一配刑的理性规定。

在1979年刑法中，除反革命罪外，所有被规定适用没收财产的犯罪都是趋利型或财产型犯罪。如危害经济管理秩序罪中的走私罪，投机倒把罪，伪造、贩运伪造的国家货币罪，侵犯财产罪中的抢劫罪、盗窃罪、诈骗罪、抢夺罪、贪污罪，妨害社会管理秩序罪中的引诱、容留妇女卖淫罪，制作、贩卖、运输毒品罪与盗运珍贵文物出口罪等均被作为适用没收财产的对象，其中无一不是趋利型或财产型犯罪。

在特别刑法中，凡对1979年刑法有关罪名之法定刑进行修改的条款仍保留有关适用没收财产的规定，部分在1979年刑法中未规定可适用没收财产刑的趋利型或财产型犯罪被增设了适用财产刑的规定，新增的大部分趋利型或财产型犯罪也规定了适用没收财产刑。如前列走私罪，伪造、贩运伪造的国家货币罪，引诱、容留妇女卖淫罪，毒品犯罪与走私文物罪，特别刑法虽然对其法定刑作了修改，但仍然是适用没收财产的对象。又如制造、销售假药罪，制作、出版、复制、贩卖、传播淫秽物品牟利罪，拐卖妇女、儿童罪，组织他人偷越国（边）境罪与受贿罪在1979年刑法中均是未规定适用没收财产刑的种罪，但特别刑法分别就其增加了适用没收财产刑的规定。再如在1997年刑法

---

① 详见邱兴隆著：《刑罚理性导论——刑罚的正当性原论》，中国政法大学出版社1998年版，第377页。

所增设的种罪中，生产、销售伪劣产品罪，生产、销售劣药罪，生产、销售不符合卫生标准的食品罪，生产、销售有毒、有害食品罪，生产、销售不符合标准的医疗器械、医用卫生材料罪，生产、销售、伪劣农药、兽药、化肥、种子罪，走私武器、弹药罪，走私核材料罪，走私伪造的货币罪，走私贵重金属罪，走私珍贵动物、珍贵动物制品罪，走私淫秽物品罪，公司企业人员受贿罪，出售、购买假币罪，金融机构工作人员购买假币、以假币换取货币罪，持有、变造国家有价证券罪，集资诈骗罪，贷款诈骗罪，金融票据诈骗罪，信用证诈骗罪，信用卡诈骗罪，保险诈骗罪，虚开增值税专用发票、用于骗取出口退税、抵扣税款发票罪，伪造、出售伪造的增值税专用发票罪，非法出售增值税专用发票罪，非法制造、出售非法制造的用于骗取出口退税、抵扣税款发票罪，非法出售用于骗取出口退税、抵扣税款发票罪，绑架妇女、儿童罪，职务侵占罪，盗掘古文化遗址、古墓葬罪，协助组织卖淫罪与强迫卖淫罪等均系趋利型或财产型犯罪，因而均增设了适用没收财产刑的规定。

在1997年刑法中，凡沿用1979年刑法与特别刑法有关规定的条款，均保留了对趋利型与财产型犯罪适用没收财产刑的规定。如1979年刑法中被规定可适用没收财产刑的抢劫罪、盗窃罪、诈骗罪与抢夺罪，在1997年刑法中仍为适用没收财产刑之罪；特别刑法中被规定适用没收财产刑的前列生产、销售伪劣产品罪，走私武器、弹药罪与强迫卖淫罪等，在1997年刑法中也仍被规定为适用没收财产刑。

另外，1997年刑法所新增的部分趋利型与财产型种罪，也被规定为适用没收财产之罪。如绑架罪，有价证券诈骗罪与合同诈骗罪等，均是1997年刑法所新增的与财产有关的犯罪，相应地，其法定刑中均包含有没收财产。

趋利型或财产型犯罪，是非法获取物质性利益或财产的犯罪，没收财产是剥夺犯罪人财产的刑罚，对趋利型或财产型犯罪适用没收财产刑，明显具有得到的是财物，失去的便是财物的对应性，符合配刑的等价性规定。另外，趋利刑或财产刑犯罪又往往是以财产为资本的犯罪，对此类犯罪适用没收财产刑，明显地具有想利用财产再犯罪，便因财产被剥夺而无法再犯罪的相应遏制性，符合配刑的适度性规定。因此，对趋利型与财产刑犯罪适用没收财产刑，符合配刑的等价性与适度性的统一性规定，具有合理性。

（三）并科适用于严重趋利型或财产型种罪中最严重的个罪

没收财产虽然被规定并科适用于趋利型或财产型种罪，但并非所有趋利型或财产型种罪均被规定可并科适用没收财产；同时，也并非严重趋利型或财产型种罪中的所有个罪均可并科适用没收财产。相反，并科适用没收财产被严格限制在严重种罪中的严重个罪范围内。

在1979年刑法中，偷税罪，抗税罪，假冒注册商标罪，盗伐、滥伐林木罪，非法狩猎罪，赌博罪，制作、贩卖淫书、淫画罪与组织运送他人偷越国（边）境罪等轻微的趋利型或财产型种罪均未规定并科没收财产。在规定了并科没收财产的抢劫罪、盗窃罪、诈骗罪、抢夺罪，引诱、容留妇女卖淫罪，制造、贩卖、运输毒品罪与盗运珍贵文物出口罪等严重种罪中，并科没收财产也被限制于严重的个罪，对轻微的个罪未规定并科没收财产，基本上①体现了没收财产的并科只限于严重趋利型或财产型种罪中的严重个罪的趋向。

在特别刑法中，对严重种罪中的严重个罪并科没收财产刑的趋向更为明显。这是因为，特别刑法一方面通过对1979年刑法的修改，删除了对严重种罪如走私罪、伪造货币罪、贩运伪造的货币罪、贪污罪中的下格轻罪可以并处没收财产的规定，从而更严格地将并科没收财产限制在严重犯罪的范围内；另一方面，在新增的种罪中，只有严重种罪中的严重个罪才被规定并科没收财产，如前列被规定并科没收财产的新增的生产、销售伪劣产品罪等趋利型或财产型种罪均是法定刑上限为15年有期徒刑、无期徒刑或死刑的严重种罪，且这些种罪只有上格个罪才被规定并科没收财产，其中的中格与下格个罪以及法定刑上限在10年以下有期徒刑的种罪，如非法出具金融票证罪与逃汇罪等，均未规定并科没收财产。

1997年刑法经过对1979年刑法、特别刑法的修改、沿用与补充，较彻底地实现了将并科没收财产严格限制在严重趋利型或财产型种罪中严重个罪的范围内。

就对1979年刑法的修改而言，1997年刑法将投机倒把罪易名为非法经营罪后，未再规定对其下格个罪适用并科没收财产，而只规定对其上格个罪并科没收财产。同时，废除了伪造、倒卖计划供应票证罪，消除了1979年刑法中对下格轻罪规定并科罚金的异例，因而在特别刑法所作修改的基础上使1979年刑法中所有对非严重趋利型或财产型犯罪并科没收财产刑的规定不复存在。

就对1979年刑法与特别刑法的沿用而言，1979年刑法与特别刑法中未规定并科没收财产的敲诈勒索罪，假冒注册商标罪，擅自发行股票、公司、企业债券罪等非严重种罪仍未规定适用并科没收财产。而1979年刑法与特别刑法中，只有上格重罪才规定并科没收财产的抢劫罪、盗窃罪、诈骗罪、抢夺罪，

---

① 之所以说"基本上"，是因为在1979年刑法中，存在对走私罪、投机倒把罪与贪污罪中的下格轻罪以及作为轻微种罪的伪造或倒卖计划供应票证罪规定可并处没收财产的异例。

生产、销售伪劣产品罪，生产、销售有毒、有害食品罪等严重种罪，仍然只有上格重罪才被规定并科没收财产，其下格轻罪仍未规定并处没收财产。

就新补充的趋利型或财产型犯罪而言，法定刑上限为10年以下有期徒刑的所有种罪，如串通报价罪，强迫交易罪，非法转让、倒卖土地使用权罪与非法采矿罪等，均未规定并处没收财产刑，而被规定并科没收财产的法定刑上限为15年有期徒刑、无期徒刑或死刑的种罪中，并处没收财产的范围也仅限于上格重罪，其中的下格个罪未规定并科没收财产刑。

通观1997年刑法有关并科没收财产的规定，可以发现，并处没收财产无一不是限于严重趋利型与财产型种罪中的严重个罪。如此分配没收财产刑，既体现了最严厉附加刑附加于最严厉主刑适用于最严重犯罪基的相应性，又体现了最严重犯罪处刑最重的序的相应性；既具有非法所得的财产最多，被剥夺的财产最多的等价报应性，又具有所拥有再犯罪的资本最大，被剥夺的再犯罪资本便最大的相应遏制性，从而既符合基的相应与序的相应的统一性，又符合等价性与适度性相统一的配刑理性规定，明显地具有合理性。

（四）作为罚金刑的后补重刑并科适用

如前所述，按照刑法的规定，在趋利型或财产型犯罪中，并科没收财产刑的均是严重种罪中的严重个罪，轻微的种罪或严重种罪中轻微的个罪规定并科的均只是罚金刑。不仅如此，在规定了并科没收财产的情况下，大都同时规定了并科罚金刑。① 而且，在二者的排列顺序上，总是并科罚金列先，并科没收财产列后。这一趋向，虽然在1979年刑法中体现得不明显，② 但在特别刑法与1997年刑法中却一目了然。

从特别刑法的规定来看，一方面，经对1979年刑法的修改，诸如走私罪与伪造、贩运伪造的货币罪之类犯罪的中格与下格均不再有并科没收财产的规定，而其上格则同时规定了并科罚金与并科没收财产，且并科罚金列先、并科没收财产列后；另一方面，其所新增的种罪中，生产、销售劣药罪，生产、销售有毒、有害食品罪，生产、销售不符合卫生标准的食品罪，生产、销售不符

---

① 有关贪污罪、受贿罪等的规定是例外。
② 在1979年刑法中，对走私罪、抢劫罪、盗窃罪、抢夺罪、盗运珍贵文物出口罪，贪污罪等种罪以及投机倒把罪，伪造货币、贩运伪造的货币罪，毒品罪等的上格个罪只规定有并处没收财产，未规定并处罚金。但对投机倒把罪，伪造货币罪，伪造、贩运伪造的货币罪的下格个罪与引诱、容留妇女卖淫罪的上格个罪同时规定了并科罚金与没收财产且并科罚金列先、并科没收财产列后。

合标准的医疗器械、医用卫生材料罪,生产、销售不符合安全标准的产品罪,走私武器、弹药罪,走私伪造的货币罪,走私珍贵动物、珍贵动物制品罪,走私贵重金属罪,走私淫秽物品罪,出售、购买假币罪,持有使用假币罪,伪造、变造金融票证罪,集资诈骗罪,贷款诈骗罪,金融票据诈骗罪,信用证诈骗罪,信用卡诈骗罪与保险诈骗罪等,均在上格或第二上格法定刑中同时规定了并科罚金与并科没收财产,且并科罚金列先、并科没收财产列后。

从1997年刑法的规定来看,特别刑法中诸如前述在下格只规定并科罚金的上格同时规定并科罚金或并科没收财产的规定,在1997年刑法中有关种罪的法定刑中被沿用,如生产、销售伪劣产品罪的上格法定刑仍同时规定并科罚金或并科没收财产,且并科罚金列先、并科没收财产列后。另外,凡其所新增之规定有并科没收财产之罪,上格法定刑均同时规定了并科罚金,且并科罚金列先、并科没收财产列后,而下格或中格只包含并科罚金而不包含并科没收财产。如有价证券诈骗罪、合同诈骗罪的下格与中格法定刑均只包含并科罚金,不包含并科没收财产。

对轻微的种罪与严重种罪中的下格轻罪只规定并处罚金不规定并科没收财产、对重罪中的上格重罪同时规定并科罚金或并科没收财产,且并科罚金列先、并科没收财产列后的立法精神在于,作为严厉财产刑的没收财产只是作为轻微财产刑的罚金的后备重刑,即在可只并科罚金的情况下,不并科没收财产,只有在并科罚金严厉性不足的情况下才并科没收财产。这与罚当其罪配刑的等价性规定与刑以制罪为必要、刑以制罪为限度配刑的适度性规定相吻合,因而是一种合理的选择。

(五) 部分没收与全部没收并举

在1979年刑法与1997年刑法中,都规定了没收财产是没收犯罪分子个人所有财产的一部或者全部。这实际上是将没收财产分为部分没收与全部没收两种。由于部分没收可以是没收全部财产中的任一部分,其赋予了没收财产以轻重可分性。使司法者可在量刑时根据犯罪的严重性程度决定没收的份额,对犯最重罪者可予没收全部财产,对犯重罪者可予没收其大部分财产,对犯轻罪者可只没收小部分财产成为可能,符合重罪重刑、轻罪轻刑的配刑理性规定,具有明显的合理性。

二、没收财产刑之分配的无理性

有关没收财产刑之分配的立法规定,与其前列多方面的合理性相反,也具有下列多方面的无理性：

（一）未规定单处没收财产

1979年刑法与1997年刑法均在总则明文规定，附加刑不但可以附加适用，而且可以独立适用，即既可并科也可单处。而按照财产刑的分配规定，作为附加刑的财产刑可以作为轻刑单独分配于不需配主刑的个罪。然而，在现行刑法中，就没收财产而言，刑法总则关于附加刑可以单处的规定只不过是一纸空文，财产刑可以作为轻刑单独分配于不需配主刑的个罪的理性规定也未得到应有的体现。原因在于，1997年刑法分则中根本不存在单处没收财产的任何规定。

1979年刑法分则就部分犯罪规定了可以单处没收财产。如投机倒把罪，伪造、倒卖计划票证罪的下格法定刑均包含有单处没收财产的规定。这一规定，不但与刑法总则规定的附加刑可以独立适用的规定相对应，而且使此二罪中的轻微个罪不处主刑、只单处没收财产成为可能，因而符合财产刑可作为轻微的刑罚单独分配于不需配主刑个罪的理性规定。

然而，在特别刑法与1997年刑法中，不但不再有对轻罪单处没收财产的规定，而且1979年刑法中的前列规定也被废除。特别刑法虽然增设了数十种适用财产刑之罪，但其中无任何轻微的种罪或严重种罪中的轻微个罪被规定可单处没收财产。诸如生产、销售不合格化妆品罪，侵犯著作权罪与非法制造、出售非法制造的发票罪等轻微的趋利型与财产型种罪的法定刑只含有单处罚金，不含有单处没收财产，而诸如生产、销售伪劣产品罪，虚开增值税发票罪与贷款诈骗罪之类新增的严重种罪的下格法定刑中也只含有单处罚金，不含有单处没收财产。1997年刑法既未就1979年刑法与特别刑法中未规定单处没收财产的趋利型或财产型犯罪增设单处没收财产，抢劫罪，盗窃罪，贪污罪，生产、销售伪劣产品罪之类种罪仍然只有上格法定刑含有并处没收财产，下格法定刑仍不含有单处没收财产，也未就新增的假冒专利罪与侵占罪之类轻微的种罪或有价证券诈骗罪，合同诈骗罪之类严重种罪中的下格轻罪规定单处没收财产。不仅如此，1997年刑法在将投机倒把罪易名为非法经营罪之后，删除了1979年刑法中此罪之下格法定刑所含的单处没收财产的内容，而1979年刑法中的另一在下格法定刑中含有单处没收财产的种罪即伪造、倒卖计划票证罪也被1997年刑法废除。这样，在1997年刑法中，已无任何单处没收财产的规定。

作为轻于主刑重于罚金的附加刑，没收财产理所当然地构成处法定主刑过重、单处罚金过轻的轻微趋利型或财产型犯罪的等价刑与适应刑。对于轻微的趋利型或财产型犯罪不规定单处没收财产,使处法定主刑过重、单处罚金过轻的个罪因无相应的刑罚可适用而不是被判处法定主刑而失之过重,便是因被判处罚金而失之过轻,以致轻罪重刑、重罪轻刑,背离配刑的理性规定,不具有应有的合理性。

(二) 并科没收财产的分配标准不统一

在1979年刑法、特别刑法与1997年刑法中,虽然均规定趋利型与财产型犯罪只有严重者才构成并科没收财产的对象,但对诸罪之并科没收财产的分配标准处于混乱状态。同样是以某一刑期为法定刑上限的犯罪,有的被规定并处没收财产,而有的则未被规定并处没收财产。

在1979年刑法中,投机倒把罪的下格法定刑以3年有期徒刑为上限,上格法定刑以10年有期徒刑为上限,两者均含有并科没收财产;伪造、倒卖计划供应票证罪的下格法定刑以3年有期徒刑为上限,上格法定刑以7年有期徒为上限,两者也均含有并科没收财产。这意味着无论轻重,此两种罪中的个罪均可并科没收财产,即并科没收财产虽限于严重种罪,但不限于种罪中的严重个罪。而抢劫罪,盗窃罪,诈骗罪,抢夺罪,引诱、容留妇女卖淫罪的下格或中格法定刑上限为10年或5年有期徒刑、上格法定刑上限为死刑、无期徒刑或15年有期徒刑,其只有上格才规定有并科没收财产。这又意味着严重种罪中只有严重个罪才可并科没收财产,轻微的个罪不可并科没收财产。显然,在前一种规定与后一种规定之间,明显存在矛盾。

在特别刑法中,这样的矛盾同样存在。如同是以15年有期徒刑为法定刑上限,生产、销售不符合安全标准产品罪,违法向关系人发放贷款罪,违法发放贷款罪,违规出具信用证、信函、票据、资信证明罪等均未规定并科没收财产,保险诈骗罪与非法制造、出售非法制造的可以用于骗取出口退税、抵扣税款发票罪等则被规定可以或应当并科没收财产。显然,究竟是否以法定刑上限为多重的刑罚的种罪作为并科没收财产的分配对象,同样不存在统一的标准。

在1997年刑法中,虽然随着投机倒把罪易名为非法经营罪后法定刑的重新规定以及伪造、倒卖计划票证罪的废除,基本上不再存在对同一种罪之上格重罪与下格轻罪同样并科没收财产的情况,① 但对同以15年有期徒刑为法定刑上限的种罪是否并科没收财产,标准仍不统一。如前述生产不符合安全标准的产品罪等的法定刑上限仍为15年有期徒刑,其仍未规定并科没收财产;而

---

① 组织卖淫罪等的上格与中格均规定并处没收财产,但其中格上限为重刑而不是轻刑,因而可认为是合理的。

由投机倒把罪易名而来的非法经营罪与新增的非法行医罪的法定刑上限也是15年有期徒刑,前述保险诈骗罪等的法定刑上限也仍为15年有期徒刑,其均被规定并科没收财产,因此,并科没收财产的分配标准仍未统一。

对法定刑上限相同、严重性相当的种罪,有的规定并科没收财产,有的却不规定并科没收财产,必然导致同罪异罚、有悖同罪同罚的配刑理性规定,不具有应有的合理性。

(三) 只规定并科没收财产未规定并科罚金

在1997年刑法中,公司、企业人员受贿罪,职务侵占罪,贪污罪,受贿罪与行贿罪等均只规定并科没收财产而未规定并科罚金。其应规定而未规定罚金的不合理性,前文已述,在此不赘。在这里,应该指出的仅在于如此规定并科没收财产,必然导致刑罚因失之过重而不具有合理性。这是因为,在这种情况下,由于未规定并科罚金,并科没收财产成为并处附加刑必然的唯一选择,以致本可并科罚金的犯罪不得不并科没收财产,导致轻罪重罚。

第六章 配刑立法反思（六）
——配刑原则、制度与情节的评价

第一节 配刑原则评价

1979年《刑法》第57条规定，"对于犯罪分子决定刑罚的时候，应当根据犯罪的事实、犯罪的性质、情节和对于社会的危害程度，依照本法的有关规定判处"。这从立法的角度将以犯罪事实为根据、以刑事法律为准绳作为量刑原则予以确认。仅就这一原则本身而言，其合理性显而易见。主要表现在如下两方面：

其一，其符合配刑的一般理性的规定。这是因为，其要求量刑以"犯罪事实、犯罪的性质、情节和对于社会的危害程度"为根据，而此类因素均体现犯罪的害恶性程度，并因体现犯罪的害恶性而同时体现预防需要的大小，据其量刑，符合按罪配刑与按需配刑的同一性规定。

其二，其符合配刑的立法理性规定。依法量刑，是配刑的一条重要的司法理性规定。按照配刑的立法理性规定，其应作为量刑的原则在立法上予以确认。前条明文要求"依照本法的有关规定判处"，便是这一立法理性规定的认可。因此，1979年刑法所确立的量刑原则，既因确立了依法量刑原则而符合配刑的立法理性规定，又为依法量刑的司法理性规定在量刑实践中的贯彻提供了保障。

然而，1979年刑法只规定了量刑的以上指导性原则，而未确立配刑的一般原则，因而不符合立法上应确立配刑的一般原则的立法理性规定。

1997年《刑法》不但在第61条继续将"以犯罪事实为根据，以刑事法律为准绳"作为量刑原则予以确认，而且还在第3条规定"法律明文规定为犯罪行为的，依照法律定罪处刑"，在第4条规定"对任何人犯罪，在适用法律上一律平等。不允许任何人有超越法律的特权"，在第5条规定"刑罚的轻重应当与犯罪分子所犯罪行和承担的刑事责任相适应"，从而确立了刑罚法定、平等处刑与罪刑相适应三条与配刑相关的一般原则，弥补了1979年刑法对配刑立法理性规定体现的不足。

前列第 3 条所规定的"依照法律……处刑",自然不只是指是否处刑应依法进行,而且理所当然地包括处刑的轻重应依法决定之意。因此,刑罚法定原则的确立,应该理解为从一般意义上确认了依法量刑原则。第 61 条关于量刑原则所规定的"依照本法的有关规定判处",则进一步明确了依法量刑是指依照刑法的有关规定量刑,是第 3 条所确立的刑罚法定原则在量刑问题上的具体化。因此,相对于 1979 年刑法,1997 年刑法对依法量刑原则的确认更为全面,因而更符合配刑原则的立法理性规定。前列第 4 条所规定的"在适用法律上一律平等",涵括了同罪同罚,即包含有犯同样罪行的人应依法处以同样刑罚之意,否则,便无所谓"平等"可言。而同罪同罚构成配刑的理性规定的重要内容。因此,刑法面前人人平等原则的确立,因构成对同罪同罚的配刑理性规定的确认而既符合配刑的立法理性规定,又符合配刑的一般理性规定。

前列第 5 条明确确立了刑罪相适应的原则。这不但因在立法上确立了配刑的一般原则而符合配刑的立法理性规定,而且因其内容与配刑的一般理性规定相符而具有其合理性。

首先,其是对"刑罚的轻重"的一般规定,而不只是对量刑轻重的具体规定。因此,其不只是构成对刑罚的第二次分配即判定刑裁量的制约,而且还构成对刑罚的第一次分配即法定刑确定的制约。相应地,刑罪相应原则不只是指导量刑的原则,而且也是决定法定刑的原则,因而构成贯彻于二次配刑始终的一条根本性原则。其在立法上的确立,符合立法上应确立配刑原则的立法理性规定。

其次,其体现了按罪配刑的等价性理性规定。根据 1997 年《刑法》第 5 条的规定,决定刑罚之轻重的是犯罪分子所犯罪行和承担的刑事责任,而所犯罪行当然是指已然之罪,所应承担的刑事责任,也当然是指基于已然之罪所决定的刑事责任。因此,要求刑罚的轻重与所犯罪行与承担的刑事责任相适应,便是要求按已然之罪的轻重配刑,从而符合刑罚等价的理性规定。

再次,其体现了按罪配刑与按需配刑的同一性规定。既然刑罚的轻重应取决于所犯罪行的轻重,而轻罪是所需刑罚遏制力度小的犯罪,实施轻罪的人是人身危险性小的犯罪人,重罪是所需刑罚遏制力度大的犯罪,实施重罪的人是人身危险性大的犯罪人,以所犯罪行轻重决定刑罚的轻重,同时也符合按需配刑即刑罚的轻重与预防犯罪的需要相适应的规定。因此,1997 年刑法所确立的刑罪相应原则,体现了按罪配刑的等价性与按需配刑的适度性之间的同一性规定。

最后,其体现了按罪配刑限制按需配刑的对立性规定。1997 年《刑法》第 5 条只将所犯罪行与刑事责任作为决定刑之轻重的根据,而未要求刑罚的轻重与治安形势、人身危险性等相适应,从而明确将按需配刑的分量严格限制在按罪配刑所允许的范围内,避免了以预防犯罪的需要为由超出犯罪的轻重制约而对犯罪人处以重刑的可能性。因此,1997年刑法关于刑罪相应的规定,体现了等价性限制适度性的配刑的对立性规定。

综上所述,现行刑法典关于刑罚法定、平等施罚、刑罪相应以及量刑原则的规定,既符合配刑的立法理性规定,又符合配刑的一般理性规定,因而是完全合理的。

第二节 配刑制度评价

一、配刑制度立法的合理性

在1979年刑法与1997年刑法中,都确立了一系列配刑制度。此类配刑制度,构成法定刑的调节器,其确立既符合配刑的立法理性规定,又符合配刑的一般理性规定,因而具有相当的合理性。这种合理性,具体地说,表现在如下数方面:

(一) 为根据加重或减轻犯罪的害恶性与预防需要的情节从严或从宽量刑创造了条件

根据评价犯罪的严重性的一般原理,凡既加重犯罪的害恶性,又加重犯罪预防需要的因素,都对作为配刑之基的犯罪的严重性具有加重影响;凡减轻犯罪的害恶性与预防需要的因素,都对作为配刑之基的犯罪的严重性具有减轻影响。相应地,因诸如此类情节在具体个罪中的出现而加重或减轻个罪的配刑,便是按罪配刑与按需配刑必然的共同规定。然而,刑法分则就种罪所确定的法定刑,均只能以个罪的基本情节的轻重为根据,即其轻重只能在一般意义上与个罪的基本情节相对称,而不可能就在个罪中可能出现的基本情节以外的诸种具体情节对量刑的影响——作出具体而详细的规定。这就要求在立法上确立相应的例外来调节法定刑轻重的量刑制度,以便在个罪在基本情节之外具有加重犯罪的害恶性与预防需要例外情节的情况下,在个罪基本情节所决定的应判刑的基础上加重量刑,在个罪在基本情节之外具有例外地减轻犯罪的害恶性与预防需要情节的情况下,在个罪基本情节所决定应判刑的基础上减轻配刑。

1979年《刑法》第58条、1997年《刑法》第62条同样规定,"犯罪分子具有本法规定的从重处罚、从轻处罚情节的,应当在法定刑的限度内判处刑罚",从而确立了格内加重即从重量刑制度与格内减轻即从轻量刑制度;1979

年《刑法》第 59 条、1997 年《刑法》第 63 条同样规定,"犯罪分子具有本法规定的减轻处罚情节的,应当在法定刑以下判处刑罚",从而又确立了破格减轻量刑制度。就立法上对此类从严与从宽制度的确立本身而言,符合配刑的立法理性规定,即配刑的立法理性所要求的立法上应该确立从重、从轻与减轻量刑制度的规定,就立法上对这些制度的内容的规定而言,其既以法定的从重或从轻、减轻情节为适用的前提,又以在法定刑基础上调整判定刑的分量为功能,从而为在具体个罪中按罪配刑与按需配刑提供了可能,符合配刑的等价性与适度性的同一规定。

(二) 体现了配刑的宽恕性与配刑的适度性的同一性

1979 年《刑法》第 9 条与 1997 年《刑法》第 12 条均确立了从旧兼从轻的溯及力制度。据此,行为时法所确定的法定刑重、审判时法所确定的法定刑轻的犯罪,应按审判时法处罚。这一规定符合作为配刑的等价性之修正规定的配刑的宽恕性与配刑之适度性的同一性规定。这是因为,按照审判时的新法规定,犯罪人所实施的犯罪的法定刑已减轻,表明对此种罪的法律评价已不如行为时的旧法严厉,与此相适应,对犯罪人根据新法处刑,而不按法定刑重的旧法处刑,符合配刑的宽恕性规定。另外,新法对法定刑的减轻又表明新法减轻了对相应的种罪的一般预防需要的评价,因此,按法定刑轻的新法而不按法定刑重的旧法对犯罪人处刑,符合一般预防的需要。同时,由于评价人身危险性大小以假定犯罪人可能实施的犯罪便是其已经实施的犯罪为前提,而新法对种罪的法定刑的减轻又表明此种罪的严重性减轻,因此,对犯罪人的人身危险性的评价亦应减轻,据法定刑轻的新法而不据法定刑重的旧法对其处刑,符合个别预防的需要。既然按审判时的轻法而不按行为时的重法处刑既符合配刑的宽恕性规定,又符合一般预防与个别预防的需要,那么,轻法溯及既往溯及力制度的确立,便符合作为配刑之等价性修正规定的宽恕性与配刑的适度性的同一性规定。

(三) 体现了配刑的折衷性规定

1979 年《刑法》第 64 条、第 65 条与第 66 条,1997 年《刑法》第 69 条、第 70 条与第 71 条均确立了重刑吸收轻刑与限制加重的数罪并罚制度。按照这些条文的规定,在一人犯数罪的情况下,应就其所犯罪行分别定罪处刑,但如数罪中有一罪被处死刑,无论其他罪所处为何刑,对犯罪人均只决定执行死刑,而不执行其他刑罚;如果数罪中有一罪处无期徒刑,其他罪被处非死刑,对犯罪人只决定执行无期徒刑,而不执行其他刑罚,如果数罪均被处同种有期自由刑,则在总和刑以下、数罪中所处最高刑以上决定执行的刑期。

就立法上确立数罪并罚制度本身而言,其直接符合配刑的立法理性规定,即适应了配刑的立法理性对立法上应确立数罪并罚制度的要求。而就所确立的数罪并罚制度的内容而言,其又符合配刑的折衷性规定。这是因为,对每种犯罪均依法判处刑罚,即"一罪一刑数罪数刑",是按罪配刑的必然规定,然而,从个别预防的角度来看,对一人处以数刑又未必具有必要性:处以死刑足以完全剥夺犯罪人的再犯能力,毫无必要执行其他刑罚;处以无期徒刑足以终身限制犯罪人的再犯能力,其他自由刑亦无执行的必要;在处以多个同种有期自由刑的情况下,累加刑期可能过长而超过改造犯罪人的需要甚至超出犯罪人的有生之年,因而也没有必要不折不扣地执行。因此,在按罪配刑所要求的数罪数刑与按需配刑所要求的刑罚适可而止之间存在冲突,而既对数罪处以数刑,又按重刑吸收轻刑或限制加重原则予以并罚,则是解决这一冲突的一种明显的折衷选择,因而符合作为解决按罪配刑与按需配刑之间的对立性规定之一的折衷调和的规定。

(四) 符合配刑的有利被告理性规定

无论是在 1979 年刑法还是在 1997 年刑法中,都未规定破格加重配刑制度,相反,都规定了破格减轻量刑制度,甚至还规定了在即使不具有法定减轻配刑情节的情况下如判处法定最低刑仍然过重,可以经一定程序在法定最低刑以下量刑的特殊减轻量刑制度。① 显而易见的是,这些规定不但本身符合配刑的立法理性规定,而且从立法精神上体现了严紧宽松的原则,为司法上根据有利被告原则合理量刑创造了条件,因而符合配刑的一般理性规定。

二、配刑制度立法的无理性

1979 年刑法与 1997 年刑法有关配刑制度的立法规定虽然具有如上所述的多方面的合理性,但立足于配刑的一般理性规定,有关配刑制度的立法也显示出或此或彼的无理性。这种无理性,具体表现在如下数方面:

(一) 确立破格加重量刑制度的无理性

在 1979 年刑法与 1997 年刑法典中,虽然均无破格加重量刑的规定,但在全国人大常委会修改 1979 年刑法的个别决定中,却曾出现过规定破格加重量

---

① 1979 年《刑法》第 59 条第 2 款、1997 年《刑法》第 63 条第 2 款。

刑的异例。具体地说，便是1981年全国人大常委会《关于处理逃跑或者重新犯罪的劳改犯和劳教人员的决定》中曾规定，对在劳改期间逃跑后又犯罪者或对有关人员行凶报复的劳改劳教人员，应予加重处罚，从而实际上确立了破格加重制度。这一异例，严重违背配刑的理性规定，表现出多方面的无理性：

1. 背离刑罚法定原则。破格加重量刑的实质在于突破法定刑格上线的限制，而法定刑格上线是刑罚法定的基本标志，因此，破格加重量刑制度的确立，既是以特殊法违犯普通法，又是一种不利被告的选择，使刑罚法定之保障机能名存实亡，因而为司法上违背依法量刑原则量刑提供了"合法"的理由，严重背离配刑的理性规定。

2. 无视刑罚的有限性。基于刑罚的有限性，在死刑之外，不可能存在更为严厉的刑罚手段，因此，即使是最严重的种罪，其最高法定刑格上线也只能是死刑。在这种情况下，所谓加重处罚，便无从实现。

3. 导致量刑的随意性。在种罪的法定刑为数格而个罪的严重性属最高格或种罪的法定刑仅为一格的情况下，格上线以上不存在明确的法定量刑幅度，因此，破格加重，轻者可只加处数年有期徒刑，重者可能加处至死刑，法官在加重处罚的分量上具有极大的自由裁量权，因而不可避免地将导致刑罚擅断的随意性。

4. 违背配刑基的相应的规定。法定刑格的划分以犯罪基本情节的严重性为基准，基本情节以外的其他任何情节对犯罪的严重性的加重影响均不得大于基本情节的影响，否则必然违背法定刑的严厉性与犯罪的严重性之间基的相应性。而破格加重制度的确立，对犯罪人因具有作为非基本情节的所谓加重情节而破格量刑，实际上是置刑与罪之法定的基的对应性的限制于不顾，从而背离基的相应的配刑理性规定。

5. 违背配刑的序的相应的规定。同一法定刑格内的不同个罪，在严重程度上相区别的主要标志是其基本情节的严重程度之差。至于基本情节以外的情节，虽然也对个罪的严重程度有一定影响，但其影响再大，也不致大于基本情节本身的影响。正是如此，基本情节轻微的格下罪因具有基本情节之外的加重情节而应受的加重处罚的分量充其量只应等同于基本情节较重但不具有基本情节之外的加重情节的格中罪的应定刑，而不能高于格中罪的应定刑而与格上罪的应定刑相同。这是对个罪之配刑序的相应的规定。而破格加重制度的存在，使本属基本情节轻微的格下罪因仅具有并非基本情节的所谓加重情节，便必然被破格处以重刑，以致对其的处刑重于基本情节最严重的格上罪的应定刑，从而导致轻罪重刑，显然违背配刑序的相应的规定。

（二）确立重法溯及既往制度的无理性

虽然 1979 年刑法与 1997 年刑法所确立的溯及力制度均以从旧兼从轻为原则，但在全国人大常委会关于修改刑法的个别决定中，也曾确立过重法溯及既往的从重溯及力制度。具体地说，便是 1982 年全国人大常委会《关于严惩严重破坏经济的犯罪的决定》（以下简称《决定》）曾以是否在指定期限内自首作为是否溯及既往的条件，对在《决定》颁行后一个月内不自首者，按处刑重的《决定》而不按处刑轻的 1979 年刑法处罚。这一规定，同样严重违背配刑的理性规定，因而表现出如下几方面的无理性：

1. 背离刑罚法定的原则。法定刑的轻重，代表着对某一种罪否定评价的严厉性程度，体现了违背相应刑事义务所应承担刑事责任的轻重。而刑事责任是刑事法律所确定的责任，因而以刑事法律的规定为限。因此，犯罪所应承担刑事责任的轻重只能以犯罪时法律所规定的范围为限。相应地，犯罪所应受的惩罚只能是行为时法律所规定的惩罚，而不能是行为后的法律所规定的惩罚，构成刑罚法定的重要内容，也是罪刑法定原则保障机能的重要体现。而重法溯及既往的溯及力制度的确立，直接背离刑罚法定的这一规定，构成对刑法的保障机能的严重破坏。

2. 有悖按罪配刑的等价性规定。作为犯罪法律后果的刑罚，在被法律的修改调整前，是作为该种犯罪的代价存在于法律之中，构成犯罪所应受的报偿。犯罪人是基于对行为时法律所确定刑罪关系的了解实施的犯罪，相应地，只有行为时法律所规定的刑罚，才是其罪有应得的报偿。对犯罪人不适用行为时的法律量刑，而适用行为后的法律加重量刑，显系轻罪重罚，因违背按罪配刑的等价性而失之公正。其理如赊销商品中销方不按事前商定的销售价而事后单方提价一样简单。

3. 有悖配刑的等价性限制适度性的对立性规定。如上所述，重法溯及既往不符合配刑的等价性规定。但其却适应了一般预防与个别预防的需要，符合按需配刑的规定。这是因为，从一般预防的角度来看，为了向社会传递新法已加重刑罚的信息，发挥加重刑罚的威慑作用，有必要对犯罪人按新法的规定量刑。而从个别预防的角度来看，基于犯罪人可能再实施的犯罪便是其既已实施的犯罪这一假定，对其人身危险性的评价必然因对犯罪的评价已严厉化而严重，相应地，只有对犯罪人按新法处刑才可使配刑与其人身危险性相适应。因此，重法溯及既往的立法规定，是按需配刑的适度性规定与按罪配刑的等价性规定相冲突的情况下，牺牲等价性规定、保全适度性规定的产物，因而违背等价性限制适度性的配刑的对立性规定，虽得之适度，但失之公正。

第三节　配刑情节评价

一、配刑情节立法的合理性

1979年刑法与1997年刑法均规定了一系列从严或从宽量刑的情节。无论从配刑的立法理性规定还是从配刑的一般理性规定来看，此类法定量刑情节的确立，都具有其相当的合理性。具体表现在如下几方面：

（一）符合配刑的立法理性规定

配刑的立法理性规定对法定配刑情节及其对配刑的影响都有着相应的要求。1979年刑法与1997年刑法关于配刑情节的立法的合理性，首先表现在其符合配刑的这些立法理性规定。

1. 法定配刑情节的选定的合理性。经过对1979年刑法与1997年刑法所确定法定配刑情节的分析，可以发现，立法时在选定哪些情节作为法定量刑情节方面，基本上符合确认调节法定刑的配刑情节的7条立法理性规定。[①]

（1）同时加重或减轻犯罪的害恶性与预防需要的情节被确认为法定配刑情节。根据配刑的立法理性规定，同时加重或减轻犯罪的害恶性与预防需要的情节即完全充分情节，[②] 可以确认为配刑情节。在1979年刑法与1997年刑法确认的从严情节中，主犯、教唆未成年人犯罪、惯犯与国家工人员犯罪均属同时加重犯罪的害恶性与预防需要的完全充分加重情节；而在其确认的从宽情节中，中止犯罪、从犯与胁从犯均属同时减轻犯罪的害恶性与预防需要的完全充分减轻情节。因此，此类从严或从宽情节被确定为法定量刑情节，符合前述完全充分情节可确定为法定量刑情节的规定。

（2）只加重预防需要但不加重犯罪害恶性的情节，未被确认为从重配刑的法定情节。根据配刑的立法理性规定，只加重预防需要但不加重犯罪害恶性的情节，即纯粹加重预防需要的情节，[③] 绝对不能作为法定从重情节。在1979

[①] 详见邱兴隆著：《刑罚理性导论——刑罚的正当性原论》，中国政法大学出版社1998年版，第398—404页。

[②] 关于完全充分情节，详见邱兴隆著：《刑罚理性导论——刑罚的正当性原论》，中国政法大学出版社1998年版，第298—291页。

[③] 关于纯粹加重预防需要的情节，详见邱兴隆著：《刑罚理性导论——刑罚的正当性原论》，中国政法大学出版社1998年版，第299—311页。

年刑法与1997年刑法中，纯粹加重一般预防需要的情节，如治安形势不好、种罪率上升，以及纯粹加重个别预防需要的情节，如犯罪人缺乏教养、犯罪人所生活的社会与家庭环境不良、犯罪人一贯表现不良、屡犯与犯后表现不好等，除了个别不合理的异例，① 均未被规定为法定从重量刑情节。因此，立法上将纯粹加重预防需要的情节排除在法定从重量刑情节之外，符合前述纯粹加重预防需要的情节绝对不能作为法定从重量刑情节的立法理性规定。

（3）虽然完全不减轻犯罪的害恶性但构成可宽恕性或可奖赏性条件同时又减轻预防需要的情节，被确认为从宽配刑的法定情节。根据配刑的立法理性规定，虽然完全不减轻犯罪的害恶性但构成可宽恕性或可奖赏性条件，② 同时又减轻预防需要的情节，可以确认为从宽配刑的法定情节。1979年刑法与1997年刑法将犯罪人已因同一犯罪而在国外受过惩罚、投案自首与立功③等虽不减轻犯罪的害恶性但构成可宽恕件或可奖赏性条件同时又减轻预防需要的情节规定为法定从宽情节，便是这一立法理性规定的具体体现。

（4）已作为确定法定刑格之升降根据的情节未再作为单独的法定配刑情节。根据配刑的立法理性规定，已作为确定法定刑格之升降根据的情节没有必要再作为单独的法定配刑情节。在1979年刑法与1997年刑法中，手段加重犯、对象加重犯、连续犯、结果加重犯、数额加重犯等均在刑法分则中作为法定刑自然加重的根据，未再在刑法总则中作为单独的法定配刑情节予以确定，明显符合配刑立法理性规定。

（5）所确认的法定量刑情节均是对犯罪的严重性加减影响大的情节，对犯罪严重性的加减影响小的情节均未被确定为法定量刑情节。根据配刑的理性规定，只有对犯罪严重性的加重或减轻影响大的情节才应作为法定配刑情节，对犯罪严重性的加重或减轻影响小的情节不应作为法定配刑情节。1979年刑法与1997年刑法所确认的预备犯、未遂犯、中止犯、未成年人犯罪，防卫过当、避险过当、从犯、胁从犯、自首、立功等都是对犯罪严重性的减轻影响大的情节，而其所确认的主犯、教唆未成年人犯罪，累犯与国家工作人员犯罪等都是对犯罪加重影响大的情节。这些情节的确立，显然符合只有对犯罪严重性的加减影响大的情节才应作为法定量刑情节的规定。而在1979年刑法与1997年刑法中；犯罪的起因、动机、预谋情况以及认罪程度等对犯罪严重性加减影

---

① 指后文将分析的将毒品罪之再犯作为从重情节。
② 关于配刑的可宽恕性与可奖赏性的条件，详见邱兴隆著：《刑罚理性导论——刑罚的正当性原论》，中国政法大学出版社1998年版，第390—401页。
③ 1979年刑法未规定但1997年刑法已明确规定。

响小的情节均未被作为法定配刑情节,显然符合对犯罪的严重性影响小的情节不应作为法定配刑情节的立法理性规定。

(6) 只对特定种罪严重性有重大影响的情节只确定为该种罪的配刑情节,而未作为具有普遍意义的配刑情节。根据配刑的立法理性规定,只对特定种罪严重性有重大影响的情节只确认为特定种罪的配刑情节,而不应作为具有普遍意义的配刑情节。在1979年刑法与1997年刑法中,国家工作人员犯罪、① 犯罪的手段②与对象③的特殊性等只对特定种罪的严重性有重大影响的情节均只在刑法分则中被作为加重特定犯罪法定刑的根据或作为特定犯罪的从重情节,而未在刑法总则中被一般地规定为所有犯罪的从重情节与前述配刑的立法理性规定不谋而合。

(7) 所确认的从宽情节多于从重情节。根据配刑的立法理性规定,应该多确认法定从宽配刑情节、少确认法定从重情节。而无论在1979年刑法还是在1997年刑法中,总则所确认的一般性从宽情节在数量上均远多于确认的从重情节。据统计,1979年刑法总则所规定的一般性法定量刑情节共14个,其中的从宽情节为11个,从重情节仅为3个;1997年刑法总则所规定的一般性法定量刑情节共16个,其中的从宽情节为13个,从重情节仅为3个。显然,1979年刑法与1997年刑法在确认法定配刑情节上的这一特点,符合配刑的前述立法理性规定。

2. 法定配刑情节对配刑之影响的确定的合理性。根据配刑的立法理性规定,在确定法定配刑情节对配刑之影响时,应该遵循3条立法理性规定。1979年刑法与1997年刑法对配刑情节之于配刑影响的确定,符合这3条立法理性规定,因而具有其合理性。

(1) 法定从严情节对配刑只具有从重影响,法定从宽情节对配刑具有从轻、减轻或免除中之两种以上影响。根据配刑的立法理性规定,从严情节的影响应该单一化,从宽情节的影响应该多元化。在1979年刑法与1997年刑法中,主犯、累犯、教唆未成年人犯罪与国家工作人员犯特定罪等从严情节都只具有从重影响,不具有加重影响,④ 而未遂、从犯、防卫过当、自首与立功等

---

① 如1997年《刑法》第238条规定,国家机关工作人员利用职务之便非法拘禁的,从重处罚。
② 如1997年《刑法》第157条规定,武装掩护走私的,从重处罚。
③ 如1997年《刑法》第236条规定,奸淫不满14岁的幼女的,从重处罚。
④ 但正如后文将述及的一样,特别刑法中有过将从严重情节的影响确定为从重或加重的不合理的异例。

从宽情节的影响则均是从轻、减轻或免刑中的两种以上。显然，如此规定，符合前述立法理性规定。

(2) 实现了从严情节的影响应然化。根据配刑的立法理性规定，从严情节的影响应该应然化，即应该规定为"应该从重"，而不可规定为"可以从重"。而在1979年刑法与1997年刑法中，所有从重情节都属于应然性情节，无一是或然性情节，其功能均为"应该从重"而不是"可以从重"。因此，这些立法规定，完全符合前述立法理性规定。

(3) 实现了重大从宽情节影响应然化，一般从宽情节影响或然化。根据配刑的立法理性规定，重大从宽情节的影响应该应然化，一般从宽情节的影响应该或然化，即是说，对犯罪的严重性具有重大减轻影响的从宽情节对配刑的从宽影响应该确定为"应该"从宽，而对犯罪严重性的减轻影响不是极为明显的从宽情节对配刑的从宽影响则应该确定为"可以"从宽。在1979年刑法与1997年刑法中，未满18周岁的人犯罪，防卫过当、避险过当、中止犯罪，从犯、胁从犯等对犯罪的严重性的减轻影响重大的情节均被规定为"应该"从宽的情节，而在国外因同一犯罪已受过处罚，尚未完全丧失辨认或控制自己行为能力的精神病人犯罪，又聋又哑的人或者盲人犯罪，犯罪预备、犯罪未遂、被教唆的人没有犯被教唆的罪等对犯罪的严重性的减轻影响不十分明显的情节均被规定为"可以"从宽的情节。显而易见，1979年刑法与1997年刑法对从宽情节影响的确定，符合前述立法理性规定。

(二) 符合配刑的一般理性规定

有关配刑的法定情节的立法，与配刑的立法理性相符合，只是一种形式上的符合，其因符合立法理性规定而符合配刑的一般理性规定才是一种精神上的符合。立足于配刑的一般理性规定，配刑情节立法的合理性同样显而易见。

1. 符合配刑的同一性规定。配刑的同一性规定①是指按罪配刑的等价性与按需配刑的适度性之间的同一性以及作为配刑之等价性规定之修正规定的配刑宽恕性或奖赏性规定与配刑的适度性规定的同一性。有关配刑的法定情节的立法的合理性，首先在于其符合作为配刑一般理性的这两种同一性。

(1) 符合等价性与适度性的同一性规定。在1979年刑法与1997年刑法中，主犯、教唆未成年人犯罪与国家工作人员犯罪，被作为从重量刑的法定情节。此类情节属于完全充分加重情节。按照评价"罪"与"需"的统一性规

---

① 详见邱兴隆著：《刑罚理性导论——刑罚的正当性原论》，中国政法大学出版社1998年版，第334—345页。

定的"完全充分加重情节同序加重律",① 此类情节在个罪中的出现,必然同时加重犯罪的害恶性与预防需要,相应地,据其加重配刑,既符合按罪配刑的等价性又符合按需配刑的适度性,从而符合配刑的等价性与适度性的同一性规定。因此,1979年刑法与1997年刑法将此类情节作为法定从重情节,因符合配刑的一般理性规定而具有合理性。1979年刑法与1997年刑法均将中止犯罪,从犯与胁从犯作为从宽量刑的法定情节。此类情节属于完全充分减轻情节。按照评价"罪"与"需"的统一性规定的"完全充分减轻情节同序减轻律",② 此类情节在个罪中的出现,必然同时减轻犯罪的害恶性与预防需要。相应地,据其减轻配刑,既符合配刑的等价性规定,又符合配刑的适度性规定,因而符合配刑等价性与适度性的同一性规定。因此,1979年刑法与1997年刑法将此类情节作为法定从宽情节,因符合配刑的一般理性规定而具有其合理性。

(2) 符合配刑的宽恕性或奖赏性与配刑的适度性的同一性规定。在1979年刑法与1997年刑法中,在国外因同一犯罪而受过刑罚惩罚、犯罪后投案自首与有立功表现,均被规定为法定从宽量刑情节。此类情节,均是对犯罪的害恶性不产生减轻影响而只对犯罪的预防需要产生减轻影响的情节。然而,其在个罪中的出现,又使犯罪人具有可宽恕性或可奖赏性,因而构成可宽恕性或可奖赏性条件。因此,此类情节既构成可宽恕性或可奖赏性条件,又构成减轻预防需要的因素。据其减轻配刑,既符合配刑的宽恕性或奖赏性规定,又符合配刑的适度性规定,因而符合配刑报应性与功利性的同一性规定。因此,1979年刑法与1997年刑法将此类情节作为法定从宽配刑的情节,因符合配刑的一般理性规定而具有其合理性。

2. 符合配刑的折衷性规定。配刑的折衷性规定,③ 是指在具体个罪具有片面完全或完全片面情节的情况下,配刑虽应予加、减,但必须按一定的规律掌握加、减的分量。其具体可分为基于片面完全情节而生的折衷性规定④与基于

---

① 详见邱兴隆著:《刑罚理性导论——刑罚的正当性原论》,中国政法大学出版社1998年版,第314页。

② 详见邱兴隆著:《刑罚理性导论——刑罚的正当性原论》,中国政法大学出版社1998年版,第315—316页。

③ 详见邱兴隆著:《刑罚理性导论——刑罚的正当性原论》,中国政法大学出版社1998年版,第346—351页。

④ 详见邱兴隆著:《刑罚理性导论——刑罚的正当性原论》,中国政法大学出版社1998年版,第346—349页。

完全片面情节而生的折衷性规定。① 1979 年刑法与 1997 年刑法中有关配刑情节立法的合理性也在于其符合配刑这两方面的折衷性规定。

（1）符合基于片面完全情节而生的折衷性规定。按照基于片面完全减轻情节而生的折衷性规定，主需轻的情节对配刑的减轻影响大。在 1979 年刑法与 1997 年刑法中，作为主需轻的片面完全减轻情节的防卫过当与紧急避险，不但被作为"应该"从宽的情节，而且其对配刑的从宽影响为减轻或者免除处罚，即在任何个罪中都至少应该是减轻处罚而不能仅仅是从轻处罚。对此类情节之于配刑的影响的这些硬性的、从宽分量大的规定，明显地符合前述主需轻的情节对配刑的减轻影响大的规定。

（2）符合基于完全片面情节而生的折衷性规定。按照基于完全片面情节而生的折衷性规定，同时减轻主观恶性与个别预防需要的情节的减轻影响最大、同时减轻主观恶性与一般预防需要的情节的减轻影响较大、同时减轻客观危害与一般预防需要的情节的减轻影响最小。在 1979 年刑法与 1997 年刑法中，作为同时减轻主观恶性与个别预防需要的完全片面减轻情节的未成年人犯罪，被规定为"应该"从宽的情节，作为同时减轻主观恶性与一般预防需要的完全片面减轻情节的又聋又哑或盲人犯罪，以及作为同时减轻客观危害与一般预防需要的情节的预备犯、未遂犯与教唆未遂犯等均只被规定为"可以"从宽的或然性从宽情节。由于应然性从宽是一种硬性的规定，而或然性从宽是一种两可的规定，因此，前者从宽的可能性远大于后者，体现了其减轻影响应大于后者的理性规定。

3. 符合配刑的对立性规定。配刑的对立性规定，② 是确定纯粹加重或减轻预防需要而不同时加重或减轻犯罪的害恶性的情节应否与如何对配刑产生影响的规定，其包括 5 条具体规定。1979 年刑法与 1997 年刑法有关配刑情节的立法，基本上符合这 5 条规定。

（1）纯粹加重一般预防需要的情节未被规定为法定加重配刑情节。根据配刑的对立性规定，社会治安形势不好、种罪的发案率上升，作为纯粹加重一般预防需要的情节，可以作为加重法定刑的因素，但不能作为司法上加重配刑的情节。而司法上之不作为加重配刑的情节，以立法上不作为加重配刑的情节为前提，因此，纯粹加重一般预防需要的情节，不能作为立法上的法定加重配

---

① 详见邱兴隆著：《刑罚理性导论——刑罚的正当性原论》，中国政法大学出版社 1998 年版，第 349—351 页。

② 详见邱兴隆著：《刑罚理性导论——刑罚的正当性原论》，中国政法大学出版社 1998 年版，第 351—359 页。

刑情节，这是配刑的对立性规定所必然派生的规定。在1979年刑法与1997年刑法之中，作为纯粹加重一般预防需要的情节的社会治安形势不好、种罪发案率上升之类因素均未被规定为法定从重情节。因此，法定情节的确立符合排除纯粹加重一般预防需要的情节的配刑的对立性规定。

（2）未将纯粹加重或减轻个别预防需要的情节作为加、减配刑的因素。根据配刑的对立性规定，纯粹加重或减轻个别预防需要的情节绝对不能作为加、减配刑的因素。这是因为，以其作为影响配刑的情节，要么会超出等价性的限制，违背等价性限制适度性的理性规定，导致犯罪人受到不公正的惩罚，要么有悖刑罚平等原则。在1979年刑法与1997年刑法中，诸如犯罪人未受过良好教育、生活的社会或家庭环境不好等纯粹加重个别预防需要的情节，未被规定为法定从重量刑情节，诸如犯罪人受过良好教育、生活的社会环境与家庭环境良好以及老年人犯罪等，均未被规定为法定从宽情节。因此，法定配刑情节的确立，符合排除纯粹加重或减轻个别预防需要的情节的配刑的对立性规定。

（3）未将纯粹完整加重预防需要的情节规定为法定从重情节。按照配刑的对立性规定，纯粹加重双重预防需要的情节绝对不能作为司法上配刑的根据。这是因为，纯粹加重双重预防需要的情节只加重预防需要而不同时加重犯罪的害恶性，据此加重配刑，必然背离等价性限制适度性的理性规定，导致犯罪人受到不公正的惩罚。而如前所述，司法上不作为配刑的根据，以立法上不作为法定配刑情节为前提，因此，立法上不得将纯粹加重预防需要的情节，①即使是完整加重预防需要的情节，作为法定从重情节。在1979年刑法与1997年刑法中，未将纯粹完整加重预防需要的情节，如犯罪人一贯表现不良、屡犯与犯后表现不好，作为法定从重量刑情节，符合配刑的这一对立性规定。

（4）将纯粹完整减轻预防需要的情节规定为从宽情节，但对其从宽影响有所限制。按照配刑的对立性规定，立法上与司法上均可将纯粹完整减轻预防需要的情节作为减轻配刑的因素，但应严格限制减轻的分量。其因在于，诸如犯罪后自首、立功之类情节，虽然既减轻个别预防需要又减轻一般预防需要，但不同时减轻犯罪的害恶性。据其减轻配刑的理由仅在于此类情节同时构成配刑的奖赏性条件，因而符合奖赏性与配刑适度性的同一性规定，并符合有利被告的规定。然而，奖赏性与有利被告均是有限度的，而不是奖赏无限、有利无边，而奖赏性与有利被告的有限性，只有通过限制从宽的分量来体现。刑法将自首与立功规定为从宽配刑的情节，但同时又只将其作为"可以"从宽的情

---

① 但如后文将表明的一样，存在不合理的异例。

节,而未将其作为"应该"从宽的情节,正是配刑的这一对立性规定的体现。

二、配刑情节的立法的无理性

1979 年刑法与 1997 年刑法有关法定配刑情节的立法虽然因基本上符合有关配刑的立法理性规定与配刑的一般理性规定而具有相当的合理性,但这并不意味着我国刑事立法有关配刑情节的所有规定都尽善尽美。这是因为,一方面,在全国人大常委会关于修改刑法的个别决定中,曾确立过个别不合理的从严情节;另一方面,即使是 1997 年刑法,在法定情节的选定或法定情节对量刑影响的确定上,也存在不合理性。具体表现如下:

(一) 从严情节的确立的不合理性

全国人大常委会 1981 年颁布实施的关于《处理逃跑或者重新犯罪的劳改和劳教人员的决定》规定,"劳教人员解除教养后 3 年内犯罪,逃跑后 5 年内犯罪的,从重处罚"、"劳改犯逃跑后又犯罪的,从重或加重处罚"与"劳教人员、劳改罪犯对检举人、被害人和有关的司法工作人员以及制止违法行为的干部、群众行凶报复的,按其所犯罪行的法律规定,从重或者加重处罚";全国人大常委会 1990 年颁布实施的《关于禁毒的决定》与 1997 年刑法均规定"因走私、贩毒、运输、制造、非法持有毒品被判刑,又犯本决定(或本节)规定之罪的,从重处罚"。这四项规定,严重违背配刑情节的一般理性规定。

1. 确立加重情节的无理性。根据配刑的立法理性规定,刑法不得确立破格加重配刑制度,1979 年刑法也未规定相应的加重配刑制度。而上列三项规定中的后两项均赋予了相应的情节以破格加重配刑的功能,从而以特殊法突破普通法排除加重配刑制度的限制,确立了事实上的加重配刑制度,不但直接违背配刑的立法理性规定,而且构成一种违背刑罚法定的法外之法、导致无视刑罚的有限性、量刑的随意性、违背配刑基与序的相应性的规定。其无理性与前述确立加重配刑制度的无理性相同,不需赘述。

2. 将前列四情节作为从严情节的无理性。上述两个《决定》有关规定的无理性不只在于赋予有关情节以加重量刑功能的不合理性,更严重的是,其将有关情节确定为从严情节本身从根本上背离配刑的一般理性规定。

(1) 将劳教作为从严的条件,违背配刑等价性限制配刑适度性的对立性规定。曾受过或正在受劳教或者在劳教期间逃跑,均只属于一贯表现不好的范畴,因而属于只加重预防需要而不加重犯罪害恶性的纯粹加重预防需要的情节。将解除劳教后 3 年内、劳教期间犯罪与劳教期间逃跑后 5 年内犯罪作为从重情节，实际上是将劳教作为加重犯罪人处刑的条件。这不但直接违背纯粹加重预防需要的因素绝对不应作为从重情节的立法理性规定，而且实质上是将预防的需要凌驾于犯罪的害恶性之上，违背按罪配刑的等价性限制按需配刑的配刑对立性规定，其结果是使犯罪人所受惩罚重于其应受惩罚，即使得之适度，也失之等价。

(2) 将解教后 3 年内犯罪作为从重情节，违背配刑序的相应规定。劳教的前因是行为人有行政违法行为，受刑罚处罚的前因是行为人构成犯罪。因此，受过劳教的人的人身危险性再大，也不如受过刑罚处罚的人的人身危险性大。按照 1979 年刑法的规定，只有被判处有期徒刑以上刑罚的犯罪人在刑满释放后 3 年以内再犯应判处有期徒刑以上刑罚之罪的情况下，才以累犯从重处罚。据此，即使因犯罪而被判处过拘役或单处附加刑者再犯罪，或者被判处有期徒刑以上刑罚者在刑满释放后又犯不够判有期徒刑以上刑罚者，也不得从重处罚。而《决定》将劳教人员解教后 3 年内又犯罪作为与累犯同样的从重情节，既不以曾处有期徒刑也不以又犯应处有期徒刑以上刑罚之罪为从重条件。两相对比，不难发现，对劳教人员解教后 3 年内犯罪的从重条件远不如累犯从重条件严格，从而必然导致受过劳教而犯不够处有期徒刑之罪的人处刑分量重于曾被判处拘役等轻刑又犯重罪的人或曾犯重罪又犯不够判处有期徒刑以上之罪的人的处刑分量。因为解教后 3 年内犯杀人罪者应予从重处罚，而被判拘役者刑满释放后 3 年内犯杀人罪者则因不构成累犯而不得从重处罚，对前者的处刑必然重于对后者。这实际上是对同等条件下人身危险性小者处刑重于人身危险性大者，明显地轻罪重罚，违背配刑序的相应规定。

(3) 将劳改人员报复行凶作为从严情节违背配刑序的相应规定。按照 1979 年《刑法》第 66 条的规定，犯罪人在行刑期间又犯罪的应将前罪未执行完毕的刑罚与新罪所判刑罚按数罪并罚决定执行的刑罚。据此，犯罪人在行刑期间犯轻伤或重伤罪，不得从重处罚，而只能数罪并罚。而《决定》规定劳教人员报复行凶为从重乃至加重处罚的情节。据此，报复行凶无论轻、重伤均应从重乃至加重处罚。其结果必然是同样在劳教期间犯伤害罪，出于报复的轻伤因从重处罚而处刑重于非报复的轻伤、因加重处罚而处刑与非报复的重伤相同，出于报复的重伤因从重处罚而处刑重于非报复的重伤、因加重处罚而被处以最重刑乃至无刑可加重。显然，这严重背离轻罪轻刑、重罪重刑的配刑的序的相应的理性规定，导致犯罪的严重性之基不相同的犯罪被处以轻重相同刑罚的轻罪重罚。

(4) 将毒品罪之再犯作为从重情节，违背配刑序的相应性规定。毒品罪之再犯，显然是指不构成累犯的再犯，否则便可按累犯从重，没有必要将其单独作为从重情节。然而，正由于再犯不足以构成累犯，严重性显然轻于累犯。将再犯作为法定从重情节，结果必然导致毒品罪再犯与累犯同样处刑，明显地违背轻罪轻刑序的相应性而表现为异罪同罚、轻罪重罚，因而不具有合理性。

（二）个别从宽情节未被规定为法定从宽情节的无理性

在1979年刑法与1997年刑法中，个别对犯罪的预防需要的减轻影响大的情节未被规定为法定从宽情节。最明显的一例便是在犯罪后积极退赃补失无论是1979年刑法还是1997年刑法均未规定为从宽情节。

退赃补失，即犯罪人在犯罪后积极退还赃款、赃物与赔偿因犯罪所造成的经济损失。这种行为虽因系发生在犯罪已经完成后而不对已然犯罪的害恶性产生减轻影响，但是，其既有助于刑罚补偿与安抚功能的发挥，有益于一般预防，又表明犯罪人有悔罪与赎罪心理，其人身危险性减小，因而构成完整减轻预防需要的情节。同时，退赃补失既易求得社会的谅解，又是一种有益于社会的、应受鼓励的行为，因而构成宽恕性与奖赏性条件。因此，将退赃补失确定为法定从宽情节，既符合配刑的宽恕性与奖赏性规定，又符合配刑的适度性规定，因而符合配刑的同一性规定。

另外，1979年刑法与1997年刑法均有关于"犯罪分子违法所得的一切财物，应当予以追缴或者责令退赔"，① "由于犯罪行为而使被害人遭受经济损失的……应根据情况判处赔偿经济损失"② 的规定。将退赃补失作为法定从宽情节，有助于此二条规定的实施。相反，不将退赃补失作为从宽量刑的情节，是否退赃补失在处刑上相同，只会导致犯罪人拒不退赃补失，以至于此二条规定难以实施。

从量刑实践的角度来看，由于退赃补失未被规定为法定从宽情节，司法者在是否将退赃补失作为从宽量刑的根据上拥有充分的自由裁量权，以致有的以此为据从宽量刑，而有的不以此为据从宽量刑，从而出现同罪异罚，违背配刑的理性规定。

由上可见，1979年刑法与1997年刑法未将退赃补失规定为法定从宽量刑情节，是一种不合理选择。

（三）对某些量刑情节之于量刑影响的确定的不合理性

在刑法中，尤其是在1997年刑法中，对某些量刑情节之于量刑影响的确

---

① 1979年《刑法》第60条、1997年《刑法》第64条。
② 1979年《刑法》第31条、1997年《刑法》第37条。

定也不符合配刑的理性规定。具体地说，便是：

1. 对因同一犯罪而在国外已受过刑罚处罚的从宽影响确定的不合理性。1979年《刑法》第7条、1997年《刑法》第10条均规定，"在外国已经受过刑罚处罚的，可以免除或者减轻处罚"。就立法上对该情节之从宽影响是"免除或者减轻处罚"而言，立法者无疑是将其作为具有重大从宽影响的情节，因为其不但将"免除"排列在先，要求司法者首先考虑免刑，而且其从宽的起点是"减轻处罚"，而不能仅仅是从轻处罚。然而，具有如此重大从宽影响的情节又只不过是一个"可以"从宽的或然性情节，即司法者也可以根据具体情况不予从宽，因而又给人以立法者不是将其作为具有重大从宽影响情节的印象。因此，如果立法者是因认为这是一个重大从宽情节才将其对量刑的影响规定为"免除或减轻处罚"，那么，将其作为"可以"从宽的或然性情节便有悖"重大从宽情节的影响应然化"的立法理性规定；而如果立法者是因认为其是一个一般性从宽情节才将其仅仅作为"可以"从宽的或然性情节，那么，将其从宽影响确定为"免除或减轻处罚"——与中止犯罪的从宽影响相同、比防卫过当、避险过当的从宽影响更大、① 至少不低于后二者的从宽影响，便令人难以理解，因为中止犯罪，防卫过当与紧急避险都是"应该"从宽的应然性从宽情节。

即将在国外受过刑罚处罚视为从宽影响重大的情节，又将其仅作为或然性从宽情节，其不合理性不只在于以上规定自相矛盾，而且在于，一旦司法者将其作为量刑根据，刑罚非免即减，而一旦司法者不将其作为量刑的根据，刑罚便不能予以任何从宽——因为立法上并未将从轻也作为其从宽影响之一，其结果必然是对同是在国外受过刑罚处罚的人仅仅因司法者是否根据这一法条的规定而对其予以从宽量刑，所受的处罚相距极端悬殊——对犯最严重杀人罪的人，一位法官可据在国外受过处罚"可以免除或减轻处罚"而对其免处刑罚或充其量处10年以下有期徒刑，而另一位法官则同样可据在国外受过处罚不是"应该"从宽的情节而对其判处死刑。显然，这样的处刑结果属于严重违背配刑理性规定的同罪异罚。

2. 中止犯罪从宽影响的确定的不合理性。1997年《刑法》第24条第二款规定，"对于中止犯，没有造成损害的，应当免除处罚；造成损害的应当减轻处罚"。这一规定，实际上是将中止分为没有造成损害的中止与已造成损害的中止两种情况。相应地，这两种情况对量刑的影响都只是单一的，不具有可

---

① 详见邱兴隆著：《刑罚理性导论——刑罚的正当性原论》，中国政法大学出版社1998年版，第405页。

选择性。这明显地违背"从宽情节的影响多元化"的立法理性规定。据此量刑，必然导致这样的结局：意欲毒杀 100 人，在投毒后又采取措施避免了所有人中毒，未发生损害，必然不处以任何刑罚；而意欲枪杀 1 人，开枪击中他人手臂后主动送医院治愈，也因曾造成轻伤而必须处刑。性质特别严重的投毒罪仅因中止、未造成损害便必然不处刑，而性质轻微的杀人罪虽属中止但仅因造成轻微损害便不得不处刑，刑罚与犯罪的严重性轻重对应性无从体现，极其明显地违背配刑序的相应性的规定，导致重罪不罚、轻罪受罚。因此，将中止犯罪的从宽影响单一化，不只是违背配刑的立法理性规定，而且背离配刑的一般理性规定。

3. 有重大立功表现的从宽影响的确定的不合理性。1997 年《刑法》第 68 条规定，"有重大立功表现的，可以减轻或者免除处罚"。在这里，与前述对在国外受过处罚的从宽影响的确定一样，就有重大立功表现的从宽影响是"减轻或者免除处罚"而不能仅仅是从轻而言，立法者是将其作为重大从宽情节，而就其只是可以从宽的或然性情节而不是"应该"从宽的应然性从宽情节而言，其又似乎只是一个一般从宽情节，因而既自相矛盾、违背配刑的立法理性规定，又必然导致司法上据其从宽配刑背离配刑的一般理性规定。其不合理性已如前所述，不需赘述。

第七章 配刑司法反思

配刑体制是配刑立法与配刑司法的有机统一。配刑立法是配刑司法的前提,配刑司法是配刑立法的自然延伸。与此相适应,配刑体制的正当性不只在于配刑立法的正当性,而且也在于配刑司法的正当性。对配刑的正当性的反思,离不开对配刑司法的正当性的评价。

第一节 配刑司法的合法性评价

依法量刑,是配刑之首要的司法理性规定。① 因此,量刑是否合法,构成对配刑司法的反思的首要基点。

一、配刑司法的合法性

自 1979 年刑法颁行以来,依法量刑因有法可依而成为现实。具体表现在如下数方面:

(一) 严守法定刑幅度

基于定罪与量刑的同一性,只要依法认定了个罪所属罪种,也就同时认定了量刑的幅度。因为在法律上,不同的种罪都有与之相对应的法定刑,既然认定了个罪属于此种罪,便不会发生以彼种罪的法定刑作为量刑范围的问题。因此,在我国现行量刑实践中,除非对个罪的归罪发生错误,不存在张冠李戴,以彼种罪的法定刑作为应属此种罪个罪的量刑范围问题。而这构成量刑合法的前提与标志。

不仅如此,我国现行量刑实践的合法性也表现在对个罪的量刑基本上均在相应的法定刑幅度内进行,一般不致超出法定刑幅度的上、下限量刑,尤其不

---

① 详见邱兴隆著:《刑罚理性导论——刑罚的正当性原论》,中国政法大学出版社 1998 年版,第 407—411 页。

致超出法定刑幅度的上限决定判定刑。而这保障了法定刑幅度作为个罪的量刑范围对量刑限制作用的实现，因而构成量刑合法的又一重要标志。因为排除了超出法定刑幅度的限制量刑的违法量刑。

（二）严守法定刑格度

对个罪的量刑在法定刑幅度内进行的合法性仅在于排除了超出法定刑幅度量刑的不合法性，而不构成量刑合法的充分依据。因为并非凡在法定刑幅度内的量刑都是合法的量刑。原因在于，在法定刑划分有轻重不同的格的情况下，虽未超出法定刑幅度但不受格的限制的量刑仍然不具有合法性。就我国现阶段的司法实践而言，基本上做到了格内量刑，通常不致违法破格量刑，其合法性不言而喻。

（三）依法运用量刑制度

量刑制度是刑法所规定的应该对量刑产生影响的制度。与此相适应，在量刑过程中，是否严格遵守刑法关于量刑制度对量刑之影响的规定，构成评价量刑是否合法的重要基点。

就我国现阶段的量刑实践而言，刑法关于量刑制度对量刑之影响的规定得到了较严格遵守。根据从重、从轻制度量刑，判定刑的确定被严格限制在法定刑幅度与格度范围之内，不致发生据从重制度超出法定刑幅度或格度的上线确定判定刑、据从轻制度超出法定刑幅度或格度的下线确定判定刑的不合法现象，也不致发生据减轻制度不在法定刑幅度或格度下线以下量刑的情况。而在一人犯数罪的情况下，通常也不致发生不依法并罚的情况。因此，严格遵守量刑制度对量刑之影响的规定，也构成我国量刑司法之合法性的重要表现。

（四）依法运用量刑情节

量刑情节是适用量刑制度的根据。适用诸量刑制度量刑，均须以具有相应的量刑情节为前提。不具有相应的量刑情节而援引量刑制度量刑，具有相应的量刑情节而不援引量刑制度量刑，具有从重情节却援引从轻、减轻制度量刑，具有从轻情节却援引从重、减轻制度量刑或具有减轻情节却援引从重、从轻制度量刑，均不具有合法性。

在我国现阶段，司法实践对量刑情节的运用，基本上符合刑法的规定。具体表现在如下两方面：

1. 在具有法定从重情节的情况下，援引从重制度依法从重量刑。由于刑法所规定的所有从重情节均是单功能情节，即只具有从重这一种功能的情节，因此，如个罪存在法定从重情节，司法者一般均能依法适用从重制度量刑，不致不予从重，更不致予以加重或予以从轻、减轻。

2. 在具有法定从轻或减轻情节的情况下，援引从轻或减轻制度量刑。从轻或减轻情节，均是对量刑产生从宽影响的情节，而从重情节是对量刑产生从重影响的情节，两者性质殊异，对量刑的影响截然相反，不易混同。因此，在实践中，如个罪存在法定从轻或减轻情节，司法者一般均能依法适用从轻或减轻制度量刑，不致不予从轻或减轻，甚至反予从重。

（五）以司法解释统一量刑格的适用基准

自1979年刑法颁布以来，国家最高司法机关制定的司法解释有相当一部分具体规定了不同法定刑格的适用条件，使刑法关于法定刑格的基准明确而具体化，避免了司法者因刑法的规定笼统与抽象而发生理解错误，以致出现对本属上格之罪按下格量刑或对本属下格之罪按上格量刑的不合法现象。因此，以符合立法精神的司法解释统一适用法定刑格的基准，也是依法量刑的表现。

二、量刑的不合法性

肯定我国司法实践基本上遵守了依法量刑的原则，并不意味着所有量刑司法都完全合法。相反地，不合法量刑现象，在我国司法实践中始终存在。而且，量刑的不合法性在某些方面还表现得相当明显或突出。扼其要者，列举如下：

（一）违背法定刑幅度的规定量刑

如前所述，在对个罪的定性正确的前提下，量刑一般不致不遵守法定刑幅度的限制。然而，这只是问题的一方面。问题的另一方面在于，一旦此罪与彼罪的界限不清，将本属此罪的个罪认定为彼罪，便必然对本应按此罪法定刑幅度量刑的个罪按彼罪的法定刑幅度量刑，从而出现违背法定刑幅度规定的不合法量刑。而在我国司法实践中，不能正确区分此罪与彼罪的定性错误并不罕见，相应地，对本属此罪的个罪因被认定为彼罪而被按彼罪的法定刑量刑的不合法量刑屡有发生。因此，违背法定刑幅度的规定量刑，构成量刑不合法的明显表现。

（二）违背法定刑格度的规定量刑

在个罪具有减轻情节的情况下，突破法定刑幅度或格度的下限量刑，是合法量刑的表现。与此相反，在个罪不具有减轻情节的情况下，任何破格量刑均构成不合法的量刑。而在我国司法实践中，此种形式的不合法的量刑现象并未完全杜绝。具体表现在如下两方面：

1. 下罪上罚。基于对法定刑格的适用基准的理解错误或其他明知故犯的原因，因对个罪的基本情节的认定错误，对本属基本情节轻微的下格个罪，按上格法定刑量刑，在我国现阶段量刑实践中时有发生。这种有意或无意地违背法定刑格的规定量刑的下罪上罚现象，构成量刑不合法的明证。

2. 上罪下罚。基于与上所列相同的原因，对本属基本情节严重的上格个罪按基本情节轻微的下格法定刑量刑，也构成对法定刑格的规定的背离。这种不合法的量刑，在我国现阶段量刑实践中同样存在。

（三）不合法从重

在个罪不具有法定从重情节的情况下，援引从重制度从重量刑，既违背罪刑法定原则，又使对从重制度的适用不具有合法的前提，因而也是量刑不合法的表现。这种无法律根据的从重，在我国量刑实践中普遍存在。最明显的例证是将"酌重情节"作为援引法定从重处罚制度的根据，对个罪从重量刑。具体表现如下：

1. 据犯前表现不好从重量刑。按照刑法的规定，除非构成累犯，任何表明犯罪人犯前表现不好的因素，诸如再犯、受过行政处罚等，均不构成法定从重情节。而刑法明文规定，从重处罚的适用前提是"具有本法规定的从重处罚情节"。以刑法未明文规定从重的犯前表现不好作为适用从重制度的根据，从重量刑，既违背法律规定从重便从重、法定未规定从重便不得从重的罪刑法定原则的基本精神，又显然与刑法关于从重处罚必须以具有法定从重情节为前提的明文规定相冲突，明显不具有合法性。

2. 据态度不好从重量刑。刑法未将任何表明犯罪人认罪态度不好之类的因素作为法定从重情节。然而，在实践中，以"拒不交代犯罪事实"或"认罪态度不好"或"态度恶劣"之类"酌重情节"，援引从重处罚制度从重量刑的情况屡见不鲜。而如前所述，"拒不认罪"、"态度恶劣"并非法定从重情节，以其作为适用从重处罚制度的根据从重量刑，是对罪刑法定原则与刑法关于从重处罚必须以具有法定从重量刑情节为前提的规定的背离，因而不具有合法性。

3. 根据"民愤大"从重处罚。"民愤大"，并非法定从重情节。然而，在实践中，以"民愤大"或"民愤极大"援引法定从重处罚制度从重处罚的判决普遍存在。显然，这样的"依法从重"，与其说是"依法从重"，还不如说是"于法无据的从重"。

(四) 不依法从重

与以非法定从重情节作为援引从重处罚制度的根据从重处罚相反，在实践中，对具有法定从重情节者不依法从重处刑的情况也同样存在。然而，所有法定从重情节均是应然性的情节，即"应该"从重的情节。对于具有诸如主犯、教唆未成年人犯罪与国家工作人员犯法定应予从重的罪等法定从重情节者不予从重处罚，不仅违背"法律规定应从重便不能不从重"的罪刑法定的基本精神，而且直接违背刑法关于从重情节量刑功能的规定，显然不具有合法性。

(五) 不合法从宽

与不具有法定从重情节却援引从重处罚制度从重量刑相似，在不具有法定从宽情节的情况下，援引从轻或减轻处罚制度从宽量刑的现象也普遍存在。虽然这种现象不能一概归为不具有合法性，因为酌轻情节虽不在法定从宽情节之列，据其从轻量刑并不违法，① 但是，据其援引法定从轻或减轻制度量刑则明显于法无据。因此，在下列情况下，这种从宽现象明显不具有合法性：

1. 编造从宽情节。在犯罪人不属从犯、胁从犯或不具有自首情节或立功表现的情况下，司法人员徇私枉法，杜撰诸如此类的情节，如明知犯罪人系主犯却将其认定为从犯，并据此对犯罪人予以从宽处罚，以帮其减轻罪责。这在司法实践中虽非普遍，但并非不存在，其不合法性不言而喻。

2. 认定从宽情节失误。在犯罪人不属从犯、中止犯、未遂犯等情况下，由于判断失误，司法人员误将其作为从犯、中止犯、未遂犯等，并据此对犯罪人予以从宽处罚，在司法实践中也时有发生。这种情况，虽非司法人员故意违法所致，但在客观上，不符合刑法的有关规定，所为的从宽量刑自然也无合法性可言。

3. 根据酌轻情节减轻处罚。犯罪人一贯表现良好、犯罪后坦白认罪，积极退赃补失等情节，虽非法定从宽情节，但据其从宽量刑并不违法。然而，一方面，据其减轻量刑，意味着对法定刑格下线的突破；另一方面，由于这些情节并非法定减轻情节，据其减轻处罚，在格下线以下量刑，于法无据，因而不具有合法性。在司法实践中，这种据酌轻情节减轻量刑的现象时有发生，因而构成量刑司法不合法的表现。

---

① 详见邱兴隆著：《刑罚理性导论——刑罚的正当性原论》，中国政法大学出版社1998年版，第433页。

(六) 不依法从宽

与不依法从重相似,在犯罪人具有法定从宽情节的情况下,不予认定或虽予认定,但在量刑时既不减轻也不从轻,以致犯罪人不能受到从宽处罚,也是司法实践中较为常见的现象。这种做法与不依法从重一样,也是量刑不合法的表现。因为依法应予从宽却不予从宽,刑法有关应予从宽量刑的规定被违反。

(七) 一罪数罚

由于认定错误,某些本属一罪的行为,如牵连犯、连续犯、竞合犯等,被作为数种犯罪,因而被处以数刑,并被并科论处,这在司法实践中也时有所见。这种情况,构成对数罪并罚制度的误用,不符合刑法关于数罪并罚的规定,因而不具有合法性。

(八) 数罪一罚

与一罪数罚相似,对本来构成数罪者,不认定为数罪而只认定为一罪,因而对本应依法判处数刑者,只处一刑,也是司法实践中并不鲜见的做法。具体表现为如下两种情况:

1. 将一罪作为另一罪的法定刑升格情节,直接判处重刑,乃至判处死刑或无期徒刑,而不按二罪并罚,从而突破刑法关于数罪并罚、限制加重的规定,不具有合法性。

2. 将依法应分别定罪的两种以上行为按牵连犯、吸收犯等处理,只认定为一罪,只处一刑,不处数刑,不予并罚,同样违背刑法关于数罪并罚的规定,不具有合法性。

第二节 配刑司法的合理性评价

配刑司法的正当性不只在于其合法性,而且也在于其合理性。这是因为,量刑不只应遵循依法量刑的理性规定,而且还应遵循合理量刑的理性规定。[①]与此相适应,在合法的前提下,量刑是否合理,也是反思配刑司法正当性的必要基点。

[①] 详见邱兴隆著:《刑罚理性导论——刑罚的正当性原论》,中国政法大学出版社1998年版,第412页。

一、配刑司法的合理性

配刑司法的合理性在于量刑在符合法律的规定的前提下,符合配刑的一般理性规定。立足于配刑的一般理性规定,我国量刑实践在较大程度上具有其合理性,具体表现在如下多方面:

(一) 在格内以个罪基本情节的轻重决定应定刑

在既不具有从宽情节也不具有从重情节的一般情况下,个罪基本情节的轻重是在法定刑格内决定判定刑的主要合理因素;[1] 在具有从宽或从重情节的情况下,根据基本情节的轻重所确定的应判刑构成从宽或从重的相对基准。[2] 因此,在依法确定个罪所属法定刑格后,是否根据基本情节的轻重决定判定刑,构成量刑是否合理的首要标志。

在司法实践中,个罪基本情节的轻重在大部分情况下被作为决定判定刑的主要根据。如在经济型或财产型犯罪中,个罪的涉案数额一般均被作为决定判定刑轻重的基本根据。而在格内量刑使量刑具备合法性前提,以诸如涉案数额之类基本情节作为格内量刑的基本根据,使判定刑的裁量根据与划分法定刑格的基本根据保持了一致性,符合配刑与基本情节的轻重相适应的立法精神,因而符合等价与适度相统一的配刑理性规定,具有其合理性。

(二) 根据法定量刑情节合理量刑

法定量刑情节,是在由基本情节所决定的应定刑基础上决定最终的判定刑即宣告刑的重要因素。因此,在量刑时,如何确定法定从重、从宽情节对判定刑之在应定刑的基础上的加重分量,以及在所具有的从宽情节为或然性情节时,是否决定从宽,在从宽情节为多功能情节的情况下,如何确定从宽的功能,即是从轻,还是减轻,抑或是免刑,构成评价量刑是否合理的重要基点。从我国现阶段的量刑实践来看,根据法定量刑情节量刑,在一定程度上符合合理量刑的理性规定,具有相应的合理性。具体表现如下:

1. 合理从重,由于所有法定从重情节均是应然性从重情节,在个罪具有

---

[1] 详见邱兴隆著:《刑罚理性导论——刑罚的正当性原论》,中国政法大学出版社1998年版,第412—415页。

[2] 详见邱兴隆著:《刑罚理性导论——刑罚的正当性原论》,中国政法大学出版社1998年版,第416—429页。

法定从重情节的情况下，是否从重通常只涉及量刑是否合法而不涉及量刑是否合理的问题。然而，如何决定从重，却主要涉及的是量刑是否合理的问题。

在量刑实践中，司法者大多能以基本情节的轻重决定个罪的应定刑，并根据所具有的从重情节的具体情况与个罪所属法定刑格度的大小，决定从重的分量，然后综合应定刑与从重的分量决定最终的宣判刑。如此从重量刑，符合合理从重的理性规定，① 具有相应的合理性。

2. 合理决定是否从宽。在个罪所具有的法定从宽情节是应然性从宽情节的情况下，是否从宽只涉及量刑是否合法而不涉及量刑是否合理的问题，而在个罪所具有的法定从宽情节是或然性从宽情节的情况下，是否从宽则涉及量刑是否合理的问题。

在量刑实践中，对于诸如未遂犯、自首之类或然性从宽情节，通常的做法是以予以从宽为原则，以不予从宽为例外，即在一般情况下，对于具有此类或然性情节者决定从宽量刑，但在所犯罪行特别严重等例外情况下，则不予从宽量刑。如对于盗窃、诈骗、贪污等犯罪者，如其具有自首的情节，一般均予以从宽量刑，而对于故意杀死多人者，即使其投案自首，一般均不予从宽量刑。如此决定是否从宽，既与刑法强调的是可以从宽、不是可以不从宽的立法精神相一致，又与罪重刑重、罪轻刑轻的配刑理性规定相符合，因而具有其合理性。

3. 合理决定从宽影响。除在极个别情况下，法定从宽情节均是多功能情节，即至少存在从轻、减轻或免刑中两种影响的情节。因此，在决定予以从宽的情况下，确定根据个罪所具有的从宽情节选择从轻还是减轻抑或是免刑，所涉及的也是量刑是否合理的问题。

在量刑实践中，通常的做法是，对犯罪严重者选择从轻量刑，对犯罪较轻者选择减轻量刑，对犯罪轻微者选择免刑。如同是犯罪未遂，在决定予以从宽的同等前提下，如所犯系故意杀人罪，一般只予从轻，不予减轻，更不致免刑；如所犯系盗窃罪，一般予以减轻乃至免刑，而不只是从轻。如此选择从宽的功能，符合罪重从宽的分量小、罪轻从宽的分量大因而罪重刑重、罪轻刑轻的配刑理性规定，具有其合理性。

4. 合理从轻。在决定对具有从宽情节者予以从轻的情况下，如何确定从轻，与如何决定从重一样，主要涉及的是量刑是否合理的问题。

在实践中，通常的做法是，根据基本情节的轻重决定应定刑的分量，根据

---

① 详见邱兴隆著：《刑罚理性导论——刑罚的正当性原论》，中国政法大学出版社1998年版，第416—419页。

所具有的从宽情节的具体情况与个罪所属法定刑格度决定从轻的分量,然后综合应定刑与从轻的分量决定判定刑。如此从轻,符合合理从轻的理性规定,①具有其合理性。

5. 合理减轻。在决定根据个罪具有的从宽情节予以减轻量刑的情况下,在个罪所属法定刑格的下格或法定刑幅度以下,如何确定减轻后的判定刑分量,直接关系到量刑是否具有合理性。

在实践中,通常的做法是,在下格或幅度以下选择较重的刑作为判定刑。这种做法,具有一定的合理性。因为其体现了上格个罪的严重性重于下格个罪,在具有减轻情节的情况下,其严重性与下格重罪相当,因而判定刑应与不具有从宽情节的下格重罪的判定刑大致相当的合理减轻理性规定。

(三) 根据酌定情节合理量刑

在个罪具有加重或减轻其严重性的情节,但这些情节又并非法定从重或从宽情节的情况下,其是否应作为影响量刑轻重的情节及其如何影响量刑,既关系到量刑是否合法,又关系到量刑是否合理。在不援引法定量刑制度从重或从宽的情况下,有关酌定情节的选定及其对量刑影响的确定,主要涉及的是量刑的合理性问题。

正如前文已述,在酌重情节的选定及其对量刑影响的确定上,量刑实践存在诸多不合法因素,也正如后文将述及的一样,在这方面,量刑实践中也存在诸多不合理因素。但是,在这方面,既存量刑实践中也有其一定合法且合理的因素。主要表现如下:

1. 以表明个罪主观恶性严重的犯罪情节影响量刑。在量刑实践中,犯罪动机恶劣、手段残忍等因素,被普遍作为酌重情节,因而属于"犯罪情节"。这些因素虽非法定从重情节,但属于表明个罪主观恶性严重的犯罪情节。不以其作为援引法定从重制度从重量刑的根据,不生量刑不合法的问题。另外,此类情节既然是犯罪情节,便理所当然地包含在刑法作为法定刑升格根据的"情节严重"之类综合性情节之中,据其在法定刑格内处以相对于不具有此类情节的个罪较重的刑罚,符合配刑与主观恶性相适应的理性规定,具有合理性。

2. 以表明个罪客观危害严重的犯罪情节影响量刑。在量刑实践中,犯罪的方法危险、对象重要、时间与地点特殊、社会影响恶劣、民愤大等因素,也

---

① 详见邱兴隆著:《刑罚理性导论——刑罚的正当性原论》,中国政法大学出版社1998年版,第419—423页。

被普遍作为酌重情节。诸如此类的因素，虽非法定从重情节，但其属于表明个罪的客观危害严重的犯罪情节。不以其作为援引法定从重制度从重量刑的根据，不生量刑不合法的问题。另外，其既为犯中情节，也就是犯罪情节，无疑包含在作为法定刑升格根据的"情节严重"之类综合情节之中，据其在法定刑格内处以相对于不具有此类情节的个罪较重的刑罚，符合配刑与犯罪的客观危害相适应的理性规定，具有合理性。

与根据酌重情节量刑相对应，在实践中，也普遍存在按酌轻情节量刑的惯例。在酌轻情节的选定及其对量刑的影响的确定上，现行量刑实践显示出较大的合理性。具体表现在如下数方面：

其一，以犯罪人一贯表现良好等犯前情节作为从宽情节。诸如一贯表现良好之类因素，虽非法定从宽情节，也非犯罪情节，但其既构成量刑的可宽恕性条件，又构成表明犯罪人人身危险性小的因素，据其从宽量刑，符合配刑的报应性与功利性相统一的一般理性规定。另外，据其从宽是在法定刑格内处以相对于不具有此类情节的个罪较轻的刑罚，既未超出法定刑格的限制，又非援引法定从轻、减轻制度的从宽，因而不存在量刑不合法的问题。因此，在不违背刑法规定的前提下，以犯前表现好之类的情节作为从宽情节，据其从轻量刑，具有相当的合理性。

其二，以犯罪的起因情有可原、犯罪人有避免损害扩大的行动与民愤小等犯罪情节作为从宽情节。诸如犯罪的起因情有可原之类因素，虽非法定从宽情节，但出现在犯罪过程中，或系犯罪之后果，属于犯罪情节的范畴，且直接减轻犯罪的主观恶性或客观危害因而减轻作为配刑之基准的害恶性，包含在作为法定刑降格根据的"情节较轻"的综合性情节之中，或构成阻却认定"情节严重"的根据，据其从宽量刑，符合罪轻刑轻的配刑理性规定。另外，这种情况下的从宽是在个罪所属法定刑格内相对于不具有此类从宽情节者处以较轻的刑罚，既不是援引法定从轻、减轻制度的从宽，也不致突破法定刑格的限制，因而是在合法前提下的从宽。因此，以非法定的犯罪情节作为酌轻情节从宽量刑，是一种既合法又合理的选择。

其三，以坦白认罪，退赃补失等犯后因素作为从宽情节。与犯前表现好等一样，犯后表现好虽不是法定从宽情节，也不是犯中情节，因而不属犯罪情节的范畴，但是，其构成可奖赏性条件，且表明犯罪人的人身危险性减小，据其从宽量刑，符合配刑的报应性与功利性相统一的一般理性规定。同时，这种在法定刑格内的从宽，只是相对于不具有此类情节的个罪的从宽，既非破格从宽，也非援引法定从轻、减轻制度的从宽，因而不存在不合法之问题。因此，以坦白认罪，退赃补失之类犯后情节作为酌轻情节，并据其在相应的法定刑格内从宽量刑，具有其合理性。

（四）根据综合平衡原则合理量刑

在个罪存在多个从重或从宽情节的情况下，虽然在量刑实践中存在诸多不符合综合平衡规定①的现象，但在总体上，司法者能在对诸情节予以兼顾的基础上决定判定刑，因而与根据综合平衡原则合理量刑的理性规定的精神有某些相符合之处，具有一定的合理性。

（五）根据合理模糊原则合理量刑

根据合理模糊原则合理量刑，是合理量刑的重要规定之一。② 在实践中，虽然正如后文将述及的一样，存在许多不符合这一规定的现象，但在某些方面，这一规定得到了较好的体现，表现出一定的合理性。就此，可具体评析如下：

1. 严格限制顶格个罪的范围，尽量避免适用法定最高刑。在我国司法实践中，对部分犯罪较少适用最高法定刑。如贪污罪、受贿罪与伪造货币罪等均是以死刑为最高法定刑的犯罪，处于上格个罪的发案率也有一定比例，但对于此类犯罪，实践中较少适用死刑、无期徒刑等最高法定刑。这在一定程度上避免了因适用法定最高刑个罪过多而导致大量严重性不同的个罪被同处法定最高刑，从而有助于异罪异罚的配刑理性的实现，因而具有其合理性。

2. 据从宽情节排除最高法定刑的适用。在实践中，虽然个罪基本情节严重，已达处最高法定刑的标准，但如其具有从宽情节，如自首、立功等，通常可受到从宽量刑而不被处以最高法定刑。这同样在一定程度上避免了因同处法定最高刑而导致严重性不同的个罪的严重性之别在量刑上得不到反映的异罪同罚，因而具有其合理性。

（六）根据有利被告原则合理量刑

按照合理量刑的配刑司法理性规定，量刑应该遵循有利被告原则。③ 虽然有利被告尚未作为一条普遍原则为我国量刑实践所自觉遵循，不利被告的量刑

---

① 关于量刑的综合平衡原则，详见邱兴隆著：《刑罚理性导论——刑罚的正当性原论》，中国政法大学出版社1998年版，第434—440页。

② 详见邱兴隆著：《刑罚理性导论——刑罚的正当性原论》，中国政法大学出版社1998年版，第440页。

③ 详见邱兴隆著：《刑罚理性导论——刑罚的正当性原论》，中国政法大学出版社1998年版，第446页。

在一定程度上存在，但基于"可判可不判者不判，可杀可不杀者不杀"的政策意识，有利被告原则的某些规定在量刑实践中被自发地遵循，因而具有一定合理性。如在个罪既具有从宽情节又具有从重情节的情况下，司法者一般能优先考虑从宽情节；在处死刑与不处死刑均不违法的情况下，司法者通常的做法是不处死刑；等等。

（七）根据量刑的衡平性原则合理量刑

量刑衡平，构成合理量刑的重要规定。① 这一规定尚未在我国司法实践中被普遍贯彻，但是，司法机关在这方面所作的某些重大努力表明，这一规定正日益受到重视。如国家最高司法机关颁发的一系列司法文件就某些犯罪的法定刑格线标准作出了统一规定，从而为司法者在格内量刑提供了统一的参照标准，最高人民法院以《公报》的形式公布了较多判例，也为各级法院合理量刑提供了参考素材。所有这些，均有助于量刑的衡平，因而具有其合理性。

二、量刑的不合理性

相对于量刑的不合法性，在我国现阶段，量刑的不合理性的表现要明显而突出得多。这种不合理性是如此之严重，以至于在某些方面，不合理性远大于合理性，因而有必要予以逐一揭示与评析。

（一）根据法定情节量刑的不合理性

在根据法定从重或从宽情节量刑方面，实践中存在某些不合理因素。具体表现如下：

1. 不合理从重。在个罪具有法定从重情节的情况下，现行量刑实践中并未完全做到以基本情节的轻重所决定的应定刑作为从重的基准。相反，将从重理解为在个罪所属法定刑格内择一重刑而判的做法普遍存在。这种做法虽简便易行，但却极不合理。因为如此从重，基本情节轻微的格轻罪，可能因仅具有某一从重情节便被处以格重刑，甚至被顶格处刑，以致轻罪重罚，违背配刑与基本情节相适应的理性规定而表现出轻罪重罚的不合理性。

2. 确定从宽与否不合理。在个罪所具有的是或然性从宽情节的情况下，现行量刑实践中存在是否从宽均不违法因而可以任意决定的认识，以致是否从

---

① 详见邱兴隆著：《刑罚理性导论——刑罚的正当性原论》，中国政法大学出版社1998年版，第449—451页。

宽不是根据所犯罪行是否严重来决定，而是根据司法者的主观意志来决定，从而导致所犯罪行轻微而具有从宽情节者未予从宽，所犯罪行严重而具有从宽情节者反予从宽的格局，有悖罪重刑重、罪轻刑轻配刑的一般理性规定而不具有合理性。

3. 从宽影响的确定不合理。在决定予以从宽的前提下，根据个罪所具有的从宽情节选择哪一种从宽影响，即是予以从轻还是予以减轻抑或是予以免刑，现行司法实践也存在不合理的倾向。因为其对从宽影响的确定，往往不是对犯罪的性质严重与否、个罪所具有基本情节的严重程度、所具有从宽情节对犯罪严重性的具体减轻程度与其所属法定刑格度大小综合考虑的结果，而仅仅考虑犯罪的性质严重与否，甚至对这些因素均不予考虑，而认为任一影响均在法定范围内，因而可任意选择，以致所有犯罪性质严重者均只从轻或给予减轻，所有犯罪性质轻微者均被减轻或免刑而不予从轻，甚至犯罪性质严重者被减轻或免刑，犯罪性质轻微者反只从轻。这种做法的不合理性在于，不能体现同一种罪中基本情节不同，在格内的地位不同，所具有的从宽情节对严重性的减轻程度不同的个罪乃至严重性殊异的种罪所应受的从宽量刑的分量的不同，以致背离罪重刑重、罪轻刑轻的配刑理性规定。

4. 从宽的分量不合理。在从轻或减轻的确定上，现行量刑实践也存在不合理的倾向。其表现是，从轻不是以基本情节所决定的应定刑为基准的相对从轻，而是在法定刑格内绝对从轻即择一轻刑而判；减轻不是参照这一应定刑的轻重在下格的格重刑范围内决定判定刑，而是在下格任意决定判定刑。如此确定从轻、减轻的基准与判定刑过于简单，其结果必然导致轻微的个罪处刑重，不符合配刑与基本情节轻重相适应的理性规定，因而不具有合理性。

（二）根据酌定情节量刑的不合理性

酌定情节的确认与适用的不合理性是现行量刑实践不合理性的明显标志。具体表现如下：

1. 酌重情节的确认不合理。在实践中，犯前表现不好、在诉讼过程中拒不认罪等因素被普遍作为酌重情节，具有此类情节者往往被从重处罚。虽然这种从重并非援引法定从重制度的从重，因而不存在不合法之问题，但由于此类情节只是片面反映预防需要大的情节，而不是同时体现犯罪害恶性大的情节，以其作为从重情节从重处刑，实际上是以犯罪人的再犯需要预防为由超出犯罪害恶性限制而处重刑，违背等价性限制适度性配刑的对立性规定，求之功利、失之公正，不具有合理性。

2. 不据酌轻情节从宽不合理。在实践中，对犯前表现良好，犯罪事出有因，在犯罪中有避免危害扩大的表现，在诉讼过程中坦白认罪与退赃补失等虽非法定情节但符合可宽恕性条件、减轻犯罪的害恶性或符合可奖赏性条件的因素不作为酌轻情节予以考虑，量刑不因其存在而发生从宽影响的情况普遍存在。如此量刑，虽不违法，但明显不合理。因为犯前与犯后表现好，既符合可宽恕性条件或可奖赏性条件，又表明犯罪人人身危险性小，不据其酌情从宽量刑，违背宽恕性或奖赏性规定与作为适度性之重要规定的刑罚与个别预防需要相适应的规定之间的同一性规定，既失之报应，又失之功利，不具有任何合理性。

（三）据"形势需要"从重量刑的不合理

自1983年开展全国性"大严打"运动以来，"依法从重"成为既定的刑事政策。作为这一政策之根据的是治安形势严峻，需要以重刑遏制犯罪的发生。因此，所谓"依法从重"，也就是根据"形势需要"从重。而治安形势不好是只表明犯罪的一般预防需要大、不表明犯罪的害恶性大的纯粹片面加重预防需要的情节，据其加重犯罪依法应受刑罚的分量，只体现了刑罚与一般预防需要相适应的适度性，不体现刑罚与犯罪害恶性相适应的等价性，有悖等价性限制适度性的配刑理性规定，求之功利、失之公正，不具有合理性。

（四）量刑违背综合平衡的原则

在个罪具有多个量刑情节的情况下，我国现阶段对诸情节之于量刑的影响的综合平衡基本上处于"估堆"状态，即判定刑只限于在综合评估的基础上决定。这种做法虽然相对于只考虑某一或某些情节不考虑其他情节的片面做法有一定合理性，但距综合平衡的合理量刑规定相去甚远，严格说来，甚至在诸多方面直接背离综合平衡的理性规定。具体表现如下：

1. 在具有多个从重情节的情况下简单地以最高法定刑作为判定刑。在个罪具有多个从重情节的情况下，不论个罪基本情节轻重如何，也无论法定刑格度为多大，一律处以最高法定刑，这是实践中存在的一种倾向性做法。这一做法的结果是，即使基本情节轻微的格轻罪，也必然与最重的格重罪处以相同的判定刑，以致从重情节对量刑的影响大于基本情节对量刑的影响，有悖量刑与基本情节相适应的配刑理性规定，并直接违背限制加重的综合平衡原则，① 因而表现出轻罪重罚的不合理性。其典型的例证是，盗窃数额刚达数额特别巨大

---

① 关于多个从重情节在量刑时限制加重的规定，详见邱兴隆著：《刑罚理性导论——刑罚的正当性原论》，中国政法大学出版社1998年版，第435—436页。

如 10 万元者，如具有主犯与累犯二从重情节，便可与盗窃 50 万元但不具有从重、从轻情节者同样处以作为最高法定刑的无期徒刑。显然，对前者的从重处罚分量失之过重。

2. 在具有多个从宽情节的情况下，简单地以两个情节累加为减轻、三个以上情节累加为免刑等。在具有多个从宽情节的情况下，实践中较常见的做法是，不论所具有的是应然性情节还是或然性情节，也不论各情节的功能何在，如具有两个从宽情节，便决定予以减轻处罚，如具有三个以上从宽情节，则决定予以免刑。这种做法虽得之简便，但其不合理性却是显而易见的。因为其考虑的只是情节的数量，而未考虑所犯罪行性质的轻重、个罪基本情节的轻重、所具有的各情节对个罪严重性的减轻程度与个罪所属种罪的法定刑结构等因素，其结果必然是使情节的数量成为决定从宽影响与分量的唯一因素，违背刑罚与基本情节相适应，以及多个从宽情节综合平衡影响量刑的[①]的配刑理性规定，以致犯罪性质与基本情节严重的个罪仅因比犯罪性质与基本情节轻微的个罪多一个或两个从宽情节便被减轻或免刑，表现出明显的重罪轻罚，显然不具有合理性。

3. 在既具有从重情节又具有从宽情节的情况下，简单地轻重抵消。在个罪既有从重情节又有从宽情节的情况下，实践中较常见的做法是将轻重情节相抵消，即如果具有的从重、从宽情节数量相同，量刑既不从重也不从宽；如果具有的从重情节多于从宽情节，量刑从重；如果具有的从宽情节多于从重情节，量刑从宽。这种做法同样只考虑从重或从宽情节的数量，而置犯罪的性质，基本情节的轻重，诸情节各自对个罪的严重性的加、减影响的程度，尤其是从重情节只是单功能情节、从宽情节绝大部分是多功能情节因而两者的功能不对称于不顾，以致违背在轻重情节并存的情况下，宣告刑应视具体情况而定的综合平衡规定，[②] 使本应先减后重或以轻、重情节所决定的从轻与从重分量相抵的余额决定最终从轻或从重的分量的个罪，因轻、重情节从数量上被抵消而最终不能受到应有的减轻、从轻或从重量刑，明显地不合理。

（五）量刑违背合理模糊原则

在实践中，量刑不符合合理模糊原则而导致的异罪同罚现象较为严重。具

[①] 详见邱兴隆著：《刑罚理性导论——刑罚的正当性原论》，中国政法大学出版社 1998 年版，第 436—439 页。

[②] 详见邱兴隆著：《刑罚理性导论——刑罚的正当性原论》，中国政法大学出版社 1998 年版，第 439—440 页。

体表现在如下数方面：

1. 最高法定刑的适用范围过大。在实践中，可判处法定刑幅度或格度之上限最高刑的标准过低，在基本情节虽达处最高法定刑之标准但具有从宽情节的情况下，不予从宽，或在个罪基本情节虽未达处最高法定刑之标准但具有从重情节的情况下，不限制从重等情况普遍地存在，其结果是使最高法定刑的适用范围泛化，以致过多的严重性不同的犯罪被同处最高法定刑，从而导致异罪同罚而不符合轻罪轻刑、重罪重刑的配刑理性规定，不具有合理性。

2. 基本情节不同的个罪量刑相同。按照合理模糊原则，只有基本情节相同的不同个罪，才可处相同之刑，基本情节相距悬殊的不同个罪，不可处相同之刑。然而，在实践中，诸如盗窃、贪污数额相距甚大之类的个罪被处以同样刑罚的情况时有发生。这种做法，使不同个罪的严重性之差距在量刑时被不合理地"模糊"而未得到应有的体现，以致异罪同罚，有悖重罪重刑、轻罪轻刑的配刑理性规定。其不合理性不言而喻。

3. 无期徒刑与死刑适用面过大。在我国现阶段，无期徒刑与死刑的适用率较高。其结果必然是大量严重性相距较大的不同个罪被同处不具有可分性的无期徒刑或死刑，从而使不同个罪的严重性之明显的差异在量刑结果上无从体现而被不合理地"模糊"，以致异罪同罚，不具有合理性。

（六）量刑违背有利被告原则

在我国现阶段，有利被告原则尚未得到司法者普遍认可与自觉遵守。不但可免可不免者不免、可减可不减者不减、可轻可不轻者不轻、可轻可重者重等现象普遍存在，而且，可杀可不杀者杀的判例亦不鲜见，至于根据类推解释扩大不利于被告人的量刑范围，更已成为惯例，甚至反映在有关司法文件之中。诸如此类的不利被告现象，构成量刑不合理的明显表现。

（七）量刑不具有衡平性

虽然量刑的衡平性已开始受到司法机关的关注，但不同地区、不同法院乃至同一法院的不同法官对相同案件量刑轻重悬殊的现象，至今仍是不容置疑的现实。因此，量刑不具有衡平性，也是量刑不合理的明显表现。

结 论

对量刑实践的合法性与合理性的全面反思,展示了如下结论:

第一,我国现行量刑实践基本上做到了在正确区分此罪与彼罪的界限的基础上,以法定刑幅度与格度作为量刑的基准,而且,在通常情况下,刑法有关量刑制度、量刑情节的规定基本上均能为司法者在量刑时所遵守。因此,可以认为,我国量刑实践基本上贯彻了依法量刑的配刑司法理性规定。但是,另外,基于此罪彼罪的界限不清而导致的违背法定刑幅度的规定量刑与基于未能准确认定法定刑格的适用基准而违背法定刑格度的规定量刑的现象时有发生;以非法定从重、从宽情节作为援引法定从重、从轻或减轻制度量刑的现象以及对具有法定从重、从宽情节者不依法予以从重、从宽的现象较普遍地存在;一罪数罚与数罪一罚的违背数罪并罚制度规定量刑的现象也并不鲜见,如此等等,表明依法量刑的配刑司法理性规定尚未在我国量刑实践中得到充分贯彻。因此,合法与不合法现象并存,是由对我国量刑实践的合法性反思所得出的必然结论。

第二,在个罪所属法定刑格内以基本情节作为决定判定刑的主要根据,根据法定量刑情节合理从重、从轻、减轻或免除处罚,以酌定情节作为决定判定刑的参考因素,如此等等,均是我国量刑实践的合理因素的表现。然而,在我国量刑实践中,根据法定量刑情节所为的不合理的从重、从宽现象相当严重,以诸如一贯表现不好、拒不认罪以及治安形势不好之类不体现犯罪的害恶性大而只表明犯罪的预防需要大的因素从重量刑的现象已成惯例与定制;综合平衡,合理模糊,有利被告与量刑的衡平性不但普遍未得到自觉遵守,甚至尚未作为量刑的司法理性规定得到认可,因此,量刑不具有合法前提下的合理性,表明合理量刑远未在我国量刑实践中得到充分贯彻。这是由对我国量刑实践的合理性反思所得出的必然结论。

结论与余论

立足于刑罚理性统一论对我国配刑立法与司法的正当性的全面反思，详尽地揭示了我国配刑体制的合理性与不合理性。从对法定刑幅度与格度的确定、附加刑的分配、配刑原则、制度与情节的规定以及量刑实践的系统评价中，可以就我国配刑体制的正当性得出一般性的结论。而以这些具有共性的结论为前提，深入分析、剖视现行配刑体制不合理的原因，又可以为完善现行配刑体制、使之合理化指明方向。

第一节 配刑的现实反思的一般结论

一、配刑体制的合理性之一般

综合对配刑体制诸方面的反思，可以就其合理性得出如下一般结论：

（一）部分地符合配刑的报应性规定

立足于配刑的报应性规定，现行配刑体制的合理性如下：

1. 在大部分情况下符合配刑的等价性规定。就立法上法定刑的确定而言，1979年刑法对作为配刑之报应性的直接规定的按罪配刑的等价性规定贯彻得较为全面。因为其关于危害公共安全罪与妨碍婚姻、家庭罪的法定刑的规定完全符合重罪重刑、轻罪轻刑的等价配刑的理性规定，既具有基的相应性也具有序的相应性，而其关于其他类罪的法定刑的规定，在大部分情况下，也符合等价配刑的理性规定，除了少数犯罪，其他犯罪的法定刑均经得起立足于等价角度的基的相应与序的相应的评价。在1997年刑法中，大部分犯罪的法定刑也具有等价性，符合配刑基的相应与序的相应的理性规定，不具有基或序的相应性因而有悖等价配刑的理性规定的法定刑，虽然占有相当大的比例，但在总体上只是少数。因此，可以认为，从1979年刑法到1997年刑法，法定刑幅度的分配在大部分情况下符合配刑的等价性规定。

就法定刑格的划分而言，虽然1979年刑法与1997年刑法均存在诸多不合理之处，但是，在大部分情况下，从分格的根据到格度的安排，均使同一种罪中基本情节不同所决定的严重性不同的个罪所应受的惩罚不同，体现了罪重刑重、罪轻刑轻的配刑的等价性规定，符合作为配刑之报应性直接规定的等价性规定。

尤其值得充分肯定的是，1997年刑法明文规定了刑罪相适应原则，构成对配刑之等价性规定的直接认可。而且，从1979年刑法到1997年刑法，有关量刑制度的规定为根据不同个罪所可能具有的加重或减轻犯罪社会危害性的情节在基本情节所决定应定刑的基础上确定判定刑提供了法律依据，而有关法定量刑情节的确认，又均体现了刑罚轻重与犯罪害恶性相适应的等价性规定，因为所确认的量刑情节大都是加重或减轻犯罪的害恶性的情节，据其从重或从宽量刑，也就是根据犯罪的害恶性量刑。

就配刑司法而言，依法配刑基本上得到了贯彻，刑法有关法定刑、量刑制度、情节等的规定在大部分情况下均为司法所遵循，立法所体现的配刑的等价理性基本上可通过司法得以实现。而基于依法量刑前提下的合理量刑在相当一部分情况下之成为了量刑司法所遵循的理性规定，立法所体现的等价理性经量刑实践的实现具有一定程度的彻底性。

综上所述，我国现行配刑体制在总体上部分地符合作为配刑之报应性的直接规定的等价性规定。

2. 基本上符合配刑的宽恕性规定。在立法上，在境外犯罪而已受过刑罚惩罚的人被规定为可予从宽处罚的对象，犯罪时未满十八周岁的人与审判时怀孕的妇女被严格排除在适用死刑对象之外，均体现了配刑的宽恕性规定。而在实践中，这些规定一般均能得到严格遵守，且犯罪人一贯表现良好等因素也往往在量刑时得到考虑。与此相适应，现行配刑体制基本上符合宽恕性规定。

3. 基本上符合配刑的奖赏性规定。在立法上，犯罪后自首与有立功表现被确定为可从宽处罚的情节；在司法中，不但这些规定一般可得到严格遵守，而且诸如坦白认罪，退赃补失之类因素通常也能为司法者作为从宽因素酌情考虑。诸如此类符合可奖赏性条件的因素之使相应的犯罪人可受到从宽处罚，构成现行配刑体制基本上体现了作为配刑之报应性规定的修正规定的奖赏性规定。

（二）部分地符合配刑的功利性规定

立足于配刑的功利性规定，现行配刑体制的合理性如下：

1. 部分地符合刑罚与一般预防需要相适应的规定。就立法上法定刑的确定而言，在大部分情况下，法定刑幅度的确定均以种罪所侵犯权益的价值为主要根据,权益越重要,以其为侵犯目标的犯罪的法定刑越严厉,反之亦然。如此确定法定刑幅度,使刑罚的严厉性程度与对有关权益保护的需要相适应,亦即与遏制侵犯有关权益的犯罪的需要相适应。同样,在所侵犯的权益相同的情况下,法定刑又因犯罪方式的危险性、发生的频率以及罪过的不同而不同。比如,同是侵犯财产的犯罪,抢劫罪的法定刑重于盗窃罪,便是犯罪的方式危险,刑罚便重的例证。而这明显地反映了遏制危险性大的犯罪所需刑罚力度大、遏制危险性小的犯罪所需刑罚力度小的规律,体现了刑罚与遏制犯罪的需要相适应的配刑功利性规定。又如,同是侵犯财产罪、盗窃罪、诈骗罪与抢夺罪的发案率高于敲诈勒索罪。而发案率高的犯罪是最常发生的犯罪,因而所需刑罚的力度大于发案率低的犯罪。刑法对盗窃罪,诈骗罪与抢夺罪所规定的法定刑重于对敲诈勒索罪所规定的法定刑,正体现了发案率高的犯罪所需刑罚的遏制力度大、发案率低的犯罪所需刑罚的遏制力度小的规律,因而也符合刑罚的严厉性与遏制犯罪的需要相适应的配刑功利性规定。再如,同是剥夺人的生命,故意杀人是明知故犯,过失致死是无意误犯,遏制前者所需的刑罚力度大于遏制后者所需的刑罚力度。刑法对故意杀人罪规定的法定刑重于对过失致人死亡罪,体现了遏制故意犯罪所需刑罚力度大于遏制过失犯罪所需刑罚力度的规律性,因而同样体现了刑罚与遏制犯罪的需要相适应的配刑功利性规定。

就法定刑格的划分而言,在大部分情况下,其根据是同一种罪中不同个罪所可能造成的危害结果的严重程度,所可能具有情节的轻重;等等。如此划分法定刑的格,使危害重的个罪处于严厉的法定刑格,危害轻的个罪处于轻微的法定刑格,体现了危害大的个罪所需刑罚遏制力大、危害小的个罪所需刑罚遏制力度小的规律性,同样符合刑罚与遏制犯罪的需要相适应的配刑功利性规定。

立法上法定刑的分配是对事不对人的分配,针对的是可能犯罪的所有人,即不特定的一般人。因此,刑法有关法定刑的分配在大部分情况下之符合遏制犯罪的需要,也就是其在大部分情况下符合一般预防的需要。不仅如此,刑法所确立的从重与从宽量刑情节,也大都是体现一般预防的需要大或小的情节,以其作为从重或从宽量刑的根据,也就是以一般预防需要作为量刑的根据,因而也体现了刑罚与一般预防的需要相适应的配刑功利性规定。

司法上的量刑,作为刑罚的第二次分配,是立法上刑罚分配的再分配。其任务是使立法上的对事不对人的一般的刑罪关系,变为现实中的既对事又对人的具体的刑罪关系。因此,只要严格遵守立法上有关配刑的规定,立法所体现的刑罚与一般预防需要相适应的配刑理性便可通过司法得以实现。既然我国量刑实践基本上遵循了依法量刑的理性规定,立法上刑罚与一般预防需要相适应的配刑理性便必然经由司法而成为现实,而量刑实践在依法量刑的前提下部分地贯彻了合理量刑的配刑司法理性规定,更使刑罚与一般预防需要的配刑理性的实现彻底化。

由上可见,由对我国现行配刑体制的全面反思,可以定论,其部分地体现了刑罚与一般预防的需要相适应的配刑功利理性规定。

2. 部分地符合刑罚与个别预防的需要相适应的规定。个别与一般的关系是一种互相包容的关系,即个性与共性的关系。一般寓于个别之中,一般性是个别性的概括与抽象。因此,虽然个别的东西未必是一般的东西,但一般的东西必然包含个别的东西。同样,在预防一般人犯罪的需要中也就包含着预防个人犯罪。与此相适应,立法上有关配刑的规定既然符合刑罚与一般预防的需要相适应的规定,便理所当然地同时体现了刑罚与个别预防的需要相适应的规定。

另外,正如个性不同于共性,个别预防的需要又有别于一般预防。因为作为个别预防对象的犯罪人作为个人可能具有不同于一般人的特点,遏制其再犯罪的需要因而可能有别于遏制一般人犯罪的需要。司法者的量刑,一方面是基于犯罪人已经实施的是何罪,其可能再犯的便是何罪的合理假定,在法定的量刑范围内限定犯罪人再犯预防所需的刑罚分量,根据个别预防的需要确定的刑罚不得超出根据一般预防需要确定的刑罚幅度,另一方面又是根据犯罪人的具体特点确定预防其再犯所需的刑罚分量。前者的实现有赖于依法量刑,后者的实现有赖于合理量刑。因此,量刑既是借助司法实现立法所体现的刑罚与一般预防相适应的理性,又是借助司法实现立法体现的刑罚与一般预防相适应的理性所包容的刑罚与个别预防相适应的理性。

基于个别预防需要与一般预防需要的上列辩证关系,依法量刑与合理量刑是立法所体现的刑罚与一般预防需要相适应以及刑罚与个别预防需要相适应的理性之实现的共同保障。既然我国量刑实践在部分情况下做到了依法量刑与合理量刑,在实现刑罚与一般预防预防需要相适应的理性的同时,也就实现了刑罚与个别预防相适应的理性。

(三) 部分地体现了配刑的统一性规定

我国现行配刑体制不只部分地符合配刑的报应性规定与配刑的功利性规定,而且在一定程度上体现了配刑的统一性规定。具体表现在如下几方面:

1. 部分地符合报应性与功利性的同一性规定。对配刑立法的反思表明,在大部分情况下,我国刑法有关法定刑幅度的确定、法定刑格的划分等均是以犯罪所侵害权益的价值、犯罪行为的危险性、危害后果的严重程度等客观因素所体现的客观危害的大小以及犯罪的故意与过失等主观因素所体现的主观恶性的大小为根据，即以犯罪的害恶性大小作为确定法定刑幅度与划分法定刑格的根据。这直接体现了刑罚严厉性与犯罪害恶性相适应的刑罚等价性规定。另外，害恶性大的犯罪又是对刑罚的预防需要大的犯罪，而害恶性小的犯罪则是对刑罚的预防需要小的犯罪，以犯罪的害恶性大小作为确定法定刑幅度与划分法定刑格的根据，也体现了刑罚的严厉性与刑罚的适度性规定。因此，我国刑法有关法定刑的规定，在大部分情况下，符合等价性与适度性的同一性规定。

另外，刑法所确立的量刑情节，要么是对犯罪的害恶性与犯罪的预防需要同时具有加、减影响的犯罪情节，要么是虽不减轻犯罪的害恶性但符合可宽恕性或可奖赏性条件并减轻犯罪的预防需要的情节，相应地，根据这些情节量刑，要么是符合按罪配刑的等价性与按需配刑的适度性的同一性规定，要么是符合宽恕性或奖赏性与适度性的同一性规定，因而符合配刑的报应性与功利性的同一性规定。

基于司法与立法的同一性，在依法量刑与合理量刑的前提下，立法上有关配刑的规定所体现的配刑理性可经量刑实践得以最终实现。而前章已述，我国量刑实践部分地贯彻了依法量刑与合理量刑的原则，相应地，其可使配刑立法所体现的配刑的同一性规定得以实现，因而部分地具有合理性。

2. 基本上符合配刑的折衷性规定。按照刑法的有关规定，作为主需重的情节①的累犯对量刑只具有从重影响，不具有加重影响，而作为主需轻的片面完全减轻情节②的防卫过当与紧急避险对量刑则具有减轻或免除影响。两相对比，显而易见，后二者对量刑的从宽影响远大于前者对量刑的从重影响。这明显符合基于片面完全情节而生的配刑折衷性规定。③

按照刑法的规定，作为同时减轻主观恶性与个别预防需要的完全片面情节④的未成年人犯罪是应然性从宽情节，即在任何情况下均应减轻处罚的情节，作为同时减轻主观恶性与一般预防需要的完全片面情节的又聋又哑的人或

---

① 详见邱兴隆著：《刑罚理性导论——刑罚的正当性原论》，中国政法大学出版社1998年版，第292—293页。
② 详见邱兴隆著：《刑罚理性导论——刑罚的正当性原论》，中国政法大学出版社1998年版，第293—295页。
③ 详见邱兴隆著：《刑罚理性导论——刑罚的正当性原论》，中国政法大学出版社1998年版，第346—349页。
④ 关于完全片面情节，详见邱兴隆著：《刑罚理性导论——刑罚的正当性原论》，中国政法大学出版社1998年版，第296—299页。

盲人犯罪以及作为同时减轻客观危害与一般预防需要的完全片面情节的预备犯、未遂犯与教唆未遂犯只是或然性从宽情节,即在具体情况下也可以不从宽的情节。相比之下,未成年人犯罪对量刑的从宽影响显然大于其他完全片面减轻情节的从宽影响。而又聋又哑的人或盲人犯罪虽是或然性从宽情节,但其从宽影响包含免刑,而未遂犯与教唆犯的从宽影响不包含免刑。因此,前者对量刑的从宽影响大于后二者。如此确定完全片面情节的从宽影响,符合基于完全片面情节而生的折衷性规定。①

由上可见,立法上关于量刑情节影响的规定,表明我国量刑体制基本上符合配刑的折衷性规定。

3. 部分地符合配刑的对立性规定。对配刑立法的反思表明,在大部分情况下,法定刑的分配未超出犯罪害恶性允许的程度,绝大部分法定量刑情节不是只加重犯罪的预防需要不加重其害恶性的情节。因此,现行配刑体制也在一定程度上符合等价性限制适度性的对立性规定。而从旧兼从轻的溯及力制度、从宽情节多于从重情节、从宽量刑制度与从宽量刑情节之从宽幅度大于从重制度与从宽情节之从重幅度等立法规定,又直接体现了有利被告的精神。因此,现行配刑体制也在相当程度上符合等价性、有利让步适度性的对立性规定。正是如此,现行配刑体制部分地符合配刑报应性与功利性的对立性规定。

综上所述,现行配刑体制部分地符合配刑的同一性规定、折衷性规定与对立性规定,因而部分地符合配刑的统一性规定,构成一种部分合理的配刑体制。

二、配刑体制不合理性之一般

然而,现行配刑体制又是一种极其不合理的配刑体制。这种不合理性是如此严重与明显,以致无论是立法还是司法,大至法定刑的确定,小至量刑情节的适用,违背配刑理性规定的因素俯拾即是。立足于配刑的一般理性规定,配刑体制的不合理性可归纳如下:

(一) 部分地违背配刑的报应性规定

在法定刑的确定上,刑法中除个别条文的规定相对失之过轻外,相当一部分条文失之过重。而失之过重的集中表现便是违背刑罪等价的规定。具体表现为死刑在大部分情况下被分配于所侵害价值低于人的生命价值的犯罪,以致刑

---

① 详见邱兴隆著:《刑罚理性导论——刑罚的正当性原论》,中国政法大学出版社1998年版,第349—351页。

重于罪而绝对不等价，违背配刑基的相应性规定而表现为绝对意义上的轻罪重罚。如侵犯人身权利类罪中，除故意杀人罪外，所有其他犯罪均不包含故意致人死亡的因素，否则便应另定故意杀人罪而予以并罚。然而，被分配死刑的种罪远非故意杀人罪一种，诸如故意伤害罪，强奸罪，拐卖妇女、儿童罪均不包含故意致人死亡的因素，但其均是以死刑为最高法定刑的犯罪。至于破坏经济管理秩序罪、侵犯财产罪、妨害社会管理秩序罪等类罪中以死刑为最高法定刑的犯罪，均不是具有故意致人死亡因素的种罪。由死刑被分配于大量不应分配死刑的犯罪所导致的刑罪不等价的严重性远未限于这种刑重于罪的绝对意义上的不等价本身，而且在于由这种绝对不等价所引起的配刑基的不相应还直接导致许多种罪的法定刑在相对意义上失之过重而不具有等价性。这是因为，本不应以死刑为最高法定刑的犯罪被分配死刑，提高了配刑的基准，危害较此类犯罪轻的其他犯罪虽未以死刑为最高法定刑，但其法定刑的确定是以较之为重、本不应分配死刑却被分配了死刑的犯罪的法定刑为序的参照标准，因而同样表现为绝对意义上的不相应，即虽在表面上符合轻罪轻刑序的相应规定，但这种序的相应以基的不相应为前提，只是相对于被配之以死刑的犯罪的法定刑的序的相应，而不是所配之刑相对于与犯罪的危害之间基的相应，因而只不过是绝对意义上的基的不相应的前提下相对意义上的序的相应，从而在根本意义上不具有等价性。如信用证诈骗罪本不应分配死刑却被分配死刑，提高了金融诈骗罪的配刑基准，直接导致危害轻于此罪的贷款诈骗罪以无期徒刑作为最高法定刑。又如本不应以死刑为最高法定刑的抢劫罪被分配死刑，抬高了侵犯财产罪的配刑基准，以致危害小于抢劫罪因而不应分配无期徒刑的诈骗罪等以无期徒刑作为最高法定刑。因此，死刑被分配于所侵犯价值低于生命价值的犯罪，以及由此所导致的其他许多犯罪的法定刑上限过高而失之过重，在绝对意义上违背刑罪等价的配刑报应性规定。

  法定刑幅度的确定违背配刑的报应性规定，不只表现为绝对意义上的刑罪不等价，而且也表现为序的不相应，即相对意义上的不等价，亦即危害轻的犯罪的法定刑重于危害大的犯罪的法定刑。如绑架罪、拐卖人口罪并非以剥夺他人生命为目的的犯罪，危害显然轻于故意杀人罪。然而，此二罪的法定刑幅度分别为10年与5年有期徒刑至死刑，明显重于作为故意杀人罪的法定刑的3年有期徒刑至死刑。诸如此类失之过重的法定刑，尤其是下限过重的法定刑，有相当一部分正是违背罪重刑重、罪轻刑轻的等价配刑序的相应性所致，因而构成违背配刑的报应性规定的表现。

  就法定刑格的划分而言，也表现出明显不合等价性规定。以死刑作为唯一上格法定刑或以不具有可分性的无期徒刑与死刑作为上格法定刑现象的存在，势必导致大量在危害性上彼此有别的个罪被处以相同之刑,以致轻罪重罚,不符合轻罪轻刑、重罪重刑的配刑的等价性规定,因而违背配刑的报应性规定。

此外,在立法上将不表明犯罪害恶性大的毒品罪之再犯作为从重情节,在司法上将一贯表现不好、拒不认罪,态度恶劣以及形势需要等不表明犯罪的害恶性大的因素作为酌重情节乃至惯例,从重量刑,均不符合刑罚与犯罪的害恶性相适应的刑罪等价规定,因而有悖配刑的报应性规定。

综上所述,现行配刑体制在相当程度上不具有等价性,有悖配刑的报应性规定。

(二) 部分地违背配刑的功利性规定

作为配刑功利性规定的刑罚的适度性,是刑足制罪为必要与刑足制罪为限度的统一,单纯强调刑足制罪为必要,不强调刑足制罪为限度,必然导致刑罚的分量超出预防犯罪的需要而形成浪费,不具有节俭性。我国配刑体制正因为在某些方面只注重刑足制罪的必要性,忽视了刑足制罪的限制性,而不符合配刑的适度性规定。

死刑分配于具有致人于死亡的因素的犯罪,可以起到以剥夺生命为代价避免犯罪人再剥夺他人生命与慑止一般人剥夺他人生命,从而使他人生命得到保护的作用,其所收之效不低于所付出的代价,因而具有必要性。然而,死刑之分配于不具有致人死亡的因素的犯罪或所侵害的价值低于生命之价值的犯罪,虽然因可收预防犯罪之效而在表面上具有其必要性,但其所收之效只是使侵害的价值低于生命的价值的犯罪得以避免,因而是一种以剥夺生命为代价收保护价值低于生命权益之效的代价大于收益的选择,不具有有利性,因而是一种不必要的选择。以此类推,对轻罪分配重刑,也是以代价大的手段收遏制轻罪之效,同样不具有有利性,因而是一种不必要的选择。因此,刑法对侵害权益的价值低于生命的价值的犯罪分配死刑以及对轻罪分配重刑的规定,均不符合配刑的适度性规定,有悖配刑的功利性规定。

同样,在法定刑格的划分上,刑法将死刑或无期徒刑与死刑作为某些犯罪的上格法定刑,势必导致人身危险性不同的犯罪人被同处死刑或无期徒刑,以致相当一部分本可借助改造功能得到改造、不致再犯罪,因而没有必要以死刑终身剥夺其再犯能力的人不得不被处以死刑,本可能在一定期间改造好、不必以无期徒刑终身限制再犯能力的人不得不被处无期徒刑,导致刑罚的分量超出预防犯罪的需要而不具有节俭性,不符合刑足制罪为限度的配刑适度性规定。

至于在司法上,司法者不坚持依法量刑前提下的合理性,人为地降低无期徒刑与死刑的适用标准,并以只表明一般预防需要大不表明个别预防需要大的治安形势不好等作为从重量刑的根据，实际上均是只顾司法上的一般预防需要不顾个别预防需要的表现，有悖个别预防的需要与一般预防的需要在司法上的主次关系，① 使刑罚的分量超出个别预防的需要而不具有节俭性，因而不符合个别预防的适度性限制一般预防的适度性规定，同样违背配刑的功利性规定。

综上所述，部分地不符合配刑的功利性规定，是立足于配刑的功利性规定就我国现行配刑体制的正当性进行反思所得出的必然结论。

(三) 部分地不符合配刑的统一性规定

既然既部分地不符合配刑的报应性规定，又部分地不符合配刑的功利性规定，那么，现行配刑体制必然部分地违背配刑的统一性规定。立足于配刑的等价性与适度性的统一性规定，现行配刑体制明显地在较大程度上不具有合理性，可具体归纳如下：

1. 违背配刑的同一性规定。如前所述，立法上对侵害的价值低于生命的价值的犯罪分配死刑，既不具有等价性，又不具有适度性；仅以死刑或无期徒刑与死刑作为上格法定刑，既不合等价性规定，又不合适度性规定，而不合理地降低无期徒刑与死刑的适用标准与以形势需要等作为从重量刑的根据，既违背刑罪等价的规定，又违背个别预防需要限制一般预防需要的规定。因此，我国现行配刑体制从立法至司法均部分地违背配刑的报应性规定与功利性规定的同一性规定，具有明显的无理性。

2. 违背配刑的折衷性规定。虽然立法上有关量刑情节的功能的规定，基本上体现了基于片面完全情节与完全片面情节而生的折衷性规定，但是，在司法上，背离这些规定的现象普遍存在。一方面，司法上存在不严格依法根据量刑情节量刑的不合法与根据不合理量刑情节量刑的不合理现象，以及不根据综合平衡原则量刑的现象，刑法有关片面完全情节与完全片面情节的功能的不同规定并未在量刑实践中得到充分贯彻，功能不同的从宽情节往往被同等对待，而片面完全加重情节的从重影响往往未受到严格限制，因此，立法所体现的配刑的折衷理性规定因司法上的不依法与合理量刑而被否定。另外，在按酌定情节量刑问题上，作为酌重情节的民愤实践中往往被作为重大从重情节，乃至被作为判处死刑的决定性因素，从而违背基于片面完全情节而生的折衷性规

---

① 详见邱兴隆著：《刑罚理性导论——刑罚的正当性原论》，中国政法大学出版社1998年版，第49—50页。

定。① 因此，不符合作为配刑之统一性规定的折衷性规定，也是配刑体制的不合理性之所在。

3. 违背配刑的对立性规定。违背配刑的对立性规定，是我国配刑体制的最不合理之处。立法上对所侵害权益的价值低于生命价值的犯罪分配死刑，并因而导致其他犯罪的法定刑过重，实际上是基于刑罚越严厉、威慑力便越大的推理而片面追求重刑的威慑作用，将预防需要凌驾于等价性之上，只求功利、不求公正，违背等价性限制适度性配刑的对立性规定的结果。特别刑法与1997年刑法在修改1979年刑法，根据种罪的发案率上升加重法定刑时，只顾单纯加重，不顾加重法定刑的犯罪与其他犯罪在害恶性上的轻重次序，以致诸如绑架罪、拐卖妇女罪与组织卖淫罪等的法定刑重于严重性较之为重的故意杀人罪，同样是违背等价性限制适度性配刑对立性规定的明证。至于立法上以只表明人身危险大不表明害恶性大的毒品罪之再犯作为法定从重情节，司法上以只表明人身危险大不表明害恶性大的犯前或犯后因素以及只表明一般预防需要大不表明害恶性大的形势需要作为从重量刑的因素，更是只求个别预防或一般预防的需要适度性不求刑罚等价的公正性的明显表现，因而也是违背等价性限制适度性的配刑的对立性规定之所在。因此，违背配刑的对立性规定，是现行配刑体制的最不合理表现。

综上所述，严重违背配刑的统一性规定，是立足于配刑的报应性规定与功利性规定的统一性规定而就现行配刑体制所得出的必然结论。由此可以定论，我国现行配刑体制是一种严重不合理的配刑体制。

第二节　配刑体制的完善

既然对配刑体制的全面反思展示了我国配刑立法与配刑司法的合理性与不合理性，那么立足于统一化配刑理性，针对已揭示的配刑体制的不合理因素，指明完善配刑立法与配刑司法，使配刑体制趋于完全合理化的方向，构成对配刑现实反思的归宿。

一、配刑立法的完善

对配刑立法的反思表明，法定刑幅度的确定、格度的划分、量刑情节的规

---

① 详见邱兴隆著：《刑罚理性导论——刑罚的正当性原论》，中国政法大学出版社1998年版，第348页。

定与附加刑分配的不合理,是现行配刑立法不合理的症结所在。与此相适应,修改立法,完善有关规定,构成完善配刑立法的基点。

(一) 法定刑幅度的合理化

针对法定刑幅度的不合理性,应从如下几方面着手,完善刑法的有关规定:

1. 削减死刑。对法定刑幅度的反思表明,以死刑作为所侵犯权益的价值低于生命价值的犯罪的法定刑上限,是法定刑幅度失之过重而不合理的重要原因之一。与此相适应,将死刑的分配严格控制在所侵犯权益的价值不低于生命价值的犯罪的范围内,废除对所侵犯权益的价值低于生命价值的犯罪所规定的死刑,改以无期徒刑或长期徒刑作为这些犯罪的法定刑上限,构成法定刑幅度合理化的重要步骤。这一步骤的具体内容如下:

(1) 将危害国家安全类罪中的三种犯罪由死罪改为非死罪。对1997年刑法关于危害国家安全类罪法定刑幅度的正当性评价表明,投敌叛变罪、资敌罪与为境外窃取、刺探、收买、非法提供国家秘密、情报罪,既非可直接危及国家存亡的犯罪,也非具有故意致人死亡因素的犯罪,以死刑作为其法定刑上限,有悖死刑的等价分配规定。因此,将此三罪的最高法定刑由死刑改为无期徒刑,是既避免死刑的不等价性分配的不公正性,使严重性上限低于分裂国家罪等的严重性上限的此三罪的法定刑上限相应地低于分裂国家罪等,避免同罪异罚序的不相应性的唯一合理选择。

(2) 将危害公共安全类罪中的四种犯罪由死罪改为非死罪。对危害公共安全类罪的法定刑幅度的正当性评价表明,抢劫枪支、弹药、爆炸物罪,非法制造、买卖、运输、邮寄、储存枪支、弹药、爆炸物罪,非法买卖、运输核材料罪与盗窃、枪夺枪支弹药罪,均是不具有故意致人死亡因素的犯罪,以死刑为其最高法定刑,有悖死刑的等价分配规定。相应地,只有将此四种罪的法定刑上限由死刑改为无期徒刑,才既可避免死刑的不等价分配的不公正性,又可使严重性上限轻于爆炸罪等的这四种犯罪的法定刑上限相应地低于爆炸罪等而实现轻罪轻罚序的相应性,避免异罪同罚,轻罪重罚序的不相应性。

(3) 将侵犯人身权利类罪中的四种死罪修改为非死罪。对侵犯人身权利、民主权利类罪的正当性评价表明,绑架罪,拐卖妇女、儿童罪,故意伤害罪与强奸罪都不是以剥夺他人生命为目的的犯罪,如在犯罪过程中故意致人死亡,应另定故意杀人罪,数罪并罚,因此,以死刑作为此四种犯罪的最高法定刑,有悖死刑的等价分配规定。相应地,废除对此四罪所规定的死刑,是避免死刑的不等价分配的不公正性,并使严重性上限轻于故意杀人罪之上限的此四罪的法定刑上限相应地低于故意杀人罪之法定刑上限，实现轻罪轻刑序的相应性，避免异罪同刑、轻罪重刑的序的不相应性的必然选择。对于修改后的法定刑上限，绑架罪、故意伤害罪与强奸罪严重性上限大致相当，且只轻于故意杀人罪的严重性上限，可同定为仅轻于作为故意杀人罪之法定刑上限的死刑的无期徒刑。但拐卖妇女、儿童罪的严重性上限低于此三种罪的严重性上限，相应地，其法定刑上限只有低于此三罪的法定刑上限才具有轻罪轻刑的序的相应性，因此，此罪只应以15年有期徒刑而不应以无期徒刑为法定刑上限。

（4）废除所有破坏经济秩序罪中的死刑。破坏经济秩序类罪所侵害的权益只是经济管理秩序，而经济管理秩序的价值在人的生命价值之下，对任何破坏此类秩序的种罪分配死刑，均不具有等价性。与此相适应，对刑法就此类犯罪中规定有死刑的犯罪，即生产、销售假药罪，生产、销售有毒、有害食品罪，走私武器弹药罪，走私核材料罪，走私假币罪，走私文物罪，走私贵重金属罪，走私珍贵动物、珍贵动物制品罪，伪造货币罪，集资诈骗罪，金融票证诈骗罪，信用证诈骗罪，虚开增值税专用发票、用于骗取出口退税、抵扣税款发票罪与伪造、出售伪造的增值税专用发票罪等共计14种犯罪，均应废除以死刑作为最高法定刑的规定，才既可避免死刑不等价分配的不公正性，又可使严重性轻于故意杀人罪的此类犯罪的法定刑上限相应地轻于故意杀人罪的法定刑上限，实现轻罪轻刑的序的相应性。因此，前列11种犯罪充其量只能以无期徒刑作为最高法定刑。

（5）废除侵犯财产罪的死刑规定。侵犯财产罪，所侵犯的权益只是财产安全，而财产安全的价值显然低于人的生命价值，因此，对任何侵犯财产罪分配的死刑均不具有等价性。与此相适应，刑法关于抢劫罪与盗窃罪的死刑规定应予废除，以避免死刑的不等价分配的不公正性，并使此二罪的法定刑上限低于故意杀人罪的法定刑上限而与其严重性上限轻于后者的法定刑上限相对应，实现轻罪轻刑序的相应性。至于修改后的法定刑上限，抢劫罪可定为无期徒刑，以与其作为最严重侵犯财产罪的严重性相适应。但盗窃罪的严重性轻于抢劫罪，其法定刑上限亦轻于抢劫罪的法定刑上限，因此，其只能以15年有期徒刑而不能以无期徒刑为最高法定刑。

（6）废除所有妨害社会管理秩序罪的死刑。妨害社会管理秩序罪侵犯的权益仅在于社会管理秩序，而社会管理秩序的价值低于人的生命价值，因此，对此类犯罪中的任何种罪分配死刑，都不具有等价性。基于此，刑法关于传授犯罪方法罪，暴动越狱罪，聚众持械劫狱罪，盗掘古文化遗址、古墓葬罪，盗掘古人类化石、古脊椎动物化石罪，走私、贩卖、运输、制造毒品罪，组织卖淫罪与强迫卖淫罪等共计八种犯罪的死刑规定应予废除，以既避免死刑不等价分配的不公正性，又使严重性上限轻于故意杀人罪的此类犯罪的法定刑上限相应地轻于故意杀人罪的法定刑上限，实现轻罪轻刑序的相应性。因此，前列八种犯罪虽是类罪中最严重的犯罪，但其充其量只能以无期徒刑作为最高法定刑。

（7）废除贪污贿赂罪的死刑规定。贪污贿赂罪所侵犯的权益无论是国家工作人员职务的廉洁性还是国有财产所有权，其价值均低于人的生命价值。因此，刑法关于贪污罪与受贿罪的死刑规定，不符合死刑的等价分配规定。与此相适应，废除此二罪的死刑规定，是消除死刑不等价分配的不公正性，实现轻罪轻刑序的相应性的必然要求。与严重性重于普通盗窃罪且系类罪中最严重的犯罪相适应，贪污罪可以无期徒刑作为最高法定刑。但受贿罪的严重性轻于贪污罪，其法定刑上限亦应轻于贪污罪的法定刑上限才能体现配刑序的相应性，因此，受贿罪法定刑上限充其量只应为15年有期徒刑。

（8）废除军人违反职责类罪中三种犯罪的死刑规定。对军人违反职责类罪的法定刑的正当性的评价表明，阻碍执行军务罪，军人叛逃罪与盗窃、抢夺武器装备、军用物资罪，既不具有导致战斗、战役失败的可能性，又不包括故意致人死亡的因素，以死刑为其法定刑上限，不符合死刑的等价分配规定。因此，只有废除此三罪的死刑规定，将其法定刑上限改为无期徒刑，才可消除死刑之不等价分配的不公正性与轻罪重罚序的不相应性。

2. 降低法定刑上限。基于如上所述的死刑罪名的大量削减，这些犯罪的法定刑上限降为无期徒刑或有期徒刑，各类罪的配刑基准大大降低。相应地，严重性上限轻于这些犯罪的严重性上限的非死罪的法定刑亦应相应地下调才符合轻罪轻刑的配刑序的相应性规定。另外，正如对法定刑幅度的正当性评价所揭示的，有一部分犯罪法定刑的既定上限失之过重，因而也有必要降低。因此，降低非死罪的法定刑上限，是法定刑合理化的又一基点。在这方面，刑法所需作的修改如下：

（1）降低危害公共安全类罪中的工程重大安全事故罪的法定刑上限。对危害公共安全类罪的法定刑的正当性评价表明，以10年有期刑作为工程重大安全事故罪的法定刑上限，因重于严重性与之大致相同的其他过失危害公共安全罪的法定刑上限而表现出轻罪重罚的序的不相应性。相应地，将其法定刑上限降低为7年有期徒刑，以便与其他过失危害公共安全罪的法定刑上限相同而实现同罪同罚的序的相应性规定，是一种必然合理的选择。

（2）降低部分破坏经济管理秩序罪的法定刑上限。对破坏经济管理秩序类罪的法定刑的正当性评价表明，生产、销售劣药罪，生产、销售不符合标准的医用器材罪，生产、销售伪劣产品罪，生产、销售不符合卫生标准的食品罪与生产、销售伪劣农药、兽药、化肥、种子罪,均是严重性轻于生产、销售假药罪等的犯罪,其法定刑上限亦应轻于此罪等的法定刑上限才具有序的相应性。而如前所述,生产、销售假药罪等的法定刑上限应由死刑降为无期徒刑,相应地,生产、销售劣药等前列五罪的法定刑上限也应由刑法规定的无期徒刑降为15年有期徒刑。而严重性轻于此五罪的生产、销售不符合安全标准的产品罪的法定刑上限也应随之由刑法所规定的15年有期徒刑降到10年有期徒刑;走私普通货物、物品罪,走私固体废物罪与走私淫秽物品罪的严重性轻于走私武器弹药罪等的严重性,而如前所述,走私武器弹药罪等的法定刑只应以无期徒刑为上限,因此,刑法就走私普通货物、物品罪,走私固体废物罪与走私淫秽物品罪所规定的法定刑上限即无期徒刑亦应下调到15年有期徒刑以符合配刑序的相应性规定,以15年有期徒刑作为公司、企业人员受贿罪的法定刑上限与以10年有期徒刑作为对公司、企业人员行贿罪的法定刑上限均因违背配刑序的相应的规定而失之过重,相应地,此二罪的法定刑上限应分别下调为10年有期徒刑与7年有期徒刑;出售、购买、运输假币罪,金融工作人员购买假币、以假币换取货币罪,伪造、变造金融票证罪与伪造、变造国家有价证券罪是严重性轻于伪造货币罪的犯罪,其法定刑上限应轻于伪造货币罪的法定刑上限才具有序的相应性,而如前所述,伪造货币罪是不应以死刑而只应以无期徒刑为法定刑上限的犯罪,相应地,出售、购买运输假币罪等前列四罪的法定刑上限也应由刑法所规定的无期徒刑降为15年有期徒刑才符合配刑的序的相应性规定,而严重性轻于此四罪的持有、使用假币罪,违法向关系人发放贷款罪,违法发放贷款罪,用账外客户资金非法拆借、发放贷款罪,非法出具金融票证罪与对违法票据承兑、付款、保证罪的法定刑上限自然应随之由刑法规定的15年有期徒刑下调为10年有期徒刑;严重性轻于持有、使用假币等罪的变造货币罪,擅自设立金融机构罪,伪造、变造、转让金融机构许可证罪,非法吸收存款罪,伪造、变造、转让金融机构许可证罪,伪造、变造股票或公司、企业债券罪,内幕交易、泄露内幕信息罪与诱骗投资者买卖证券罪的法定刑上限亦应随之由刑法所规定的10年有期徒刑降低到7年有期徒刑;贷款诈骗罪,信用卡诈骗罪与有价证券诈骗罪的严重性轻于集资诈骗罪等,其法定刑上限亦应轻于集资诈骗罪等的法定刑上限才具有序的相应性,而如前所述,集资诈骗罪等的法定刑上限应由死刑降为无期徒刑,相应地,集资诈骗罪等三罪的法定刑上限亦应随之由刑法现规定的无期徒刑降为15年有期徒刑;骗取出口退税罪与非法出售增值税专用发票罪的严重性轻于虚开增值税专用发票罪等,非法制造、出售非法制造的用于骗取出口退税、抵扣税款发票罪的严重性轻于骗取出口退税罪等二罪,相应地,骗取出口退税罪与非法出售增值税专用发票罪的法定刑上限应轻于虚开增值税发票等罪的法定刑上限，非法制造、出售非法制造的用于骗取出口退税、抵扣税款发票罪等的法定刑上限，而如前所述，虚开增值税发票罪等的法定刑只应以无期徒刑为法定刑上限，与此相适应，骗取出口退税罪等二罪的法定刑上限应随之由刑法现规定的无期徒刑降为15年有期徒刑，非法制造、出售非法制造的用于骗取出口退税、抵扣税款发票罪等二罪的法定刑上限应随之由刑法现规定的15年有期徒刑降为10年有期徒刑；合同诈骗罪的严重性轻于集资诈骗罪等，其法定刑上限亦应轻于集资诈骗罪等的法定刑上限，而如前所述，集资诈骗罪等的法定刑上限只应是无期徒刑而不应为死刑，相应地，合同诈骗罪的法定刑上限亦应由刑法现规定的无期徒刑降为15年有期徒刑。

（3）降低三种侵犯财产罪的法定刑上限。与盗窃罪一样，抢夺罪、诈骗罪与挪用资金罪的严重性轻于抢劫罪，相应地，此三罪的法定刑上限亦应低于抢劫罪，而如前所述，抢劫罪的法定刑上限应由死刑降为无期徒刑，与此相适应，抢夺罪、诈骗罪与挪用资金罪的法定刑上限应与盗窃罪的法定刑上限一样，降为15年有期徒刑。

（4）降低部分妨害社会管理秩序罪的法定刑上限。对妨害社会管理秩序罪的法定刑的正当性评价表明，聚众扰乱社会秩序罪的严重性并不重于聚众扰乱公共场所秩序罪，但刑法以7年有期徒刑为其法定刑上限却高于作为聚众扰乱公共场所秩序罪的法定刑上限的5年有期徒刑，不具有同罪同罚的序的相应性，因此，聚众扰乱公共场所秩序罪的法定刑上限应由7年有期徒刑降为5年有期徒刑；组织运送他人偷越国（边）境罪，运送他人偷越国边境罪的严重性轻于暴动越狱罪等犯罪，提供伪造、变造的出境证件罪与出售出入境证件罪的严重性轻于组织运送他人偷越国（边）境罪等的严重性，相应地，组织运送他人偷越国（边）境罪等二罪的法定刑上限应轻于暴动越狱罪等的法定刑上限，提供伪造、变造的出境证件罪等二罪的法定刑上限应轻于组织运送他人偷越国（边）境罪等二罪的法定刑上限。而如前所述，暴动越狱罪等的法定刑上限应由死刑降为无期徒刑，相应地，组织运送他人偷越国（边）境等二罪的法定刑上限应随之由刑法现规定的无期徒刑降为15年有期徒刑，提供伪造、变造的出境证件罪等二罪的法定刑上限应随之由刑法现规定的15年有期徒刑降为10年有期徒刑；非法采集、供应血液、制作、供应血液制品的严重性与生产、销售不符合卫生标准的食品罪的严重性相当，两者的法定刑上限亦应相当，而如前所述，生产、销售不符合卫生标准的食品罪只应以15年有期徒刑为法定刑上限，相应地，非法采集、供应血液、制作、供应血液制品罪的法定刑上限亦应由刑法现规定的无期徒刑降为15年有期徒刑；非法处置进口的固体废物罪,擅自进口固体废物罪严重性与重大环境污染事故罪相当,前二者的法定刑上限亦应与后者的法定刑相当,因此,前二者的法定刑上限应由刑法现规定的 15 年有期徒刑降为 7 年有期徒刑,以与后者的法定刑上限相当;非法猎捕、杀害珍贵、濒危野生动物罪的严重性与故意毁损珍贵文物罪的严重性相当,其法定刑上限亦应与后者的法定刑上限相当,因此,其法定刑上限应由刑法现规定的 15 年有期徒刑降为 10 年有期徒刑,以与故意毁损珍贵文物罪的法定刑上限相当;非法收购、运输、出售珍贵、濒危野生动物、珍贵、濒危野生动物制品罪的严重性与倒卖文物罪的严重性大致相当,其法定刑上限不应不同,因此,其法定刑上限应由刑法现规定的 15 年有期徒刑降为 10 年有期徒刑,以与倒卖文物罪的法定刑上限相同;盗伐林木罪的严重性轻于盗窃罪的严重性,其法定刑上限亦应轻于后者的法定刑上限,因此,其法定刑上限应由刑法现规定的 15 年有期徒刑降为 10 年有期徒刑,以轻于作为盗窃罪之应然的法定刑上限的 15 年有期徒刑;滥伐林木罪的严重性轻于非法采伐、毁坏珍贵树木罪,相当于破坏性采矿罪,其法定刑上限应低于非法采伐、毁坏珍贵树木罪的法定刑上限、相当于破坏性采矿罪的法定刑上限,因此,其法定刑上限应由刑法现规定的 7 年有期徒刑降至 5 年有期徒刑,以低于作为非法采伐、毁坏珍贵树木罪的法定刑上限的 7 年有期徒刑、同于作为破坏性采矿罪的法定刑上限的 5 年有期徒刑;非法收购盗伐、滥伐的林木罪的严重性轻于滥伐林木罪,其法定刑上限应轻于滥伐林木罪,因此,其法定刑上限应由刑法现规定的 7 年有期徒刑降为 3 年有期徒刑,以轻于作为滥伐林木罪的法定刑上限的 7 年有期徒刑;非法持有毒品罪的严重性轻于走私、贩卖、运输、制造毒品罪,其法定刑上限亦应轻于后者,而如前所述,后者的法定刑不应为死刑而只应为无期徒刑,相应地,非法持有毒品罪的法定刑上限亦应随之降为 15 年有期徒刑;引诱、容留、介绍卖淫罪的严重性轻于组织卖淫罪等,其法定刑上限亦应轻于后者的法定刑上限,而如前所述,组织卖淫罪等的法定刑上限应由死刑降为无期徒刑,相应地,引诱、容留、介绍卖淫罪的法定刑上限亦应随之由刑法现规定的无期徒刑降为 15 年有期徒刑;制作、复制、出版、贩卖淫秽物品罪的严重性与走私淫秽物品罪相当,其法定刑上限亦应与走私淫秽物品罪的法定刑上限相当,因此,正如前述走私淫秽物品罪的法定刑上限应由无期徒刑降为 15 年有期徒刑一样,制作、复制、出版、贩卖淫秽物品罪的法定刑上限亦应由刑法现规定的无期徒刑降为 15 年有期徒刑。

(5)降低三种贪污贿赂类罪的法定刑上限。挪用公款罪的严重性轻于贪污罪,其法定刑上限亦应轻于贪污罪,行贿罪的严重性轻于受贿罪,其法定上限亦应轻于受贿罪,而如前所述,贪污罪的法定刑上限应由死刑降为无期徒刑，受贿罪的法定刑上限应由死刑降为 15 年有期徒刑；相应地，挪用公款罪的法定刑上限应由刑法现规定的无期徒刑降为 15 年有期徒刑，行贿罪的法定刑上限应由刑法现规定的无期徒刑降为 10 年有期徒刑；单位行贿罪的严重性轻于单位受贿罪，单位行贿罪的法定刑上限应轻于单位受贿罪，相应地，单位行贿罪的法定刑上限应由刑法现规定的 5 年有期徒刑降为 3 年有期徒刑，以轻于作为单位受贿罪之法定刑上限的 5 年有期徒刑。

(6) 降低部分渎职罪的法定刑上限。对渎职类罪的法定刑的正当性评价表明，徇私舞弊不征、少征税款罪，徇私舞弊发售发票、抵扣税款、出口退税款罪与放纵走私罪的严重性轻于直接危及人身权益的徇私枉法罪，其法定刑上限亦应低于徇私枉法罪，因此，其法定刑上限应由刑法现规定的 15 年有期徒刑降为 10 年有期徒刑，以轻于作为徇私枉法罪之法定刑上限的 15 年有期徒刑；玩忽职守罪与失职致使在押人员脱逃罪均是过失犯罪，其严重性与重大责任事故罪等相同，其法定刑上限亦应与重大责任事故罪的法定刑上限相当，因此，其法定刑上限应由刑法现规定的 10 年有期徒刑降为 7 年有期徒刑，以与作为重大责任事故罪等的法定刑上限的 7 年有期徒刑相同；商检徇私舞弊罪与动植物检疫徇私舞弊罪的严重性轻于放纵走私罪，其法定刑上限亦应轻于放纵走私罪，而如上所述，放纵走私罪的法定刑上限应为 10 年有期徒刑，相应地，商检徇私舞弊罪与动植物检疫徇私舞弊的法定刑上限也应随之由刑法现规定的 10 年有期徒刑降为 7 年有期徒刑，以低于作为放纵走私罪之应然的法定刑上限的 10 年有期徒刑；过失泄露国家机密罪的主观恶性轻于故意泄露国家机密罪，其法定刑上限亦应轻于故意泄露国家机密罪的法定刑上限，因此，过失泄露国家机密罪的法定刑上限应由刑法现规定的 7 年有期徒刑降为 3 年有期徒刑，以低于作为故意泄露国家机密罪的法定刑上限的 7 年有期徒刑。

(7) 降低部分军人违反职责罪的法定刑。对军人违反职责罪的法定刑的正当性评价表明，故意泄露军事秘密罪严重性远轻于为境外窃取、刺探、收买、非法提供军事秘密罪，并重于故意泄露国家秘密罪，其法定刑上限亦应远轻于为境外窃取、刺探、收买、非法提供军事秘密罪，但重于故意泄露国家秘密罪，因此，以无期徒刑作为故意泄露军事秘密罪的法定刑上限，因只稍轻于作为为境外窃取、刺探、收买、非法提供军事秘密罪的法定刑上限的 7 年有期徒刑而失之过重，相应地，其法定刑上限宜降为 15 年有期徒刑；过失泄露军事秘密罪的严重性轻于故意泄露军事秘密罪，其法定刑上限亦应轻于故意泄露军事秘密罪，因此，过失泄露军事秘密罪的法定刑上限应由刑法现规定的无期徒刑降为 7 年有期徒刑，以既轻于作为修改后故意泄露军事秘密罪法定刑上限的 15 年有期徒刑，又与其他过失犯罪的法定刑上限相一致。

3. 下调部分犯罪的法定刑下限。对法定刑幅度的正当性评价表明，部分犯罪的法定刑下限失之过重而不具有合理性。相应地，降低这些犯罪的法定刑下限，也构成法定刑幅度合理化的重要基点。

（1）下调部分危害公共安全罪的法定刑下限。对危害公共安全类罪的法定刑的正当性评价表明，劫持航空器罪的严重性下限并不重于放火等罪，其法定刑下限亦应不重于放火等罪，因此，其法定刑下限应由刑法所规定的 10 年有期徒刑降至与放火等罪的法定刑下限相同的 3 年有期徒刑；劫持汽车、船只罪的严重性轻于劫持航空器罪，其法定刑下限亦应轻于劫持航空器罪，因此，随劫持航空器罪的法定刑下限降至 3 年有期徒刑，劫持汽车、船只罪的法定刑下限也应下调至拘役；抢劫枪支、弹药、爆炸物罪的严重性与抢劫罪相当，二者的法定刑下限亦应相同，因此，抢劫枪支、弹药罪的法定刑下限应由刑法所规定的 10 年有期徒刑下调为与抢劫罪法定刑下限相同的 3 年有期徒刑；非法制造、买卖、运输、邮寄、储存枪支、弹药、爆炸物罪，非法买卖、运输核材料罪、盗窃、抢夺枪支弹药罪的严重性轻于抢劫枪支、弹药、爆炸物罪的严重性，其法定刑下限也应轻于抢劫枪支、弹药、爆炸物罪的法定刑下限，因此，随抢劫枪支、弹药、爆炸物罪的法定刑下限下调至 3 年有期徒刑，非法制造、买卖、运输、邮寄、储存枪支、弹药、爆炸物罪等的法定刑下限也应由刑法规定的 3 年有期徒刑下调至拘役。

（2）下调绑架罪与拐卖妇女、儿童罪的法定刑下限。对侵犯公民人身权利、民主权利类罪的法定刑的正当性评价表明，绑架罪的严重性轻于故意杀人罪，其法定刑下限因而不应高于故意杀人罪，因此，绑架罪的法定刑下限应由刑法所规定的 10 年有期徒刑下调至与故意杀人罪的法定刑下限相同的 3 年有期徒刑；拐卖妇女、儿童罪的严重性轻于故意杀人罪，其法定刑下限不应重于故意杀人罪，因此，拐卖妇女、儿童罪的法定刑下限应由刑法所规定的 5 年有期徒刑下调至 3 年有期徒刑，以不重于故意杀人罪的既定法定刑下限。

（3）降低部分妨害社会管理秩序类罪的法定刑下限。对妨害社会管理秩序类罪的法定刑幅度的正当性评价表明，组织、利用会道门、邪教组织、利用迷信破坏法律实施罪与组织、利用会道门、邪教组织、利用迷信致人死亡罪的严重性轻于故意杀人罪，其法定刑下限亦应轻于故意杀人罪，因此，此二罪的法定刑下限应由刑法所规定的 3 年有期徒刑下调为拘役；组织运送他人偷越国（边）境罪的严重性较低，刑法以 2 年有期徒刑作为其法定刑下限失之过重，因此，此罪的法定刑下限应下调至拘役；强迫他人吸毒罪的严重性较低，刑法以 3 年有期徒刑为其法定刑下限失之过重，因此，此罪的法定刑下限亦应降为拘役；组织卖淫罪、强迫卖淫罪、引诱幼女卖淫罪与嫖宿幼女罪的严重性轻于故意杀人罪,其法定刑下限不应重于故意杀人罪,相应地,刑法所规定的此罪法定刑下限即 5 年有期徒刑应下调为不重于故意杀人罪的法定刑下限的 3 年有期徒刑。

4. 适当提高个别犯罪的法定刑上限。对法定刑幅度的正当性评价表明,极个别犯罪的法定刑失之过轻。因此,适当提高这些犯罪的法定刑上限,是使法定刑合理化的必要基点。

(1)适当提高重大环境污染事故罪的法定刑上限。重大环境污染罪的严重性与非法处置进口的固体废物罪、擅自进口固体废物罪严重性相当,其法定刑亦应相同。因此,随后二罪的法定刑上限由刑法规定的 15 年有期徒刑下调至 10 年有期徒刑,重大环境污染罪的法定刑上限也应由刑法所规定的 7 年有期徒刑上调至 10 年有期徒刑。

(2)适当提高放纵制售伪劣商品犯罪行为罪的法定刑上限。放纵制售伪劣商品犯罪行为罪的严重性与放纵走私罪差距不大,二者的法定刑应大致接近。因此,随放纵走私罪的法定刑上限由刑法规定的 15 年有期徒刑下调至 10 年有期徒刑,放纵制售伪劣商品犯罪行为罪的法定刑上限也应由刑法规定的 5 年有期徒刑上调至 7 年有期徒刑。

(3)适当上调虐待俘虏罪的法定刑上限。虐待俘虏罪的严重性不亚于虐待罪,其法定刑亦应与虐待罪的法定刑相当。因此,虐待俘虏罪的法定刑上限应由刑法规定的 3 年有期徒刑上调至与虐待罪之法定刑上限相同的 7 年有期徒刑。

(二) 完善法定刑格的规定

根据对法定刑格规定的正当性评价,现行刑法存在诸多不合理之处。相应地,修改刑法的有关规定,使法定刑格的规定合理化,构成完善配刑立法的重要内容。在这方面,完善立法的基点如下:

1. 法定刑分格的数量合理化。对法定刑格的正当性评价表明,幅度大、分格的数量少与幅度小、分格的数量多,是刑法在法定刑格的数量上的不合理性的表现之一。相应地,修改刑法对法定刑分格数量的规定,构成完善法定刑格的规定的基点之一。在这方面,着重点有二:

(1)幅度大的法定刑由二格改为三格。凡以管制或拘役为下限,以 15 年有期徒刑、无期徒刑或死刑为上限的法定刑,均属幅度大的法定刑,对其应采取三分法予以分格,以避免只分二格而导致过多的个罪被处以上格重刑。因此,凡跨度大而只划分有二格的法定刑均应修改为划分三格。

根据上一标准,刑法应就下列犯罪所规定的法定主刑修改为三格:暴力危及公共安全罪，走私珍稀植物、珍稀植物制品罪，公司、企业人员受贿罪，非法出具金融票据罪，对违法票据承兑、付款、保证罪，非法经营罪，强制猥亵、侮辱妇女罪，猥亵儿童罪，职务侵占罪，破坏计算机信息系统罪，组织越狱罪，组织他人偷越国边境罪，协助组织卖淫罪，战时拒绝、故意延误军事订货罪，遗弃武器装备罪，虐待罪，战时拒不救治伤病军人罪，等等。

（2）将所有被分为四格以上的法定刑改为三格。对法定刑格的正当性评价表明，无论法定刑幅度为多大，将其划分为四格，既必然导致违背分格层次分明的规定，又不可避免地造成上格幅度过小，违背上格应大于下格的规定。因此，凡被划分为四格以上的法定刑均应修改为只分三格。

根据上一标准，以下诸罪的法定刑应由现规定的四格调整为三格：生产、销售伪劣产品罪，票据诈骗罪，金融凭证诈骗罪，信用证诈骗罪，虚开增值税专用发票、用于骗取出口退税、抵扣税款发票罪，伪造、出售伪造的增值税专用发票罪，盗窃罪，战时造谣惑众罪，等等。

2. 分格的根据合理化。对法定刑格的正当性评价表明，法定刑分格不合理也表现为分格的根据混乱。相应地，分格的根据合理化，也构成完善法定刑格立法的基点之一。在这方面，刑法应作的修改如下：

（1）将分格根据主次不分的法定刑修改为只以基本情节作为分格的根据。如伪造货币罪的上格根据只应是"伪造货币数额特别巨大"，相应地，"伪造货币集团的首要分子"与"有其他特别严重情节"应予删除；非法吸收公众存款罪，金融工作人员购买假币、以假币换取真币罪的上格根据只应是"数额巨大"，有其他严重情节应予删除；集资诈骗罪，贷款诈骗罪，信用证诈骗罪，信用卡诈骗罪，有价证券诈骗罪，骗取出口退税罪，虚开增值税专用发票、用于骗取出口退税抵扣税款发票罪，伪造、出售伪造的增值税专用发票罪，侵犯著作权罪，合同诈骗罪，盗窃罪，诈骗罪，聚众哄抢罪，敲诈勒索罪，故意毁坏公私财物罪等犯罪的法定刑均只应保留以"数额巨大"与"数额特别巨大"作为升格根据的规定，而删除以"其他严重情节"与"其他特别严重情节"作为升格根据的规定；故意伤害罪的上格根据只应是"致人死亡"，应删除"以特别残忍手段致人重伤造成严重残疾"的规定。

（2）对以基本情节与综合情节并列作为分格根据的法定刑，应该修改为只以基本情节作为法定刑升格的根据。如劫持航空器罪的上格根据只应是"致人重伤，死亡或者航空器遭受重大破坏"，应删除"情节特别严重"的规定。

（3）对分格的根据不具有同一性的法定刑，应使其分格根据同一化。如拐卖妇女、儿童罪的上格应删除"诱骗、强迫被拐卖的妇女卖淫或者将被拐卖的妇女卖给他人迫使其卖淫"的规定,绑架罪的上格应删除"杀害被绑架人"的规定,而使这些行为可单定杀人罪、强迫卖淫罪,以免将一罪作为另一罪加重法定刑的根据。

(4) 对将不应作为量刑情节的因素作为分格根据的法定刑,应删除其相应规定。如拐卖妇女、儿童罪的上格应删除"奸淫被拐卖的妇女"的规定。

3. 法定刑格层次分明化。对法定刑格的正当性评价表明,部分犯罪的法定刑格上、下重叠、层次不清,也是法定刑格不合理的表现。相应地,消除这些法定刑格的交差重叠,使其上、下格层次分明,构成法定刑格合理化的重要方向。如贪污罪与走私普通货物罪的法定刑应取消格内分格形式,而分别以数额大小为根据,分为10年以上有期徒刑或无期徒刑、3年以上10年以下有期徒刑与3年以下有期徒刑或拘役三格,以消除上格与中格、中格与下格之间的交叉重叠而层次分明。

4. 部分法定刑上格起点下降。对法定刑格的正当性评价表明,法定刑格的不合理还表现为部分法定刑上格幅度过小。相应地,降低这些法定刑上格的起点,以增大其格度,也是法定刑格合理化的必要内容。如生产、销售伪劣产品罪,走私毒品罪,走私武器弹药罪,走私假币罪,集资诈骗罪,金融票证诈骗罪,金融结算凭证诈骗罪,虚开增值税专用发票罪,伪造增值税专用发票罪,出售增值税专用发票罪,拐卖妇女、儿童罪,绑架罪,组织卖淫罪,强迫卖淫罪,走私、贩卖、运输、制造毒品罪等的上格法定刑起点均应降为10年有期徒刑。

(三) 附加刑的分配合理化

对附加刑的分配的正当性评价表明,我国刑法在所有附加刑的分配上均有不合理因素。相应地,修正刑法有关规定,使附加刑的分配合理化,构成完善配刑立法的重要基点。

1. 罚金刑分配的立法合理化。针对罚金刑分配的立法的不合理性,其合理化主要应从如下数方面着手:

(1) 对应分配而未分配罚金的罪名增配罚金。按照配刑的理性规定,凡趋利型或财产型犯罪均应分配罚金。① 因此,凡未分配罚金的趋利型或财产型犯罪,均应增配罚金刑。这些属于应增配罚金刑的犯罪主要有:公司、企业人员受贿罪,对公司、企业人员行贿罪,生产、销售间谍专用器材罪,敲诈勒索

---

① 详见邱兴隆著:《刑罚理性导论——刑罚的正当性原论》,中国政法大学出版社1998年版,第375页。

罪，职务侵占罪，贪污罪与受贿罪，等等。

（2）对轻微的趋利型或财产型犯罪应规定单处罚金，以作为法定主刑的候补轻刑。① 因此，凡未规定单配罚金的轻微的趋利型或财产型犯罪，均应增设可单科罚金的规定。属于应增设可单科罚金的轻罪主要有生产、销售间谍专用器材罪与赌博罪等；属于应就下格个罪增设可单科罚金的犯罪主要有高利转贷罪，违法向关系人发放贷款罪，违法发放贷款罪，用账外客户资金非法提供、发放贷款罪，非法出具金融票证罪与对违法票据承兑、汇款、保证罪，公司、企业人员受贿罪，对公司、企业人员行贿罪，职务侵占罪，敲诈勒索罪，贪污罪，受贿罪，行贿罪与介绍贿赂罪等。

（3）改对非趋利型或非财产型轻罪并科罚金为可单科罚金。对有关罚金刑分配的立法正当性评价表明，就偷越国（边）境等轻微的非趋利型或非财产型犯罪规定并科罚金，是一种极不合理的选择，因此，将刑法诸如此类的并科罚金的规定修改为可单科罚金，也是完善罚金刑分配立法的重要内容。

2. 剥夺政治权利刑分配的立法合理化。针对剥夺政治权利刑分配立法的不合理性，其合理化的着手点如下：

（1）对所有国家工作人员利用职务犯罪增设剥夺政治权利的规定。按照剥夺政治权利的分配规定，国家工作人员利用职务犯罪构成此刑的主要分配对象。② 因此，凡属未规定剥夺政治权利的犯罪，均应增设剥夺政治权利。属于此列的犯罪主要有：刑讯逼供罪，报复陷害罪，非法剥夺宗教信仰自由罪，侵犯少数民族风俗习惯罪，枉法裁判罪，私放在押人员罪，徇私舞弊不移交刑事案件罪，滥用管理公司、证券职权罪，徇私舞弊发售发票、抵扣税款、出口退税罪，违法提供出口退税凭证罪，违法发放林木采伐许可证罪，非法批准征用、占有土地罪，非法低价出售国有土地使用权罪，放纵走私罪，商检徇私舞弊罪，动植物检疫徇私舞弊罪，放纵制售伪劣商品犯罪行为罪，徇私办理偷越国边境人员出入境证件罪，放行偷越国边境人员罪，办理偷越国边境人员出入境证件罪，不解救被拐卖妇女、儿童罪，阻碍解救被拐卖妇女、儿童罪，帮助犯罪分子逃避处罚罪与招收公务员、学生徇私舞弊罪等利用职务的故意渎职罪。

（2）对未规定可判处剥夺政治权利的轻微的利用政治权利的犯罪增设可

---

① 详见邱兴隆著：《刑罚理性导论——刑罚的正当性原论》，中国政法大学出版社1998年版，第375页。

② 详见邱兴隆著：《刑罚理性导论——刑罚的正当性原论》，中国政法大学出版社1998年版，第377页。

单处剥夺政治权利。按照资格刑的分配规定，对于利用政治权利实施的犯罪，应予单科剥夺政治权利，以适用于不足以处主刑的个罪。① 与此相适应，对于刑法未规定可判处剥夺政治权利的犯罪，如出版歧视、侮辱少数民族作品罪，煽动军人逃离部队罪，战时造谣扰乱军心罪，应增设可单科剥夺政治权利，以便对其中不足以处主刑的轻微个罪可单处剥夺政治权利。

（3）扩大单科剥夺政治权利的范围。诸如聚众扰乱公共场所秩序、交通秩序罪，伪造证据、妨害作证罪，帮助毁灭、伪造证据、打击报复证人罪与拒绝提供间谍犯罪证据罪，如本编第六章所述，是宜规定而未规定可单科剥夺政治权利的犯罪。相应地，对此类犯罪增设单科剥夺政治权利，构成剥夺政治权利刑分配立法合理化的必然选择。

（4）扩大并科剥夺政治权利的范围。正如本编第六章所述，所有妨碍他人政治权利的犯罪，利用政治权利的犯罪或职务犯罪本应既规定可单科又规定可并科剥夺政治权利，而刑法却未规定可并科剥夺政治权利。因此，对破坏选举罪，组织、利用会道门、邪教组织破坏法律实施罪等犯罪增设并科剥夺政治权利，也是罚金刑分配立法合理化的必然选择。

3. 没收财产刑分配的立法合理化。针对没收财产刑分配的不合理性，其合理化主要应从如下方面着手：

（1）就趋利型或财产型犯罪增配可单科没收财产。本编第六章已述，对趋利型或财产型犯罪中的轻罪可以单科没收财产作为轻于法定主刑、重于罚金的刑罚，却未作如此规定，是没收财产刑之分配立法不合理性的表现。与此相适应，对所有含有可并科罚金规定的犯罪，如生产、销售不合格化妆品罪，侵犯著作权罪，假冒专利罪，侵占罪与非法制造、出售非法制造的发票罪等轻微犯罪及盗窃罪，抢夺罪，诈骗罪与生产、销售伪劣产品罪等犯罪中的下格个罪，增设可单处没收财产的规定，是没收财产刑之分配立法合理化的主要内容。

（2）统一并科没收财产的分配标准。如本编第六章已述，对同以15年有期徒刑为法定刑上限的趋利型或财产型犯罪，有的规定、有的未规定并科没收财产，以致并科没收财产的分配标准不统一，是没收财产刑分配立法的不合理性所在。与此相适应，对以15年有期徒作为法定刑上限的未规定并科没收财产的趋利型或财产型犯罪，如生产、销售不符合安全标准的产品罪，保险诈骗罪，非法经营罪与非法行医罪等，增设并科没收财的规定，以便统一并科没收

---

① 详见邱兴隆著：《刑罚理性导论——刑罚的正当性原论》，中国政法大学出版社1998年版，第377页。

财产的分配标准，也是使没收财产刑分配立法合理化的必然选择。

(四) 量刑情节的规定合理化

对法定量刑情节的正当性评价表明，刑法应予确认而未予确认或不应确认而予确认某些量刑情节的规定不合理。相应地，修改刑法有关法定量刑情节的规定，使之合理化，也构成完善配刑立法的基点之一。在这方面，刑法所应作的修改如下：

1. 在总则第四章增设"退赃与赔偿损失"条文，明文规定，"犯罪分子积极退还赃物、赃款或赔偿犯罪所造成的损失的，可以从轻或减轻处罚"，以避免未将退赃补失规定为从宽情节的不合理性。

2. 删除《刑法》第 35 条关于毒品罪之再犯从重处罚的规定，以避免将只表明人身危险性大不表明犯罪的害恶性大的因素作为从重量刑情节，导致违背等价性限制适度性的配刑对立性规定，求之功利、失之公正的量刑。

3. 将《刑法》第 10 条关于在外国已经受过刑罚处罚的可以免除或者减轻处罚的规定修改为应该免除或减轻处罚，以避免因该情节仅为或然性的从宽情节而被司法者以"也可以不从宽"为由不据以从宽量刑的不合理性。

4. 将《刑法》第 24 条第二款修改为"对于中止犯，没有造成损害的，应当免除或减轻处罚；造成损害的，应当减轻或从轻处罚"，以避免从宽情节的影响单一化而对性质轻重不同的犯罪的未造成损害的中止犯一律免除处罚而宽容无度，以致违背配刑的宽恕性规定的有限性，一律减轻处罚而导致所有犯罪同减的不合理性。

5. 将《刑法》第 68 条"有重大立功表现的，可以减轻或者免除处罚"的规定修改为"有重大立功表现的，应当从轻、减轻或免除处罚"，以便避免将其作为或然性情节与重大从宽情节之间的矛盾，导致司法者据其只是"可以"从宽的或然性情节而不予从宽与一旦据其从宽便非减即免在量刑结果上殊异的不合理性。

二、配刑司法的完善

对配刑司法的正当性评价表明，不严格依法量刑与虽不违法但不合理量刑，是我国现行配刑司法不合理的症结所在。与此相适应，确保量刑的合法性与合理性，避免种种不合法与不合理的量刑，构成完善配刑司法的基点。为此，现行配刑司法应从如下数方面予以改革：

(一) 准确区分此罪与彼罪的界限

正如准确认定是否构成犯罪是正确动刑的前提。混淆罪与非罪的界限必然导致有罪不罚与无罪施罚的动刑不合法一样，准确认定行为构成何种犯罪是正确量刑的前提。混淆此罪与彼罪的界限，必然导致以此罪的法定刑作为彼罪的法定量刑范围，或将彼罪的法定刑作为此罪的法定量刑范围，以致量刑不合法。量刑实践中存在的不遵守法定幅度量刑的不合法现象，即主要源于此。因此，准确理解立法精神，严格依照法定犯罪构成要件确定具体案件的性质，避免混淆此罪与彼罪的界限而导致量刑不合法，是确保量刑合法的首要基点，也是完善配刑司法的首要方向。

(二) 准确确定犯罪的基本情节的轻重

量刑实践中所存在的不遵守法定刑格度量刑的不合法现象，主要源于对于作为法定刑格之升降根据的基本情节判断失误。因此，准确理解立法精神，正确认定个罪的基本情节的轻重归属，是确保严格依法在格内量刑，避免上罪下罚与下罪上罚的不合法量刑的关键，也是完善量刑司法的重要方向。

(三) 正确适用量刑制度

对配刑司法的正当性评价表明，以非法定量刑情节作为适用从轻、减轻或从重制度量刑的根据，是量刑不合法的重要表现。与此相适应，只将法定量刑情节作为适用法定量刑制度的根据，不根据任何不属法定量刑情节的因素，无论其应否作为酌定量刑的情节，适用法定量刑制度量刑，也是确保量刑合法、避免量刑不合法的重要途径，因而也构成完善量刑司法的重要基点。

(四) 准确认定法定量刑情节

对配刑司法的正当性评价表明，诚如对依法不应认定为犯罪的行为认定为犯罪或对依法应认定为犯罪的行为不予认定为犯罪都必然导致动刑不正当一样，将不符合法定条件的因素认定为法定量刑情节与将符合法定条件的因素不认定为法定量刑情节，构成不合法量刑的原因。与此相适应，严格依照刑法关于量刑情节的规定，准确认定法定量刑情节，避免对依法应予从宽或从严的犯罪不予从宽或从严，对依法不应予以从宽或从严的犯罪予以从宽或从严的不合法性，也构成完善量刑司法、确保其合法性的重要因素。

(五) 根据法定量刑情节合理量刑

对配刑司法的正当性评价表明，根据法定量刑情节量刑时，不合理从重与从宽，是量刑不合理的重要表现。与此相适应，根据法定量刑情节合理量刑，构成量刑合理化的首要基点，也是完善量刑司法的重要基点。在这方面，需要改善的方向如下：

1. 合理从重。在个罪具有法定从重情节的情况下，应该避免在法定刑格内任择重刑而判的不合理从重，而应以个罪的基本情节所决定的应定刑作为从重的基准，并根据所具有的从重情节的具体情况决定相应的从重分量，然后以应定刑加从重刑作为判定刑，使根据法定从重情节的从重量刑合理化。

2. 合理确定从宽与否。在个罪所具有的从宽情节为或然性从宽情节的情况下，应避免以是否从宽均不违法为由决定是否从宽的随意性，而应以所犯罪行是否严重作为决定是否从宽的客观标准。如所犯系特别严重的罪，且个罪的基本情节特别严重，即使具有法定或然性从宽情节，也因不足以对犯罪性质与基本情节所决定的严重性产生充分的影响而不予从宽；相反，如所犯并非特别严重的罪，或所犯虽系特别严重的罪但个罪的基本情节并非特别严重，则只要具有法定或然性从宽情节，便应予从宽量刑。

3. 合理确定从宽影响。在所具有的系多功能从宽情节且决定予以从宽的情况下，从宽影响的选择应避免以从轻、减轻或免除处罚均不违法为由而任择从宽影响的不合理性，而应根据犯罪的性质、个罪的基本情节的严重程度所决定的应定刑在相应的法定刑格中的轻重地位，以及所具有的从宽情节对个罪的严重性减轻影响的大小，决定是予以从轻还是予以减轻，抑或是予以免刑。在所犯罪性质严重、基本情节所决定的应定刑属法定刑格中的重刑，且所具有的从宽情节对个罪严重性减轻影响小的情况下，应选择法定从宽功能中影响小的从宽功能，即从轻或减轻，而不予免刑；在所犯罪性质严重但基本情节所决定的应定刑属法定刑格中的轻刑，且所具有的从宽情节对个罪严重性的减轻影响大的情况下，应选择减轻处罚；只有在所犯罪性质轻微、基本情节所决定的应定刑属法定刑格中的轻刑，且所具有的从宽情节对个罪严重性的减轻影响大的情况下，才可选择免刑。

4. 合理确定从宽的分量。在决定根据从宽情节从轻量刑的情况下，应避免在法定刑格内任择轻刑而判的随意从轻，在根据从宽情况减轻量刑的情况下，应避免在下格法定刑幅度以下任择轻刑而判的随意减轻，而应根据所具有的从宽情节对个罪严重性减轻影响的程度，确定从轻的分量，并以个罪基本情节决定的应定刑与从轻刑之差作为判定刑，或根据所具有的从宽情节对个罪严重性减轻影响的程度，与个罪基本情节决定的应定刑的轻重，确定减轻的分量，在下格或幅度下的较重的刑罚中确定减轻后的判定刑。

（六）根据酌定情节合理量刑

对配刑司法的正当性评价表明，酌定情节的确定及其之于量刑影响的确定不合理，是量刑不合理的最突出表现。相应地，根据酌定情节合理量刑，是完善量刑司法使之合理化的重要基点。因此，将犯前与犯后表现不好等非犯罪情节排除在酌重情节之外，将动机恶劣、手段卑鄙等犯罪情节作为根据基本情节确定应定刑时的酌重参考因素，将犯前与犯后表现好等非犯罪情节纳入酌轻情节之中，使之与事出有因、动机可原与有避免危害扩大的表现等犯罪情节，一同作为根据基本情节确定应定刑时的酌轻参考因素，是根据酌定情节合理量刑的必然选择。

（七）杜绝据"形势需要"从重量刑

对配刑司法的正当性评价表明，据"形势需要"从重量刑，是现行量刑实践不合理的普遍性问题。与此相适应，变革量刑观念，杜绝按"形势需要"从重量刑，严格遵循等价性限制适度性的配刑理性规定，构成合理量刑、完善量刑司法的当务之急。

（八）根据综合平衡原则合理量刑

对配刑司法的正当性评价表明，在个罪具有多个从重情节的情况下，简单地以"估堆"的方式决定判定刑，也是现行量刑实践不合理的重要表现。与此相适应，以综合平衡原则合理量刑取代以"估堆"的方式的不合理量刑，①构成多情节并存的情况下量刑合理化的必然选择，因而也是完善量刑司法的重要基点。

（九）根据合理模糊原则合理量刑

根据对配刑司法的正当性评价，轻罪与重罪的界限模糊，以致严重性殊异的犯罪被同样处刑，背离轻罪轻刑、重罪重刑的配刑理性规定，也是量刑司法不合理的表现。与此相适应，将模糊量刑严格控制在合理的范围内，避免超出

---

① 关于量刑的综合平衡模式，详见邱兴隆著：《刑罚理性导论——刑罚的正当性原论》，中国政法大学出版社1998年版，第434页。

合理范围的模糊量刑,① 也是克服量刑不合理性,使量刑合理化的重要基点。

(十) 根据有利被告原则合理量刑

根据对量刑司法的正当性评价,在法律没有明文规定的情况下,量刑不利于被告,是现行量刑实践普遍的不合理现象。相应地,树立有利被告的观念,在法律没有明文规定的情况下,严禁不利被告的量刑;在法律没有明文禁止的情况下,坚持有利被告的量刑,② 也是克服量刑不合理性,使量刑合理化的重要基点。

(十一) 根据量刑的衡平性原则合理量刑

根据对量刑司法的正当性评价,量刑的不衡平性也是量刑不合理的表现。相应地,严格遵守量刑的衡平性原则,③ 消除量刑不衡平现象,也是完善量刑司法,使之合理化的必要基点。

---

① 关于量刑的合理模糊原则,详见邱兴隆著:《刑罚理性导论——刑罚的正当性原论》,中国政法大学出版社1998年版,第440—446页。

② 关于量刑的有利被告原则,详见邱兴隆著:《刑罚理性导论——刑罚的正当性原论》,中国政法大学出版社1998年版,第440—446页。

③ 关于量刑的衡平性原则,详见邱兴隆著:《刑罚理性导论——刑罚的正当性原论》,中国政法大学出版社1998年版,第449—451页。

第五编　行刑的现实反思

引论：行刑的现实反思之一般

行刑是运用刑罚活动的终极环节，也是制刑、动刑与配刑的归宿。因此，制刑、动刑与配刑所体现的刑罚理性均有赖行刑来实现。与此相适应，以行刑的统一性规定为标准，评价既存行刑体制的正当性，构成对刑罚的正当性的现实反思必然而必要的内容。

一、反思的基点

立足于行刑的报应性与功利性的统一性规定，反思现行行刑体制的正当性的基点无外乎如下三方面：

（一）现行行刑体制是否合乎行刑的报应性规定

具体地说，便是指在行刑的内容上是否符合行刑的惩罚性规定，即行刑是否以判决所指定剥夺的权益为内容；在判处刑罚是否实际执行上，是否符合行刑的必然性规定，即刑罚是否有判必行、无判不行；在执行的刑罚性质与分量上，是否符合行刑的等价性规定，即所执行的刑种与刑量是否与判定刑相一致；在行刑的方式上，是否符合行刑的平等性规定，即被处以同样刑罚的人是否被以同样方式执行；在行刑对受刑人的权益的剥夺上，是否符合行刑的人道性规定，即行刑是否保障了不剥夺受刑人未被剥夺的权益；在判定刑的变通上，是否符合行刑的奖赏性与宽恕性规定，即在受刑人具有可奖赏性条件或可宽恕性条件的情况下，是否对判定刑的执行方式或分量等予以合理的变通与缩减。虽然符合惩罚性规定、必然性规定、等价性规定、平等性规定、人道性规定、奖赏性规定与宽恕性规定，亦即完全符合行刑报应性规定的行刑，未必是完全合理的行刑，因为行刑的合理性是行刑的报应性与功利性的统一，而不仅仅取决于行刑的报应性，但是，不完全符合行刑报应性规定的行刑却必然是不合理的行刑，因为既然行刑的合理性是行刑报应性与功利性的统一，不符合行刑报应性规定的行刑便必然是不符合行刑的统一性规定的行刑，亦即不合理的行刑。

（二）现行行刑体制是否合乎行刑的功利性规定

具体地说，便是指在行刑的内容上是否符合行刑的遏制性规定，即行刑是否以判决指定剥夺的权益为内容；在判定刑是否实际执行上，是否符合行刑的必效性规定，亦即判定刑在对于遏制犯罪既有必要又能收效的情况下是否被实际执行，而在对于遏制犯罪没有必要或不能收效的情况下是否未予实际执行；在所执行刑罚的性质与分量上，是否符合行刑的适度性规定，即行刑的性质与分量是否与预防犯罪的需要相适应；在行刑的方式上，是否符合行刑的相应性规定，即行刑的方式是否既具有公开性又具有个别化；在行刑的根据上，是否符合一般预防与个别预防的同一性规定、差异性规定与对立性规定，与是否符合行刑的经济性规定。虽然符合行刑的遏制性规定、必效性规定、适度性规定、相应性规定、同一性规定、差异性规定、对立性规定与经济性规定的行刑，即完全符合行刑功利性规定的行刑，未必是完全合理的行刑，因为合理的行刑是报应性与功利性相统一的行刑，而不仅仅取决于是否符合行刑功利性规定，但是，不完全符合行刑的功利性规定的行刑却必然是不完全合理的行刑，因为既然不合功利性规定，也就谈不上符合行刑报应性与行刑功利性的统一性规定，因而也就谈不上完全合理。

（三）行刑是否符合报应性与功利性的统一规定

具体地说，便是指现行行刑体制是否符合报应性与功利性的同一性规定、差异性规定与对立性规定。换言之，便是指行刑体制在通常情况下是否同时符合行刑的报应性规定与功利性规定，在报应性规定与功利性规定相冲突的情况下，是否体现了报应性与功利性的折衷调和、报应性排斥功利性与有利受刑人的行刑理性规定。只体现报应性不体现功利性，或者只体现功利性不体现报应性的行刑体制，均不是合理的行刑体制。只有完全符合行刑的报应性与功利性的统一性的具体规定的行刑体制，才是真正合理的行刑体制。

二、反思的范围

对行刑的正当性反思当然以现行行刑体制为反思对象。而行刑体制是行刑立法与行刑司法的统一。因此，有关行刑的立法与司法的所有问题均在对行刑正当性的反思之列。具体地说，对行刑正当性的反思范围如下：

(一) 刑法有关行刑的规定是否合理

即是说,刑法有关诸种刑罚执行方式的规定是否符合行刑的平等性或人道性与相应性相统一的理性规定,其有关免予行刑制度与附条件不执行判定刑制度的规定是否符合行刑的宽恕性与必效性相统一的理性规定,其有关判定刑之变轻或变通执行制度的规定是否符合行刑的奖赏性或宽恕性与适度性相统一的理性规定。

(二) 监狱法有关自由刑的执行的规定是否合理

即是说,作为执行自由刑的专门法规,监狱法是否就行刑机构与受刑人的权利与义务作出明文的、合理的规定,其有关行刑方式与方法的规定是否具体而合理,其有关行刑制度具体适用的规定是否合理,及其关于受刑人日常生活管理的规定是否合理,等等。

(三) 行刑实践是否严格遵守了依判行刑的原则

亦即所执行的刑罚是否以法院的判决为根据,有关行刑制度的适用与撤销、对判定刑的减轻等是否有判决或裁定为根据,等等。

(四) 行刑实践是否严格遵守了依法行刑的原则

亦即所有执行刑罚的活动是否严格遵守了刑法、刑事诉讼法与监狱法的有关规定而具有合法性。

(五) 行刑实践是否严格遵守了合理行刑的原则

即在合乎法律规定的前提下,对法律没有明文或具体规定的与行刑有关的具体问题,是否根据行刑的人道性规定、有利受刑人的规定与行刑的个别化规定来解决。

第一章 行刑立法反思（一）
——刑法中行刑规定的评价

刑法不只是关于制刑、动刑与配刑的规定，而且也是关于行刑规定，有关行刑的方式与制度均在刑法规范之列。相应地，对行刑体制的反思，应以对刑法有关行刑的规定的评价为起点。

第一节 行刑方式的立法评价

按照行刑的立法理性规定，刑法应该明确规定诸种刑罚的执行方法；按照行刑的一般理性规定，行刑的方法必须符合行刑报应性与行刑功利性的统一规定。以此为根据，我国现行刑法有关行刑方式规定的合理性与不合理性均相当明显。

一、行刑方式的立法的合理性

现行刑法有关行刑方式规定的合理性可分别展示如下：

（一）死刑执行方式的合理性

1979年《刑法》第45条明文规定，"死刑以枪决的方式执行"。1997年刑法虽然删除了这一规定，但新《刑事诉讼法》增加了"死刑以枪决、注射等方法执行"的规定。

以枪决的方式执行死刑，不但是我国的历史传统，而且也是世界性的执行死刑方式的主流方式。虽然某些国家基于对电刑、毒气等方式比枪决更能快捷地致受刑人于死的认识而采用电刑、毒气等方式，但以枪决的方式执行死刑的国家仍占绝大多数。① 原因在于，一方面，枪决可在短时间内致受刑人死亡，

---

① 参见李云龙、沈德咏著：《死刑专论》，中国政法大学出版社1997年版，第285—289页。

不致使受刑人在临死前承受过多的痛苦,避免了对受刑人不受痛苦权的连带剥夺的行刑不人道性;另一方面,枪决的执行极为简便,不致因难以操作而使受刑人所承受的痛苦不一,避免了行刑的不平等性。因此,以枪决的方式执行死刑,既符合行刑的人道性规定,又符合行刑的平等性规定,具有充分的报应理性。

从功利的角度来看,枪决足以致人于死,因可剥夺犯罪人的生命而可达完全剥夺其犯罪能力的目的,因而具有与个别预防的相应性,符合行刑方式的相应性规定,具有充分的功利理性。

正由于以枪决的方式执行死刑既符合行刑的人道性与平等性规定,具有充分的报应理性,又符合行刑的相应性规定,具有充分的功利理性,因此,其符合行刑的统一性规定,具有完全的合理性。

(二) 徒刑的执行方式的合理性

1997年《刑法》第46条规定,"被判处有期徒刑、无期徒刑的犯罪分子,在监狱或者其他执行场所执行;凡有劳动能力的,都应当参加劳动,接受教育和改造"。根据这一规定,徒刑的执行方式为关押与劳动、教育、改造相结合。立足于行刑的统一性规定,刑法所确定的这一行刑方式具有明显的合理性。

1. 符合行刑的惩罚性与一般遏制性的同一性规定。对受刑人的关押,意味着对其人身自由的剥夺,因而构成实现刑罚的惩罚性的有效手段,符合报应性对行刑的内容与形式的同一规定。另外,正由于关押构成对人身自由的剥夺,其蕴含着惩罚之苦,足以形成对潜在犯罪人的威慑,构成发挥一般预防功能的充分条件,因而又符合行刑的一般遏制性对行刑的内容与形式的同一规定。因此,以关押的方式执行徒刑,符合行刑的惩罚性与一般遏制性的同一规定。

2. 符合行刑的惩罚性与个别遏制的同一性规定。对受刑人的关押,既意味着受刑人自由的丧失,也意味着对其再犯能力的限制,因而最明显地体现了行刑的惩罚性与限制再犯能力功能的同一性。不仅如此,关押还赋予了对受刑人的教育与改造以强制性,而教育与改造直接构成发挥刑罚的个别鉴别与改造功能的有效手段。因此,关押与教育、改造的结合,又体现了行刑的惩罚性与刑罚的个别鉴别功能、改造功能的同一性。可见,刑法所规定的徒刑执行方式,也符合行刑的惩罚性与个别遏制性的同一规定。

3. 符合行刑的惩罚性与经济性的同一性规定。对受刑人的关押,赋予了劳动以强制性,而劳动具有创造经济价值的功能,符合行刑的经济性规定。因此，关押与劳动相结合的行刑方式，也体现了作为行刑之报应性规定的惩罚性与作为行刑之功利性规定的经济性的同一性规定。

4. 体现了行刑的报应性限制功利性的对立性规定。刑法将"应当参加劳动"的对象只限于"有劳动能力"者，意味着将不具有劳动能力者排除在强制劳动的对象之外。不具有劳动能力者，主要是指老幼病残者。不强制老幼病残者参加劳动，是人道主义精神的体现，符合行刑的人道性规定。而这构成对为追求行刑的经济效益而强制老幼病残者参加劳动的排除，明显地体现了作为行刑报应性之修正规定的人道性对行刑功利性的限制，符合行刑的报应性限制行刑功利性的对立性规定。

（三）拘役刑的执行方式的合理性

1997年《刑法》第43条规定，"被判处拘役的犯罪分子，由公安机关就近执行"。根据这一规定，拘役刑的执行方式为就近关押。这一执行方式，在一定程度上体现了行刑的惩罚性与行刑的遏制性的同一性。

就惩罚性而言，既然是关押，便意味着对自由的实际剥夺，其符合行刑的报应性对行刑的内容的规定不言而喻，体现了行刑方式与内容的统一。

就遏制性而言，关押作为实现惩罚的手段，构成对自由的实际剥夺，因蕴含着相应的痛苦而可收一般鉴别与一般威慑之效，符合行刑的一般遏制性的规定；同时又可使受刑人的再犯能力受到一定限制，并使之基于对再受关押的畏惧而不敢再犯罪，可收个别鉴别与个别威慑之效，符合遏制性的规定。尤为重要的是，以就近关押的方式执行拘役，而不将受刑人关押于监狱，使拘役的受刑人与徒刑的受刑人在不同场所行刑，可以避免轻刑犯受重刑犯的不良影响而增大其人身危险性。因此，刑法所确定的拘役刑的执行方式，既具有行刑的一般遏制性，又具有行刑的个别遏制性，基本上符合行刑的遏制性规定。

正由于就近关押的行刑方式既符合行刑的惩罚性规定，又基本上符合行刑的遏制性规定，因此，其基本上符合行刑的惩罚性与遏制性的同一性规定，具有其相当的合理性。

（四）罚金刑的执行方式的合理性

1997年《刑法》第53条规定，"罚金在判决指定的期限内一次或者分期缴纳。期满不缴纳的，强制缴纳。对于不能全部缴纳罚金的，人民法院在任何时候发现被执行人有可以执行的财产，应当随时缴纳"。据此，罚金刑的执行方式为强制一次或分期缴纳。这一执行方式，具有明显的合理性。

刑法之所以规定罚金刑可在指定的期限内一次或者分期缴纳，是因为单纯的一次缴纳可能因受刑人经济困难而无法执行,而分期缴纳则给受刑人留有筹措罚金的机会,可在一定程度上避免有判不行。同样,刑法规定期满不缴纳的,强制缴纳,以及对不能全部缴纳罚金的,予以随时追缴,也是突出有判必行,避免有判不行。因此,刑法有关罚金刑执行方式的规定,符合有判必行的行刑必然性规定,具有充分的报应性。另外,基于受刑人拥有金钱便拥有再实施经济型或财产型犯罪的经济资本的假定,只要其拥有金钱,便有必要执行罚金刑,以剥夺其再犯罪的经济资本。因此,刑法规定以强制一次或分期缴纳的方式执行罚金刑,且规定"对于不能全部缴纳罚金的","应当随时追缴",也符合行刑的必要性规定。正由于这种行刑方式既符合行刑的必然性规定,又符合行刑的必要性规定,因此,其符合行刑的必然性与必效性的共同规定,具有相当的合理性。

(五)剥夺政治权利刑的执行方式的合理性

1997年《刑法》第58条规定,"被剥夺政治权利的犯罪分子,在执行期间,应当遵守法律、行政法规和国务院公安部门有关监督管理的规定,服从监督;不得行使本法第54条规定的各项权利"。据此,剥夺政治权利的执行方式为在公安部门监督下不行使有关政治权利。这种执行方式,所具有的合理性也较为明显,因为其同样符合行刑的惩罚性与遏制性的同一性规定。

就行刑的报应性而言,公安部门的监督可以确保被判处剥夺政治权利者不行使政治权利,使判定刑所指定剥夺的政治权利被实际剥夺,使受刑人遭受实实在在的丧失权益之苦,符合行刑的惩罚性规定,实现了行刑方式与内容的统一。就行刑的功利性而言,公安部门的监督既然可使受刑人的政治权利被实际剥夺,便自然足以使受刑人丧失利用政治权利再犯罪的能力,因而符合行刑的个别遏制性的规定。因此,刑法所确定剥夺政治权利的执行方式既符合行刑惩罚性规定,又符合行刑的遏制性规定,因而符合行刑的惩罚性与遏制性的同一性规定,具有其合理性。

(六)没收财产刑的执行方式的合理性

没收财产的执行方式,刑法未作明文限定,但从刑法的有关规定不难理解,其表现为强制收缴受刑人的财产。此外,1997年《刑法》第60条规定,"没收财产以前犯罪分子所负的正当债务,需要以没收的财产偿还的,经债权人请求,应当偿还"。这一规定也是对没收财产刑的执行的制约。

刑法有关没收财产刑的执行的上列规定,既符合行刑的报应性规定,又符合行刑的功利性规定,具有其合理性。因为一方面,强制收缴可使判决所指定没收的财产被有效地没收，使受刑人实际承受丧失财产之苦，符合行刑的惩罚性规定；另一方面，基于财产可能成为受刑人再犯罪经济资本的假定，强制收缴因足以使受刑人丧失财产而使其再犯罪的经济资本被剥夺，因而又符合行刑的遏制性规定。

刑法规定"没收财产以前犯罪分子所负的正当债务，需要以没收的财产偿还的，经债权人请求，应当偿还"，一方面，使债权人不因犯罪人的财产被没收而遭受经济上的损失，避免了被株连而变相成为受刑对象的可能性，因而符合无判不行的行刑必然性规定；另一方面，正由于这一规定排除了债权人被变相作为受刑对象的可能性，也就排除了没有必要被作为刑罚遏制对象的人被变相作为受刑对象的可能性，因而又符合行刑的必要性规定。因此，刑法关于没收财产刑之执行的规定，也体现了行刑的必然性与必效性的同一性规定。

二、行刑方式的立法的不合理性

立足于行刑理性统一论，现行刑法有关行刑方式的规定的不合理性主要表现如下：

（一）拘役刑执行方式的不足

刑法只规定拘役由公安机关就近执行，亦即关押，却未规定应对受刑人予以教育、改造，以致拘役只具有消极的惩罚与限制再犯能力功能，不具有积极的教育、改造功能，不能充分发挥其所应有的个别预防作用，不符合行刑方式与个别遏制的相应性规定，不具有充分的合理性。

（二）管制刑之执行方式的规定的不合理性

根据1997年《刑法》第38条与第39条的规定，管制由公安机关监督执行对受刑人的有关行动的限制。然而，行动的自由是难以仅凭监督即受到实际限制的。因为一方面，受刑人被置于自由状态，其行动能否受到实际限制，完全取决于其是否遵守规定，服从监督，而在其不遵守规定、不服从监督的情况下，执行机关无能为力；另一方面，行动自由具有随机性，要求作为执行者的公安机关对被管制者的行动自由予以随时随地的监督是不现实的，因而难以保障其行动自由受到有效的限制。

正由于监督不足以保障被管制者的行动自由受到实际限制，判定刑所指定剥夺的权益得不到实际剥夺，行刑的惩罚性无从实现；也正由于监督不足以实际限制受刑人的行动自由，其再犯罪的余地极大，刑罚的限制再犯能力功能无从实现。因此，现行刑法关于管制刑之执行的规定，既不符合行刑的惩罚性规定，又不符合行刑的遏制性规定，不具有任何合理性。

第二节　行刑制度的立法评价

立足于行刑理性统一论，在行刑制度的确立与具体规定上，现行立法既具有其明显的合理性，也具有其明显的不合理性。

一、行刑制度的立法的合理性

现行刑法有关行刑制度的确立与具体规定的合理性可分别评析如下：

（一）罚金刑免予执行的合理性

按照1997年《刑法》第53条的规定，如果由于遭遇不能抗拒的灾祸缴纳确实有困难的，可以酌情免除罚金的执行。

从行刑的报应性角度来看，虽然有判必行是行刑的必然性的基本要求，但是，据受刑人"遭遇不能抗拒的灾祸缴纳确有困难"，免予罚金的执行，却符合行刑的宽恕性规定。因为这种情况下，受刑人的处境足以令人同情，其不能交纳罚金情有可原，免予罚金的缴纳，符合社会宽容观念。

从行刑的功利性角度来看，既然天灾人祸已使受刑人无法缴纳罚金，其也就不具有利用财产再犯罪的能力，免予其罚金的执行，不给其留有利用财产作为再犯罪的资本的余地，因而也不与剥夺再犯资本的个别遏制性相冲突。

正由于刑法关于免予罚金执行的规定既合行刑的必然性规定，又合行刑的必效性规定，因此，其因符合行刑的报应性与功利性关于免予执行的同一性规定而具有充分的合理性。

（二）附条件不行刑制度的合理性

刑法确立了死刑缓期2年执行与缓刑两种附条件不执行判定刑的行刑制度。这些规定，具有明显的合理性。

1. 死缓制度的规定的合理性。《刑法》第48条规定，"对于应当判处死刑的犯罪分子，如果不是必须立即执行的，可以判处死刑同时宣告缓期2年执行"。这一规定，体现了行刑的报应性与功利性的统一性，具有合理性。

一方面，作为死缓之适用前提的是"不是必须立即执行"，而"不是必须立即执行"的前提又是"应当判处死刑"。这两项前提的组合，体现了一种矛盾，即犯罪人所犯罪行虽然极其严重，按照等价报应的规定，应处死刑，基于行刑的必然性规定，所判处的死刑不可避免地应予执行；但是，根据具体情况，受刑人的人身危险性不是特别明显，从行刑必效性的角度来看，不对其实际执行死刑，也可遏制其再犯罪。正是为了解决这一矛盾，才产生了"判处死刑同时宣告缓期2年执行"的折衷选择。这一折衷选择，因既保留了执行死刑的可能性而体现了行刑的必然性规定，又因暂不实际执行死刑而体现了行刑的必效性规定，因而符合作为行刑的报应性与功利性的对立规定的折衷调和的规定，① 具有其合理性。

另一方面，按照刑法的规定，被判处死缓的受刑人，如在为期2年的考验期内未再实施故意犯罪，便不再对其执行原判死刑；如在考验期内又实施故意犯罪，则撤销死缓，执行所判死刑。这一关于死缓之撤销与否的规定，分别体现了行刑有利受刑人的规定以及必然性与必效性的同一性规定。就受刑人考验期满未实施故意犯罪即不执行死刑而言，因系对受刑人人身危险性小的认可而对据其所犯罪严重所为的死刑判决的撤销，构成行刑的必然性让步于行刑的必效性的有利受刑人的选择，符合有利受刑人的行刑对立性规定。就受刑人在考验期内又故意犯罪即撤销死缓、执行死刑而言，其构成基于对受刑人人身危险性小判断的否定与对其执行死刑必要性的肯定，从而与死刑判决执行的必然性相同一，符合行刑的必然性与必效性的同一性规定。正由于关于死缓撤销与否的规定要么是合乎有利被告的规定，要么是合乎行刑的必然性与必效性的同一性规定，因此，其合乎行刑的统一性规定，具有其合理性。

应该附带指出的是，有关死缓制度规定的合理性不只在于其合乎行刑的统一性规定，而且还在于其存在实际上将死刑分为了立即执行与缓期执行两种，从而在一定程度上弥补了死刑之不可分性的不足，有助于避免死刑不可分可能导致的异罪同罚。因为死缓虽然是一种行刑制度，但其须由法院在量刑时决定，其意义因而超出于行刑本身而扩展到配刑。

2. 缓刑制度的规定的合理性。1997年《刑法》第22条规定，"对于被判处拘役、3年以下有期徒刑的犯罪分子，根据犯罪分子的情节和悔罪表现，适用缓刑确实不致再危害社会的，可以宣告缓刑"。这一规定，同样符合行刑报应性与功利性的统一性规定，具有其合理性。

一方面，适用缓刑的条件是犯罪分子被判处3年以下有期徒刑，但不实际执行确实不致再危害社会，而不致再危害社会的根据是犯罪情节和悔罪表现表

---

① 关于死刑之执行的折衷调和规定，详见邱兴隆著：《刑罚理性导论——刑罚的正当性原论》，中国政法大学出版社1998年版，第480—482页。

明其不具有再危害社会的可能性，这明显地体现了行刑的必然性与必效性相折衷的行刑理性规定。因为既然是已被判处3年以下有期徒刑或拘役，按照有判必行的行刑必然性规定，其便不可避免地应予执行；而既然是犯罪情节和悔罪表现表明受刑人不具有再危害社会的可能性，按照行刑的必效性规定，判定刑便没有必要予以执行。在这种情况下，既不实际执行判定刑，又保留其实际执行可能性的缓刑制度，便是既合行刑必然性规定，又合行刑必效性规定的一种合理的折衷选择。因为不实际执行判定刑体现的是行刑必效性规定，保留实际执行可能性则体现了行刑的必然性规定，符合折衷调和的行刑的对立性规定关于短期自由刑可缓期执行的规定。①

另一方面，根据1997年刑法的规定，缓刑是否撤销的条件在于受刑人在缓刑考验期内是否犯新罪或被发现判决宣告以前有其他没有判决的犯罪以及是否有情节严重的违法或违反缓刑监督管理规定的行为。就在缓刑考验期内又犯新罪或有情节严重的违法或违反缓刑监督管理规定的表现即撤销缓刑、执行原判刑罚而言，其体现了行刑必然性与必效性同一性规定。因为受刑人在缓刑考验期内的不良表现构成对其不具有人身危险性判断的否定与对其具有人身危险性的重新肯定，有必要对其执行原判刑罚，从而与基于其原判刑罚之执行的必然性相同一，因而符合行刑必然性与必效性的共同规定。就受刑人在缓刑考验期内未犯新罪或不具有情节严重的违法或违反监督管理规定的表现则在缓刑考验期满即不再执行原判刑罚而言，体现了行刑的有利被告的对立性规定。因为受刑人在缓刑考验期内不具有法定的不良表现，构成对其不具有人身危险性判断的肯定，不再对其执行根据其所犯罪行所判处的刑罚，是行刑的必然性让步于行刑必效性的一种有利受刑人的选择，符合有利受刑人行刑的对立性规定。正由于刑法关于缓刑之撤销与否的规定要么符合行刑的同一性规定，要么符合行刑的对立性规定，因此，其符合行刑的统一性规定，具有其合理性。

(三) 减刑制度的规定的合理性

刑法确立了死刑减刑、自由刑减刑、罚金刑减轻与资格刑减刑四种减刑制度。这些规定，完全符合行刑的统一性对减轻判定刑的规定。

1. 死刑减刑制度的合理性。1997年《刑法》第50条规定，"判处死刑缓期执行的，在死刑缓期执行期间，如果没有故意犯罪，2年期满以后，减为无期徒刑；如果确有重大立功表现，2年期满以后，减为15年以上20年以下有

---

① 详见邱兴隆著：《刑罚理性导论——刑罚的正当性原论》，中国政法大学出版社1998年版，第481—483页。

期徒刑"。关于死刑减刑的这一规定,完全符合行刑报应性规定与功利性规定的统一性规定,具有其合理性。

一方面,对在死刑缓期执行期间没有故意犯罪者,在2年期满以后减为无期徒刑,符合折衷调和的行刑对立性规定。因为仅仅是没有故意犯罪,并不构成超出行刑等价性的规定限制不执行判定死刑的正当理由,毕竟,没有故意犯罪并非行刑的奖赏性条件,以其作为减轻判定刑的根据,不符合行刑的报应性规定。然而,没有故意犯罪,却足以表明受刑人人身危险性不大的判断成立,不对其执行死刑,也足以防止其再犯罪,按照行刑的适度性规定,原判死刑应予减轻。在这种情况下,以受刑人未再犯罪为由将原判死刑减轻为自由刑,是基于行刑的适度性规定而生的选择,而将死刑减轻为作为其自然轻刑的无期徒刑,以免减轻的分量过大,则是对行刑等价性的兼顾。因此,对在考验期内未故意犯罪者,将原判死刑减轻为无期徒刑,是一种兼顾行刑的等价性与行刑适度性的折衷选择。这种折衷在总体上有利于受刑人,因而符合行刑的折衷调和的对立性规定,① 具有其合理性。

另一方面,对不只是没有故意犯罪而且有重大立功表现者,将原判死刑减轻为长期徒刑,既符合行刑奖赏性规定与行刑适度性规定的同一性规定,又符合行刑折衷调和的对立性规定。在考验期内有重大立功表现,基于善有善报的要求,构成行刑奖赏性条件,理应予以减刑奖励,同时,有重大立功表现又直接表明受刑人的人身危险性减小,没有必要执行死刑,因此,据有重大立功表现而减轻原判死刑,符合行刑的奖赏性与适度性的同一性规定。鉴于如前所述,没有故意犯罪即足以使原判死刑减轻为无期徒刑,对不仅没有故意犯罪而且具有重大立功表现者只有将原判死刑减轻为轻于无期徒刑的自由刑,才足以体现与重大立功表现相适应的奖赏性以及与重大立功表现所表明的人身危险性减小相适应的适度性,因此,刑法所规定的对有重大立功表现者,将原判死刑减轻为15年以上20年以下有期徒刑,具有明显的合理性。这种合理性不仅表现在如上前述的减轻分量大于对仅仅没有故意犯罪者的减轻,而且也表现在减轻后的刑期长于作为有期徒刑的普通上限,即15年。这是因为,行刑的奖赏性虽然构成行刑等价性的正当例外理由,但基于奖赏性对判定刑的减轻必须有一定限度,而不得奖赏过度。将对死刑之减轻后的刑期限制在重于普通有期徒刑上限的15年至20年有期徒刑的范围内,既避免了死刑之减轻与同等条件下无期徒刑的减轻分量相同而违背行刑的等价性规定,又构成对基于行刑适度的

---

① 详见邱兴隆著:《刑罚理性导论——刑罚的正当性原论》,中国政法大学出版社1998年版,第498页。

理由而无限制减轻的限制，因而也符合既减轻又不得过分减轻的关于减刑折衷调和的对立性规定。①

2. 自由刑减刑制度的合理性。按照 1997 年《刑法》第 78 条的规定，所有被判处自由刑的受刑人，如在行刑期间有悔改或立功表现，可以减刑。减刑以后实际执行的刑期，原判为无期徒刑的，不得少于 10 年，原判为其他自由刑的，不得少于原判刑期的 1/2。关于自由刑减刑的这一规定，也符合行刑报应性与功利性对减刑的统一性规定，具有明显的合理性。

从减刑的适用条件来看，悔改与立功表现均是社会所欢迎的行为，构成行刑的奖赏性条件，按照善有善报的要求，理应受到减刑奖励；另外，悔改与立功表现均构成表明受刑人人身危险性减小的因素，根据行刑适度性的规定，应予减轻原判刑，以避免刑罚过剩。因此，根据受刑人有悔改或立功表现而减轻原判刑，既符合作为行刑等价性之修正规定的行刑的奖赏性规定，又符合行刑的适度性规定，因而符合行刑的报应性与功利性对判定刑之减轻的同一性规定。

从减轻的分量来看，原判为无期徒刑者，减刑后的实行刑不少于 10 年徒刑，原判为其他自由刑者，实行刑不少于原判的 1/2，明显地体现了判定刑与实行刑之间的轻重等比性，具有判定刑重、减刑后的实行刑亦重，判定刑轻、减刑后的实行刑亦轻的对应性，符合重判重行、轻判轻行的行刑的等价性规定。同时又体现了行刑的奖赏性的有限性，避免了因奖赏无度而导致违背奖赏性修正等价性的理性规定的无理性。另外，这种对减轻分量的限制，又构成对基于行刑适度的理由而减刑的制约，避免了因减刑过量而求之功利、失之公正的无理性，因而符合以适度性决定减轻与否，以等价性限制减刑分量折衷调和的对立性规定。

正由于刑法关于自由刑减刑的规定既符合行刑的同一性规定，又符合行刑的对立性规定，其完全符合行刑的统一性规定，因而构成一种极其合理的选择。

3. 罚金刑减轻规定的合理性。根据 1997 年《刑法》第 53 条的规定，罚金可"由于遭遇不能抗拒的灾祸，缴纳确实有困难"而减少。这一规定，体现了行刑的宽恕性与适度性的同一性，具有其合理性。因为如前所述，一方面，遭遇不能抗拒的天灾人祸，足以引起人们的同情，据此而减少缴纳罚金确有困难者的罚金额，符合社会宽容观念，因而符合行刑的宽恕性修正行刑的等

---

① 详见邱兴隆著：《刑罚理性导论——刑罚的正当性原论》，中国政法大学出版社 1998 年版，第 483—484 页。

价性的报应性规定；而另一方面，正由于受刑人在客观上难以缴纳罚金，即使其想利用财产作为再犯罪的经济资本，其可用于再犯罪的经济资本也极为有限，根据其实际缴纳能力减少罚金额，不致给其留有利用财产再犯罪的余地，因而也符合行刑的适度性规定。

4. 资格刑减刑规定的合理性。按照《刑法》第57条的规定，在死刑缓期执行或无期徒刑减为有期徒刑的同时，作为附加刑的剥夺政治权利终身应随之改为3年以上10年以下。这一关于资格刑的减刑规定，同样符合行刑的理性规定而具有合理性。因为死刑缓期执行与无期徒刑减为有期徒刑的前提，如前所述，是受刑人具有悔改或立功表现，据其减轻主刑符合行刑的奖赏性与适度性的同一性。而作为附加刑的剥夺政治权利终身依附于作为主刑的死刑缓期执行与无期徒刑而存在，在主刑减为有期徒刑的同时，将终身剥夺政治权利改为有期剥夺，同样是一种合乎行刑奖赏性与适度性相同一的行刑理性的选择。另外，将减轻后的剥夺政治权利规定为3年以上10年以下，又基本上重于剥夺政治权利的普通期限即1年以上5年以下，大致体现了判定附加刑重、减轻后的附加刑仍重的行刑等价性规定，在较大程度上避免了判定刑为剥夺政治权利终身者减刑后实际执行的剥夺期限轻于被判剥夺普通期限者的不合理性。因此，将减轻后的剥夺政治权利期限规定为3年以上10年以下，也是一种基本合理的选择。

（四）不规定加刑制度的合理性

在现行刑法中，未规定与减刑制度相对应的加刑制度，这有效地避免了以受刑人人身危险性增大为由，对不构成新罪者加刑的不公正性，符合行刑等价性限制行刑适度性的报应排斥功利的行刑对立性规定，① 具有充分的合理性。

（五）假释制度的规定的合理性

刑法确立了附条件提前释放受刑人的假释制度。立足于行刑的统一性规定，刑法有关假释制度的规定具有明显的合理性。

首先，适用假释的前提符合行刑的奖赏性与适度性的同一性规定。按照《刑法》第81条规定，适用假释的前提是受刑人确有悔改表现，假释后不致再危害社会。而确有悔改表现、不致再危害社会，是社会所欢迎的善行，按照善有善报的社会报应观念，其构成对受刑人作出有利选择的奖赏性条件，据其

---

① 详见邱兴隆著：《刑罚理性导论——刑罚的正当性原理》，中国政法大学出版社1998年版，第485—489页。

变轻行刑方式，符合作为行刑之报应性规定的奖赏性规定。另外，确有悔改表现，不致再危害社会，表明受刑人已不再具有人身危险性，没有必要对其以继续关押的方式限制再犯能力，据其不再对受刑人予以关押，又符合行刑方式的相应性规定。因此，根据受刑人确有悔改表现、不致再危害社会而变轻行刑方式，不对其继续予以关押，符合行刑奖赏性与相应性在变轻行刑方式上的同一性规定。

其次，适用假释的对象符合行刑的等价性与适度性的折衷性的规定。按照《刑法》第81条的规定，适用假释的对象在通常情况下只限于已执行原判刑期1/2以上的被判有期徒刑者与已实际执行10年以上的原判为无期徒刑者。如此确定假释的对象，体现了判定刑与实行刑之间的等比对称性，符合判定刑重、实行刑重，判定刑轻、实行刑轻的行刑的等价性规定。同时，以必须已实际执行相应的刑期为假释的条件，又体现了奖赏性的有限性，符合行刑的奖赏性修正行刑的等价性的行刑的报应性规定。因此，刑法关于假释对象的规定，符合行刑的报应性规定。另外，如此确定假释对象，构成对以受刑人不具有人身危险性为由变轻行刑的限制，避免了为求适应而不顾是否已实际执行判定刑及其实行执行的期限的长短，对受刑人予以假释的不公正性，从而体现了以行刑的适应性决定假释与否与以行刑的等价性决定假释限度的折衷性，符合行刑报应性与功利性折衷调和对变轻行刑方式的对立性规定。

再次，假释的撤销体现了行刑等价性与适度性的同一性。按照《刑法》第85条的规定，受刑人在假释期限内又犯新罪或被发现判决前有其他未判决之罪，或者有违法或违背监督管理规定的行为，应予撤销假释，执行未执行的判定刑。从报应的角度而言，撤销假释，执行未执行的刑期，是使本来保留有继续执行可能性的刑期得以执行，符合行刑的等价性的规定。从功利的角度来看，受刑人又犯新罪或有其他违法或违规行为，构成对据以假释的不具有人身危险性判断的否定与对其具有人身危险性的肯定，据此撤销假释，执行原未执行的刑期，符合行刑的适度性规定。因此，以受刑人有法定不良表现作为撤销假释的根据，符合行刑的等价性与相应性的同一性规定。

最后，假释的法律后果体现了有利受刑人行刑的对立性规定。按照《刑法》第85条的规定，受刑人如在假释期限内未有犯新罪以及其他不良表现，假释考验期满，即认为原判刑罚已经执行完毕。这实际上是为求行刑的适度性而舍弃行刑的等价性。这种舍弃，符合报应性有利让步功利性的规定，体现了有利受刑人行刑的对立性规定。

二、行刑制度的规定的不合理性

有关行刑制度的立法虽然具有前列多种合理性,但远未达完全合理的境地,因为其也存在不合理性。这些不合理性,具体表现如下:

(一) 关于免予行刑制度的规定的不合理性

在我国刑法中,没有轻法溯及旧判与行刑时效的规定,因而未确立这两种免予行刑制度。这种选择,不符合行刑的统一性规定,因而不具有合理性。

1. 不确立轻法溯及旧判的免予行刑制度的不合理性。在判决生效后尚未交付执行之时或正在执行过程中,颁布新法,不再将受刑人被据以定罪判刑的行为规定为犯罪,从报应的角度来看,不执行判定刑或中止判定刑的执行,完全符合社会宽容观念,因而完全符合行刑的宽恕性规定;而从功利的角度来看,既然据以对受刑人定罪判刑的行为不再认为是犯罪,其便既不具有一般遏制的必要性,也不具有个别遏制的必要性,因此,判定刑已不具有执行的任何必要性。与此相适应,刑法不规定因新法已不将据以对受刑人定罪判刑的行为是犯罪而免予执行尚未交付执行的判定刑、中止执行正在执行的判定刑,既不符合行刑的宽恕性规定,也不符合行刑的必效性规定,不具有任何合理性。

2. 不确立行刑时效制度的不合理性。判决生效后相当长期限内未执行,而受刑人在此相当长期限内未犯新罪,表明受刑人已改恶从善,足以取得社会的宽谅,不再执行已生效但一直未交付执行的判定刑,符合社会宽容精神,因而符合行刑的宽恕性规定。另外,受刑人在判决生效后相当长期间内未犯罪,表明受刑人已自觉改过自新,不具有任何再犯罪的可能性,其人身危险性已然消除,没有必要再对之执行未执行的判定刑,因此,免除其判定刑的执行,符合行刑的必效性规定。既然如此,刑法只规定诉讼时效制度而不规定行刑时效制度,同样既不合行刑的报应性规定,也不合行刑的功利性规定,不具有任何合理性。

(二) 关于减刑制度的规定的不合理性

刑法关于减刑制度的规定的不合理性在于,一方面,其应规定却未规定轻法溯及旧判的减刑制度;另一方面,其既已确立的减刑制度也有不尽完善之处。就此,可具体评析如下:

1. 未规定轻法溯及旧判的减刑制度的不合理性。与未规定轻法溯及旧判的免予行刑制度一样,刑法也未规定轻法溯及旧判的减刑制度。这完全不符合行刑的统一性规定，不具有任何合理性。原因在于，一方面，判定刑尚未执行完毕前，新法减轻了据以对受刑人判刑的法定刑，表明对受刑人被据以定罪的犯罪否定评价已经轻化，相应地，减轻受刑人的判定刑，符合社会宽容观念，而刑法不确立轻法溯及旧判的减刑制度，背离社会宽容观念，不符合行刑的宽恕性规定。另一方面，新法减轻受刑人被据以定罪判刑的犯罪的法定刑，表明法律所认可的该犯罪所需的一般遏制力度已减轻，而基于既已实施的是何罪可能再实施的便是何罪的合理假定，对受刑人人身危险性的评价也随之减轻。因此，减轻受刑人的判定刑，既符合行刑的一般遏制的适度性规定，又符合行刑的个别遏制的适度性规定。而刑法不确立轻法溯及旧判的减刑制度，既不合行刑的一般遏制的适度性规定，又不合行刑的个别遏制的适度性规定，因而完全不合行刑的适度性规定。因此，刑法不确立轻法溯及旧判的减轻制度，既不合作为行刑的宽恕性规定，又不合行刑的适度性规定，与行刑的宽恕性规定与适度性规定的同一性规定背道而驰，不具有任何合理性。

2. 剥夺政治权利减刑规定的不合理性。如前所述，剥夺政治权利终身的减刑规定构成一种基本合理的选择。但是，其将减刑后剥夺政治权利的下限规定为3年，却显然失之过轻。因为普通剥夺政治权利的期限之上限为5年，将剥夺政治权利终身者减刑后的下限规定为3年，将导致部分剥夺政治权利终身减刑后的剥夺期限短于只被判处普通剥夺政治权利期限者，违背判定刑重、减刑后的实行刑亦重的行刑的等价性规定，不具有合理性。另外，刑法只规定了与死缓、无期徒刑减刑相对应的剥夺政治权利终身的减刑制度，而未规定与自由刑减刑相对应的剥夺普通期限的政治权利减刑制度，以致剥夺政治权利终身可随主刑的减轻而减轻，而剥夺普通期限的政治权利则在并科的情况下不能随主刑的减轻而减轻，在单科的情况下，不能单独减轻。其结果是，一方面，在行刑过程中有悔改或立功表现的受刑人，不能受到减轻剥夺政治权利的奖赏；另一方面，人身危险性减小的受刑人的判定剥夺政治权利刑期不能相应地缩减。既违背行刑的奖赏性规定，又违背行刑的适度性规定，明显不具有合理性。

（三）关于附条件不执行判定刑制度的规定的不合理性

立足于行刑的统一性规定，刑法关于缓刑制度的规定的不合理性在于，其应规定却未规定无期徒刑缓刑制度。

无期徒刑，因严厉性仅次于死刑而属重刑之列，虽然根据行刑的报应性规定，作为重罪的等价刑，一经判处，便具有执行的必然性。但是，如被处无期徒刑者的人身危险性不是特别明显，对之便没有必要执行作为终身限制再犯能力之手段的无期徒刑。在这种情况下，以人身危险性不大为由不实际执行判定无期徒刑，又以有判必行为由保留实际执行可能性的无期徒刑缓刑制度，便是一种有利于受刑人的折衷选择，因符合折衷调和的行刑的对立性规定而具有其合理性。既然如此，刑法不规定无期徒刑缓刑制度，便是一种求之公正、失之功利的不利受刑人的选择，有悖折衷调和的行刑的对立性规定而不具有合理性。

结　　论

对刑法中有关行刑规范正当性的全面反思，展示了如下结论：

第一，在行刑方式上，刑法与刑事诉讼法有关死刑、无期徒刑、有期徒刑、罚金、没收财产与剥夺政治权利的规定实现了形式与内容的统一，完全符合行刑报应性与行刑功利性对行刑方式的统一性规定，具有充分的合理性。但是，刑法关于拘役的执行的规定，不包含教育与改造的方式，不符合行刑个别遏制性对行刑方式的要求，因而不具有合理性。此外，刑法以监督作为管制刑的执行方式，难以保障受刑人的人身自由受到应有的限制，不能实现行刑方式与行刑内容的统一，既不合行刑的报应性规定，又不合行刑的功利性规定，因而也不具有合理性。

第二，在免予行刑制度的规定上，刑法所确立的罚金刑免予执行制度完全符合行刑宽恕性修正行刑必然性的行刑报应性规定与行刑的必效性规定，因而符合行刑的报应性与功利性的统一性规定，具有充分的合理性。但是，刑法未规定轻法溯及生效判决的免予行刑制度与行刑时效制度，既不合行刑的宽恕性修正必然性的报应性规定，又不合行刑的必效性规定，因而有悖行刑报应性规定与功利性规定的统一性规定，明显不具有合理性。

第三，在附条件不执行判定刑制度的规定上，刑法所确立的死刑缓期 2 年执行制度与短期自由刑缓刑制度，完全符合行刑的必然性与必效性的折衷调和规定与同一性规定，具有充分的合理性。然而，刑法未确立无期徒刑缓刑制度，却求之公正、失之功利，且是一种不利受刑人的选择，因而不符合行刑的折衷调和的对立性规定，不具有任何合理性。

第四，在减刑制度的规定上，刑法关于死刑减刑、自由刑减刑与罚金刑减轻的规定，完全符合行刑奖赏性或宽恕性修正行刑等价性的报应性规定与行刑适度性的同一性规定以及行刑等价性与行刑适度性的折衷调和的规定，因而符合行刑的统一性规定，具有充分的合理性。然而，虽然刑法关于剥夺政治权利终身的规定基本上具有合理性，但其关于剥夺政治权利终身减刑后的刑期下限的规定却失之过轻而有悖行刑的等价性规定；其未就普通剥夺政治权利刑规定相应的减刑制度，既不合奖赏性修正等价性之行刑报应性规定，又不合行刑的适度性规定，因而不符合行刑的统一性规定，不具有任何合理性。此外，刑法未规定轻法溯及生效判决的减刑制度，既不合宽恕性修正等价性的行刑的报应性规定，又不合行刑的适度性规定，因而同样不符合行刑的统一性规定，不具有任何合理性。

第五，在假释制度的规定上，刑法所确立的无期徒刑与有期徒刑假释制度，完全符合行刑的同一性规定、折衷性规定与有利受刑人的行刑统一性规定，具有充分的合理性。

第二章　行刑立法反思（二）
——监狱法的规定评价

监狱法既是刑法关于死刑缓期 2 年执行、无期徒刑与有期徒刑之执行的规定的具体化，又是作为中心刑的自由刑的执行准则。因此，监狱法的有关规定是否合乎行刑的一般理性规定，对于行刑的正当性具有决定性意义。与此相适应，以行刑理性统一论为根据，系统地评价监狱法有关规定的优劣利弊，构成对行刑体制正当性的现实反思的重要内容。

第一节　监狱法的规定的合理性

立足于行刑理性统一论，我国监狱法的有关规定具有明显的合理性。

一、关于行刑原则的规定的合理性

我国《监狱法》第 3 条规定，"监狱对罪犯实行惩罚与改造相结合、教育与劳动相结合的原则"。这是对监狱所应遵守的原则的确认，亦即对监狱行刑的基本原则的确认。据此，惩罚与改造相结合以及教育与劳动相结合，是我国监狱行刑的两项基本原则。立足于行刑的基本理性规定，这两项原则具有明显的合理性。

（一）惩罚与改造相结合原则的合理性

惩罚与改造相结合的原则，是关于行刑内容的基本原则，鲜明地体现了行刑的统一性规定对行刑内容的规定。

1. 其体现了行刑的惩罚性规定。惩罚与改造相结合之被作为行刑原则得以确认，突出了惩罚是行刑的基本内容之一，体现了报应性对行刑内容的规定，具有充分的报应理性基础。

2. 其体现了行刑的遏制性规定。惩罚不只是行刑报应性对行刑内容的直接规定，而且是一般遏制的前提，因为只有赋予监狱以惩罚性，刑罚尤其是作为刑罚之核心的自由刑才可能儆戒潜在犯罪人、安抚受害人与鼓励一般守法者,其一般预防功能才可发挥;反之,其一般预防功能便无从实现。因此,将惩罚作为监狱行刑基本内容予以确认,也就同时确认了一般遏制是行刑的基本内容,符合行刑的一般遏制性对行刑内容的规定。另外,监狱的惩罚表现为对受刑人的关押,而关押在使受刑人丧失自由的同时,也就限制了其犯罪的能力,因此,确认惩罚是行刑的基本内容之一,也就确认了限制再犯能力是行刑的基本内容之一,因而符合行刑的个别遏制性对行刑内容的规定。更为重要的是,将惩罚与改造相结合作为行刑的基本原则,突出了改造是与惩罚相依存的行刑的基本内容,而改造是行刑的最主要的个别预防功能,将其作为监狱行刑的基本内容予以确认,也是对个别遏制是行刑的基本内容的确认,且明确了个别遏制性对行刑内容的规定,又符合行刑的个别遏制对行刑内容的规定,具有充分的功利根据。

3. 其符合行刑的统一性规定。以惩罚与改造相结合作为监狱行刑的基本原则,不只是个别地体现了行刑的惩罚性规定与遏制性规定,更重要的是以"结合"二字极具艺术性地表明了行刑的内容既不是单纯的惩罚,也不是单纯的遏制,而是惩罚与遏制的统一。因为既然是"结合",便应该是二者兼顾、互相包容的有机统一,而不是简单的相加或凌乱的凑合。因此,以惩罚与改造相结合作为行刑的基本原则,符合惩罚性与遏制性相统一的行刑理性规定,具有充分的合理性。

(二) 教育与劳动相结合的原则的合理性

教育与劳动相结合是关于行刑方法的基本原则。其合理性在于其同样体现了行刑的一般理性规定。

1. 从报应的角度来看,监狱的教育与劳动,是受刑人失去人身自由的前提下具有强制性的教育与劳动,因而是一种以惩罚为前提与保障的教育与劳动,而不是普通意义上的教育与劳动,符合行刑的报应性对行刑内容与方式相统一的规定。同时,教育不但不存在任何不利于受刑人的因素,而且有利于受刑人品德的形成与智识的提高,以其作为行刑的方法,符合行刑的人道性对行刑方法的规定。而劳动既是人所共有的权利,又是人谋生的基本手段,以其作为行刑的方法,同样不但无害于受刑人,而且因可提高受刑人的谋生能力而有益于受刑人,因而也符合行刑的人道性对行刑方法的规定。因此,以劳动与教育相结合作为决定监狱行刑方法的原则,符合行刑报应性对行刑方法的规定,具有充分的报应理性基础。

2. 从功利的角度来看,教育可以使受刑人增强法律意识与道德修养,提高文化素质与明辨是非的能力，消除反社会意识，有助于刑罚的个别鉴别与改造功能的发挥。而劳动既可以使受刑人认识到劳动之于人的意义，消除不劳而获的观念，又可以增强其技能，提高其谋生能力，为其回归社会后自食其力，适应社会生存需要创造条件，因而也有助于刑罚改造功能的发挥。因此，教育与劳动相结合，作为决定行刑方法的基本原则，符合行刑的遏制性对行刑方法与个别预防相适应即行刑个别化的规定，具有充分的功利理性基础。

3. 从行刑的统一性的角度来看，正由于监狱的教育与劳动既具有强制性与人道性，符合报应性对行刑的方法的规定，又具有与作为行刑的主要功能的个别预防的相应性，符合功利性对行刑方法的规定，因此，以教育与劳动作为决定行刑方法的基本原则，符合行刑报应性与功利性对行刑方法的统一性规定，具有充分的合理性。

二、关于监狱的权利与义务的规定的合理性

《监狱法》就监狱的权利与义务作了明文规定，符合行刑的立法理性规定，① 具有相应的合理性。

（一）关于监狱之权利的规定的合理性

监狱法第 5 条规定，"监狱的人民警察依法管理监狱、执行刑罚，对罪犯进行教育改造等活动，受法律保护"。这一规定，赋予了监管人员以依法管理监狱的权利、依法执行刑罚的权利与依法对受刑人进行教育改造的权利等行使监狱行刑职能所必需的权利，其合理性相当明显。

1. 体现了依法行刑的原则。按照上一规定，法律保护监狱依法所从事的与行刑有关的活动。这实际上明确了监狱只有合法行刑的权利，而无违法行刑的权利。在遵循这一规定的前提下进行的行刑活动，是合法的行刑活动，因而是正当的行刑活动；不遵循这一规定所为的行刑活动，必然是不合法的行刑活动，因而必然是不正当的行刑活动。因此，关于监狱权利的上列规定，因体现了依法行刑的行刑司法理性规定而具有合理性。

2. 具有与行刑的需要的相应性。行刑活动，无论是管理监狱，还是执行刑罚，抑或是对受刑人的教育、改造，都以强制性为前提。而强制性的实现必须以赋予行刑者实施强制的权利为前提。行刑者不具有实施强制的权利，其行

---

① 详见邱兴隆著：《刑罚理性导论——刑罚的正当性原论》，中国政法大学出版社 1998 年版，第 520—521 页。

刑的职能便无从实现，行刑活动的强制性也就成为无源之水。监狱法赋予监管人员以管理监狱、执行刑罚与教育、改造受刑人的权利，与监狱的职能即关押、行刑与教育、改造相适应，符合自由刑执行的需要，因而具有其合理性。

（二）关于监狱的义务的规定的合理性

《监狱法》第4条规定，"监狱对罪犯应当依法监管，根据改造罪犯的需要，组织罪犯从事生产劳动，对罪犯进行思想教育、文化教育、技术教育"。这一规定，赋予了监狱以依法监管受刑人的义务与根据改造需要组织劳动与进行教育的义务，其合理性同样明显。

1. 确认了依法行刑的原则。前列规定将"依法监管"作为监狱的义务予以确认。而监管是监禁即关押与管理的总和，亦即监狱所有行刑活动的概称，因此，依法监管也就是依法行刑。监狱法将依法监管作为监狱的义务予以确认，也就确认了依法行刑是监狱行刑的基本原则，为行刑司法的依法进行指明了方向，符合行刑的司法理性规定对立法的要求，具有其合理性。

2. 符合行刑个别化的规定。前列规定将"根据改造罪犯的需要，组织罪犯从事生产劳动，对罪犯进行思想教育、文化教育、技术教育"作为监狱的义务，实际上便是要求监狱遵循行刑个别化原则，或者说，其构成对行刑个别化原则的确认。因为其明确了改造受刑人的需要是劳动与教育的目的，劳动与教育是改造受刑人的手段，强调了目的对手段的决定作用与手段之于目的的相应性，符合个别预防的目的与作为实现这一目的手段的教育的辩证关系的统一性，因而符合行刑个别化对立法的要求，为监狱根据行刑个别化的规定行刑指明了方向，具有其合理性。

三、关于受刑人的权利与义务的规定的合理性

监狱法规定了受刑人的权利与义务，与行刑的立法理性规定相一致，[①] 具有其相应的合理性。

（一）关于受刑人的权利的规定的合理性

《监狱法》第7条规定，"罪犯的人格不受侮辱，其人身安全、合法财产和辩护、申诉、控告、检举以及其他未被依法剥夺或者限制的权利不受侵

[①] 详见邱兴隆著：《刑罚理性导论——刑罚的正当性原论》，中国政法大学出版社1998年版，第521—522页。

犯"。这是对受刑人权利的确认。这一规定的合理性在于其明显地体现了行刑人道性规定。

根据行刑的人道性规定,凡非判定刑所指定剥夺的权益,以及任何刑罚均不剥夺的权益,均是受刑人之不可剥夺的权利,其不但不应受到任何侵犯,而且应受到保护。监狱的行刑对象是被处死刑缓期2年执行者、无期徒刑与有期徒刑者。而无期徒刑与有期徒刑属于自由刑的范畴,其剥夺的只是受刑人的人身自由;死刑缓期2年执行,其缓期执行考验与自由刑的执行无异,剥夺的同样只是受刑人的人身自由。与此相适应,监狱法规定受刑人的人格、人身安全、合法财产和辩护、申诉、控告、检举以及其他未被依法剥夺或者限制的权利不受侵犯,也就是宣布监狱不得剥夺受刑人人身自由以外的任何其他权益。① 而人格权、辩护权、申诉权、控告权与检举权等是任何刑罚均不剥夺的权益,对其的剥夺是有悖行刑人道性规定的刑外行刑;人身安全即生命权与健康权,合法财产权以及其他未被依法剥夺或限制的权利,则是监狱法执行的判定刑所不剥夺的权益,对其剥夺构成有悖行刑人道性规定的判外行刑。宣布受刑人的此类权益不受侵犯,也就是禁止不人道的行刑。相应地,监狱法对受刑人权利的确认,符合行刑的人道性规定,既构成对行刑的人道性原则的直接认可,又为监狱根据行刑的人道性规定合理行刑指明了方向,其正当性不言而喻。

(二) 关于受刑人的义务的规定的合理性

《监狱法》第7条同时规定,"罪犯必须严格遵守法律、法规和监规纪律,服从管理,接受教育,参加劳动"。据此,受刑人有遵纪守法的义务,服从管理的义务,接受教育的义务与参加劳动的义务。这一规定的合理性在于其所赋予受刑人的义务与监狱行刑的内容与方法具有相应性。

监狱以惩罚与改造受刑人作为行刑的内容。而要求受刑人严格遵守法律、法规和监规纪律,服从管理,也就是要求受刑人既与普通人一样接受一般法律的约束,不得违法犯罪,又接受其作为受刑人所必须遵守的特有法律与纪律的专门约束,并服从监狱依法进行的正常管理。如果说要求受刑人与普通人一样接受一般法律的约束不具有任何惩罚性,因为这是受刑人作为普通公民应尽的一般义务,那么,要求受刑人遵守特有的法律与纪律的专门约束,并接受监狱依法进行的管理,便是要求受刑人接受惩罚与改造。因为监狱对受刑人的惩罚与改造,毫无例外地通过有关特定法律、法规与纪律对受刑人的专门约束以及

---

① 在受刑人被判处附加刑的情况下,判定附加刑所指定剥夺的权益亦在剥夺之列。

监狱根据这些法纪所为的管理活动来实现。因此，要求受刑人遵纪守法、服从管理，因与监狱行刑的内容完全一致而具有相应性，构成监狱实现对受刑人的惩罚与改造的必要的对偶条件，具有充分的合理性。

另外，如前所述，教育与劳动是监狱行刑的基本方法，即实现对受刑人改造的基本手段。要求受刑人接受教育、参加劳动，与监狱基于改造的需要而依法享有的教育受刑人、强制其参加劳动的权利相对应，与监狱行刑的方法具有一致性，构成监狱实现其教育受刑人、强制受刑人劳动的权利的对偶条件，具有充分的合理性。

四、关于刑罚的执行的规定的合理性

监狱法设专章就刑罚的执行作了具体规定。立足于行刑的基本理性，这些规定的合理性主要表现如下：

（一）体现了依判行刑的行刑理性规定

监狱法明文规定，法院在将被判处死刑缓期2年执行、无期徒刑与有期徒刑的受刑人交付执行时，必须将执行通知书与判决书等法律文件送达监狱，在法律文书不全或有误的情况下，监狱有权对受刑人不予收监。这是因为，监狱行刑必须以法院的判决为根据，没有判决，监狱的行刑即无据可依，判决有误，必然导致其所为的行刑错误。因此，监狱法关于将受刑人交付执行必须同时送达判决书的规定，符合依判行刑的理性规定，具有合理性。

与刑法的有关规定相对应，监狱法明文规定，减刑、假释必须由法院审核裁定，并具体规定了减刑、假释的法律程序，除非根据法院的裁定，不得予以减刑、假释；在已将受刑人假释的情况下，除非根据法院的裁定，不得撤销假释，将受刑人收监执行。这种关于减刑、假释必须根据裁定执行的规定，明显体现了依判行刑的行刑理性规定，其合理性不盲自明。

（二）体现了依法行刑的行刑理性规定

监狱法明文规定，只有在符合刑事诉讼法所规定监外执行条件的情况下，才可适用监外执行；具体规定了监外执行的审批程序、执行机构与撤销程序，并具体规定了适用减刑、假释条件、程序与撤销假释条件与程序，且明文规定，"对不符合法律规定的减刑、假释条件的罪犯，不得以任何理由将其减刑、假释"。显然，这些规定体现了依法行刑的理性规定，具有其合理性。

（三）符合行刑的一般理性规定

监狱法关于刑罚执行的规定，不仅因体现了依判行刑与依法行刑的行刑司法理性规定对立法的要求而具有其合理性，而且还因符合行刑的一般理性规定而具有其正当性。

《监狱法》第 17 条规定，对被判处无期徒刑、有期徒刑但有严重疾病需要保外就医的受刑人以及正在怀孕或者正在哺乳自己婴儿的妇女，监狱可以暂不收监，并由法院决定暂予监外执行；第 25 条至第 28 条在刑事诉讼法规定的基础上，规定对正在监内服刑而符合暂予监外执行条件者可以暂予监外执行，并具体规定了暂予监外执行的程序。这些规定，使相应的受刑人可不因收监行刑而受到人道的待遇，避免了其应受保护的合法权益因收监行刑而被剥夺，因而符合行刑的人道性对自由刑行刑方式的例外变通的具体规定，① 具有其合理性。

《监狱法》第 29 条至第 34 条具体规定了对受刑人适用与执行减刑或假释的条件与程序，以及假释的撤销条件与程序。其规定与刑法的有关规定一致，因而与刑法关于这两项行刑制度的规定一样，符合行刑的理性规定，其合理性与前章所列刑法有关规定的合理性相同，不需赘述。

五、关于狱政管理的规定的合理性

监狱法设专章就狱政管理作了具体规定。立足于行刑的一般理性，这些规定的合理性可具体评析如下：

（一）符合行刑的个别化规定

监狱法第 39 条规定，对受刑人应根据性别、年龄、犯罪类型、刑罚种类、刑期、改造表现等情况，予以分别关押，采取不同方式管理。关于分押分管的这一规定，既有助于避免未成年犯受成年犯的教唆与不良影响，防止不同类型的受刑人的交叉感染，也有助于因人设管与因人施教，因而具有与改造受刑人的需要的相应性，符合行刑个别化规定而具有其正当性。监狱法规定的奖惩制度具体列举了对受刑人予以奖励与处罚的种类与条件。这些规定，既有利于激励受刑人积极改造，又有助于矫正受刑人的反改造行为，也具有与改造受刑人

---

① 详见邱兴隆著：《刑罚理性导论——刑罚的正当性原论》，中国政法大学出版社 1998 年版，第 511—512 页。

的需要的相应性，同样具有符合行刑个别化规定的合理性。

（二）符合行刑的惩罚性与遏制性的统一性规定

监狱法就监狱的警戒与戒具和武器的使用作出了具体而明确的规定。这些规定总的精神是确保监狱安全活动的正常进行，严防受刑人脱逃、重新犯罪与劫夺受刑人等事件的发生。这既是为了使受刑人不致因脱控而逃避惩罚，也是为了直接遏制其再犯罪，因而符合行刑的惩罚性与遏制性的共同规定，具有相应的合理性。

（三）符合行刑的人道性规定

监狱法规定，男犯与女犯应予分开关押，对未成年犯与女犯应当照顾其生理心理特点；女犯由女性警察直接管理；受刑人可与外界通信并会见亲属或监护人；受刑人的生活、被服由监狱按国家标准供给；对少数民族受刑人的特殊生活习惯，应予照顾；监舍应当坚固、通风、透光、清洁、保暖；监狱应当设立医疗机构和生活、卫生设施，建立受刑人生活、卫生制度；等等。所有这些规定，都构成对受刑人基本人权的保障，符合行刑的人道性规定，具有充分的合理性。

六、关于对受刑人的教育改造的规定的合理性

监狱法就对受刑人的教育改造作出了具体的明文规定。这些规定，体现了行刑的个别化与人道性规定，有相应的合理性。

（一）符合行刑的个别化规定

就对受刑人的教育而言，监狱法规定，教育改造受刑人，应实行因人施教、分类教育，以理服人的原则，采取集体教育与个别教育相结合、狱内教育与社会教育相结合的方法；教育应包括法制、道德、形势、政策、前途、文化与职业技术教育等内容，等等。这些规定，对于培养受刑人的道德、法律意识，使之树立是非观念，提高文化素质与职业技能，具有重要意义，构成改造受刑人的必要条件，具有与个别预防需要的相应性，符合行刑的个别化规定，具有其明显的合理性。

就劳动而言，监狱法规定，有劳动能力的受刑人，必须参加劳动；监狱应根据受刑人的个人情况，合理组织劳动，使其矫正恶习，养成劳动习惯，学会生产技能，并为释放后就业创造条件。这些规定，对于培养受刑人的劳动观

念、消除其不劳而获的思想、提高其谋生能力与使之适应社会生活,具有重要意义,同样构成改造受刑人的必要条件,具有与个别预防的需要的相应性,符合行刑的个别化规定,具有明显的合理性。

就对受刑人的教育改造而言,监狱法规定,对未成年人应当在未成年犯管教所行刑;对未成犯执行刑罚,应当以教育改造为主与学习文化和生产技能为主;等等。这些规定,符合未成年犯易受外界影响、可塑性强等特点,有助于使其免受成年犯的不良影响,符合对其改造的特殊需要,具有与对其改造的相应性,因而同样符合行刑个别化的规定,具有明显的合理性。

(二) 符合行刑的人道性规定

监狱法规定,监狱应当组织罪犯开展适当的体育活动和文化娱乐活动;对受刑人的劳动时间,参照国家有关劳动工时的规定执行;受刑人有法定节日和休息日休息的权利;对参加劳动的受刑人,应当按照有关规定给予报酬并执行国家有关劳动保护的规定;对在劳动中致伤、致残或者死亡的,由监狱参照国家劳动保险的有关规定处理;未成年犯的劳动,应当符合未成年人的特点;等等。这些规定,旨在保障受刑人的身心健康及其劳动保护权益,符合行刑的人道性规定,具有明显的合理性。

第二节 监狱法的规定的不合理性

我国监狱法的有关规定虽然具有前列多方面的合理性,但立足于行刑的理性规定,其不合理性也在一定程度上存在。主要表现在其不完全符合行刑的人道性规定、行刑的个别化规定与行刑的对立性规定。

一、不完全符合行刑的人道性规定

行刑人道性的基本要求是不得剥夺或限制受刑人未被依法剥夺或限制的权益。而人的诸多权益均依附于人身自由而存在,或以人身自由为实现的前提。一旦丧失人身自由,诸如婚姻权、家庭权等权益便可能因不具有实现的前提而名存实亡。与此相适应,人身自由被剥夺或限制的受刑人,虽然拥有诸多不受剥夺或限制的合法权益,但在不具有相应的条件下,这些权益便可能因人身自由被剥夺或限制而受到连带剥夺或限制。既然如此,立足于行刑的人道性规定,监狱应创造相应的条件,使受刑人未受剥夺或限制的合法权益得以实现,不致被连带剥夺或限制。然而,监狱法只一般地规定受刑人未被依法剥夺或者限制的权利不受侵犯,也只具体规定了监狱应为受刑人诸如申诉、控告、通信、会见、劳动保护等部分权益的实现提供相应的条件,而既未一般地规定监狱应为受刑人所有合法权益的实现提供保障,又未就受刑人诸如婚姻权、家庭权等的实现作出具体规定,因而难以真正保障受刑人之未受剥夺或限制的所有合法权益不受连带剥夺或限制。换言之,监狱法对受刑人未被剥夺或限制的权益只提供了完全的保护,而未提供完全的保障。如性权是任何刑罚均不予剥夺的权利,属于人的基本权利之列,受刑人的性权理所当然地受监狱法的保护。然而,监狱法并未规定配偶同居制,因此,受刑人的性权因无法实现而名存实亡。因此,我国监狱法对行刑的人道性的体现因仅限于对受刑人的未受剥夺或限制的权益的保护而未为这些权益的实现提供相应的保障而不充分,是其不具有完全合理性的明显表现。

二、不完全符合行刑个别化的规定

按照行刑个别化的规定,在不违背人道性的规定的前提下,凡有利于对受刑人改造的手段均可作为行刑的方法。我国监狱法将教育与劳动作为行刑的基本方法予以确认,虽然具有合理性,但将行刑的基本方法仅限于此,却又具有其片面性。无论从充分发挥刑罚的个别预防功能的需要,还是从我国多年来的行刑经验来看,感化的方法均是改造受刑人之必要而可行的重要方法。然而,监狱法既未在关于行刑原则的规定中将感化作为行刑的基本方法予以确认,也未就此作出相应的具体规定,因而无助于作为刑罚之重要的个别预防功能的感化功能的发挥,不符合行刑的个别化的规定。与此相适应,我国监狱法的有关规定,也因未充分体现行刑个别化的规定而不具有充分的合理性。

三、不完全符合行刑的对立性规定

按照行刑的对立性规定,自由刑的执行在任何情况下均应允许基于人道性的例外变通。换言之,在受刑人符合行刑的人道性条件的情况下,即使其具有人身危险性,也应按照人道性限制相应性的规定,对受刑人不予关押而予以监外执行。[①] 然而,我国监狱法有关监外执行的规定,却明显违背这一行刑的对

---

① 详见邱兴隆著:《刑罚理性导论——刑罚的正当性原论》,中国政法大学出版社 1998 年版,第 488—489 页。

立性规定。

1. 监狱法将保外就医的对象仅限于无期徒刑与有期徒刑的受刑人。据此，被判处死刑缓期2年执行的受刑人，即使生命垂危，需要保外就医，也不得予以保外就医。换言之，即使保外就医可使受刑人的生命得以挽救，也宁可让其死于狱中，而不得让其监外执行，这一规定的立法本意在于，被判死缓的受刑人人身危险性大，如让其监外执行，难以保障其不再危害社会。且不说被判死缓的受刑人未必都是再犯可能性大的人，也不论被判死缓的受刑人在一旦再犯罪便必将被处死的现实威慑下是否敢在监外执行中再犯罪，这一规定也明显违背行刑人道性限制行刑相应性规定而不具有合理性。因为被判死缓者的生命在缓期执行期间与被判自由刑者的生命一样受法律保护，以恐其再犯罪为由置被判死缓者的生命安危于不顾，即使在其生命垂危的情况下也不予保外就医，显然是将基于个别预防需要的行刑方式的相应性凌驾于行刑人道性的要求之上，求之功利而失之人道，明显不符合行刑的对立性规定对行刑方式的变通规定。

2. 按照监狱法的规定，无期徒刑与有期徒刑的受刑人，即使符合保外就医的条件或系怀孕或者正在哺乳自己婴儿的妇女，如"暂予监外执行有社会危险性"，也"应当收监"，而不得予以保外就医。这一规定，同样明显违背人道性限制相应性的行刑对立性规定而不具有合理性。因为按照这一规定，即使受刑人生命垂危，只有予以保外就医才可免于死，只要其具有人身危险性，也宁可让其死于狱中，而不可让其幸免于死，受刑人未被剥夺的生命权无以保障。同样，根据上一规定，即使受刑人是怀孕或正在哺乳自己婴儿的妇女，只要其具有人身危险性，也宁可让其冒胎死腹中之险或在监狱的不利环境中承受分娩之苦，或宁可剥夺其哺乳权并置婴儿的生死于不顾，而不得予以监外执行。如此求之功利失之人道的法律规定，其正当性何在，不言自明。

结 论

对我国监狱法的规定的正当性反思，展示了如下结论：

第一，监狱法有关行刑原则、监狱与受刑人的权利与义务、刑罚的执行、狱政管理、对受刑人的教育改造等的规定，均在很大程度上体现了行刑的立法与司法理性规定，符合行刑的一般理性规定，具有较大的合理性，因而基本上具有其正当性。

第二，监狱法有关规定只注重对受刑人合法权益的保护，而不注重对受刑人合法权益的实现的保障等，不符合行刑的人道性规定，因而不完全符合行刑的报应性规定；监狱法未将感化作为行刑的基本方法予以确认等，不符合行刑的个别化规定，因而不完全符合行刑的功利性规定；监狱法将被判处死刑缓期2年执行者完全排除在监外执行的对象之外，并规定具有人身危险性的被处无期徒刑或有期徒刑者不得保外就医，有悖行刑的对立性规定，因而不完全符合行刑的统一性的规定。因此，我国现行监狱立法不具有完全正当性。

第三章　行刑司法反思

行刑司法，是实现刑法与监狱法的有关规定的活动，因而也是立法所体现的行刑理性赖以实现的手段。与此相适应，行刑的正当与否，在很大程度上取决于行刑司法的正当与否。因此，对行刑体制的正当性的反思离不开对行刑司法的正当性的评价。根据行刑的司法理性规定，依判行刑、依法行刑与合理行刑是确保行刑正当的三项主要原则。相应地，行刑司法是否遵循了这三项原则，构成对行刑司法的反思的三大基点。

第一节　依判行刑评价

按照行刑的司法理性规定，刑事判决是行刑的直接根据，所执行的刑种、刑期与刑量，都必须于判有据，而死缓、缓刑、假释的执行与撤销也都必须由刑事判决或裁定确定，至于判定刑之减轻或免予执行，也同样必须以法院的裁定为前提。就我国现行行刑实践而言，依判行刑的原则得到了全面贯彻，表现出充分的合理性。

一、依判定刑种、刑期与刑量行刑

按照我国现行行刑格局，死刑立即执行、罚金与没收财产由法院自行执行，死刑缓期 2 年执行、无期徒刑与经判前羁押期限折抵后余刑在 1 年以上的有期徒刑由监狱执行，余刑不满 1 年的有期徒刑、拘役与管制由公安机关执行。尽管不同刑罚的执行权属不同，但无论哪一行刑机构执行何种刑罚，均需以法院业已生效的刑事判决为根据。

就死刑立即执行而言，按照刑事诉讼法的有关规定，其交付执行不但必须以最高人民法院核准的死刑判决为根据，而且只有在收到最高人民法院院长签发的死刑执行令后始可执行。非此，任何法院不得执行死刑。因此，死刑立即执行必须依判而行。在实践中，自《刑事诉讼法》实施以来，这一规定得到了严格遵守，未发生过不据核准的死刑判决与死刑执行令执行死刑的异例。

就死刑缓期2年执行而言，按照刑事诉讼法的有关规定，缓期考验交付监狱执行时，与无期徒刑、有期徒刑交付监狱执行一样，必须以已生效的相应判决等为根据，无生效判决，法院不得交付执行，监狱不得执行。就此，国家最高司法机关的有关司法解释与监狱法等作出了相应的具体规定。在实践中，监狱从收监始，即以判决为根据决定执行的刑种，对受刑人的关押、管理与释放，不以判决为根据，不据判决收监行刑的异例很难发生。这同样表明，依判行刑得到了作为主要行刑机构的监狱的严格遵守。

就被交付执行前余刑在1年以下的有期徒刑以及拘役、管制与剥夺政治权利的执行而言，根据刑事诉讼法的有关规定，公安机关同样必须以法院送达的已生效的相应判决为根据。在实践中，余刑在1年以下的有期徒刑或拘役、管制与剥夺政治权利的执行，基本上做到了依判而行，从诸如此类刑罚的开始执行到刑满释放或解除，均于判有据，不严格依判行刑的异例较为罕见。因此，公安机关在行使行刑权的过程中，也基本上做到了依判行刑。

至于罚金与没收财产，按照刑事诉讼法的有关规定，由法院执行。而执行罚金的数额与没收财产的份额均须以判决所确定的为根据。除非有法定理由，不得减免判决指定的罚金额或没收财产的份额，在任何情况下，均不得在判决所确定的基础上增大执行的罚金额，更不得将判决所确定的没收部分财产变更为没收全部财产。在实践中，不以判决为根据而执行罚金或没收财产的异例很少发生。因此，依法行刑的原则也为法院在执行财产刑的过程中得到了较好的遵循。

二、依判执行或撤销死缓或缓刑

根据刑法与刑事诉讼法的有关规定，死缓与缓刑由法院在判决中确定，由监狱或公安机关与基层组织监督执行，死缓与缓刑的撤销只能由法院以判决或裁定的方式确定。因此，死缓与缓刑的执行与撤销，同样须依判而行。

在实践中，基本上不存在被判处死刑而未同时宣告缓期2年执行者被交付缓期执行的情况，也不存在在法院未判决缓刑的前提下将受刑人交付缓刑的情况，更不存在已被判定死缓的人未经法院核准、裁定撤销死缓而执行死刑的情况，也不存在被判定缓刑的人未经法院重新判决或裁定而被撤销缓刑、收监执行的异例，监狱或公安机关与基层组织所为死缓或缓刑考验监督，也均是根据法院的缓刑判决而进行。因此，可以认为，死缓或缓刑的执行或撤销，同样较好地贯彻了依判行刑的原则。

三、以裁定为根据减刑

按照刑法、刑事诉讼法与监狱法的有关规定，减刑需由行刑机构报请法院审理后裁定。非经法院裁定，任何机构无权决定减刑。因此，以裁定为根据减刑构成依判行刑的重要组成部分。

在实践中，无论是死缓减为无期徒刑，还是无期徒刑减为有期徒刑，抑或是其他自由刑减刑，均是由执行机关建议，由法院裁定，在法院未裁定的情况下减刑或超出法院裁定范围减刑的情况极为罕见。因此，在减刑问题上，依判行刑的原则也得到了较好的贯彻。

四、以裁定为根据假释

按照刑法、刑事诉讼法与监狱法的有关规定，假释需由行刑机构报请法院审理后裁定。非经法院裁定，任何机构无权决定假释。与此相适应，以裁定为根据假释，也是依判行刑的必然要求。

在实践中，无论是无期徒刑的假释还是有期徒刑的假释，均由执行机构向法院建议，由法院审理后裁定。不经法院裁定而予以假释或经法院裁定假释而不予假释的情况极其罕见。而对于被假释者，公安机关的监督执行同样以法院的裁定为根据，不存在对被假释者不以裁定为依据予以监督的问题。至于假释的撤销，法院的判决或裁定是唯一根据，不发生未经法院判决或裁定而撤销假释、收监执行，或经法院判决或裁定撤销假释后，对受刑人不予收监执行的问题。因此，在假释问题上，依判行刑同样得到了充分的贯彻。

由上可见，从诸刑种、刑期与刑量的执行到诸行刑制度的适用与执行，我国行刑实践均较充分地贯彻了依判行刑的原则。因此，如果仅从依判行刑的角度来看，我国行刑实践具有明显的正当性。

第二节 依法行刑评价

按照行刑的司法理性规定，所有行刑活动，无论执行的是何刑种、刑期与刑量，也无论其是由哪一机构执行，均必须严格遵守有关法律的规定。就我国现行行刑实践来看，依法行刑在较大程度上得到了遵守，但在部分情况下，不依法行刑的现象也同样存在。

一、依法行刑的表现

在我国现行行刑实践中,刑法、刑事诉讼法与监狱法等有关刑事法律的规定得到了较好的遵循,依法行刑作为行刑原则因而得到了较全面的贯彻。具体表现在如下数方面:

(一) 依法执行判定刑种、刑期与刑量

本编第二、第三章已述,刑法、刑事诉讼法与监狱法就各种刑罚方法的执行方式、刑期的折算、交付执行的程序、行刑过程中的具体问题等作出了明确而具体的规定。在实践中,判定刑种、刑期与刑量的执行,基本上遵循了相应的法律规定。

1. 依法执行判定刑种。在判定刑为死刑立即执行的情况下,实践中通常能根据法定程序,按照法定的方法,以枪决的统一方式执行。对依法不应执行死刑者执行死刑或不按法定程序执行死刑的情况很少发生,至于不以法定的统一方式即枪决而用其他方式执行死刑的情况,自1979年刑法颁布实施以来,更未有所闻。

在判定刑为死刑缓期2年执行的情况下,通常能依法交付监狱执行。监狱也一般能依照监狱法的有关规定执行。在考验期内,如受刑人有新的犯罪事实,监狱通常能报请法院依法撤销死缓,执行死刑,如在考验期内,受刑人未故意犯罪,监狱则依法报请法院将死缓予以减刑,而法院亦能依法审理并裁定减刑。

在判定刑为无期徒刑或有期徒刑的情况下,判决一生效,法院一般能在法定期间内将受刑人交付执行,监狱则能按监狱法的有关规定对受刑人予以监管、教育与改造。虽然正如后文将述及的一样,在对受刑人的监管过程中,也存在诸多不合法因素,但总的来说,"依法管理"基本上成为监狱在行刑过程中所共守的准则。

在判定刑为拘役的情况下,公安机关通常能依法就近将受刑人置于拘役所或看守所关押、执行,刑法有关拘役执行的规定也一般能在行刑过程中得到相应的遵守。

在判定刑为罚金或没收财产的情况下,法院对罚金的执行通常能根据刑法的规定决定强制交纳或减免,对没收财产的执行通常能根据刑法的规定决定强制收缴,依法给受刑人及其所抚养或扶养的近亲属留出维持生活所需的财产份额,并保障债权人的利益。

在判定刑为剥夺政治权利的情况下，公安机关通常能根据刑法的规定，对受刑人予以相应的监督，使之不行使法定剥夺的政治权利。

2. 依法执行刑期。在判定刑为自由刑或剥夺政治权利的情况下，执行机关基本上能依法遵守判定刑期的限制，对于被剥夺自由的受刑人，刑期届满即予释放，恢复自由；对于被管制或剥夺政治权利的受刑人，刑期届满，执行机关即予依法解除监督，恢复其权利的行使。刑满不释放或不及时解除监督的情况虽然也常发生，但只不过是少数异例。因此，依法遵守判定刑期的限制，也是现行行刑实践遵循依法行刑原则的重要表现。

3. 依法执行刑量。在判定刑为财产刑的情况下，执行机关对罚金的强制交纳与减免以及对财产的收缴基本上能严格依法遵守判定罚金数额或没收份额的限制，不致发生不受判定数额或份额的限制而缴纳罚金或没收财产的不合法现象。因此，依法执行刑量，同样构成现行行刑司法贯彻依法行刑原则的表现。

（二）依法适用与执行缓刑

就作为行刑制度的缓刑的适用与执行而言，依法行刑原则也基本上得到了贯彻。

1. 依法决定缓刑。法院在决定缓刑与否时，一般能严格遵守刑法的规定，只对符合法定条件的人即被判处 3 年以下有期徒刑或拘役且不予关押不致再危害社会的人宣告缓刑，而不对不符合法定条件的人即判定刑不属 3 年以下有期徒刑、拘役，不予关押即有可能再危害社会的人宣告缓刑。虽然严格说来，缓刑的适用属于量刑时解决的问题，而不属行刑过程中的问题，但是，在根本意义上，缓刑毕竟是一种行刑制度，而不是一种量刑制度，其适用所决定的是判定刑的执行与否，而不是决定判定刑的分量，因此，依法决定缓刑应该认为是依法行刑的表现。

2. 依法执行缓刑。在判定刑被同时宣告缓期执行的情况下，执行机关通常能按照刑法的有关规定，对受刑人予以相应的监督考察，在受刑人具有撤销缓刑法定条件的情况下，通常能按法定程序撤销缓刑而执行判定刑，而在受刑人不具备撤销缓刑法定条件的情况下，一般不致违背法律的规定撤销缓刑而执行判定刑。因此，在缓刑的执行上，依法行刑的原则也基本上得到了贯彻。

（三）严格依法适用与执行减刑

就作为行刑制度的减刑而言，其适用与执行同样基本上体现了依法行刑的原则。

1. 依法适用减刑。在现行行刑实践中，对受刑人的减刑基本上能依照法定程序,由作为行刑机构的监狱根据受刑人的悔改或立功表现依法向有关法院提出减刑建议,由法院审理后裁定减刑与否以及减刑的期限。虽然对不符合减刑条件者减刑的情况时有发生,但是,总的来说,合法适用减刑的情况毕竟占多数。因此,对符合法定减刑条件者依法减刑,对不符合法定减刑条件者依法不予减刑,也是依法行刑的表现。

2. 依法执行减刑。在既已裁定减刑的情况下,执行机关通常能依法根据减刑裁定执行减刑后的刑种而不再执行原判刑种,或在原判刑期的基础上减除相应的刑期。在将原判死缓裁减为无期徒刑的情况下,依法不再执行死缓而改为执行无期徒刑;在将原判由无期徒刑裁减为有期徒刑的情况下,依法不再执行无期徒刑而执行有期徒刑;在将原判有期徒刑予以减轻的情况下,依法不再执行所裁减的刑期,如此等等依法执行减刑的表现,构成依法行刑得以贯彻的明证。

(四) 依法适用与执行假释

在作为行刑制度的假释的适用上,刑法、刑事诉讼法与监狱法的有关规定在实践中也基本上得到了较好的贯彻。

1. 依法适用假释。在现行行刑实践中,假释的适用基本上遵守了法定程序,由作为行刑机构的监狱根据受刑人在行刑期间的悔改表现依法向有关法院提出假释建议,由有关法院依法审理与裁定。虽然正如后文将述及的一样,依法不应假释者被裁定假释与依法可予假释者未予假释的情况并非个别,但总的说来,依法不应假释者不予假释与依法可予假释者予以假释的情况毕竟是多数。因此,在假释的适用上,基本上做到了依法行刑。

2. 依法执行假释。在既已裁定假释的情况下,作为行刑机构的监狱通常能依法解除对受刑人的关押,让其回归社会,一般不存在不合法地继续关押的问题。在获假释后,相应的公安机关通常根据刑法的有关规定对受刑人执行假释监督。在受刑人不遵守假释考验规定,重新犯罪或有其他法定撤销假释条件的情况下,有关法院一般能依法判决或裁定撤销假释,收监执行原判余刑;在受刑人在假释考验期间不具有法定撤销假释的条件的情况下,假释考验期满,负责执行监督考察的机构通常能依法解除监督,不存在逾期不解除的问题。与此相适应,依法执行假释,也体现了依法行刑的原则。

(五) 依法决定与执行监外执行

就作为行刑制度的监外执行的决定与执行而言,现行行刑实践也基本上做到了依法而行。

1. 依法决定监外执行。虽然正如后文将述及的一样，不依法决定监外执行，是现行行刑实践中所存在的一种严重的违法行刑现象，但是，在大多数情况下，监外执行能依照刑事诉讼法与监狱法的有关规定决定。符合法定保外就医等条件者通常可由作为执行机构的监狱决定予以保外就医，而不符合法定保外就医等条件者通常不致被决定监外执行。因此，在监外执行的决定上，现行行刑实践基本上体现了依法行刑的原则。

2. 依法执行监外执行。在既已依法决定予以监外执行的情况下，受刑人通常能被依法交付公安机关予以执行。在暂予监外执行的情形消失后，刑期未满的，负责执行的公安机关一般能依法及时通知监狱收监执行余刑；刑期届满的，原关押的监狱也一般能依法办理释放手续。因此，监外执行的依法执行，构成依法行刑的重要表现。

综上所评，我国现行行刑实践基本上贯彻了依法行刑的原则，因具有合法性而具有相应的正当性。

二、行刑司法的不合法性

肯定我国现行行刑司法基本上贯彻了依法行刑的原则，并不意味着其不存在任何不合法的因素。相反，在既存行刑实践中，依法行刑在诸多方面并未得到充分贯彻，不合法行刑现象不但存在，而且在某些情况下还表现得相当严重与突出。扼其要者，现行行刑实践中的不合法行刑现象可评析如下：

（一）死刑执行中的不合法性

在执行死刑前将受刑人五花大绑、游街示众，曾是我国千百年来的历史陋习。就受刑人的角度来看，这种做法构成对其的当众羞辱，严重侵犯其人格，因而可以说是已被制刑排除在外的羞辱刑的变种与遗风；就社会的角度来看，其构成野蛮行刑的明显标志，与文明观念背道而驰。因此，刑事诉讼法明文规定，执行死刑不得示众，国家最高司法机关也曾发文明令严禁将死刑犯游街示众。然而，在部分地区，将死刑犯游街示众尤其是以"公开处理"之类名义五花大绑、变相游街示众的现象，不但至今仍然存在，而且已成惯例。这种明显违背刑事诉讼法有关规定的现象，构成违法行刑之最。

（二）自由刑执行中的不合法性

在自由刑的执行方面，不合法乃至违法的现象普遍存在。主要表现如下：
1. 违法留所。按照监狱法的有关规定，除余刑在 1 年以下者外，凡判处死刑缓期执行、无期徒刑或有期徒刑的受刑人均应交付监狱执行。看守所条例亦规定，除确实出于特别需要外，看守所不得将余刑在 1 年以上者不交付监狱执行而留所服刑。然而，基于种种原因，某些看守所违背这些规定，不将应交付监狱执行的受刑人依法交付监狱，而将其留所服刑。不论其原因何在，也不论其后果如何，这种做法构成对有关法律规定的明知故犯，是违法行刑的明显表现。

2. 刑讯逼供、体罚、虐待、侮辱或殴打受刑人。监狱法明文规定，监狱警察不得刑讯逼供、体罚、虐待、侮辱或殴打受刑人。然而，在实践中，行刑人员对受刑人刑讯逼供、体罚尤其是滥用戒具变相体罚受刑人，以饿饭、挨冻等方式虐待受刑人，以辱骂、理光头、穿戴印有"囚"、"劳改"、"罪犯"之类字样的衣饰侮辱受刑人以及殴打受刑人或唆使受刑人殴打受刑人的现象，在某些行刑机构中司空见惯，有的甚至已成定制。诸如此类严重违背有关法律规定的侵犯受刑人人身权利的现象，是违法行刑的突出表现。

3. 违法监外执行。刑事诉讼法与监狱法明文规定，只有对于被判处有期徒刑或拘役但患有严重疾病需要保外就医、生活不能自理的受刑人，或者怀孕或正在哺乳自己婴儿的妇女才可予以监外执行。然而，对不属此列的受刑人违法予以监外执行的现象并不罕见，以致监外执行成为部分监管人员徇私枉法、使受刑人逃避惩罚的"地下通道"。不仅如此，对在暂予监外执行的情形消失后，刑期未满的被监外执行者有意或无意地不收监执行的现象也相当普遍，以致监外执行与刑满释放无异。在监外执行的适用上存在的诸如此类的违法或不合法现象，也是违法行刑的突出表现。

4. 违法减刑、假释。刑法与监狱法就受刑人的减刑或假释条件作出了严格的明文规定。然而，执行机关或法院审判人员徇私枉法或疏于职责，对表现良好甚至有立功表现的受刑人不依法建议与裁定减刑或假释，而对并无悔改或立功表现甚至表现恶劣者却违法减刑、假释，甚至突破法律关于减刑或假释的刑期限制予以减刑、假释的现象却屡见不鲜。有的监狱甚至完全置法定减刑、假释条件于不顾，只要受刑人能交纳相应的"押金"，即予假释，以致假释被明码标价地"拍卖"。诸如此类的违法减刑、假释现象是如此之突出，以致大墙之内流行"改造的不减刑、减刑的不改造"之说。因此，违法减刑或假释现象的存在，同样表明依法行刑远未充分贯彻。

5. **违法缓刑**。如前所述，缓刑与否只取决于法院的判决，不按法律规定适用缓刑，因而虽然不属行刑机构与行刑过程中的不合法现象，但正由于缓刑的适用与否决定着判定刑是否实际执行，因此，违法缓刑，在广义上也可归于违法行刑的范围。在实践中，法院审判人员有意无意地违背刑法关于缓刑的规定，对依法不应适用缓刑者予以缓刑，对依法可予缓刑者不予缓刑的现象并非个别，其存在同样可视为不合法行刑的标志。

（三）罚金刑执行中的不合法性

按照刑法关于罚金刑的执行的规定，在受刑人逾期不缴纳罚金的情况下，法院应当强制缴纳直至随时追缴。然而，在实践中，罚金刑只判不行的现象相当普遍，强制缴纳与随时追缴的规定远未充分贯彻与全面遵守。罚金刑执行方面的这种不合法现象，无疑也是行刑的不合法性的表现。

综上所列，种种不合法现象表明，现行行刑实践也并未充分贯彻依法行刑原则，其因部分地不具有合法性而不具有正当性。

第三节 合理行刑评价

按照行刑的司法理性规定，在依判与依法行刑的前提下，行刑司法还应坚持合理行刑原则。即是说，在法律未作具体规定的问题上，司法者应该根据行刑的一般理性规定行刑。与此相适应，现行行刑司法是否遵守合理行刑原则，也构成其是否具有正当性的必要评价基点。

一、行刑司法的合理性

立足于合理行刑的司法理性规定，我国现行行刑司法之在依判与依法行刑前提下的行刑合理性，表现在多方面，扼其要者，可展示如下：

（一）以人道性原则决定行刑

按照合理行刑的具体规定，在依判、依法的前提下，行刑是否具有人道性，构成其合理与否的重要评价基准。① 虽然正如后文将述及的一样，现行行刑实践中亦存在种种不合人道性规定的行刑现象，但总的说来，行刑的人道性在大部分情况下构成行刑司法在依判与依法行刑的前提下合理行刑的准则。具体表现如下：

1. 以人道性规定死刑执行中的某些问题。在死刑执行后，受刑人的尸体如何处置等，法律未作明文规定。就此，国家最高司法机关曾发文规定，基于

---

① 详见邱兴隆著：《刑罚理性导论——刑罚的正当性原论》，中国政法大学出版社1998年版，第529页。

医用或科研需要而利用被处死刑者的尸体器官，必须征得其亲属的同意，如受刑人有亲属认领尸体，其尸体交由亲属处理；如无人认领，由执行死刑的法院负责火化。同样，法律只规定对怀孕的妇女不得执行死刑，但并未明文规定可否对其先行强制堕胎然后执行死刑。而国家最高司法机关曾就此发文，严禁对孕妇先行强制堕胎然后执行死刑。诸如此类司法文件的规定，既不与法律的规定相冲突，又合乎行刑人道性的规定，因而具有其合理性。据其所为的执行活动，无疑构成合法前提下的合理行刑。

2. 以人道性决定自由刑执行中的某些问题。监狱法只规定受刑人可与亲属、监护人会见与通信，而未明文规定，受刑人可否与配偶同居等。在现行行刑实践中，有的监狱允许受刑人的配偶留狱与受刑人同居。诸如此类的做法，既不违背法律的规定，又有助于受刑人未被剥夺的婚姻、家庭权等的实现，因而符合行刑人道性的规定，具有合法前提下的合理性。又如监狱法未就受刑人在行刑期间是否可以自购食品以补伙食定量之不足、自购药物治病等作出明文规定，但按惯例，有相当一部分监狱允许如此。而这既不违法，又符合行刑的人道性规定，因而同样具有合法前提下的合理性。

3. 以人道性决定监外执行或假释。刑事诉讼法与监狱法虽然均规定了对生活不能自理者可予监外执行，但并未明列举生活不能自理的范围。在行刑实践中，老弱病残通常被纳入生活不能自理而准予监外执行的范围。而对老弱病残者不予收监而予监外执行，在很大程度上是着眼于受刑人的生活与健康的考虑，因而符合行刑的人道性规定。其具有合法前提下的合理性不言而喻。同样，刑法与监狱法并未明文规定，受刑人老弱病残可根据具体情况予以假释。但国家最高司法机关有关司法解释将老弱病残、丧失作案能力列为"不致再危害社会"的根据之一，规定对其可考虑予以假释。这一规定，同样在一定程度上体现了照顾老弱病残者的行刑人道性规定，因而也具有合法前提下的合理性。

(二) 以有利受刑人原则决定行刑

按照合理行刑的理性规定，在法律没有明文禁止的前提下，所有有利于受刑人的行刑选择均是合理的选择，因此，有利受刑人应该成为依判、依法前提下合理行刑的重要理性规定。[①] 在现行行刑实践中，有利受刑人原则得到了一定程度的贯彻。

---

① 详见邱兴隆著：《刑罚理性导论——刑罚的正当性原论》，中国政法大学出版社1998年版，第529页。

1. 以有利受刑人原则决定死缓的适用。从根本意义上说，死缓制度的创设本身体现的是"可杀可不杀者不杀"的精神，因而构成一种有利受刑人的选择。然而，刑法只概括性规定，"如果不是必须立即执行的"可以判处死缓，而未具体规定哪些情况属于"不是必须立即执行的"之列。在审判实践中，法院在决定作为行刑制度的死缓制度的适用时，在相当一部分情况下，能侧重于对有利受刑人的因素的考虑，如受刑人素无劣迹、犯罪事出有因、出于一时的冲动犯罪、有悔悟表现与民愤小等，往往均被归于"不是必须立即执行"的情形，并被作为适用死缓制度的根据。虽然适用死缓制度属于量刑司法的范畴，而不属行刑过程中的问题，但其所决定的不是是否判处死刑，而是是否执行已判处的死刑，因而也可归于行刑司法的范畴。与此相适应，以有利于受刑人的因素决定死缓制度的适用，可以认为是根据有利受刑人原则决定行刑的表现，因而具有合法前提下的合理性。

2. 以有利受刑人原则决定自由刑执行中的某些问题。刑法只规定受刑人在无期徒刑与有期徒刑执行期间应该接受教育，监狱法也只规定监狱应当根据不同情况，对受刑人进行扫盲教育、初等教育与初级中等教育，二者均未就监狱是否应对受刑人进行高中、大学等文化教育等作出明文规定。在行刑实践中，大部分监狱均鼓励受刑人自学乃至开办业余大学，使其接受高等教育。这是在法律没有明文禁止的情况下一种有利受刑人的选择，其构成合法前提下的合理行刑的例证。

3. 以有利受刑人原则决定监外执行与假释的适用。前文已述，对老弱病残者予以监外执行或假释，在相当程度上是基于人道的考虑。另外，在客观上，这些选择是有利于受刑人而不是不利于受刑人的选择，因而也体现了有利于受刑人的原则，构成合法前提下合理行刑的表现。

（三）以个别化原则决定行刑

按照行刑的司法理性规定，在依判与依法行刑的前提下，只要不违背行刑的人道性与有利受刑人原则，凡有助于改造受刑人的个别化措施均是合理的措施。与此相适应，根据个别化原则行刑，也是依判与依法行刑前提下合理行刑的重要理性规定。[①] 在我国现行行刑实践中，尤其是在自由刑的执行过程中，行刑个别化原则也在一定程度上得到了遵循。例如，刑法与监狱法并未就监管人员应该如何关心受刑人的生活、帮助其解决家庭矛盾等实际问题等作出具体

---

① 详见邱兴隆著：《刑罚理性导论——刑罚的正当性原论》，中国政法大学出版社1998年版，第529—530页。

规定。在行刑实践中，不少监管人员能从衣食起居等日常生活方面对受刑人予以无微不至的关心，在受刑人遇到离婚等重大家庭矛盾时及时予以耐心细致的开导，帮助其处理好矛盾。诸如此类措施，既不在法律禁止之列，又有助于刑罚感化功能的发挥，是行刑个别化的明显体现，同样具有合法前提下的合理性。

二、行刑司法的不合理性

立足于行刑的司法理性规定，我国现行行刑实践也存在诸多不合理因素。具体表现如下：

（一）行刑不合人道性规定

国家司法机关作出严禁对孕妇先行强制人工流产然后执行死刑的规定之前，在死刑执行问题上，少数地区出现过对孕妇先行强制人工流产然后执行死刑的异例。虽然在当时的具体情况下，此种异例很难归为不合法的行刑，因为法律并未明文禁止如此执行死刑，但是，其不合行刑的人道性规定却显而易见，因而是行刑不合理的明证。虽然在死刑执行问题上的这种异例已消除，但是，直到现在，在自由刑的执行上，虽不违法但不人道的做法也仍然存在。如前文所列的配偶同居制只在少数监狱试行，且对其意义的认识普遍只限于其作为感化受刑人的手段，而未被认识到这是实现受刑人未被剥夺的性权、婚姻权与家庭权的必要保障。因此，在大部分监狱未实行配偶同居制，实际上剥夺了受刑人未被剥夺的作为人所共享的基本权利，因而不符合行刑的人道性规定。至于对老弱病残予以监外执行或假释，也未普遍贯彻，因而也构成行刑虽不违法但不合行刑人道性规定的明证。因此，在自由刑执行与作为行刑制度的监外执行与假释的适用上未充分贯彻行刑的人道性规定，也是我国行刑司法不具有合法前提下的合理性的表现。

（二）行刑不合有利受刑人的规定

如前所述，在死缓制度的适用上，对有利于受刑人的因素的考虑体现了受刑人的原则。然而，在相当一部分情况下，不但这些有利受刑人的因素未予充分考虑，相反，审判人员对诸如犯前表现不好、犯后态度不好或民愤大之类不利受刑人的因素却过于注重，以致本没有立即执行死刑必要的受刑人本可缓期执行死刑，却被处立即执行死刑。这构成死刑执行中明显不利受刑人的表现。在自由刑的执行上，诸如不给受刑人提供受文化教育的条件、对以监视居住的名义实际剥夺自由的期限不折抵刑期、对受刑人奖少罚多、对表现良好者以不具有立功表现等为由不予减刑或假释等现象，在现行行刑实践中并非个别，构成明显不利受刑人的选择。现行行刑实践中存在的诸如此类的不利受刑人的选择，虽然很难说是违法的选择，但明显不具有合法前提下的合理性。

（三）行刑不符合个别化的原则

尽管因人施教与感化等对于实现刑罚的个别预防目的的意义已成为共识，但在自由刑的执行过程中，只管不教或流于形式的一般性教育仍是相当一部分监管机构通用的管理方式，对受刑人的衣食起居等日常生活不闻不问、对其家庭矛盾等现实问题置之不理等现象也普遍存在。诸如此类现象，虽然谈不上违法或不人道、不利受刑人，但不符合改造受刑人的要求，无助于刑罚个别预防目的的实现，因而不符合行刑个别化的规定，同样不具有合法前提下的合理性。

综上所述，我国现行行刑司法因未充分贯彻行刑的人道性、有利受刑人与个别化的原则而在相当程度上不具有合法前提下的合理性。

结　　论

对行刑司法的正当性的全面反思，展示了如下结论：

第一，我国现行行刑实践从刑种、刑期与刑量的执行到行刑制度的适用与执行，均在极大程度上遵循了依判行刑的行刑司法理性规定，判外行刑极为罕见。因此，在依判行刑上，现行行刑司法具有充分明显的正当性。

第二，在依法行刑方面，我国现行行刑实践从实体到程序均基本上遵循了刑法、监狱法与刑事诉讼法的有关规定，因具有相当的合法性而具有相应的正当性。然而，从死刑、自由刑到财产刑的执行直至行刑制度的适用与执行，违反或不合刑法、监狱法与刑事诉讼法的规定的现象并不罕见，因此，现行行刑实践又因部分地不具有合法性而不具有相应的正当性。有鉴于此，我国现行行刑司法体制是一种不完全正当的司法体制。

第三，就合理行刑而言，现行行刑司法在某些方面符合人道性、有利受刑人与个别化的行刑司法理性规定，因部分地具有合法前提下的合理性而具有相应的正当性。但是，不符合人道性、有利受刑人与个别化的行刑司法理性规定的现象在现行行刑司法活动中普遍存在，因此，现行行刑司法又因部分地不具有合法前提下的合理性而不具有充分的正当性。由此也可以定论，我国现行行刑司法体制是一种不完全正当的行刑司法体制。

结论与余论

对有关行刑的立法与司法的各别评价就刑法中的行刑规范,监狱法的规定与行刑司法的合理性与不合理性得出了个别的结论,将这些结论予以综合归纳,可以就我国行刑体制的正当性得出一般性的结论,并为配刑体制的完善指明方向。

第一节 行刑的现实反思的一般结论

一、行刑体制的合理性之一般

综合对行刑体制的诸方面的反思,可以就行刑体制的合理性得出如下一般结论:

(一) 基本上符合行刑的报应性规定

立足于行刑的报应性规定,行刑体制的合理性如下:

1. 基本上符合行刑的惩罚性规定。就行刑内容而言,根据刑法与监狱法的规定,除非同时符合免缴罚金的条件或宣告死缓或缓刑,判定刑所指定剥夺的是何权益,行刑便须实际剥夺这一权益,不得保留受刑人的这一权益。如在被处死刑立即执行的情况下,行刑应以枪决的方式剥夺受刑人的生命,不得保留其生命;在被处无期徒刑、有期徒刑或拘役的情况下,除非被宣告减刑或假释,行刑应以将受刑人关押于监狱或其他特定场所指定剥夺的权益,是报应性对行刑的内容即惩罚性的规定所在,因此,刑法与监狱法的规定,基本上符合行刑的惩罚性规定。前章已述,现行行刑实践充分贯彻了依判行刑的行刑理性规定。与此相适应,在行刑实践中,判定刑所指定剥夺的权益一般均能受到实际剥夺。因此,行刑实践也基本上符合行刑的惩罚性规定。正由于立法与司法均基本上符合行刑的惩罚性规定,所以,我国行刑体制基本上符合行刑的报应性对行刑内容的规定。

2. 基本上符合行刑的必然性规定。在判定刑是否实际执行上,按照刑法与监狱法的规定，除非依法免缴罚金、被宣告死刑缓刑或自由刑缓刑，所有判定刑均应予执行。而如前章所述，现行行刑实践基本上贯彻了依判行刑与依法行刑的理性规定，相应地，在行刑实践中，所有判定刑均基本上得到了执行。因此，现行配刑体制基本上符合报应性对判定刑应予执行的规定，即行刑的必然性规定。

3. 基本上符合行刑的等价性规定。按照刑法与监狱法的规定，在行刑的分量是否调整上，除非依法减刑，任何判定刑种或刑期不得缩减，更不得加重；除非依法减轻，判定财产刑的刑量均不得减小，更不得加大。而如前章所述，在行刑实践中，基本上贯彻了依判行刑与依法行刑的行刑理性规定，相应地，判定刑种或刑期，在不依法适用减刑的情况下，基本上可得到执行，不生加重或减轻的问题；判定财产刑的分量也基本上可得到执行，不生减小或加大之问题。因此，现行行刑体制基本上符合行刑的报应性关于判定刑不得加重或减轻的规定。

4. 基本上符合行刑方法的统一性规定。按照刑法、刑事诉讼法与监狱法的规定，除非依法监外执行或假释，所有刑罚均必须以法定的统一方式执行，不得予以变通。而行刑实践中之基本上贯彻了依判行刑与依法行刑的行刑司法理性规定，又使判定刑在行刑实践中基本上被以相应的法定统一方式执行。因此，现行行刑体制基本上符合行刑的报应性对行刑方式的规定，即行刑方式的统一性规定。

5. 基本上符合行刑的人道性规定。按照监狱法的规定，受刑人拥有未受剥夺或限制的权利不受剥夺或限制的权利，侵犯受刑人未受剥夺的权利的行为应受制裁，监狱应保障受刑人所享有的申诉、控告权与通信、会见权的实现，并保障受刑人的基本生存环境等。在行刑实践中，依法行刑的理性规定的贯彻，又使这些规定基本上可得以实现。这均是人道性对行刑内容规定的体现。因此，现行行刑实践基本上符合行刑的人道性对行刑内容的规定。

不仅如此，刑事诉讼法与监狱法还确立了监外执行制度，允许对被判处无期徒刑或有期徒刑但患有严重疾病的受刑人与怀孕或正在哺乳自己婴儿的妇女予以监外执行。这是基于人道性而生的变通行刑方式的例外。在行刑实践中，由于基本上贯彻了依法行刑的行刑理性规定，符合监外执行条件者通常被允许监外执行而受到人道待遇。因此，现行行刑体制基本上符合行刑的人道性对变通行刑方式的规定。

6. 基本上符合行刑的奖赏性规定。按照刑法与监狱法的规定，受刑人有悔改或立功表现，可以减刑或假释。在行刑实践中，减刑与假释制度通常被运用于具有悔改或立功表现的受刑人。而对有悔改或立功表现的受刑人予以减刑或假释，符合行刑的奖赏性对减轻判定刑的分量与变轻行刑方式的规定。因此，现行行刑体制基本上符合行刑的奖赏性规定。

7. 部分地符合行刑的宽恕性的规定。按照刑法的规定，在被判处死刑缓期2年执行的情况下，如受刑人未再犯新罪，应免予死刑的执行；在被判处短期自由刑缓期执行的情况下，如受刑人未再犯新罪且无其他违法犯规的不良表现，其判定刑即不再执行。在实践中，未再犯新罪的死刑缓期2年执行受刑人在考验期满后均被依法免予死刑的执行，未再犯罪且无不良表现的被缓刑者在考验期满后，也未再执行判定刑。这均符合社会宽容观念，因而符合行刑的宽恕性对判定刑可免予执行的规定。仅就此而言，我国现行行刑体制符合行刑的宽恕性规定。

（二）基本上符合行刑的功利性规定

立足于行刑的功利性规定，我国现行行刑体制的合理性如下：

1. 基本上符合行刑的遏制性规定。按照刑法与监狱法的有关规定，在受刑人被处死刑的情况下，如不剥夺其生命，也可遏制其再犯罪，可不实际剥夺其生命，但如不剥夺其生命，不足以遏制其再犯罪，则必须剥夺其生命；在被处短期自由刑的情况下，如不剥夺其自由，受刑人不致再危害社会，可不剥夺其自由，但如不剥夺其自由，其有可能再犯罪，则必须剥夺其自由。在实践中，死缓与缓刑制度的依法适用，使不剥夺生命足以遏制其再犯罪的死刑受刑人的生命得以保留，使不剥夺自由不致再犯罪的自由刑的受刑人免受自由被剥夺。如此等等，均符合行刑的功利性对行刑内容的规定，即只有遏制犯罪需要剥夺判定刑所指定剥定的权益，行刑才应以剥夺该权益为内容；如遏制犯罪不需剥夺判定刑所指定剥夺的权益，则行刑不以剥夺该权益为内容。因此，我国现行行刑体制基本上符合行刑的遏制性规定。

2. 基本上符合行刑的必效性规定。刑法与监狱法规定，被判死缓的受刑人在缓刑执行期间如未犯新罪，其判定死刑不予执行；被判缓刑的受刑人在缓刑考验期内如未再犯罪且无其他不良表现，考验期满，判定自由刑不再执行。在实践中，在考验期内未犯新罪的被判死缓者，其判定死刑被依法不予执行；在考验期内未犯罪且无其他不良表现的被判缓刑者，其判定自由刑被依法不予执行。如此等等，体现了遏制犯罪需要执行判定刑便执行判定刑，遏制犯罪不需执行判定刑便不执行判定刑的行刑的必要性规定。与此相适应，我国现行行刑体制基本上符合功利性对判定刑之是否执行的必效性规定。

3. 基本上符合行刑的适度性规定。刑法与监狱法规定，被判死缓的受刑人，如在考验期内未犯新罪，其判定死刑可减轻为无期徒刑；被判无期徒刑的受刑人，如有悔改或立功表现，其判定刑可减为有期徒刑；被判有期徒刑或拘役的受刑人，如有悔改或立功表现，其判定刑期可减轻。在实践中，减刑被依法适用于在行刑期间有悔改或立功表现的受刑人。如此等等，均是遏制犯罪只需轻刑便不执行重刑的行刑的适度性规定的体现。因此，我国现行行刑体制基本上符合功利性对行刑分量的适度性的规定。

4. 基本上符合行刑的相应性规定。刑法与监狱法规定，不予关押而不致危害社会的无期徒刑与有期徒刑的受刑人，可予假释；监狱法规定，监狱应根据改造罪犯的需要对受刑人采取不同的管理与教育方式。在实践中，符合法定条件的受刑人被依法假释，对受刑人的管理、教育与改造也大都依法实现了个别化。如此等等，均是行刑方式与遏制犯罪的需要相适应的体现。因此，我国现行行刑体制也基本上符合功利性对行刑方式的个别化即相应性的规定。

（三）基本上符合行刑的统一性规定

立足于行刑的统一性规定，现行行刑司法体制的合理性如下：

1. 基本上符合行刑的同一性规定。就行刑的报应性规定与功利性规定的同一性规定而言，现行行刑体制的合理性在于：

（1）立法上规定除被宣告死缓、缓刑者外，行刑以实际剥夺受刑人判定刑所指定剥夺的权益为内容。在实践中，被判死刑立即执行者被剥夺生命，被判自由刑者被剥夺自由，被判财产刑者被剥夺财产，被判剥夺政治权利者被剥夺政治权利。这既合行刑的惩罚性规定又合行刑的遏制性规定，因而符合行刑的报应性与功利性对行刑内容的同一性规定。

（2）立法上规定，除被宣告死缓、缓刑者外，判定刑应予执行。司法上对应予执行判定刑者予以执行，既合行刑的必然性规定又合行刑的必效性规定，因而符合行刑的报应性与功利性对判定刑应予执行的同一性规定。

（3）立法上规定，除非受刑人减刑，其判定刑不得变通。司法上对不符合法定条件者不予减刑，既合行刑的等价性规定又合行刑的功利性规定，因而符合行刑的报应性与适度性对判定刑不得调整的同一性规定。

（4）立法上规定，除非受刑人可监外执行或假释，其判定刑应以法定方式执行。司法上对不符合法定条件者不予监外执行或假释，既合行刑的统一性规定又合行刑的相应性规定，因而符合行刑的报应性与功利性对行刑方式不得变通的同一性规定。

（5）立法上规定，对符合保外就医条件者与孕妇或哺乳的妇女，如无人身危险性，可予监外执行。司法上对具备此类条件者予以监外执行，既合行刑的人道性规定，又合行刑的相适性规定，因而符合行刑的报应性与行刑的功利性对行刑方式之变通的同一性规定。

（6）立法上规定，对可减刑者或假释者予以减刑、假释。司法上对符合法定减刑、假释条件者予以减刑、假释，既合行刑的奖赏性规定又合行刑的适度性或相应性规定，因而符合行刑的报应性与行刑的功利性对判定刑可减轻或行刑方式可变通的同一性规定。

（7）立法上规定，被判死缓、缓刑、假释者，在考验期内又犯新罪或有其他不良表现，撤销缓期执行，执行判定刑。司法上对属于此列的受刑人执行判定刑，既合行刑的必然性规定，又合行刑的必效性规定，因而符合行刑的报应性与行刑的功利性关于判定刑应予执行的同一性规定。

（8）立法上规定，被判死缓者在考验期内未故意犯罪，不再执行死刑；被判缓刑、假释者在考验期内未再犯罪且无其他不良表现，不再执行判定刑。司法上对符合这些规定者不予执行判定刑，既合行刑的宽恕性规定，又合行刑的必效性规定，因而符合行刑的报应性与行刑的功利性关于判定刑可不执行的同一性规定。

2. 基本上符合行刑的对立性规定。就行刑的报应性与功利性的对立性规定而言，现行行刑体制的合理性在于：

（1）立法规定被判死刑与短期自由刑者，如不需立即执行或不致再危害社会，可以判处死缓或缓刑。司法上依法对相应的受刑人适用死缓或缓刑，既不实际执行判定刑，又保留执行的可能性，符合行刑的必然性与必效性对不执行判定刑的折衷调和的规定，因而符合行刑的报应性与行刑的功利性的折衷调和的对立性规定。

（2）立法上规定，对不致再危害社会的受刑人予以假释。司法上对相应的受刑人适用假释，既变轻了行刑方式，又保留了按统一方式行刑的可能性，符合行刑的统一性与相应性对变轻行刑方式的折衷调和的规定，同样符合行刑的报应性与功利性的折衷调和的对立性规定。

（3）立法上未规定加刑制度。司法上不对受刑人加刑，符合行刑等价性排斥行刑适度性的规定，因而符合行刑报应性排斥行刑功利性的行刑的对立性规定。

（4）立法上规定减刑不得超过原判刑期的 1/2，假释必须实际执行原判刑期 1/2。司法上，据此适用减刑或假释，符合行刑的等价性与统一性排斥行刑的适度性与相应性的规定，因而也符合行刑的报应性排斥行刑的功利性的行刑的对立性规定。

二、行刑体制不合理之一般

基于对行刑立法与司法的正当性的全面反思,可以就我国行刑体制的不合理性得出如下一般结论:

(一) 不完全符合行刑的报应性规定

立足于行刑的报应性规定,我国现行行刑体制的不合理性如下:

1. 不完全符合行刑的惩罚性规定。在现行行刑实践中,对依法不应缓刑者予以缓刑的不合法行刑现象屡见不鲜。其结果是使受刑人应受剥夺的人身自由不受剥夺,因而未受到应有的惩罚。这明显不符合报应性对行刑的内容即惩罚的规定。因此,我国现行行刑体制因并不完全符合行刑的惩罚性规定而不完全符合行刑的报应性规定。

2. 不完全符合行刑的必然性规定。缓刑之被不合法地适用于受刑人,不但因受刑人的自由未受实际剥夺而不合行刑的惩罚性规定,而且还因判定刑最终未予执行而不合有判必行的行刑必然性规定。另外,在罚金刑问题上,法院只判不行的现象普遍存在,同样有悖行刑的必然性规定。因此,我国现行行刑体制因并不完全符合行刑的必然性规定而不完全符合行刑的报应性规定。

3. 不完全符合行刑的等价性规定。在现行行刑实践中,对不应减刑者违法减刑的现象并非个例,其结果是使判定刑所体现等价性被违法减刑所无理否定。这明显不符合报应性对行刑的等价性的规定。因此,我国现行行刑体制因不完全符合行刑的等价性规定而不完全符合行刑的报应性规定。

4. 不完全符合行刑的统一性规定。在现行行刑实践中,违法监外执行与假释现象并不罕见,其结果是使法定的关押的统一行刑方式被毫无根据地破坏。因此,我国现行行刑体制因不完全符合行刑方式的统一性规定而不完全符合行刑的报应性规定。

5. 不完全符合行刑的人道性规定。监狱法既未一般地规定监狱应保障受刑人未被剥夺或限制的权利的实现,又未就受刑人未被剥夺或限制的某些权利的实现提供保障性规定。行刑实践中,死刑执行中的游街示众、自由刑执行中行刑人员对受刑人的种种不人道待遇,均是行刑体制不符合行刑人道性规定的表现。因此,现行行刑体制因从立法到司法都不完全符合行刑的人道性规定而不完全符合行刑的报应性规定。

6. 不完全符合行刑的奖赏性规定。在现行行刑实践中存在的违法减刑、假释现象,使不具有悔改或立功表现的受刑人亦被减刑或假释,违背只有善行才应受善报的行刑奖赏性规定。因此，我国现行行刑体制因未完全体现行刑的奖赏性规定而不完全符合行刑的报应性规定。

7. 不完全符合行刑的宽恕性规定。刑法未规定轻法溯及生效判决的免刑与减刑制度、行刑时效制度与普通剥夺政治权利减刑制度，不符合行刑的宽恕性规定。因此，我国现行行刑体制因未完全体现行刑的宽恕性规定而不完全符合行刑的报应性规定。

（二）不完全符合行刑的功利性规定

立足于行刑的功利性规定，现行行刑体制的不合理性如下：

1. 不完全符合行刑的遏制性规定。行刑实践中存在的对不宜缓刑者违法或不合理缓刑现象，使应予实际剥夺自由以遏制其再犯罪的受刑人的人身自由不受实际剥夺，不符合行刑的遏制性规定。因此，我国现行行刑体制因不完全符合行刑的遏制性规定而不完全符合行刑的功利性规定。

2. 不完全符合行刑的必效性规定。刑法未规定轻法溯及生效判决的免行刑制度、行刑时效制度与无期徒刑缓刑制度，行刑实践中对可予缓刑者不予缓刑，不符合遏制犯罪不需执行判定刑便不应执行判定刑的行刑的必要性规定；行刑实践中对不应缓刑者予以缓刑，不符合遏制犯罪需要执行判定刑便应执行判定刑的行刑的必要性规定。因此，我国现行行刑体制因不完全符合行刑的必效性规定而不完全符合行刑的功利性规定。

3. 不完全符合行刑的适度性规定。刑法未规定轻法溯及生效判决的减刑制度、普通剥夺政治权利减刑制度与无期徒刑缓刑制度，在行刑实践中，对本应减刑者不予减刑，不符合遏制犯罪只需轻刑便只应执行轻刑的刑足制罪为限度的行刑适度性的规定；对不应减刑者予以违法或不合理减刑，不符合遏制犯罪需要执行重刑便应执行重刑的刑足制罪为必要的适度性规定而不完全符合行刑的功利性规定。

4. 不完全符合行刑的相应性规定。监狱法未将感化作为行刑的基本方法予以确认、刑法未规定教育与改造应是拘役的行刑方法，在行刑实践中，不应假释者被假释，应予假释者不被假释，诸如此类有利于对受刑人之改造的个别化手段未能被广为运用，不符合行刑方法的相应性规定。因此，我国现行行刑体制因不完全符合行刑方法的相应性规定而不完全符合行刑的功利性规定。

（三）不完全符合行刑的统一性规定

立足于行刑的统一性规定，我国现行行刑体制的不合理性如下：

1. 不完全符合行刑的同一性规定。从行刑的同一性角度来看，我国现行行刑体制的不合理表现在诸多方面。

（1）司法中对不应适用死缓与缓刑者适用死缓与缓刑，既不合行刑的惩罚性规定也不合行刑的遏制性规定，因而有悖行刑的报应性与功利性对行刑内容的同一性规定。

（2）司法上对应立即执行死刑者适用死缓与对应收监执行判定自由刑者适用缓刑，既不合行刑的必然性规定，也不合行刑的必效性规定，因而有悖行刑的报应性与功利性对判定刑应予执行的同一性规定。

（3）司法上对不应减刑者予以减刑，既不合行刑的等价性规定，也不合行刑的适度性规定，因而有悖行刑的报应性与功利性对不得减轻判定刑分量的同一性规定。

（4）司法上对不应监外执行或假释者予以监外执行或假释，既不合行刑方法的统一性规定，又不合行刑方法的相应性规定，因而有悖行刑的报应性与功利性对行刑方式不可变通的同一性规定。

（5）司法上对应予减刑者不予减刑，对不应减刑者予以减刑，既不合行刑的奖赏性规定，又不合行刑的适度性规定，因而不符合报应性与功利性关于判定刑之减轻的奖赏性与适度性的同一性规定。

（6）司法上对应予假释者不予假释、对不应假释者予以假释，既不合行刑的奖赏性规定，也不合行刑的相应性规定，因而有悖行刑的报应性与功利性关于判定刑方式之变轻的奖赏性与适度性的同一性规定。

（7）立法上未确立轻法溯及生效判决的免刑制度、行刑时效制度、普通剥夺政治权利减刑制度与无期徒刑缓刑制度、司法上对应适用死缓与缓刑者不予适用，对不应适用者反予适用，既不合行刑的宽恕性规定，又不合行刑的必效性规定，因而有悖行刑的报应性与功利性关于判定刑可不执行的宽恕性与必效性的同一性规定。

（8）立法上未确立轻法溯及生效判决的减刑制度，既不合行刑的宽恕性规定，又不合行刑的适度性规定，因而有悖行刑的报应性与功利性关于判定刑应予减轻的宽恕性与适度性的同一性规定。

2. 不完全符合行刑的对立性规定。从行刑的对立性角度来看，我国行刑体制的不合理性主要表现在不符合行刑的人道性排斥行刑的相应性的规定，即立法上将被判死缓者完全排除在监外执行的对象之外、规定对被判无期徒刑或有期徒刑而符合监外执行条件者，如具有社会危险性，不得适用监外执行，求之行刑方式适应的功利，失之行刑方式变通的人道，有悖行刑的人道性排斥行刑相应性的行刑的对立性规定。

第二节 行刑体制的完善

既然以行刑的一般理性规定为根据对现行行刑体制的正当性反思揭示了其合理性与不合理性的一般规律,那么,便不难找到完善行刑体制,使之合理化的基点。立足于这些基点,指明完善现行行刑立法与司法的方向,是对行刑的正当性反思的价值所在。

一、刑法中行刑规范的完善

既然刑法中的行刑规范的不合理性集中表现在关于部分行刑方式与行刑制度的规定的不合理,那么,修改刑法的有关规定,使之合理化,便构成完善刑法中的行刑规范的基点。在这方面,完善立法的方向如下:

(一) 修改关于拘役刑的执行方式的规定

既然刑法关于拘役的执行方式的规定因未将教育与改造作为行刑方法的内容而不合理,那么,修改《刑法》第43条的规定,将教育与改造补充确认为拘役的行刑方法,适应改造受刑人的需要,便是完善关于拘役刑之执行的规定的基点之所在。因此,《刑法》第43条第一款应修改补充为:"被判处拘役的犯罪分子,由公安机关就近执行,应当接受教育与改造。"

(二) 废除管制刑

在制刑的反思章节中已示,管制刑是一种不合理的刑罚方法,应予废除。同样,管制刑因监督方式执行的不合理性不存在任何改善的余地。因为管制刑只是一种限制自由的刑罚,而监督是与限制自由相适应的唯一方式,除此之外,不存在任何可选择的行刑方式。正由于监督是唯一可选择的行刑方式,而其又不足以保障被管制者的行动自由受到实际限制,因此,从管制刑无合理的执行方式可选择,也必然得出其应予废除的结论。

(三) 增设免予行刑制度

既然刑法中不确立轻法溯及生效判决的免予行刑制度与行刑时效制度,不符合行刑的行刑的宽恕性与必效性的同一性规定,相应地,修改刑法有关规定,增设这两种免予行刑制度,是使刑法中的行刑规范合理化的重要内容。

1. 增设轻法溯及生效判决的免予行刑制度。既然不规定轻法溯及生效判决的免予行刑制度，不合行刑的宽恕性与必效性的同一性规定，那么，修改刑法有关溯及力的规定，增设这一制度，便是唯一合理而必然的选择。为此，应删除《刑法》第12条第二款关于"本法施行以前，依照当时的法律已经作出的生效判决，继续有效"的规定，而代之以规定："本法施行以前，依照当时的法律已经定罪处刑的行为，如本法不认为是犯罪，判决已经生效但未交付执行的，免予执行；判决正在执行的，免予余刑的执行；判决已执行完毕的，不改判。"

2. 增设行刑时效制度。既然不规定行刑时效制度，不合行刑的宽恕性与必效性的同一性规定，那么，必然合理的选择也在于修改刑法有关规定，增设这一制度。为此，刑法总则第四章第八节"时效"的名下，应设专条规定：

"所判处的刑罚经过下列期限未交付执行的，不再执行：

（一）判处5年有期徒刑以下刑罚的，经过5年；

（二）判处5年以上10年以下有期徒刑的，经过10年；

（三）判处10年以上15年以下有期徒刑的，经过15年；

（四）判处无期徒刑或死刑的，经过20年。

由于犯罪人在被判刑后脱逃，以致刑罚未执行的，或在前列期限内又故意犯罪的，不受前列期限的限制。"

（四）增设减刑制度

既然刑法未规定轻法溯及生效判决的减刑制度与普通剥夺政治权利减刑制度不具有合理性，相应地，修改刑法有关规定，增设这两种减刑制度，构成完善刑法中的行刑规范的必要内容。

1. 增设轻法溯及生效判决的减刑制度。既然刑法未规定轻法溯及生效判决的减刑制度不符合行刑的宽恕性与适度性的同一性规定，那么，修改刑法，增设这一制度便是唯一合理而必然的选择。为此，《刑法》第12条应在前列修改、补充的基础上进一步补充规定："如果本法处刑较轻，判决已经生效，尚未交付执行或正在执行的刑罚，应根据本法的规定改判轻刑，已执行完毕的刑罚不得改判。"

2. 增设普通剥夺政治权利减刑制度。既然不规定普通剥夺政治权利减刑制度不符合行刑奖赏性与适度性同一性规定，那么，修改刑法，增设这一制度也是唯一合理而必然的选择。为此，刑法总则第三章第七节"剥夺政治权利"应增设专条规定："被判处剥夺政治权利的犯罪分子，在执行期间确有悔改或立功表现，可以减轻原判剥夺期限1/2以下的期限。减轻的条件与程序，参照本法有关减刑的规定。"此外，与将剥夺政治权利终身减轻后的刑期下限规定为3年失之过轻的不合理性相对应,《刑法》第57条的这一规定应修改为:"应当把附加剥夺政治权利的期限改为5年以上10年以下。"

(五) 增设无期徒刑缓刑制度

既然刑法未规定无期徒刑缓刑制度不符合行刑的宽恕性与必效性的同一性规定,那么,弥补这一缺陷的唯一合理而必然的选择是,修改刑法的有关规定,增设这一制度。为此,刑法总则第三章第四节"有期徒刑、无期徒刑"应增设专条规定:

"对于应当判处无期徒刑的犯罪分子,如根据其犯罪情节与悔改表现,认为不需立即执行的,可以判处无期徒刑同时宣告缓期2年执行。

判处无期徒刑缓期2年执行的,在无期徒刑缓期执行期间,如果没有故意犯罪,2年期满后,减为15年以上20年以下有期徒刑;有重大立功表现的,可减为10年以上15年以下有期徒刑。"

二、监狱法的规定的完善

既然监狱法的规定的不合理性在于不完全符合行刑人道性规定、个别化规定与人道性排斥适度性的规定,那么,修改有关规定,全面贯彻行刑的人道性规定、个别化规定与人道性排斥适度性的规定,便构成完善作为专门的行刑立法的监狱法的基点。

(一) 增设受刑人权利保障规定

既然监狱法的现有规定因只注重对受刑人合法权益的保护,不注重对其的保障而不完全符合行刑的人道性规定,那么,修改监狱法的有关规定,增强其对受刑人的权利的保障功能,构成完善行刑立法的重要基点。为此,监狱法应作如下修改、补充:

1. 增设保障受刑人权利的原则性规定。鉴于《监狱法》第7条关于受刑人合法权益不受侵犯的规定仅限于对受刑人合法权益的保护,未突出对其实现的保障,因而既不完全符合行刑的人道性的一般理性规定,又不符合根据行刑的人道性原则合理行刑的行刑司法理性规定对行刑立法的要求。因此,该条应补充修改为:"罪犯的人格不受侮辱,其人身安全、合法财产和辩护、申诉、控告以及其他未被依法剥夺或者限制的权利不受侵犯。监狱应为受刑人合法权利的实现提供保障。"唯有如此,受刑人的合法权利才可免受剥夺或限制,或随自由被剥夺难以实现而被变相剥夺或限制,因而才能从根本意义上充分贯彻行刑的人道性规定。

2. 增设保障受刑人合法权利的具体规定。如为保障受刑人的婚姻、家庭权的实现，监狱法第四章第四节"通信、会见"应修改为"通信、会见与探视"。相应地，第48条应修改补充为"罪犯在监狱服刑期间，按照规定，可以会见亲属、监护人。在会见期间，罪犯可与亲属、监护人同住"。另应增设如下条文：

"罪犯直系亲属病危或死亡，监狱应允许其回家探视或悼念。必要时，监狱可参照有关押解的规定派员随行戒护。"

（二）补充行刑个别化的规定

既然监狱有关行刑方法与方式的规定不完全符合行刑个别化的规定，那么，修改有关规定，补充行刑个别化内容，也是完善行刑立法的重要基点。为此，监狱法应作如下修改、补充：

1. 将感化作为行刑的基本方法予以确认。感化既是刑罚的重要的个别预防功能之一，与教育、劳动同样构成改造受刑人的前提，又是为我国多年改造受刑人之行刑实践证明行之有效的改造手段，以其作为行刑的基本方法，完全符合行刑的个别化的规定。因此，监狱法应当将其作为行刑的基本方法之一予以确认。相应地，《监狱法》第3条关于行刑原则的规定应将"教育和劳动相结合的原则"补充修改为"教育、感化和劳动相结合的原则"。

2. 增设行刑个别化的具体规定。如监狱法第四章第五节"生活、卫生"中应增设诸如"监狱人民警察应对罪犯的日常生活等予以关心，并在法律与条件允许的范围内帮助其解决实际困难"之类的规定。

（三）监外执行制度合理化

既然监狱法关于监外执行制度的规定不符合行刑的人道性排斥相应性的行刑对立性规定，那么，修改其有关规定，使之完全符合行刑的对立性规定，也是完善行刑立法的必要内容。为此，《监狱法》第17条应修改为：

"监狱应当对交付执行的罪犯进行身体检查。经检查，罪犯有下列情形之一的，应暂不收监：

（一）有严重疾病需要保外就医的；

（二）怀孕或者正在哺乳自己婴儿的妇女。

对前款所列暂不收监的罪犯，应当由交付执行的人民法院决定暂予监外执行。暂予监外执行的罪犯，由居住地公安机关执行刑罚。对其中有社会危险性的，在监外执行期间，负责执行的公安机关应予以必要的保护。前款所列暂不收监的情形消失后,原判刑期尚未执行完毕的罪犯,由公安机关送交监狱收监。"

与上一修改相适应,《刑事诉讼法》第 214 条也应予以修改,将监外执行的对象由现规定的被判处有期徒刑、拘役的受刑人,扩大至被判处死缓或无期徒刑的受刑人,并删除"对于适用保外就医可能有社会危险性的罪犯","不得保外就医"的规定。

三、行刑司法的完善

既然行刑司法的不正当性的症结在于未充分贯彻依法行刑与合理行刑的原则,相应地,坚持这两项原则,构成完善行刑司法的关键。①

---

① 关于依法行刑与合理行刑的具体规定,详见邱兴隆著:《刑罚理性导论——刑罚的正当性原论》,中国政法大学出版社 1998 年版,第 525—530 页。

致　　谢

本书是《刑罚理性导论》的延续，基本构思完成于铁窗之中，写作开始于我有幸被获准取保候审、结束漫长的超期羁押生涯之后。

在本书写作过程中，曾得到来自多方的助益，谨此一并致谢：

——河北三和时代律师事务所张金龙律师不但以其渊博的学识、优秀的辩技为还法律的公正而还了我自由，而且在将我保释后一如既往地以其完整的人格与善良的人性感化我，以对新中国刑法学强烈的责任感同化我，并在生活、写作等多方面给了我无微不至的关照与帮助。正如没有张律师的帮助便不可能有《刑罚理性导论》的问世一样，本书得以完成，张律师功不可灭；

——恩师高教授铭暄先生、王教授作富先生不但未因我虽感屈辱但并不光彩的经历而"清理门户"，将我"逐出师门"，而且对我予以深切关注，在《刑罚理性导论》出版后，托人转达了对我的期望与鼓励，尽管我因身份特殊与自感有辱师门而始终未敢拜访二位恩师。恩师邓教授又天先生、师母陈茂菊老师与中国社会科学院法学研究所研究员欧阳涛前辈，在我自由后，多次致信、通话予以教诲、抚慰与鼓励；

——学兄陈兴良博士、胡云腾博士、夏勇博士与顾培东先生一如既往地给我以鼓励、鞭策与支持，对我保释后的生活予以莫大关心，为我重塑学术生命与本书的写作提供了极大帮助；

——河北省石家庄市中级人民法院周树平法官、梁建琴法官与张宁法官、河北三和时代律师事务所任贵月、杨玉和、王强、孙江波、骆艳青等律师，石家庄市蓝天律师事务所刘月强律师，河北省第二监狱法律顾问冯路军先生，西南政法大学陈忠林博士，西北政法学院贾宇博士，海南大学副校长谭世贵教授，《法学研究》编辑王敏远先生，《中国律师》主编刘桂明先生，《河北法学》主编郭登科教授，深圳市南山区人民法院副院长黄长营先生，河北省社会科学院秘书长李学斌研究员，四川省社会科学院副院长周友苏研究员，学兄陈益民先生，以及其他众多无法或不便一一列举的师长、朋友均曾给我以教诲、帮助；

——我父亲吴泽球、母亲邱辉英、妹妹吴学泓、女儿何坦与她母亲何敏给了我来自亲人的特别的理解、宽容与抚慰。

湘中东台山人　邱兴隆
1998年7月20日于冀省石门市郊